Einstweilige Maßnahmen im Anwendungsbereich von Art. 31 EuGVVO in Frankreich und Deutschland

Studien zum vergleichenden und internationalen Recht -
Comparative and International Law Studies

Herausgeber: Bernd von Hoffmann, Erik Jayme
und Heinz-Peter Mansel

Band 133

PETER LANG
Frankfurt am Main · Berlin · Bern · Bruxelles · New York · Oxford · Wien

Kathrin Wannenmacher

Einstweilige Maßnahmen im Anwendungsbereich von Art. 31 EuGVVO in Frankreich und Deutschland:

Eine Betrachtung ausgesuchter Verfahren des einstweiligen Rechtsschutzes im internationalen Zivilverfahrensrecht – gerichtliche Zuständigkeit, Anerkennung und Vollstreckung

PETER LANG
Europäischer Verlag der Wissenschaften

Bibliografische Information der Deutschen Nationalbibliothek
Die Deutsche Nationalbibliothek verzeichnet diese Publikation in der Deutschen Nationalbibliografie; detaillierte bibliografische Daten sind im Internet über <http://www.d-nb.de> abrufbar.

Zugl.: Köln, Univ., Diss., 2006

D 38
ISSN 0930-4746
ISBN-10: 3-631-55427-3
ISBN-13: 978-3-631-55427-2

www.peterlang.de

Meiner Familie

Vorwort

Die vorliegende Arbeit wurde von der rechtswissenschaftlichen Fakultät der Universität zu Köln im Wintersemester 2005/2006 als Dissertation angenommen. Die Idee zur Bearbeitung des Themas geht auf meine Teilnahme am deutsch-französischen Magisterstudiengang Köln/Paris und den damit verbundenen zweijährigen Studienaufenthalt in Paris zurück.

Mein Dank gilt in erster Linie meinem Doktorvater, Herrn Prof. Dr. Heinz-Peter Mansel, für seine Betreuung und die wertvollen Anregungen bei der Erstellung der Arbeit. Herrn Prof. Dr. Christian Katzenmeier danke ich für die schnelle Erstellung des Zweitgutachtens.

Danken möchte ich weiterhin Frau Rechtsanwältin Catherine Soulas LL.M. und meinem Mann Alexander Fuchs für ihre Mühen beim Korrekturlesen der Arbeit sowie Frau Céline Darreau LL.M., Avocat au Barreau de Paris, für ihre wertvolle Hilfe bei den Recherchen zum französischen Recht.

Meiner Familie, vor allem meinem Mann und unserer Tochter, danke ich für die während mehrerer Jahre häufig gewährte Nachsicht, ohne die die Fertigstellung der Arbeit nicht möglich gewesen wäre. Meinen Eltern gilt mein Dank für jegliche Unterstützung während meiner gesamten juristischen Ausbildung

Inhaltsverzeichnis

Literaturverzeichnis

Ackmann, Hans-Peter	Ausländerarrest (§ 917 Abs. 2 ZPO) bei Vollstreckung in einem EuGVÜ-Staat? IPRax 1991, 166
Addicks, Jörg	Welche Anforderungen gibt es bei der Zustellung und Vollziehung von einstweiligen Verfügungen? MDR 1994, 225
Ahrens, Hans-Jürgen	Grenzüberschreitende selbständige Beweisverfahren - eine Skizze, in: Festschrift für Rolf. A. Schütze, München 1999, S. 1 (zit.: Ahrens in FS Schütze *Fundstelle*)
Albrecht, Christian	Das EuGVÜ und der einstweilige Rechtsschutz in England und in der Bundesrepublik Deutschland, Heidelberg 1991, zugl. Diss. Heidelberg 1989 (zit.: Albrecht *Fundstelle*)
Arnold, Hans	Der Entwurf eines Gerichtsstands- und Vollstreckungsabkommens für die Europäische Wirtschaftsgemeinschaft, AWD 1965, 321
Ancel, Bertrand; Muir-Watt, Horatia	La désunion européenne: le Règlement dit "Bruxelles II", Rev. crit. DIP 2001, 403
Audit, Bernard	Droit international privé, 3e édition, Paris 2000 (zitiert: Audit *Fundstelle*)
Audit, Bernard	Note sous la décision du TGI Paris, juge de l'exécution, du 15.03.1995, JDI 1997, 817
Baumbach, Adolf; Lauterbach, Wolfgang; Albers, Jan; Hartmann, Peter	Kommentar zur Zivilprozeßordnung, 64. Auflage, München 2006 (zit.: Baumbach/Lauterbach/Albers/Hartmann-*Bearbeiter Fundstelle*)
Basedow, Jürgen	Das forum non conveniens der Reeder im EuGVÜ, IPRax 1985, 133
Baur, Fritz	Arrest und einstweilige Verfügung in ihrem heutigen Anwendungsbereich, BB 1964, 607
Benecke, Lars	Die teleologische Reduktion des räumlich-persönlichen Anwendungsbereichs von Art. 2 ff. und Art. 17 EuGVÜ, Köln 1993, zugl. Diss. Bielefeld 1993 (zit.: Benecke *Fundstelle*)

Béraudo, Jean-Paul	Editions du Juris-Classeur Droit international, - Fascicule 631-10: Convention de Bruxelles du 27 septembre 1968: Généralités (1996), - Fascicule 631-51: Convention de Bruxelles du 27 septembre 1968: Compétence, Règles de compétence dérogatoires (2000/2001) (zit.: Béraudo Editions du Juris-Classeur Droit International, *Fundstelle*)
Berger, Christian	Die EG-Verordnung über die Zusammenarbeit der Gerichte auf dem Gebiet der Beweisaufnahme in Zivil- und Handelssachen (EuBVO), IPRax 2001, 522
Bertele, Joachim	Souveränität und Verfahrensrecht, Tübingen 1998, zugl. Diss. Freiburg 1997 (zit.: Bertele *Fundstelle*)
Bischoff, J.-M.; Huet, André	Chronique de jurisprudence de la Cour de Justice des Communautés européennes, JDI 1982, 942
Blaisse, Alain	Observations relatives à l'arrêt de la première chambre civile de la Cour de Cassation du 01.02.1983 (Koessler c/ epoux Bahl), JCP 1984 éd. G II 20315
Bloch, Matthias	Anmerkung zum Beschluß des OLG Hamm vom 14.06.1988 (20 W 24/88), RIW 1989, 567
Böckstiegel, Karl-Heinz; Schlafen, Dieter	Die Haager Reformübereinkommen über die Zustellung und die Beweisaufnahme im Ausland, NJW 1978, 1073
Borck, Hans-Günther	Die Vollziehung und die Vollstreckung von Unterlassungstiteln, WRP 1993, 374
Borck, Hans-Günther	"Vollziehung": Zustellung oder Zwangsvollstreckung? MDR 1983, 180
Brannekämper, Kurt	Wettbewerbsstreitigkeiten mit Auslandsbeziehung im Verfahren der einstweiligen Verfügung, WRP 1994, 661
Buhrow, Astrid	Unvereinbarkeit nach Art. 27 Nr. 3 EuGVÜ bei national unterschiedlichen Verfahrensvoraussetzungen, ELR 2002, 305
Bülow, Arthur	Vereinheitlichtes internationales Zivilprozeßrecht in der Europäischen Wirtschaftsgemeinschaft, RabelsZ 29 (1965) S. 473
Bureau, Dominique	Note sous l'arrêt de la Cour de Cassation du 14.06.1996 (Faouzi c/ Faouzi), JDI 1996, 943

Cadiet, Loic — Droit Judiciaire Privé, 3e édition, Paris 2000 (zit.: Cadiet *Fundstelle*)

Castendiek, Johann — Die Amtszustellung als Vollziehung von Urteilsverfügungen mit Unterlassungsgebot, WRP 1979, 527

Chabot, Gérard — Remarques sur la finalité probatoire de l'article 145 du nouveau code de procédure civile, Dalloz 2000 Chron. 256

Consolo, Claudio — Avoiding the risk of Babel after Van Uden and Mietz: Perspectives and Proposals, ZZPInt 6 (2001), 49

Couchez, Gérard — Procédure Civile, 12e édition, Paris 2002 (zit.: Couchez *Fundstelle*)

Couchez, Gérard — Note sous l'arrêt de la Cour d'appel de Versailles du 09.04.1993 (Soc. Luxguard c/ Soc. SN Sitraco et autres), Rev. crit. DIP 1995, 83

Couchez, Gérard — Note sous l'arrêt de la Cour d'appel d'Aix-en-Provence du 04.05.1981 (Diehm c/ Mme. Sicre), Rev. crit. DIP 1983, 112

Courbe, Patrick — Note sous l'arrêt de la Cour de Cassation du 31.01.1995 (Sté Guy Couach Plascoa c/ Martabano), Dalloz 1995 Jur. 472

Courbe, Patrick — Note sous l'arrêt de la Cour de Cassation du 18.05.1994 (Mme X. c/ M. Y.), Dalloz 1995 Jur. 472

Cuniberti, Gilles — Note sous l'arrêt de la CJCE du 17.11.1998 (C-391/95, "van Uden"), Dalloz 2000 Jur. 379

Cuniberti, Gilles — Note sous l'ordonnance du TGI Nîmes du 09.06.1998 (Bechert, ès qual. c/ Sté Proinbasa), Dalloz 1999 Jur. 301

Cuniberti, Gilles — Les mesures conservatoires portant sur des biens situés à l'étranger, Paris 2000, zugl. Thèse Paris I 1998 (zit.: Cuniberti *Fundstelle*)

Dalhuisen, J.H. — Creditors' Remedies and the Conflicts of Law in the European Community, in: Festschrift für Stefan Riesenfeld, Heidelberg 1983, S. 1 (zit.: Dalhuisen in FS Riesenfeld *Fundstelle*)

Dauner-Lieb, Barbara (Hrsg.); Baur, Jürgen F. (wiss. Leitung); Mansel, Heinz-Peter (wiss. Leitung) — Systemwechsel im europäischen Kollisionsrecht, Fachtagung der Bayer-Stiftung für deutsches und internationales Arbeits- und Wirtschaftsrecht am 17. und 18. Mai 2001, München 2002 (zit.: *Bearbeiter* in Systemwechsel *Fundstelle*)

Dauner-Lieb, Barbara; Heidel, Thomas; Lepa, Manfred; Ring, Gerhard (jeweils Hrsg.) — Das Neue Schuldrecht, Heidelberg 2002 (zit.: *Bearbeiter* in Dauner-Lieb/Heidel/Lepa/Ring *Fundstelle*)

Dedek, Helge — Art. 24 EuGVÜ und provisorische Anordnungen zur Leistungserbringung, EWS 2000, 246

Delaporte, Vincent — Les mesures provisoires et conservatoires en droit international privé, Trav. Com. fr. DIP 1987-88, 147

Dethloff, Nina — Ausländisches Wettbewerbsrecht im einstweiligen Rechtsschutz, RabelsZ 62 (1998) S. 286

Dietze, Jan; Schnichels, Dominik — Die aktuelle Rechtsprechung des EuGH zum EuGVÜ - Übersicht über das Jahr 1999, EuZW 2000, 524

Dietze, Jan; Schnichels, Dominik — Die aktuelle Rechtsprechung des EuGH zum EuGVÜ-Übersicht über das Jahr 2002, EuZW 2003, 581

Dittmar, Rolf — Der Arrestgrund der Auslandsvollstreckung, NJW 1978, 1720

Dohm, Christian — Die Einrede ausländischer Rechtshängigkeit im deutschen internationalen Zivilprozeßrecht, Berlin 1996, zugl. Diss. Münster 1995 (zit.: Dohm *Fundstelle*)

Donzallaz, Yves — Les mesures provisoires et conservatoires dans les Conventions de Bruxelles et de Lugano: état des lieux après les ACJCE *Mund*, *Mietz* et *Van Uden*, AJP/PJA 2000, 956

Donzallaz, Yves — La Convention de Lugano, Volume I, Bern 1996 (zit.: Donzallaz *Fundstelle*)

Droz, Georges A. L.; Gaudemet-Tallon, Hélène — La transformation de la Convention de Bruxelles du 27 septembre 1968 en Règlement du Conseil concernant la compétence judiciaire, la reconnaissance et l'exécution des décisions en matière civile et commerciale, Rev. crit. DIP 2001, 601

Droz, Georges A. L. — Note sous l'arrêt de la CJCE du 31.03.1982 (25/81, "C.H.W."), Rev. crit. DIP 1984, 354

Droz, Georges A. L. — Note sous les arrêts de la CJCE du 27.03.1979 (143/78, "De Cavel I") et du 06.03.1980 (120/79 "De Cavel II"), Rev. crit. DIP 1980, 621

Droz, Georges A. L. — Note sous l'arrêt de la CJCE du 14.10.1968 (29/76, "Eurocontrol"), Rev. crit. DIP 1977, 776

Droz, Georges A. L. — Réflexions pour une réforme des articles 14 et 15 du Code civil français, Rev. crit. DIP 1975, 1

Dubarry, Jean-Cl.; Loquin, Éric — Chroniques de législation et de jurisprudence françaises: Tribunaux de commerce et arbitrage, RTD com. 2000, 334

Ehricke, Ulrich — Zur teleologischen Reduktion des § 917 Abs. 2 ZPO, NJW 1991, 2189

Eilers, Anke — Maßnahmen des einstweiligen Rechtsschutzes im europäischen Zivilrechtsverkehr, Bielefeld 1991, zugl. Diss. Bonn 1989/90 (zit.: Eilers *Fundstelle*)

Estoup, Pierre — La pratique des procédures rapides, 2e édition, Paris 1998 (zit.: Estoup *Fundstelle*)

Fastrich, Lorenz — Revisibilität der Ermittlung ausländischen Rechts, ZZP 97 (1984), 423

Fauvarque-Cosson, Bénédicte — Note sous l'arrêt de la Cour de Cassation du 06.05.1997 (Soc. Hannover International et autre c/ M. R. Baranger et autre), Rev. crit. DIP 1997, 515

Fohrer, Katja; Mattil, Peter — Der "grenzüberschreitende" dingliche Arrest im Anwendungsbereich des EuGVÜ, WM 2002, 840

Försterling, Thomas — Internationales Beweissicherungsverfahren und Kostentragung, IPRax 2000, 499

Fritzsche, Jörg — Anmerkung zum Urteil des EuGH vom 06.06.2002 (Rs. C-80/00, "Italian Leather/WECO"), ZZPInt 7(2002), 250

Fuchs, Angelika — § 917 Abs. 2 ZPO erneut auf dem Prüfstand, IPRax 1998, 25

Gärtner, Joachim — Probleme der Auslandsvollstreckung von Nichtgeldleistungsentscheidungen im Bereich der Europäischen Gemeinschaft, München 1991, zugl. Diss. München 1990 (zit.: Gärtner *Fundstelle*)

Gaudemet-Tallon, Hélène	Compétence et exécution des jugements en Europe, 3e édition, Paris 2002 (zit.: Gaudemet-Tallon *Fundstelle*)
Gaudemet-Tallon, Hélène	Note sous l'arrêt de la CJCE du 17.11.1998 (C-391/95, "van Uden"), Revue de l'arbitrage 1999, 152
Gaudemet-Tallon, Hélène	Notes sur les décisions du Tribunal de Commerce de Paris appliquant les Conventions de Bruxelles et de Lugano, Gaz. Pal. 1999 Jur. 325
Gaudemet-Tallon, Hélène	Les Conventions de Bruxelles et de Lugano, Compétence internationale, reconnaissance et exécution des jugements en Europe, 2e édition, Paris 1996 (zit.: Gaudemet-Tallon 2e édition *Fundstelle*)
Gaudemet-Tallon, Hélène	La compétence internationale à l'épreuve du nouveau Code de procédure civile: aménagement ou bouleversement? Rev. crit. DIP 1977, 1
Gaudemet-Tallon, Hélène	La reconnaissance des jugements étrangers portant sur une somme d'argent, en matière civile et commerciale, Rev. int. dr. comp. 1986, 487
Gaudemet-Tallon, Hélène	La litispendance internationale dans la jurisprudence française, in: Mélanges Dominique Holleaux, Paris 1990, S. 121 (zit.: Gaudemet-Tallon in Mélanges Holleaux *Fundstelle*)
Gavalda, Christian; Lucas de Leyssac, Claude	Commentaire sous les arrêts de la Cour d'appel de Paris, 18.12.1987 (*Soc. Tecnisom-France c/ Soc. Serap Ameublement* und *Soc. Usine de Rosières c/ Soc. Serap*) et l'ordonnance de référé du TGI Paris, 02.12.1987 (*Soc. Europ'Yachting c/ Fédér. des industries nautiques*), Dalloz 1988 Somm. Com. 299, 300
Geiger, Rudolf	EUV/EGV, Kommentar zum Vertrag über die Europäische Union und dem Vertrag zur Gründung der Europäischen Gemeinschaft, 4. Auflage, München 2004 (zit.: Geiger EUV/EGV *Fundstelle*)
Geiger, Rudolf	Der Arrestgrund der Auslandsvollstreckung (§ 917 Abs. 2 ZPO) und das gemeinschaftsrechtliche Diskriminierungsverbot (Art. 6 EG-Vertrag), IPRax 1994, 415
Geimer, Reinhold	Internationales Zivilprozeßrecht, 5. Auflage, Köln 2005 (zit.: Geimer IZPR *Fundstelle*)

Geimer, Reinhold — Präklusion von Zustellungsmängeln: Die Ausstrahlung der EuGVVO auf die Auslegung des Art. 27 Nr. 2 EuGVÜ/LugÜ, IPRax 2004, 97

Geimer, Reinhold — Das Brüssel I-System und seine Fortentwicklung im Lichte der Beschlüsse von Tampere, in: Studia in honorem Németh János, Budapest 2003, S. 229 (zit.: Geimer in FS Németh János *Fundstelle*)

Geimer, Reinhold — Das EuGVVO-Beschwerdeverfahren an der Schnittstelle von europäischem Gemeinschaftsrecht und nationalem Recht, IPRax 2003, 337

Geimer, Reinhold — Öffentlich-rechtliche Streitgegenstände: Zur Beschränkung des Anwendungsbereichs der EuGVVO bzw. des EuGVÜ /LugÜ auf Zivil- und Handelssachen, IPRax 2003, 512

Geimer, Reinhold — Salut für die Verordnung (EG) Nr. 44/2001 (Brüssel I-VO), IPRax 2002, 69

Geimer, Reinhold — Ungeschriebene Anwendungsgrenzen des EuGVÜ: Müssen Berührungspunkte zu mehreren Vertragsstaaten bestehen? IPRax 1991, 31

Geimer, Reinhold — Rechtsschutz in Deutschland künftig nur bei Inlandsbezug? NJW 1991, 3072

Geimer, Reinhold — Das Nebeneinander und Miteinander von europäischem und nationalem Zivilprozeßrecht, NJW 1986, 2991

Geimer, Reinhold — Eine neue internationale Zuständigkeitsordnung in Europa, NJW 1976, 441

Geimer, Reinhold — Zur Vereinbarung der ausschließlichen Zuständigkeit eines ausländischen Gerichts, WM 1975, 910

Geimer, Reinhold — Einige Zweifelsfragen zur Abgrenzung nach dem EWG-Übereinkommen vom 27.09.1968, RIW/AWD 1975, 81

Geimer, Reinhold; Schütze, Rolf A. — Der internationale Rechtsverkehr in Zivil- und Handelssachen, Band II, München, Loseblattsammlung, Stand: 29. Ergänzungslieferung, August 2005 (zit.: *Bearbeiter* in Geimer/Schütze Internationaler Rechtsverkehr *Fundstelle*)

Geimer, Reinhold; Schütze, Rolf A. — Europäisches Zivilverfahrensrecht, 2. Auflage München 2004 (zit.: Geimer/Schütze-*Bearbeiter Fundstelle*)

Geimer, Reinhold; Schütze, Rolf A. — Europäisches Zivilprozeßrecht München 1997 (zit.: Geimer/Schütze EuGVÜ *Fundstelle*)

Geimer, Reinhold; Schütze, Rolf A. — Internationale Urteilsanerkennung, Band I, 1. Halbband: Das EWG-Übereinkommen über die gerichtliche Zuständigkeit und die Vollstreckung gerichtlicher Entscheidungen in Zivil- und Handelssachen, München 1983 (zit.: Geimer/Schütze-*Bearbeiter* Urteilsanerkennung I/1 *Fundstelle*)

Gerhard, Frank — La compétence du juge d'appui pour prononcer des mesures provisoires extraterritoriales, SZIER 1999, 97

Gieseke, Horst — Neue Entwicklungen zum Arrestgrund der Auslandsvollstreckung im Europarecht, EWS 1994, 149

Gilles, Peter — Transnationales Prozeßrecht: deutsche Landesberichte zur Weltkonferenz für Prozeßrecht in Taormina, Sizilien, 1995, Baden-Baden 1995 (zit.: *Bearbeiter* in Gilles *Fundstelle*)

Giverdon, Claude — Editions du Juris-Classeur Procédure Civile,
- Fascicule 232: Référés, Définition et caractères, Procédure, Ordonnance, voies de recours (1995),
- Fascicule 233: Référés: Conditions générales mises à l'exercice des pouvoirs du juge des référés (1995),
- Fascicule 234: Référés: Mesures générales ordonnées en référé (1995),
- Fascicule 235-1: Référés spéciaux: Référé aux fins d'obtention d'une mesures d'instruction à futur (1996),
- Fascicule 235-2: Référés spéciaux: Référé-provision, Référé injonction de faire (1997),
- Fascicule 236: Référés: Étendue de la compétence du président du tribunal de grande instance (1997),
- Fascicule 239: Ordonnances sur requête (1996)

(zit.: Giverdon Editions du Juris-Classeur Procédure Civile, *Fundstelle*)

Gothot, Pierre; Holleaux, Dominique — La Convention de Bruxelles du 27 Septembre 1968, Compétence judiciaire et effets des jugements dans la CEE, Paris 1985 (zit.: Gothot/Holleaux *Fundstelle*)

Gothot, Pierre; Holleaux, Dominique — La convention entre les Etats membres de la Communauté Européenne sur la compétence judiciaire et l'exécution des décisions en matière civile et commerciale, JDI 1971, 747

Gottwald, Peter (Hrsg.)	Perspektiven der justiziellen Zusammenarbeit in Zivilsachen in der Europäischen Union, Bielefeld 2004 (zit.: *Verfasser* in Gottwald, Perspektiven, *Fundstelle*)
Gottwald, Peter	Revision des EuGVÜ, Neues Schiedsverfahrensrecht, Bielefeld 2000 (zit.: *Verfasser* in Gottwald, Revision des EuGVÜ, *Fundstelle*)
Gottwald, Peter	Grenzen zivilgerichtlicher Maßnahmen mit Auslandswirkung, in: Festschrift für Walther J. Habscheid, Bielefeld 1989, S. 119 (zit.: Gottwald in FS Habscheid *Fundstelle*)
Grabinski, Klaus	Zur Bedeutung des Europäischen Gerichtsstands- und Vollstreckungsabkommens (Brüsseler Übereinkommens) und des Lugano-Übereinkommens in Rechtsstreitigkeiten über Patentverletzungen, GRUR Int. 2001, 199
Grandcourt, J.-L. de	Les compétences respectives du juge des référés et de l'arbitre international, in: Mélanges en l'honneur de Yvon Loussouarn, Paris 1994, S. 203 (zit.: Grandcourt in Mélanges Loussouarn *Fundstelle*)
Gressot-Leger, Séverine	Faut-il supprimer le contrôle de la loi appliquée par le juge étranger lors de l'instance en exequatur? JDI 2003, 768
Gronstedt, Sebastian	Grenzüberschreitender einstweiliger Rechtsschutz, Frankfurt/Main u.a. 1994, zugl. Diss. Regensburg 1993 (zit.: Gronstedt *Fundstelle*)
Grothe, Helmut	Zwei Einschränkungen des Prioritätsprinzips im europäischen Zuständigkeitsrecht: ausschließliche Gerichtsstände und Prozeßverschleppung, IPRax 2004, 205
Grothe, Helmut	Rechtswegverweisung und Rechtshängigkeitserschleichung im Anwendungsbereich von Art. 21 EuGVÜ/LugÜ und Art. 27 EuGVO, IPRax 2004, 83
Groud, Thomas Habu	La preuve en droit international privé français, Aix-en-Provence/Marseille 2000, zugl. Diss Paris X/Nanterre 1999 (zit.: Groud *Fundstelle*)
Grundmann, Stefan	Anerkennung und Vollstreckung ausländischer einstweiliger Maßnahmen nach IPRG und Lugano-Übereinkommen, Basel 1996, zugl. Diss. Basel 1995 (zit.: Grundmann *Fundstelle*)
Grunsky, Wolfgang	Der Arrestgrund des § 917 Abs. 2 ZPO bei der Vollstreckung ausländischer Urteile, IPRax 1983, 210

Grunsky, Wolfgang — EWG-Übereinkommen über die gerichtliche Zuständigkeit und die Vollstreckung gerichtlicher Entscheidungen in Zivil- und Handelssachen im deutsch-italienischen Rechtsverkehr, RIW/AWD 1977, 1

Hackspiel, Sabine — Observations relatives à l'arrêt de la CJCE du 17 novembre 1998 (C-391/95, "van Uden"), R.A.E.-L.E.A. 2000, 184

Haedicke, Stefan — Die Vollstreckung deutscher Urteile in Frankreich auf der Grundlage des EuGVÜ, Münster 1999, zugl. Diss. Münster 1999 (zit.: Haedicke *Fundstelle*)

Hanisch, Hans — Internationale Arrestzuständigkeit und EuGVÜ, IPRax 1991, 215

Hartenstein, Olaf — Neues vom fakultativen Kollisionsrecht in Frankreich: Die verschlungenen Pfade der Cour de Cassation, IPRax 2001, 477

Hartenstein, Olaf — Die Privatautonomie im Internationalen Privatrecht als Störung des europäischen Entscheidungseinklangs, Tübingen 2000, zugl. Diss. Kiel 1999/2000 (zit.: Hartenstein *Fundstelle*)

Haubold, Jens — Europäisches Zivilverfahrensrecht und Ansprüche im Zusammenhang mit Insolvenzverfahren, IPRax 2002, 157

Hausmann, Rainer — Zur Anerkennung und Vollstreckung von Maßnahmen des einstweiligen Rechtsschutzes im Rahmen des EG-Gerichtsstands- und Vollstreckungsabkommens, IPRax 1981, 79

Hausmann, Rainer — EG-Gerichtsstands- und Vollstreckungsübereinkommen und Familienrecht, FamRZ 1980, 418

Heiderhoff, Bettina — Vollstreckbarerklärung von Titeln auf Kindesunterhalt im Verhältnis zwischen Deutschland und Österreich, IPRax 2004, 99

Heinze, Christian — Internationaler einstweiliger Rechtsschutz, RIW 2003, 922

Heinze, Meinhard — Einstweiliger und vorläufiger Rechtsschutz in Streitfällen des Arbeits-, Sozial- und Wirtschaftsrechts, in: Festschrift für Albrecht Zeuner, Tübingen 1994, (zit.: Heinze in FS Zeuner *Fundstelle*)

Heiss, Bernhard-Rudolf	Einstweiliger Rechtsschutz im europäischen Zivilrechtsverkehr (Art. 24 EuGVÜ), Berlin 1987, zugl. Diss. München 1986 (zit.: Heiss *Fundstelle*)
Herzfelder, François	Die Prüfungspflicht der französischen staatlichen Gerichte hinsichtlich kollisionsrechtlicher Fragen, RIW 1990, 354
Heß, Burkhard; Hub, Thorsten	Die vorläufige Vollstreckbarkeit ausländischer Urteile im Binnenmarktprozess, IPRax 2003, 93
Heß, Burkhard	Neues deutsches und europäisches Zustellungsrecht, NJW 2002, 2417
Heß, Burkhard	Die begrenzte Freizügigkeit einstweiliger Maßnahmen im Binnenmarkt II - weitere Klarstellungen des europäischen Gerichtshofs, IPRax 2000, 370
Heß, Burkhard	Der Binnenmarktprozeß, JZ 1998, 1021
Heß, Burkhard; Vollkommer, Gregor	Die begrenzte Freizügigkeit einstweiliger Maßnahmen nach Art. 24 EuGVÜ, IPRax 1999, 220
Hoffmann, Jochen	Das Anknüpfungsmoment der Gründungstheorie, ZVglRWiss 101 (2002), 283
Holleaux, Dominique	Observations relatives à l'arrêt de la Cour d'appel de Versailles du 27 juin 1979 (*Société Vercor c/ Tron*), JDI 1980, 894
Homann, Stefan	Das zuerst angerufene Gericht - Art. 21 EuGVÜ und die Artt. 28, 30 EuGVVO, IPRax 2002, 502
Hornung, Uwe	Auswirkungen der Einschränkung des Vermögensgerichtsstandes auf die internationale Zuständigkeit im dinglichen Arrestverfahren, ZVglRWiss 95 (1996), 305
Hory, Alexandre	Note sous les arrêts de la Cour de Cassation du 10.03.1998 (Société Isautier c/ société Prudence Créole) et de la Cour d'appel de Versailles (Société Akzo Nobel et autres c/ SA Elf Atochem), Revue de l'arbitrage 1999, 64
Hory, Alexandre	Mesures d'instruction in futurum et arbitrage, Revue de l'arbitrage 1996, 191
Hub, Thorsten	Die Neuregelung der Anerkennung und Vollstreckung in Zivil- und Handelssachen und das familienrechtliche Anerkennungs- und Vollstreckungsverfahren, NJW 2001, 3145

Huet, André	Observations relatives à l'arrêt de la Cour d'appel d'Orléans du 11 novembre 2002 (Soc. Vetrobalsamo Spa c./ Soc. Cave des producteurs de Vouvray), JDI 2004, 203
Huet, André	Observations relatives à l'arrêt de la CJCE du 6 juin 2002 (C-80/00, "Italian Leather"), JDI 2003, 671
Huet, André	Observations relatives à l'arrêt de la première chambre civile de la Cour de Cassation du 13 avril 1999 (Belbetoes Fundacoes e Betoes Especiais LDA c/ Société Bachy), JDI 2000, 83
Huet, André	Observations relatives à l'arrêt de la CJCE du 17 novembre 1998 (C-391/95, "van Uden"), JDI 1999, 613
Huet, André	Observations relatives à l'arrêt de la Cour de Cassation du 10 mars 1992 (Société Krupp Widia GmbH c/ Société Schlumberger Industries) JDI 1993, 156
Huet, André	Observations relatives à l'arrêt de la Cour d'appel de Paris du 17.11.1987 (Menegatti c/ Société Mettalurgica Nava Stefano e Giuseppina), JDI 1989, 96
Huet, André	Les procédures de reconnaissance et d'exécution des jugements étrangers et des sentences arbitrales en droit international privé français, JDI 1988, 5
Huet, André	Editions du Juris-Classeur Droit international, - Fascicule 581-20: Compétence des tribunaux français à l'égard des litiges internationaux (1995), - Fascicule 581-21: Compétence des tribunaux français à l'égard des litiges internationaux: Règles des compétence purement internationale (1995), - Fascicule 581-31: Compétence privilégiée des tribunaux français ou compétence fondée sur la nationalité française de l'une des parties (1995), - Fascicule 581-32: Compétence privilégiée des tribunaux français ou compétence fondée sur la nationalité française de l'une des parties (1995), - Fascicule 581-40: Compétence des tribunaux français à l'égard des litiges internationaux (1995), - Fascicule 581-41: Compétence des tribunaux français à l'égard des litiges internationaux: Clauses attributives de juridiction (1995), - Fascicule 581-43: Compétence des tribunaux français à l'égard des litiges internationaux: Litispendance et connexité internationales (1995),

(zit.: Huet Editions du Juris-Classeur Droit International, *Fundstelle*)

Huet, André — Note sous l'arrêt de la CA Chambéry du 02.03.1992 (Yakari Italie c/ SA Gondrand et société Vinco), JDI 1994, 173

Huet, André — Note sous l'arrêt de la CJCE du 31.03.1982 (25/81, "C.H.W."), JDI 1982, 942

Huet, André — Note sous l'arrêt de la CJCE du 21.05.1980 (124/79, "Denilauler"), JDI 1980, 939

Huet, André — Note sous l'arrêt de la CJCE du 27.03.1979 (143/78, "De Cavel I"), JDI 1979, 681

Hüßtege, Rainer — Braucht die Verordnung über den europäischen Vollstreckungstitel eine ordre-public-Klausel? in: Festschrift für Erik Jayme, München 2004, S. 371 (zit.: Hüßtege in FS Jayme *Fundstelle*)

Hüßtege, Rainer — Der europäische Vollstreckungstitel, in: Gottwald, Peter (Hrsg.): Perspektiven der justiziellen Zusammenarbeit in Zivilsachen in der Europäischen Union, Bielefeld 2004, S. 113 (zit.: Hüßtege in Gottwald, Perspektiven, *Fundstelle*)

Isenburg-Epple, Sabine — Die Berücksichtigung ausländischer Rechtshängigkeit nach dem Europäischen Gerichtsstands- und Vollstreckungsabkommen vom 27.09.1968: Untersuchungen zum Anwendungsbereich von Art. 21 EuGVÜ unter schwerpunktmäßiger Behandlung der Frage nach der Bestimmung eines europäischen Streitgegenstandsbegriffs, Frankfurt am Main u.a. 1992, zugl. Diss. Münster 1991 (zit.: Isenburg-Epple *Fundstelle*)

Jauernig, Othmar — Zivilprozeßrecht, 28. Auflage, München 2003 (zit.: Jauernig Zivilprozeßrecht *Fundstelle*)

Jayme, Erik; Kohler, Christian — Europäisches Kollisionsrecht 2004: Territoriale Erweiterung und methodische Rückgriffe, IPRax 2004, 481

Jayme, Erik; Kohler, Christian — Europäisches Kollisionsrecht 2002: Zur Wiederkehr des Internationalen Privatrechts, IPRax 2002, 461

Jayme, Erik — Anmerkung zu den Urteilen LG Kleve, 12.05.2000, 3 O 203/00, und OLG Düsseldorf, 29.05.2000, 24 W 32/00, IPRax 2000, 547

Jayme, Erik; Kohler, Christian — Europäisches Kollisionsrecht 1999 - Die Abendstunde der Staatsverträge, IPRax 1999, 401

Jeantin, Michel — Editions du Juris-Classeur Procédure Civile, Fascicule 634: Incidents de Procédure: Mesures d'instruction, dispositions générales (1992) (zit.: Jeantin Editions du Juris-Classeur Procédure Civile, *Fundstelle*)

Jeantin, Michel — Les mesures d'instruction "in futurum", Dalloz 1980 Chron. 205

Kegel, Gerhard; Schurig, Klaus — Internationales Privatrecht, 9. Auflage, München 2004 (zit.: Kegel/Schurig *Fundstelle*)

Kerameus, Konstantinos D.; Prütting, Hanns — Die Revision des EuGVÜ - Bericht über ein Grotius-Projekt, ZZPInt 3 (1998), 265

Kerameus, Konstantinos — Revisibilität ausländischen Rechts, ZZP 99 (1986), 166

Kessedjian, Catherine — Mesures provisoires et conservatoires, A propos d'une résolution adoptée par l'Association de droit international, JDI 1997, 103

Klauer, Stefan — Exorbitanter Gerichtsstand und der Erlass einstweiliger Massnahmen, ELR 1998, 594

Klinke, Ulrich — Brüsseler Übereinkommen und Übereinkommen von Lugano über die gerichtliche Zuständigkeit und die Vollstreckung gerichtlicher Entscheidungen in Zivil- und Handelssachen, Band 1: Erläuterungen. Band 2: Materialien, 2. Auflage, Köln, Berlin, 1993 (zit.: Klinke *Fundstelle*)

Koerner, Dörthe — Fakultatives Kollisionsrecht in Frankreich und Deutschland, Tübingen 1995, zugl. Diss. Hamburg 1994 (zit.: Koerner *Fundstelle*)

Kohler, Christian — Vom EuGVÜ zur EuGVVO: Grenzen und Konsequenzen der Vergemeinschaftung, in: Einheit und Vielfalt des Rechts, Festschrift für Reinhold Geimer, München 2002, S. 461 (zit.: Kohler in FS Geimer *Fundstelle*)

Kohler, Christian — Internationales Verfahrensrecht für die Europäische Union: Die Verordnung "Brüssel II", NJW 2001, 10

Kohler, Christian — Die Revision des Brüsseler und des Luganer Übereinkommens über die gerichtliche Zuständigkeit und die Vollstreckung gerichtlicher Entscheidungen in Zivil- und Handelssachen - Generalia und Gerichtsstandsproblematik, in: Gottwald, Peter, Revision des EuGVÜ, Neues Schiedsverfahrensrecht, Bielefeld 2000, S. 1 (zit.: Kohler in Gottwald, Revision des EuGVÜ, *Fundstelle*)

Kohler, Christian — Staatsvertragliche Bindung bei der Ausübung internationaler Zuständigkeit und richterliches Ermessen - Bemerkungen zur Harrods-Entscheidung des englischen Court of Appeal, in: Festschrift für Franz Matscher, Wien 1993, S. 251 (zit.: Kohler in FS Matscher *Fundstelle*)

Kohler, Christian — Internationale Gerichtsstandsvereinbarungen: Liberalität und Rigorismus im EuGVÜ, IPRax 1983, 265

Krause, Jan — Turner/Grovit - Der EuGH erklärt Prozeßführungsverbote für unvereinbar mit dem EuGVÜ, RIW 2004, 533

Kropholler, Jan — Europäisches Zivilprozeßrecht, 8. Auflage, Heidelberg 2005, und 6. Auflage, Heidelberg 1998 (zit.: Kropholler *Fundstelle*)

Kropholler, Jan; Hartmann, Claus Hinrich — Die Europäisierung des Arrestgrundes der Auslandsvollstreckung, in: Festschrift für Ulrich Drobnig, Tübingen 1998, S. 337 (zit.: Kropholler/Hartmann in FS Drobnig *Fundstelle*)

Lagarde, Paul — Note sous l'arrêt de la Cour de Cassation du 16.11.1993 (Soc. Amerford et autre c/ Cie. Air France et autres), Rev. crit. DIP 1994, 334

Lagarde, Paul — Note sous l'ordonnance de référé du TGI Marseille du 28.06.1977, Rev. crit. DIP 1979, 100

Leclerc, Frédéric — Observations relatives à l'arrêt de la CJCE du 27.04.1999 (C-99/96, "Mietz"), JDI 2001, 682

Leipold, Dieter — Lex fori, Souveränität, Discovery, Grundfragen des Internationalen Zivilprozeßrechts, Heidelberg 1989 (zit.: Leipold *Fundstelle*)

Lindacher, Walter — Internationale Unterlassungsvollstreckung, in: Festschrift für Hans Friedhelm Gaul, Bielefeld 1997, S. 399 (zit.: Lindacher in FS Gaul *Fundstelle*)

Lindacher, Walter	Anmerkung zum Beschluß des OLG Hamm vom 28.02.1979 (14 W 35/78), NJW 1980, 1400
Linke, Hartmut	Internationales Zivilprozeßrecht, 4. Auflage, Köln 2006 (zit.: Linke *Fundstelle*)
Linke, Hartmut	Anderweitige Rechtshängigkeit im Ausland und inländischer Justizgewährungsanspruch, IPRax 1994, 17
Linke, Hartmut	Anmerkung zum Urteil des EuGH vom 06.10.1976 (Rs. 14/76, "De Bloos/Bouyer"), RIW/AWD 1977, 43
Lipp, Volker	Inhalte und Probleme einer "Brüssel-III-Verordnung" im Familienvermögensrecht, in: Gottwald, Peter (Hrsg.): Perspektiven der justiziellen Zusammenarbeit in Zivilsachen in der Europäischen Union, Bielefeld 2004, S. 21 (zit.: Lipp in Gottwald, Perspektiven, *Fundstelle*)
Loussouarn, Yvon; Bourel, Pierre; Vareilles-Sommières, Pascal de	Droit international privé, 8e édition, Paris 2004 (zit.: Loussouarn *Fundstelle*)
Lüke, Wolfgang	Anmerkung zum Urteil des BGH vom 02.07.1991 (XI ZR 206/90), ZZP 105 (1992), 321
Malaurie, Marie	Le référé-concurrence, JCP 1993 éd. G I 3637
Mankowski, Peter	Selbständige Beweisverfahren und einstweiliger Rechtsschutz in Europa, JZ 2005, 1144
Mankowski, Peter	Entwicklungen im Internationalen Privat- und Prozessrecht 2004/2005 (Teil 2), RIW 2005, 561
Mankowski, Peter	Kurzkommentar zum Urteil des LG Hamburg vom 15.09.1998 - 410 O 44/95, EWiR 1999, 345
Mankowski, Peter	Anmerkung zum Urteil des EuGH vom 29.04.1999 (Rs. C-267/97, Coursier/Fortis), ZZPInt 4 (1999), 276
Mankowski, Peter	Kurzkommentar zum Urteil des OLG Hamburg vom 28.02.1997 - 1 U 167/95, EWiR 1997, 791
Mankowski, Peter	Kurzkommentar zum Urteil des LG Hamburg vom 14.08.1996 - 317 S 144/96, EWiR 1996, 1007
Mankowski, Peter	Der Arrestgrund der Auslandsvollstreckung und das Europäische Gemeinschaftsrecht, NJW 1995, 306

Mankowski, Peter	Besprechung des Werkes von Eilers, Anke: Maßnahmen des einstweiligen Rechtsschutzes im europäischen Zivilrechtsverkehr (Bielefeld 1991), RabelsZ 58 (1994) S. 355
Mankowski, Peter	Zum Arrestgrund der Auslandsvollstreckung in § 917 II ZPO, NJW 1992, 599
Mankowski, Peter	Zum Arrestgrund der Auslandsvollstreckung in § 917 Abs. 2 ZPO, RIW 1991, 181
Mankowski, Peter; Kerfack, Ralf	Arrest, Einstweilige Verfügung und die Anwendung ausländischen Rechts, IPRax 1990, 372
Marmisse, Anne; Wilderspin, Michaël	Le régime jurisprudentiel des mesures provisoires à la lumière des arrêts *Van Uden* et *Mietz*, Rev. crit. DIP 1999, 669
Martinet, Yvon; Honorat, Béatrice	Commentaires d'avocats sur les ordonnances de référé des 6 janvier 1998 et 23 juin 1998, Gaz. Pal. 1999 Jur. 330
Martiny, Dieter	Autonome und einheitliche Auslegung im Europäischen Internationalen Zivilprozeßrecht, RabelsZ 45 (1981) S. 427
Mathäser, Johanna	Der Arrestgrund - Eine Einführung, JuS 1995, 442
Matscher, Franz	Vollstreckung im Auslandsverkehr von vorläufig vollstreckbaren Entscheidungen und von Maßnahmen des provisorischen Rechtsschutzes, ZZP 95 (1982), 170
Mayer, Pierre	Droit international privé, 7e édition, Paris 2001 und 5e édition, Paris 1994 (zit.: Mayer *Fundstelle*)
Mégnin, Serge	Zur einer systematischeren Anwendung fremden Rechts durch den französischen Richter, IPRax 2005, 459
Meilicke, Wienand	Beweissicherungsverfahren bei Auslandssachverhalten, NJW 1984, 2017
Mélin, François	Note sous les arrêts de la Cour de Cassation du 03.06.2003 (*SNR c/ Y et M*) et du 13.11.2003 (*B c/ K*), JDI 2004, 523
Mennicke, Petra	Vollziehung einer Unterlassungsverfügung durch Zustellung in einem anderen Vertragsstaat des EuGVÜ, IPRax 2001, 202
Mennicke, Petra	Berücksichtigung einer Schutzschrift des Antragsgegners bei der Entscheidung über die Vollstreckbarerklärung nach dem EuGVÜ, IPRax 2000, 294

Mennicke, Petra	Zum Arrestgrund der Auslandsvollstreckung bei Urteilen aus Vertragsstaaten des EuGVÜ, EWS 1997, 117
Mezger, Ernst	Auflockerung der französischen Regeln über die internationale Zuständigkeit der Gerichte, in: Festschrift für Heinrich Nagel, Münster 1987, S. 246 (zit.: Mezger in FS Nagel *Fundstelle*)
Mezger, Ernst	Note sous l'arrêt de la CJCE du 21.05.1980 (125/79, "Denilauler"), Rev. crit. DIP 1980, 801
Mezger, Ernst	Observations relatives à l'ordonnance de référé du tribunal de grande instance de Nanterre du 9 octobre 1978 (Tronc c/ Soc. Verkor), Rev. crit. DIP 1979, 130
Micklitz, Hans-W., Rott, Peter	Vergemeinschaftung des EuGVÜ in der Verordnung (EG) Nr. 44/2001, EuZW 2002, 15
Morbach, Bertram	Einstweiliger Rechtsschutz in Zivilsachen, Frankfurt/Main u.a. 1988, zugl. Diss. Regensburg 1988 (zit.: Morbach *Fundstelle*)
Mühlhausen, Dieter	Zwangsvollstreckungsmaßnahmen deutscher Gerichte in Bankguthaben von Inländern bei Auslandsfilialen, WM 1986, 985
Muir-Watt, Horatia	Note sous les arrêts de la Cour de Cassation du 26.05.1999 (Mutuelle du Mans c/ M. Boedec et autres; M. A-B c/ Mme. E), Rev. crit. DIP 1999, 709
Muir-Watt, Horatia	Note sous l'arrêt de la Cour de Cassation du 07.04.1998 (SAMIB c/ Bachy), Rev. crit. DIP 1998, 459
Muir-Watt, Horatia	Extraterritorialité des mesures conservatoires *in personam*, Rev. crit. DIP 1998, 27
Muir-Watt, Horatia	Editions du Juris-Classeur Droit international, - Fascicule 584-2: Effets en France des décisions étrangères: Décisions bénéficiant du régime de l'efficacité internationale (1990), - Fascicule 584-5: Effets en France des décisions étrangères: Conditions de l'efficacité internationale (1990), - Fascicule 584-8: Effets en France des décisions étrangères: Voies d'efficacité (1990), (zit.: Muir-Watt Editions du Juris-Classeur Droit International, *Fundstelle*)

Muir-Watt, Horatia — Remarques sur les effets en France des jugements étrangers indépendamment de l'exequatur, in: Mélanges Dominique Holleaux, Paris 1990, S. 301 (zit.: Muir-Watt in Mélanges Holleaux *Fundstelle*)

Münchener Kommentar zum Bürgerlichen Gesetzbuch — Kommentar zum Bürgerlichen Gesetzbuch
- Band 6: Sachenrecht, §§ 854-1296 BGB u.a., 4. Auflage, München 2004
- Band 10: Einführungsgesetz zum Bürgerlichen Gesetzbuch (Art. 1-28), Internationales Privatrecht, 4. Auflage, München 2006

(zitiert: MüKo/BGB-*Bearbeiter Fundstelle*)

Münchener Kommentar zur Zivilprozeßordnung — Kommentar zur Zivilprozeßordnung mit Gerichtsverfassungsgesetz und Nebengesetzen, Hrsg.: Lüke, Gerhard; Wax, Peter
- Band 1: §§ 1-354, 2. Auflage, München 2000
- Band 2: §§ 355-802, 2. Auflage, München 2000
- Band 3: §§ 803-1048, EGZPO, GVG; EGGVG, Internationales Zivilprozeßrecht, 2. Auflage, München 2001
- Aktualisierungsband ZPO-Reform 2002, München 2002

(zit.: MüKo/ZPO-*Bearbeiter Fundstelle*)

Münzberg, Wolfgang — Berücksichtigung oder Präklusion sachlicher Einwendungen im Exequaturverfahren trotz Art. 45 Abs. 1 VO (EG) Nr. 44/2001, in: Einheit und Vielfalt des Rechts, Festschrift für Reinhold Geimer, München 2002, S. 745 (zit.: Münzberg in FS Geimer *Fundstelle*)

Münzberg, Wolfgang — Anmerkung zum Beschluß des OLG Stuttgart vom 26.09.1983 (11 W 43/83), ZZP 97 (1984), 489

Musielak, Hans-Joachim — Grundkurs ZPO, 7. Auflage, München 2004 (zit.: Musielak *Fundstelle*)

Musielak, Hans-Joachim (Hrsg.) — Kommentar zur Zivilprozeßordnung, 4. Auflage, München 2005 (zit.: Musielak-*Bearbeiter Fundstelle*)

Nagel, Heinrich; Bajons, Ena-Marlis — Beweis - Preuve - Evidence, Grundzüge des zivilprozessualen Beweisrechts in Europa, 1. Auflage, Baden-Baden 2003 (zit.: Nagel/Bajons Beweisrecht *Fundstelle*)

Nagel, Heinrich; Gottwald, Peter — Internationales Zivilprozeßrecht, 5. Auflage, Münster, Köln 2002 (zit.: Nagel/Gottwald *Fundstelle*)

Normand, Jacques	Note sous les arrêts de la CJCE du 17.11.1998 (C-391/95, "van Uden") et de la Cour de Cassation du 13.04.1999 ("Belbetoes Fundacoes e Betoes Especiais LDA c/ Société Bachy"), Rev. crit. DIP 1999, 353
Normand, Jacques	Jurisprudence française en matière de droit judiciaire privé, A: Sources; Organisation Judiciaire et Juridiction; Compétence; Action, RTD civ. 1999, 177
Normand, Jacques	Les mesures provisoires et l'arbitrage, in: van Compernolle, Jacques; Tarzia Giuseppe (dir.): Les mesures provisoires en droit belge, français et italien, Bruxelles 1998, S. 461 (zit.: Normand in van Compernolle/Tarzia *Fundstelle*)
Normand, Jacques	Jurisprudence française en matière de droit judiciaire privé, A: Sources; Organisation Judiciaire et Juridiction; Compétence; Action, RTD civ. 1994, 668
Normand, Jacques	Jurisprudence française en matière de droit judiciaire privé, A: Sources; Organisation Judiciaire et Juridiction; Compétence; Action, RTD civ. 1990, 134
Normand, Jacques	Jurisprudence française en matière de droit judiciaire privé, A: Sources; Organisation Judiciaire et Juridiction; Compétence; Action, RTD civ. 1984, 762
Normand, Jacques	Jurisprudence française en matière de droit judiciaire privé, A: Sources; Organisation Judiciaire et Juridiction; Compétence; Action, RTD civ. 1983, 179
Normand, Jacques	Jurisprudence française en matière de droit judiciaire privé, A: Sources; Organisation Judiciaire et Juridiction; Compétence; Action, RTD civ. 1983, 378
Normand, Jacques	Jurisprudence française en matière de droit judiciaire privé, A: Sources; Organisation Judiciaire et Juridiction; Compétence; Action, RTD civ. 1981, 674
Normand, Jacques	Jurisprudence française en matière de droit judiciaire privé, A: Sources; Organisation Judiciaire et Juridiction; Compétence; Action, RTD civ. 1980, 595
Normand, Jacques	Jurisprudence française en matière de droit judiciaire privé, A: Action en justice, juridiction, organisation judiciaire et compétence, RTD civ. 1979, 650

Normand, Jacques — Jurisprudence française en matière de droit judiciaire privé, A: Sources; Organisation Judiciaire et Juridiction; Compétence; Action, RTD civ. 1979, 417

Novak-Stief, Monika — Kauf beweglicher Sachen auf Teilzahlung und einstweilige Maßnahmen, ELR 1999, 275

Otte, Karsten — Verfahrenskoordination und einstweiliger Rechtsschutz bei Verletzung eines europäischen Patents, IPRax 1999, 440

Otte, Karsten — Beschränkte Nachprüfbarkeit internationaler Zuständigkeit im Arrestverfahren, ZIP 1991, 1048

Palandt — Bürgerliches Gesetzbuch, 65. Auflage, München 2006 (zit.: Palandt-*Bearbeiter Fundstelle*)

Parléani, Gilbert — Le juge des référés face au droit communautaire, Dalloz 1990 Chron. 65

Perrot, Roger — Jurisprudence française en matière de droit judiciaire privé, B: Procédure de l'instance: jugements et voies de recours; Voies d'exécution et mesures conservatoires,. RTD civ. 1993, 640

Perrot, Roger — Jurisprudence française en matière de droit judiciaire privé, B: Procédure de l'instance: jugements et voies de recours; Voies d'exécution et mesures conservatoires, RTD civ. 1984, 558

Perrot, Roger — Jurisprudence française en matière de droit judiciaire privé, B: Procédure de l'instance: jugements et voies de recours; Voies d'exécution et mesures conservatoires, RTD civ. 1982, 786

Piltz, Burghard — Vom EuGVÜ zur Brüssel-I-Verordnung, NJW 2002, 789

Piltz, Burghard — Die Zuständigkeitsordnung nach dem EWG-Gerichtsstands- und Vollstreckungsabkommen, NJW 1979, 1071

Pohlmann, Petra — Wann ist ein Titel im Sinne von § 929 Abs. 2 ZPO und § 945 ZPO vollzogen? WM 1994, 1277

Pörnbacher, Karl — Kommentar zum Urteil des EuGH vom 17.11.1998 (Rs. C-391/95, "van Uden/Deco-Line"), RIW 1999, 780

Prütting, Hanns — Die Rechtshängigkeit im internationalen Zivilprozeßrecht und der Begriff des Streitgegenstandes nach Art. 21 EuGVÜ, in: Gedächtnisschrift für Alexander Lüderitz, München 2000, S. 623 (zit.: Prütting in Gedächtnisschrift Lüderitz *Fundstelle*)

Puttfarken, Hans-Jürgen — Anmerkung zum Urteil des OLG Koblenz vom 02.05.1975 (13 U 9/75), RIW/AWD 1977, 360

Rauscher, Thomas (Hrsg.) — Europäisches Zivilprozeßrecht, München 2004 (zit.: Rauscher-*Bearbeiter* EuZPR *Fundstelle*)

Rauscher, Thomas — Der Europäische Vollstreckungstitel für unbestrittene Forderungen, Heidelberg 2004 (zit.: Rauscher Vollstreckungstitel *Fundstelle*)

Rauscher, Thomas — Unzulässigkeit einer anti-suit injunction unter Brüssel I, IPRax 2004, 405

Rauscher, Thomas — Internationales Privatrecht, 2. Auflage, Heidelberg 2002 (zit.: Rauscher *Fundstelle*)

Rauscher, Thomas; Gutknecht, Uta — Teleologische Grenzen des Art. 21 EuGVÜ? IPRax 1993, 21

Reichert-Facilides, Daniel — Fakultatives und zwingendes Kollisionsrecht, Tübingen 1995, zugl. Diss. Frankfurt/Main 1994/95 (zit.: Reichert-Facilides *Fundstelle*)

Reiner, Andreas — Schiedsgerichtsbarkeit, Einstweiliger Rechtsschutz und EuGVÜ, IPRax 2003, 75

Reithmann, Christoph; Martiny, Dieter (Hrsg.) — Internationales Vertragsrecht, 6. Auflage, Köln 2004 (zit.: *Bearbeiter* in Reithmann/Martiny *Fundstelle*)

Remien, Oliver — Einseitige Unterlassungsverfügungen im europäischen Binnenmarkt und das EuGVÜ, WRP 1994, 25

Remien, Oliver — Rechtsverwirklichung durch Zwangsgeld, Tübingen 1992, zugl. Diss. Hamburg 1989/1990 (zit.: Remien *Fundstelle*)

Ress, Hans-Konrad — Der Arrestgrund der Auslandsvollstreckung nach § 917 Abs. 2 ZPO und das gemeinschaftsrechtliche Diskriminierungsverbot, JuS 1995, 967

Roth, Herbert — Vollziehung von Arrestbefehlen gegen ausländische Schuldner (§ 929 Abs. 2, 3 ZPO), IPRax 1990, 161

Rusquec, Emmanuel de — Editions du Juris-Classeur Procédure Civile, Fascicule 2420: Mesures conservatoires, dispositions communes (1998), (zit.: Rusquec, Editions du Juris-Classeur Procédure Civile, *Fundstelle*)

Samtleben, Jürgen — Europäische Gerichtsstandsvereinbarungen und Drittstaaten - viel Lärm um nichts? RabelsZ 59 (1995) S. 670

Samtleben, Jürgen — Internationale Gerichtsstandsvereinbarungen nach dem EWG-Gerichtsstandsübereinkommen und nach der Gerichtsstandsnovelle, NJW 1974, 1590

Santa Croce, Muriel — Les mesures provisoires et conservatoires dans le contentieux international, Gaz. Pal. 1er et 2 mars 2000 S. 3

Schack, Haimo — Internationales Zivilverfahrensrecht, 3. Auflage, München 2002 (zit.: Schack *Fundstelle*)

Schack, Haimo — Entscheidungszuständigkeiten in einem weltweiten Gerichtsstands- und Vollstreckungsübereinkommen, ZEuP 1998, 931

Schack, Haimo — Rechtsangleichung mit der Brechstange des EuGH - Vom Fluch eines falsch verstandenen Diskriminierungsverbots, ZZP 108 (1995), 47

Schack, Haimo — Subrogation und Prozeßstandschaft, Ermittlung ausländischen Rechts im einstweiligen Verfügungsverfahren, IPRax 1995, 158

Schack, Haimo — Anmerkung zum Urteil des BGH vom 02.07.1991 (XI ZR 206/90), JZ 1992, 54

Schack, Haimo — Rechtshängigkeit in England und Art. 21 EuGVÜ, IPRax 1991, 270

Schack, Haimo — Keine stillschweigende Rechtswahl im Prozeß! IPRax 1986, 272

Schilken, Eberhard — Grundlagen des Beweissicherungsverfahrens, ZZP 92 (1979), 238

Schilling, Theodor — Internationale Rechtshängigkeit vs. Entscheidung binnen angemessener Frist, IPRax 2004, 294

Schlafen, Dieter — Anmerkung zum Urteil des OLG Koblenz Urteil vom 02.05.1975 (13 U 9/75), NJW 1976, 2082

Schlosser, Peter — Anerkennung und Vollstreckung englischer „freezing injunctions“ (zu Cour de Cassation 30.06.2004, Civ. 1ère, *Stolzenberg c/ Société Daimler Chrysler Canada Inc.*), IPRax 2006, 300

Schlosser, Peter — EU-Zivilprozeßrecht, 2. Auflage, München 2003, (zit.: Schlosser EU-Zivilprozeßrecht *Fundstelle*)

Schlosser, Peter — EuGVÜ, Kommentar, München 1996 (zit.: Schlosser EuGVÜ *Fundstelle*)

Schlosser, Peter — Die europäische justizielle Infrastruktur ohne Diskriminierungen - Anmerkung zur Entscheidung des EuGH vom 10.02.1994 (Rs. C-398/92, "Mund & Fester/ Hatrex"), ZEuP 1995, 250

Schlosser, Peter — Einschränkung des Vermögensgerichtsstandes, IPRax 1992, 140

Schlosser, Peter — Die Durchsetzung von Schiedssprüchen und ausländischen Urteilen im Urkundenprozeß und mittels eines inländischen Arrests, in: Festschrift für Karl Heinz Schwab, München 1990, S. 435 (zit.: Schlosser in FS Schwab *Fundstelle*)

Schlosser, Peter — Grenzüberschreitende Vollstreckung von Maßnahmen des einstweiligen Rechtsschutzes im EuGVÜ-Bereich, IPRax 1985, 321

Schlosser, Peter — Europäische Wege aus der Sackgasse des deutschen internationalen Insolvenzrechts, RIW 1983, 473

Schlosser, Peter — Der EuGH und das Europäische Gerichtsstands- und Vollstreckungsübereinkommen, NJW 1977, 457

Schlosser, Peter — Neue Zuständigkeiten des Gerichtshofs der Europäischen Gemeinschaften, RIW/AWD 1975, 534

Schmidt, Uwe — Europäisches Zivilprozeßrecht in der Praxis, München 2004 (zit.: Schmidt *Fundstelle*)

Schrader, Ludolf — Einstweiliger Rechtsschutz von Zahlungsansprüchen des Wirtschaftsverkehrs im spanischen und deutschen Zivilprozeß, Köln u.a. 1999, zugl. Diss. Köln 1999 (zit.: Schrader *Fundstelle*)

Schulz, Andrea — Die Verordnung (EG) Nr. 2201/2003 (Brüssel II a) - eine Einführung, NJW-Beilage zu Heft 18/2004, S. 2

Schulz, Andrea — Einstweilige Maßnahmen nach dem Brüsseler Gerichtsstands- und Vollstreckungsübereinkommen in der Rechtsprechung des Gerichtshofs der Europäischen Gemeinschaften (EuGH), ZEuP 2001, 805

Schuschke, Winfried; Walker, Wolf-Dietrich — Vollstreckung und Vorläufiger Rechtsschutz, Kommentar zum Achten Buch der Zivilprozeßordnung, Band II: Arrest und Einstweilige Verfügung, §§ 916-945 ZPO, 3. Auflage, Köln u.a. 2005 (zit.: Schuschke/Walker-*Bearbeiter Fundstelle*)

Schuschke, Winfried — Anmerkung zum Beschluß des OLG Frankfurt/Main vom 14.12.2000 (5 W 21/00), EWiR 2001, 243

Schütze, Rolf A. — Rechtsverfolgung im Ausland, 3. Auflage, Heidelberg 2002 (zit.: Schütze Rechtsverfolgung *Fundstelle*)

Schütze, Rolf A. — Einstweiliger Rechtsschutz im Schiedsverfahren, in: Neues deutsches Schiedsverfahrensrecht, Neue DIS-Schiedsgerichtsordnung, Deutsche Institution für Schiedsgerichtsbarkeit e.V., DIS-Materialien IV, Bonn 1998, S. 67 (zitiert: Schütze DIS-MAT IV (1998) *Fundstelle*)

Schütze, Rolf A. — Einstweilige Verfügungen und Arreste im internationalen Rechtsverkehr, insbesondere im Zusammenhang mit der Inanspruchnahme von Bankgarantien, WM 1980, 1438

Schütze, Rolf A. — Die Berücksichtigung der Rechtshängigkeit eines ausländischen Verfahrens nach dem EWG-Übereinkommen über die gerichtliche Zuständigkeit und die Vollstreckung gerichtlicher Entscheidungen, RIW/AWD 1975, 78

Schütze, Rolf A. — Zur Revisibilität ausländischen Rechts, NJW 1970, 1584

Sessler, Anke — Die Anwendbarkeit des § 917 Abs. 2 S. 1 ZPO auf Urteile aus EuGVÜ-Staaten, WM 2001, 497

Smyrek, Daniel Sven — Einheitlicher Rechtsraum – nur in der Theorie? RIW 2005, 695

Soergel — Kommentar zum Bürgerlichen Gesetzbuch mit Einführungsgesetz und Nebengesetzen, Band 10: Einführungsgesetz, 12. Auflage, Stuttgart u.a. 1996 (zit.: Soergel-*Bearbeiter Fundstelle*)

Sommerlad, Klaus; Schrey, Joachim — Die Ermittlungen ausländischen Rechts im Zivilprozeß und die Folgen der Nichtermittlung, NJW 1991, 1377

Spellenberg, Ulrich; Leible, Stefan	Anmerkung zu den Urteilen des EuGH vom 17.11.1998 (Rs. C-391/95, "van Uden/Deco-Line") und vom 27.04.1999 (Rs. C-99/96, "Mietz/Intership Yachting"), ZZPInt 4 (1999), 221
Spellenberg, Ulrich; Leible, Stefan	Die Notwendigkeit vorläufigen Rechtsschutzes bei transnationalen Streitigkeiten, in: Gilles, Peter, Transnationales Prozeßrecht, Baden-Baden 1995, S. 293 (zit.: Spellenberg/Leible in Gilles *Fundstelle*)
Spickhoff, Andreas	Verjährungsunterbrechung durch ausländische Beweissicherungsverfahren, IPRax 2001, 37
Stadler, Astrid	Inländisches Zwangsgeld bei grenzüberschreitender Handlungsvollstreckung, IPRax 2003, 430
Stadler, Astrid	Grenzüberschreitende Beweisaufnahme in der Europäischen Union - die Zukunft der Rechtshilfe in Beweissachen, in: Einheit und Vielfalt des Rechts, Festschrift für Reinhold Geimer, München 2002, S. 1281 (zit.: Stadler in FS Geimer *Fundstelle*)
Stadler, Astrid	Die Revision des Brüsseler und des Luganer Übereinkommens über die gerichtliche Zuständigkeit und die Vollstreckung gerichtlicher Entscheidungen in Zivil- und Handelssachen - Vollstreckbarerklärung und internationale Vollstreckung, in: Gottwald, Peter, Revision des EuGVÜ, Neues Schiedsverfahrensrecht, Bielefeld 2000, S. 37 (zit.: Stadler in Gottwald, Revision des EuGVÜ, *Fundstelle*)
Stadler, Astrid	Erlaß und Freizügigkeit einstweiliger Maßnahmen im Anwendungsbereich des EuGVÜ, JZ 1999, 1089
Staudinger, Ansgar	Wider den Federstrich des ZPO-Reformgesetzgebers: Die Nachprüfung der internationalen Zuständigkeit darf nicht ausgeschlossen werden! IPRax 2001, 298
Staudinger, Ansgar	Vertragsstaatenbezug und Rückversicherungsverträge im EuGVÜ, IPRax 2000, 483
Stein, Andreas	Der europäische Vollstreckungstitel für unbestrittene Forderungen tritt in Kraft - Aufruf zu einer nüchternen Betrachtung, IPRax 2004, 181

Stein/Jonas — Kommentar zur Zivilprozeßordnung,
- Band 1: §§ 1-40 ZPO, 22. Auflage, Tübingen 2003,
- Band 3: §§ 128-252 ZPO, 22. Auflage, Tübingen 2005,
- Band 4, Teilband I: §§ 300-347 ZPO, 21. Auflage, Tübingen 1998,
- Band 4, Teilband II: §§ 348-510b, 21. Auflage, Tübingen 1999,
- Band 8: §§ 828-915h, 22. Auflage, Tübingen 2004
- Band 9: §§ 916-1068 ZPO, 22. Auflage, Tübingen 2002

(zit.: Stein/Jonas-*Bearbeiter Fundstelle*)

Stickler, Susanne — Das Zusammenwirken von Art. 24 EuGVÜ und §§ 916 ff. ZPO, Berlin 1992, zugl. Diss. Regensburg 1991 (zit.: Stickler *Fundstelle*)

Stoll, Hans — Dinglicher Gerichtsstand, Vertragsstatut und Realstatut bei Vereinbarungen zum Miteigentümerverhältnis, IPRax 1999, 29

Stürner, Rolf — Der einstweilige Rechtsschutz in Europa, in: Festschrift für Karlmann Geiß, Köln u.a. 2000, S. 199 (zit.: Stürner in FS Geiß *Fundstelle*)

Stürner, Rolf — Das grenzübergreifende Vollstreckungsverfahren in der Europäischen Union, in: Festschrift für Wolfram Henckel, Berlin, New York 1995, S. 863 (zit.: Stürner in FS Henckel *Fundstelle*)

Stürner, Rolf — Das ausländische Beweissicherungsverfahren, IPRax 1984, 299

Stutz, Andrea — Die internationale Handlungs- und Unterlassungsvollstreckung unter dem EuGVÜ, Konstanz 1992, zugl. Diss. Konstanz 1992 (zit.: Stutz *Fundstelle*)

Thiele, Christian — Anderweitige Rechtshängigkeit im Europäischen Zivilprozeßrecht - Rechtssicherheit vor Einzelfallgerechtigkeit, RIW 2004, 285

Thomas, Heinz; Putzo, Hans; Reichold, Klaus; Hüßtege, Rainer — Zivilprozeßordnung, Kommentar, 27. Auflage, München 2006 (zit.: Thomas/Putzo-*Bearbeiter Fundstelle*)

Thorn, Karsten — Grenzüberschreitende Gerichtsstandsvereinbarungen in Kreditverträgen zur Finanzierung von Börsenspekulationen, IPRax 1995, 294

Thümmel, Roderich C. — Einstweiliger Rechtsschutz im Auslandsrechtsverkehr, NJW 1996, 1930

Thümmel, Roderich C. — Der Arrestgrund der Auslandsvollstreckung im Fadenkreuz des Europäischen Rechts, EuZW 1994, 242

Thümmel, Roderich C. — Inlandsvermögen - Achillesferse des Arrestgrundes der Auslandsvollstreckung? in: Festschrift für Dietrich Rothoeft, München 1994, S. 97 (zit.: Thümmel in FS Rothoeft *Fundstelle*)

Treichel, Pierre — Die französische Saisie-contrefaçon im europäischen Patentverletzungsprozeß, Zur Problematik der Beweisbeschaffung im Ausland nach Art. 24 EuGVÜ, GRUR Int. 2001, 690

van Compernolle, Jacques; Tarzia, Giuseppe (dir.) — Les mesures provisoires en droit belge, français et italien, Bruxelles 1998, (zit.: *Bearbeiter* in van Compernolle/Tarzia *Fundstelle*)

van Drooghenbroeck, Jean-François — Les compétences internationale et territoriale du juge du provisoire, in: van Compernolle, Jacques; Tarzia Giuseppe (dir.): Les mesures provisoires en droit belge, français et italien, Bruxelles 1998, S. 475 (zit.: van Drooghenbroeck in van Compernolle/Tarzia *Fundstelle*)

Vareilles-Sommières, Pascal de — La compétence internationale des tribunaux français en matière de mesures provisoires, Rev. crit. DIP 1996, 397

Vincent, Jean; Guinchard, Serge — Procédure civile, 25e édition, Paris 1999 (zit.: Vincent/ Guinchard *Fundstelle*)

Virassamy, Georges — Observations relatives à l'arrêt de la Cour de Cassation du 27.06.1989 (*Société Technisom France c/ Société Serap ameublement*) JCP 1990 éd. G II 21530

Vlas, P. — Note on the decision of the European Court of Justice of 17.11.1998 (C-391/95, van Uden), Netherlands International Law Review 1999, 106

Vuitton, Xavier — Le référé-provision et l'article 24 de la Convention de Bruxelles, Note sous l'arrêt de la Cour de Cassation du 13 avril 1999 (Belbetoes Fundacoes e Betoes Especiais LDA c/ Société Bachy), Dalloz 1999 Jur. 545

Wagner, Rolf — Der Europäische Vollstreckungstitel, NJW 2005, 1157

Wagner, Rolf — Zur Vereinheitlichung des internationalen Zivilverfahrensrechts vier Jahre nach In-Kraft-Treten des Amsterdamer Vertrags, NJW 2003, 2344

Wagner, Rolf — Vom Brüsseler Übereinkommen über die Brüssel-I-Verordnung zum Europäischen Vollstreckungstitel, IPRax 2002, 75

Wagner, Rolf — Die Bemühungen der Haager Konferenz für Internationales Privatrecht um ein Übereinkommen über die gerichtliche Zuständigkeit und ausländische Entscheidungen in Zivil- und Handelssachen, IPRax 2001, 533

Wagner, Rolf — Die Anerkennung und Vollstreckung von Entscheidungen nach der Brüssel-II-Verordnung, IPRax 2001, 73

Wagner, Rolf — Die geplante Reform des Brüsseler und des Lugano-Übereinkommen, IPRax 1998, 241

Weber, Gordon — Die Verdrängung des Hauptsacheverfahrens durch den einstweiligen Rechtsschutz in Deutschland und Frankreich, Köln 1993, zugl. Diss. Freiburg 1991 (zit.: Weber *Fundstelle*)

Weber, Jean-François — Conclusions de l'avocat général relatives à l'arrêt de la Cour de Cass. Ass. Plén. 28.06.1996 (Mme Daverioc/ Cts Lasserre), Dalloz 1996 Jur. 497

Wieczorek, Bernhard; Schütze, Rolf A. — Zivilprozeßordnung und Nebengesetze, Kommentar,
- 1. Band, 1. Teilband: Einleitung, §§ 1-49 ZPO, 3. Auflage, Berlin/New York 1994,
- 4. Band, 1. Teilband: §§ 704-807 ZPO, 3. Auflage, Berlin/New York 1999,
- 5. Band: §§ 916-1048 ZPO, §§ 1-24 EGZPO, §§ 1-202 GVG, §§ 1-30 EGGVG, 3. Auflage, Berlin/New York 1995

(zit.: Wieczorek/Schütze-*Bearbeiter Fundstelle*)

Willeitner, Volker — Vermögensgerichtsstand und einstweiliger Rechtsschutz im deutschen, niederländischen und europäischen Internationalen Zivilverfahrensrecht, Frankfurt/Main u.a. 2003, zugl. Diss. Heidelberg 2003 (zit.: Willeitner *Fundstelle*)

Willems, Jane — Les mesures provisoires et l'arbitrage après l'arrêt Van Uden de la Cour de Justice des Communautés Européennes, Gaz. Pal. 9 au 11 janvier 2000 S. 37

Wimmer, Klaus	Die EU-Verordnung zur Regelung grenzüberschreitender Insolvenzverfahren, NJW 2002, 2427
Wolf, Christian; Lange, Sonja	Das europäische System des einstweiligen Rechtsschutzes - doch noch kein System? RIW 2003, 55
Wolf, Christian	Sind auch ausländische Urteile Urteile im Sinne von § 917 Abs. 1 ZPO? in: Festschrift für Rolf. A. Schütze, München 1999, S. 983 (zit.: Wolf in FS Schütze *Fundstelle*)
Wolf, Christian	Konturen eines europäischen Systems des einstweiligen Rechtsschutzes, EWS 2000, 11
Wolf, Christian	Die Anerkennungsfähigkeit von Entscheidungen im Rahmen eines niederländischen kort geding-Verfahrens nach dem EuGVÜ, EuZW 2000, 11
Wollenschläger, Peter	Zum Merkmal des hinreichenden Inlandsbezuges in § 23 ZPO - Auslegungsdifferenzen in den verschiedenen Verfahrensarten der Zivilprozeßordnung? IPRax 2002, 96
Zeiler, Gerold	Europäisches Sicherungsverfahren: Die Regelungen des Europäischen Gerichtsstands- und Vollstreckungsübereinkommen über einstweilige Maßnahmen, Österr. JBl. 1996, 635
Zöller, Richard	Zivilprozeßordnung, Kommentar, 25. Auflage, Köln 2005, 22. Auflage, Köln 2001 (zit.: Zöller-*Bearbeiter Fundstelle*)

Teil 1: Einführung

I. Einleitung

In Anbetracht der immer zahlreicher werdenden grenzüberschreitenden Rechtsbeziehungen wird die Existenz eines effizienten internationalen Rechtsschutzsystems mit vorhersehbaren Entscheidungsmechanismen immer notwendiger und wichtiger. Wegen der meist langen Verfahrensdauer bei Rechtsstreitigkeiten mit Auslandsbezug und der Schwierigkeiten, die oft mit der Vollstreckung eines Urteils in einem anderen Staat als dem Urteilsstaat verbunden sind, ist vor allem das Bedürfnis nach einstweiligem Rechtsschutz besonders hoch[1].

An das internationale Zivilverfahrensrecht stellt dies die Anforderung, eindeutige und praktikable Regelungen der internationalen gerichtlichen Zuständigkeit für die Durchführung von Verfahren des einstweiligen Rechtsschutzes sowie der grenzüberschreitenden Anerkennung und Vollstreckung von in Verfahren des einstweiligen Rechtsschutzes ergangenen Entscheidungen bereitzuhalten, die der Eilbedürftigkeit im Rahmen solcher Verfahren Rechnung tragen.

Grundsätzlich findet in Verfahren mit Auslandsbezug unabhängig von der Nationalität der Beteiligten das Prozeßrecht des angerufenen Gerichts, die lex fori, Anwendung[2]. Im Interesse der Vermeidung von Doppelprozessen, sich widersprechender Entscheidungen und der Versagung der Anerkennung von Entscheidungen ausländischer Gerichte werden jedoch immer mehr Bereiche des Prozeßrechts im Wege zwischenstaatlicher Abkommen vereinheitlicht.

Auf der Ebene der multilateralen Staatsverträge hatte der einstweilige Rechtsschutz im internationalen Zivilverfahrensrecht eine Regelung in Art. 24 EuGVÜ[3] erfahren, die jedoch, wie in dieser Arbeit zu zeigen sein wird, viele Fragen offen ließ. Die am 01.03.2002 in Kraft getretene EG-Verordnung über die gerichtliche Zuständigkeit und

---

1 Vgl. *Albrecht* S. 21; *Spellenberg/Leible* in *Gilles* S. 293, 294; *Vareilles-Sommières* Rev. crit. DIP 1996, 397, 399 f.

2 Vgl. BGH Urteil vom 24.02.1994 BGHZ 125, 196 199; BGH Urteil vom 24.11.1989 NJW-RR 1990, 248, 249; BGH Urteil vom 27.06.1984 NJW 1985, 552, 553; BGH Urteil vom 27.04.1977 WM 1977, 793, 794; *Geimer* IZPR Rdnr. 20 f. mit Erörterung anderer Ansätze bei Rdnr. 324 ff.; Zöller-*Geimer* IZPR Rdnr. 1; Baumbach/Lauterbach/Albers/ Hartmann-*Hartmann* Einl III Rdnr. 74; *Jauernig* Zivilprozeßrecht § 6 II 2; *Linke* Rdnr. 37 ff.; *Linke* RIW/AWD 1977, 43 f.; *Loussouarn* Rdnr. 489; *Schack* Rdnr. 40 ff.; Wieczorek/Schütze-*Schütze* Einl. Rdnr. 165 ff.; *Stutz* S. 15 f.; *von Hoffmann* § 3 Rdnr. 5 ff.; der Lösung einzelner Rechtsfragen, wie z.B. die Bestimmung der Partei- und Prozeßfähigkeit, geht jedoch auch die kollisionsrechtliche Bestimmung des anwendbaren Rechts voraus: Zöller-*Geimer* IZPR Rdnr. 19; *Linke* Rdnr. 38 ff., 246 ff.

3 Brüsseler EWG-Übereinkommen über die gerichtliche Zuständigkeit und die Vollstreckung gerichtlicher Entscheidungen in Zivil- und Handelssachen, vom 27.09.1968, für Deutschland zuletzt in der Fassung des 4. Beitrittsübereinkommens vom 29.11.1996 (BGBl. 1998 II, S. 1412) gültig; in Frankreich wird das EuGVÜ als "*Convention de Bruxelles*" bezeichnet.

die Anerkennung und Vollstreckung von Entscheidungen in Zivil- und Handelssachen[4] hat das EuGVÜ im Rechtsverkehr zwischen allen Mitgliedsstaaten der Europäischen Union mit Ausnahme von Dänemark ersetzt[5]. Die für den einstweiligen Rechtsschutz wichtigsten Vorschriften des EuGVÜ, Art. 24 und 25, wurden dabei in die EuGVVO in Art. 31 und 32 fast wörtlich übernommen. Fortbestand hat auch das mit dem EuGVÜ fast gleichlautende Lugano-Übereinkommen (LugÜ), das zwischen den Staaten der Europäischen Union und einigen europäischen Staaten gilt, die keine Mitgliedsstaaten der Europäischen Union sind[6]. Auch dessen Art. 24 ist mit Art. 24 EuGVÜ gleichlautend.

Vor dem Hintergrund unlängst ergangener Urteile des EuGH zur Behandlung einstweiliger Maßnahmen nach dem EuGVÜ[7] und des Inkrafttretens der EuGVVO besteht ein aktueller Anlaß, den einstweiligen Rechtsschutz nach der EuGVVO und dem EuGVÜ näher zu untersuchen. Dies ist, verbunden mit einer Rechtsvergleichung zwischen Deutschland und Frankreich, Gegenstand dieser Arbeit. Für diesen Teil soll die Systematik des einstweiligen Rechtsschutzes nach deutschem Recht zugrunde gelegt werden:

Im deutschen Zivilprozeßrecht wird beim einstweiligen Rechtsschutz im wesentlichen zwischen Arresten und einstweiligen Verfügungen unterschieden (§§ 916 ff. ZPO). Während ein Arrest der Sicherung der Zwangsvollstreckung bei Geldforderungen oder Forderungen, die in eine Geldforderung übergehen können, dient (§ 916 Abs. 1 ZPO), kann durch einstweilige Verfügungen (§§ 935 ff. ZPO) die Verwirklichung anderer Ansprüche vorübergehend gesichert werden.

Die Behandlung von Arresten in Rechtsstreitigkeiten mit Auslandsbezug ist seit geraumer Zeit Gegenstand vieler Urteile[8] und zahlreicher Kommentierungen in der Literatur[9] gewesen. Im Anschluß an das Urteil des EuGH "*Mund und Fester/Hatrex*"

---

4 Verordnung (EG) Nr. 44/2001 des Rates vom 22.12.2000 über die gerichtliche Zuständigkeit und die Anerkennung und Vollstreckung von Entscheidungen in Zivil- und Handelssachen, Abl. L 12 vom 16.01.2001, S. 1 (nachfolgend: 'EuGVVO').

5 Vgl. Erwägungsgrund 21 der EuGVVO und Art. 1 und 2 des dem Vertrag über die Europäische Union und dem Vertrag zur Gründung der Europäischen Gemeinschaften beigefügten Protokolls über die Position Dänemarks.

6 Luganer Übereinkommen über die gerichtliche Zuständigkeit und die Vollstreckung gerichtlicher Entscheidungen in Zivil- und Handelssachen, vom 16.09.1988, BGBl. 1994 II, S. 2660; Vertragsstaat des Luganer Übereinkommens ist beispielsweise die Schweiz.

7 EuGH Urteil vom 28.04.2005 *St. Paul Dairy Industries NV/Unibel Exser BVBA*, Rs. C-104/03, RIW 2005, 538; EuGH Urteil vom 06.06.2002 *Italian Leather*, Rs. C-80/00, Slg. 2002, I-4995; EuGH Urteil vom 27.04.1999 *Mietz*, Rs. C-99/96, Slg. 1999, I-2277; EuGH Urteil vom 17.11.1998 *van Uden*, Rs. C-391/95, Slg. 1998, I-7091.

8 Siehe z.B. OLG München Urteil vom 15.06.1983 NJW 1983, 2778; OLG Frankfurt/Main Urteil vom 23.09.1980 RIW/AWD 1980, 799; OLG Düsseldorf Urteil vom 18.05.1977 NJW 1977, 2034; LG München I Urteil vom 11.10.1991 EuZW 1991, 767; LG Berlin Urteil vom 21.10.1982 ZIP 1983, 223; LG Bremen Urteil vom 30.05.1978 RIW/AWD 1980, 366.

9 *Ackmann* IPRax 1991, 166, 167 f.; *Dittmar* NJW 1978, 1720, 1721 ff.; *Ehricke* NJW 1991, 2189; *Eilers* S. 44 ff.; Geimer/Schütze-*Geimer* Urteilsanerkennung I/1 § 41 III, IV, V, S. 272 ff.; *Hanisch* IPRax 1991, 215, 217 f.; *Gronstedt* S. 15-168; *Mankowski* RIW 1991, 181 und NJW 1992,

vom 10.02.1994[10], dessen Inhalt zu einer Änderung des § 917 Abs. 2 ZPO führte[11], ist vor allem in der deutschen Literatur umfangreich zu dinglichen Arresten in Rechtsstreitigkeiten mit Auslandsbezug und insbesondere zum Arrestgrund der Auslandsvollstreckung bei Urteilen aus Vertragsstaaten des EuGVÜ Stellung genommen worden[12]. Da dieser Themenbereich damit bereits ausführlich behandelt wurde[13], soll er in der vorliegenden Arbeit nicht vertieft werden. Die Betrachtung soll sich also nicht auf Arreste, sondern auf einstweilige Verfügungen und die vergleichbaren Maßnahmen des französischen Rechts richten. Spezialformen des einstweiligen Rechtsschutzes nach deutschem Recht wie die einstweiligen Anordnungen in Ehesachen nach § 620 ff. ZPO, die einstweilige Anordnung von Unterhalt in Kindschaftssachen nach § 641 d ZPO oder die einstweilige Verfügung nach § 102 Abs. 5 Satz 2 BetrVG sowie Spezialformen nach französischem Recht bleiben mit Blick auf die Behandlung einstweiliger Maßnahmen nach der EuGVVO und deren Anwendungsbereich ebenfalls unberücksichtigt. Die einstweilige Leistungsverfügung und ihre französischen Entsprechungen werden dagegen in die Betrachtung eingeschlossen. Soweit die Vorschriften über Arreste sowie die ergangene Rechtsprechung und veröffentlichte Literatur zu Arresten und entsprechenden einstweiligen Maßnahmen Beiträge zum untersuchten Themenbereich liefern, werden sie ebenfalls herangezogen. Ein besonderes Augenmerk soll auch den häufig anzutreffenden einstweiligen Maßnahmen auf Unterlassung sowie den unter Eilvoraussetzungen erlassenen Maßnahmen zur selbständigen Beweissicherung außerhalb eines Hauptsacheverfahrens gewidmet werden.

Darüber hinaus soll nur die Behandlung von einstweiligen Maßnahmen im Vorfeld oder parallel zu einem Hauptsacheverfahren vor Erlaß eines Titels in der Hauptsache und nicht die Möglichkeit der Beantragung einstweiliger Maßnahmen zur vorläufigen Vollstreckung *nach* Erlaß eines Urteils im Hauptsacheverfahren, wie sie in Art. 47 Abs. 1 und Abs. 3 EuGVVO vorgesehen ist, untersucht werden[14].

Mit dieser Themenauswahl tritt die Arbeit neben andere in jüngerer Zeit veröffentlichte Monographien, die sich mit der Behandlung einstweiliger Maßnahmen auch im Anwendungsbereich der EuGVVO beschäftigen[15]. Sie ergänzt diese Forschungsergeb-

---

599; *Puttfarken* RIW/AWD 1977, 360, 361 ff.; *Schlafen* NJW 1976, 2082; *Schlosser* IPRax 1985, 321 und RIW 1983, 473, 481 ff.; *Stickler* S. 49 ff.; *Thümmel* in FS Rothoeft S. 97.

[10] EuGH Urteil vom 10.02.1994, Rs. C-398/92, Slg. 1994, I-467; das Urteil erging auf eine Vorlagefrage des OLG Hamburg mit Beschluß vom 16.11.1992 EuZW 1993, 264.

[11] Gesetz vom 06.08.1998, BGBl. 1998 I, S. 2030, 2033 Art. 2 c); die Vorschrift wurde zum 01.01.2004 erneut geändert durch Art. 1 Nr. 4 des Gesetzes vom 04.11.2003, BGBl. 2003 I, S. 2166.

[12] Siehe z.B. *Geiger* IPRax 1994, 415; *Gieseke* EWS 1994, 149; *Mankowski* NJW 1995, 306; *Mennicke* EWS 1997, 117; *Ress* JuS 1995, 967; *Schack* ZZP 108 (1995), 47 und *Schack* Rdnr. 420 ff.; *Schlosser* ZEuP 1995, 250; *Spellenberg/Leible* in *Gilles* S. 293, 299; *Thümmel* EuZW 1994, 242.

[13] Siehe Fundstellen in Fußnoten 8, 9 und 12.

[14] Vgl. zu letzterem in jüngerer Zeit z.B. die Kommentierung in MüKo/ZPO-*Gottwald*, Aktualisierungsband, Art. 47 EuGVVO; *Heß/Hub* IPRax 2003, 93 ff.

[15] Vgl. z.B. *Willeitner*, Vermögensgerichtsstand und einstweiliger Rechtsschutz im deutschen, niederländischen und europäischen Internationalen Zivilverfahrensrecht, Diss. 2003; *Cuniberti*, Les mesures conservatoires portant sur des biens situés à l'étranger, Diss. 1998; *Haedicke*, Die Vollstreckung deutscher Urteile in Frankreich auf der Grundlage des EuGVÜ, Diss.1999; umfangreiche Ar-

nisse um einen aktuellen Vergleich der Rechtslagen in Deutschland und Frankreich sowie um eine umfassende Auswertung der dort zuletzt veröffentlichten Literatur zur Behandlung einstweiliger Maßnahmen im Anwendungsbereich der EuGVVO bzw. des EuGVÜ. Die jüngst vom EuGH zu diesem Themenbereich ergangenen Entscheidungen werden, insbesondere vor dem Hintergrund des Inkrafttretens der EuGVVO, gewürdigt. Von großer praktischer Bedeutung dürfte die spezielle Untersuchung der Behandlung von Maßnahmen zur selbständigen Beweissicherung sowie der auf eine Unterlassungsverpflichtung gerichteten einstweiligen Maßnahmen in diesem Kontext sein.

II. Problemstellung der Arbeit

Neben einer rechtsvergleichenden Darstellung des einstweiligen Rechtsschutzes in Zivilverfahren nach deutschem und französischem Recht ist es Anliegen dieser Arbeit, die Behandlung einstweiliger Maßnahmen nach dem EuGVÜ und der EuGVVO und in der dazu ergangenen Rechtsprechung des EuGH zu untersuchen. Dabei wird aufzuzeigen sein, daß der EuGH entgegen anderslautender Stimmen in der Literatur eine überwiegend sachgerechte Auslegung der maßgeblichen Vorschriften vorgenommen hat, deren Inhalt abschließend zusammengefaßt werden soll. Ferner wird zu zeigen sein, daß eine Überarbeitung der die einstweiligen Maßnahmen betreffenden Vorschriften sowie weitere normative Klarstellungen bei der Revision des EuGVÜ und dem Erlaß der EuGVVO teilweise wünschenswert gewesen wären.

Die EuGVVO enthält nur wenige Regelungen im Hinblick auf einstweilige Maßnahmen. Sie wurden alle weitestgehend wortgleich aus dem EuGVÜ übernommen. In Kapitel II der EuGVVO, das die internationale gerichtliche Zuständigkeit für die Durchführung von Verfahren im Anwendungsbereich der Verordnung regelt, befindet sich Art. 31 EuGVVO, der die gerichtliche Zuständigkeit zum Erlaß einstweiliger Maßnahmen betrifft.

Art. 31 EuGVVO lautet:

> *Die in dem Recht eines Mitgliedsstaats vorgesehenen einstweiligen Maßnahmen einschließlich solcher, die auf eine Sicherung gerichtet sind, können bei den Gerichten dieses Staates auch dann beantragt werden, wenn für die Entscheidung in der Hauptsache das Gericht eines anderen Mitgliedsstaats aufgrund dieser Verordnung zuständig ist.*

Einstweilige Maßnahmen sind damit von den zwingenden Zuständigkeitsvorschriften der Verordnung ausgenommen, wenn ein Gericht feststellt, daß es aufgrund der Zuständigkeitsvorschriften der Verordnung nicht für die Entscheidung des Rechtsstreits in der Hauptsache zuständig ist. Auf die internationale gerichtliche Zuständigkeit finden insoweit weiterhin die Vorschriften der nationalen Rechtsordnungen Anwendung.

Diese Regelung weist allerdings Lücken auf und läßt zahlreiche Fragen offen. Der aus dem Wortlaut ableitbare Gehalt von Art. 31 EuGVVO beschränkt sich darauf, daß auf

---

beiten zum einstweiligen Rechtsschutz nach dem EuGVÜ liegen bereits länger zurück, z.B. *Albrecht*, Das EuGVÜ und der einstweilige Rechtsschutz in England und in der Bundesrepublik Deutschland, Diss. 1989; *Eilers*, Maßnahmen des einstweiligen Rechtsschutzes im europäischen Zivilrechtsverkehr, Diss. 1989/1990; *Heiss*, Einstweiliger Rechtsschutz im europäischen Zivilrechtsverkehr (Art. 24 EuGVÜ), Diss. 1986.

jeden Fall die nach nationalem Recht zuständigen Gerichte für die Durchführung von Verfahren des einstweiligen Rechtsschutzes im Rahmen des Anwendungsbereichs der EuGVVO zuständig sind. Dem Wortlaut nicht entnehmen läßt sich beispielsweise, welche Maßnahmen überhaupt als einstweilige Maßnahmen im Sinne dieser Vorschrift anzusehen sind, ob Maßnahmen auch vor einem nach Art. 2 oder 5 bis 24 EuGVVO zuständigen Gericht beantragt werden können und ob die Beantragung von einstweiligen Maßnahmen auf der Grundlage von Art. 31 EuGVVO auch noch nach der Einleitung des Hauptsacheverfahrens möglich sein sollte. In Anbetracht der Tatsache, daß Art. 31 EuGVVO dadurch, daß er einstweilige Maßnahmen im Interesse des Eilzwecks von den zwingenden Zuständigkeitsvorschriften der Verordnung ausnimmt, eine erhebliche Ausnahme zu dem durch die EuGVVO geschaffenen System der gerichtlichen Zuständigkeit schafft, ist diese Lückenhaftigkeit bedauerlich. Die Konkretisierung des Regelungsgehalts des Art. 31 EuGVVO bzw. seines Vorgängers Art. 24 EuGVÜ blieb damit im wesentlichen dem EuGH überlassen, der nach Art. 1 Abs. 1 des "Luxemburger Protokolls betreffend die Auslegung des Übereinkommens vom 27. September 1968 über die gerichtliche Zuständigkeit und die Vollstreckung gerichtlicher Entscheidungen in Zivil- und Handelssachen durch den Gerichtshof"[16] für die Auslegung des EuGVÜ zuständig war. Nunmehr entscheidet der EuGH über die Auslegung der EuGVVO im Wege des Vorabentscheidungsverfahrens nach Art. 68, 234 EG[17].

Über die Anerkennung und Vollstreckung einstweiliger Maßnahmen in anderen Mitgliedsstaaten im Sinne des Art. 2 Abs. 3 EuGVVO als dem Erlaßstaat enthält die EuGVVO keine ausdrücklichen Vorschriften. Ob und inwieweit die allgemeinen Vorschriften der EuGVVO über die Anerkennung und Vollstreckung von gerichtlichen Entscheidungen Anwendung finden können, hängt von der Auslegung des Art. 32 EuGVVO ab, der als erste Vorschrift in Kapitel III der EuGVVO (Anerkennung und Vollstreckung) eine Definition des Begriffs der "Entscheidungen" im Sinne der EuGVVO gibt. Für diese Entscheidungen gelten die dann folgenden Art. 33 ff. EuGVVO zur Anerkennung bzw. Art. 38 ff. EuGVVO zur Vollstreckbarerklärung.

Art. 32 EuGVVO lautet:

> *Unter 'Entscheidung' im Sinne dieser Verordnung ist jede von einem Gericht eines Mitgliedsstaats erlassene Entscheidung zu verstehen, ohne Rücksicht auf ihre Bezeichnung wie Urteil, Beschluß, Zahlungsbefehl oder Vollstreckungsbescheid, einschließlich des Kostenfestsetzungsbeschlusses eines Gerichtsbediensteten.*

Spezialregelungen hinsichtlich der grenzüberschreitenden Anerkennung und Vollstreckbarerklärung einstweiliger Maßnahmen enthält die EuGVVO nicht. Auch dieser Bereich ist somit für einstweilige Maßnahmen lückenhaft und läßt viele Fragen offen.

---

16 BGBl. 1972 II, S. 846, für Deutschland zuletzt in der Fassung des 4. Beitrittsübereinkommens vom 29.11.1996 (BGBl. 1998 II, S. 1412) gültig.

17 Es wird im folgenden die Zitierweise des EuGH verwendet, nach welcher der Vertrag zur Gründung der Europäischen Gemeinschaften vom 25.03.1957 in der seit dem 01.05.1999 konsolidierten Fassung mit den Änderungen durch den Vertrag von Amsterdam vom 02.10.1997 "EG" genannt wird, während Vorschriften der bis dahin geltenden Fassung weiterhin mit "EGV" bezeichnet werden.

Der EuGH hatte verschiedene Gelegenheiten, zur Behandlung einstweiliger Maßnahmen nach dem EuGVÜ Stellung zu nehmen[18]. Zuletzt sind in den Jahren 1998, 1999, 2002 und 2005 Urteile des EuGH zur Auslegung des Art. 24 EuGVÜ (der Art. 31 EuGVVO entspricht) sowie zur grenzüberschreitenden Anerkennung und Erteilung der Vollstreckbarerklärung einstweiliger Maßnahmen ergangen[19]. Die Entscheidungen des EuGH sollen im einzelnen in Teil 3 der vorliegenden Arbeit dargestellt werden.

Durch diese Urteile wurden, wie zu zeigen sein wird, zahlreiche Fragen, die teilweise auch in der Literatur kontrovers diskutiert wurden, geklärt. Andererseits sind in einigen Punkten die vom EuGH getroffenen Entscheidungen bzw. die von ihm durchgeführten Auslegungen weiterhin umstritten. In Anbetracht der Tatsache, daß Art. 31 EuGVVO dadurch, daß er einstweilige Maßnahmen im Interesse der Eilbedürftigkeit von den zwingenden Zuständigkeitsvorschriften der Verordnung ausnimmt, eine erhebliche Ausnahme zu dem durch die EuGVVO geschaffenen System der gerichtlichen Zuständigkeit darstellt, ist eine derartige Unsicherheit gerade vor dem Hintergrund der großen praktischen Bedeutung bedauerlich.

In der Literatur häuften sich bei der Überarbeitung des EuGVÜ Ende der neunziger Jahre des vergangenen Jahrhunderts Forderungen nach einer Reform der Art. 24 bzw. 25 EuGVÜ. Insbesondere im Zuge der Erarbeitung der EuGVVO wurden zahlreiche Vorschläge zur Änderung und Präzisierung dieser Vorschriften gemacht[20]. Im Kommissionsvorschlag einer Verordnung (EG) des Rates über die gerichtliche Zuständigkeit und die Anerkennung und Vollstreckung von Entscheidungen in Zivil- und Handelssachen vom 14.07.1999[21] wurden Art. 24 und 25 EuGVÜ trotz der Reformforderungen und der gemachten Reformvorschläge allerdings weitestgehend wörtlich in Art. 31 bzw. 32 übernommen. Als Begründung für die unveränderte Übernahme des Art. 24 EuGVÜ führte die Kommission an, der Inhalt dieser Vorschrift sei im Lichte ihrer durch den EuGH erfolgten Auslegung zu sehen, und verwies dabei insbesondere auf die bereits ergangenen Entscheidungen "*van Uden*" und "*Mietz*"[22]. Es ist daher davon auszugehen, daß die Kommission die vom EuGH vorgenommenen Konkretisierungen für ausreichend hielt.

---

18 EuGH Urteil vom 26.03.1992 *Reichert*, Rs. C-261/90, Slg. 1992, I-2149; EuGH Urteil vom 31.03.1982 *C.H.W. ./. G. J. H.*, Rs. 25/81, Slg. 1982, 1189; EuGH Urteil vom 21.05.1980 *Denilauler*, Rs. 125/79, Slg. 1980, 1553; EuGH Urteil vom 06.03.1980 *De Cavel II*, Rs. 120/79, Slg. 1980, 731; EuGH Urteil vom 27.03.1979 *De Cavel I*, Rs. 143/78, Slg. 1979, 1055.

19 EuGH Urteil vom 28.04.2005 *St. Paul Dairy Industries NV/Unibel Exser BVBA*, Rs. C-104/03, RIW 2005, 538; EuGH Urteil vom 06.06.2002 *Italian Leather*, Rs. C- 80/00, Slg. 2002, I-4995; EuGH Urteil vom 27.04.1999 *Mietz*, Rs. C-99/96, Slg. 1999, I-2277; EuGH Urteil vom 17.11.1998 *van Uden*, Rs. C-391/95, Slg. 1998, I-7091.

20 Siehe dazu unten Gliederungspunkt III.A.3, S. 8.

21 KOM(1999)348 endg., veröffentlicht in Abl. Nr. C 376 E vom 28.12.1999, S. 1 und IPRax 2000, 41.

22 KOM(1999)348, Begründung zu Art. 31.

III. Der Erlaß der EuGVVO

Zunächst soll die Entstehungsgeschichte der EuGVVO sowie der wesentliche Inhalt der Verordnung, soweit er einstweilige Maßnahmen betrifft, kurz dargestellt werden.

Die EuGVVO ersetzt das EuGVÜ im Rechtsverkehr zwischen den Staaten, in denen sie Geltung hat, vollständig hat übernimmt neben seiner Systematik einige seiner Vorschriften wörtlich übernommen.

A. Das Verfahren zum Erlaß der EuGVVO

Die EuGVVO wurde vor dem Hintergrund von einerseits neu geschaffenen Kompetenztiteln der Europäischen Gemeinschaften und andererseits Bemühungen um eine Reform des EuGVÜ erlassen.

1. Neue Kompetenztitel

Das EuGVÜ als multilateraler völkerrechtlicher Vertrag wurde von den Mitgliedsstaaten der EG auf Grundlage des Art. 293 EG (ex-Art. 220 EGV) abgeschlossen[23]. Dieser enthielt schon vor den Beschlüssen von Amsterdam die Absichtserklärung der Mitgliedsstaaten, Verhandlungen zur Vereinfachung der Förmlichkeiten für die gegenseitige Anerkennung und Vollstreckung richterlicher Entscheidungen aufzunehmen[24]. Art. 293 EG gab der Europäischen Gemeinschaft jedoch keine Kompetenz zum Erlaß von Rechtsakten. Durch Titel VI des Vertrages über die Europäische Union[25] ist die Zusammenarbeit in den Bereichen Justiz und Inneres dann als einer der sog. "drei Pfeiler" als Grundlage der Europäischen Union im Sinne des Art. A Abs. 3 dieses Vertrages festgesetzt worden. Durch den 'Vertrag von Amsterdam'[26] wurden Bestimmungen hierzu in den Vertrag zur Gründung der Europäischen Gemeinschaften eingearbeitet und der heutige Titel IV EG eingefügt, der dem Rat einen Kompetenztitel für den Erlaß bestimmter Maßnahmen zum Aufbau eines Raums der Freiheit, der Sicherheit und des Rechts gibt. Nach Art. 61 c) i.V.m. Art. 65 a) und c) EG erhielt der Rat auch die Kompetenz, Maßnahmen "zur Verbesserung und Vereinfachung der Anerkennung und Vollstreckung gerichtlicher und außergerichtlicher Entscheidungen in Zivil- und Handelssachen"(a) und zur "Beseitigung der Hindernisse für eine reibungslose Abwicklung von Zivilverfahren"(c) zu erlassen[27]. Dabei konnte er zunächst bis fünf Jahre nach Inkrafttreten des Vertrages von Amsterdam nach Art. 65 i.V.m. Art. 67 Abs. 1 EG nur auf Vorschlag der Kommission oder auf Initiative eines Mitgliedsstaa-

---

[23] *Arnold* AWD 1965, 321; *Droz/Gaudemet-Tallon* Rev. crit. DIP 2001, 601, 607; *Geiger* EUV/EGV Art. 293 Rdnr. 2; *Schlosser* EU-Zivilprozeßrecht Einl. Rdnr. 2.

[24] Vgl. z.B. *Geiger* EUV/EGV Art. 293 Rdnr. 1.

[25] Vom 07.02.1992, in Kraft getreten am 01.11.1993, BGBl. 1993 II, S. 1947, sog. 'Vertrag von Maastricht'.

[26] 'Vertrag von Amsterdam zur Änderung des Vertrages über die Europäische Union, der Verträge zur Gründung der Europäischen Gemeinschaften sowie einiger damit zusammenhängender Rechtsakte', vom 02.10.1997, in Kraft getreten am 01.05.1999.

[27] Vgl. zu Auslegungsfragen hinsichtlich Art. 65 EG *Mansel* in Systemwechsel S. 1, 3 ff.

tes und nur einstimmig tätig werden[28], Art. 250 Abs. 2 EG fand Anwendung. Auf Grundlage des Art. 65 EG konnte mithin eine einheitliche Regelung für alle EG-Staaten getroffen werden. Wenngleich Regelungen über die gerichtliche Zuständigkeit in Art. 65 EG nicht erwähnt sind, basiert die neue Verordnung auch insofern auf dieser Vorschrift[29].

2. Bemühungen um eine Reform des EuGVÜ

Vor allem im Rahmen der zuletzt geführten Beitrittsverhandlungen zum EuGVÜ im Jahre 1996 wurde der Ruf nach einer inhaltlichen Reform dieses Übereinkommens laut, um neue Erkenntnisse in verschiedenen Bereichen einarbeiten zu können[30]. Außerdem erschien eine einheitliche Überarbeitung in Anbetracht der Tatsache wünschenswert, daß nicht alle Mitgliedstaaten das 4. Beitrittsübereinkommen vom 29.11.1996 ratifiziert hatten und daher das Übereinkommen zwischen den EU-Mitgliedsstaaten in verschiedenen Fassungen angewandt wurde. Einigkeit bestand von Anfang an darüber, daß die wesentliche Grundstruktur des EuGVÜ wie auch des parallel überarbeiteten Lugano-Übereinkommens sowohl aufgrund des nachhaltigen Erfolges der beiden Abkommen wie auch aus Zeitgründen beibehalten werden sollte[31].

3. Bemühungen zur Verbesserung der Vorschriften über einstweilige Maßnahmen

Auch hinsichtlich der Vorschriften über einstweilige Maßnahmen, insbesondere des Art. 24 EuGVÜ über die gerichtliche Zuständigkeit, wurden bereits zu Beginn der Revision von einigen Autoren Forderungen nach einer Reform erhoben[32]. Es wurde verlangt, den Begriff der einstweiligen Maßnahme näher zu umschreiben und präzise Zuständigkeitsregeln zu schaffen[33]. Nach Erlaß der jüngsten Urteile des EuGH zur Auslegung des Art. 24 EuGVÜ[34] wurde eine Klarstellung der dort aufgestellten Kriterien

---

[28] Zum Hintergrund dieser Regelung vgl. *Basedow* in Systemwechsel S. 19, 25; *Mansel* in Systemwechsel S. 1, 7; Art. 67 EG ist durch den sog. Vertrag von Nizza vom 26.02.2001, Abl. Nr. C 80 vom 10.03.2001, mit Wirkung vom 01.02.2003 geändert worden. Gemäß dem neuen Art. 67 Abs. 5 EG beschließt der Rat Maßnahmen nach Art. 65 mit Ausnahme der familienrechtlichen Aspekte nunmehr im Mitentscheidungsverfahren nach Art. 251.

[29] Vgl. *Droz/Gaudemet-Tallon* Rev. crit. DIP 2001, 601, 606; *Geimer* IPRax 2002, 69 f. (Fn. 5); kritisch *Schack* Rdnr. 106b.

[30] *Kerameus/Prütting* ZZPInt 3 (1998), 265; *Kohler* in *Gottwald*, Revision des EuGVÜ, S. 1, 2; *Wagner* IPRax 1998, 241 und IPRax 2002, 75, 77.

[31] *Kohler* in *Gottwald*, Revision des EuGVÜ, S. 1, 2; *Wagner* IPRax 1998, 241, 242; *Wagner* IPRax 2002, 75, 77.

[32] Z.B. *Gaudemet-Tallon* Gaz. Pal. 1999 Jur. 325, 329 und Revue de l'arbitrage 1999, 152, 165 f.; *Hackspiel* R.A.E.-L.E.A. 2000, 184, 191 f.; *Wagner* IPRax 1998, 241, 243.

[33] *Gaudemet-Tallon* Revue de l'arbitrage 1999, 152, 165 f.; *Wagner* IPRax 1998, 241, 243.

[34] Siehe oben Fußnote 7.

gefordert[35]. Eine Grotius-Projektgruppe und eine vom Rat eingesetzte Arbeitsgruppe dagegen hatte den Art. 24 EuGVÜ nicht für reformbedürftig erachtet[36].

Wiewohl letztlich Art. 24 EuGVÜ fast unverändert in Art. 31 EuGVVO übernommen wurde, sollen kurz die wesentlichen bei der Erarbeitung der EuGVVO gemachten Vorschläge zu einer Neufassung der Regelungen über einstweilige Maßnahmen kurz skizziert werden. Diese können in den nachfolgenden Betrachtungen hilfreich bei der Auslegung des Art. 31 EuGVVO werden.

a) *Vorschlag der Kommission an den Rat vom 22.12.1997[37]: Neufassung von Art. 24 EuGVÜ als Art. 18a, Ausschluß der grenzüberschreitenden Anerkennung und Vollstreckbarerklärung, ausdrückliche Bezugnahme auf Maßnahmen zur Beweissicherung*

In ihrem ersten Vorschlag an den Rat vom 22.12.1997 für einen Rechtsakt über die Ausarbeitung des EuGVÜ regte die Kommission den Erlaß eines Art. 18a an, der an die Stelle von Art. 24 EuGVÜ treten sollte[38].

Der erste Absatz dieses neu entworfenen Artikels sollte festsetzen, daß die nach nationalem Recht eines Staates zum Erlaß einstweiliger Maßnahmen zuständigen Gerichte auch im Anwendungsbereich des Übereinkommens für den Erlaß einstweiliger Maßnahmen zuständig seien, wenn diese Maßnahmen in dem betroffenen Vertragsstaat vollstreckt werden müßten. Die Frage nach einer grenzüberschreitenden Anerkennung und Vollstreckung von einstweiligen Maßnahmen, die auf Grundlage von Art. 24 EuGVÜ erlassen wurden, hätte sich somit nicht mehr gestellt. Der zweite Absatz sollte dann eine detaillierte Definition der einstweiligen Maßnahme im Sinne des Übereinkommens enthalten[39]. Zu beachten ist, daß hier auf die Sicherung von Beweismitteln gerichtete Maßnahmen eingeschlossen sein sollten[40].

Ein weiterer Hinweis auf einstweilige Maßnahmen war in Art. 27 vorgesehen. Dieser setzte fest, daß in einem Vertragsstaat ergangene Entscheidungen auch vor ihrer Vollstreckbarkeit im Erlaßstaat oder einer Vollstreckbarerklärung eines Vertragsstaates nach Maßgabe der Verurteilung eine Forderung begründen, die den Erlaß einer einstweiligen Maßnahme nach dem Recht des Vollstreckungsstaates ermöglicht. Die

---

35 *Gaudemet-Tallon* Revue de l'arbitrage 1999, 152, 165.

36 *Kerameus/Prütting* ZZPInt 3 (1998), 265, 267; *Kohler* in *Gottwald*, Revision des EuGVÜ, S. 1, 30.

37 KOM(1997)609 endg., veröffentlicht in Abl. C 33 vom 31.01.1998, S. 20, abgedruckt in *Gottwald*, Revision des EuGVÜ, S. 93.

38 Dazu *Stadler* in *Gottwald*, Revision des EuGVÜ, S. 37, 59 ff.; *Micklitz/Rott* EuZW 2002, 15, 23 f.

39 *"Im Sinne dieses Übereinkommens sind einstweilige Maßnahmen einschließlich solcher, die auf eine Sicherung gerichtet sind, dringende Maßnahmen, die es ermöglichen sollen, eine Untersuchung in einem Rechtsstreit durchzuführen, Beweismaterial oder Vermögen im Hinblick auf die Entscheidung oder die Zwangsvollstreckung zu sichern, eine tatsächliche oder rechtlich bestehende Lage aufrechtzuerhalten oder zu regeln, um Rechte zu wahren, deren Anerkennung bei dem mit der Hauptsache befaßten Gericht beantragt wird oder beantragt werden kann."*

40 *Stadler* in *Gottwald*, Revision des EuGVÜ, S. 37, 59 f.; *Micklitz/Rott* EuZW 2002, 15, 24.

Vorschrift ähnelte insoweit dem heutigen Art. 39 Abs. 2 EuGVÜ bzw. Art. 47 Abs. 1 und 2 EuGVVO.

b) Ergebnisse der Revisions-Arbeitsgruppe vom 30.04.1999[41]: keine Änderung von Art. 24 EuGVÜ

Bis zum Inkrafttreten des Amsterdamer Vertrages wurde zunächst im Dezember 1997 eine Ad-hoc-Gruppe des Rates damit beauftragt, über die Revision des EuGVÜ zu beraten[42].

Die Arbeitsgruppe, die bereits die Erkenntnisse des "*van-Uden*"-Urteils in ihre Arbeit einbeziehen konnte, schlug im Februar 1999 vor, Art. 24 EuGVÜ unverändert zu lassen, aber einen neuen Art. 25a einzufügen, nach dem einstweilige Maßnahmen, die allein auf der Grundlage der in Art. 24 vorgesehenen Zuständigkeitsregel angeordnet worden sind, von der Geltung des Titels III ausgeklammert sein sollten[43]. Damit wären einstweilige Maßnahmen, die von einem in Anwendung des Art. 24 EuGVÜ zuständigen Gericht erlassen worden wären, von einer grenzüberschreitenden Anerkennung und Vollstreckung unter dem EuGVÜ ausgeschlossen gewesen. In ihrem bei der Schlußsitzung vom 19. bis 23.04.1999 vorgestellten endgültigen Vorschlag hat die Arbeitsgruppe dann jedoch auf die Einfügung des Art. 25a verzichtet[44].

c) Vorschlag der Kommission an den Rat vom 14.07.1999: Keine inhaltliche Veränderung von Art. 24 EuGVÜ unter Berücksichtigung der jüngsten Rechtsprechung des EuGH

Am 14.07.1999 schlug die Kommission erstmals eine Verordnung (EG) des Rates über die gerichtliche Zuständigkeit und die Anerkennung und Vollstreckung von Entscheidungen in Zivil- und Handelssachen vor[45]. Diese sollte auf Grundlage der Art. 61, 65 EG ergehen.

In diesem Kommissionsvorschlag wurde Art. 24 EuGVÜ fast wörtlich in Art. 31 übernommen. Als Begründung hierzu führt die Kommission an, sein Inhalt sei in Zusammenhang mit den Entscheidungen des EuGH zu Auslegungsfragen zu sehen, und verwies dabei insbesondere auf die bereits ergangenen Entscheidungen "*van Uden*" und

---

41 7700/99 JUSTCIV 60, dazu *Jayme/Kohler* IPRax 1999, 401, 404.

42 Dazu *Kohler* in *Gottwald*, Revision des EuGVÜ, S. 1, 2 ff.; siehe auch Begründung zum Vorschlag der Kommission an den Rat zum Erlaß einer Verordnung vom 14.07.1999, Dok. KOM(1999)348, S. 4, Punkt 2.1.; Vorschlag veröffentlicht in Abl. Nr. C 376 E vom 28.12.1999, S. 1.

43 Art. 25 a sollte lauten: "Die Vorschriften dieses Titels gelten nicht für Entscheidungen über die Anordnung einstweiliger oder auf eine Sicherung gerichteter Maßnahmen, die von einem Gericht erlassen werden, das für die Entscheidung in der Hauptsache nicht zuständig ist." Auszüge aus dem Vorschlag sind abgedruckt in *Gottwald*, Revision des EuGVÜ, S. 66; dazu: *Heß/Vollkommer* IPRax 1999, 220, 223; *Jayme/Kohler* IPRax 1999, 401, 408; *Kohler* in *Gottwald*, Revision des EuGVÜ, S. 1, 31; *Micklitz/Rott* EuZW 2002, 15, 24; *Stadler* in *Gottwald*, Revision des EuGVÜ, S. 37, 63.

44 *Stadler* in *Gottwald*, Revision des EuGVÜ, S. 37, 65 unter F; der endgültige Vorschlag ist abgedruckt in *Gottwald*, Revision des EuGVÜ, S. 125.

45 KOM(1999)348 endg., veröffentlicht in Abl. Nr. C 376 E vom 28.12.1999, S. 1 und IPRax 2000, 41.

"*Mietz*"[46]. Es ist daher davon auszugehen, daß die Kommission die vom EuGH vorgenommenen Konkretisierungen für ausreichend hielt.

In Art. 44 enthielt der Kommissionsvorschlag eine dem Art. 27 des Vorentwurfes und Art. 39 EuGVÜ ähnliche Vorschrift, nach der einstweilige Maßnahmen nach dem Recht des Vollstreckungsstaates zur Sicherung von in Mitgliedsstaaten ergangenen Urteilen in Anspruch genommen werden können, ohne daß es einer Vollstreckbarerklärung bedarf. Nach den Ausführungen der Kommission stellte Art. 44 des Vorschlags "in gewisser Weise die Fortsetzung zu Art. 31 [des Vorschlags] dar"[47]. Er betraf jedoch einzig einstweilige Maßnahmen zur Sicherung der Vollstreckung eines bereits ergangenen Urteils und nicht solche, die bereits im Vorfeld eines Gerichtsverfahrens oder parallel hierzu erlassen werden.

Auf diesen Kommissionsvorschlag hin erging auf Bitte des Rats eine Stellungnahme des Wirtschafts- und Sozialausschusses[48]. Weiter wurde nach Art. 67 Abs. 1 EG das Europäische Parlament durch den Rat zu dem Kommissionsvorschlag konsultiert. Der Ausschuß für Recht und Binnenmarkt legte nach einer Stellungnahme des Ausschusses für die Freiheiten und Rechte der Bürger, Justiz und innere Angelegenheiten des Europäischen Parlaments dem Europäischen Parlament am 18.08.2000 einen Bericht vor[49]. In seiner Sitzung vom 21.09.2000 nahm das Europäische Parlament nach Anhörung des Berichts des Ausschusses für Recht und Binnenmarkt den im Bericht des Ausschusses für Recht und Binnenmarkt vorgelegten Entwurf der legislativen Entschließung an[50]. Dieser Entwurf enthielt weitere Änderungsvorschläge bezüglich der entworfenen Verordnung. Weder in diesem noch in den vorherigen Stellungnahmen und Berichten wurde jedoch eine Veränderung von Art. 24 EuGVÜ vorgeschlagen.

d) Geänderter Vorschlag der Kommission vom 26.10.2000

Die Kommission legte am 26.10.2000 auf die Stellungnahme des Europäischen Parlaments hin einen geänderten Vorschlag für eine Verordnung des Rates vor[51]. Die Vorschläge des Parlamentes wurden teilweise aufgegriffen, andere Modifikationen, auch für den Bereich des einstweiligen Rechtsschutzes, dagegen nicht vorgenommen.

e) Annahme des Kommissionsvorschlags durch den Rat am 22.12.2000

Der letzte Kommissionsvorschlag wurde am 22.12.2000 durch den Rat als neue EuGVVO angenommen. Letztlich sind damit die hier interessierenden Regelungen mit Bedeutung für einstweilige Maßnahmen unverändert geblieben. Maßgeblich hierfür war, daß die Revisions-Arbeitsgruppe des Rates sowie später die Kommission nach Erlaß der Urteile des EuGH "*van Uden*" und "*Mietz*" keinen Änderungsbedarf mehr

---

[46] Begründung zu Art. 31, KOM(1999)348 S. 22.

[47] Begründung zu Art. 44, KOM(1999)348 S. 26.

[48] Stellungnahme vom 01.03.2000, Abl. C 117 vom 26.04.2000, S. 6, 8 f.

[49] Vom 18.09.2000, Berichterstatterin: *Diana Wallis*, Sitzungsdokument des Europäischen Parlaments A5-0253/2000.

[50] Abl. C 146 vom 17.05.2001, S. 10, 19, 40 ff., 94 ff., 101 f.

[51] KOM(2000)689 endg., veröffentlicht in Abl. C 62 E vom 27.02.2001, S. 243.

sah[52]. Diese Motivation der an den Reformarbeiten Beteiligten wird bei der Auslegung von Art. 31 EuGVVO zu berücksichtigen bleiben.

B. Die neue Verordnung

Der vom Rat am 22.12.2000 angenommene Verordnungsvorschlag der Kommission ist als "Verordnung über die gerichtliche Zuständigkeit und die Anerkennung und Vollstreckung von Entscheidungen in Zivil- und Handelssachen" (teilweise "Brüssel I-Verordnung" genannt[53]) gemäß deren Artikel 76 am 01.03.2002 in Kraft getreten.

Nach der Voranstellung der Erwägungsgründe enthält die EuGVVO in Kapitel I eine Regelung ihres Anwendungsbereichs (Art. 1 EuGVVO). Kapitel II (Art. 2 bis 31 EuGVVO) beinhaltet die Vorschriften zur Bestimmung der internationalen gerichtlichen Zuständigkeit. Die Anerkennung und Vollstreckung gerichtlicher Entscheidungen im Ausland ist daran anschließend in Kapitel III (Art. 32 bis 56 EuGVVO) geregelt. In Kapitel IV befinden sich Sondervorschriften zu öffentlichen Urkunden und Prozeßvergleichen (Art. 57 und 58 EuGVVO). Kapitel V (Art. 59 bis 65 EuGVVO) enthält allgemeine Vorschriften, Kapitel VI Übergangsvorschriften. Das Verhältnis der Verordnung zu anderen Rechtsinstrumenten ist in Kapitel VII (Art. 67 bis 72 EuGVVO) geregelt. Daran anschließend befinden sich in Kapitel VIII (Art. 73 bis 76 EuGVVO) die Schlußvorschriften.

1. Intertemporaler Anwendungsbereich

Gemäß Art. 66 Abs. 1 EuGVVO findet die EuGVVO auf solche Klagen Anwendung, die erst nach ihrem Inkrafttreten erhoben worden sind. Der für die Klageerhebung maßgebliche Zeitpunkt wird heute überwiegend in entsprechender Anwendung des Art. 30 Nr. 1 EuGVVO bestimmt[54]. Nach anderer Ansicht soll dagegen entsprechend der bisherigen Praxis das innerstaatliche Prozeßrecht des angerufenen Forums maßgeblich sein[55]. Diese Auffassung wird allerdings dem Bestreben einer einheitlichen Anwendung der Verordnung in allen Mitgliedsstaaten nicht gerecht[56]. Art. 30 EuGVVO enthält eine Vereinheitlichung, die erst neu in die EuGVVO aufgenommen wurde, weil eine entsprechende Regelung im EuGVÜ zur Bestimmung des Zeitpunkts der Rechtshängigkeit einer Klage fehlte. Auch wenn diese Vorschrift ihrem Wortlaut

---

52 Vgl. hierzu auch *Stadler* JZ 1999, 1089, 1098; *Kohler* in *Gottwald*, Revision des EuGVÜ, S. 1, 29 ff.

53 Vgl. z.B. Rat der Europäischen Union, Dok.: 10593/3/00 JUSTCIV 83 vom 13.11.2000, S. 2 Fn. 2; Dok.: 13648/00 JUSTCIV 130 vom 24.11.2000, S. 2 Fn. 2; Dok.: 5259/01 vom 12.01.2001 S. 2; *Geimer* IPRax 2002, 69; *Nagel/Gottwald* § 1 Rdnr. 57; *Hub* NJW 2001, 3145 ff.; in der französischen Literatur wird von "*Règlement Bruxelles I*" gesprochen, vgl. z.B. *Loussouarn* Rdnr. 484-1 ff., 490-15 ff.

54 LG Bonn Beschluß vom 26.06.2003 IPRax 2003, 543; *Kropholler* Art. 66 Rdnr. 2; *Schlosser* EU-Zivilprozeßrecht Art. 66 Rdnr. 11.

55 OLG Düsseldorf Urteil vom 30.01.2004 IHR 2004, 108, 117; Thomas/Putzo-*Hüßtege* Art. 66 EuGVVO Rdnr. 2 mit Verweis auf die bisherige Rechtsprechung des BGH, z.B. BGH Urteil vom 28.02.1996 BGHZ 132, 105, 107 zu der Art. 66 EuGVVO gleichlautenden Vorschrift des Art. 54 EuGVÜ.

56 LG Bonn Beschluß vom 26.06.2003 IPRax 2003, 543.

und der Systematik nach nur auf die Vorschriften des neunten Abschnitts von Kapitel II mit dem Titel "Rechtshängigkeit und im Zusammenhang stehende Verfahren" anwendbar ist, ist eine entsprechende Anwendung für die Bestimmung des maßgeblichen Zeitpunkts nach Art. 66 Abs. 1 EuGVVO im Interesse einer einheitlichen Anwendung der Verordnung sachgerecht.

2. Räumlicher Anwendungsbereich

Nach Erwägungsgrund 6 der Verordnung wurde die Rechtsform einer Verordnung, die nach Art. 249 EG für alle Staaten verbindlich und unmittelbar anwendbar ist, gewählt, weil nur diese "den freien Verkehr der Entscheidungen in Zivil- und Handelssachen" gewährleiste. Dänemark beteiligt sich nach Art. 1 und 2 des dem Vertrag über die Europäische Union und dem Vertrag zur Gründung der Europäischen Gemeinschaft beigefügten Protokolls über die Position Dänemarks nicht an den Maßnahmen, die durch den Rat nach Vorschriften des Titels IV EG vorgeschlagen werden (vgl. Art. 69 EG). Somit ist, wie in Erwägungsgrund 21 der Verordnung nochmals klargestellt wird, die Verordnung für Dänemark nicht bindend[57]. Im Verhältnis zwischen Dänemark und denjenigen Staaten, in denen die EuGVVO gilt und bislang das EuGVÜ galt, findet nach Erwägungsgrund 22 weiterhin das EuGVÜ Anwendung[58]. Gleiches gilt nach Erwägungsgrund 23 für diejenigen Hoheitsgebiete der Mitgliedsstaaten, in denen nach Art. 299 EG die EuGVVO nicht anwendbar ist, die aber in den territorialen Anwendungsbereich des EuGVÜ fallen. Das Vereinigte Königreich und Irland haben entsprechend Art. 3 des dem Vertrag über die Europäische Union und dem Vertrag zur Gründung der Europäischen Gemeinschaft beigefügten Protokolls über die Position des Vereinigten Königreichs und Irlands mitgeteilt, daß sie sich an der Annahme und Anwendung der Verordnung beteiligen möchten[59].

In den zum 01.05.2004 der EU neu beigetretenen Staaten sind gemäß Art. 2 der Akte über die Bedingungen des Beitritts der Tschechischen Republik, der Republik Estland, der Republik Zypern, der Republik Lettland, der Republik Litauen, der Republik Ungarn, der Republik Malta, der Republik Polen, der Republik Slowenien und der Slowakischen Republik und die Anpassungen der die Europäische Union begründenden Verträge (Beitrittsakte)[60] seit dem Tag des Beitritts die ursprünglichen Verträge und die vor dem Beitritt erlassenen Rechtsakte der Organe und der Europäischen Zentralbank für die neuen Mitgliedstaaten grundsätzlich verbindlich, wobei in den verschiedenen Beitrittsverträgen für einzelne Rechtsgebiete Sonderregelungen vorgesehen sind. Die EuGVVO gilt nunmehr in allen neuen EU-Mitgliedsstaaten und hat durch Anhang II Nr. 18 zur Beitrittsakte gemäß Art. 20 der Beitrittsakte entsprechende Anpassungen und Ergänzungen in Art. 65, 69 EuGVVO sowie in den Anhängen I, II, III

---

57 Siehe bereits oben in der Einleitung.

58 Vgl. hierzu ausführlich *Kohler* in FS Geimer S. 461, 468 ff.

59 Vgl. Erwägungsgrund 20 der Verordnung.

60 Abgedruckt in Abl. L 236 vom 23.09.2003, S. 33.

und IV erfahren[61]. Im Verhältnis zu Dänemark gilt die bislang zwischen den jeweiligen Beitrittsstaaten und Dänemark geltende Rechtslage fort[62].

3. Inhaltlicher Kurzüberblick

Die Verordnung übernimmt die Systematik des EuGVÜ und regelt die Entscheidungszuständigkeit der Mitgliedsstaaten in Zivil- und Handelssachen mit Ausnahme bestimmter Bereiche, die in Art. 1 Abs. 2 EuGVVO genannt sind. Außerdem normiert sie die Voraussetzungen für die Anerkennung und Vollstreckung von Entscheidungen, die in einem Mitgliedsstaat, in dem die EuGVVO anwendbar ist, in ihrem Anwendungsbereich ergangen sind. Hinsichtlich der Definition der in dieser Arbeit betrachteten, vor oder neben einem Hauptsacheverfahren beantragten einstweiligen Maßnahmen sowie der gerichtlichen Zuständigkeit für ihren Erlaß ist die Rechtslage im Vergleich mit der unter dem EuGVÜ geltenden Rechtslage weitestgehend identisch geblieben. Innerhalb der allgemeinen Regeln für die gerichtliche Zuständigkeit gab es einige Klarstellungen und Ergänzungen[63].

Das Verfahren für die Vollstreckbarerklärung gerichtlicher Entscheidungen wurde insgesamt vereinfacht: Wird die Erteilung der Vollstreckbarerklärung einer gerichtlichen Entscheidung unter Beachtung aller formalen Voraussetzungen beantragt, muß die Entscheidung nun nach Art. 41 EuGVVO für vollstreckbar erklärt werden. Eine Überprüfung der Entscheidung anhand der Anerkennungsversagungsgründe nach Art. 34 und 35 EuGVVO, die Art. 27 und 28 EuGVÜ entsprechen, darf nach Art. 45 EuGVVO erst im Rechtsbehelfsverfahren gegen die Entscheidung über die Erteilung der Vollstreckbarerklärung erfolgen[64]. Art. 34 Abs. 2 EuGVÜ, der eine Prüfung der Anerkennungsversagungsgründe nach Art. 27 und 28 EuGVÜ bereits im Vollstreckbarerklärungsverfahren zuließ, wurde nicht in die Verordnung übernommen. Die Anerkennung erfolgt weiterhin gemäß Art. 33 Abs. 1 EuGVVO ohne ein besonderes Verfahren, wobei nach Art. 33 Abs. 2 EuGVVO die Anerkennung einer Entscheidung in einem gesonderten Verfahren auch ausdrücklich festgestellt werden kann.

IV. Exkurs: Die Behandlung einstweiliger Maßnahmen in Zivilsachen in anderen gemeinschaftsrechtlichen Regelungen

Die Bemühungen um eine engere Zusammenarbeit der Mitgliedsstaaten der Europäischen Union im Bereich der Ziviljustiz führten zum Erlaß weiterer Verordnungen, deren Regelungen teilweise ebenfalls die internationale gerichtliche Zuständigkeit zum Erlaß einstweiliger Maßnahmen sowie deren Anerkennung oder Vollstreckung im Ausland erfassen. Diese sollen im folgenden kurz aufgezeigt, wegen der Konzentration dieser Arbeit auf den Anwendungsbereich des EuGVÜ bzw. der EuGVVO jedoch nicht vertieft werden.

---

61 Ebenfalls abgedruckt in Abl. Nr. L 236 vom 23.09.2003, S. 711.

62 Näher *Jayme/Kohler* IPRax 2004, 481, 485.

63 Z.B. wurde in Art. 5 Nr. 1 b) EuGVVO eine autonome Definition des Erfüllungsortes verschiedener Verträge und zu den Arbeitsverträgen insgesamt ein neuer Abschnitt 5 (Art. 18 bis 21 EuGVVO) statt des bisherigen Art. 5 Nr. 2 EuGVÜ eingeführt.

64 Kritisch hierzu z.B. *Mansel* in Systemwechsel S. 1, 12.

A. Verordnung (EG) Nr. 1347/2000 des Rates vom 29.05.2000 (EuEheVO) und Verordnung (EG) Nr. 2201/2003 des Rates vom 27.11.2003

Am 01.03.2001 trat die "Verordnung (EG) Nr. 1347/2000 des Rates über die Zuständigkeit und die Anerkennung und Vollstreckung von Entscheidungen in Ehesachen und in Verfahren betreffend die elterliche Verantwortung für die gemeinsamen Kinder der Ehegatten" vom 29.05.2000 in Kraft[65]. Auch diese Verordnung wurde in Anwendung der Art. 61 c), 65 EG erlassen. Sie ersetzte inhaltlich das bereits unterzeichnete, aber noch nicht ratifizierte Übereinkommen zwischen den EU-Mitgliedsstaaten vom 28.05.1998 über die Zuständigkeit und die Anerkennung und Vollstreckung von Entscheidungen in Ehesachen[66], das als Ergänzung des EuGVÜ konzipiert war[67]. Wie sich aus Erwägungsgrund 6 dieser Verordnung ergibt, wurde ihrem bei Erlaß darauf geachtet, eine weitestgehende Übereinstimmung mit der erst später erlassenen EuGVVO zu erreichen[68].

Am 01.08.2004 ist die Nachfolgeverordnung der EuEheVO, die "Verordnung (EG) Nr. 2201/2003 des Rates vom 27.11.2003 über die Zuständigkeit und die Anerkennung und Vollstreckung von Entscheidungen in Ehesachen und in Verfahren betreffend die elterliche Verantwortung und zur Aufhebung der Verordnung (EG) Nr. 1347/2000" (nachfolgend: EuEheVO), in Kraft getreten[69]. Die EuEheVO übernimmt die Vorschriften der Verordnung Nr. 1347/2000 inhaltlich weitestgehend unverändert. Als Durchführungsgesetz unter anderem zur EuEheVO wurde in Deutschland das Gesetz zur Aus- und Durchführung bestimmter Rechtsinstrumente auf dem Gebiet des internationalen Familienrechts (IntFamRVG) vom 26.01.2005 erlassen[70].

Die EuEheVO regelt die internationale gerichtliche Zuständigkeit für die Durchführung zivilgerichtlicher Verfahren, die die Ehescheidung, die Trennung ohne Auflösung des Ehebandes oder die Ungültigerklärung einer Ehe betreffen, sowie solcher Verfahren, die die elterliche Verantwortung für die gemeinsamen Kinder der Ehegatten betreffen und aus Anlaß der genannten Verfahren in Ehesachen betrieben werden, sowie die Anerkennung und Vollstreckung von in derartigen Verfahren ergangenen Entscheidungen. Ferner werden gerichtliche Verfahren über die Zuweisung, die Ausübung, die Übertragung und die Entziehung der elterlichen Verantwortung unabhängig davon erfaßt, in welchem Rechtsverhältnis die Eltern zueinander stehen. Entscheidungen über Unterhaltsansprüche bzw. -pflichten sind allerdings von ihrem Anwendungsbereich ausgeschlossen, wie sich ausdrücklich aus dem Erwägungsgrund Nr. 11 und aus Art. 1 Abs. 3 e) der Verordnung ergibt. Art. 3 bis 15 EuEheVO enthalten allge-

---

65 Abl. L 160 vom 30.06.2000, S. 19; hierzu insgesamt *Kohler* NJW 2001, 10; *Ancel/Muir-Watt* Rev. crit. DIP 2001, 403; *Nagel/Gottwald* § 3 Rdnr. 186 ff.

66 Abl. C 221 vom 16.07.1998, S. 1.

67 KOM (1999)220 endg. S. 3 f., veröffentlicht in Abl. C 247 E vom 31.08.1999, S. 1; *Wagner* IPRax 2001, 73.

68 Siehe dazu auch *Wagner* IPRax 2001, 73, 75.

69 Abl. L 338 vom 23.12.2003, S. 1; die Verordnung wird teilweise als "Brüssel IIa" bezeichnet, vgl. z.B. *Jayme/Kohler* IPRax 2004, 481, 490; *Schulz* NJW-Beilage zu Heft 18/2004, S. 2; *Wagner* NJW 2003, 2344, 2346 f.; Musielak-*Weth* Vorbem. EG-VO Rdnr. 9.

70 BGBl. 2005 I, S. 162.

meine Regeln über die gerichtliche Zuständigkeit und Art. 16 bis 19 EuEheVO gemeinsame Bestimmungen zur Prüfung der Zuständigkeit oder zur Beachtung eventueller vorheriger Rechtshängigkeit.

Eine Regelung zur gerichtlichen Zuständigkeit für den Erlaß einstweiliger Maßnahmen enthält Art. 20 der Verordnung, der sich unter den gemeinsamen Vorschriften für die gerichtliche Zuständigkeit sowohl in Ehesachen als auch in Verfahren betreffend die elterliche Verantwortung befindet und somit für beide Bereiche gilt. Art. 20 Abs. 1 der EuEheVO entspricht inhaltlich dem bisherigen Art. 12 der Verordnung Nr. 1347/2000. Einstweilige Maßnahmen nach den Rechten der Mitgliedsstaaten einschließlich der Sicherungsmaßnahmen in bezug auf Personen oder Vermögensgegenstände können danach in dringenden Fällen von Gerichten eines Mitgliedsstaates erlassen werden, auch wenn nach der EuEheVO ein Gericht eines anderen Mitgliedsstaates für die Entscheidung in der Hauptsache international zuständig ist. Im Umkehrschluß ist dem zu entnehmen, daß auch das Hauptsachegericht für die Anordnung einstweiliger Maßnahmen zuständig ist[71]. Erwägungsgrund 16 der EuEheVO führt zu einstweiligen Maßnahmen aus, daß die Vorschriften der EuEheVO die nationalen Gerichte nicht daran hindern sollen, in dringenden Fällen einstweilige Maßnahmen nach ihrem innerstaatlichen Recht anzuordnen. Wie Art. 24 EuGVÜ bzw. Art. 31 EuGVVO verweist Art. 20 Abs. 1 EuEheVO auf die Zuständigkeitsvorschriften nach den nationalen Rechtsordnungen und statuiert nicht selbst einen Eilgerichtsstand. Hervorzuheben ist aber, daß Art. 20 Abs. 1 EuEheVO im Gegensatz zu Art. 24 EuGVÜ bzw. Art. 31 EuGVVO voraussetzt, daß einstweilige Maßnahmen nur in "dringenden Fällen" erlassen werden dürfen. Die Eilbedürftigkeit ist also Voraussetzung jeder Maßnahme, die auf Grundlage des Art. 20 Abs. 1 EuEheVO in Verbindung mit nationalen Zuständigkeitsvorschriften ergeht, auch wenn eine solche nach nationalem Recht nicht vorgeschrieben ist[72]. Darüber hinaus müssen sich Maßnahmen nach Art. 20 Abs. 1 EuEheVO auf "Personen oder Vermögensgegenstände" beziehen, die sich in dem Staat befinden, dessen Gericht die einstweilige Maßnahme erläßt, sie können also nur territorial auf das Staatsgebiet des Ursprungsgerichts beschränkte Wirkungen haben[73]. Damit ist eine Anerkennung und Vollstreckung von Maßnahmen, die von einem nach Art. 20 Abs. 1 EuEheVO zuständigen Gericht erlassen werden, in einem anderen Staat nicht notwendig. Gemäß Art. 20 Abs. 2 EuEheVO treten Maßnahmen, die gemäß Art. 20 Abs. 1 EuEheVO ergriffen worden sind, außer Kraft, sobald eine Entscheidung des nach der EuEheVO für die Durchführung des Hauptsacheverfahrens zuständigen Gerichts Maßnahmen ergriffen hat, die ihm angemessen erscheinen [74]. Neben der nur territorialen

---

[71] So auch *Dilger* in *Geimer/Schütze* Internationaler Rechtsverkehr EuEheVO Art. 20 Rdnr. 3 ff.; Thomas/Putzo-*Hüßtege* Art. 20 EuEheVO Rdnr. 3, 4; *Schlosser* EU-Zivilprozeßrecht Art. 12 EuEheVO Rdnr. 1; *Schmidt* Rdnr. 235.

[72] Vgl. *Ancel/Muir-Watt* Rev. crit. DIP 2001, 403, 427; *Dilger* in *Geimer/Schütze* Internationaler Rechtsverkehr EuEheVO Art. 20 Rdnr. 18; Rauscher-*Rauscher* EuZPR Art. 12 EuEheVO Rdnr. 12.

[73] Vgl. dazu *Dilger* in *Geimer/Schütze* Internationaler Rechtsverkehr EuEheVO Art. 20 Rdnr. 19 ff.; *Kohler* NJW 2001, 10, 12; *Schlosser* EU-Zivilprozeßrecht Art. 12 EuEheVO Rdnr. 1 f.

[74] Bereits im Verfahren zum Erlass der Verordnung Nr. 1347/2000 hatte das Europäische Parlament angeregt, dem Art. 12 der Verordnung Nr. 1347/2000 einen entsprechenden zweiten Absatz

Geltung ist damit ein wesentliches Kennzeichen von derartigen einstweiligen Maßnahmen, daß sie gegenüber Maßnahmen, die von dem in der Hauptsache zuständigen Gericht erlassen wurden, nachrangig sind.

Die Anerkennung und Vollstreckbarerklärung von einstweiligen Maßnahmen, die von dem für die Entscheidung in der Hauptsache nach der Verordnung zuständigen Gericht erlassen werden, werden jedoch durch die Vorschriften des Kapitels III der Verordnung nicht ausgeschlossen. Vielmehr ist gerade für gerichtliche Entscheidungen beispielsweise zur einstweiligen Regelung eines elterlichen Umgangsrechts mit einem Kind die Möglichkeit einer Anerkennung und Vollstreckung in anderen Mitgliedsstaaten sachgerecht.

Das folgende Kapitel III der EuEheVO regelt die Anerkennung und Vollstreckung von nach dieser Verordnung ergangenen Entscheidungen[75]. Dabei ist entsprechend der ausdrücklichen Definition des Begriffs der "Entscheidung" im Sinne des III. Kapitels in Art. 2 Nr. 4 EuEheVO davon auszugehen, daß auf der Grundlage von Art. 20 EuEheVO erlassene einstweilige Maßnahmen nicht erfaßt sind[76]. Entsprechend der oben genannten Einschränkung des Anwendungsbereichs von Art. 20 Abs. 1 EuEheVO auf Maßnahmen, die sich auf Personen oder Vermögensgegenstände beziehen, die sich im Forumstaat befinden, kann von einem Bedürfnis nach Anerkennung und Vollstreckung im Ausland auch nicht ausgegangen werden. Dafür sprechen auch die Erläuterungen der Kommission zu Art. 12 des ursprünglichen Vorschlags für die EuEheVO, nach denen die nach Art. 12 der Verordnung Nr. 1347/2000 erlassenen Maßnahmen nur in dem Staat Rechtsfolgen haben sollen, in dem sie erlassen worden sind[77]. Daß diese nach einer eventuellen Anerkennung und Vollstreckung auch in anderen Staaten als dem Erlaßstaat wirksam sein sollen, wird an dieser Stelle nicht gesagt.

B. Verordnung (EG) Nr. 1346/2000 des Rates vom 29.05.2000 über Insolvenzverfahren (EuInsVO)

Eine weitere europäische Verordnung auf dem Gebiet der justiziellen Zusammenarbeit in Zivilsachen ist die "Verordnung EG Nr. 1346/2000 des Rates über Insolvenzverfahren" (EuInsVO) vom 29.05.2000[78]. Sie ist gemäß ihres Art. 47 seit 31.05.2002 in Kraft. Wesentliches Ziel der Verordnung war, die gerichtliche Zuständigkeit für die

---

hinzuzufügen, der die Rangfolge und zeitliche Wirkung von nach dieser Vorschrift erlassenen Maßnahmen klarstellen sollte; dieser Vorschlag wurde jedoch in der Verordnung 1347/2000 nicht übernommen; siehe z.B. geänderter Vorschlag der Kommission KOM (2000)151 S. 4, 17, veröffentlicht im Abl. C 274 E vom 26.09.2000, S. 13; Bericht des Ausschusses für die Freiheiten und Rechte der Bürger, Justiz und innere Angelegenheiten vom 10.11.1999, Berichterstatterin: *Evelyne Gebhardt*, Sitzungsdokument des Europäischen Parlaments A5-0057/1999, S. 8, 23, 28.

75 Hierzu insgesamt *Wagner* IPRax 2001, 73.

76 So auch *Dilger* in *Geimer/Schütze* Internationaler Rechtsverkehr EuEheVO Art. 20 Rdnr. 23.

77 KOM (1999)220 endg. S. 19 f.; deutlicher ist die französische Fassung des Dokuments: *La règle contenue dans cet article limite les effets territoriaux des mesures à l'Etat dans lequel elles sont prises*; COM(1999)220 final S. 18.

78 Abl. L 160 vom 30.06.2000, S. 1.

Durchführung von Insolvenzverfahren zu regeln und dadurch Insolvenzverfahren vor den Gerichten von Mitgliedsstaaten Bedeutung in allen anderen Mitgliedsstaaten zu verleihen[79]. Art. 3 EuInsVO regelt die gerichtliche Zuständigkeit für die Eröffnung und Durchführung von Insolvenzverfahren. Nach Art. 4 EuInsVO findet in Insolvenzverfahren grundsätzlich das Verfahrens- und Insolvenzrecht desjenigen Staates Anwendung, in dem das Insolvenzverfahren eröffnet wurde. Dieses Gericht ist nach Maßgabe dieses Rechts auch befugt, einstweilige oder sichernde Maßnahmen im Zusammenhang mit dem Insolvenzverfahren zu erlassen[80]. Für sog. "Sekundärinsolvenzverfahren" nach Art. 27 ff. EuInsVO, die neben dem Hauptinsolvenzverfahren in einem weiteren EU-Mitgliedsstaat eröffnet werden, ohne daß es im Sekundärverfahren zu einer Prüfung der Insolvenz des Schuldners kommt, sieht Art. 38 EuInsVO eine weitere gerichtliche Zuständigkeit zum Erlaß von Sicherungsmaßnahmen auf Antrag eines vorläufigen Insolvenzverwalters vor.

Zusätzlich bleibt auch nach der Stellung eines Antrags auf Eröffnung eines Insolvenzverfahrens und nach der Eröffnung des Insolvenzverfahrens die EuGVVO neben der EuInsVO grundsätzlich anwendbar. Der Ausschluß in Art. 1 Abs. 2 b) EuGVVO gilt nur für Verfahren, die unmittelbar im Zusammenhang mit dem Insolvenzverfahren stehen[81]. Da auf jegliche Streitigkeiten im Zusammenhang mit einer Insolvenz mit Auslandsbezug entweder die EuGVVO oder die EuInsVO anwendbar sein und keine Regelungslücken entstehen sollen, unterfällt seit Inkrafttreten der EuInsVO jegliches Verfahren, das nicht vom Anwendungsbereich der EuInsVO erfaßt ist, dem Anwendungsbereich der EuGVVO[82]. Auf Rechtsstreitigkeiten um materielle Rechte des Gemeinschuldners namentlich aus der Zeit vor Eröffnung des Insolvenzverfahrens und auch den Erlaß entsprechender einstweiliger Maßnahmen bleiben folglich das EuGVÜ bzw. die EuGVVO anwendbar[83].

C. Verordnung (EG) Nr. 805/2004 des Europäischen Parlaments und des Rates vom 21.04.2004 zur Einführung eines europäischen Vollstreckungstitels

Am 21.04.2004 wurde die "Verordnung (EG) Nr. 805/2004 des Europäischen Parlaments und des Rates zur Einführung eines europäischen Vollstreckungstitels für unbe-

---

79 Vgl. Erwägungsgründe 3 bis 6 der EuInsVO; *Wimmer* NJW 2002, 2427 f.

80 So ausdrücklich auch Erwägungsgrund 16 zur EuInsVO.

81 Vgl. z.B. Thomas/Putzo-*Hüßtege* Art. 1 EuGVVO Rdnr. 7; Rauscher-*Mankowski* EuZPR Art. 1 EuGVVO Rdnr. 18 ff.

82 Geimer/Schütze-*Geimer* Art. 1 EuGVVO Rdnr. 130 f.; *Haubold* IPRax 2002, 157, 161 ff.; die genaue Abgrenzung der Anwendungsbereiche ist stark umstritten, vgl. z.B. *Haubold* IPRax 2002, 157, 158 ff.; Geimer/Schütze-*Geimer* Art. 1 EuGVVO Rdnr. 128 ff. und *Schlosser* EU-Zivilprozeßrecht Art. 1 EuGVVO Rdnr. 21a ff. halten die EuInsVO nur noch bei Insolvenzstammverfahren für anwendbar und wollen Einzelverfahren grundsätzlich dem Anwendungsbereich der EuGVVO zuordnen. Bedeutung hat dies im deutschen Recht beispielsweise für die Einordnung der Anfechtungsklage nach §§ 129 ff. InsO, die bislang aus dem Anwendungsbereich der EuGVVO ausgeklammert war, vgl. BGH Urteil vom 11.01.1990 NJW 1990, 990, 991; Thomas/Putzo-*Hüßtege* Art. 1 EuGVVO Rdnr. 7.

83 Rauscher-*Mankowski* EuZPR Art. 1 EuGVVO Rdnr. 20; *Haubold* IPRax 2002, 157, 162.

strittene Forderungen" (EuVTVO) beschlossen[84]. Sie trat gemäß ihres Art. 33 am 21.01.2005 in Kraft, der maßgebliche Teil der Vorschriften gilt nach Art. 33 allerdings erst seit 21.10.2005. Wird nach der EuVTVO eine gerichtliche Entscheidung, ein gerichtlicher Vergleich oder eine öffentliche Urkunde im Sinne der Verordnung im Ursprungsstaat als "europäischer Vollstreckungstitel" bestätigt, entfällt die Notwendigkeit eines Exequaturs bei der Vollstreckung in einem Mitgliedsstaat der Europäischen Union außer Dänemark. Die EuVTVO findet wie die EuGVVO nur in Zivil- und Handelssachen Anwendung, wobei Art. 1 EuGVVO und Art. 2 EuVTVO fast wortgleich sind. Das Bemühen um die Schaffung eines Vollstreckungstitels, der keiner Vollstreckbarerklärung mehr im Ausland bedarf, geht auf das am 30.11.2000 verabschiedete "Maßnahmenprogramm zur Umsetzung des Grundsatzes der gegenseitigen Anerkennung gerichtlicher Entscheidungen in Zivil- und Handelssachen" des Rates zurück. Nach diesem soll in einer ersten Stufe ein "Europäischer Vollstreckungstitel" für unbestrittene Forderungen eingeführt und die Vollstreckbarerklärung für Unterhaltsansprüche und Ansprüche mit "geringem Streitwert" abgeschafft werden[85]. In weiteren Stufen soll danach das Exequaturverfahren im Anwendungsbereich der EuGVVO ganz entfallen. Im deutschen Recht sind die Durchführungsvorschriften zur EuVTVO als neue §§ 1079 ff. ZPO in die ZPO integriert worden.

Nach der EuVTVO vom 21.04.2004 tritt zunächst für bestimmte gerichtliche Entscheidungen, gerichtliche Vergleiche und öffentliche Urkunden an die Stelle der Vollstreckbarerklärung bzw. Anordnung zur Klauselerteilung durch ein ausländisches Gericht die Bestätigung eines Gerichts des Ursprungsstaates der Entscheidung, daß es sich bei der Entscheidung, dem Vergleich oder der Urkunde um einen Europäischen Vollstreckungstitel handelt (vgl. Art. 9, 24, 25 EuVTVO und das Formblatt in Anhang I zu der Verordnung). Für gerichtliche Entscheidungen sind die Voraussetzungen für eine solche Bestätigung in Art. 6 EuVTVO geregelt. Hervorzuheben ist, daß die Entscheidungen nach Art. 6 Abs. 1 a) der Verordnung vollstreckbar sein muß, Rechtskraft dagegen nicht verlangt wird[86]. Eine Überprüfung von Anerkennungshindernissen in

---

84 Veröffentlicht in Abl. L 143 vom 30.04.2004, S. 15 ff.; hierzu z.B. *Geimer* IZPR Rdnr. 3174 ff.; *Rauscher*, Der Europäische Vollstreckungstitel für unbestrittene Forderungen, Heidelberg 2004; *Schmidt* Rdnr. 399 ff.; *Stein* IPRax 2004, 181; *Wagner* NJW 2005, 1157 ff.; zu den Vorarbeiten aus deutscher Sicht z.B. *Geimer* in FS Németh János S. 229, 236 ff.; *Heß* NJW 2002, 2417, 2425 ff.; *Hüßtege* in *Gottwald*, Perspektiven, S. 113 ff.; *Wagner* IPRax 2002, 75 ff., insbes. 84 ff., und NJW 2003, 2344, 2346.

85 Abl. C 12 vom 15.01.2001, S. 1, 7; vgl. ausführlicher hierzu *Hüßtege* in *Gottwald*, Perspektiven, S. 113, 117 f.

86 In einem früheren Vorschlag der Verordnung vom 18.04.2002 wurde nach dem dortigen Art. 5 a) noch die Rechtskraft der Entscheidung im Ursprungsstaat verlangt, vgl. Dok KOM (2002)159 endg., veröffentlicht in Abl. C 203 E vom 27.08.2002, S. 86 ff.; dazu noch z.B. *Hüßtege* in *Gottwald*, Perspektiven, S. 113, 121 f. und *ders.* in FS Jayme S. 371, 373 f.; nunmehr bleibt dem Schuldner, der gegen eine als europäischer Vollstreckungstitel bestätigte gerichtliche Entscheidung im Ursprungsstaat einen Rechtsbehelf eingelegt hat, nur, im Vollstreckungsstaat nach Art. 23 EuVTVO die Aussetzung oder Beschränkung der Vollstreckung der nicht rechtskräftigen Entscheidung zu beantragen. Ergeht sodann eine Entscheidung des Rechtsbehelfsgerichts, wird dieses eine Ersatzbestätigung gemäß Art. 6 Abs. 3 EuVTVO nach dem Formblatt in Anhang V zur Verordnung ausstellen.

demjenigen Ausland, in dem die Entscheidung vollstreckt werden soll, findet dann nicht mehr statt. Maßgeblich ist aber, daß die genannten Entscheidungen bzw. Urkunden nur "unbestrittene Forderungen" im Sinne des Art. 3 Abs. 1 EuVTVO betreffen dürfen. Dabei wird unterschieden zwischen sog. "aktiv" unbestrittenen Forderungen, die der Schuldner im Sinne von Art. 3 Abs. 1 a) der Verordnung ausdrücklich anerkannt hat, und "passiv" unbestrittenen Forderungen, bei denen der Schuldner vor Gericht säumig war oder die er nicht ausdrücklich bestritten hat (Art. 3 Abs. 1 b) und c) EuVTVO)[87]. Der Begriff der "Forderung" ist in Art. 4 Nr. 2 der Verordnung definiert und erfaßt danach nur Geldforderungen. Im deutschen Recht können beispielsweise Vollstreckungsbescheide, grundsätzlich aber auch Anerkenntnisurteile oder Versäumnisurteile in den Anwendungsbereich der Verordnung fallen, soweit sie Geldforderungen betreffen[88]. Damit eine gerichtliche Entscheidung jedoch eine Bestätigung als europäischer Vollstreckungstitel erhalten kann, muß das Verfahren, das zu ihrem Erlaß führte, bestimmten Mindestanforderungen entsprochen haben, die in Art. 12 ff. EuVTVO festgelegt sind. Hervorzuheben sind dabei besonders die Vorschriften über die ordnungsgemäße Zustellung des verfahrenseinleitenden oder gleichwertigen Schriftstücks an den Schuldner, Art. 13 ff. EuVTVO. Hintergrund dieser Spezialregelungen ist, daß gerade Versäumnisurteilen beispielsweise im Anwendungsbereich des EuGVÜ oft die Anerkennung und Vollstreckbarerklärung versagt wurde, weil die Zustellung der gerichtlichen Schriftstücke an den Schuldner nicht den Mindestanforderungen entsprach[89].

Die Vollstreckung des Titels in einem "Vollstreckungsmitgliedstaat" im Sinne von Art. 4 Nr. 5 EuVTVO richtet sich dann vorbehaltlich der Regelungen in Art. 20 bis 23 EuVTVO nach dem autonomen Recht des Vollstreckungsstaates. Es erfolgt keine Durchführung eines Exequaturverfahrens oder Erteilung einer Vollstreckbarerklärung. Entsprechend findet auch keine Überprüfung von Anerkennungs- oder Vollstreckungsversagungsgründen statt[90]. Die einzige Ausnahme hiervon bildet die Verweigerung der Vollstreckung auf der Grundlage von Art. 21 Abs. 1 EuVTVO unter bestimmten Voraussetzungen, wenn zwischen denselben Parteien wegen desselben Streitgegenstandes bereits eine frühere Entscheidung ergangen ist. Daneben besteht für den Gläubiger - auch nach der vorgenannten Bestätigung eines Titels als europäischer Vollstreckungstitel - weiterhin die Möglichkeit, die Anerkennung und Vollstreckung des Titels nach der EuGVVO zu betreiben. Er hat insoweit ein echtes Wahlrecht[91].

Inwieweit auch einstweilige Maßnahmen einen Europäischen Vollstreckungstitel darstellen können, läßt die Verordnung offen. Die Definition der "Entscheidung" im Sinne

---

87 Zu dieser Unterscheidung und den jeweiligen Konstellationen vgl. z.B. *Rauscher* Vollstreckungstitel Rdnr. 52 ff.; *Geimer* IZPR Rdnr. 3180; *Kropholler* Art. 3 EuVTVO Rdnr. 3 ff.

88 Vgl. *Stein* IPRax 2004, 181, 187 ff.; *Wagner* NJW 2003, 2344, 2346; *Wagner* NJW 2005, 1157, 1158.

89 *Hüßtege* in FS Jayme S. 371, 372.

90 Zur Diskussion um das Entfallen der Überprüfung der Entscheidung am ordre public vgl. z.B. *Geimer* IZPR Rdnr. 3179; *Hüßtege* in FS Jayme S. 371 ff.

91 Vgl. z.B. *Geimer* IZPR Rdnr. 3174, 3181; *Heß* NJW 2002, 2417, 2425; *Kropholler* Art. 27 EuVTVO Rdnr. 1 f..

der Verordnung ist in Art. 4 Nr. 1 EuVTVO enthalten und ist mit derjenigen in Art. 32 EuGVVO weitestgehend identisch. Danach sind Entscheidungen in Verfahren des einstweiligen Rechtsschutzes nicht vom Anwendungsbereich der Verordnung ausgenommen[92]. Jedenfalls dürfte der praktische Anwendungsbereich der Verordnung insoweit gering sein: Zunächst ist einstweiligen Maßnahmen in der Regel gemein, daß gerade keine Einigkeit zwischen den Parteien über das Bestehen eines Anspruchs herrscht und aus weiteren Umständen heraus die Notwendigkeit einer einstweiligen Regelung besteht. Weiterhin können beispielsweise im deutschen wie im französischen Recht einstweilige Maßnahmen, die zur Zahlung einer bestimmten Geldsumme verpflichten, nur in Ausnahmefällen und unter strengen Voraussetzungen angeordnet werden[93].

---

92 Hiervon scheint auch RAUSCHER auszugehen, der in diesem Zusammenhang auf Entscheidungen des EuGH verweist, die gerade zur Anerkennung und Vollstreckung einstweiliger Maßnahmen ergangen sind, vgl. *Rauscher* Vollstreckungstitel Rdnr. 45 in Fn. 82.

93 Vgl. hierzu unten Gliederungspunkt I.A.2.a)(2)(c) in Teil 2 der Arbeit, S. 36, bzw. Gliederungspunkt I.B.1.b) in Teil 2 der Arbeit, S. 56.

Teil 2: Einstweilige Maßnahmen im grenzüberschreitenden Rechtsverkehr nach deutschem und französischem Recht

Neben einem Überblick über die Verfahren des einstweiligen Rechtsschutzes nach deutschem und französischem Zivilprozeßrecht (unter Gliederungspunkt I.) soll im folgenden eine Darstellung der Behandlung einstweiliger Maßnahmen im deutschen und französischen internationalen Zivilverfahrensrecht gegeben werden (unter Gliederungspunkt II.).

I. Einstweilige Maßnahmen nach deutschem und französischem Zivilprozeßrecht

Einstweiliger Rechtsschutz dient der Abwendung von Schäden, die einem Gläubiger im Vorfeld eines gerichtlichen Verfahrens oder während der teilweise langen Dauer von Zivilverfahren allein aufgrund des andauernden Rechtsstreits drohen können. Diese können aufgrund von Zeitablauf, aber auch durch unlauteres Verhalten des Gegners oder äußere Umstände entstehen und liegen häufig in der Vereitelung oder Erschwerung der Vollstreckung eines Endurteils.

Unter Verfahren des einstweiligen Rechtsschutzes sind solche zu verstehen, die vor oder neben einem Hauptsacheverfahren durchgeführt werden und zu nur einstweiligen Entscheidungen führen, die dem Inhalt der Entscheidung im Hauptsacheverfahren nicht vorausgreifen und dies in keiner Weise vorbestimmen dürfen. Durch eine vorübergehende Sicherung des streitigen Anspruchs dienen sie auch der Gewährleistung der Vollstreckbarkeit eines Endurteils und damit der Effektivität des Rechtsschutzes in der Hauptsache[94].

Teilweise bemühen sich Autoren in der deutschsprachigen Literatur um eine Differenzierung zwischen den Begriffen des einstweiligen und des vorläufigen Rechtsschutzes[95]. Die folgenden Ausführungen sollen sich jedoch auf die Darstellung der bestehenden Verfahren und Maßnahmen konzentrieren, auf eine mögliche Unterscheidung soll daher nicht eingegangen werden.

Nicht unter den Begriff des einstweiligen Rechtsschutzes fallen das Mahnverfahren nach deutschem Recht (§§ 688 bis 703 d ZPO) sowie die diesem vergleichbare "*procédure d'injonction*" nach französischem Recht (Art. 1405 bis 1425-9 Nouveau Code de Procédure Civile (NCPC))[96]. Im französischen wie im deutschen Recht sind diese beschleunigten Verfahren eine Vorstufe oder Sonderform des Hauptsacheverfahrens, nicht jedoch nur vorläufige Verfahren. In beiden Verfahren ergehen keine einst-

---

94 Vgl. z.B. *Schrader* S. 147; Wieczorek/Schütze-*Thümmel* vor § 916 Rdnr. 1; Zöller-*Vollkommer* Vor § 916 Rdnr. 1 f.; Schuschke/Walker-*Walker* Vor § 916 Rdnr. 2 f.

95 Baumbach/Lauterbach/Albers/Hartmann-*Hartmann* Grundz § 916 Rdnr. 5: Einstweiligkeit besteht bei inhaltlichem Offenhalten der Entscheidungsfähigkeit in der Hauptsache, Vorläufigkeit bei einem Verbleiben von Aufhebbarkeit oder Abänderbarkeit; MüKo/ZPO-*Heinze* Vor § 916 Rdnr. 15 ff.; *Heinze* in FS Zeuner S. 369 ff.

96 Die *procédure d'injonction* wurde sogar nach dem Vorbild des deutschen Mahnverfahrens eingeführt, das in einer speziellen Ausformung in das Recht von Elsaß-Lothringen aufgenommen wurde, vgl. *Estoup* Rdnr. 365; zur procédure d'injonction insgesamt siehe ebenfalls *Estoup* Rdnr. 364.

weiligen Maßnahmen, die Rechte oder einen bestimmten Zustand sichern oder gar zu einer vorläufigen Befriedigung des Gegners führen, um die Vollstreckbarkeit der Entscheidung in der Hauptsache zu sichern. Vielmehr wird zunächst ohne Anhörung des Gegners ein Mahnbescheid bzw. "*ordonnance portant injonction*" erlassen, die vor Ablauf der Frist zur Einlegung eines Widerspruchs bzw. einer "*opposition*" gar nicht vollstreckt werden können. Nur wenn in dieser Frist kein Widerspruch bzw. keine *opposition* eingelegt wird, kann ein Vollstreckungsbescheid (§§ 699 Abs. 1, 700 Abs. 1 ZPO) ergehen bzw. die *ordonnance portant injonction* mit einer Vollstreckungsklausel versehen werden. Im Falle der "*injonction de faire*" kommt es sogar vor einer Vollstreckung nach Art. 1425-4 NCPC in jedem Fall zu einer mündlichen Verhandlung. Nach deutschem Recht kann auch nach der Erteilung des Vollstreckungsbescheides noch nach § 700 Abs. 3 ZPO Einspruch eingelegt werden, auf den hin das Verfahren nach §§ 700 Abs. 3 S. 1, 692 Abs. 1 Nr. 1, 690 Abs. 1 Nr. 5 ZPO an das Gericht, das für die Durchführung eines streitigen Verfahrens zuständig ist, oder an ein von den Parteien übereinstimmend bestimmtes Gericht abgegeben wird.

Auch die französischen "*procédures à jour fixe*" nach Art. 788 ff., 917 ff. NCPC sind keine Verfahren des einstweiligen Rechtsschutzes, weil es sich hierbei zwar um nur bei Eile zulässige beschleunigte Verfahren handelt, die Urteile jedoch in der Hauptsache streitentscheidend und nicht nur vorläufig sind.

Im folgenden werden die wesentlichen Verfahren des einstweiligen Rechtsschutzes nach französischem und deutschem Recht kurz dargestellt, um Hintergründe von Entscheidungen und Diskussionsständen im weiteren Verlauf der Arbeit jeweils einordnen zu können[97]. Dies erscheint besonders wichtig für die Frage der Bestimmung des Begriffs der einstweiligen Maßnahmen nach der EuGVVO[98].

A. Einstweilige Maßnahmen nach deutschem Prozeßrecht

Im deutschen Zivilprozeßrecht ist der einstweilige Rechtsschutz vor Beendigung des Hauptsacheverfahrens[99] oder bereits vor Durchführung eines solchen an verschiedenen Stellen geregelt. Zunächst sind der Arrest nach §§ 916 ff. ZPO und die einstweilige Verfügung nach §§ 935 ff. ZPO zu unterscheiden. Darüber hinaus gibt es Spezialformen des einstweiligen Rechtsschutzes für besondere Verfahrensarten wie zum Beispiel in Ehesachen nach § 620 ff. ZPO und für die einstweilige Anordnung von Unterhalt in Kindschaftssachen nach § 641 d ZPO, aber auch in anderen Gebieten wie im Arbeitsrecht nach § 102 Abs. 5 Satz 2 BetrVG. Kann ein solches Spezialverfahren eingeleitet werden, ist die Beantragung einer einstweiligen Verfügung nach §§ 935 ff. ZPO wegen fehlenden Rechtsschutzbedürfnisses nicht mehr zulässig[100]. Zu beachten ist, daß § 620

---

97 Einen Überblick über Verfahren des einstweiligen Rechtsschutzes in den Rechtsordnungen weiterer europäischer Staaten gibt *Stürner* in FS Geiß S. 199 ff.

98 Vgl. hierzu unten Gliederungspunkt II.B in Teil 3, S. 144.

99 Beide Verfahren sind nebeneinander zulässig, vgl. OLG Hamm Beschluß vom 04.02.1991 NJW-RR 1991, 1335, 1336; Zöller-*Vollkommer* Vor § 916 Rdnr. 1b.

100 OLG Düsseldorf Urteil vom 30.12.1986 OLGZ 1987, 367, 368; BayObLG Beschluß vom 25.03.1975 Rpfleger 1975, 245; Stein/Jonas-*Grunsky* vor § 935 Rdnr. 5 ff.; Baumbach/Lauterbach/Albers/Hartmann-*Hartmann* Grundz § 916 Rdnr. 10; MüKo/ZPO-*Heinze*

ZPO gemäß § 620a Abs. 2 S. 1 ZPO die Anhängigkeit eines Scheidungsverfahrens oder die Einreichung eines diesbezüglichen Prozeßkostenhilfeantrags voraussetzt[101]. Solange ein solches noch nicht anhängig ist, können noch einstweilige Verfügungen nach den allgemeinen Regeln beantragt werden[102]. Bei all diesen Verfahren ist die dienende Funktion[103] des einstweiligen Rechtsschutzes gegenüber dem Erkenntnisverfahren hervorzuheben: Es handelt sich um ein rein summarisches Verfahren, das einzig auf Grundlage einer Prognose der Hauptsache entschieden wird und weder eine Entscheidung im Hauptsacheverfahren vorwegnehmen noch über das hinausgehen darf, was auch im Hauptsacheverfahren zugesprochen werden kann[104].

Die Notwendigkeit des Bestehens eines Systems des einstweiligen Rechtsschutzes ergibt sich verfassungsrechtlich aus dem Justizgewährungsanspruch[105], also dem Anspruch des Bürgers gegen den Staat, ihm durch die zuständigen Organe effektiven Rechtsschutz zu gewähren[106].

Nach § 1033 und § 1041 Abs. 2 ZPO schließt eine Schiedsvereinbarung nicht aus, daß vor oder auch während eines schiedsrichterlichen Verfahrens vorläufige oder sichernde Maßnahmen in bezug auf den Streitgegenstand des schiedsrichterlichen Verfahrens auf Antrag einer Partei durch staatliche Gerichte angeordnet werden können. Dies gilt jedoch nur, soweit sich die Parteien nicht ausdrücklich anderweitig geeinigt haben[107].

Materiellrechtlich hemmt seit der Reform des BGB zum 01.01.2002 gemäß § 204 Abs. 1 Nr. 9 BGB die Zustellung des Antrags auf Erlaß eines Arrestes, einer einstweiligen Verfügung oder einer einstweiligen Anordnung an den Schuldner oder, wenn der Antrag nicht zugestellt wird, dessen Einreichung, wenn die jeweilige Maßnahme innerhalb eines Monats seit ihrer Verkündung oder Zustellung an den Gläubiger dem Schuldner zugestellt wird, die Verjährung des jeweils zu sichernden bzw. zu erfüllen-

---

§ 935 Rdnr. 11; Schuschke/Walker-*Schuschke* Vorbemerkung zu § 935 Rdnr. 3; Zöller-*Vollkommer* Vor § 916 Rdnr. 1c, § 935 Rdnr. 3.

101 OLG Frankfurt Beschluß vom 27.10.1978 FamRZ 1979, 156; Thomas/Putzo-*Hüßtege* § 620 Rdnr. 2, 8; *Nagel/Gottwald* § 15 Rdnr. 57 f.; Zöller-*Philippi* § 620 Rdnr. 1.

102 *Nagel/Gottwald* § 15 Rdnr. 58.

103 Wieczorek/Schütze-*Thümmel* Vor § 916 Rdnr. 2 und § 938 Rdnr. 9; Schuschke/Walker-*Walker* Vor § 916 Rdnr. 2.

104 Baumbach/Lauterbach/Albers/Hartmann-*Hartmann* Grundz § 916 Rdnr. 5; Wieczorek/Schütze-*Thümmel* Vor § 916 Rdnr. 2.

105 BVerfG Beschluß vom 16.05.1995 NJW 1995, 2477; OLG Rostock Urteil vom 26.06.1996 MDR 1996, 1183; *Geimer* IZPR Rdnr. 1984; Stein/Jonas-*Grunsky* vor § 916 Rdnr. 1; MüKo/ZPO-*Heinze* vor § 916 Rdnr. 10; *Heinze* in FS Zeuner S. 369, 372; *Schrader* S. 148; Wieczorek/Schütze-*Thümmel* Vor § 916 Rdnr. 5; Zöller-*Vollkommer* Vor § 916 Rdnr. 1a; Schuschke/Walker-*Walker* vor § 916 Rdnr. 1.

106 Die Herleitung des Justizgewährungsanspruchs ist umstritten: Teilweise wird er auf Art. 101 Abs. 1 S. 2 GG, teilweise auf Art. 103 Abs. 1 GG gestützt, teilweise auch direkt aus dem Rechtsstaatsprinzip, Art. 19 Abs. 3 GG oder den Grundrechten abgeleitet, zum ganzen z.B. *Jauernig* Zivilprozeßrecht § 36 I 1; *Musielak* Rdnr. 11; Schuschke/Walker-*Walker* vor § 916 Rdnr. 1. m.w.N.

107 *Schütze* DIS-MAT IV (1998), S. 67, 70.

den Anspruchs[108]. Diese Hemmung endet allerdings nach § 204 Abs. 2 S. 1 BGB grundsätzlich sechs Monate nach der rechtskräftigen Entscheidung oder anderweitigen Beendigung des Verfahrens.

Im folgenden soll zunächst ein Überblick über die wesentlichen Regelungen zum Arrest und der einstweiligen Verfügung gegeben werden (Gliederungspunkte 1 und 2). Das nach deutschem Recht nicht zum einstweiligen Rechtsschutz gehörende selbständige Beweisverfahren nach §§ 485 ff. ZPO soll daran anschließend kurz vorgestellt werden, weil auf selbständige Beweissicherungsverfahren auch im Rahmen der Untersuchungen zur EuGVVO noch einzugehen sein wird (Gliederungspunkt 3). Abschließend wird in einem Exkurs gesondert dargestellt, ob und wie sich in einem gerichtlichen Verfahren über eine Streitigkeit mit Auslandsbezug und insbesondere in einem solchen des einstweiligen Rechtsschutzes Rechte der Parteien aus ausländischem Recht ergeben können (Gliederungspunkt 4).

1. Arrest

Obwohl der Arrest, wie oben erläutert, nicht Gegenstand dieser Arbeit ist, sollen hier zunächst die wesentlichen Grundzüge des Arrestverfahrens kurz dargestellt werden, weil die für dieses geltenden Vorschriften nach § 936 ZPO auf die Anordnung einstweiliger Verfügungen und das weitere Verfahren entsprechend anwendbar sind. Nach § 916 Abs. 1 ZPO können zur Sicherung von Geldforderungen oder Forderungen, die in eine Geldforderung übergehen können, Arreste beantragt werden. Das Verfahren zur Erlangung eines Arrestes wird als Arrestverfahren bezeichnet. Es handelt sich dabei um ein summarisches Erkenntnisverfahren, bei dem die Anforderungen an die Beweisführung gesenkt sind und gemäß § 920 Abs. 2 ZPO eine Glaubhaftmachung nach § 294 ZPO genügt. Nach § 919 ZPO sind für den Erlaß eines Arrestes sowohl das Gericht der Hauptsache im Sinne des § 943 ZPO als auch das Amtsgericht zuständig, in dessen Bezirk sich der mit dem Arrest zu belegende Gegenstand oder die Person befindet, gegen die der persönliche Sicherheitsarrest beantragt werden soll. Dabei hat der Antragsteller ein echtes Wahlrecht. Die Möglichkeit der Durchführung eines Arrestverfahrens vor dem Hauptsachegericht setzt nicht voraus, daß ein solches bereits anhängig ist, vor Anhängigkeit der Hauptsache kann einstweiliger Rechtsschutz vor jedem in Betracht kommenden Gericht der Hauptsache beantragt werden[109]. Ist das Hauptsacheverfahren bereits eingeleitet und ein Antrag auf Anordnung eines Arrestes bei diesem Gericht gestellt, wird im Arrestverfahren nicht geprüft, ob das Hauptsachegericht zur Durchführung der Hauptsache tatsächlich überhaupt zuständig ist[110]. Ferner

---

108 Vgl. hierzu z.B. *Mansel* in Dauner-Lieb/Heidel/Lepa/Ring § 1 Rdnr. 214; Palandt-*Heinrichs* § 204 Rdnr. 24; nach bisheriger Rechtslage war die Einleitung eines Verfahrens des einstweiligen Rechtsschutzes oder der Erlaß einer entsprechenden gerichtlichen Entscheidung ohne Einfluß auf die Verjährung, vgl. BGH Urteil vom 29.09.1978 NJW 1979, 217.

109 *Gronstedt* S. 138; Thomas/Putzo-*Reichold* § 919 Rdnr. 2; Zöller-*Vollkommer* § 919 Rdnr. 9; *Wolf* in FS Schütze S. 983, 988.

110 OLG Hamburg Urteil vom 06.11.1980 MDR 1981, 1027; LG Frankfurt/Main Urteil vom 12.04.1989 NJW 1990, 652; Stein/Jonas-*Grunsky* § 919 Rdnr. 5; Baumbach/Lauterbach/Albers/Hartmann-*Hartmann* § 919 Rdnr. 8; *Otte* ZIP 1991, 1048, 1049, 1051; MüKo/ZPO-*Heinze* § 916

scheidet dann eine Berufung auf die Zuständigkeit eines anderen "Hauptsache-"Gerichts auf der Grundlage von § 919 1. Alt. ZPO aus[111].

a) Voraussetzungen

(1) Arrestanspruch

Zunächst muß ein *Arrestanspruch* nach § 916 ZPO, d.h. ein materiellrechtlicher Anspruch, der auch Gegenstand des Hauptsacheverfahrens ist, bestehen. Dieser kann sich, wie in einem Exkurs zu zeigen sein wird[112], auch aus ausländischem Recht ergeben, sofern dieses anwendbar ist. Die Existenz des Anspruches muß nach §§ 920 Abs. 2, 294 ZPO glaubhaft gemacht werden.

(2) Arrestgrund

Weiterhin ist das Vorliegen eines *Arrestgrundes* Voraussetzung für die Anordnung eines Arrestes. Auch dieser muß nach §§ 920 Abs. 2, 294 ZPO glaubhaft gemacht werden. Die Anforderungen an den Arrestgrund hängen von der Art des beantragten Arrestes ab:

(a) Dinglicher Arrest

i) § 917 Abs. 1 ZPO

Für einen *dinglichen Arrest*, der nach §§ 930 ff. ZPO nur auf Pfändung oder Eintragung einer Sicherungshypothek gerichtet sein kann, muß gemäß § 917 Abs. 1 ZPO die Besorgnis bestehen, daß ohne dessen Verhängung die Vollstreckung des Urteils vereitelt oder wesentlich erschwert würde. Diese Besorgnis liegt vor, wenn ein verständiger, gewissenhaft prüfender Mensch die Gefahr einer drohenden Vollstreckungsvereitelung oder -erschwerung durch Verschlechterung der Vermögensverhältnisse des Schuldners empfindet[113], beispielsweise bei unlauterem Verhalten desselben durch Beiseiteschaffen von Vermögenswerten[114]. Eine generell schlechte Vermögenslage des Schuldners reicht also alleine nicht aus, es müssen vielmehr Anhaltspunkte für eine konkrete Verschlechterung dargetan werden[115].

Rdnr. 6; Thomas/Putzo-*Reichold* § 919 Rdnr. 3; Zöller-*Vollkommer* § 919 Rdnr. 8; *Wolf* in FS Schütze S. 983, 988.

111 *Gronstedt* S. 138; *Hornung* ZVglRWiss 95 (1996), 305, 312; MüKo/ZPO-*Heinze* § 919 Rdnr. 6.

112 Siehe unten Gliederungspunkt I.A.4.c), S. 45.

113 BGH Urteil vom 19.10.1995 BGHZ 131, 95, 105; OLG Koblenz Urteil vom 28.05.1986 ZIP 1986, 1559, 1563; Stein/Jonas-*Grunsky* § 917 Rdnr. 4 ff.; Baumbach/Lauterbach/Albers/Hartmann-*Hartmann* § 917 Rdnr. 5 f.; *Mathäser* JuS 1995, 442, 444; Thomas/Putzo-*Reichold* § 917 Rdnr. 1; *Spellenberg*/*Leible* in *Gilles* S. 293, 303; Schuschke/Walker-*Walker* § 917 Rdnr. 2.

114 BGH Urteil vom 11.03.1975 VersR 1975, 763, 764; OLG Düsseldorf Urteil vom 18.06.1993 NJW-RR 1994, 453, 454; OLG Düsseldorf Beschluß vom 09.06.1986 NJW-RR 1986, 1192; Stein/Jonas-*Grunsky* § 917 Rdnr. 7; MüKo/ZPO-*Heinze* § 917 Rdnr. 5; Musielak-*Huber* § 917 Rdnr. 3; *Musielak* Rdnr. 750; Zöller-*Vollkommer* § 917 Rdnr. 5; Schuschke/Walker-*Walker* § 917 Rdnr. 3.

115 BGH Urteil vom 19.10.1995 BGHZ 131, 95, 105; OLG Frankfurt/Main Beschluß vom 05.08.1993 ZIP 1993, 1319, 1320; *Albrecht* S. 32; Stein/Jonas-*Grunsky* § 917 Rdnr. 5; MüKo/ZPO-

ii) § 917 Abs. 2 ZPO: Arrestgrund der Auslandsvollstreckung

§ 917 Abs. 2 ZPO nennt einen besonderen Arrestgrund: Müßte das vom Gläubiger erwirkte Urteil im Ausland vollstreckt werden und ist die Gegenseitigkeit nicht verbürgt, muß die Gefahr der Vereitelung oder Erschwerung der Vollstreckung des angestrebten Urteils nicht nachgewiesen werden. Allein die Notwendigkeit einer Vollstreckung im Ausland stellt hier einen zureichenden Arrestgrund dar. Weiterhin muß nicht geltend gemacht werden, daß der Schuldner in Deutschland über Vermögen verfüge[116].

Die ursprüngliche Einschränkung in § 917 Abs. 2 S. 2 ZPO a.F., nach der dies nicht gelten sollte, soweit das Urteil in einem Vertragsstaat des EuGVÜ oder des LugÜ vollstreckt werden müßte[117], ist durch Gesetz vom 04.11.2003[118] zum 01.01.2004 aufgehoben worden. Sie wurde durch den Zusatz "und die Gegenseitigkeit nicht verbürgt ist" im ehemaligen § 917 Abs. 2 S. 1 ZPO, der nunmehr § 917 Abs. 2 ZPO ist, ersetzt. § 917 Abs. 2 ZPO gilt also in Bezug auf Staaten, bei denen die Gegenseitigkeit der Anerkennung und Vollstreckung von Urteilen des jeweiligen anderen Staates verbürgt ist, nicht. Mit dieser Neufassung sollte der Ausnahmetatbestand zum grundsätzlichen Arrestgrund der Auslandsvollstreckung ausgeweitet und allgemeiner gefaßt werden. Als Vorteile erhoffte man sich einerseits eine Reduzierung der Anwendbarkeit dieses Arrestgrundes, andererseits auch eine flexiblere Handhabung, weil keine Enumeration der jeweiligen Staaten notwendig ist[119]. Die Ausnahme vom Arrestgrund der Auslandsvollstreckung gilt damit nicht nur für EU-Mitgliedsstaaten oder solche, die Vertragsstaaten des EuGVÜ oder des LugÜ sind, sondern für alle Staaten, bei denen die Gegenseitigkeit in der Anerkennung gerichtlicher Entscheidungen des jeweiligen anderen Staates verbürgt ist[120]. In diesen Fällen wird erst gar nicht geprüft, ob die Vollstreckung eines Urteils rechtlich oder tatsächlich erschwert ist. Derartige Schwierigkeiten können allerdings weiterhin im Rahmen des § 917 Abs. 1 ZPO geltend gemacht werden[121].

Unstreitig bezieht sich § 917 Abs. 2 ZPO auf Urteile deutscher Gerichte, die im Ausland vollstreckt werden müßten. Fraglich ist, ob ebenfalls ein Arrestgrund nach § 917 Abs. 2 ZPO vorliegt, wenn ein *ausländisches* Urteil im Ausland, also entweder in einem Drittstaat oder in Deutschland, vollstreckt werden müßte. Dies hängt von der Auslegung des Begriffs "Urteil" in § 917 Abs. 2 ZPO im Hinblick darauf ab, ob dieser auch Urteile eines ausländischen Gerichts oder nur Urteile deutscher Gerichte umfaßt.

Heinze § 917 Rdnr. 8; Musielak-*Huber* § 917 Rdnr. 4; *Musielak* Rdnr. 750; Thomas/Putzo-*Reichold* § 917 Rdnr. 2; Zöller-*Vollkommer* § 917 Rdnr. 9.

116 Geimer/Schütze-*Geimer* Art. 31 EuGVVO Rdnr. 80 f.; Thomas/Putzo-*Reichold* § 917 Rdnr. 3.

117 Vgl. zum Hintergrund der ursprünglichen Einführung des klarstellenden zweiten Satzes in § 917 Abs. 2 ZPO oben Gliederungspunkt I in Teil 1 der Arbeit, S. 1.

118 BGBl. 2003 I, S. 2166.

119 Vgl. Begründung der Bundesregierung zum Gesetzentwurf in Bundestag-Drucksachen 15/1062 S. 8.

120 Listen zum Stand der Verbürgung der Gegenseitigkeit sind noch in zahlreichen Werken zum internationalen Zivilverfahrensrecht oder zum Zivilprozeßrecht zu finden, vgl. z.B. *Nagel/Gottwald* § 11 Rdnr. 194 ff.; Zöller-*Geimer* Anhang IV (S. 2843 ff.).

121 Geimer/Schütze-*Geimer* Art. 31 EuGVVO Rdnr. 78.

Nach der in Rechtsprechung[122] und Literatur[123] früher überwiegend vertretenen Ansicht fallen unter den Begriff des "Urteils" in § 917 Abs. 2 ZPO nur deutsche Urteile. Argumentiert wird, für die Bundesrepublik Deutschland bestehe kein Anlaß, die Vollstreckung ausländischer Urteile zu erleichtern. Ein Arrest könne dann zwar grundsätzlich auch zur Sicherung der Vollstreckung ausländischer Urteile in Deutschland beantragt werden, der Arrestgrund müsse dann jedoch nach § 917 Abs. 1 ZPO glaubhaft gemacht werden.

Nach dem anderen Teil der Rechtsprechung[124] und der Literatur[125] werden grundsätzlich auch nicht-deutsche Urteile von § 917 Abs. 2 ZPO erfaßt. Diese Auslegung hat insbesondere seit dem Urteil des EuGH "*Hatrex*" vom 10.02.1994[126] starken Zuspruch gefunden. Begründend wird teilweise angeführt, daß diese Vorschrift den Zweck habe, dem Gläubiger die Mühen einer Vollstreckung im Ausland zu ersparen, wenn sich im Inland ein Vollstreckungsobjekt befinde[127]. Überwiegend wird § 917 Abs. 2 ZPO aber in Rechtsprechung[128] und Literatur[129] nur dann auf ausländische Urteile angewandt,

---

[122] OLG Hamburg Beschluß vom 11.12.1989 NJW 1990, 1425; OLG München Urteil vom 02.12.1987 NJW-RR 1988, 1023; OLG Frankfurt/Main Urteil vom 02.03.1983 RIW 1983, 289, 290; OLG Koblenz Urteil vom 02.05.1975 RIW/AWD 1977, 359; OLG Hamburg Urteil vom 04.05.1972 VersR 1972, 1115, 1116; OLG Stuttgart Urteil vom 19.05.1952 IPRspr. 1952/1953 Nr. 295; LG Duisburg Urteil vom 27.11.1987 RIW 1989, 58, 59; LG Köln Urteil vom 08.11.1978 RIW/AWD 1979, 128, 129.

[123] *Dittmar* NJW 1978, 1720, 1722; *Eilers* S. 53 ff., v.a. 58 ff., 61, die jedoch eine analoge Anwendung des § 917 Abs. 2 ZPO für möglich hält, wenn der Gläubiger aufgrund von Normen, die von der Rechtslage nach autonomem Recht abweichen, verpflichtet ist, im Ausland zu klagen, und dann Vollstreckung in einem anderen als dem Urteilsstaat begehrt; *Geimer* IZPR Rdnr. 1213; MüKo/ZPO-*Heinze* § 917 Rdnr. 10; *Mankowski* RIW 1991, 181, 183 f. und NJW 1992, 599, 602 f.; *Schlosser* in FS Schwab 1990, 435, 447; *Stickler* S. 91 f.

[124] OLG Düsseldorf Urteil vom 18.05.1977 NJW 1977, 2034; LG Hamburg Urteil vom 14.08.1996 IPRax 1998, 37; LG Bremen Urteil vom 30.05.1978 RIW/AWD 1980, 366, 367; AG Leverkusen Urteil vom 16.04.1981 IPRax 1983, 45; AG Hamburg-Harburg Urteil vom 09.07.1975 IPRspr. 1975 Nr. 188.

[125] Geimer/Schütze-*Geimer* Urteilsanerkennung I/1 § 41 V 2, 281 f.; Geimer/Schütze-*Geimer* Art. 31 EuGVVO Rdnr. 91 ff.; *Gronstedt* S. 58 ff.; jetzt auch Baumbach/Lauterbach/Albers/Hartmann-*Hartmann* § 917 Rdnr. 17 mit Verweis auf die Neufassung des § 917 Abs. 2 ZPO; *Grunsky* IPRax 1983, 210, 211 und RIW/AWD 1977, 1, 8, Fn. 56; Stein/Jonas-*Grunsky* § 917 Rdnr. 17; *Matscher* ZZP 95 (1982), 170, 223; *Morbach* S. 34; *Puttfarken* RIW/AWD 1977, 360, 363 f.; *Schack* Rdnr. 422; *Schlafen* NJW 1976, 2082 f.; *Thümmel* in FS Rothoeft S. 97, 99.

[126] EuGH Urteil vom 10.02.1994, Rs. C-398/92, Slg. 1994, I-467; vgl. dazu bereits oben Fußnote 10.

[127] *Gronstedt* S. 58; Stein/Jonas-*Grunsky* § 917 Rdnr. 17; *Grunsky* RIW/AWD 1977, 1, 18 Fn. 56; *Hornung* ZVglRWiss 95 (1996), 305, 308.

[128] OLG Düsseldorf Urteil vom 18.05.1977 NJW 1977, 2034; LG Hamburg Urteil vom 14.08.1996 IPRax 1998, 37; LG Bremen Urteil vom 30.05.1978 RIW/AWD 1980, 366, 367.

[129] *Albrecht* S. 139; *Ehricke* NJW 1991, 2189, 2192; *Eilers* S. 58 ff., 61; *Fuchs* IPRax 1998, 25, 28; Geimer/Schütze-*Geimer* Urteilsanerkennung I/1 § 41 V 2, S. 278 f., 281 f.; Geimer/Schütze-*Geimer* Art. 31 EuGVVO Rdnr. 94 f.; *Gieseke* EWS 1994, 149, 152 f.; MüKo/ZPO-*Gottwald* Art. 24 EuGVÜ Rdnr. 14; *Hornung* ZVglRWiss 95 (1996), 305, 308; Musielak-*Huber* § 917 Rdnr. 7; *Kropholler* Art. 24 Rdnr. 13 in 6. Auflage 1998; *Kropholler/Hartmann* in FS Drobnig S. 337, 358; *Mankowski* EWiR § 917 ZPO 1/96, 1007 f., der entgegen seiner bis dahin vertretenen Ansicht die Lö-

wenn ein Urteil eines Gerichts eines Mitgliedsstaates im Sinne der EuGVVO bzw. eines EuGVÜ-Vertragsstaates in einem Drittstaat, in dem die EuGVVO bzw. das EuGVÜ nicht anwendbar sind, vollstreckt werden müßte.

Auf diesen Streit soll jedoch in der vorliegenden Arbeit wegen der Konzentration auf Fragen des internationalen Zivilverfahrensrechts nicht vertiefend eingegangen werden.

(b) Persönlicher Sicherheitsarrest

Beim *persönlichen Sicherheitsarrest*, der die Verhaftung des Schuldners zur Erreichung oder Verhinderung bestimmter Handlungen oder andere die persönliche Freiheit einschränkende Maßnahmen bezweckt, werden aufgrund der besonderen Härte der den Schuldner treffenden Maßnahme an den Arrestgrund höhere Anforderungen gestellt. Der Arrest muß nach § 918 ZPO erforderlich sein, um die gefährdete Zwangsvollstreckung in das Vermögen des Schuldners zu sichern. Dies kann beispielsweise der Fall sein, wenn sich der Schuldner andernfalls schon der Ladung nach § 900 Abs. 1 S. 2 ZPO zur eidesstattlichen Versicherung nach §§ 899 ff. ZPO entziehen möchte[130], oder um zu verhindern, daß der Schuldner Vermögensgegenstände beiseite schafft, die glaubhafterweise vorhanden und pfändbar sind[131]. Der persönliche Arrest ist nur zulässig, wenn ein dinglicher Arrest nicht ausreicht, und damit zu diesem subsidiär[132].

b) Arrestbefehl

Die Entscheidung, mit der ein Arrest angeordnet wird, wird im Gesetz Arrestbefehl genannt[133]. Dieser kann nach §§ 922 Abs. 1 S. 1, 128 Abs. 4 ZPO auch als Beschluß ohne mündliche Verhandlung ergehen. Dann kann dem Antragsgegner die Möglichkeit der schriftlichen Äußerung gegeben werden[134]. Ob eine mündliche Verhandlung stattfindet, liegt im pflichtgemäßen Ermessen des Gerichts[135]. Es kann auch ganz von der Anhörung des Gegners abgesehen werden, wenn eine vorherige Anhörung des

---

sung im Urteil des LG Hamburg vom 14.08.1996, IPRax 1998, 37, bestätigt; *Mennicke* EWS 1997, 117, 120 ff., v.a. 122; *Puttfarken* RIW/AWD 1977, 360, 363 f.; *Ress* JuS 1995, 967, 971; *Schlafen* NJW 1976, 2082, 2083; *Sessler* WM 2001, 497, 501; *Spellenberg/Leible* in *Gilles* S. 293, 302 f.; Zöller-*Vollkommer* § 917 Rdnr. 16; *Wolf* in *Geimer/Schütze* Internationaler Rechtsverkehr EuGVÜ Art. 24 Rdnr. 64; *Wolf/Lange* RIW 2003, 55, 59; offen gelassen in Thomas/Putzo-*Hüßtege* Art. 31 EuGVVO Rdnr. 4 a.E.

130 OLG München Beschluß vom 19.10.1987 NJW-RR 1988, 382; Baumbach/Lauterbach/Albers/Hartmann-*Hartmann* § 918 Rdnr. 4; *Mathäser* JuS 1995, 442, 446; Thomas/Putzo-*Reichold* § 918 Rdnr. 2; Zöller-*Vollkommer* § 918 Rdnr. 1.

131 Baumbach/Lauterbach/Albers/Hartmann-*Hartmann* § 918 Rdnr. 4; Zöller-*Vollkommer* § 918 Rdnr. 1.

132 Einhellige Meinung, vgl. etwa: OLG München Beschluß vom 19.10.1987 NJW-RR 1988, 382, 383; Stein/Jonas-*Grunsky* § 918 Rdnr. 6; Baumbach/Lauterbach/Albers/Hartmann-*Hartmann* § 918 Rdnr. 1; *Mathäser* JuS 1995, 442, 446; *Musielak* Rdnr. 750; Thomas/Putzo-*Reichold* § 918 Rdnr. 1; Zöller-*Vollkommer* § 918 Rdnr. 1; Schuschke/Walker-*Walker* § 918 Rdnr. 3.

133 Vgl. §§ 923, 926, 929 ZPO.

134 LG Zweibrücken Beschluß vom 03.03.1987 NJW-RR 1987, 1199; Stein/Jonas-*Grunsky* § 922 Rdnr. 1.

135 Baumbach/Lauterbach/Albers/Hartmann-*Hartmann* § 922 Rdnr. 15; Zöller-*Vollkommer* § 922 Rdnr. 1.

Schuldners den Zweck des Arrestverfahrens gefährden würde[136]. Ergeht ein Urteil, so wird dieses nach §§ 317, 166 ff. ZPO im Wege der Amtszustellung zugestellt. Ergeht ein Beschluß, so muß dieser zu seiner Wirksamkeit nach § 922 Abs. 2 ZPO dem Antragsgegner im Wege der Parteizustellung nach §§ 191 ff. ZPO zugestellt werden. Wird das Arrestgesuch durch Beschluß zurückgewiesen, muß eine Zustellung nach § 922 Abs. 3 ZPO nicht erfolgen. Soll die Entscheidung über ein Arrestgesuch im Ausland geltend gemacht werden, ist sie nach § 922 Abs. 1 S. 2 ZPO zu begründen.

Die Anordnung des Arrestes kann nach § 921 S. 2 ZPO von einer Sicherheitsleistung abhängig gemacht werden. Ebenso kann der Arrest angeordnet, aber seine Vollziehung von der Sicherheitsleistung abhängig gemacht werden[137].

Ein Arrestbefehl muß nach § 923 ZPO eine sogenannte Lösungssumme benennen, deren Hinterlegung die Vollziehung des Arrestes hemmt.

§ 926 ZPO verdeutlicht die dienende Funktion des Arrestverfahrens gegenüber dem Hauptsacheverfahren: Ist die Hauptsache noch nicht anhängig, so hat das Arrestgericht nach § 926 Abs. 1 ZPO auf Antrag anzuordnen, daß die Partei, die den Arrestbefehl erwirkt hat, innerhalb einer bestimmten Frist Klage zu erheben hat. Kommt sie dieser Anordnung nicht nach, wird nach § 926 Abs. 2 ZPO auf Antrag die Aufhebung des Arrestes durch Endurteil ausgesprochen.

Ergeht später ein anderslautendes Urteil im Hauptsacheverfahren oder erweist sich die Anordnung eines Arrestes aus anderen Gründen als falsch, ist der Antragsteller nach § 945 ZPO verpflichtet, dem Gegner Ersatz für den Schaden zu leisten, der diesem aus der Vollziehung des Arrestes oder durch die Sicherheitsleistung zur Abwendung der Vollziehung entstanden ist.

c) Vollziehung

Nach § 928 ZPO finden die Vorschriften über die Zwangsvollstreckung auf die Vollziehung des Arrestes entsprechend Anwendung, soweit nicht die §§ 929 bis 934 ZPO abweichende Regelungen enthalten.

Zunächst ist zu beachten, daß die §§ 929 ff. ZPO begrifflich nicht zwischen Vollziehung und Vollstreckung des Arrestes unterscheiden.

Aus dem Zusammenspiel zwischen § 929 ZPO und § 928 ZPO sowie §§ 930 ff. ZPO läßt sich ableiten, daß mit "Vollziehung" das besondere Zwangsvollstreckungsverfahren von Entscheidungen des einstweiligen Rechtsschutzes gemeint ist, das nicht zur Befriedigung des Gläubigers, sondern einzig zur Sicherung führen darf[138]. Teilweise

---

136 Zöller-*Vollkommer* § 921 Rdnr. 1, § 922 Rdnr. 1; Stein/Jonas-*Grunsky* § 922 Rdnr. 1; allgemein zur Abweichung von Art. 103 Abs. 1 GG: BVerfG Beschluß vom 08.01.1959 BVerfGE 9, 89, 98 in Bezug auf eine Anordnung der Untersuchungshaft im Strafprozeßrecht.

137 Zöller-*Vollkommer* § 921 Rdnr. 4; MüKo/ZPO-*Heinze* § 921 Rdnr. 11; Thomas/Putzo-*Reichold* § 921 Rdnr. 3; Baumbach/Lauterbach/Albers/Hartmann-*Hartmann* § 921 Rdnr. 12.

138 BGH Urteil vom 02.11.1995 BGHZ 131, 141, 143; BGH Urteil vom 22.10.1992 BGHZ 120, 73, 77; *Borck* MDR 1983, 180, 181; *Gronstedt* S. 314 ff., mit Verweis auf den Wortlaut des § 929 Abs. 3 ZPO auf S. 318; MüKo/ZPO-*Heinze* § 928 Rdnr. 1; Thomas/Putzo-*Reichold* Vorbem § 916

wird auch zwischen Arrestvollzug und Arrestvollstreckung unterschieden, wobei der Arrestvollzug einzig die Bedeutung haben soll, den Arrest dem Schuldner gegenüber wirksam zu machen, und erst die Vollstreckung die vom Gläubiger gewünschte Sicherung endgültig herbeiführt[139].

Die Vollziehung eines Arrestbefehles gegen den darin genannten Schuldner durch den im Arrestbefehl genannten Gläubiger ist nach § 929 Abs. 1 ZPO ohne Vollstreckungsklausel und nach § 929 Abs. 3 ZPO schon vor Zustellung möglich. Arrestbefehle sind damit sofort vollstreckbar. Die Vollziehung des Arrestes muß jedoch nach § 929 Abs. 2 ZPO innerhalb eines Monats nach dem Tag seiner Verkündung oder Zustellung erfolgen. Letzteres hebt den Eilcharakter des Arrestes hervor, es soll aber auch zum Schutz des Schuldners verhindert werden, daß der Arrest unter wesentlich anderen tatsächlichen Umständen als denen, die seiner Anordnung zugrunde lagen, vollzogen wird[140].

Die Arten der Vollziehung regeln die §§ 930 bis 933 ZPO.

d) Rechtsbehelfe

Gegen eine als Urteil ergangene Entscheidung des Amtsgerichts oder Landgerichts in erster Instanz über ein Arrestgesuch kann nach allgemeinen Regeln Berufung eingelegt werden, die Revision ist nach § 542 Abs. 2 S. 1 ZPO nicht statthaft[141]. Ergeht der Arrestbefehl durch Beschluß, kann nach §§ 924, 925 ZPO Widerspruch erhoben werden, der nicht fristgebunden ist. Wird der Antrag auf Anordnung eines Arrest in erster Instanz durch Beschluß zurückgewiesen, kann der Antragsteller nach § 567 Abs. 1 Nr. 2 ZPO sofortige Beschwerde erheben[142]. Die Rechtsbeschwerde ist gemäß §§ 574 Abs. 1 S. 2, 542 Abs. 2 ZPO in Verfahren auf Erlass eines Arrests oder einer einstweiligen Verfügung nicht statthaft[143]

Wird der Anordnung zur Klageerhebung nicht Folge geleistet oder ändern sich die tatsächlichen Umstände, kann der Arrest auf Antrag nach §§ 926 Abs. 2 bzw. 927 ZPO aufgehoben werden.

Rdnr. 5; *Schrader* S. 190; Wieczorek/Schütze-*Thümmel* § 928 Rdnr. 2; Zöller-*Vollkommer* § 928 Rdnr. 1.

139 Baumbach/Lauterbach/Albers/Hartmann-*Hartmann* Grundz § 916 Rdnr. 19 f.

140 BVerfG Beschluß vom 27.04.1988 NJW 1988, 3141; BGH Urteil vom 25.10.1990 BGHZ 112, 356, 359, 361; OLG Frankfurt/Main Beschluß vom 14.05.1985 NJW-RR 1986, 64; OLG Frankfurt/Main Beschluß vom 16.04.1985 OLGZ 1985, 383, 384; OLG Düsseldorf Beschluß vom 09.03.1981 ZIP 1981, 540; *Pohlmann* WM 1994, 1277, 1278; Zöller-*Vollkommer* § 929 Rdnr. 3; Schuschke/Walker-*Schuschke* § 929 Rdnr. 6.

141 *Albrecht* S. 34; *Eilers* S. 43; Baumbach/Lauterbach/Albers/Hartmann-*Hartmann* § 922 Rdnr. 22 ff., 24; Thomas/Putzo-*Reichold* § 922 Rdnr. 6.

142 Baumbach/Lauterbach/Albers/Hartmann-*Hartmann* § 922 Rdnr. 28; Thomas/Putzo-*Reichold* § 922 Rdnr. 7; Zöller-*Vollkommer* § 922 Rdnr. 13.

143 So die ausdrückliche Rechtslage seit 01.09.2004, vgl. zuvor schon die Rspr. des BGH, Beschluß vom 27.02.2003, NJW 2003, 1531.

2. Einstweilige Verfügung

Einstweilige Verfügungen nach §§ 935, 940 ZPO können zur Sicherung anderer Ansprüche als Geldforderungen bzw. solcher, die in eine Geldforderung übergehen können, beantragt werden[144]. Beispiele für solche Ansprüche sind Herausgabeansprüche, Verfügungsansprüche und solche auf Vornahme einer Handlung, auf Duldung oder auf Unterlassung.

Wie bereits erwähnt, sind nach § 936 ZPO auf die Anordnung einstweiliger Verfügungen und das weitere Verfahren die Vorschriften über die Anordnung von Arresten und über das Arrestverfahren entsprechend anzuwenden, soweit die §§ 935 ff. ZPO keine entgegenstehenden Vorschriften enthalten. Für den Erlaß einer einstweiligen Verfügung ist nach § 937 Abs. 1 ZPO das Gericht der Hauptsache im Sinne des § 943 Abs. 1 ZPO zuständig[145]. Wie im Arrestverfahren tritt mit Anhängigkeit des Hauptsacheverfahrens eine Zuständigkeitskonzentration ein, so daß nur noch dasjenige Gericht, bei dem das Hauptsacheverfahren tatsächlich anhängig ist, auf der Grundlage von § 937 ZPO einstweilige Verfügungen erlassen darf und andere potentielle "Hauptsachegerichte" für deren Erlaß unzuständig sind[146]. Darüber hinaus kann nach § 942 Abs. 1 ZPO in dringenden Fällen das Amtsgericht, in dessen Bezirk sich der Streitgegenstand befindet, eine einstweilige Verfügung erlassen. Von einer solchen Dringlichkeit wird dann ausgegangen, wenn im Falle einer Entscheidung durch das Hauptsachegericht eine für den Antragsteller nachteilige Verzögerung eintreten würde[147]. Dabei muß eine Frist bestimmt werden, innerhalb derer die Ladung des Gegners zur mündlichen Verhandlung über die Rechtmäßigkeit der einstweiligen Verfügung beim Gericht der Hauptsache zu beantragen ist (sog. Rechtfertigungs- oder Rechtmäßigkeitsverfahren). Nach § 942 Abs. 2 ZPO ist dieses Amtsgericht auch in nicht dringenden Fällen für den Erlaß einstweiliger Verfügungen zuständig, aufgrund derer eine Vormerkung oder ein Widerspruch gegen die Richtigkeit des Grundbuchs (§§ 885 bzw. 899 BGB), des Schiffsregisters oder des Schiffsbauregisters eingetragen werden soll. Entscheidungen nach § 942 ZPO ergehen nach § 942 Abs. 4 ZPO durch Beschluß, auch wenn eine mündliche Verhandlung stattgefunden hat.

Nach § 937 Abs. 2 ZPO kann die Entscheidung in dringenden Fällen oder bei Zurückweisung des Antrags auf Erlaß einer einstweiligen Verfügung auch ohne mündliche Verhandlung ergehen. Dann ergeht sie nach §§ 936, 922 Abs. 1 S. 1 ZPO in Beschlußform, andernfalls in Urteilsform. Die Voraussetzungen für die Entbehrlichkeit einer

---

[144] Sog. "Individualansprüche"; OLG Köln Beschluß vom 08.08.1994 NJW-RR 1995, 546; Zöller-*Vollkommer* § 935 Rdnr. 1.

[145] Das Gericht, bei dem der Antrag auf Erlaß einer einstweiligen Verfügung anhängig gemacht wird, prüft, wenn bereits ein Hauptsacheverfahren anhängig ist oder gleichzeitig anhängig gemacht wird, nicht, ob es für die Durchführung des Hauptsacheverfahrens überhaupt zuständig ist, OLG Hamburg Urteil vom 06.11.1980 MDR 1981, 1027.

[146] OLG Zweibrücken Urteil vom 19.10.1988 JZ 1989, 103; OLG Hamm Urteil vom 20.12.1988 OLGZ 1989, 338 f.

[147] *Gronstedt* S. 301; Baumbach/Lauterbach/Albers/Hartmann-*Hartmann* § 942 Rdnr. 4; *Musielak* Rdnr. 756; Thomas/Putzo-*Reichold* § 942 Rdnr. 2; Zöller-*Vollkommer* § 942 Rdnr. 1; Schuschke/Walker-*Walker* § 942 Rdnr. 3.

mündlichen Verhandlung sind hier strenger als im Falle des Arrestverfahrens, weil nach § 937 Abs. 2 ZPO ein dringender Fall vorliegen muß. Ein solcher liegt nur dann vor, wenn die Dringlichkeit deutlich über die sich aus dem Verfügungsgrund ergebende Eilbedürftigkeit hinausgeht[148]. Möglich ist ausnahmsweise auch, von einer Anhörung des Gegners ganz abzusehen, wenn die Benachrichtigung des Gegners den Zweck der einstweiligen Verfügung gefährden könnte, beispielsweise weil gerade ein besonderer Überraschungseffekt beim Antragsgegner berechtigt ausgenutzt werden soll[149]. Wenn die Dringlichkeit der Sache nicht einmal mehr den Zusammentritt des Kollegialgerichts am Landgericht zuläßt, ist nach § 944 ZPO auch eine Entscheidung durch den Vorsitzenden zulässig.

Im Gegensatz zu der für den Arrest in § 923 ZPO getroffenen Regelung kann die Aufhebung einer einstweiligen Verfügung gegen Sicherheitsleistung nach § 939 ZPO nur unter besonderen Umständen gestattet werden. Über diese entscheidet das Gericht nach freiem Ermessen. Abgesehen vom Fall der Leistungsverfügung können diese Umstände zum Beispiel darin liegen, daß ausnahmsweise nicht das Interesse des Gläubigers an der individuellen Leistung, sondern vielmehr sein Vermögensinteresse im Vordergrund steht[150].

a) Voraussetzungen

Voraussetzung für den Erlaß einstweiliger Verfügungen ist, wie sich aus dem Wortlaut der §§ 935, 940 ZPO ergibt, ebenfalls das Vorliegen eines Verfügungsanspruchs und eines Verfügungsgrundes. Auch diese müssen nach §§ 936, 920 Abs. 2, 294 ZPO glaubhaft gemacht werden.

(1) Verfügungsanspruch

Wie beim Arrest ist auch bei der einstweiligen Verfügung zunächst das Vorliegen eines zu sichernden Rechts notwendig. Wie bereits dargestellt, können dies beispielsweise Herausgabeansprüche, Unterlassungsansprüche oder Verfügungsansprüche sein.

(2) Verfügungsgrund

Je nach ihrem Inhalt sind verschiedene Arten der einstweiligen Verfügung zu unterscheiden, bei denen jeweils unterschiedliche Anforderungen an den Verfügungsgrund gestellt werden:

(a) Sicherungsverfügung

Die *Sicherungsverfügung* nach § 935 ZPO ist auf die Sicherung eines nicht auf Geld gerichteten Anspruchs, zum Beispiel eines Anspruchs auf Herausgabe einer Sache oder

---

[148] OLG Karlsruhe Beschluß vom 15.04.1987 NJW-RR 1987, 1206; Stein/Jonas-*Grunsky* § 937 Rdnr. 5 f.; Zöller-*Vollkommer* § 937 Rdnr. 2; Schuschke/Walker-*Walker* § 937 Rdnr. 6; Baumbach/Lauterbach/Albers/Hartmann-*Hartmann* § 937 Rdnr. 5.

[149] Zöller-*Vollkommer* § 937 Rdnr. 2; Schuschke/Walker-*Walker* § 937 Rdnr. 6; Stein/Jonas-*Grunsky* § 937 Rdnr. 5 f.

[150] Stein/Jonas-*Grunsky* § 939 Rdnr. 1; MüKo/ZPO-*Heinze* § 939 Rdnr. 4; Thomas/Putzo-*Reichold* § 939 Rdnr. 2; Wieczorek/Schütze-*Thümmel* § 939 Rdnr. 2; Zöller-*Vollkommer* § 939 Rdnr. 1.

auf Duldung oder Unterlassung einer bestimmten Handlung, gerichtet. Als Verfügungsgrund ist gemäß § 935 ZPO notwendig, daß durch eine Veränderung des bestehenden Zustandes die Verwirklichung eines Rechts des Gläubigers vereitelt oder wesentlich erschwert würde. Dies kann beispielsweise der Fall sein, wenn eine Sache veräußert, weggeschafft, mit einem Recht belastet oder durch übermäßige Benutzung in ihrem Wert verringert werden soll[151]. Weiterhin kann hier die drohende Verletzung von Rechten einer Person beispielsweise durch eine bevorstehende Veröffentlichung einer bestimmten Meldung in Presse oder Rundfunk, obwohl die Person einen Anspruch auf Unterlassen der Veröffentlichung hat, genannt werden.

(b) Regelungsverfügung

Die *Regelungsverfügung* nach § 940 ZPO dient der Regelung eines einstweiligen Zustandes in bezug auf ein streitiges Rechtsverhältnis. Eine solche einstweilige Verfügung dient dem Zweck, den Rechtsfrieden bis zur endgültigen Entscheidung des streitigen Rechtsverhältnisses vorläufig zu sichern[152]. Häufige Beispiele sind Streitigkeiten über die Ausübung von Nutzungsrechten oder gesellschaftsrechtlichen Aufsichts- oder Geschäftsführungsbefugnissen. Verfügungsgrund ist nach § 940 ZPO die Notwendigkeit einer Verfügung zur Abwendung wesentlicher Nachteile, zur Verhinderung drohender Gewalt oder aus anderen Gründen. Ob eine Verfügung zur Sicherung der geltend gemachten Rechte notwendig ist, hängt von den Umständen des Einzelfalls sowie dem weiteren Verhalten des Gläubigers ab.

Teilweise ist der Erlaß einer einstweiligen Verfügung jedoch unter vereinfachten Bedingungen möglich: So sieht zum Beispiel § 885 Abs. 1 S. 2 BGB vor, daß zum Erlaß einer auf Eintragung einer Vormerkung gerichteten einstweiligen Verfügung nur der zu sichernde Anspruch, nicht aber dessen Gefährdung glaubhaft gemacht werden muß[153]. Auch in den Fällen beispielsweise der §§ 899 Abs. 2 S. 2 und 1615 o Abs. 3 BGB ist eine Glaubhaftmachung der Gefährdung des Anspruchs nicht notwendig.

Eine scharfe Trennung zwischen Regelungs- und Sicherungsverfügung wird in der Literatur allgemein für schwierig befunden[154].

---

151 OLG Brandenburg Beschluß vom 13.07.2001 MDR 2001, 1185; OLG Köln Urteil vom 25.01.1988 ZIP 1988, 445; OLG Düsseldorf Urteil vom 07.12.1983 MDR 1984, 411; *Morbach* S. 92; Baumbach/Lauterbach/Albers/Hartmann-*Hartmann* § 935 Rdnr. 17; Thomas/Putzo-*Reichold* § 935 Rdnr. 6 f.; *Spellenberg/Leible* in *Gilles* S. 293, 304; Zöller-*Vollkommer* § 935 Rdnr. 13.

152 Baumbach/Lauterbach/Albers/Hartmann-*Hartmann* § 940 Rdnr. 2; Thomas/Putzo-*Reichold* § 940 Rdnr. 1; Zöller-*Vollkommer* § 940 Rdnr. 4; differenzierend: Stein/Jonas-*Grunsky* § 940 Rdnr. 1, der verlangt, daß eine Regelungsverfügung nur dann ergehen darf, wenn für den Antragsteller aus dem Rechtsverhältnis ein Anspruch entstehen kann.

153 Die Vermutung, daß eine Gefährdung vorliegt, kann allerdings widerlegt werden: OLG Hamm Urteil vom 04.11.2003 NJW-RR 2004, 379; OLG Düsseldorf Urteil vom 10.12.1999 NJW-RR 2000, 825, 826; vgl. hierzu Palandt-*Bassenge* § 885 Rdnr. 5; Zöller-*Vollkommer* § 935 Rdnr. 12; *Morbach* S. 93 hält die Vermutung für unwiderleglich.

154 Stein/Jonas-*Grunsky* vor § 935 Rdnr. 29 f., § 940 Rdnr. 1; Baumbach/Lauterbach/Albers/Hartmann-*Hartmann* § 935 Rdnr. 3, § 940 Rdnr. 1; Schuschke/Walker-*Schuschke* Vorbemerkung zu § 935 Rdnr. 14; Wieczorek/Schütze-*Thümmel* § 938 Rdnr. 1; Zöller-*Vollkommer* § 935 Rdnr. 2, § 940 Rdnr. 1.

(c) Leistungs- oder Befriedigungsverfügung

Neben den beiden im Gesetz genannten Formen der einstweiligen Verfügung wurde von Rechtsprechung und Lehre durch Fortentwicklung von in einzelnen Gesetzen enthaltenen Bestimmungen[155] die *Leistungs-* oder *Befriedigungsverfügung* geschaffen[156]. Sie ist auf die vorläufige Befriedigung des Gläubigers gerichtet und wird angeordnet (Verfügungsgrund), wenn die vorläufige Befriedigung des Verfügungsanspruchs aus zwingenden Gründen, zum Beispiel aufgrund einer drohenden Existenzgefährdung oder einer vergleichbaren Notlage, notwendig ist[157]. Allerdings besteht dabei immer die Gefahr, daß sich die Anordnung der Verfügung als falsch erweist, ihre Rückabwicklung aber nicht möglich, vereitelt oder erschwert ist und die Durchsetzung des Schadensersatzanspruches nach § 945 ZPO ebenfalls mißlingt. Insbesondere bei einstweiligen Verfügungen, die auf Vornahme oder Duldung einer Handlung oder auf ein Unterlassen gerichtet sind, hat sich außerdem der Rechtsstreit zwischen den Parteien mit Erlaß der einstweiligen Verfügung bereits erledigt, wenn es auf die Vornahme der Handlung oder auf die Unterlassung zu einem bestimmten Zeitpunkt ankam. Dann wird häufig gar kein Hauptsacheverfahren oder Verfahren zur Erlangung eines Schadensersatzes nach § 945 ZPO mehr durchgeführt, so daß das Verfahren des einstweiligen Rechtsschutzes das Hauptsacheverfahren praktisch ersetzt[158]. Insgesamt ist somit regelmäßig zu beobachten, daß durch eine Leistungsverfügung ein Rechtsstreit auch in der Hauptsache erledigt oder der Entscheidung des Rechtsstreits in der Hauptsache insoweit vorgreift als die durch die Leistungsverfügungen geschaffenen Umstände häufig kaum mehr einer Rückabwicklung zugänglich sind. Aus diesen Gründen sind die Anforderungen an den Verfügungsgrund bei den einstweiligen Leistungsverfügungen sehr hoch, der Gläubiger muß auf die sofortige Erfüllung der Leistung förmlich angewiesen sein[159]. Dies kann beispielsweise zur Abwendung einer Existenzgefähr-

---

155 Z.B. § 1615 o BGB; § 85 Abs. 1 PatG; § 20 GebrMG iVm § 85 PatG; ehemaliger § 61 Abs. 6 S. 2 UrhG.

156 Dazu z.B.: Stein/Jonas-*Grunsky* vor § 935 Rdnr. 31 ff.; Baumbach/Lauterbach/Albers/Hartmann-*Hartmann* Grundz § 916 Rdnr. 6 ff.; Musielak-*Huber* § 940 Rdnr. 12 ff.; *Musielak* Rdnr. 757; Thomas/Putzo-*Reichold* § 940 Rdnr. 6 ff.; Schuschke/Walker-*Schuschke* Vorbemerkung zu § 935 Rdnr. 17 ff.; Wieczorek/Schütze-*Thümmel* § 940 Rdnr. 7 ff.; Zöller-*Vollkommer* § 940 Rdnr. 6.

157 OLG Düsseldorf Urteil vom 13.06.1995 NJW-RR 1996, 123, 124; OLG Köln Beschluß vom 11.01.1995 NJW-RR 1995, 1088; OLG Köln Beschluß vom 08.08.1994 NJW-RR 1995, 546; Stein/Jonas-*Grunsky* vor § 935 Rdnr. 31 f., 39 f.; Baumbach/Lauterbach/Albers/Hartmann-*Hartmann* Grundz § 916 Rdnr. 6 ff.; *Heinze* in FS Zeuner S. 369, 374; *Nagel/Gottwald* § 15 Rdnr. 53; Thomas/Putzo-*Reichold* § 940 Rdnr. 6; Schuschke/Walker-*Schuschke* Vorbemerkung zu § 935 Rdnr. 17 ff.; Zöller-*Vollkommer* § 940 Rdnr. 6.

158 Vgl. hierzu insgesamt: *Weber*, 'Die Verdrängung des Hauptsacheverfahrens durch den einstweiligen Rechtsschutz in Deutschland und Frankreich', Köln 1993; zum EuGVÜ *Heiss* S. 44 ff., S. 57 ff.

159 Vgl. OLG Köln Urteil vom 17.07.1998 BB 1998, 2131, 2132; OLG Rostock Urteil vom 26.06.1996 MDR 1996, 1183; OLG Düsseldorf Urteil vom 13.06.1995 NJW-RR 1996, 123, 124; *Baur* BB 1964, 607, 608 f.; Baumbach/Lauterbach/Albers/Hartmann-*Hartmann* Grundz § 916 Rdnr. 9; *Heinze* in FS Zeuner S. 369, 374; *Morbach* S. 95 f.; *Musielak* Rdnr. 757; Thomas/Putzo-*Reichold* § 940 Rdnr. 6; Wieczorek/Schütze-*Thümmel* § 940 Rdnr. 10; Zöller-*Vollkommer* § 940 Rdnr. 6.

dung oder einer Notlage und zur Vermeidung eines unverhältnismäßig hohen Vermögensschadens oder eines endgültigen Rechtsverlustes der Fall sein.

Leistungsverfügungen ergehen insbesondere zur vorläufigen Befriedigung laufender Lohn- oder Unterhaltsansprüche, jedoch stellen auch Unterlassungsverfügungen im gewerblichen Rechtsschutz (beispielsweise Patent-, Gebrauchsmuster-, Geschmacksmuster- und Markenschutzsachen), Wettbewerbs- und Presserecht sowie viele Verfügungen im Arbeits- und im Gesellschaftsrecht vorläufige Befriedigungsverfügungen dar[160].

Im gewerblichen Rechtsschutz und Wettbewerbsrecht sind Unterlassungsverfügungen im vorläufigen Rechtsschutz meist auch das einzige Mittel, Schaden abzuwenden. Insbesondere im Wettbewerbsrecht drohen bei Vornahme der zu unterlassenden Handlung meist hohe Schäden und es besteht Nachahmungsgefahr[161]. Gleichzeitig ist festzustellen, daß in Wettbewerbssachen oft nach dem Eilverfahren gar kein Hauptsacheverfahren mehr durchgeführt wird. Hier wird davon gesprochen, daß das Eilverfahren das Hauptsacheverfahren praktisch verdrängt oder ersetzt[162]. Hervorzuheben ist in diesem Zusammenhang § 12 Abs. 2 UWG, der bestimmt: „Zur Sicherung der in diesem Gesetz bezeichneten Ansprüche auf Unterlassung können einstweilige Verfügungen auch ohne die Darlegung und Glaubhaftmachung der in den §§ 935 und 940 der Zivilprozeßordnung bezeichneten Voraussetzungen erlassen werden." Der Verfügungsgrund wird damit widerleglich vermutet, es muß zunächst einzig der Verfügungsanspruch glaubhaft gemacht werden[163].

Eine Leistungsverfügung stellt auch die Anordnung der Herausgabe einer Sache durch einstweilige Verfügung an den Inhaber eines Besitzschutzanspruches nach § 861 BGB dar[164]. Aus dem Umstand, daß § 863 BGB Einwendungen gegen einen Anspruch aus verbotener Eigenmacht weitestgehend ausschließt, kann geschlossen werden, daß das

---

160 ArbG Bielefeld Urteil vom 02.05.1984 BB 1985, 666; *Baur* BB 1964, 607, 608 f.; Baumbach/Lauterbach/Albers/Hartmann-*Hartmann* Grundz § 916 Rdnr. 7 f.; *Heiss* S. 58 f.; *Musielak* Rdnr. 757; Thomas/Putzo-*Reichold* § 940 Rdnr. 7 ff.; Schuschke/Walker-*Schuschke* Vorbemerkung zu § 935 Rdnr. 18 ff.; Wieczorek/Schütze-*Thümmel* § 940 Rdnr. 2, 15 ff., 47 ff., 57 ff.; Zöller-*Vollkommer* § 940 Rdnr. 6, 8.

161 *Dethloff* RabelsZ 62 (1998), 286, 287; Schuschke/Walker-*Schuschke* Vorbemerkung zu § 935 Rdnr. 18 und insbesondere Anhang zu § 935.

162 *Eilers* S. 23; Stein/Jonas-*Grunsky* vor § 916 Rdnr. 3; Schuschke/Walker-*Schuschke* Vorbemerkung zu § 935 Rdnr. 75.

163 Zum ehemaligen § 25 UWG nahezu gleichen Wortlautes, der durch Neufassung des UWG mit Gesetz vom 03.07.2004 durch § 12 Abs. 2 UWG ersetzt wurde: KG Urteil vom 04.09.1998 IPRax 2001, 236, 237; *Morbach* S. 93; Wieczorek/Schütze-*Thümmel* § 940 Rdnr. 49 u. 58; zu § 12 Abs. 2 UWG: Schuschke/Walker-*Schuschke* Vorbemerkung zu § 935 Rdnr. 75 ff.; Zöller-*Vollkommer* § 935 Rdnr. 12.

164 Vgl. hierzu z.B. OLG Köln Urteil vom 19.11.1999 MDR 2000, 152; OLG Köln Beschluß vom 09.08.1995 VersR 1997, 465 f.; OLG Frankfurt/Main Beschluß vom 11.11.1980 BB 1981, 148; OLG Düsseldorf Beschluß vom 26.03.1971 MDR 1971, 1011; OLG Saarbrücken Beschluß vom 18.04.1967 NJW 1967, 1813; Baumbach/Lauterbach/Albers/Hartmann-*Hartmann* § 940 Rdnr. 18; Thomas/Putzo-*Reichold* § 940 Rdnr. 12; Schuschke/Walker-*Schuschke* Vorbemerkung zu § 935 Rdnr. 19 f.; Zöller-*Vollkommer* § 940 Rdnr. 8, Stichworte: Herausgabe und Sequestration, Räumung und Besitzschutz.

Gesetz dem Schutz vor verbotener Eigenmacht besondere Bedeutung beimißt. Deshalb wird in Rechtsprechung und Literatur angenommen, daß zur Erwirkung einer einstweiligen Verfügung wegen einer Besitzentziehung der Verfügungsgrund, insbesondere eine Dringlichkeit, nicht glaubhaft gemacht werden muß[165]. Eine Sonderregelung für die Anordnung der Räumung von Wohnraum sieht § 940a ZPO vor: Danach darf die Räumung von Wohnraum nur in Fällen verbotener Eigenmacht oder bei einer konkreten Gefahr für Leib und Leben angeordnet werden[166]. Leistungsverfügungen ergehen auch aufgrund von Art. 1 § 1 des am 01.01.2002 in Kraft getretenen sog. "Gewaltschutzgesetzes"[167], nach dem die Gerichte in Fällen von gegen eine Person verübter oder drohender körperlicher Gewalt und von Nachstellungen Unterlassungsverfügungen gegen den Täter erlassen können, um zum Schutz des Opfers weitere Zusammentreffen zwischen Opfer und Täter und weitere gewalttätige Vorfälle zu vermeiden.

b) Inhalt einstweiliger Verfügungen

Nach § 938 Abs. 1 ZPO bestimmt das Gericht nach „freiem Ermessen", welche Anordnungen zur Erreichung des Zwecks der einstweiligen Verfügung notwendig sind, in Abs. 2 dieser Vorschrift werden dann verschiedene Möglichkeiten aufgezählt. Hier ist unter anderem die Sequestration, also die Verwaltung und Verwahrung einer Sache, eines Grundstücks oder eines Rechts durch eine hierfür gerichtlich bestimmte Person[168], und das Verbot der Vornahme einer bestimmten Handlung erwähnt, das in Form der in der Praxis häufigen Unterlassungsverfügung ergeht[169]. Ergehen Unterlassungs- oder Duldungsverfügungen oder Leistungsverfügungen, die auf die Vornahme einer nicht vertretbaren Handlung gerichtet sind, werden diese häufig nach §§ 936, 928, 890 Abs. 1 und 2, 888 ZPO mit der Androhung von Ordnungsmitteln (Ordnungsgeld oder Zwangsgeld bzw. Ordnungshaft und Zwangshaft) für den Fall der Zuwiderhandlung versehen.

Aus der Formulierung des § 938 Abs. 1 ZPO, daß das Gericht die "erforderlichen" Anordnungen bestimmt, wird deutlich, daß die angeordnete Maßnahme zur Abwen-

---

165 OLG Düsseldorf Urteil vom 15.11.2002 NZM 2002, 192; OLG Köln Urteil vom 19.11.1999 MDR 2000, 152; OLG Stuttgart Urteil vom 19.01.1996 NJW-RR 1996, 1516; MüKo/BGB-*Joost* § 861 Rdnr. 16; Baumbach/Lauterbach/Albers/Hartmann-*Hartmann* § 940 Rdnr. 18; Zöller-*Vollkommer* § 940 Rdnr. 8, Stichwort: Herausgabe und Sequestration, Räumung und Besitzschutz; das OLG Saarbrücken, Urteil vom 09.04.2003 MDR 2003, 1198, sieht in der Ausübung verbotener Eigenmacht als solcher bereits den Verfügungsgrund.

166 Zur körperlichen Bedrohung LG Braunschweig Beschluß vom 21.11.1990 NJW-RR 1991, 832; LG Bochum Urteil vom 09.03.1990 NJW-RR 1990, 896; Thomas/Putzo-*Reichold* § 940a Rdnr. 1; Wieczorek/Schütze-*Thümmel* § 940 a Rdnr. 1.

167 Gesetz zur Verbesserung des zivilgerichtlichen Schutzes bei Gewalttaten und Nachstellungen sowie zur Erleichterung der Überlassung der Ehewohnung bei Trennung vom 11.12.2001, BGBl. 2001, I S. 3513.

168 Vgl. hierzu Baumbach/Lauterbach/Albers/Hartmann-*Hartmann* § 938 Rdnr. 21 ff.; Wieczorek/Schütze-*Thümmel* § 938 Rdnr. 14 ff.; Zöller-*Vollkommer* § 938 Rdnr. 7 ff.

169 Z.B. Verfügung auf Unterlassung der Inanspruchnahme einer Bürgschaft: OLG Frankfurt/Main Beschluß vom 25.09.1990 NJW-RR 1991, 174, 175; einstweilige Verfügung auf Unterlassung eines Arbeitskampfes LAG Ba-Wü Urteil vom 08.08.1973 MDR 1973, 1055; vgl. Thomas/Putzo-*Reichold* § 938 Rdnr. 8; Wieczorek/Schütze-*Thümmel* § 938 Rdnr. 17.

dung der Gefahr für die Rechte des Gläubigers gemessen an dem Eingriff in die Rechte des Schuldners verhältnismäßig sein muß[170]. Die angeordnete Maßnahme muß sich entsprechend § 308 ZPO im Rahmen des gestellten Antrags halten und darf über diesen nicht hinausgehen[171]. Weiterhin darf sie nicht über den Hauptanspruch hinausgehen oder dem Ausgang der Hauptsache vorgreifen[172].

Nach §§ 936, 921 S. 2 ZPO kann die Anordnung einer einstweiligen Verfügung oder ihre Vollziehung ebenfalls von einer Sicherheitsleistung abhängig gemacht werden[173].

*c) **Vollziehung***

Während für die Vollziehung einer Sicherungs- oder Regelungsverfügung nach § 936 ZPO die gleichen Grundsätze wie für die Vollziehung eines Arrestes gelten (§§ 928-934 ZPO), sind diese Vorschriften auf die Leistungsverfügung bei Geldzahlungen nur beschränkt anwendbar, weil Leistungsverfügungen über reine Sicherungsmaßnahmen hinausgehen[174].

Für die einstweilige Verfügung wird, insbesondere mit Blick auf das Fristerfordernis nach § 929 Abs. 2 ZPO, vermehrt zwischen Vollziehung und Vollstreckung unterschieden. Es wird überwiegend davon ausgegangen, daß die Vollziehung in der Zustellung im Parteibetrieb nach §§ 936, 922 Abs. 2 ZPO oder in einem anderen die eigentliche Sicherung der Rechte des Gläubigers einleitenden Akt zu sehen ist, beispielsweise der Stellung eines Eintragungsantrags in das Grundbuch oder ein anderes öffentliches Register oder einen anderen Antrag des Gläubigers beim zuständigen Vollstreckungsorgan[175]. Wichtig ist, daß der Wille des Gläubigers, von der einstweiligen Verfügung Gebrauch zu machen, eindeutig zum Ausdruck kommt. Die eigentliche Vollstreckung liegt dann in der endgültigen Sicherung oder der Zwangsmitteldurchsetzung.

---

170 Stein/Jonas-*Grunsky* § 938 Rdnr. 17; MüKo/ZPO-*Heinze* § 938 Rdnr. 7 ff.; Thomas/Putzo-*Reichold* § 938 Rdnr. 7 und § 940 Rdnr. 5; Schuschke/Walker-*Schuschke* § 938 Rdnr. 15 f.; Wieczorek/Schütze-*Thümmel* § 938 Rdnr. 1.

171 OLG Karlsruhe Urteil vom 25.11.1981 GRUR 1982, 169, 171; OLG Düsseldorf Urteil vom 06.04.1978 GRUR 1978, 609 610; Stein/Jonas-*Grunsky* § 938 Rdnr. 2; Baumbach/Lauterbach/Albers/Hartmann-*Hartmann* § 938 Rdnr. 4; Thomas/Putzo-*Reichold* § 938 Rdnr. 2; Wieczorek/Schütze-*Thümmel* § 938 Rdnr. 6; Zöller-*Vollkommer* § 938 Rdnr. 2; ausführlich: Schuschke/Walker-*Schuschke* § 938 Rdnr. 6 ff.

172 OLG Koblenz Urteil vom 25.10.1990 NJW 1991, 1119; Baumbach/Lauterbach/Albers/Hartmann-*Hartmann* § 938 Rdnr. 5; ausführlich *Morbach* S. 98 f.; Thomas/Putzo-*Reichold* § 938 Rdnr. 4; Schuschke/Walker-*Schuschke* § 938 Rdnr. 11 f.; Zöller-*Vollkommer* § 938 Rdnr. 3.

173 KG Urteil vom 29.08.1994 WRP 1995, 24 f.; OLG Köln Beschluß vom 14.04.1989 MDR 1989, 920; Zöller-*Vollkommer* § 921 Rdnr. 7; Baumbach/Lauterbach/Albers/Hartmann-*Hartmann* § 936 Rdnr. 3.

174 *Musielak* Rdnr. 758; Thomas/Putzo-*Reichold* § 936 Rdnr. 13 ff.; vgl. zur Vollziehung von Arresten oben Gliederungspunkt I.A.1.c), S. 31.

175 BGH Urteil vom 22.10.1992 BGHZ 120, 73, 78 f., 86; Thomas/Putzo-*Reichold* § 936 Rdnr. 7 ff.; *Spellenberg/Leible* in *Gilles* S. 293, 325; Zöller-*Vollkommer* § 929 Rdnr. 12, 17 ff.; anderer Ansicht: *Borck* MDR 1983, 180, 181 f. und WRP 1993, 374, 375, nach dem auch bei der einstweiligen Verfügung der Begriff der "Vollziehung" vollstreckungsrechtlich zu verstehen ist.

Problematisch ist in diesem Zusammenhang die Behandlung von *Unterlassungsverfügungen*: Solange sich der Schuldner entsprechend der Verfügung verhält, kann diese nicht im eigentlichen Sinne "vollstreckt" werden. Zur Verhängung eines Ordnungsgelds nach § 890 Abs. 1 ZPO kann es erst bei einer Zuwiderhandlung kommen, die vorläufige Androhung von Ordnungsgeld übt somit nur mittelbaren Zwang aus. Wichtig ist jedoch, wie die Frist nach § 929 Abs. 2 ZPO gewahrt werden und ab welchem Moment eine Schadensersatzpflicht nach § 945 ZPO eintreten kann[176]. Hier wird größtenteils davon ausgegangen, daß die nach §§ 936, 922 Abs. 2 ZPO für Beschlußverfügungen vorgeschriebene Zustellung der Verfügung im Parteibetrieb nach §§ 191 ff. ZPO mit Androhung von Ordnungsmitteln bei allen einstweiligen Unterlassungsverfügungen gleichzeitig die Vollziehungszustellung darstellt, weil der Gläubiger durch die von ihm veranlaßte Zustellung hinreichend seinen Willen deutlich macht, von dem Titel Gebrauch zu machen[177]. Dies soll trotz § 317 Abs. 1 ZPO auch bei Urteilsverfügungen gelten, obwohl die Parteizustellung nur für Beschlußverfügungen vorgeschrieben ist[178]. Die Zustellung reicht dann zur Wahrung der Frist nach § 929 Abs. 2 ZPO und für die eventuelle Auslösung einer Schadensersatzpflicht nach § 945 ZPO aus[179]. § 929 Abs. 3 ZPO kann dagegen seinem Wortlaut nach keine entsprechende Anwendung nach § 936 ZPO finden, weil eine Vollziehung vor Zustellung logisch nicht denkbar ist, wenn die Vollziehung in der Zustellung gesehen wird. Gegebenenfalls reicht auch eine Amtszustellung aus, wenn der Verfügungskläger außerdem innerhalb

---

176 Vgl. z.B. BGH Urteil vom 02.11.1995 BGHZ 131, 141; ausführlich insgesamt *Gronstedt* S. 317 ff.; *Pohlmann* WM 1994, 1277, 1279 ff.

177 BGH Urteil vom 22.10.1992 BGHZ 120, 73, 78, 82; BGH Urteil vom 06.12.1984 VersR 1985, 358, 359; KG Urteil vom 04.09.1998 IPRax 2001, 236; OLG Frankfurt/Main Urteil vom 10.09.1999 NJW-RR 2000, 1236; OLG Schleswig Beschluß vom 11.01.1999 MDR 1999, 1404; OLG Hamm Urteil vom 20.12.1990 MDR 1991, 454; OLG Hamm Beschluß vom 12.05.1977 WRP 1978, 65, 66; OLG Schleswig Urteil vom 17.12.1971 NJW 1972, 1056, 1057; *Addicks* MDR 1994, 225 ff., 228; *Borck* MDR 1983, 180, 183; Stein/Jonas-*Grunsky* § 938 Rdnr. 30; Baumbach/Lauterbach/Albers/Hartmann-*Hartmann* § 936 Rdnr. 9; Musielak-*Huber* § 936 Rdnr. 5; *Mennicke* IPRax 2001, 202, 203; Schuschke/Walker-*Schuschke* § 929 Rdnr. 25 ff.; *Schütze* WM 1980, 1438, 1440; *Spellenberg/Leible* in *Gilles* S. 293, 328; Zöller-*Vollkommer* § 929 Rdnr. 12 und 18; anderer Ansicht, nach der bereits die Amtszustellung ausreicht: OLG Karlsruhe Urteil vom 09.10.1996 WRP 1997, 57, 58 f.; OLG Karlsruhe Urteil vom 06.04.1988 NJW-RR 1988, 1470; OLG Koblenz Urteil vom 27.12.1990 FamRZ 1991, 589; *Castendiek* WRP 1979, 527, 528; differenzierend *Pohlmann* WM 1994, 1277; 1280.

178 Ausdrücklich u.a. BGH Urteil vom 22.10.1992 BGHZ 120, 73, 78 ff.; differenzierend BGH Urteil vom 13.04.1989 NJW 1990, 122, 124; OLG Frankfurt/Main Urteil vom 10.09.1999 NJW-RR 2000, 1236; OLG Schleswig Beschluß vom 11.01.1999 MDR 1999, 1404; OLG Karlsruhe Urteil vom 09.10.1996 WRP 1997, 57, 58; OLG Hamm Urteil vom 23.03.1982 MDR 1982, 763; OLG Frankfurt/Main Urteil vom 05.03.1981 MDR 1981, 680; *Borck* MDR 1983, 180, 183; Zöller-*Vollkommer* § 929 Rdnr. 12, 16; anderer Ansicht, nach der hier bereits die Amtszustellung ausreicht: OLG Celle Urteil vom 27.11.1985 NJW 1986, 2441; *Castendiek* WRP 1979, 527, 528; *Pohlmann* WM 1994, 1277, 1280.

179 BGH Urteil vom 22.10.1992 BGHZ 120, 73, 78 ff.; BGH Urteil vom 29.09.1978 NJW 1979, 217; KG Urteil vom 04.09.1998 IPRax 2001, 236, 237; nach *Gronstedt* S. 324 sollte § 929 Abs. 2 ZPO bei der Urteilsunterlassungsverfügung gar keine Anwendung finden.

eines Monats deutlich macht, von der Verfügung Gebrauch machen zu wollen[180]. Auf der anderen Seite darf daraus nicht gefolgert werden, daß Unterlassungsverfügungen, selbst wenn sie die vorläufige Androhung von Ordnungsmaßnahmen enthalten, ausnahmsweise bereits mit Zustellung der Verfügung *vollstreckt* werden: Die Vollstreckung beginnt erst im Moment der Beitreibung des in der ursprünglichen Entscheidung angedrohten Ordnungsmittels oder im Moment der nachträglichen Anordnung von Ordnungsmitteln durch Abänderung der ursprünglichen Entscheidung oder durch Beschluß[181]. Umgekehrt stellt allerdings die Parteizustellung einer Unterlassungsverfügung, die keine Androhung von Ordnungsmitteln enthält, keine Vollziehung dar, die eine Schadensersatzpflicht nach § 945 ZPO auslösen könnte[182].

Entsprechendes gilt für einstweilige Verfügungen, die die Vornahme einer bestimmten Handlung oder ein Dulden anordnen[183]. Für *Gebotsverfügungen* ist allerdings zu beachten, daß nach § 888 Abs. 2 ZPO eine Androhung von Zwangsmitteln nicht vorgesehen ist, da die Anhörung nach § 891 S. 2 ZPO den Schuldner bereits in die Lage versetzt, seinen Verpflichtungen rechtzeitig nachzukommen[184].

Bei *Leistungsverfügungen*, die auf die regelmäßige, beispielsweise monatliche, Erbringung von Leistungen gerichtet sind, ist umstritten, ob es für die Einhaltung der Vollziehungsfrist von einem Monat nach §§ 936, 929 Abs. 2 ZPO ausreicht, die einstweilige Verfügung innerhalb der ersten Monatsfrist wenigstens im Parteibetrieb zuzustellen[185], oder ob sie wegen der ersten Teilleistung auch innerhalb der Monatsfrist zu vollstrecken ist[186]. Außerdem wird verschieden beantwortet, ob die Vollstreckung der jeweils fälligen Teilleistungen immer innerhalb eines Monats seit der jeweiligen

---

180 BGH Urteil vom 22.10.1992 BGHZ 120, 73, 79; BGH Urteil vom 13. 04.1989 NJW 1990, 122, 124; OLG Karlsruhe Urteil vom 09.10.1996 WRP 1997, 57, 58; OLG Frankfurt/Main Urteil vom 05.03.1981 MDR 1981, 680; Thomas/Putzo-*Reichold* § 936 Rdnr. 8.

181 BGH Urteil vom 16.05.1991 NJW 1992, 749, 750; BGH Urteil vom 29.09.1978 NJW 1979, 217; KG Urteil vom 04.09.1998 IPRax 2001, 236, 237; BayObLG Beschluß vom 15.02.1996 NJW-RR 1996, 780; OLG Hamm Urteil vom 12.05.1977 WRP 1978, 65, 66; OLG Bremen Beschluß vom 06.08.1970 NJW 1971, 58; *Mennicke* IPRax 2001, 202, 205 f.; *Pohlmann* WM 1994, 1277; 1280; Thomas/Putzo-*Putzo* § 890 Rdnr. 18; *Schack* Rdnr. 979; MüKo/ZPO-*Schilken* § 890 Rdnr. 14; Zöller-*Stöber* § 890 Rdnr. 12a; anderer Ansicht, nach der die Zustellung von Entscheidungen mit der ursprünglichen Androhung von Ordnungsmitteln bereits Vollstreckung ist: *Borck* MDR 1983, 180, 182; Baumbach/Lauterbach/Albers/Hartmann-*Hartmann* Grundz § 916 Rdnr. 20, § 890 Rdnr. 35; *Lindacher* NJW 1980, 1400; *Gronstedt* S. 321, der auch die mögliche Schadensersatzpflicht nach § 945 bereits hieran knüpfen möchte, S. 325; vgl. auch die Nachweise oben in Fußnote 175.

182 BGH Urteil vom 02.11.1995 BGHZ 131, 141, 144 ff.

183 OLG München Urteil vom 08.06.1988 NJW-RR 1989, 180; Baumbach/Lauterbach/Albers/Hartmann-*Hartmann* § 936 Rdnr. 8; Thomas/Putzo-*Reichold* § 936 Rdnr. 9; Zöller-*Vollkommer* § 929 Rdnr. 12, 18.

184 *Gronstedt* S. 315; Thomas/Putzo-*Putzo* § 888 Rdnr. 10; Zöller-*Stöber* § 888 Rdnr. 16.

185 OLG Hamburg Urteil vom 05.01.1988 FamRZ 1988, 521, 522; OLG Schleswig Beschluß vom 20.11.1980 FamRZ 1981, 456; OLG Hamm 14.06.1983 FamRZ 1983, 1254, 1255, 1256; Thomas/Putzo-*Reichold* § 936 Rdnr. 14.

186 OLG Hamm Beschluß vom 20.02.1997 FamRZ 1997, 1496; OLG Oldenburg Urteil vom 16.09.1983 FamRZ 1983, 1256 f.; offen gelassen in OLG Celle Urteil vom 02.08.1984 FamRZ 1984, 1248 f.

Fälligkeit eingeleitet werden muß oder ob die spätere Vollstreckung einer Teilleistung ausreicht, um nachträglich auch vorherige Teilleistungen vollstrecken zu können[187].

d) Rechtsbehelfe

Gemäß § 936 ZPO finden für Rechtsbehelfe gegen die eine einstweilige Verfügung anordnenden oder ablehnenden Entscheidungen die Vorschriften über das Arrestverfahren entsprechend Anwendung. Gegen einen eine einstweilige Verfügung anordnenden Beschluß kann demnach nach §§ 936, 924 Abs. 1 ZPO Widerspruch erhoben werden[188]. Wird der eine einstweilige Verfügung anordnende Beschluß durch das Amtsgericht im Rahmen der Zuständigkeit nach § 942 ZPO erlassen, ist umstritten, ob der Widerspruch statthaft ist[189] oder ob das Rechtfertigungsverfahren nach § 942 Abs. 1 ZPO durchgeführt werden muß[190]. Wird die Anordnung einer einstweiligen Verfügung durch Beschluß abgelehnt, kann gegen diesen Beschluß sofortige Beschwerde nach § 567 Abs. 1 Nr. 2 ZPO eingelegt werden[191], gegen die Entscheidung über die Beschwerde ist die Rechtsbeschwerde jedoch gemäß §§ 574 Abs. 1 S. 2, 542 Abs. 2 ZPO nicht statthaft. Gegen ein Urteil kann nach allgemeinen Regeln Berufung eingelegt werden. Eine Revision ist nach § 542 Abs. 2 S. 1 ZPO wie bereits im Arrestverfahren nicht statthaft.

3. Exkurs: Das selbständige Beweisverfahren nach §§ 485 ff. ZPO

Das selbständige Beweisverfahren nach §§ 485 ff. ZPO wird im deutschen Recht, trotz der Normierung eines Eilgerichtsstandes in § 486 Abs. 3 ZPO, nicht zu den Verfahren des einstweiligen Rechtsschutzes im eigentlichen Sinne gezählt, weil es nicht die Vollstreckbarkeit des Endurteils sichert[192]. Es fällt aber, wie in dieser Arbeit zu zeigen sein wird, in den Anwendungsbereich der EuGVVO[193]. Das selbständige Beweisverfahren dient, wie aus § 485 Abs. 1 ZPO deutlich wird, der rechtzeitigen Sicherung und Klärung von Tatsachen vor deren drohendem Verlust[194] und verfolgt damit einen Eilzweck[195]. Das Beweisergebnis eines selbständigen Beweisverfahrens dient darüber hinaus der Vorbereitung und Vereinfachung des Hauptsacheverfahrens, weil es einer

---

187 Vgl. z.B. OLG Bamberg Beschluß vom 29.01.1985 FamRZ 1985, 509, 510; OLG Köln Urteil vom 06.11.1984 FamRZ 1985, 508 f.; OLG Schleswig Beschluß vom 20.11.1980 FamRZ 1981, 456; Thomas/Putzo-*Reichold* § 936 Rdnr. 14; Stein/Jonas-*Grunsky* § 938 Rdnr. 38.

188 *Eilers* S. 43; Baumbach/Lauterbach/Albers/Hartmann-*Hartmann* § 936 Rdnr. 4.

189 Vgl. Stein/Jonas-*Grunsky* § 942 Rdnr. 7, 11; Wieczorek/Schütze-*Thümmel* § 942 Rdnr. 12; Zöller-*Vollkommer* § 942 Rdnr. 4; Musielak-*Huber* § 942 Rdnr. 7.

190 Baumbach/Lauterbach/Albers/Hartmann-*Hartmann* § 936 Rdnr. 4; Thomas/Putzo-*Reichold* § 942 Rdnr. 5.

191 Baumbach/Lauterbach/Albers/Hartmann-*Hartmann* § 937 Rdnr. 9, § 942 Rdnr. 9.

192 Zur Abgrenzung OLG Nürnberg Beschluß vom 07.09.1972 NJW 1972, 2138; vgl. *Albrecht* S. 40; *Gronstedt* S. 216 ff.; *Morbach* S. 329; *Schilken* ZZP 92 (1979), 238, 243 ff.; *Schrader* S. 149; *Spellenberg*/*Leible* in *Gilles* S. 293, 296.

193 Siehe dazu unten Gliederungspunkt II.B.3.a)(3) im dritten Teil der Arbeit, S. 188.

194 Baumbach/Lauterbach/Albers/Hartmann-*Hartmann* Übers § 485 Rdnr. 2; Zöller-*Herget* § 485 Rdnr. 1 und 5.

195 *Gronstedt* S. 216; Zöller-*Herget* Vorbemerkung zu §§ 485 ff. Rdnr. 6.

Partei die eigene Beurteilung der Beweisbarkeit ihres Vorbringens ermöglicht[196]. Das Verfahren wird nach § 485 Abs. 1 und 2 ZPO vor oder während eines Hauptsacheverfahrens auf Antrag einer Partei eingeleitet und ist somit streng von dem von einem Gericht veranlaßten Ersuchen um Beweisaufnahme im Ausland nach §§ 363, 364 ZPO, dem Haager Übereinkommen vom 18.03.1970 über die Beweisaufnahme im Ausland in Zivil- und Handelssachen[197] (Haager Beweisübereinkommen HBÜ) oder der Verordnung (EG) Nr. 1206/2001 des Rates vom 28.05.2001 über die Zusammenarbeit zwischen den Gerichten der Mitgliedsstaaten auf dem Gebiet der Beweisaufnahme in Zivil- oder Handelssachen (EuBVO) zu unterscheiden[198]. Ein solches Ersuchen kann aber auch im selbständigen Beweisverfahren im Rahmen der Beweisaufnahme nach § 492 ZPO stattfinden[199].

Zuständiges Gericht ist nach § 486 Abs. 1 ZPO bei einem bereits anhängigen Hauptsacheverfahren das Prozeßgericht, andernfalls nach § 486 Abs. 2 ZPO das Gericht, das nach dem Vortrag des Antragstellers zur Entscheidung in der Hauptsache berufen wäre. In Fällen dringender Gefahr ist nach § 486 Abs. 3 ZPO das Amtsgericht zuständig, in dessen Bezirk sich die zu vernehmende oder zu begutachtende Person aufhält oder sich die in Augenschein zu nehmende oder zu begutachtende Sache befindet. Kommt ein vorläufiges Beweisverfahren nach §§ 485 ff. ZPO in Betracht, ist die Beantragung einer einstweiligen Verfügung nach §§ 935 ff. ZPO unzulässig[200].

Zu beachten ist, daß das selbständige Beweisverfahren nur dann zulässig ist, wenn der Antrag im Sinne des § 485 Abs. 1 und 2 ZPO den Anforderungen des § 487 ZPO genügt, wobei nach § 487 Nr. 2 ZPO insbesondere die Tatsachen, über die Beweis erhoben werden soll, bereits bezeichnet sein müssen. Ein Ausforschungsbeweis, durch den der Antragsteller erst Kenntnis über bestimmte Umstände erlangen möchte, ist auch im Rahmen des selbständigen Beweisverfahrens unzulässig[201].

4. Exkurs: Anwendung und Ermittlung materiellen ausländischen Rechts im einstweiligen Rechtsschutz

In gerichtlichen Verfahren über Streitigkeiten mit Auslandsbezug können sich Rechte der Parteien grundsätzlich auch aus ausländischem Recht ergeben. Ob und inwieweit der Richter verpflichtet ist, das anwendbare Recht zu bestimmen, und wie dieses, insbesondere in Verfahren des einstweiligen Rechtsschutzes, ermittelt und angewandt wird, ist Gegenstand des folgenden Exkurses.

---

196 BGH Beschluß vom 10.07.2003 NJW 2003, 3057.

197 BGBl. 1977 II, S. 1472.

198 Abl. L 174 vom 27.06.2001, S. 1.

199 Vgl. *Dörschner* S. 179 ff.

200 OLG Köln Beschluß vom 29.05.1995 VersR 1996, 733, 734; OLG Nürnberg Beschluß vom 07.09.1972 NJW 1972, 2138, 2139 f.; Baumbach/Lauterbach/Albers/Hartmann-*Hartmann* § 940 Rdnr. 1 und 42 a.E.; Musielak-*Huber* § 935 Rdnr. 2.

201 OLG Köln Beschluß vom 29.10.1999 MDR 2000, 226, 227; KG Beschluß vom 01.10.1998 NJW-RR 2000, 468, 469; Baumbach/Lauterbach/Albers/Hartmann-*Hartmann* § 487 Rdnr. 5; Zöller-*Greger* vor § 284 Rdnr. 5; Zöller-*Herget* § 487 Rdnr. 4.

a) Bestimmung des anwendbaren Rechts

In einer Streitigkeit mit Auslandsbezug gelten für die Bestimmung des für den geltend gemachten Anspruch anwendbaren Rechts die Regeln des materiellen Internationalen Privatrechts. Der deutsche Richter ist von Amts wegen verpflichtet, die nationalen Regeln des Internationalen Privatrechts anzuwenden[202]. Die Nichtbeachtung von Kollisionsrecht stellt eine "Verletzung des Bundesrechts" und damit einen Revisionsgrund nach §§ 545 Abs. 1, 546 ZPO dar[203]. Die Parteien können zwar nach Art. 27 EGBGB durch vertragliche Vereinbarungen das auf ihr Vertragsverhältnis oder nach Art. 42 EGBGB bei außervertraglichen Schuldverhältnissen das auf das Ereignis, das zur Entstehung dieses Schuldverhältnis führte, anwendbare Recht bestimmen. Eine prozessuale Vereinbarung über die Nichtanwendung von Kollisionsregeln, die zur Anwendung deutschen Rechts führt, ist dagegen nicht möglich[204]. Berufen sich die Parteien während des Rechtsstreits ausschließlich auf Normen deutschen Rechts, wird in der Rechtsprechung davon ausgegangen, daß sie stillschweigend eine entsprechende Rechtswahlvereinbarung getroffen haben[205].

b) Ermittlung und Anwendung ausländischen Rechts

Ist nach den Regeln des Internationalen Privatrechts auf die Streitigkeit ausländisches materielles Recht anwendbar, muß der Richter dieses nach dem Amtsermittlungsgrundsatz[206] nach § 293 ZPO ermitteln und anwenden[207]. Wäre dies nicht der Fall, würde die zwingende Anwendung von Kollisionsrecht leerlaufen[208].

---

202 BGH Urteil vom 10.04.2003 NJW 2003, 2605, 2606; BGH Urteil vom 14.01.1999 RIW 1999, 537, 538; BGH Urteil vom 25.09.1997 IPRax 1999, 45, 46; BGH Urteil vom 21.09.1995 NJW 1996, 54; BGH Urteil vom 06.03.1995 NJW 1995, 2097; BGH Urteil vom 07.04.1993 NJW 1993, 2305, 2306; *Kegel/Schurig* § 15 I a.E.; *Geimer* IZPR Rdnr. 2571 f.; *Hartenstein* S. 40 und IPRax 2001, 477, 481; Palandt-*Heldrich* Einl v Art. 3 EGBGB Rdnr. 1; *Koerner* S. 42; MüKo/ZPO-*Prütting* § 293 Rdnr. 8; MüKo/BGB-*Sonnenberger* Einl. IPR Rdnr. 629 ff.; *Schack* Rdnr. 622.

203 *Ferrand* ZEuP 1994, 126, 129.

204 *Hartenstein* S. 56 und IPRax 2001, 477, 481.

205 BGH Urteil vom 28.01.1992 NJW 1992, 1380; BGH Urteil vom 12.12.1990 NJW 1991, 1292, 1293; BGH Urteil vom 18.01.1988 BGHZ 103, 84, 86; BGH Urteil vom 15.01.1986 IPRax 1986, 292, 293; BGH Urteil vom 17.03.1981 NJW 1981, 1606; dazu *Hartenstein* S. 59 ff.; *Koerner* S. 91 ff.; ablehnend *Schack* IPRax 1986, 272, 273 f.

206 Dazu BGH Urteil vom 15.12.1986 WM 1987, 273, 274 f.; BGH Urteil vom 20.03.1980 BGHZ 77, 32, 38; BGH Urteil vom 21.02.1962 BGHZ 36, 348, 353; *Schack* Rdnr. 621 ff.

207 BGH Urteil vom 23.04.2002 MDR 2002, 899, 900; BGH Urteil vom 13.05.1997 RIW 1997, 687 für den Urkundenprozeß; BGH Urteil vom 03.12.1992 BGHZ 120, 334, 341; BGH Urteil vom 30.04.1992 BGHZ 118, 151, 162; BGH Urteil vom 07.10.1991 WM 1992, 29, 30; BGH Urteil vom 29.06.1987 WM 1987, 1265; BGH Urteil vom 20.03.1980 BGHZ 77, 32, 38; BGH Urteil vom 21.02.1962 BGHZ 36, 348, 353; RG Urteil vom 14.11.1929 RGZ 126, 196, 202; *Brannekämper* WRP 1994, 661, 666; *Ferrand* ZEuP 1994, 126, 131; *Fastrich* ZZP 97 (1984), 423, 425; *Geimer* IZPR Rdnr. 2577 ff.; *Hartenstein* S. 66; Baumbach/Lauterbach/Albers/Hartmann-*Hartmann* § 293 Rdnr. 2; *Koerner* S. 73; *Mankowski/Kerfack* IPRax 1990, 372; ausführlich *Reichert-Facilides* S. 43 ff.; *Schütze* WM 1980, 1438, 1440; *Sommerlad/Schrey* NJW 1991, 1377; *von Hoffmann* § 3 Rdnr. 133; *Wolf* in *Geimer/Schütze* Internationaler Rechtsverkehr EuGVÜ Art. 24 Rdnr. 69.

208 Vgl. *Hartenstein* S. 65.

Eine Verletzung dieser Ermittlungsverpflichtung des Richters kann in der Revision mit der Verfahrensrüge nach § 545, 551 Abs. 3 S. 1 Nr. 2 b ZPO beanstandet werden[209]. Eine Revision kann aber nach § 545 Abs. 1 ZPO nicht darauf gestützt werden, daß ausländisches Recht falsch angewandt und damit verletzt worden sei (Irrevisibilität ausländischen Rechts)[210]. Im Rahmen der Überprüfung einer Verletzung der Ermittlungsverpflichtung des Richters untersucht der BGH jedoch auch, ob das ausländische Recht vollständig ermittelt wurde, wozu auch die Ermittlung der einschlägigen Rechtsprechung gezählt wird[211]. Auf diesem Weg kontrolliert der BGH letztlich doch recht umfangreich auch inhaltlich die zutreffende Ermittlung des ausländischen Rechts durch die Eingangs- und Berufungsgerichte[212].

c) Bestimmung des anwendbaren Rechts und Ermittlung und Anwendung ausländischen Rechts in Verfahren des einstweiligen Rechtsschutzes

Folglich kann sich auch in Verfahren des einstweiligen Rechtsschutzes der streitige Anspruch grundsätzlich aus ausländischem Recht ergeben.

Weil die Bestimmung des anwendbaren Rechts und die Ermittlung ausländischen Rechts viel Zeit in Anspruch nehmen und damit dem Eilbedürfnis in Verfahren des einstweiligen Rechtsschutzes entgegenstehen können, wurde früher in einigen Urteilen davon ausgegangen, daß in solchen Verfahren zumindest in Ehe- und Familiensachen nur inländisches Recht angewendet werden soll[213]. Heute jedoch wird allgemein für alle Verfahren des einstweiligen Rechtsschutzes die Anwendung der allgemeinen Regeln des Internationalen Privatrechts befürwortet[214].

---

209 BGH Urteil vom 23.04.2002 MDR 2002, 899, 900; BGH Urteil vom 30.04.1992 BGHZ 118, 151, 162; BGH Urteil vom 21.01.1991 WM 1991, 862, 863; *Fastrich* ZZP 97 (1984), 423, 435 ff.; *Sommerlad/Schrey* NJW 1991, 1377, 1383.

210 BGH Urteil vom 30.04.1992 BGHZ 118, 151, 162; BGH Urteil vom 29.06.1987 WM 1987, 1265; BGH Urteil vom 27.04.1976 NJW 1976, 1588, 1589; RG Urteil vom 07.05.1936 RGZ 151, 226, 227; RG Urteil vom 26.02.1936 RGZ 150, 308, 314; Thomas/Putzo-*Reichold* § 545 Rdnr. 9; *Ferrand* ZEuP 1994, 126, 131, 134; *Nagel/Gottwald* § 10 Rdnr. 47 ff.; differenzierend *Schütze* NJW 1970, 1584; *Sommerlad/Schrey* NJW 1991, 1377, 1383; *von Hoffmann* § 3 Rdnr. 146.

211 BGH Urteil vom 23.04.2002 MDR 2002, 899, 900; BGH Urteil vom 30.01.2001 IPRax 2002, 502, 503; BGH Urteil vom 13.05.1997 WM 1997, 1245, 1246; BGH Urteil vom 21.01.1991 WM 1991, 862, 863; BGH Urteil vom 23.12.1981 NJW 1982, 1215, 1216; BGH Urteil vom 27.04.1976 NJW 1976, 1588, 1589; BGH Urteil vom 29.10.1962 NJW 1963, 252, 253; *Fastrich* ZZP 97 (1984), 423, 439; *Linke* Rdnr. 285; *Nagel/Gottwald* § 10 Rdnr. 15.

212 Vgl. *Linke* Rdnr. 285.

213 Für eine Anordnung nach dem § 627 ZPO a.F. (heute §§ 620 ff. ZPO): für § 620 Nr. 10 ZPO: OLG Karlsruhe Beschluß vom 19.11.1985 MDR 1986, 242; OLG Stuttgart Beschluß vom 26.02.1979 IPRspr. 1979 Nr. 184; OLG Karlsruhe Beschluß vom 13.08.1975 IPRspr. 1975 Nr. 48; OLG Köln Beschluß vom 20.02.1973 MDR 1973, 674, 675; OLG Karlsruhe Beschlüsse vom 03.03.1972 und 31.07.1972 IPRspr 1972 Nr. 64 a und b; OLG Hamburg Beschluß vom 26.02.1968 MDR 1968, 670 f.; OLG München Beschluß vom 07.03.1960 NJW 1960, 1771, 1772; dazu *Koerner* S. 95 f.

214 Für Anordnungen nach §§ 620 ff. ZPO: OLG Hamm Beschluß vom 15.11.1988 FamRZ 1989, 621; KG Urteil vom 23.07.1987 FamRZ 1988, 167, 168 ff.; OLG Oldenburg Urteil vom 16.09.1980 IPRax 1981, 136; OLG München Beschluß vom 24.01.1980 FamRZ 1980, 448 f.; *Brannekämper* WRP 1994, 661, 666; *Geimer* IZPR Rdnr. 2575; Zöller-*Geimer* § 293 Rdnr. 11; *Linke* Rdnr. 274;

Größtenteils wird davon ausgegangen, daß auch hier für die Ermittlung ausländischen Rechts grundsätzlich der Amtsermittlungsgrundsatz nach § 293 ZPO Anwendung findet[215]. In Anbetracht der Eilbedürftigkeit in Verfahren des einstweiligen Rechtsschutzes darf sich das Gericht jedoch nach überwiegender Ansicht auf vorhandene oder von den Parteien gelieferte Erkenntnisquellen beschränken und notfalls deutsches Recht anwenden, wenn der Inhalt des ausländischen Rechts in angemessener Zeit nicht hinreichend ermittelt werden kann[216]. Vorgeschlagen wird auch eine Abwägung, ob eher die durch die Ermittlung des ausländischen Rechts bedingte Verzögerung des Verfahrens oder der schnellere Rückgriff auf das deutsche Recht angebracht sind[217]. Teilweise wird auch vertreten, dem Antragsteller obliege gegebenenfalls die Glaubhaftmachung des Inhalts des ausländischen Rechts nach § 294 ZPO[218]. Soweit ersichtlich wird in der Rechtsprechung und Literatur heute nicht mehr vertreten, daß im Falle des Nichtgelingens der Glaubhaftmachung des Inhalts des ausländischen Rechts die beantragte Entscheidung nicht erlassen werden sollte[219].

Mankowski/Kerfack IPRax 1990, 372, 374; MüKo/ZPO-*Prütting* § 293 Rdnr. 56; *Schack* IPRax 1995, 158, 160; *Schütze* WM 1980, 1438, 1440; *Sommerlad/Schrey* NJW 1991, 1377, 1381; MüKo/BGB-*Sonnenberger* Einl. IPR Rdnr. 631; *Spellenberg/Leible* in *Gilles* S. 293, 317; *Thümmel* NJW 1996, 1930, 1932.

215 *Brannekämper* WRP 1994, 661, 667; Zöller-*Geimer* § 293 Rdnr. 11, 19; Baumbach/Lauterbach/Albers/Hartmann-*Hartmann* § 293 Rdnr. 10; *Koerner* S. 77; *Linke* Rdnr. 274; *Mankowski/Kerfack* IPRax 1990, 372, 374; *Schack* IPRax 1995, 158, 160; Wieczorek/Schütze-*Schütze* Einl. Rdnr. 194; *Schütze* WM 1980, 1438, 1440; *Sommerlad/Schrey* NJW 1991, 1377 1381; *Spellenberg/Leible* in *Gilles* S. 293, 318; *Thümmel* NJW 1996, 1930, 1932; *Schrader* S. 158 f. hebt hervor, daß zwar nach § 293 ZPO auf ausländisches Recht der Amtsermittlungsgrundsatz, nicht aber der Grundsatz "iura novit curia“ Anwendung findet.

216 OLG Köln Urteil vom 03.12.1993 IPRspr. 1993 Nr. 3; OLG Koblenz Urteil vom 28.01.1993 RIW 1993, 939, 940; OLG Karlsruhe Beschluß vom 06.03.1984 IPRax 1985, 106, 107; OLG Frankfurt/Main Urteile vom 07.11.1968 NJW 1969, 991, 992; *Brannekämper* WRP 1994, 661, 667; *Geimer* IZPR Rdnr. 2575; Zöller-*Geimer* § 293 Rdnr. 11, 19; MüKo/ZPO-*Heinze* § 920 Rdnr. 18; Musielak-*Huber* § 293 Rdnr. 12; *Koerner* S. 77; *Linke* Rdnr. 274; *Mankowski/Kerfack* IPRax 1990, 372, 376; *Schack* IPRax 1995, 158, 160 f.; *Schrader* S. 159; *Spellenberg/Leible* in *Gilles* S. 293, 318; Thomas/Putzo-*Reichold* § 293 Rdnr. 7; *Thümmel* NJW 1996, 1930, 1932; differenzierend MüKo/BGB-*Sonnenberger* Einl. IPR Rdnr. 636; kritisch *Sommerlad/Schrey* NJW 1991, 1377, 1383; *Wolf* in *Geimer/Schütze* Internationaler Rechtsverkehr EuGVÜ Art. 24 Rdnr. 69; zur Anwendung deutschen Rechts, wenn ausländisches Recht nicht zu ermitteln ist, grundlegend BGH Beschluß vom 26.10.1977 BGHZ 69, 387, 393 ff.; vgl. auch BGH Urteil vom 23.12.1981 NJW 1982, 1215, 1216.

217 MüKo/ZPO-*Prütting* § 293 Rdnr. 56; *Wolf* in *Geimer/Schütze* Internationaler Rechtsverkehr EuGVÜ Art. 24 Rdnr. 69.

218 OLG Hamburg Urteil vom 08.06.1989 VersR 1989, 1164; MüKo/ZPO-*Heinze* § 920 Rdnr. 18; *Nagel/Gottwald* § 15 Rdnr. 36 f.; *Koerner* S. 77; Thomas/Putzo-*Reichold* § 293 Rdnr. 7, § 920 Rdnr. 4; *Schack* IPRax 1995, 158, 161; *Schack* Rdnr. 627; *Sommerlad/Schrey* NJW 1991, 1377, 1381; ausführlich und kritisch *Brannekämper* WRP 1994, 661, 667 und *Mankowski/Kerfack* IPRax 1990, 372, 374 ff.

219 So noch OLG Hamm Urteil vom 11.11.1969 AWD 1970, 31, 33; OLG Frankfurt Urteil vom 07.11.1968 NJW 1969, 991, 992; OLG Bremen Urteil vom 21.08.1959 IPRspr. 1958/59 Nr. 7 A; LG Düsseldorf Urteil vom 28.03.1962 IPRspr. 1962/63 Nr. 205 a; *Koerner* S. 77; vgl. auch die Zusammenstellung bei *Cuniberti* Rdnr. 383.

B. Einstweilige Maßnahmen nach französischem Prozeßrecht

Im französischen Zivilprozeßrecht werden zwei Verfahrensarten als Verfahren des einstweiligen Rechtsschutzes angesehen, die nach der Beteiligung des Antragsgegners am Prozeß unterschieden werden[220]: In der "*procédure de référé*" nach Art. 484 NCPC kann ein nicht für die Durchführung des Hauptsacheverfahrens zuständiger Richter in den vorgesehenen Fällen einstweilige Maßnahmen anordnen ("*ordonnances de référé*"), wobei der Antragsgegner geladen oder anwesend sein muß. Kann der Antragsteller ein berechtigtes Interesse daran nachweisen, daß vor Anordnung einer einstweiligen Maßnahme der Antragsgegner nicht in das Verfahren eingebunden werden und auch keine Kenntnis von diesem haben soll, kann nach Art. 493 NCPC eine "*procédure sur requête*" ohne Ladung des Antragsgegners stattfinden, nach der eine "*ordonnance sur requête*" angeordnet wird.

Einstweiliger Rechtsschutz dient, wie man auch an der Einordnung des selbständigen Beweissicherungsverfahrens nach französischem Recht als Verfahren des einstweiligen Rechtsschutzes erkennt[221], nicht ausschließlich der Sicherung der Vollstreckbarkeit des Endurteils, sondern auch der Sicherung der Durchführbarkeit des Hauptsacheverfahrens.

Läßt eine Vorschrift, wie zum Beispiel Art. 145 oder Art. 1290 NCPC, die Wahl zwischen einer *procédure de référé* und einer *procédure sur requête*, kann letztere ebenfalls nur eingeleitet werden, wenn der Antragsteller ein berechtigtes Interesse daran nachweist, den Antragsgegner nicht zu laden[222].

Von all diesen vorläufigen Maßnahmen sind diejenigen zur vorläufigen Vollstreckung (*exécution provisoire*) von Hauptsacheurteilen zu unterscheiden, die getrennt in den Art. 514 ff. NCPC geregelt sind und auf die in dieser Arbeit, wie in der Einleitung bereits angekündigt, nicht als solche eingegangen werden soll.

Einstweilige Maßnahmen können von staatlichen Gerichten auch bei Vorhandensein einer Schiedsklausel, die das Hauptsacheverfahren der Lösung durch staatliche Gerichte entzieht, angeordnet werden[223]. Nach Art. 1458 NCPC müssen sich zwar staatliche Gerichte bei Vorhandensein einer Schiedsklausel für unzuständig erklären und zwar unabhängig davon, ob sich das Schiedsgericht bereits gebildet hat oder nicht[224].

---

220 Vgl. zum ganzen *Cadiet* Rdnr. 1270 ff.; *Estoup* Rdnr. 19 f.

221 Siehe unten Gliederungspunkt I.B.1.e), S. 59.

222 *Cadiet* Rdnr. 1308.

223 C. Cass. Com. 10.03.1998 Revue de l'arbitrage 1999, 58, 59; C. Cass. Civ. 2è 11.10.1995 Revue de l'arbitrage 1996, 228, 229; C. Cass. Civ. 2e 08.06.1995 Bull. civ. II no. 170; C. Cass. Civ. 2e 20.03.1989 Revue de l'arbitrage 1989, 496; CA Versailles 10.03.1998 Revue de l'arbitrage 1999, 59, 62; *Dubarry/Loquin* RTD com. 2000, 334, 342; *Giverdon* Editions du Juris-Classeur Procédure Civile, Fascicule 233 Rdnr. 29; *Grandcourt* in Mélanges Loussouarn S. 203, 208 f.; *Hory* Revue de l'arbitrage 1996, 191, 195 ff.; *Huet* JDI 1999, 613, 624; *Mayer* Rdnr. 287 in Fußnote 15; *Normand* Rev. crit. DIP 1999, 353, 367 und in *van Compernolle/Tarzia* S. 461, 462; *Vareilles-Sommières* Rev. crit. DIP 1996, 397, 434 ff.

224 Art. 1458 NCPC lautet: *Lorsqu'un litige dont un tribunal arbitral est saisi en vertu d'une convention d'arbitrage est porté devant une juridiction de l'État, celle-ci doit se déclarer*

Diese Vorschrift findet aber nur Anwendung, wenn das staatliche Gericht in der Hauptsache angerufen wird[225]. Einstweilige Maßnahmen können vor staatlichen Gerichten grundsätzlich auch dann beantragt werden, wenn das Schiedsverfahren bereits begonnen hat[226], soweit dann noch die Voraussetzungen für den Erlaß der jeweiligen beantragten Maßnahme erfüllt sind[227]. Eine Ausnahme bildet der *référé-provision*, der nach der Bildung des Schiedsgerichts nur noch von diesem erlassen werden kann[228]. Verbietet die Schiedsvereinbarung allerdings, einstweilige Maßnahmen vor staatlichen Gerichten zu beantragen, dürfen diese auch keine einstweiligen Maßnahmen mehr anordnen[229].

1. Ordonnances de référé

Vorschriften über das Verfahren zum Erlaß einer *ordonnance de référé* und zum möglichen Inhalt einer solchen Entscheidung finden sich an verschiedenen Stellen im Nouveau Code de Procédure Civile und anderen Gesetzen[230]. Die Art. 484 ff. NCPC enthalten Vorschriften über die *procédure de référé*, die auf alle *référé*-Verfahren anwendbar sind[231].

Art. 484 NCPC definiert eine *ordonnance de référé* als

> "*décision provisoire rendue à la demande d'une partie, l'autre présente ou appelée, dans les cas où la loi confère à un juge qui n'est pas saisi du principal, le pouvoir d'ordonner immédiatement les mesures nécessaires*".

Eine *procédure de référé* kann also nur in den vom Gesetz vorgesehenen Fällen stattfinden. Weiterhin braucht der Richter nicht mit dem Hauptsacheverfahren betraut zu sein oder sich dessen anzunehmen ("*un juge qui n'est pas saisi du principal*"). Ferner wird der provisorische Charakter der Maßnahme betont, nach welcher der Richter keine Maßnahmen anordnen darf, die dem Ausgang des Hauptsacheverfahrens vorgrei-

---

incompétente.Si le tribunal arbitral n'est pas encore saisi, la juridiction doit également se déclarer incompétente à moins que la convention d'arbitrage ne soit manifestement nulle.
Dans les deux cas, la juridiction ne peut relever d'office son incompétence.

225 C. Cass. Civ. 1ère 20.03.1989 Revue de l'arbitrage 1989, 497, 498.

226 C. Cass. Civ. 2e 08.06.1995 Bull. civ. II no. 170; C. Cass. Civ. 1ère 20.03.1989 Rev. crit. DIP 1990, 346, 348; CA Versailles 10.03.1998 Revue de l'arbitrage 1999, 59, 62; *Hory* Revue de l'arbitrage 1999, 64, 66 f.

227 Dies ist dann z.B. nicht mehr der Fall bei einstweiligen Maßnahmen nach Art. 145 NCPC, vgl. dazu unten Gliederungspunkt I.B.1.e), S. 59,und *Hory* Revue de l'arbitrage 1996, 191, 202 ff. Rdnr. 18 ff.

228 C. Cass. Civ. 1ère 20.03.1989 Revue de l'arbitrage 1989, 497, 498; C. Cass. Civ. 1ère 14.03.1984 *Eurodif* Revue de l'arbitrage 1985, 71, 72; *Dubarry/Loquin* RTD com. 2000, 334, 342; kritisch *Normand* in *van Compernolle/Tarzia* S. 461, 469; zum *référé-provision* siehe unten Gliederungspunkt I.B.1.b), S. 56.

229 C. Cass. Civ. 1ère 18.11.1986 Revue de l'arbitrage 1987, 315, 317; *Hory* Revue de l'arbitrage 1996, 191, 198 Rdnr. 11; *Normand* Rev. crit. DIP 1999, 353, 367; *Vareilles-Sommières* Rev. crit. DIP 1996, 397, 436 f.

230 Z.B. Art. 808 ff., 848 ff., 872 ff., 893 ff., 956 NCPC und Art. 879 NCPC i.V.m. Art. R 516-30 bis R. 516-35 des Code du Travail.

231 *Cadiet* Rdnr. 1286 f.; *Couchez* Rdnr. 60; *Giverdon* Editions du Juris-Classeur Procédure Civile, Fascicule 232 Rdnr. 1.

fen würden[232]. Aus Art. 485 NCPC wird deutlich, daß eine mündliche Verhandlung stattfinden muß, zu welcher der Antragsgegner nach Art. 484 NCPC geladen sein muß. Die weiteren Voraussetzungen einer *ordonnance de référé* sind von Fall zu Fall unterschiedlich, sie sollen daher im Rahmen der Vorstellung der wesentlichen Arten der *ordonnance de référé* dargestellt werden.

Sachlich zuständig (*compétence d'attribution*) für die Durchführung eines *référé*-Verfahrens ist das nach allgemeinen Regeln zu bestimmende Gericht[233] und dort funktionell der für die einzelnen Fälle gesondert vorgesehene Richter[234]. Ist kein Gericht oder Richter für ein *référé*-Verfahren vorgesehen, ist nach Art. 808, 810 NCPC der Präsident des *Tribunal de grande instance*, das dem deutschen Landgericht vergleichbar ist, sachlich und funktionell zuständig[235]. Für die örtliche Zuständigkeit (*compétence territoriale*) gibt es keine spezifischen Regelungen für das *référé*-Verfahren, es werden vielmehr die allgemeinen Regeln der Art. 42 bis 48 NCPC angewandt[236]. Grundsätzlich ist hier nach Art. 42 Abs. 1 NCPC, wie im deutschen Recht nach § 12 ZPO, allgemeiner Gerichtsstand derjenige des Wohnsitzes des Beklagten (*lieu où demeure le défendeur*). Nach der Rechtsprechung ist ebenfalls das Gericht, in dessen Bezirk die *mesures provisoires* oder *conservatoires* vollstreckt werden müßten, örtlich zuständig[237]. Gerichtsstandsvereinbarungen auch für das *référé*-Verfahren sind möglich, führen aber nur dann zur Zuständigkeit eines anderen Gerichts, wenn sie wirksam unter den Voraussetzungen des Art. 48 NCPC zustande gekommen sind[238], die denen des § 38 ZPO entsprechen. Eine Besonderheit gilt jedoch insgesamt für das *Tribunal de grande instance*: Wird vor dem *Tribunal de grande instance* ein Vorverfahren (sog. "*procédure de mise en état*") zur Vorbereitung der Streitigkeit auf den Prozeß durchgeführt, so ist der dieses Verfahren leitende "*juge de la mise en état*", dessen Rolle mit

---

232 *Giverdon* Editions du Juris-Classeur Procédure Civile, Fascicule 232 Rdnr. 7; in der alten Formulierung des Art. 809 NCPC war dieses Verbot noch ausdrücklich enthalten, vgl. ausführlich *Estoup* Rdnr. 12 ff.

233 Art. 33 ff. NCPC, z.B. Art. L 311-2 ff. und Art. R 311-2 Code de l'organisation judiciaire für das Tribunal de grande instance, Art. L 321-1 und Art. R 321-1 Code de l'organisation judiciaire für das Tribunal d'instance.

234 Nach Art. 808 NCPC der Präsident des Tribunal de grande instance; nach Art. 848 NCPC ein Richter des Tribunal d'instance, das dem deutschen Amtsgericht vergleichbar ist; nach 872 NCPC der Präsident des Tribunal de commerce; nach 893 NCPC der Präsident des tribunal paritaire des baux ruraux, das für Miet- und Pachtstreitigkeiten bei landwirtschaftlich genutzten Flächen zuständig ist; nach Art. 956 NCPC der erste Präsident der Cour d'appel, dem Berufungsgericht; nach Art. 879 NCPC i.V.m. Art. R 516-30 Code du Travail eine besondere Formation des Conseil des prud'hommes, das dem deutschen Arbeitsgericht vergleichbar ist.

235 *Cadiet* Rdnr. 1284; *Couchez* Rdnr. 59; *Vincent/Guinchard* Rdnr. 239; vgl. zum ganzen *Giverdon* Editions du Juris-Classeur Procédure Civile, Fascicule 236; *Estoup* Rdnr. 28 ff.

236 *Estoup* Rdnr. 24; *Giverdon* Editions du Juris-Classeur Procédure Civile, Fascicule 232 Rdnr. 51; *Huet* JDI 1989, 96, 99.

237 C. Cass. Civ 2e 09.12.1976 Bull. civ. II no. 330; CA Poitiers 16.12.1981 JCP 1982 éd. G IV 355; *Estoup* Rdnr. 25; *Giverdon* Editions du Juris-Classeur Procédure Civile, Fascicule 234 Rdnr. 9 und Editions du Juris-Classeur Procédure Civile, Fascicule 232 Rdnr. 51; *Huet* JDI 1989, 96, 99; *Normand* RTD civ. 1980, 594, 607.

238 *Estoup* Rdnr. 24.

der eines Berichterstatters in einem Verfahren vor einer Kammer eines deutschen Landgerichts vergleichbar ist, nach Art. 771 Nr. 3 bis 5 NCPC auch für den Erlaß etwaiger *mesures provisoires* zuständig. Ein bereits anhängiges Hauptsacheverfahren steht der Möglichkeit, eine *procédure de référé* einzuleiten, nicht entgegen. Zuständiger Richter bleibt zunächst der nach den allgemeinen Regeln zuständige *juge des référés*, ab der Bestimmung eines *juge de la mise en état* ist jedoch dieser allein zuständig[239].

Auf die *ordonnances de référé* finden die allgemeinen Vorschriften der Art. 450 ff. NCPC über Urteile Anwendung[240], insbesondere müssen sie nach Art. 451 NCPC öffentlich verkündet werden und die in Art. 454, 455 NCPC vorgesehenen Angaben und Urteilsgründe enthalten. Eine *ordonnance de référé* ist nach Art. 489 Abs. 1 S. 1 NCPC vorläufig vollstreckbar (*exécutoire à titre provisoire*). Die vorläufige Vollstreckbarkeit muß nach Art. 514 Abs. 2 NCPC nicht gesondert angeordnet werden, sie besteht von Gesetzes wegen (*de droit*) und richtet sich insgesamt nach Art. 514 ff. NCPC. Allerdings kann der Richter nach Art. 489 Abs. 1 S. 2 NCPC die vorläufige Vollstreckbarkeit auch von der Erbringung einer Sicherheitsleistung (*garantie*) nach Art. 517 ff. NCPC abhängig machen. Nach Art. 489 Abs. 2 NCPC kann angeordnet werden, daß die *ordonnance de référé "au seul vu de la minute"*, also ohne vorherige Zustellung beim Gegner vollstreckt werden kann.

Der eine *ordonnance de référé* anordnende Richter muß dafür Sorge tragen, daß die angeordneten Maßnahmen ordnungsgemäß und effektiv vollstreckt werden (*"le juge des référés, devant assurer et vérifier l'effectivité des mesures qu'il prescrit, ..."*)[241]. So können insbesondere *ordonnances de référé*, die eine vorläufige Unterlassung einer bestimmten Handlung anordnen (der Unterlassungsverfügung des deutschen Rechts vergleichbar), nach Art. 491 NCPC mit der Androhung eines Ordnungsgeldes (*"astreinte"*) für den Fall der Zuwiderhandlung versehen werden[242]. Für die Zwangsvollstreckung durch Ausspruch und Liquidation einer *astreinte* gelten die Art. 33 ff. des Gesetzes Nr. 91-650 vom 09.07.1991[243]. Nach autonomem französischen Zivilprozeßrecht wird das Zwangsgeld entweder von demjenigen Richter, der die Entscheidung erläßt (Art. 33 Abs. 1 Gesetz Nr. 91-650 vom 09.07.1991), oder vom Vollstreckungsrichter (*juge de l'exécution*, Art. 33 Abs. 2 Gesetz Nr. 91-650 vom 09.07.1991) angeordnet[244]. Art. 491 NCPC enthält insoweit eine Spezialregelung für

---

239 Sog. *"référé en cours d'instance"*, vgl. *Estoup* Rdnr. 16.

240 *Estoup* Rdnr. 52 ff.; *Giverdon* Editions du Juris-Classeur Procédure Civile, Fascicule 232 Rdnr. 72.

241 TGI Paris Réf. 30.11.1983 Dalloz 1984 Jur. 111, 112; *Estoup* Rdnr. 21; *Giverdon* Editions du Juris-Classeur Procédure Civile, Fascicule 232 Rdnr. 12.

242 C. Cass. Civ. 2e 04.05.1977 Dalloz 1977 IR 387; *Cadiet* Rdnr. 1292; *Couchez* Rdnr. 58; *Estoup* Rdnr. 54; *Giverdon* Editions du Juris-Classeur Procédure Civile, Fascicule 232 Rdnr. 13 ff.; *Normand* RTD civ. 1979, 417, 428 f.; zu den Grundlagen von Handlungs- und Unterlassungsansprüchen im französischen Recht vgl. *Stutz* S. 26 ff.

243 Dazu ausführlich *Stutz* S. 54 ff., 70 ff.

244 Art. 33 des Gesetzes Nr. 91-650 vom 09.07.1991 lautet: *Tout juge peut, même d'office, ordonner une astreinte pour assurer l'exécution de sa décision.Le juge de l'exécution peut assortir d'une astreinte une décision rendue par un autre juge si les circonstances en font apparaître la nécessité.*

den *juge des référés* und ermächtigt diesen ebenfalls, eine *astreinte* festzusetzen und zu vollstrecken[245]. Darüber hinaus ist es möglich, den Gläubiger gemäß Art. 1143 S. 2 C. Civil zu ermächtigen, die Folgen einer Zuwiderhandlung des Schuldners gegen eine titulierte Verpflichtung auf Kosten des Schuldners zu beseitigen bzw. beseitigen zu lassen[246]. Diese Vorschrift findet ebenfalls in der Vollstreckung von Unterlassungsverpflichtungen Anwendung[247]. Hervorzuheben ist jedoch, daß eine *ordonnance de référé* immer eine vorläufige Entscheidung bleibt, die nach Art. 488 NCPC keine "*autorité de chose jugée*" für das Hauptsacheverfahren hat, also in keiner Form die Richter des Hauptsacheverfahrens bindet[248].

Nach Art. 490 NCPC kann gegen eine *ordonnance de référé* Berufung oder (soweit sie in einem Versäumnisverfahren ergangen ist) Einspruch eingelegt werden, wenn der anordnende Richter nicht nach Art. 956 NCPC der Präsident der *Cour d'appel* war. Art. 490 und 490-1 NCPC enthalten genauere Vorschriften zum Verfahren[249].

Im folgenden sollen kurz die häufigsten Formen des référé dargestellt werden[250].

a) Ordonnance de référé générale nach Art. 808, 809 Abs. 1 NCPC

Unterschieden werden müssen der *référé général* nach Art. 808 NCPC und der *référé* nach Art. 809 Abs. 1 NCPC, wiewohl sich deren Voraussetzungen und Rechtsfolgen überschneiden und beide Vorschriften oft gemeinsam genannt werden.

(1) Ordonnance de référé nach Art. 808 NCPC

Art. 808 NCPC bestimmt:

> *Dans tous les cas d'urgence, le président du tribunal de grande instance peut ordonner en référé toutes les mesures qui ne se heurtent à aucune contestation sérieuse ou que justifie l'existence d'un différend.*

(a) Voraussetzungen eines référé général nach Art. 808 NCPC

Art. 808 NCPC enthält die Ermächtigung des Präsidenten des *Tribunal de grande instance* bzw. des *Tribunal d'instance*, einstweilige Maßnahmen im Falle besonderer Eile anzuordnen, wenn die Anordnung der beantragten Maßnahme nicht ernsthaft bestritten wird oder sich durch die Existenz einer Streitigkeit rechtfertigt. Zusätzlich zur Eile muß also kumulativ eine weitere Voraussetzung erfüllt sein. Fast wortgleiche Ermächtigungen an die Präsidenten anderer Gerichte enthalten die Art. 848, 872 und 893 NCPC, im folgenden soll daher immer nur auf die entsprechende Vorschrift des

---

245 Art. 491 NCPC lautet: *Le juge statuant en référé peut prononcer des condamnations à des astreintes. Il peut les liquider, à titre provisoire. Il statue sur les dépens.*

246 Art. 1143 C. Civil lautet: *Néanmoins le créancier a le droit de demander que ce qui aurait été fait par contravention à l'engagement, soit détruit; et il peut se faire autoriser à le détruire aux dépens du débiteur, sans préjudice des dommages et intérêts s'il y a lieu.*

247 *Gärtner* S. 230 f.; *Stutz* S. 48 f.

248 *Cadiet* Rdnr. 1291; *Couchez* Rdnr. 60; *Estoup* Rdnr. 15 ff.; *Vincent/Guinchard* Rdnr. 798.

249 Zum ganzen: *Couchez* Rdnr. 285, 431; *Estoup* Rdnr. 57 ff.; *Giverdon* Editions du Juris-Classeur Procédure Civile, Fascicule 232 Rdnr. 86 ff.; *Vincent/Guinchard* Rdnr. 799-1.

250 Für eine umfassende Darstellung aller *référés spéciaux* siehe *Estoup* Rdnr. 116 ff.

Art. 808 NCPC verwiesen werden. Zu beachten ist, daß diese Voraussetzungen solche der Begründetheit des Antrags und nicht der Zulässigkeit sind[251].

i) Obligatorische Voraussetzung: *Urgence* (Eilbedürftigkeit)

(aa) Begriff

Der Nouveau Code de Procédure Civile selbst gibt keine Definition der Eilfälle (*cas d'urgence*), auf die er Bezug nimmt.

Das oberste Revisionsgericht in Zivilsachen, die *Cour de Cassation*, sieht die Feststellung von Eilbedürftigkeit nicht als Rechtsfrage, sondern vielmehr als solche der rechtlichen Qualifikation von tatsächlichen Umständen an. Da vor der Cour de Cassation nur reine Rechtsfragen überprüft werden, bleibt die Prüfung des Vorliegens von Eile als Tatsachenfrage den Richtern der Eingangs- und Berufungsgerichte überlassen[252]. Die Eingangs- und Berufungsgerichte sowie die Lehre haben dennoch Anhaltspunkte herausgearbeitet, die hier beispielhaft erwähnt sein sollen:

Zunächst muß sich die Eilbedürftigkeit aus der Natur der Sache und nicht bloß aus dem Empfinden oder dem Willen einer Partei ergeben[253]. Weiterhin ergibt sich die Eilbedürftigkeit aus einem Vergleich mit den Rechtsschutzmöglichkeiten im Hauptsacheverfahren[254]: Wenn die diese nicht als ausreichend für einen effektiven Rechtsschutz der antragstellenden Partei angesehen werden können, ist Eile für die Anordnung einstweiliger Maßnahmen gegeben.

(bb) Zeitpunkt des Vorliegens und ausdrückliche Feststellung

Die Eilbedürftigkeit muß als Voraussetzung der Begründetheit im Zeitpunkt der Entscheidung des *juge des référés* vorliegen[255]. Sie muß in der Begründung für die Anordnung der einstweiligen Maßnahme ausdrücklich festgestellt werden, wenn der Antragsgegner die Eilbedürftigkeit bestreitet[256], sonst wird eine kurzer Hinweis "in Anbetracht der Eile" ("*vu l'urgence*") im Tenor oder auch nur eine implizite Feststellung für ausreichend gehalten[257].

---

[251] *Giverdon* Editions du Juris-Classeur Procédure Civile, Fascicule 233 Rdnr. 5.

[252] Sog. "*appréciation souveraine des juges du fond*"; C. Cass. Civ. 1ère 26.04.1977 Dalloz 1978 Jur. 664, 665; C. Cass. Civ. 1ère 29.04.1975 Bull. civ. I no. 127; *Cadiet* Rdnr. 1276; *Couchez* Rdnr. 56; *Estoup* Rdnr. 70; *Giverdon* Editions du Juris-Classeur Procédure Civile, Fascicule 233 Rdnr. 18; *Vincent/Guinchard* Rdnr. 242.

[253] *Estoup* Rdnr. 70; *Giverdon* Editions du Juris-Classeur Procédure Civile, Fascicule 233 Rdnr. 19; *Normand* RTD Civ. 1980, p. 151.

[254] *Estoup* Rdnr. 70; *Giverdon* Editions du Juris-Classeur Procédure Civile, Fascicule 233 Rdnr. 19.

[255] C. Cass. Civ. 3e 10.05.1977 Dalloz 1977 IR 455; C. Cass. Soc. 25.10.1962 Dalloz Jur. 1963, 22; *Cadiet* Rdnr. 1276; *Estoup* Rdnr. 71; *Giverdon* Editions du Juris-Classeur Procédure Civile, Fascicule 233 Rdnr. 13.

[256] C. Cass. Civ. 2e 30.05.1956 Bull. civ. II no. 303; *Estoup* Rdnr. 71; *Giverdon* Editions du Juris-Classeur Procédure Civile, Fascicule 233 Rdnr. 15, 17.

[257] C. Cass. Civ. 1ère 20.01.1976 Bull. civ. I no. 24; C. Cass. Civ. 2e 30.06.1960 Bull. civ. II no. 427; *Estoup* Rdnr. 71; *Giverdon* Editions du Juris-Classeur Procédure Civile, Fascicule 233 Rdnr. 16.

ii) Alternative Voraussetzungen: "*Absence de contestation sérieuse*" oder "*Existence d'un différend*"

Die anderen beiden in Art. 808 NCPC genannten Voraussetzungen müssen nicht kumulativ, sondern alternativ, auf jeden Fall aber neben der Eilbedürftigkeit erfüllt sein.

(aa) Absence de contestation sérieuse (kein ernsthaftes Bestreiten)

Zunächst darf die Anordnung der Maßnahme nicht ernsthaft bestritten werden. Streitigkeiten mit eindeutigen Sach- und Rechtslagen sollen bei Eilbedürftigkeit vorläufig durch einstweilige Maßnahmen geschlichtet werden können. Dabei wird davon ausgegangen, daß solche Eindeutigkeit vorliegt, wenn es in der Begründung des Antrags des Antragstellers keinerlei Widerspruch gibt oder eine ausreichende ("ernsthafte") Gegenargumentation des Antragsgegners fehlt[258]. Die Rechtmäßigkeit der Anordnung einer *ordonnance de référé* muß somit evident sein[259]. Dem Ausgang des Hauptsacheverfahrens darf jedoch nie vorgegriffen werden. Hierzu hat sich eine umfangreiche Kasuistik gebildet[260]. Im Gegensatz zu dem Begriff der Eile sieht die Cour de Cassation den Begriff des "ernsthaften Bestreitens" als Rechtsfrage an und überprüft insoweit die ihr vorgelegten Entscheidungen[261]. Maßgeblicher Zeitpunkt für die Beurteilung der Frage, ob kein ernsthaftes Bestreiten vorliegt, ist ebenfalls der Zeitpunkt der Entscheidung des *juge des référés*[262].

(bb) Existence d'un différend (Existenz einer die einstweilige Maßnahme rechtfertigenden Streitigkeit)

Die Voraussetzung der Existenz einer Streitigkeit, die die Anordnung einer einstweiligen Maßnahme rechtfertigt, wird als Gegenstück zur eben vorgestellten alternativen Voraussetzung des Fehlens ernsthaften Bestreitens erachtet[263]. In bestimmten Fällen gebe gerade das Bestreiten der Verpflichtungen Anlaß, einstweilige Maßnahmen anzuordnen[264]. Eine Definition dieser Voraussetzung ist im Gesetz nicht erfolgt, in der Rechtsprechung ist jedoch auch hier eine gewisse Kasuistik herausgearbeitet worden[265]. Eine ordonnance de référé auf dieser Grundlage ist danach beispielsweise immer dann zulässig, wenn eine Partei Rechte geltend macht, die von der anderen Partei bestritten werden, und die weitere Unmöglichkeit der Ausübung der Rechte für

---

258 *Normand* RTD civ. 1979, 650, 654.

259 *Estoup* Rdnr. 76; *Normand* RTD civ. 1979, 650, 655.

260 Vgl. *Estoup* Rdnr. 75 f.; *Giverdon* Editions du Juris-Classeur Procédure Civile, Fascicule 233 Rdnr. 33 f.; *Vincent/Guinchard* Rdnr. 242.

261 C. Cass. Com. 21.02.1984 JCP 1984 éd. G IV 135; C. Cass. Civ. 3e 19.12.1983 JCP 1984 éd. G IV 70; *Estoup* Rdnr. 73; *Giverdon* Editions du Juris-Classeur Procédure Civile, Fascicule 233 Rdnr. 38.

262 C. Cass. Civ. 3e 22.02.1983, Bull. civ. III no. 53; *Giverdon* Editions du Juris-Classeur Procédure Civile, Fascicule 233 Rdnr. 40.

263 *Blaisse* JCP 1984 éd. G II 20315; *Giverdon* Editions du Juris-Classeur Procédure Civile, Fascicule 233 Rdnr. 41.

264 *Couchez* Rdnr. 57; *Estoup* Rdnr. 77; *Giverdon* Editions du Juris-Classeur Procédure Civile, Fascicule 233 Rdnr. 41.

265 C. Cass. Civ. 1ère 01.02.1983 JCP 1984 éd. G II 20315; vgl. Übersicht bei *Estoup* Rdnr. 77 und *Giverdon* Editions du Juris-Classeur Procédure Civile, Fascicule 233 Rdnr. 44.

die Partei, die sie geltend macht, zu erheblichen Nachteilen führt. Im Familienrecht können so beispielsweise Besuchsrechte vorübergehend geregelt werden. Im Gesellschaftsrecht kann vorübergehend ein Verwalter bestellt werden, wenn die Geschäftsführungsbefugnisse des aktuellen Geschäftsführers umstritten sind.

(b) Mögliche Maßnahmen / Pouvoirs du juge

Welche einstweiligen Maßnahmen letztlich angeordnet werden, hängt vom Antrag der Parteien ab. Dabei kann der Richter nur die von den Parteien beantragten Maßnahmen oder weniger anordnen[266].

Es sind alle denkbaren Maßnahmen möglich, inklusive derer, die auch Gegenstand "spezieller" *référé*-Verfahren sind, wie zum Beispiel *mesures d'instruction*, die nach Art. 145 NCPC unter den dort aufgestellten Voraussetzungen bereits vor der Einleitung eines Hauptsacheverfahrens beantragt werden können[267]. Hauptfälle sind *mesures conservatoires*, also solche, die einen bestehenden Zustand erhalten, und *mesures provisoires*, die einen Zustand einstweilig regeln[268]. Insoweit kann mit der deutschen Sicherungs- bzw. Regelungsverfügung verglichen werden, wobei unter *mesures conservatoires* auch die Sicherstellung von Gegenständen fällt[269]. Die *mesures conservatoires*, die der *juge des référés* nach dieser Vorschrift anordnen kann, sind jedoch nicht mit denen identisch, die "*sur requête*" nach dem unten noch zu erwähnenden Gesetz Nr. 91-650 vom 09.07.1991[270] angeordnet werden können: Während nach letzterem "*saisies conservatoires*", einstweilige Sicherstellungen, oder "*sûretés judiciaires*", die Belastung von Sachen oder von Grundstücken mit einer Sicherheit, vorgesehen sind, können diese vom *juge des référés* nicht angeordnet werden[271]. Dieser kann nach Art. 808 NCPC vielmehr als *mesure conservatoire* beispielsweise einen vorübergehenden Geschäftsführer einer Gesellschaft benennen, deren sachgerechte Geschäftsführung etwa aufgrund schwerwiegender gesellschaftsinterner Streitigkeiten nicht mehr möglich ist. Ebenfalls möglich ist beispielsweise die Sicherstellung von Gegenständen oder auch die Räumung einer Wohnung, die sich noch im Besitz von Mietern befindet, deren Mietvertrag gekündigt wurde[272].

(2) *Ordonnance de référé* nach Art. 809 Abs. 1 NCPC

Weitere Fälle, in denen einstweilige Maßnahmen angeordnet werden können, sieht Art. 809 Abs. 1 NCPC vor: Bei unmittelbar drohendem Schadenseintritt oder bei einer offensichtlich rechtswidrigen Störung.

---

266 *Estoup* Rdnr. 54; *Giverdon* Editions du Juris-Classeur Procédure Civile, Fascicule 234 Rdnr. 21; *Normand* RTD civ. 1994, 668, 671 f.

267 Siehe zu Art. 145 NCPC unten Gliederungspunkt I.B.1.e), S. 59; zum ganzen *Estoup* Rdnr. 78.

268 *Estoup* Rdnr. 79 ff.

269 *Estoup* Rdnr. 81.

270 Siehe unten Gliederungspunkt I.B.2.d), S. 67.

271 *Estoup* Rdnr. 79.

272 Vgl. z.B. C. Cass. Civ. 3e 11.03.1980 Bull. Civ. III no. 57; Übersichten bei *Estoup* Rdnr. 81; *Giverdon* Editions du Juris-Classeur Procédure Civile, Fascicule 234 Rdnr. 12 ff.

(a) Voraussetzungen

Die in Art. 808 NCPC genannten Voraussetzungen, insbesondere der Nachweis der Eilbedürftigkeit, müssen nicht vorliegen[273], wie sich für das fehlende Nichtbestreiten bereits aus dem Wortlaut des Art. 809 NCPC ergibt. Wenigstens die Eile wird jedoch in Anbetracht der in Art. 809 Abs. 1 NCPC genannten Voraussetzungen meist vorliegen[274]. Teilweise wird der drohende Schadenseintritt als Sonderfall der Eilbedürftigkeit angesehen[275]. Hinsichtlich beider Voraussetzungen, der eines unmittelbar drohenden Schadenseintritts sowie der einer offensichtlich rechtswidrigen Störung, die alternativ vorliegen müssen, hat die Rechtsprechung ebenfalls eine umfangreiche Kasuistik herausgearbeitet[276].

i) *Dommage imminent* (unmittelbar drohender Schadenseintritt)

Die Beurteilung, ob ein Schadenseintritt unmittelbar droht, ist Tatsachenfrage und somit einer Kontrolle im Revisionsverfahren entzogen[277]. Ein Schadenseintritt droht dann unmittelbar, wenn er noch nicht eingetreten ist, aber bei normalem Fortgang des Geschehens in Kürze bei einem Menschen oder einer Sache zu erwarten ist[278]. *Ordonnances de référé* auf dieser Grundlage werden häufig zur einstweiligen Verhinderung der Publikation eines Presseerzeugnisses beantragt, dessen Veröffentlichung einen Angriff auf das allgemeine Persönlichkeitsrecht des Antragstellers mit sich bringen würde. Mögliche Anwendungsfälle sind auch die einstweilige Einstellung von Bauarbeiten oder die Verhinderung rechtswidriger Arbeitskampfmaßnahmen[279].

ii) *Trouble manifestement illicite* (offensichtlich rechtswidrige Störung)

Die Beurteilung, ob eine offensichtlich rechtswidrige Störung vorliegt, unterliegt dagegen der Kontrolle der Cour de Cassation[280]. Im allgemeinen wird hier davon ausgegangen, daß eine offensichtlich rechtswidrige Störung nicht zwingend die Existenz und Störung eines geschützten Rechts voraussetzt, sondern die Störung vielmehr auch in

273 Für die Eile C. Cass. Civ. 3e 22.03.1983 Bull. civ. III no. 83; *Cadiet* Rdnr. 1280; *Couchez* Rdnr. 56; allgemein *Giverdon* Editions du Juris-Classeur Procédure Civile, Fascicule 233 Rdnr. 52 ff.

274 C. Cass. Civ. 3e 26.10.1982 JCP 1983 éd. G IV 19 f.; *Cadiet* Rdnr. 1280; beim trouble manifestement illicite: *Giverdon* Editions du Juris-Classeur Procédure Civile, Fascicule 233 Rdnr. 53; *Malaurie* JCP 1993 éd. G I 3637 S. 3 Rdnr. 14; *Normand* RTD civ. 1979, 417, 426 und RTD civ. 1983, 378, 382; nach *Vincent/Guinchard* Rdnr. 243 wird sie unwiderlegbar vermutet.

275 *Giverdon* Editions du Juris-Classeur Procédure Civile, Fascicule 233 Rdnr. 20.

276 Vgl. die Übersicht bei *Vincent/Guinchard* Rdnr. 243; für den trouble manifestement illicite *Estoup* Rdnr. 88.

277 C. Cass. Civ. 2e 16.06.1993 Dalloz 1993 Jur. 590; TGI Paris Réf. 28.03.1984 JCP 1985 éd. G IV 217; *Cadiet* Rdnr. 1281; *Vincent/Guinchard* Rdnr. 243.

278 CA Paris 18.11.1998 Dalloz 1999 IR 15; *Estoup* Rdnr. 87; *Malaurie* JCP 1993 éd. G I 3637 S. 3 Rdnr. 12.

279 Z.B. TGI Créteil 11.03.1980 JCP 1980 éd. G II 19396.

280 C. Cass. Com. 17.11.1998 Dalloz 1999 IR 15; C. Cass. Ass. Plén. 28.06.1996 Dalloz 1996 Jur. 497, 500; C. Cass. Com. 25.03.1991 JCP 1991 éd. G II 243; früher jedoch anders: C. Cass. Ass. Plén. 04.07.1986 Dalloz 1986 Jur. 477, 481; *Cadiet* Rdnr. 1281; *Vincent/Guinchard* Rdnr. 243.

allgemein sozialwidrigem Verhalten liegen kann[281]. Häufig resultiert die Störung aus rein tatsächlichem Verhalten, wie zum Beispiel wettbewerbswidrigem Verhalten, Fällen der Selbstjustiz oder Tätlichkeiten ("*voie de fait*")[282]. Auch die mißbräuchliche Ausübung eines Rechts kann zu einer offensichtlich rechtswidrigen Störung im Sinne des Art. 809 Abs. 1 NCPC führen[283]. Rechtswidrig ist eine Störung immer dann, wenn sie sich nicht rechtfertigen läßt[284]. Bei der Beurteilung der Rechtswidrigkeit muß das Gericht die Gesamtheit der Normen, inklusive der des Gemeinschaftsrechts, in die Prüfung einbeziehen[285]. Die Rechtswidrigkeit muß außerdem, wie dies der Wortlaut der Vorschrift vorgibt, offensichtlich sein, also keinerlei Zweifel zulassen[286].

Diese Vorschrift wird häufig beispielsweise zum Beenden rechtswidriger Arbeitskämpfe im kollektiven Arbeitsrecht[287], im Wettbewerbsrecht, im Presserecht[288] oder zur Räumung rechtswidrig besetzter Wohnungen und Gebäude verwendet.

(b) Maßnahmen: mesures conservatoires ou de remise en état

Die einstweiligen Maßnahmen, die nach Art. 809 Abs. 1 NCPC angeordnet werden können, sind ebenfalls vielfältig und hängen von den Anträgen der Parteien und den tatsächlichen Umständen ab. Ist das unmittelbare Drohen eines Schadenseintritts oder eine offensichtlich rechtswidrige Störung im Sinne der Vorschrift festgestellt, ist der Richter allerdings nicht an die Anträge der Parteien gebunden, sondern kann vielmehr auch eine andere als die vom Antragsteller beantragte Maßnahme, mildere oder ebenso schwerwiegende, anordnen, solange diese das gleiche Ziel verfolgt und nicht über die beantragte Maßnahme hinausgeht[289].

b) Der référé-provision nach Art. 809 Abs. 2 1. Alt. NCPC

Art. 809 Abs. 2 NCPC lautet:

> *Dans les cas où l'existence de l'obligation n'est pas sérieusement contestable, il [le juge] peut accorder une provision au créancier [ou ordonner l'exécution de l'obligation même s'il s'agit d'une obligation de faire].*

Durch einen *référé-provision* nach Art. 809 Abs. 2 1. Alt. NCPC ("*... accorder une provision au créancier ...*") wird die vorläufige vollständige oder teilweise Erfüllung

---

281 *Estoup* Rdnr. 88; Conclusions de l'avocat général *Weber* relatives à C. Cass. Ass. Plén. 28.06.1996 Dalloz 1996 Jur. 497, 499.

282 C. Cass. Civ. 1ère 04.11.1986 JCP 1987 éd. G IV 19; TGI Paris Réf. 15.01.1985 JCP 1985 éd. G II 20398.

283 Conclusions de l'avocat général *Weber* relatives à C. Cass. Ass. Plén. 28.06.1996 Dalloz 1996 Jur. 497, 499.

284 *Malaurie* JCP 1993 éd. G I 3637 S. 3 Rdnr. 14.

285 C. Cass. Civ. 1ère 13.10.1993 JCP 1994 éd. G I 3755 no. 15; *Cadiet* Rdnr. 1281; *Estoup* Rdnr. 89; *Normand* RTD civ. 1984, 762, 763 ff.; *Parléani* Dalloz 1990 Chron. 65, 66 ff.

286 *Cadiet* Rdnr. 1281.

287 Z.B. C. Cass. Ass. plén. 04.07.1986 Dalloz 1986 Jur. 477 zur Beurteilung einer offensichtlich rechtswidrigen Störung durch einen eigentlich rechtmäßigen Streik.

288 Z.B. TGI Paris Réf. 30.11.1983 Dalloz 1984 Jur. 111, 112.

289 *Giverdon* Editions du Juris-Classeur Procédure Civile, Fascicule 234 Rdnr. 21; *Normand.* RTD civ. 1994, 668, 671 f.

einer behaupteten Geldforderung durch Zahlung eines Vorschusses angeordnet. Er ist der deutschen Leistungs- oder Befriedigungsverfügung vergleichbar. Bei ihm besteht ebenfalls das Problem, daß aufgrund der provisorischen Natur einer *ordonnance de référé* nicht dem Ausgang der Hauptsache vorgegriffen werden darf, andererseits jedoch durch die vorläufige Anordnung einer Leistungserbringung immer zunächst ein bestimmter Ausgang angenommen wird und sich die Rückabwicklung der angeordneten Leistung oftmals praktisch schwierig gestaltet. Ein *référé-provision* greift somit in denjenigen Fällen dem Ausgang dieses Verfahrens vor, in denen die von ihm geschaffene Situation später trotz eines entgegenstehenden Endurteils im Hauptsacheverfahren tatsächlich nicht mehr rückabgewickelt werden kann. Manchmal verzichten die Parteien dann auch ganz auf die Durchführung eines Hauptsacheverfahrens[290]. Der *référé-provision* wird damit insbesondere im Zusammenhang mit Schiedsverfahren, bei denen die Streitigkeit durch eine Schiedsklausel einer Lösung durch staatliche Gerichte entzogen worden ist, oder bei vorläufigen Zahlungen von Schadensersatz an das Opfer einer unerlaubten Handlung, die noch während eines laufenden Strafverfahrens von einem Zivilgericht angeordnet werden können, als problematisch angesehen[291].

Für den *référé-provision* gelten dieselben Zuständigkeitsregeln wie die oben genannten mit der Ausnahme, daß der erste Präsident der *Cour d'appel* nicht für den Erlaß entsprechender Maßnahmen zuständig ist.

(1) Voraussetzung nach Art. 809 Abs. 2 1. Alt. NCPC

Voraussetzung ist nach Art. 809 Abs. 2 1. Alt. NCPC, daß das Bestehen der Forderung nicht ernsthaft bestritten werden kann. Das Vorliegen besonderer Eile wird nach ständiger Rechtsprechung und der Lehre nicht verlangt[292]. Dagegen muß der *juge des référés* ausdrücklich und ausführlich feststellen, daß die Forderung besteht und ihre Existenz nicht ernsthaft bestritten werden kann[293]. Hierbei gilt es, eine gewisse "Evidenz-Schwelle" zu erreichen, wozu sich eine umfangreiche Kasuistik entwickelt hat[294]. Die Darlegungen müssen genügen, um der Cour de Cassation eine Kontrolle des Vorliegens der Voraussetzungen zu ermöglichen[295].

---

290 Siehe zum deutschen Recht hierzu bereits oben Gliederungspunkt I.A.2.a), S. 34, und Fußnote 158.

291 Vgl. zum ganzen: *Giverdon* Editions du Juris-Classeur Procédure Civile, Fascicule 235-2 Rdnr. 10 ff.

292 C. Cass. Civ. 3e 31.05.1978 Dalloz 1979 IR 512; C. Cass. Civ. 2e 18.01.1978 Dalloz 1979 IR 512; C. Cass. Civ. 3e 06.12.1977 Bull. civ. III no. 428; *Cadiet* Rdnr. 1282; *Couchez* Rdnr. 56; *Eilers* S. 89; *Estoup* Rdnr. 106; *Giverdon* Editions du Juris-Classeur Procédure Civile, Fascicule 233 Rdnr. 3 und 235-2 Rdnr. 20 ff.; kritisch *Heiss* S. 88; *Normand* RTD civ. 1983, 378, 383; *Vincent/Guinchard* Rdnr. 245; *Vuitton* Dalloz 1999 Jur. 545, 547.

293 *Estoup* Rdnr. 107; *Giverdon* Editions du Juris-Classeur Procédure Civile, Fascicule 235-2 Rdnr. 24.

294 Vgl. *Giverdon* Editions du Juris-Classeur Procédure Civile, Fascicule 235-2 Rdnr. 25 ff.

295 C. Cass. Ass. plén. 16.11.2001 Dalloz 2002, 598; bis zu dieser Entscheidung der Assemblée plénière überprüfte die Cour de Cassation nicht, ob eine Forderung bestritten war: vgl. z.B. C. Cass. Civ. 1ère 04.10.2000 Bull. civ. I no. 239; C. Cass. Civ. 1ère 24.10.2000 Bull. civ. I no. 268.

(2) Art und Umfang der angeordneten Maßnahmen / *Pouvoirs du juge*

In einem *référé-provision* können vorläufige Zahlungen auf Geldschulden jeder Art angeordnet werden. Hinsichtlich der Höhe der zu zahlenden Summe ist der Richter dabei nicht auf die Anordnung einer "Anzahlung" beschränkt, er kann vielmehr die vorläufige Zahlung des vollen Betrages der geltend gemachten Forderung anordnen[296]. Wenn nur ein Teil der geltend gemachten Forderung nicht ernsthaft bestritten werden kann, darf der Richter nur für diesen Teil die vorläufige Leistungserbringung anordnen[297].

c) Der *référé-injonction* nach Art. 809 Abs. 2 2. Alt. NCPC

Die vorläufige Leistungserbringung kann nach Art. 809 Abs. 2 2. Alt. NCPC ("... *ordonner l'exécution de l'obligation même s'il s'agit d'une obligation de faire* ...") auch in Form der Verpflichtung zur Vornahme einer Handlung angeordnet werden[298]. Diese Form des *référé* wurde erst im Jahr 1985 auf Drängen von Verbraucherverbänden hin eingeführt, die eine Festsetzung für notwendig hielten, daß nicht nur eine Geldleistung, sondern auch die Erbringung einer tatsächlichen Handlung, wie zum Beispiel die Lieferung einer Ware oder die Erbringung einer Dienstleistung, vorläufig angeordnet werden darf[299].

Die Behandlung und Einordnung des *référé-injonction* entspricht der des *référé-provision*. Beim *référé-injonction* darf ebenfalls das Bestehen der Verpflichtung des Schuldners nicht bestritten werden können, das Vorliegen besonderer Eile ist wie beim *référé-provision* nicht notwendig. Die denkbaren Maßnahmen sind wiederum vielfältig, neben den gerade genannten kann beispielsweise auch die Herausgabe einer Sache angeordnet werden. Das Unterlassen einer Handlung kann nach dieser Vorschrift ihrem Wortlaut entsprechend nicht angeordnet werden, da sie sich nur auf eine *obligation de faire*, also eine Handlungspflicht, bezieht.

In vielen Fällen wird die vorläufige Anordnung der Vornahme einer Handlung jedoch auch auf Grundlage des Art. 808 NCPC verlangt[300].

d) Der *référé* nach Art. 9 Abs. 2 und Art. 9-1 Abs. 2 C. Civil

Sonderfälle des *référé*, die demjenigen nach Art. 809 Abs. 1 NCPC ähneln, sehen nunmehr auch Art. 9 Abs. 2 und Art. 9-1 Abs. 2 C. Civil vor. Danach können bei einer Verletzung der Privatsphäre einer Person bzw. bei Mißachtung der Unschuldsvermutung die jeweils Betroffenen in der Form eines *référé*-Verfahrens gegen das die Privat-

---

296 C. Cass. Com. 20.01.1981 Bull. civ. IV no. 40; *Cadiet* Rdnr. 1282; *Couchez* Rdnr. 58; *Estoup* Rdnr. 110; *Giverdon* Editions du Juris-Classeur Procédure Civile, Fascicule 235-2 Rdnr. 43; *Normand* RTD civ. 1981, 674, 679.

297 C. Cass. Civ. 1ère 18.01.1989 Dalloz 1989 IR 33; *Giverdon* Editions du Juris-Classeur Procédure Civile, Fascicule 235-2 Rdnr. 30 und 44.

298 Zu diesem *référé*: *Couchez* Rdnr. 58; *Estoup* Rdnr. 114 f.; *Giverdon* Editions du Juris-Classeur Procédure Civile, Fascicule 235-2 Rdnr. 51 ff.

299 *Couchez* Rdnr. 58; *Estoup* Rdnr. 114.

300 *Giverdon* Editions du Juris-Classeur Procédure Civile, Fascicule 235-2 Rdnr. 54; *Vincent/Guinchard* Rdnr. 246.

sphäre mißachtende Verhalten bzw. die der Unschuldsvermutung zuwiderlaufenden Verhaltensweisen eines anderen gerichtlich vorgehen. Beide Bestimmungen dienen damit insbesondere dem Schutz vor den genannten Rechten zuwiderlaufender Berichterstattung in den Medien. Art. 9 Abs. 2 C. Civil verlangt allerdings, daß für den Erlaß einer *ordonnance de référé* in Fällen der Verletzung der Privatsphäre auch eine besondere Eile nachgewiesen werden muß. Art. 9-1 Abs. 2 C. Civil nennt als Beispiel für Maßnahmen bei Mißachtung der Unschuldsvermutung die Verpflichtung zur Veröffentlichung einer Richtigstellung. Denkbar ist auch die Verpflichtung zum Unterlassen bestimmter Äußerungen.

e) Der "référé aux fins d'obtention d'une mesure d'instruction à futur"/ "référé probatoire" nach Art. 145 NCPC

Eine Spezialform des référé, die auf eine vorläufige selbständige Beweissicherung gerichtet ist, ist in Art. 145 NCPC vorgesehen.

Dieser lautet:

> *S'il existe un motif légitime de conserver ou d'établir avant tout procès la preuve de faits dont pourrait dépendre la solution d'un litige, les mesures d'instruction légalement admissibles peuvent être ordonnées à la demande de tout intéressé, sur requête ou en référé.*

Danach können noch vor Einleitung des Hauptsacheverfahrens in einem *référé*-Verfahren oder in einer *procédure sur requête* Beweiserhebungsmaßnahmen ("*mesures d'instruction*") angeordnet werden. Teilweise wird dieser référé auch "*référé probatoire*" genannt[301]. Ist ein Hauptsacheverfahren bereits eingeleitet, ist ein Rückgriff auf diese Vorschrift ausgeschlossen[302]. Nach Einleitung des Hauptsacheverfahrens können jedoch Beweissicherungsmaßnahmen nach Art. 808 f. oder Art. 872 f. NCPC erlassen werden[303]. Diese allgemeinen Vorschriften über den *référé* bleiben neben Art. 145 NCPC anwendbar[304].

Wie sich aus der Stellung dieser Vorschrift in demjenigen Teil des Nouveau Code de Procédure Civile, der Vorschriften über die Verfahren vor allen vom Nouveau Code de Procédure Civile erfaßten Gerichten (Zivilgerichte, Arbeitsgerichte, Handelsgerichte und Gerichte zur Lösung von Streitigkeiten in Miet- oder Pachtverhältnissen über landwirtschaftlich genutzte Flächen) enthält, ergibt, kann die Anordnung solcher

---

301 *Estoup* Rdnr. 95 ff. bezeichnet ihn als "référé préventif".

302 C. Cass. Civ. 2e 24.10.1990 Bull. Civ. II no. 216; C. Cass. Civ. 2e 02.04.1990 Bull. civ. II no. 69; C. Cass. Civ. 3e 09.12.1986 JCP 1987 éd. G IV 62; C. Cass. Com. 15.11.1983 Bull. civ. IV no. 307; auch wenn das "Hauptsacheverfahren" ein Verfahren vor einem aufgrund einer Schiedsklausel zuständigen Schiedsgericht ist: CA Versailles 10.03.1998 Revue de l'arbitrage 1999, 59, 62; *Giverdon* Editions du Juris-Classeur Procédure Civile, Fascicule 235-1 Rdnr. 4; *Groud* Rdnr. 436; *Jeantin* Editions du Juris-Classeur Procédure Civile, Fascicule 634 Rdnr. 99 und Dalloz 1980 Chron. 205, 206 Rdnr. 11; *Perrot* RTD civ. 1984, 558, 561; *Vincent/Guinchard* Rdnr. 1048.

303 CA Versailles 10.03.1998 Revue de l'arbitrage 1999, 59, 62 mit zustimmender Anmerkung *Hory* S. 66; *Estoup* Rdnr. 99.

304 Vgl. z.B. *Groud* Rdnr. 445 f.

Beweiserhebungsmaßnahmen vor allen gesetzlich genannten *juges des référés* beantragt werden[305].

(1) Voraussetzungen

Die Rechtsprechung hat die Eigenständigkeit ("*autonomie*") dieses *référé* herausgearbeitet und festgesetzt, daß die allgemeinen Voraussetzungen nicht anwendbar sind[306]. Weder das Vorliegen besonderer Eile noch das Nicht-Bestreiten der Rechtmäßigkeit der Anordnung der Maßnahme durch den Antragsgegner sind demnach Voraussetzungen für den Erlaß von Maßnahmen nach Art. 145 NCPC[307].

Art. 145 NCPC fordert vielmehr zunächst die Existenz eines "*motif légitime*", eines hinreichenden Grundes[308]. Dieser Begriff hat durch Rechtsprechung und Literatur eine Ausgestaltung erfahren[309]. Ob ein *motif légitime* vorliegt, ist Tatsachenfrage, so daß keine Kontrolle der Auslegung dieses Begriffs und keine einheitliche Auslegung durch die Cour de Cassation erfolgt[310]. Die Auslegung ist wesentlich unter dem Aspekt vorzunehmen, daß zum Zeitpunkt der Beantragung der vorläufigen Beweissicherung weder die tatsächliche Durchführung eines späteren Hauptsacheverfahrens noch dessen Gegenstand mit Gewißheit feststehen[311]. Um Mißbrauch vorzubeugen, muß die Voraussetzung des "*motif légitime*" daher hohen Anforderungen genügen: Hinsichtlich des späteren Hauptsacheverfahrens muß wenigstens der Wille zur Durchführung eines solchen von Seiten des Antragstellers vorhanden sein. Streitgegenstand, Parteien und die wesentliche Begründung einer eventuellen Klage müssen in Grundzügen bereits feststehen[312]. Die zu erhebenden Beweise müssen geeignet sein, im späteren Hauptsacheverfahren tatsächlich als Beweis zu dienen, und dürfen nicht erst den Ausgangs-

---

305 *Estoup* Rdnr. 95; *Giverdon* Editions du Juris-Classeur Procédure Civile, Fascicule 235-1 Rdnr. 5.

306 C. Cass. Com. 25.10.1983 Bull. civ. IV no. 275; C. Cass. Civ. 1ère 09.02.1983 Bull. civ. I no. 56; C. Cass. Ch. Mixte 07.05.1982 Bull. civ. M. no. 2 (drei Grundsatzurteile); *Couchez* Rdnr. 339; *Dörschner* S. 114; *Giverdon* Editions du Juris-Classeur Procédure Civile, Fascicule 235-1 Rdnr. 11; *Estoup* Rdnr. 97; *Hory* Revue de l'arbitrage 1996, 191, 210 Rdnr. 28; *Normand* RTD civ. 1983, 179, 185; *Perrot* RTD civ. 1982, 786 ff.; für weitestgehende Autonomie auch bereits *Jeantin* Dalloz 1980 Chron. 205, 209 Rdnr. 22 ff.

307 C. Cass. Com. 10.03.1992 JDI 1993, 156, 157; C. Cass. Com. 25.10.1983 Bull. civ. IV no. 275; C. Cass. Ch. Mixte 07.05.1982 Bull. civ. M. no. 2 (1. Urteil); CA Orléans 04.03.1983 Dalloz 1983 Jur. 343, 344; *Cadiet* Rdnr. 1279; *Couchez* Rdnr. 339; *Dörschner* S. 114 f.; *Estoup* Rdnr. 97; *Giverdon* Editions du Juris-Classeur Procédure Civile, Fascicule 235-1 Rdnr. 12; *Jeantin* Editions du Juris-Classeur Procédure Civile, Fascicule 634 Rdnr. 103 ff.; *Normand* in *van Compernolle/Tarzia* S. 461, 462, RTD civ. 1990, 134, 136 und RTD civ. 1983, 179, 185.

308 *Dörschner* S. 115 übersetzt den Begriff mit "rechtliches Interesse".

309 Vgl. *Estoup* Rdnr. 99 ff.; *Giverdon* Editions du Juris-Classeur Procédure Civile, Fascicule 235-1 Rdnr. 15 ff.; *Jeantin* Dalloz 1980 Chron. 205, 206 ff.

310 C. Cass. Civ. 1ère 04.05.1994 Dalloz 1994 Jur. 545; C. Cass. Civ. 2e 10.07.1991 Bull. civ. II no. 224; C. Cass. Civ. 2e 14.03.1984 Bull. civ. II no. 49; *Giverdon* Editions du Juris-Classeur Procédure Civile, Fascicule 235-1 Rdnr. 15.

311 *Giverdon* Editions du Juris-Classeur Procédure Civile, Fascicule 235-1 Rdnr. 15.

312 *Chabot* Dalloz 2000 Chron. 256, 257 Rdnr. 4 ff., 259 Rdnr. 14.

punkt für einen eventuellen späteren Prozeß darstellen[313]. Umstritten ist, ob die Anordnung einstweiliger Beweiserhebungsmaßnahmen versagt werden muß, wenn eine spätere Klage offensichtlich unzulässig oder unbegründet wäre[314].

Weiterhin wurde aus Art. 145 NCPC die Notwendigkeit eines sog. *intérêt probatoire*, also eines besonderen Interesses an einer vorgezogenen Beweisaufnahme, abgeleitet: Es muß feststehen, auf welche Tatsachen sich die Beweiserhebung beziehen soll und daß diese von wesentlicher Bedeutung in einem späteren Hauptsacheverfahren wären[315]. Weiterhin muß die Gefahr bestehen, daß diese tatsächlichen Umstände verschwinden und später nicht mehr einer Beweiserhebung zugänglich sind[316]. Reine Beweisermittlungs- oder Aufklärungsmaßnahmen dürfen nicht angeordnet werden. Verfügt der Antragsteller und spätere Kläger bereits über ausreichend Beweismittel, um seine Behauptungen zu beweisen, ist die Anordnung von Maßnahmen nach Art. 145 NCPC ebenfalls unzulässig[317].

(2) Mögliche Maßnahmen / *Pouvoirs du juge*

Grundsätzlich darf nur eine Beweisaufnahme durch gesetzlich vorgesehene Beweismittel angeordnet werden (*mesures d'instruction légalement admissibles*). In Betracht kommen also solche, die in Art. 179 ff., 184 ff., 199 ff., 232 ff. NCPC geregelt sind, zum Beispiel Parteivernehmung, Zeugenbeweis oder eine Inaugenscheinnahme. In den meisten Fällen wird die Erstellung eines Sachverständigengutachtens angeordnet, auf das die Art. 232 ff. NCPC Anwendung finden[318]. Die Beweisaufnahme selbst richtet sich nach den allgemeinen Vorschriften.

---

313 *Chabot* Dalloz 2000 Chron. 256, 260 Rdnr. 19; *Estoup* Rdnr. 99 f.; *Giverdon* Editions du Juris-Classeur Procédure Civile, Fascicule 235-1 Rdnr. 16 f.; *Hory* Revue de l'arbitrage 1996, 191, 212 Rdnr. 31 f.; *Jeantin* Editions du Juris-Classeur Procédure Civile, Fascicule 634 Rdnr. 91 und Dalloz 1980 Chron. 205, 206 f., *Jeantin* spricht in diesem Zusammenhang von "*intérêt éventuel*"; *Normand* RTD civ. 1990, 134, 135 und RTD civ. 1983, 179, 187.

314 Vgl. C. Cass. Civ. 1ère 29.04.1985 Bull. civ. I no. 131; CA Orléans 04.03.1983 Dalloz 1983 Jur. 343, 344; *Chabot* Dalloz 2000 Chron. 256, 259 Rdnr. 14; *Giverdon* Editions du Juris-Classeur Procédure Civile, Fascicule 235-1 Rdnr. 17; *Normand* RTD civ. 1990, 134, 136.

315 CA Orléans 04.03.1983 Dalloz 1983 Jur. 343, 344; *Estoup* Rdnr. 100; *Giverdon* Editions du Juris-Classeur Procédure Civile, Fascicule 235-1 Rdnr. 18 ff.; *Jeantin* Editions du Juris-Classeur Procédure Civile, Fascicule 634 Rdnr. 97.

316 *Cadiet* Rdnr. 1196; *Giverdon* Editions du Juris-Classeur Procédure Civile, Fascicule 235-1 Rdnr. 22; *Hory* Revue de l'arbitrage 1996, 191, 213 Rdnr. 33; *Jeantin* Editions du Juris-Classeur Procédure Civile, Fascicule 634 Rdnr. 96.

317 C. Cass. Com. 18.02.1986 Bull. civ. IV no. 26; *Estoup* Rdnr. 100; *Giverdon* Editions du Juris-Classeur Procédure Civile, Fascicule 235-1 Rdnr. 22; *Jeantin* Editions du Juris-Classeur Procédure Civile, Fascicule 634 Rdnr. 96 und Dalloz 1980 Chron. 205, 208 Rdnr. 18.

318 *Giverdon* Editions du Juris-Classeur Procédure Civile, Fascicule 235-1 Rdnr. 24; dazu *Dörschner* S. 121 ff.; ein deutschsprachiger Überblick von *Rouhette* über das französische Beweisrecht findet sich in *Nagel/Bajons* Beweisrecht S. 167 ff., zum Sachverständigenbeweis dort S. 192 ff., Rdnr. 48 ff.

Die Eingangs- und Berufungsrichter haben dabei einen Ermessensspielraum hinsichtlich Art und Umfang der von ihnen angeordneten Beweisaufnahmen[319]. Nach Art. 147 NCPC ist der Richter einzig dadurch beschränkt, daß er nur solche Beweiserhebungen anordnen darf, die zur Lösung des späteren Hauptsacheverfahrens notwendig sind.

2. Ordonnances sur requête

Auch die Vorschriften über *ordonnances sur requête* sind an verschiedenen Stellen des Nouveau Code de Procédure Civile und von Nebengesetzen zu finden[320]. Allgemeine, auf alle Verfahren anwendbare Regeln finden sich in den Art. 493 bis 498 NCPC.

Art. 493 NCPC gibt eine Definition der *ordonnance sur requête*:

> *L'ordonnance sur requête est une décision provisoire rendue non contradictoirement dans les cas où le requérant est fondé à ne pas appeler de partie adverse.*

Der provisorische Charakter der *ordonnance sur requête* ist damit explizit festgesetzt. Dies bedeutet auch, daß sie keine "*autorité de chose jugée*", also keine Bindungswirkung für andere gerichtliche Verfahren in derselben Streitigkeit, hat[321].

Hervorzuheben ist, daß die *ordonnance sur requête* ohne Anhörung des Gegners erlassen wird. Sie ist also insbesondere in Fällen wirksam, in denen es einen Überraschungseffekt auszunutzen gilt. Um Mißbräuchen vorzubeugen wird eine *ordonnance sur requête* nur unter engen Voraussetzungen zugelassen: Eine *procédure sur requête* ist grundsätzlich nur möglich, wenn, wie sich aus Art. 493 NCPC ergibt, der Antragsteller ein berechtigtes Interesse daran nachweist, eine Maßnahme ohne vorherige Anhörung des Antragsgegners zu erlangen. Eine streitige Verhandlung zur Überprüfung der Maßnahme kann jedoch anschließend erfolgen: Nach Art. 496 Abs. 2, 497 NCPC kann jeder Betroffene, also insbesondere auch der Antragsgegner, gegen den sich die *ordonnance sur requête* richtet, nach Kenntnis von der Maßnahme diese erneut dem Richter, der sie erlassen hat, in Form eines *référé* zur Überprüfung vorlegen[322].

Sachlich zuständig für die Anordnung einer *ordonnance sur requête* ist das jeweils nach allgemeinen Regeln zu bestimmende Gericht[323], überwiegend ist dann funktionell

---

319 C. Cass. Civ. 2e 11.10.1995 Revue de l'arbitrage 1996, 230, 231; *Försterling* IPRax 2000, 499; *Giverdon* Editions du Juris-Classeur Procédure Civile, Fascicule 235-1 Rdnr. 25; *Jeantin* Editions du Juris-Classeur Procédure Civile, Fascicule 634 Rdnr. 95 und Dalloz 1980 Chron. 205, 210 Rdnr. 27.

320 Art. 145 NCPC, Art. 493 bis 498 NCPC, Art. 812 und 813 NCPC, Art. 851 und 852 NCPC, Art. 874 und 875 NCPC, Art. 897 und 898 NCPC, Art. 958 und 959 NCPC, Art. 1290 NCPC, Art. 210 des Dekrets Nr. 92-755 vom 31.07.1992.

321 *Estoup* Rdnr. 257.

322 Sog. "*référé à fin de rétractation ou de modification de l'ordonnance sur requête*"; C. Cass. Civ. 2e 20.02.1980 Bull. civ. II no. 39; *Cadiet* Rdnr. 1311; ausführlich: *Estoup* Rdnr. 126 ff., 274 ff. und *Giverdon* Editions du Juris-Classeur Procédure Civile, Fascicule 239 Rdnr. 38 ff.

323 *Estoup* Rdnr. 262; zu den allgemeinen Regeln siehe oben Fußnote 233.

der Präsident zuständig[324]. Hinsichtlich der örtlichen Zuständigkeit findet sich keine ausdrückliche Regelung. In einem Grundsatzurteil hat die zweite Zivilkammer der Cour de Cassation jedoch 1992 entschieden, das zuständige Gericht sei entweder das bereits für das laufende Hauptsacheverfahren zuständige Gericht, soweit ein solches bereits eingeleitet ist, so daß wieder die allgemeinen Bestimmungen der Art. 42 ff. NCPC angewandt werden, oder das Gericht, in dessen Bezirk die Maßnahme vollstreckt werden müsse[325].

Art. 495 NCPC bestimmt, daß eine *ordonnance sur requête* sofort auf "bloßes Vorzeigen" ("*au seul vu de la minute*") vollstreckbar ist, ohne daß es einer vorherigen Zustellung bedarf[326].

Nach Art. 496 NCPC kann der Antragsteller für den Fall, daß die beantragte Maßnahme nicht erlassen wird, innerhalb zweier Wochen "*appel*", also Berufung, bei der *Cour d'appel* einlegen. Dieses Rechtsmittel ist allerdings nach Art. 496 NCPC nicht möglich, soweit der Erlaß der Maßnahme bereits vom ersten Präsident der *Cour d'appel* nach Art. 958 NCPC versagt wurde[327].

Neben dem Verfahren zur Erlangung einer *ordonnance sur requête de droit commun*, die in den Art. 812 f. NCPC für das *Tribunal de grande instance* und an anderen Stellen für andere Gerichte vorgesehen ist[328], gibt es zahlreiche gesetzlich vorgesehene spezielle *procédures sur requête*[329]. Von diesen sollen im Rahmen dieser Arbeit nur diejenige zur Anordnung sichernder Maßnahmen nach Art. 67 ff. des Gesetzes Nr. 91-650 vom 09.07.1991 und diejenige zur Anordnung einstweiliger Maßnahmen der Beweissicherung nach Art. 145 NCPC beispielhaft kurz vorgestellt werden. Festzuhalten ist an dieser Stelle bereits, daß Art. 812 Abs. 1 NCPC auf die gesetzlich vorgesehenen Spezialfälle ausdrücklich verweist.

a) Procédure sur requête de droit commun

Da die Vorschriften zur *procédure sur requête* wie die zum *référé*-Verfahren für jedes Gericht fast wörtlich wiederholt werden[330], soll im folgenden einzig auf die für das

---

324 Z.B. nach Art. 812 Abs. 1 NCPC der Präsident des Tribunal de grande instance, soweit nicht bereits ein Verfahren anhängig ist. Ist das Verfahren bereits anhängig, ist nach Art. 812 Abs. 3 NCPC der Präsident der mit dem Verfahren betrauten Kammer zuständig. Nach Art. 874 NCPC Zuständigkeit des Präsidenten des Tribunal de commerce; nach Art. 897 NCPC Zuständigkeit des Präsidenten des Tribunal paritaire des baux ruraux.

325 C. Cass. Civ. 2e 18.11.1992 Dalloz 1993 Jur. 91, 92; *Estoup* Rdnr. 261; *Giverdon* Editions du Juris-Classeur Procédure Civile, Fascicule 239 Rdnr. 18; *Perrot* RTD civ. 1993, 640, 648 ff.; *Vincent/Guinchard* Rdnr. 809.

326 Zur sofortigen Vollstreckbarkeit: *Cadiet* Rdnr. 1310; *Couchez* Rdnr. 286; *Estoup* Rdnr. 258; *Giverdon* Editions du Juris-Classeur Procédure Civile, Fascicule 239 Rdnr. 29.

327 Zum ganzen *Estoup* Rdnr. 273 und *Giverdon* Editions du Juris-Classeur Procédure Civile, Fascicule 239 Rdnr. 34 ff.

328 Art. 851 Abs. 1, Art. 874, Art. 897 Abs. 1 NCPC.

329 Vgl. dazu unten Gliederungspunkt I.B.2.b), S. 66.

330 Siehe Fußnote 328.

Tribunal de grande instance geltenden Art. 812 f. NCPC Bezug genommen und nur bei wesentlichen Abweichungen auf die anderen Vorschriften verwiesen werden.

Art. 812 NCPC lautet:

> *Le président du tribunal est saisi dans les cas spécifiés par la loi.*
>
> *Il peut également ordonner sur requête toutes mesures urgentes lorsque les circonstances exigent qu'elles ne soient pas prises contradictoirement.*
>
> *Les requêtes afférentes à une instance en cours sont présentées au président de la chambre à laquelle l'affaire a été distribuée ou au juge déjà saisi.*

Während der erste Satz auf die in zahlreichen Einzelregelungen vorgesehenen *Ordonnances de requête spéciales* hinweist, die gesondert dargestellt werden sollen[331], lassen sich dem zweiten und dritten Satz der Vorschrift prozessuale und materiellrechtliche Voraussetzungen für den Erlaß einer *ordonnance sur requête de droit commun* entnehmen.

(1) Voraussetzungen: Eilbedürftigkeit und besondere Umstände

Ordonnances sur requête de droit commun dürfen nur erlassen werden, wenn einerseits eine besondere Eilbedürftigkeit für die Anordnung einer Maßnahme besteht und andererseits die Umstände des konkreten Rechtsstreits verlangen, daß die einstweilige Maßnahme ohne vorherige Anhörung des Gegners erlassen wird (vgl. Art. 812 Abs. 2 NCPC: "... *lorsque les circonstances exigent qu'elles [toutes mesures urgentes] ne soient pas prises contradictoirement* ...")[332].

Der Begriff der Eilbedürftigkeit in der *procédure sur requête* gleicht dem der Eilbedürftigkeit im *référé*-Verfahren[333]. Eine Eilbedürftigkeit muß danach objektiv und nicht nur nach dem subjektiven Empfinden des Antragstellers vorliegen und ein Rechtsschutz im Hauptsacheverfahren darf für die Sicherung oder Regelung der geltend gemachten Rechte des Antragstellers nicht ausreichend sein. Die Beurteilung des Vorliegens der Eilbedürftigkeit obliegt wie im *référé*-Verfahren den Tatsacheninstanzen und wird von der Cour de Cassation nicht überprüft[334].

Eine abstrakte Definition der besonderen Umstände (*circonstances*), die im Einzelfall verlangen, daß kein kontradiktorisches Verfahren durchgeführt wird, existiert nicht[335]. Sie können sich beispielsweise daraus ergeben, daß die beantragte einstweilige Maßnahme nur dann effektiv ist, wenn beim Antragsgegner ein Überraschungseffekt ausgenutzt werden kann. Außerdem können sie dann vorliegen, wenn die Zahl der Antragsgegner sehr groß ist und daher der Antragsteller rein praktisch kein *référé*-Verfahren durchführen könnte, da er das Schriftstück, mit dem er ein *référé*-Verfahren einleiten müßte (*assignation*), bestimmten Antragsgegnern wegen derer großen Anzahl

---

331 Siehe unten Gliederungspunkte I.B.2.b) bis I.B.2.d), S. 66 ff.

332 Vgl. auch Art. 851 Abs. 2, Art. 875, Art. 897 Abs. 2, Art. 958 NCPC.

333 *Estoup* Rdnr. 256; *Giverdon* Editions du Juris-Classeur Procédure Civile, Fascicule 239 Rdnr. 6; vgl. hierzu oben Gliederungspunkt I.B.1.a)(1)(a)i), S. 52.

334 *Estoup* Rdnr. 251.

335 *Estoup* Rdnr. 251 f.

gar nicht zustellen könnte[336]. Bei der Prüfung, ob derartige besondere Umstände gegeben sind, muß der Richter stets beachten, daß das Absehen von der Durchführung eines kontradiktorischen Verfahrens immer eine Ausnahme bleiben muß[337]. Die Cour de Cassation kontrolliert die rechtliche Wertung, ob tatsächlich besondere Umstände vorlagen[338].

(2) Mögliche Anordnungen / *Pouvoirs du juge*

Die angeordnete einstweilige Maßnahme muß inhaltlich den Anträgen des Antragstellers entsprechen. In der Entscheidung müssen die Gründe, die zum Erlaß gerade einer *ordonnance sur requête* führen, ausführlich dargelegt sein[339]. Üblich und zulässig ist es jedoch, daß sich das Gericht mit einem Verweis auf die Argumentation des Antragstellers dessen Begründung anschließt[340]. Häufig bereitet bereits der die *ordonnance sur requête* beantragende Rechtsanwalt den Text der ordonnance vor und legt diesen Entwurf dem Antrag bei[341].

Inhaltlich muß die einstweilige Maßnahme rückgängig zu machen sein und darf keine dauerhaften Eingriffe in Rechte des Antragsgegners bewirken[342]. Auch dürfen Rechte Dritter nicht beeinträchtigt werden, soweit dies nicht unvermeidlich ist[343].

Durch eine *ordonnance de requête de droit commun* werden überwiegend regelnde Maßnahmen angeordnet, da sichernde Maßnahmen bereits von dem Gesetz Nr. 91-650 vom 09.07.1991 erfaßt werden[344]. Beispielhaft kann hier die Anordnung der Zwangsverwaltung einer Gesellschaft, der Herausgabe eines Schriftstücks oder der Räumung eines Betriebsgeländes durch Streikende genannt werden[345].

---

336 C. Cass. Soc. 17.05.1977 JCP 1978 éd. G II 18992, der Fall betraf die einstweilige Anordnung der Räumung eines bestreikten Betriebes durch die Streikenden. Gegenüber den ihm namentlich bekannten Gewerkschaftsvertretern und Vertretern der Streikenden mußte der Arbeitgeber eine procédure de référé durchführen, gegenüber den nicht einzeln bekannten Streikenden wurde eine procédure sur requête zugelassen.

337 C. Cass. Civ. 2e 23.11.1994 Bull. civ. II no. 241; C. Cass. Civ. 2e 13.05.1987 JCP 1987 éd. G IV 244; *Estoup* Rdnr. 252 und 285; *Giverdon* Editions du Juris-Classeur Procédure Civile, Fascicule 239 Rdnr. 15.

338 C. Cass. Civ. 2e 23.11.1994 Bull. civ. II no. 241; C. Cass. Civ. 1ère 10.02.1993 Dalloz 1993 IR 63; C. Cass. Civ. 2e 13.05.1987 JCP 1987 éd. G IV 244; *Estoup* Rdnr. 251 und 285.

339 *Cadiet* Rdnr. 1310; *Couchez* Rdnr. 286; *Giverdon* Editions du Juris-Classeur Procédure Civile, Fascicule 239 Rdnr. 26.

340 C. Cass Civ. 1ère 24.10.1978 Bull. Civ. I no. 317; *Giverdon* Editions du Juris-Classeur Procédure Civile, Fascicule 239 Rdnr. 26.

341 *Giverdon* Editions du Juris-Classeur Procédure Civile, Fascicule 239 Rdnr. 26.

342 *Estoup* Rdnr. 254.

343 Maßnahmen zur Feststellung ehebrüchigen Verhaltens stehen das Recht auf Intimsphäre, das Hausrecht oder die Rechte aus Art. 8 der Europäischen Menschenrechtskonvention (EMRK) des neuen Partners des Ehebrüchigen nicht entgegen: C. Cass. Civ. 2e 05.06.1985 Dalloz 1986 IR 52; auch in das Briefgeheimnis darf unter den Voraussetzungen des Art. 8 Abs. 2 EMRK im Einzelfall eingegriffen werden: C. Cass. Soc. 12.04.1995 Bull. Civ. V no. 134; *Estoup* Rdnr. 254.

344 Vgl. dazu unten unter I.B.2.d), S. 67.

345 *Estoup* Rdnr. 252; zum Fall der Räumungsanordnung C. Cass. Soc. 17.05.1977 JCP éd. G II 18992, dazu bereits oben Fußnote 336.

b) Gesetzlich vorgesehene Fälle (Ordonnances sur requête spéciales)

Weiter sind Sonderfälle der *procédure sur requête* in verschiedenen Einzelvorschriften und in zahlreichen Neben- und Spezialgesetzen neben dem Nouveau Code de Procédure Civile vorgesehen[346]. Dies wird auch in Art. 812 S. 1 NCPC angedeutet ("*Le président du tribunal est saisi par requête dans les cas spécifiés par la loi.*"). *Ordonnances sur requête* können beispielsweise in reinen Justizverwaltungsangelegenheiten, in der Zwangsvollstreckung, in Familien- und Ehesachen, in Angelegenheiten mit Bezug auf Grundeigentum und in speziellen Handelssachen ergehen[347]. Diesen *ordonnances sur requête* ist oft neben ihrer Bezeichnung nur noch der Umstand gemein, daß sie nicht in einem streitigen Verfahren erlassen werden. Da der Anwendungsbereich der EuGVVO in diesen Rechtsstreitigkeiten überwiegend nicht eröffnet ist, sollen diese Spezialfälle im Rahmen dieser Arbeit mit Ausnahme der beiden folgenden Fälle nicht dargestellt werden.

c) Mesures d'instruction sur requête nach Art. 145 NCPC

In einer *procédure sur requête* können auch Untersuchungs- und Beweiserhebungsmaßnahmen nach Art. 145 NCPC angeordnet werden[348]. Dann müssen die oben genannten Voraussetzungen der Art. 493 ff. NCPC erfüllt sein, insbesondere muß der Antragsteller ein berechtigtes Interesse daran nachweisen, eine Maßnahme ohne vorherige Einbeziehung des Antragsgegners in das Verfahren zu erlangen[349]. Darüber hinaus muß der Antragsteller das Vorliegen der bereits beim *référé probatoire* dargestellten Voraussetzungen, also ein *motif légitime* und einen *intérêt probatoire*[350], nachweisen. Häufiges Beispiel einer *mesure d'instruction sur requête* ist die Anordnung der Vornahme bestimmter Feststellungen durch einen Gerichtsvollzieher. Eine solche Feststellung gehört nach Art. 249 NCPC zu den Beweismitteln des französischen Zivilprozeßrechts[351].

Eine Sonderform einer *mesure d'instruction sur requête* stellt die sog. *saisie-contrefaçon* nach Art. L 615-5 und R 615-1 ff. des Code de la propriété intellectuelle dar. Danach kann der Inhaber einer Patentanmeldung ohne vorherige Anhörung des Gegners *sur requête* auch vor Anhängigkeit jeglichen Hauptsacheverfahrens die Anordnung einer vorläufigen Beweisaufnahme beantragen. Mit dieser wird ihm ermöglicht, zusammen mit einem Gerichtsvollzieher oder Sachverständigen seiner Wahl, einen Gegenstand, auch wenn sich dieser im Besitz des Gegners befindet, in Augenschein zu nehmen, technische Unterlagen einzusehen oder zu analysieren. Auf diesem Wege ist es auch möglich, eine Patentverletzung erstmalig mit Gewißheit festzustellen. Nach Art. L 615-5 Abs. 4 Code de la propriété intellectuelle muß der Kläger allerdings

---

346 *Estoup* Rdnr. 308 ff.; vgl. die exemplarischen Aufzählungen bei *Cadiet* Rdnr. 1307 und bei *Giverdon* Editions du Juris-Classeur Procédure Civile, Fascicule 239 Rdnr. 14, mit weiteren Nachweisen; Art. 1290 NCPC; Art. 67 ff. des Gesetzes Nr. 91-650 vom 09.07.1991.

347 Vgl. z.B. Estoup Rdnr. 310 ff., Rdnr. 334, Rdnr. 339, Rdnr. 347 ff., Rdnr. 358 ff.

348 *Jeantin* Editions du Juris-Classeur Procédure Civile, Fascicule 634 Rdnr. 106.

349 C. Cass. Civ. 2e 23.11.1994 Bull. civ. II no. 241; siehe oben Gliederungspunkt I.B.2, S. 62.

350 Siehe dazu oben Gliederungspunkt I.B.1.e)(1), S. 60.

351 C. Cass. Civ. 1ère 06.02.1979 Bull. civ. I no. 47; *Estoup* Rdnr. 252.

innerhalb von 15 Tagen nach der Beweisaufnahme Klage in der Hauptsache erheben, andernfalls werden die erhobenen Beweis unverwertbar. Wegen der speziellen patentrechtlichen Ausrichtung dieser Maßnahme soll auf diese allerdings in der vorliegenden Arbeit nicht näher eingegangen werden, weil sie deren Rahmen erheblich überschreiten würde[352].

d) *Mesures conservatoires sur requête nach dem Gesetz Nr. 91-650 vom 09.07.1991*

Die ursprünglich im ehemaligen (Ancien) Code de Procédure Civile geregelten *ordonnances de requête*, mit denen sichernde Maßnahmen getroffen werden können, sind nunmehr im Gesetz Nr. 91-650 vom 09.07.1991 und im Dekret Nr. 92-755 vom 31.07.1992 geregelt. Das Dekret enthält Durchführungsvorschriften und Präzisierungen zu dem Gesetz. Nach Art. 67 ff. des Gesetzes 09.07.1991 und nach Art. 210 ff. des Dekrets 31.07.1992 können die dort genannten sog. "*mesures conservatoires*" angeordnet werden. Art. 210 des Dekrets Nr. 92-755 vom 31.07.1992 bestimmt, daß diese Verfahren "*sur requête*", also ohne Ladung des Antragsgegners, durchgeführt werden.

Art. 67 des Gesetzes Nr. 91-650 vom 09.07.1991 lautet:

> *Toute personne dont la créance paraît fondée en son principe peut solliciter du juge l'autorisation de pratiquer une mesure conservatoire sur les biens de son débiteur, sans commandement préalable, si elle justifie de circonstances susceptibles d'en menacer le recouvrement.*
>
> *La mesure conservatoire prend la forme d'une saisie conservatoire ou d'une sûreté judiciaire.*

Art. 210 Abs. 1 des Dekrets Nr. 92-755 vom 31.07.1992 lautet:

> *Tout créancier peut, par requête, demander au juge l'autorisation de pratiquer une mesure conservatoire s'il se prévaut d'une créance qui paraît fondée en son principe et si les circonstances sont susceptibles d'en menacer le recouvrement.*

Der in Art. 67 des Gesetzes verwendete Begriff der "*créance*" umfaßt, wie sich auch aus Art. 212 des Dekrets ergibt, nur Geldforderungen, so daß keine anderen Ansprüche, wie solche auf Herausgabe, gesichert werden können[353]. Die *mesures conservatoires* dienen damit nur der Sicherung der Durchsetzung von Geldforderungen.

Neben Art. 210 sind weitere für alle sichernden Maßnahmen geltenden Vorschriften des Dekrets hervorzuheben: Nach Art. 214 des Dekrets muß eine *mesure conservatoire* innerhalb von drei Monaten nach ihrer Anordnung vollstreckt werden, andernfalls wird sie hinfällig. Art. 215 des Dekrets schreibt vor, daß der Gläubiger innerhalb eines Monats nach der Vollstreckung der *mesure conservatoire* das Hauptsacheverfahren einleiten muß, da sonst die Maßnahme ebenfalls hinfällig wird. An diesen Vorschriften wird der wesentliche Unterschied der *mesures conservatoires* nach diesem Dekret im

---

352 Einen deutschsprachigen Überblick über die *saisie-contrefaçon* gibt *Treichel* GRUR Int. 2001, 690 ff.

353 *Haedicke* S. 51, Fn. 350, S. 52; *Rusquec* Editions du Juris-Classeur Procédure Civile, Fascicule 2420 Rdnr. 62 f.; Art. 212 des Dekrets lautet: *A peine de nullité de son ordonnance, le juge détermine le montant des sommes pour la garantie desquelles la mesure conservatoire est autorisée et précise la nature des biens sur lesquels elle porte.*

Verhältnis zur *ordonnance de référé* deutlich: Sie sind im Falle des Vorliegens ihrer Voraussetzungen kurzfristiger und ohne Ladung des Gegners zu erlangen, bieten aber nur vorübergehenden Schutz und setzen für längere Wirkung die Einleitung eines Hauptsacheverfahrens voraus.

Zuständiger Richter ist nach Art. 69 des Gesetzes Nr. 91-650 der *juge de l'exécution*[354]. Örtlich zuständig ist nach Art. 211 Abs. 1 des Dekrets das Gericht am Wohnsitz des Schuldners. Ansonsten finden auf die *procédure sur requête* die Art. 493 ff. NCPC ergänzend Anwendung.

Aufgrund der Tatsache, daß die *mesures conservatoires* wegen ihrer sichernden Natur mit den deutschen Arresten vergleichbar sind, werden sie und ihre Behandlung nach der EuGVVO in dieser Arbeit sonst nicht näher untersucht.

(1) Voraussetzungen

Voraussetzungen für ihre Anordnung ist nach Art. 67 des Gesetzes und Art. 210 des Dekrets einerseits die Geltendmachung eines auf den ersten Blick bestehenden Anspruchs auf eine Geldzahlung[355], andererseits das Bestehen besonderer Umstände, welche die Gefahr begründen, daß die Durchsetzung des Anspruchs vereitelt werde[356]. Die Voraussetzungen der Art. 812 ff. NCPC müssen nicht vorliegen.

(2) Angeordnete Maßnahmen

Nach Art. 67 des Gesetzes Nr. 91-650 vom 09.07.1991 können die *mesures conservatoires* in Form der "*saisie conservatoire*", der einstweiligen Sicherstellung, oder der "*sûreté judiciaire*", der Belastung einer Sache oder eines Grundstücks mit einer Sicherheit, angeordnet werden. Als Durchführungsvorschriften hierzu sind die Art. 220 ff. des Dekrets Nr. 92-755 vom 31.07.1992 heranzuziehen. Die Art der angeordneten Maßnahme hängt vom Antrag des Gläubigers ab. Im folgenden soll nur ein kurzer Überblick gegeben werden.

(a) Saisies conservatoires

"*Saisie conservatoire*" ist einzig der in Art. 74 ff. des Gesetzes Nr. 91-650 vom 09.07.1991 und Art. 220 ff. des Dekrets Nr. 92-755 vom 31.07.1992 verwendete Oberbegriff für Sicherungsmaßnahmen, die der Pfändung im deutschen Recht ähneln. Sie können sich auf körperliche oder nichtkörperliche Sachen des Schuldners beziehen, sogar wenn diese sich im Besitz eines Dritten befinden. Als verschiedene Formen der *saisie conservatoire* sind beispielhaft die "*saisie conservatoire sur les biens meubles corporels*"und die "*saisie conservatoire des créances*" zu nennen[357]. Die im ehemaligen (Ancien) Code de Procédure Civile vorgesehenen Sicherungsmaßnahmen, zum Beispiel die "*saisie-arrêt*", "*saisie-opposition*" oder "*saisie-gagerie*" wurden durch die

---

354 *Estoup* Rdnr. 16; zum juge de l'exécution: Art. L 311-12 und L 311-12-1 Code de l'organisation judiciaire.

355 Vgl. ausführlich z.B. *Rusquec* Editions du Juris-Classeur Procédure Civile, Fascicule 2420 Rdnr. 59 ff.

356 Vgl. ausführlich z.B. *Haedicke* S. 52 ff.

357 Vgl. ausführlich *Haedicke* S. 55 ff., 60 ff.

saisies conservatoires nach dem Gesetz vom 09.07.1991 und dem dazugehörenden Dekret ersetzt.

(b) Sûretés judiciaires

"*Sûretés judiciaires*" nach Art. 67 Abs. 2, 77 ff. des Gesetzes Nr. 91-650 vom 09.07.1991 und Art. 250 ff. des Dekrets Nr. 92-755 vom 31.07.1992 stellen Sicherungsrechte dar, die bereits als einstweilige Maßnahme angeordnet werden können, anders als die Arresthypothek nach § 932 ZPO, die erst in Vollziehung des Arrestes eingetragen wird. Mit ihnen können beispielsweise Grundstücke und Gebäude, ein "*fonds de commerce*"[358], Aktien, andere Anteilsrechte und auch bewegliche Sache belastet werden.

3. Einstweilige Maßnahmen nach der Ordonnance Nr. 86-1243 vom 01.12.1986

Von den in Spezialgesetzen vorgesehenen anderen einstweiligen Maßnahmen[359] seien an dieser Stelle nur exemplarisch die nach der Verordnung zur Preis- und Wettbewerbsfreiheit 86-1243 vom 01.12.1986 genannt[360]. Diese Verordnung sieht in wettbewerbs- oder preisrechtlichen Streitigkeiten ein Verfahren vor dem "*Conseil de la Concurrence*", einem mit Verwaltungs-, Zivil- und Handelsrichtern besetzten Entscheidungsorgan, vor. In bestimmten Fällen, wie zum Beispiel für die Klage auf Schadensersatzleistungen nach Art. 36 der Ordonnance, sind Verfahren vor staatlichen Gerichten vorgesehen.

Hervorgehoben werden soll an dieser Stelle das *référé*-Verfahren nach Art. 36 Abs. 3 der Ordonnance 86-1243, weil dieses häufig bei den unten noch genauer zu untersuchenden einstweiligen Maßnahmen, die eine Unterlassung anordnen[361], anzutreffen ist. Art. 36 der Ordonnance 86-1243 sieht vor, daß in den in dieser Vorschrift vorgesehenen Fällen der Schädiger gegenüber dem von einer wettbewerbswidrigen Praxis Betroffenen schadensersatzpflichtig ist und dieser Schadensersatzanspruch vor den Zivil- und den Handelsgerichten geltend gemacht werden kann. Bemerkenswert ist, daß nach Art. 36 Abs. 2 neben demjenigen, der von einem in die Aufzählung des Art. 36 fallenden wettbewerbswidrigen Verhalten betroffen ist, auch der Staatsanwalt, der Präsident des *Conseil de la Concurrence* sowie der Wirtschaftsminister einen solchen Scha-

---

358 Hierbei handelt es sich um eine dem französischen Recht eigene Zusammenfassung aller Gegenstände und Rechte, die im Rahmen eines eingerichteten und ausgeübten Gewerbebetriebs existieren. Ein *fonds de commerce* umfaßt üblicherweise mindestens die "*clientèle*", die erworbene Kundschaft, und kann als solcher belastet und übertragen werden. Vgl. z.B. Art. 1 des Gesetzes vom 17.03.1909 und Gesetz Nr. 56-277 vom 20.03.1956.

359 Z.B. Art. 3 Abs. 5 S. 1 des Gesetzes vom 17.03.1909 "Relative à la vente et au nantissement des fonds de commerce"; Art. 49 und 50 des Décrets vom 17.03.1967 "Portant règlement d'administration publique pour l'application de la loi n° 65-557 du 10 juillet 1965 fixant le statut de la copropriété des immeubles bâtis".

360 Ordonnance no. 86-1243 du 01.12.1986 "Relative à la liberté des prix et de la concurrence".

361 Siehe z.B. unten Gliederungspunkt II.B.2.b)(5)(a), S. 166, Gliederungspunkt II.C.7.e)(1)(b), S. 241, Gliederungspunkt III.C.4, S. 342, jeweils in Teil 3 der Arbeit.

densersatzprozeß einleiten können[362]. Ist ein solches Verfahren anhängig, kann nach dem letzten Absatz dieser Vorschrift der Präsident eines bereits mit einem Hauptsacheverfahren nach Art. 36 der ordonnance 86-1243 befaßten Zivil- oder Handelsgerichts einstweilige Maßnahmen in einem *référé*-Verfahren anordnen.

Art. 36 Abs. 3 der ordonnance 86-1243 lautet:

> *Le président de la juridiction saisie peut, en référé, enjoindre la cessation des agissements en cause ou ordonner toute autre mesure provisoire.*

So können die Unterlassung wettbewerbswidriger Praktiken ("*cessation des agissements en cause*") sowie andere einstweilige Maßnahmen ("*toute autre mesure provisoire*") angeordnet werden.

Unklar war lange, ob es sich bei dem *référé*-Verfahren nach Art. 36 Abs. 3 der Ordonnance 86-1243 um einen Spezialfall der allgemeinen Verfahren nach Art. 808, 809 bzw. 872, 873 NCPC handelt, bei dem für den Erlaß einer der genannten einstweiligen Maßnahmen auch immer die allgemeinen Voraussetzungen dieser Artikel mit erfüllt sein müssen[363], oder ob dieses Verfahren selbständig und unabhängig neben den im Nouveau Code de Procédure Civile vorgesehenen besteht[364].[365] Die Cour de Cassation hat sich in einem Urteil vom 27.06.1989 erstgenannter Meinung angeschlossen und entschieden, daß Voraussetzung für die Anordnung eines *référé* nach Art. 36 der ordonnance 86-1243 immer auch die Erfüllung der allgemeinen Voraussetzungen nach Art. 808, 809 bzw. 872, 837 NCPC sei[366].

Außerdem hat die Cour de Cassation entschieden, daß bereits vor der Einleitung eines Hauptsacheverfahrens nach Art. 36 der Ordonnance 86-1243 *ordonnances de référé* beantragt und angeordnet werden können, wenn die Voraussetzungen nach Art. 808, 809 bzw. 872, 873 NCPC erfüllt seien[367]. Dem stünden weder Art. 36 der Ordonnance 86-1243 noch Art. 810 NCPC entgegen[368].

---

362 Zur Rolle des Staates in diesen Verfahren *Malaurie* JCP 1993 éd. G I 3637 p. 4 Rdnr. 17 ff.

363 TGI Paris Réf. 02.12.1987 Gaz. Pal. 1988, 1, p. 172, 173; T.com. Nanterre Réf. 17.12.1987 Gaz. Pal. 1988, 1, p. 174, 175.

364 CA Paris 17.01.1989, Dalloz 1989 IR 52; CA Paris 18.12.1987, 2 arrêts, Gaz. Pal. 1988, 1, p. 168, 169 f.; *Gavalda/Lucas de Leyssac* Dalloz 1988 Somm. com. 299, 300.

365 Zum ganzen vgl. z.B. *Giverdon* Editions du Juris-Classeur Procédure Civile, Fascicule 233 Rdnr. 8; *Malaurie* JCP 1993 éd. G I 3637 S. 2 Rdnr. 5 ff., S. 5 Rdnr. 27; *Virassamy* JCP 1990 éd. G II 21530 Rdnr. 5.

366 C. Cass. Com. 27.06.1989 JCP 1990 éd. G II 21530, dieses Urteil hob die Entscheidung der CA Paris vom 18.12.1987 oben Fußnote 364 auf.

367 C. Cass. Com. 17.07.1990 Dalloz 1991 Jur. 471; die Cour de Cassation bestätigte dadurch CA Grenoble 09.02.1989 Gaz. Pal. 1989, 556; so auch bereits TGI Paris Réf. 02.12.1987 Gaz. Pal. 1988, 1, p. 172, 173.

368 Art. 810 NCPC lautet: *Les pouvoirs du président du tribunal de grande instance prévus aux deux articles précédents s'étendent à toutes les matières où il n'existe pas de procédure particulière de référé.* Von der Rechtsprechung wird dieser Artikel ohnehin so ausgelegt, daß er die Zuständigkeiten des Président du tribunal de grande instance insbesondere gegenüber denen der anderen Zivilgerichte und deren juges de référé abgrenzt; vgl. *Estoup* Rdnr. 29 ff.; *Malaurie* JCP 1993 éd. G I 3637 p. 1 Rdnr. 4.

Ansonsten finden mangels entgegenstehender Vorschriften in der Ordonnance 86-1243 die allgemeinen Bestimmungen der Art. 482 ff. NCPC Anwendung[369].

4. Exkurs: Bestimmung des anwendbaren materiellen Rechts in Streitigkeiten mit Auslandsbezug und seine Ermittlung und Anwendung

a) Bestimmung des anwendbaren Rechts

In Streitigkeiten mit Auslandsbezug vor französischen Gerichten können sich Ansprüche der am Streit beteiligten Parteien auch aus ausländischem Recht ergeben. Allerdings existieren keine gesetzlichen Regelungen darüber, ob das Gericht die französischen Kollisionsnormen von Amts wegen anwenden und wer den Inhalt des ausländischen Rechts ermitteln und beweisen muß.

Nach der früheren Rechtsprechung der Cour de Cassation mußte diejenige Partei, die der Ansicht war, ihr Anspruch ergebe sich aus der Anwendung ausländischen Rechts, sich darauf und damit auf die Anwendung der französischen Kollisionsregeln ausdrücklich berufen[370]. Tat sie dies nicht, konnte der Richter die Kollisionsregeln anwenden, mußte dies aber nicht tun (fakultatives Kollisionsrecht)[371]. Dann fand französisches materielles Recht Anwendung[372]. Die französischen Gerichte mußten also nicht von Amts wegen Kollisionsrecht oder ausländisches Recht anwenden.

Nach der heutigen Rechtsprechung, die teilweise auf Art. 12 Abs. 1 NCPC gestützt wird, muß der Richter von Amts wegen die französischen Kollisionsnormen anwenden, wenn die Streitigkeit nur Rechte betrifft, über die die Parteien nicht frei verfügen können ("*droits indisponibles*")[373]. Ob die Parteien über ein Recht frei bestimmen können, wird dabei aus Praktikabilitätsgründen nach der lex fori bestimmt[374].

---

369 *Malaurie* JCP 1993 éd. G I 3637 S. 3 f. Rdnr. 16.

370 Ständige Rechtsprechung seit C. Cass. Civ. 1ère 12.05.1959 *Bisbal* Rev. crit. DIP 1960, 62; vgl. *Koerner* S. 4 ff.; *Reichert-Facilides* S. 36 f.; *Schütze* Rechtsverfolgung Rdnr. 371; *Nagel/Gottwald* § 10 Rdnr. 68.

371 C. Cass. Civ. 1ère 06.12.1977 Rev. crit. DIP 1979, 88, 89; C. Cass. Civ. 1ère 02.03.1960 *Compagnie Algérienne de Crédit de Banque* Rev. crit. DIP 1960, 97; *Koerner* S. 7 ff.; *Mayer* Rdnr. 144.

372 C. Cass. Civ. 1ère 24.01.1984 *Thinet* Rev. crit. DIP 1985, 89, 91; C. Cass. Civ. 1ère 12.05.1959 *Bisbal* Rev. crit. DIP 1960, 62; dazu z.B. *Ferrand* ZEuP 1994, 126, 127; *Reichert-Facilides* S. 37.

373 C. Cass. Civ. 1ère 26.05.1999 *Belaid/Elkhbizi* Rev. crit. DIP 1999, 708, 709; C. Cass. Civ. 1ère 18.11.1992 *Makhlouf* Rev. crit. DIP 1993, 276, 277; C. Cass. Civ. 04.12.1990 *Coveco* JDI 1991, 371, 372; zwischenzeitlich entschied die Cour de Cassation sogar, daß die Richter in allen Streitigkeiten mit Auslandsbezug verpflichtet seien, Kollisionsrecht von Amts wegen anzuwenden: C. Cass. Civ. 1ère 04.10.1989 Rev. crit. DIP 1990, 316, 317; C. Cass. Civ. 1ère 18.10.1988 *Schule* Rev. crit. DIP 1989, 368, 369, 371; C. Cass. Civ. 1ère 11.10.1988 *Rebouh* Rev. crit. DIP 1989, 368, 369; dazu insgesamt *Ferrand* ZEuP 1994, 126, 128; *Hartenstein* S. 43 f.; *Herzfelder* RIW 1990, 354, 355; *Koerner* S. 10 ff. und S. 18 ff.; *Loussouarn* Rdnr. 241 ff.; *Mayer* Rdnr. 145; *Reichert-Facilides* S. 38 f.; Art. 12 Abs. 1 NCPC lautet: *Le juge tranche le litige conformément aux règles de droit qui lui sont applicables.*

374 *Mayer* Rdnr. 187; zur Frage, wann *droits disponibles* vorliegen, *Hartenstein* S. 44.

Sind dagegen nur Rechte betroffen, über die die Parteien frei verfügen können ("*droits disponibles*"), soll weiterhin die Anwendung des Kollisionsrechts für den Richter grundsätzlich fakultativ und nur dann bindend sein, wenn sich die Parteien im Prozeß und ihren Schlußanträgen ausdrücklich auf die Anwendung ausländischen Rechts berufen[375].

Für Kollisionsregeln staatsvertraglichen Ursprungs entschied die Cour de Cassation bis vor kurzem ebenfalls, daß diese vom Gericht von Amts wegen angewandt werden müssen[376]. Ein im Jahr 1999 ergangenes Urteil deutet allerdings darauf hin, daß jetzt auch diese Kollisionsregeln fakultativ angewandt werden sollen[377]. Daraus folgt, daß die Richter nur in Streitigkeiten über *droits indisponibles* verpflichtet sind, von Amts wegen die französischen Kollisionsregeln anzuwenden[378].

Haben sich die Parteien allerdings in einer Streitigkeit über *droits disponibles* während des Prozesses durch Vereinbarung zulässig und gültig über die Anwendung französischen Rechts verständigt, hat der Richter eine solche Vereinbarung ("*accord procédural*") zu respektieren und Kollisionsrecht findet keine Anwendung[379]. Diese prozessualen Vereinbarungen, die Ausdruck des Dispositionsprinzips sind, sind von vertraglichen Rechtswahlklauseln, mit denen das für das Vertragsverhältnis anwendbare Recht bestimmt wird und die Ausdruck der Privatautonomie der Parteien sind, streng zu unterscheiden. Durch letztere wird anstelle der Anwendung von Kollisionsregeln eine ausdrückliche Rechtswahl getroffen, die für das gesamte Vertragsverhältnis gilt, durch den *accord procédural* schlicht auf die Anwendung jeglicher Kollisionsregeln im konkreten Verfahren verzichtet[380]. Für das gültige Zustandekommen eines *accord procédural* während des Prozesses reicht nach heutiger Rechtsprechung bereits aus, daß sich die Parteien in ihren Schlußanträgen ausschließlich auf französische Rechtsnormen berufen[381].

---

375 C. Cass. Civ. 1ère 28.01.2003 Rev. crit. DIP 2003, 462; C. Cass. Civ. 1ère 10.12.1991 Rev. crit. DIP 1992, 316; C. Cass. Civ. 1ère 04.12.1990 *Coveco* JDI 1991, 371, 372.

376 C. Cass. Civ. 1ère 10.05.1995 Rev. crit. DIP 1996, 330, 331; C. Cass. Civ. 1ère 18.12.1990 JCP 1992 éd. G II 21824; C. Cass. Civ. 1ère 04.12.1990 *Coveco* JDI 1991, 371, 372; vgl. *Koerner* S. 12 ff.; *Hartenstein* S. 43 f.

377 C. Cass. Civ. 1ère 26.05.1999 *Mutuelle du Mans* Rev. crit. DIP 1999, 707, 708; dazu ausführlich *Hartenstein* S. 129 ff. und IPRax 2001, 477; *Loussouarn* Rdnr. 242 (S. 313); *Mayer* Rdnr. 145, 147; *Muir-Watt* Rev. crit. DIP 1999, 709 ff., 711.

378 Vgl. auch die Zusammenstellung von *Mégnin* IPRax 2005, 459, 460.

379 C. Cass. Civ. 1ère 01.07.1997 *Ibold* Rev. crit. DIP 1998, 61, 62; C. Cass. Civ. 1ère 06.05.1997 *Société Hannover* Rev. crit. DIP 1997, 514; C. Cass. Civ. 1ère 04.10.1989 Rev. crit. DIP 1990, 316, 317; *Ferrand* ZEuP 1994, 126, 130; *Mayer* Rdnr. 147; zunächst wurde als Stütze dieser Rechtsprechung Art. 12 Abs. 3 NCPC herangezogen: C. Cass. Civ. 1ère 19.04.1988 *Roho* Rev. crit. DIP 1989, 68, 69; Art. 12 Abs. 3 NCPC lautet: *Toutefois, il [le juge] ne peut changer la dénomination ou le fondement juridique lorsque les parties, en vertu d'un accord exprès et pour les droits dont elles ont la libre disposition, l'ont lié par les qualifications et points de droit auxquels elles entendent limiter le débat.* Vgl. insgesamt ausführlich *Hartenstein* S. 48 ff., zu Art. 12 Abs. 3 NCPC S. 52 f.

380 Vgl. *Fauvarque-Cosson* Rev. crit. DIP 1997, 515, 516, 525; *Hartenstein* S. 50.

381 C. Cass. Civ. 1ère 01.07.1997 *Ibold* Rev. crit. DIP 1998, 61, 62; C. Cass. Civ. 1ère 06.05.1997 *Société Hannover* Rev. crit. DIP 1997, 514; *Hartenstein* S. 122.

b) Ermittlung und Anwendung ausländischen Rechts

Der Inhalt ausländischen Rechts mußte nach bisheriger höchstrichterlicher Rechtsprechung grundsätzlich von der Partei bewiesen werden, die ausländisches Recht auf eine bestimmte Frage für anwendbar hält und behauptet, daß dieses Regelungen enthalte, die von denen des französischen Rechts abweichen und deren Anwendung zu einem anderen - für sie günstigeren - Ergebnis führt[382]. Das konnte auch der Beklagte sein, der sich zu seiner Verteidigung auf einen ausländischen Rechtssatz beruft, nach dem beispielsweise die vom Kläger geltend gemachte Forderung nicht bestünde[383].

Dies galt jedoch nicht, wenn die Streitigkeit nur *droits indisponibles* betrifft. Dann muß das Gericht von Amts wegen den Inhalt des ausländischen Rechts ermitteln[384]. Immer, wenn der französische Richter verpflichtet ist, die Kollisionsregeln von Amts wegen anzuwenden, muß er also auch gegebenenfalls den Inhalt des anwendbaren ausländischen Rechts ermitteln[385]. Weiterhin mußte er den Inhalt des ausländischen Rechts von Amts wegen ermitteln, wenn er in einer Streitigkeit um *droits disponibles* die nationalen Kollisionsregeln anwendet und das ausländische Recht für anwendbar erklärt, ohne zur Anwendung der Kollisionsregeln verpflichtet gewesen zu sein und ohne daß sich eine Partei auf die Anwendung der Kollisionsregeln berufen hat[386].

---

382 C. Cass. Com. 11.03.2003, nicht veröffentlicht, abrufbar unter www.legifrance.gouv.fr, no. de pourvoi: 00-15982; C. Cass. Com. 02.03.1999 Rev. crit. DIP 1999, 305, 308; C. Cass. Civ. 1ère 11.06.1996 *Agora Sopha* JDI 1996, 941, 942; C. Cass. Com. 16.11.1993 *Amerford* Rev. crit. DIP 1994, 332, 333; *Ferrand* ZEuP 1994, 126, 133; *Koerner* S. 67 ff.; *Lagarde* Rev. crit. DIP 1994, 334, 335 Rdnr. 5 ff.; *Loussouarn* Rdnr. 243-2; *Mayer* Rdnr. 181; *Schütze* Rechtsverfolgung Rdnr. 372; anders noch die Rechtsprechung vor 1993, nach der der Beweis von derjenigen Partei erbracht werden mußte, die Rechte geltend machte, auch wenn es die andere Partei war, die die Anwendbarkeit ausländischen Rechts behauptete: C. Cass. Civ. 1ère 05.11.1991 Rev. crit. DIP 1992, 314, 315; C. Cass. Civ. 1ère 08.01.1991 Rev. crit. DIP 1991, 569; C. Cass. Civ. 1ère 24.01.1984 *Thinet* Rev. crit. DIP 1985, 89, 91; C. Cass. Civ. 25.05.1948 *Lautour* Rev. crit. DIP 1949, 89, 91; aufgrund der Tatsache, daß über den Inhalt des ausländischen Rechts Beweis erhoben oder geführt wird, wird oft davon gesprochen, daß die französische Rechtsprechung ausländisches Recht wie Tatsachen ("*faits*") behandelt.

383 C. Cass. Com. 16.11.1993 *Amerford* Rev. crit. DIP 1994, 332, 333; *Lagarde* Rev. crit. DIP 1994, 334, 335 Rdnr. 5 ff.; *Loussouarn* Rdnr. 243-2.

384 C. Cass. Civ. 1ère 22.10.2002 *Ahidar* Rev. crit. DIP 2003, 86, 88 3è espèce, wo jedoch bereits nicht mehr ausdrücklich darauf Bezug genommen wird, dass es sich um „droits indisponibles" handelt; C. Cass. Civ. 1ère 26.05.1999 *Belaid/Elkhbizi* Rev. crit. DIP 1999, 708, 709; C. Cass. Civ. 1ère 01.07.1997 *Driss Abbou* Rev. crit. DIP 1998, 60, 61; *Bureau* JDI 1996, 943, 945; *Cuniberti* Rdnr. 363; *Mayer* Rdnr. 183; *Mélin* JDI 2004, 523, 524; zur Rechtslage vor 1994 *Koerner* S. 69 f.

385 In der Zeit, in der nach der Rechtsprechung der Cour de Cassation Kollisionsregeln staatsvertraglichen Ursprungs von Amts wegen angewandt werden mußten, wurde auch entschieden, daß der Richter in einem solchen Fall auch verpflichtet sei, den Inhalt des nach der Kollisionsregel staatsvertraglichen Ursprungs anwendbaren ausländischen Rechts von Amts wegen zu ermitteln: C. Cass. Civ. 1ère 24.11.1998 *Lavazza* Rev. crit. DIP 1999, 88, 89; C. Cass. Civ. 1ère 14.05.1996 JDI 1996, 941; vgl. auch *Hartenstein* S. 67; *Koerner* S. 69 f.

386 C. Cass. Civ. 1ère 08.12.1998 *Calberson Belgium* Rev. crit. DIP 1999, 88, 89; C. Cass. Civ. 1ère 27.01.1998 *Ababou* JCP 1998 II 10098; *Hartenstein* S. 67 f.; *Mayer* Rdnr. 186; *Mélin* JDI 2004, 523, 527 f.

Gelingt es der Partei bzw. dem Gericht nicht, den Inhalt des fremden Rechts zu beweisen bzw. zu ermitteln, findet französisches Recht Anwendung[387].

Jüngste Entscheidungen der ersten Zivilkammer der Cour de Cassation lassen eine Verfestigung der Rechtsprechung dahingehend erkennen, daß französische Gerichte von Amts wegen verpflichtet sein sollen, den Inhalt des ausländischen Rechts zu ermitteln und dieses anzuwenden, sobald sie aufgrund einer Anwendung der Regeln des Internationalen Privatrechts zu dem Ergebnis gelangen, daß ausländisches Recht auf den Rechtsstreit anwendbar ist. Dies soll dann unabhängig von der Frage gelten, ob das Gericht zu einer Anwendung der Kollisionsregeln verpflichtet war, ob sich die Parteien auf die Anwendbarkeit ausländischen Rechts berufen haben und ob der Rechtsstreit um *droits disponibles* oder *droits indisponibles* ging[388]. Diese Rechtsprechung mag eine Ermutigung der Parteien darstellen, sich auf die Anwendbarkeit fremden Rechts zu berufen, weil sie nicht mehr die Darlegungs- und Beweislast für den Inhalt des ausländischen Rechts tragen[389].

Die Cour de Cassation überprüft in ständiger Rechtsprechung nicht die Anwendung und Auslegung ausländischen Rechts durch französische Gerichte, soweit dieses nicht offensichtlich völlig entstellt angewandt wird ("*dénaturation*")[390]. Dagegen kontrolliert sie, ob das ausländische Recht vollständig ermittelt wurde, was sich auch auf die Ermittlung der einschlägigen Rechtsprechung erstreckt[391].

---

387 C. Cass. Civ. 1ère 11.06.1996 *Agora Sopha* JDI 1996, 941, 942; C. Cass. Com. 16.11.1993 *Amerford* Rev. crit. DIP 1994, 332, 333; C. Cass. Civ. 1ère 08.01.1991 Rev. crit. DIP 1991, 569; *Lagarde* Rev. crit. DIP 1994, 334, 335 Rdnr. 5 ff.; *Mayer* Rdnr. 184, 186, 196.

388 Vgl. C. Cass. Civ. 1ère 13.11.2003 JDI 2004, 522 f., wo festgestellt wird, der französische Richter müsse von Amts wegen den Inhalt eines ausländischen Rechts ermitteln und dieses anwenden, sobald er dieses ausländische Recht in einem Rechtsstreit für anwendbar halte; C. Cass. Civ. 1ère 28.01.2003 Rev. crit. DIP 2003, 462, dort wurde festgestellt, bei droits disponibles sei das Gericht verpflichtet, das anwendbare Recht zu bestimmen und gegebenenfalls den Inhalt ausländischen Rechts zu ermitteln, sobald sich eine Partei ausdrücklich auf die Anwendbarkeit eines ausländischen Rechts berufe; C. Cass. Civ. 1ère 18.09.2002 Bull. civ. I no. 202, *Société D. & J. Sporting Ltd. c. Société Orchape SA*, wo allgemein festgestellt wurde, die Gerichte müßten von Amts wegen den Inhalt ausländischen Rechts ermitteln, sobald dieses für anwendbar erklärt worden sei; anders entschied allerdings noch jüngst die Chambre Commerciale der Cour de Cassation, 11.03.2003, s.o. Fn. 382, so daß insoweit noch eine Einigung zwischen den verschiedenen Kammern notwendig sein könnte; vgl. zum ganzen *Mélin* JDI 2004, 523, 525 ff.; *Mégnin* IPRax 2005, 459, 461 f.

389 *Mégnin* IPRax 2005, 461.

390 C. Cass. Civ. 1ère 03.06.2003 JDI 2004, 521 f.; C. Cass. Civ. 1ère 16.03.1999 Rev. crit. DIP 1999, 713, 714; C. Cass. Civ. 1ère 13.01.1993 Rev. crit. DIP 1994, 78; C. Cass. Civ. 1ère 19.03.1991 Rev. crit. DIP 1992, 88, 89; C. Cass. Civ. 1ère 02.02.1982 *Olivier* Rev. crit. DIP 1982, 706, 708; C. Cass. Civ. 1ère 21.11.1961 *Montefiore* Rev. crit. DIP 1962, 329, 330; C. Cass. Civ. 13.06.1960 Rev. crit. 1961, 540; *Ferrand* ZEuP 1994, 126, 133, 134; *Kerameus* ZZP 99 (1986), 166, 179 f.; *Mayer* Rdnr. 193 f.; auch hier spricht man oft davon, daß die französische Rechtsprechung ausländisches Recht wie Tatsachen ("*faits*") behandelt.

391 C. Cass. Civ. 1ère 01.07.1997 *Africatours* Rev. crit. DIP 1998, 292, 293; *Mayer* Rdnr. 191.

c) *Bestimmung des anwendbaren Rechts und Ermittlung und Anwendung ausländischen Rechts in Verfahren des einstweiligen Rechtsschutzes*

In der Rechtsprechung wird die Bestimmung des anwendbaren Rechts sowie die eventuelle Ermittlung und Anwendung ausländischen Rechts unterschiedlich gehandhabt: Die Cour de Cassation hob im Jahr 1991 ein Urteil einer Cour d'appel auf, weil diese nicht die Rechtslage nach dem anwendbaren ausländischen Recht untersucht hatte[392]. Teilweise wurde entschieden, der *juge des référés* müsse den Antrag auf Erlaß einer einstweiligen Maßnahme ablehnen, wenn die Anwendung einer Kollisionsnorm und gegebenenfalls ausländischen Rechts dazu führte, daß die Rechtslage nicht hinreichend eindeutig beurteilt werden könne[393]. Teilweise wurde auch mit verschiedenen Begründungen vorgeschlagen, hilfsweise grundsätzlich französisches Recht anzuwenden[394].

Die Anwendung der allgemeinen Regeln in Verfahren des einstweiligen Rechtsschutzes wurde in der Literatur vereinzelt aber auch vor dem Hintergrund kritisiert, daß *ordonnances sur requête* immer ohne vorherige Anhörung des Gegners erlassen würden und dieser somit in solchen Verfahren nicht in der Lage sei, die Anwendung eines für ihn eventuell günstigeren ausländischen Rechts zu verlangen. Selbst in Verfahren, bei denen der Antragsgegner beteiligt sei, könne aber in der Kürze der Zeit der Inhalt des ausländischen Rechts kaum nachgewiesen werden, so daß regelmäßig französisches Recht Anwendung fände[395]. Inhaltlich unrichtige Entscheidungen, deren selbst nur vorübergehender Vollzug den Antragsgegnern beachtliche Schäden zufügen könnten, seien die zwangsläufige Folge[396]. Diesen Erwägungen ist jedoch entgegenzuhalten, daß sich in manchen Rechtsstreitigkeiten die geltend gemachten Rechte gerade und nur aus einem ausländischen Recht ergeben können. Ist dessen Anwendung aber ausgeschlossen, können diese Rechte in Eilverfahren vor französischen Gerichten nicht geltend gemacht werden.

C. Zusammenfassender Vergleich der Verfahren des einstweiligen Rechtsschutzes in Deutschland und Frankreich

1. Unterteilung der verschiedenen Arten des einstweiligen Rechtsschutzes

Während nach deutschem Recht die Unterscheidung der einstweiligen Maßnahmen nach der Art des zu sichernden Anspruchs geschieht, erfolgt diese nach französischem Recht nach der Beteiligung des Antragsgegners am Verfahren, also der Notwendigkeit der Durchführung eines streitigen Verfahrens. Die Einordnung des selbständigen Beweissicherungsverfahrens ist in beiden Rechtsordnungen verschieden.

---

392 C. Cass. Civ. 1ère 22.01.1991 *Krupp* Rev. crit. DIP 1993, 46.

393 C. Cass. Civ. 1ère 16.04.1996 Rev. crit. DIP 1997, 716 f.

394 C. Cass. Civ. 1ère 19.10.1971 Rev. crit. DIP 1973, 70, 72; C. Cass. Civ. 1ère 31.01.1984 JDI 1985, 444; CA Paris 04.04.1952 Rev. crit. DIP 1952, 739, 740; vgl. die Übersicht bei *Cuniberti* Rdnr. 394 ff.

395 *Cuniberti* Rdnr. 364.

396 *Cuniberti* Rdnr. 365 f., Rdnr. 373 f.

a) Unterscheidung von sicherndem und regelndem einstweiligen Rechtsschutz

In Deutschland wird zwischen Maßnahmen, die auf die Sicherung der Vollstreckung eines späteren Urteils gerichtet sind oder die Vollstreckung bereits vorwegnehmen (*Arreste* nach § 916 ff. ZPO und *Sicherungsverfügungen* nach § 935 ZPO), solchen, die einstweilig einen bestimmten Status erhalten sollen (*Regelungsverfügungen* nach § 940 ZPO), und solchen, die die Sachentscheidung vorübergehend wenigstens teilweise vorwegnehmen (*Befriedigungsverfügungen/Leistungsverfügungen*), unterschieden[397].

Im französischen Recht ist eine solche Unterscheidung unüblich. Man kann jedoch feststellen, daß ebenfalls auf Sicherung gerichtete Maßnahmen (*mesures conservatoires*) und solche existieren, die auf einstweilige Regelung eines bestimmten Verhältnisses gerichtet sind (*mesures provisoires*, die im Wege einer *ordonnance de référé* oder einer *ordonnance sur requête* erlassen werden). Daneben existieren gleichfalls Maßnahmen, die die vorübergehende teilweise Befriedigung des Antragstellers bezwecken (*référé-provision*, Art. 809 Abs. 2 Alt. 1 NCPC, und *référé-injonction*, Art. 809 Abs. 2 Alt. 2 NCPC).

Die *saisie conservatoire* nach dem Gesetz Nr. 91-650 vom 09.07.1991 ist den Wirkungen nach dem deutschen dinglichen Arrest vergleichbar. Jedoch kommt sie immer ohne Beteiligung des Antragsgegners zustande. Beim Arrest ist dies möglich, aber nur ausnahmsweise der Fall, wenn sonst die Zwecke des Arrestverfahrens gefährdet wären[398].

b) Beteiligung des Antragsgegners am Verfahren

Nach französischem Recht werden die einstweiligen Maßnahmen nach der Notwendigkeit der Beteiligung des Antragsgegners im Verfahren unterschieden: Während in der *procédure de référé* der Antragsgegner immer geladen sein muß, wird die *procédure sur requête* ohne Beteiligung des Antragsgegners durchgeführt[399].

Nach deutschem Recht wird grundsätzlich der Antragsgegner zu Verfahren des einstweiligen Rechtsschutzes geladen. Die Durchführung eines Verfahrens des einstweiligen Rechtsschutzes ist jedoch auch ohne mündliche Verhandlung im Beschlußverfahren möglich: § 922 Abs. 1 S. 2 ZPO macht dies für den Arrest von keinen besonderen Voraussetzungen abhängig. Dann kann dem Gegner Gelegenheit zu schriftlicher Äußerung gegeben werden. Ausnahmsweise kann auch von jeglicher Anhörung des Antragsgegners abgesehen werden, wenn andernfalls der Zweck des Arrestverfahrens gefährdet wäre. § 937 Abs. 2 ZPO läßt ein Verfahren zum Erlaß einer einstweiligen Verfügung ohne mündliche Verhandlung nur in besonders dringenden Fällen sowie dann zu, wenn der Antrag auf Erlaß der einstweiligen Verfügung zurückzuweisen ist.

---

397 Siehe zu dieser Unterscheidung *Spellenberg/Leible* in *Gilles* S. 293, 294 und oben Gliederungspunkt I.A, S. 24.

398 Siehe dazu oben Gliederungspunkt I.A.1.b), S. 30.

399 Siehe dazu oben Gliederungspunkt I.B, S. 47.

c) Einordnung des selbständigen Beweissicherungsverfahren

In beiden Rechtsordnungen sind Verfahren vorgesehen, mit denen in Zivilsachen Beweise auch außerhalb eines Hauptsacheverfahrens vorläufig gesichert werden können. Allerdings werden diese Maßnahmen, die auf die kurzfristige Sicherung von Beweisen in einem selbständigen Verfahren gerichtet sind, nach deutschem und nach französischem Recht systematisch verschieden eingeordnet: Während hierzu in Frankreich anerkannt ist, daß derartige Maßnahmen einstweilige Maßnahmen sind, die eine Spezialform des référé darstellen (*référé probatoire/ référé aux fins d'obtention d'une mesure d'instruction à futur*), aber auch als *ordonnance sur requête* (*mesure d'instruction sur requête)* ergehen können, werden sie nach deutschem Recht nie als einstweilige Maßnahmen angesehen. Vielmehr ist das selbständige Beweisverfahren nach § 485 ff. ZPO nicht als Verfahren des einstweiligen Rechtsschutzes geregelt.

2. Voraussetzungen für die Gewährung einstweiligen Rechtsschutzes

Die Voraussetzungen für die Gewährung einstweiligen Rechtsschutzes nach deutschem und französischem Recht erscheinen auf den ersten Blick sehr verschieden. Dies liegt unter anderem daran, daß dem französischen Recht der Begriff des "Anspruchs" fremd ist, das deutsche Recht dagegen aus der Praxis entlehnte Begriffe wie "Eile" durch abstrakte Oberbegriffe (Arrestgrund) ersetzt. Letztlich weisen jedoch die Voraussetzungen für die Gewährung einstweiligen Rechtsschutzes einige Gemeinsamkeiten auf.

a) Voraussetzung hinsichtlich des geltend gemachten Rechts

Sowohl das deutsche wie das französische Recht enthalten Voraussetzungen hinsichtlich des vom Antragsteller geltend gemachten Rechts.

Das deutsche Recht verlangt das Bestehen eines "Arrestanspruches" oder "Verfügungsanspruches", der Antragsteller muß also geltend machen, gegen den Antragsgegner ein bestimmtes Recht zu haben und dieses durchsetzen zu wollen[400]. Das Gericht muß prüfen, ob dieser schlüssig dargelegt und die entsprechenden Behauptungen nach § 294 ZPO hinreichend glaubhaft gemacht wurden.

Nach französischem Recht bestehen für die Anordnung einer *ordonnance de référé générale* nach Art. 808 NCPC alternative Voraussetzungen, die an die Geltendmachung eines bestimmten Rechts durch den Antragsteller anknüpfen: Die Anordnung einer *ordonnance de référé* darf entweder nicht ernsthaft "bestritten" werden. Um festzustellen, ob der Antragsgegner eine erhebliche Gegenargumentation vorbringt, muß das Gericht also einerseits das geltend gemachte Recht des Antragstellers beachten, andererseits dessen Bestehen anhand der eventuellen Einwände des Antragsgegners auf "Evidenz" überprüfen[401]. Die Anordnung einer *ordonnance de référé* ist aber alternativ auch dann möglich, wenn gerade die Existenz einer Streitigkeit zu ihr Anlaß

---

400 Siehe dazu oben Gliederungspunkte I.A.1.a)(1), S. 27, und I.A.2.a)(1), S. 34.

401 Siehe dazu oben Gliederungspunkt I.B.1.a)(1)(a)ii)(aa), S. 53.

gibt[402]. Für deren Beurteilung muß das französische Gericht mithin ebenfalls das vom Antragsteller geltend gemachte Recht würdigen.

Für die Anordnung einer *ordonnance de référé* nach Art. 809 Abs. 1 NCPC muß entweder ein unmittelbar drohender Schadenseintritt oder eine offensichtlich rechtswidrige Störung vorliegen. Während die Beurteilung, ob ein Schaden droht, überwiegend eine Tatsachenfrage ist und nur zweitrangig eine Prüfung erfordert, ob dieser auch einen rechtlich relevanten Nachteil darstellt und damit "rechtswidrig" ist, muß bei der Prüfung einer offensichtlich rechtswidrigen Störung eine Würdigung der Rechtswidrigkeit vorgenommen werden.

Für den *référé-provision* und den *référé-injonction*, durch die die vorläufige vollständige oder teilweise Erfüllung einer behaupteten Geldforderung bzw. anderen Forderung angeordnet wird, ist nach Art. 809 Abs. 2 NCPC Voraussetzung, daß das Bestehen der Forderung nicht ernsthaft bestritten werden kann. Auch hierfür muß der Richter prüfen, welche Forderung geltend gemacht wird und inwieweit der Antragsgegner erhebliche Einwände gegen ihr Bestehen erhebt[403].

Der *référé-concurrence* nach Art. 36 Abs. 2 der Ordonnance Nr. 86-1243 vom 01.12.1986 setzt voraus, daß der Antragsgegner wettbewerbswidrig handelt, der Antragsteller also ein entsprechendes Recht hat, Unterlassung dieser Handlungen zu verlangen[404]. Für die *ordonnances sur requête* ist die Notwendigkeit einer materiellrechtlichen Prüfung des geltend gemachten Rechts nicht eindeutig ersichtlich, jedoch ist das Gericht zu der Prüfung verpflichtet, ob Umstände vorliegen, die die Anordnung einer Maßnahme ohne Ladung des Gegners rechtfertigen[405]. Dafür ist unter anderem eine Würdigung des geltend gemachten Rechts notwendig. Für die *mesures conservatoires* nach Art. 67 ff. des Gesetzes Nr. 91-650 vom 09.07.1991 bzw. Art. 210 ff. des Dekrets Nr. 92-755 vom 31.07.1992, die ebenfalls als *ordonnances sur requête* ergehen, verlangen Art. 67 des Gesetzes und Art. 210 des Dekretes ausdrücklich das Bestehen einer Forderung, deren Bestehen im Prinzip möglich erscheint[406].

b) Voraussetzung hinsichtlich der Umstände

Sowohl nach deutschem wie nach französischem Recht wird außerdem geprüft, ob die Umstände die Anordnung einer einstweiligen Maßnahme rechtfertigen.

Im deutschen Recht muß für den Erlaß eines Arrestes bzw. einer einstweiligen Verfügung jeweils ein Arrest- bzw. Verfügungsgrund vorliegen. Die Anforderungen an diesen variieren, je nachdem welche Art der einstweiligen Maßnahme beantragt wurde.

Für den dinglichen Arrest kann der Arrestgrund einerseits nach § 917 Abs. 1 ZPO in der Besorgnis bestehen, daß ohne seine Anordnung die Vollstreckung des Urteils in der Hauptsache vereitelt oder erschwert würde. Andererseits kann er nach § 917 Abs. 2 ZPO in der Notwendigkeit der Vollstreckung des Hauptsacheurteils im Ausland liegen.

---

402 Siehe dazu oben Gliederungspunkt I.B.1.a)(1)(a)ii)(bb), S. 53.

403 Siehe dazu oben Gliederungspunkte I.B.1.b) und I.B.1.c), S. 56 ff.

404 Siehe dazu oben Gliederungspunkt I.B.3, S. 69.

405 Siehe dazu oben Gliederungspunkt I.B.2.a)(1), S. 64.

406 Siehe dazu oben Gliederungspunkt I.B.2.d), S. 67.

Der persönliche Sicherheitsarrest darf nach § 918 ZPO nur angeordnet werden, wenn er erforderlich ist, um die gefährdete Zwangsvollstreckung in das Vermögen des Schuldners zu sichern[407].

Auch für die Sicherungs- und die Regelungsverfügung nennen die §§ 935 und 940 ZPO jeweils unterschiedliche Verfügungsgründe: Für den Erlaß einer Sicherungsverfügung muß durch eine Veränderung des bestehenden Zustandes die Verwirklichung eines Rechts des Gläubigers vereitelt oder wesentlich erschwert sein, eine Regelungsverfügung muß zur Abwendung wesentlicher Nachteile, zur Verhinderung drohender Gewalt oder aus anderen Gründen notwendig sein. Nicht geregelt ist, wie der Verfügungsgrund bei der gesetzlich nicht vorgesehenen Leistungsverfügung beschaffen sein muß. Nach der Rechtsprechung darf eine solche nur angeordnet werden, wenn die vorläufige Befriedigung des Verfügungsanspruchs aus zwingenden Gründen notwendig ist[408].

Nach französischem Recht wird bei der Prüfung der Umstände der einstweiligen Maßnahme im wesentlichen darauf geachtet, ob Eile vorliegt:

Für eine *ordonnance de référé générale* nach Art. 808 NCPC muß Eilbedürftigkeit die Anordnung der Maßnahme rechtfertigen[409]. Für eine *ordonnance de référé* nach Art. 809 Abs. 1 NCPC muß der Richter bei der Prüfung eines unmittelbar drohenden Schadenseintritts die Umstände desselben untersuchen. Bei der Voraussetzung der offensichtlich rechtswidrigen Störung muß untersucht werden, inwieweit tatsächlich eine Störung vorliegt[410]. Beim *référé-provision* und beim *référé-injonction* findet keine Überprüfung der Umstände statt. Dies scheint auch dadurch bedingt zu sein, daß hier die Anforderungen an das geltend gemachte Recht bereits hoch sind. Dieses darf nicht ernsthaft bestritten werden können[411]. Für die Anordnung eines *référé-concurrence* nach Art. 36 der Ordonnance Nr. 86-1243 vom 01.12.1986 müssen, wie dargestellt, nach der Rechtsprechung immer auch die Voraussetzung eines *référé général* gegeben sein[412]. Demnach muß entweder Eile bestehen, ein Schadenseintritt unmittelbar drohen oder eine offensichtlich rechtswidrige Störung vorliegen.

Voraussetzung der Anordnung einer *ordonnance sur requête* ist, daß Eile besteht und Umstände vorliegen, die die Anordnung einer Maßnahme ohne vorherige Anhörung des Gegners rechtfertigen[413]. Beide Voraussetzungen betreffen die tatsächlichen Umstände der Beantragung bzw. Anordnung der einstweiligen Maßnahme. Für die Anordnung von *mesures conservatoires* nach dem Gesetz Nr. 91-650 vom 09.07.1991 muß der Antragsteller ebenfalls Umstände nachweisen, aus denen hervorgeht, daß die Erfüllung seiner Forderung gefährdet erscheint[414].

---

407 Siehe dazu oben Gliederungspunkt I.A.1.a)(2), S. 27.
408 Siehe dazu oben Gliederungspunkt I.A.2.a)(2), S. 34.
409 Siehe dazu oben Gliederungspunkt I.B.1.a)(1)(a)i), S. 52.
410 Siehe dazu oben Gliederungspunkt I.B.1.a)(2)(a), S. 55.
411 Siehe dazu oben Gliederungspunkte I.B.1.b) und I.B.1.c), S. 56 ff.
412 Siehe dazu oben Gliederungspunkt I.B.3, S. 69.
413 Siehe dazu oben Gliederungspunkt I.B.2.a)(1), S. 64.
414 Siehe dazu oben Gliederungspunkt I.B.2.d)(1), S. 68.

c) *Voraussetzung für die Durchführung eines selbständigen Beweisverfahrens*

Die Voraussetzungen für die Durchführung eines selbständigen Beweisverfahrens nach französischem und deutschem Recht sind dagegen schwieriger zu vergleichen. Dies liegt einerseits daran, daß ihre Einordnung in beiden Rechtssystemen verschieden ist, andererseits aber auch daran, daß der *référé aux fins d'obtention d'une mesure d'instruction à futur* bzw. die *mesure d'instruction sur requête* nach französischem Recht sich ihrerseits in ihren Voraussetzungen von den anderen *ordonnances de référé* bzw. *ordonnances sur requête* unterscheiden.

Zunächst ist ein bedeutender Unterschied, daß nach deutschem Recht die Durchführung eines selbständigen Beweissicherungsverfahrens nach § 485 Abs. 1 ZPO auch noch während eines Hauptsacheverfahrens angeordnet werden kann, während nach französischem Recht die Anordnung eines *référé probatoire* oder einer *mesure d'instruction sur requête* nach Einleitung des Hauptsacheverfahrens nicht mehr möglich ist[415]. Ein *référé probatoire* kann dann nur noch unter den allgemeinen Voraussetzungen einer *ordonnance de référé* nach dem allgemeinen Verfahren angeordnet werden.

Nach deutschem Recht ist die Durchführung eines selbständigen Beweisverfahrens nach §§ 485 Abs. 1 ZPO möglich, wenn der Gegner zustimmt oder zu besorgen ist, daß das Beweismittel verloren geht oder seine Benutzung erschwert wird.

Nach französischem Recht muß der Antragsteller für die Anordnung eines *référé probatoire* das Bestehen eines "*motif légitime*", eines hinreichenden Grundes, nachweisen. Einerseits muß hinreichend deutlich sein, daß im folgenden ein Hauptsacheverfahren eingeleitet werden soll, andererseits muß feststehen, auf welche Tatsachen sich die Beweiserhebung beziehen soll[416].

3. Angeordnete Maßnahmen

Die Maßnahmen, die in Verfahren des einstweiligen Rechtsschutzes nach deutschem und französischem Recht angeordnet werden können, sind vielfältig und hängen in beiden Rechtsordnungen vor allem vom Antrag und Begehren des Antragstellers ab.

In Arrestbefehlen nach deutschem Recht können dingliche und persönliche Arreste angeordnet werden. Hervorzuheben ist, daß der dingliche Arrest nie zu einer Befriedigung des Antragstellers, sondern immer nur zur Sicherung des glaubhaft gemachten Anspruchs führen darf. Mögliche Maßnahmen sind beispielsweise die Pfändung eines Gegenstandes oder einer Forderung sowie die Eintragung einer Sicherungshypothek. Beim persönlichen Arrest kann Haft, aber auch eine Meldepflicht, die Wegnahme von Ausweispapieren oder Hausarrest angeordnet werden.

Einstweilige Verfügungen können beispielsweise nach § 938 Abs. 2 ZPO in einer Sequestration oder dem Verbot oder Gebot einer bestimmten Handlung bestehen. Bei einer Befriedigungs- oder Leistungsverfügung kann die vorläufige vollständige oder teilweise Befriedigung des Antragstellers angeordnet werden.

---

415 Siehe dazu oben Gliederungspunkte I.A, S. 24, und I.B.1.e), S. 59, bzw. I.B.2.c), S. 66.

416 Siehe dazu oben Gliederungspunkt I.B.1.e)(1), S. 60.

Auch im französischen Recht sind die denkbaren Maßnahmen nicht aufgezählt. In einer *ordonnance de référé* oder einer *ordonnance sur requête* kann vielmehr der Antrag des Antragstellers berücksichtigt werden. *Saisies conservatoires*, einstweilige Sicherstellungen von Gegenständen, und *sûretés judiciaires*, Belastungen eines Grundstücks oder einer Sache mit einer Sicherheit, können dagegen nur nach dem Gesetz Nr. 91-650 vom 09.07.1991 angeordnet werden[417]. Soweit ersichtlich können nach französischem Recht keine dem persönlichen Arrest des deutschen Rechts entsprechenden Maßnahmen angeordnet werden.

4. Anwendung des Internationalen Privatrechts, Ermittlung und Anwendung ausländischen Rechts

a) Anwendung der nationalen Kollisionsregeln

Während im deutschen Recht der Richter zur Anwendung der nationalen Kollisionsregeln in Streitigkeiten mit Auslandsbezug verpflichtet ist, auch wenn die Parteien diese nicht heranziehen, ist nach der aktuellen Rechtsprechung der französischen Gerichte der Richter zur Anwendung des Kollisionsrechts nur verpflichtet, wenn die Streitigkeit Rechte betrifft, über die die Parteien nicht frei verfügen können (*droits indisponibles*)[418].

Berufen sich die Parteien im Prozeß ausschließlich auf die Anwendung inländischen Rechts, wird nach französischer Rechtsprechung davon ausgegangen, daß sie durch eine prozessuale Vereinbarung die Anwendung der Kollisionsregeln ausgeschlossen haben. Im deutschen Recht kann nach der Rechtsprechung des BGH von einer stillschweigenden Rechtswahlvereinbarung der Parteien zugunsten des deutschen Rechts ausgegangen werden.

b) Ermittlung ausländischen Rechts

Ist auf eine Streitigkeit ausländisches Recht anwendbar, muß dessen Inhalt nach deutschem Recht nach § 293 ZPO vom Richter ermittelt werden. Kommt der Richter dieser Pflicht nicht nach, kann eine entsprechende Verfahrensrüge erhoben werden[419]. Nach französischem Recht muß der Richter dagegen den Inhalt des anwendbaren ausländischen Rechts nur in Streitigkeiten ermitteln, die einzig *droits indisponibles* betreffen oder in denen er von Amts wegen die Regeln des Internationalen Privatrechts angewandt hat, ohne hierzu verpflichtet gewesen zu sein[420].

---

[417] Siehe dazu oben Gliederungspunkt I.B.2.d)(2), S. 68.

[418] Siehe dazu jeweils oben I.A.4.a), S. 44, bzw. I.B.4.a), S. 71; ausführliche rechtsvergleichende Darstellungen des deutschen und des französischen Rechts zu diesem Thema enthalten die Werke von *Hartenstein*: Die Privatautonomie im Internationalen Privatrecht als Störung des europäischen Entscheidungseinklangs, S. 40 ff., und von *Koerner*: Fakultatives Kollisionsrecht in Deutschland und Frankreich, S. 3 ff.

[419] Siehe dazu oben Gliederungspunkt I.A.4.b), S. 44, eine ausführliche rechtsvergleichende Darstellung des deutschen und des französischen Rechts zu diesem Thema enthält ebenfalls das Werk von *Koerner*: Fakultatives Kollisionsrecht in Deutschland und Frankreich, S. 66 ff., 80 ff.

[420] Siehe dazu oben Gliederungspunkt I.B.4.b), S. 73.

c) Überprüfung der Anwendung ausländischen Rechts durch die Cour de Cassation bzw. den BGH

In Frankreich wie in Deutschland findet eine Überprüfung der inhaltlichen Anwendung des ausländischen Rechts im Revisionsverfahren durch die Cour de Cassation bzw. den BGH nicht statt[421]. Zur Begründung wird in beiden Staaten angeführt, daß das Revisionsverfahren zu den obersten Gerichten der Wahrung einer einheitlichen Auslegung und Rechtsprechung in bezug auf inländisches Recht diene[422]. Außerdem sei das ausländische Recht oft nur sehr schwer und unvollständig zu ermitteln, so daß seine Anwendung sich einer genauen rechtlichen Kontrolle entziehe[423].

Bei besonders schwerwiegenden Fällen unzutreffender Auslegung ausländischen Rechts behalten sich jedoch sowohl die Cour de Cassation wie auch der BGH Möglichkeiten der Überprüfung vor: Besonders gravierende Entstellungen ausländischen Rechts werden von der Cour de Cassation als "*dénaturation*" geahndet, der BGH sanktioniert die unvollständige Ermittlung ausländischen Rechts, zu der auch die unvollständige Ermittlung von ergangener Rechtsprechung gezählt wird, als Verfahrensfehler nach § 551 Abs. 3 S. 1 Nr. 2 b ZPO[424].

d) Materielles ausländisches Recht in Verfahren des einstweiligen Rechtsschutzes

Im deutschen wie im französischen Recht finden grundsätzlich in zivilgerichtlichen Verfahren des einstweiligen Rechtsschutzes die für andere zivilgerichtlichen Verfahren geltenden jeweiligen allgemeinen Regeln - in Deutschland der strenge Amtsermittlungsgrundsatz, in Frankreich die Differenzierung nach der Art der geltend gemachten Rechte - Anwendung. Allerdings scheinen in beiden Staaten diese Grundsätze im Einzelfall Auflockerungen mit Blick auf die Eilbedürftigkeit in Verfahren des einstweiligen Rechtsschutzes zu erfahren. Dabei läßt sich aus dem Fehlen fester Regelungen, beispielsweise auf welche Weise bei Unmöglichkeit der Ermittlung des Inhalts eines ausländischen Rechts zu verfahren ist, ableiten, daß die Gerichte hier über den Freiraum verfügen, jeweils im Einzelfall die praktisch angemessenste Vorgehensweise zu wählen. In Frankreich wie in Deutschland wird zugelassen, notfalls die geltend gemachten Rechte nach dem nationalen Sachrecht zu beurteilen[425].

---

421 Siehe dazu oben Gliederungspunkte I.A.4.b), S. 44, und I.B.4.b), S. 73.

422 *Ferrand* ZEuP 1994, 126, 136; *Kerameus* ZZP 99 (1986), 166, 177; *Mélin* JDI 2004, 523, 535.

423 *Ferrand* ZEuP 1994, 126, 136; *Kerameus* ZZP 99 (1986), 166, 178 f.

424 Siehe dazu oben Gliederungspunkte I.A.4.b), S. 44, und I.B.4.b), S. 73.

425 Vgl. jeweils oben Gliederungspunkte I.A.4.c), S. 45, und I.B.4.c), S. 75.

II. Internationale gerichtliche Zuständigkeit für Verfahren des einstweiligen Rechtsschutzes sowie Anerkennung und Vollstreckung einstweiliger Maßnahmen nach autonomem deutschem und französischem internationalem Zivilverfahrensrecht

Vorschriften des Internationalen Zivilverfahrensrechts ergeben sich sowohl in Frankreich wie in Deutschland einerseits aus autonomem Recht, d.h. solchem, das vom nationalen Gesetzgeber ohne zwischenstaatliche Verpflichtungen erlassen wurde, und andererseits aus Völkergewohnheitsrecht, multilateralem oder bilateralem Staatsvertragsrecht sowie zunehmend aus europäischem Gemeinschaftsrecht. Enthalten zwischenstaatliche Verträge oder das Gemeinschaftsrecht Regelungen, die von denen des autonomen internationalen Zivilverfahrensrechts abweichen, gehen die Regelungen der zwischenstaatlichen Verträge oder des europäischen Gemeinschaftsrechts als ranghöhere Regeln den autonomen Regeln vor[426]. Dies ist für Normen staatsvertraglichen Ursprungs damit zu begründen, daß die entsprechenden innerstaatlichen Umsetzungsregelungen spezieller als die des allgemeinen autonomen Rechts sind[427]. Für die Regelungen über die Anerkennung ausländischer gerichtlicher Entscheidungen gilt jedoch in der Regel davon abweichend das sog. "Günstigkeitsprinzip", das heißt, daß die anerkennungsfreundlichere Regel vorgeht. Dies wird damit begründet, daß zwischenstaatliche Verträge über die gegenseitige Anerkennung von Gerichtsentscheidungen die erleichterte Anerkennung von Entscheidungen bezwecken und daher einer anerkennungsfreundlicheren Regelung als der in ihnen enthaltenen nicht vorgehen sollen[428].

Im folgenden sollen die Regelungen über die internationale gerichtliche Zuständigkeit sowie die Anerkennung und Vollstreckung von ausländischen gerichtlichen Entscheidungen nach autonomem deutschen und französischen Recht jeweils allgemein sowie mit Blick auf einstweilige Maßnahmen kurz dargestellt werden (Gliederungspunkte A und B). In einem zusammenfassenden Vergleich werden diese sodann einander gegenüber gestellt (Gliederungspunkt C). Auf die Regelungen in zwischenstaatlichen Übereinkommen, die Frankreich oder Deutschland abgeschlossen haben, soll dagegen nicht eingegangen werden, weil diese Arbeit vorrangig die Untersuchung der Behandlung der einstweiligen Maßnahmen nach der EuGVVO zum Gegenstand hat. Das EuGVÜ als "Vorgängerregelung" zur EuGVVO soll allerdings in die Betrachtungen in Teil 3 der Arbeit mit einbezogen werden.

---

426 BGH Urteil vom 22.02.1984 BGHZ 89, 325, 363; OLG Düsseldorf Urteil vom 18.06.1993 NJW-RR 1994, 453; *Geimer* IZPR Rdnr. 1874 b, 1881; *Linke* Rdnr. 19 ff.

427 *Geimer* IZPR Rdnr. 1881; *Linke* Rdnr. 19; für das Verhältnis zwischen EGBGB und völkerrechtlichen Vereinbarungen ist dies in Art. 3 Abs. 2 EGBGB ausdrücklich festgesetzt.

428 BGH Urteil vom 18.03.1987 NJW 1987, 3083, 3084; BayObLG Beschluß vom 29.03.1990 FamRZ 1990, 897; *Geimer* IZPR Rdnr. 2766; *Linke* Rdnr. 339; *Schack* Rdnr. 62, 807; *von Hoffmann* § 3 Rdnr. 150.

A. Autonomes Recht in Deutschland

1. Zuständigkeit

Die Regeln über die internationale Zuständigkeit deutscher Gerichte geben eine Antwort auf die Frage, ob und unter welchen Voraussetzungen gerichtliche Hilfe durch deutsche Gerichte bei der Lösung einer Streitigkeit mit Auslandsbezug in Anspruch genommen werden kann[429]. Die internationale Zuständigkeit ist dabei eine eigene Prozeßvoraussetzung[430]. Eine indirekte Bestimmung der internationalen Zuständigkeit erfolgt außerdem im Rahmen der Prüfung, ob die internationale Zuständigkeit der Gerichte eines anderen Staates akzeptiert und ein von einem ausländischen Gericht erlassene Urteil anerkannt werden kann[431].

Grundsätzlich können in Fällen mit Auslandsberührung die Gerichte mehrerer Staaten international zuständig sein, in diesen Fällen hat der Kläger ein echtes Wahlrecht, in welchem Staat er Rechtsschutz begehren möchte[432].

a) Grundsatz

Ausdrückliche Regelungen der internationalen gerichtlichen Zuständigkeit enthält das deutsche Zivilprozeßrecht kaum[433]. Die internationale Zuständigkeit deutscher Zivilgerichte bestimmt sich grundsätzlich nach den allgemeinen Regeln über die Bestimmung der örtlichen Zuständigkeit gemäß §§ 12 ff. ZPO bzw. den Spezialgesetzen wie zum Beispiel § 14 UWG n.F., sog. "Doppelfunktionalität der Regeln über die örtliche Zuständigkeit"[434]. Die örtliche Zuständigkeit indiziert damit die internationale Zuständigkeit deutscher Gerichte.

Inwieweit und gegebenenfalls unter welchen Voraussetzungen zur Bestimmung der internationalen Zuständigkeit auch der besondere Gerichtsstand des Vermögens und

---

429 *Geimer* IZPR Rdnr. 844 ff.; *Linke* Rdnr. 102; *Stickler* S. 17; *von Hoffmann* § 3 Rdnr. 28.

430 BGH Urteil vom 24.09.1986 BGHZ 98, 263; 270; BGH Urteil vom 10.12.1976 WM 1976, 453, 456; OLG Karlsruhe Urteil vom 15.07.1988 NJW-RR 1989, 187, 188; *Eilers* S. 5; *Geimer* IZPR Rdnr. 1008 f., 1816; Zöller-*Geimer* IZPR Rdnr. 38; *Jauernig* Zivilprozeßrecht § 6 II 3; *Linke* Rdnr. 104; *Schack* Rdnr. 131, 188, 384; *Schütze* Rechtsverfolgung Rdnr. 50.

431 *Geimer* IZPR Rdnr. 851 ff.; *Linke* Rdnr. 102, 105 f.; *Stickler* S. 18; *von Hoffmann* § 3 Rdnr. 30 f.; sog. "Spiegelbildprinzip", § 328 Abs. 1 Nr. 1 ZPO, siehe dazu unten Gliederungspunkt II.A.2.a), S. 97.

432 *Geimer* IZPR Rdnr. 861 f.; *Linke* Rdnr. 107.

433 Z.B. §§ 606 a Abs. 1, 640 a Abs. 2 ZPO.

434 BGH Urteil vom 03.12.1992 NJW 1993, 1073; BGH Urteil vom 02.07.1991 BGHZ 115, 90, 91 f.; BGH Urteil vom 18.04.1985 BGHZ 94, 156, 157 f.; BGH Beschluß vom 14.06. 1965 BGHZ 44, 46, 47; *Eilers* S. 5 ff.; *Geimer* IZPR Rdnr. 946 ff.; Zöller-*Geimer* IZPR Rdnr. 37; Baumbach/Lauterbach/Albers/Hartmann-*Hartmann* Übers § 12 Rdnr. 6 ff.; *Jauernig* Zivilprozeßrecht § 6 II 1; *Linke* Rdnr. 115; *Nagel/Gottwald* § 3 Rdnr. 216 ff.; *Schack* Rdnr. 236; *Spellenberg/Leible* in *Gilles* S. 293, 308; *von Hoffmann* § 3 Rdnr. 38; zum ehemaligen § 24 UWG als ausschließliche Zuständigkeitsnorm auch zur Bestimmung der internationalen Zuständigkeit: *Eilers* S. 35; BGH Urteil vom 03.04.1985 MDR 1985, 911. § 24 UWG wurde in in der Neufassung des UWG durch Gesetz vom 03.07.2004 durch § 14 UWG ersetzt.

des Streitgegenstandes nach § 23 ZPO herangezogen werden darf, ist umstritten[435]. Würde § 23 ZPO entsprechend seines Wortlautes angewandt, könnte allein die Belegenheit irgendwelchen, und sei es noch so wertlosen, Vermögens im Inland ausreichen, einen deutschen Gerichtsstand für eine Streitigkeit zwischen Parteien zu begründen, die sonst keinerlei Bezug zum Inland haben. Das "Forum Shopping" würde damit begünstigt[436]. Nach der Rechtsprechung des BGH ist daher zusätzlich zu den in § 23 ZPO genannten Voraussetzungen ein "hinreichender Inlandsbezug" der Streitigkeit zu verlangen[437]. Wie ein solcher begründet werden kann, ließ der BGH offen. In der vom BGH bestätigten Entscheidung des OLG Stuttgart vom 06.08.1990 wird von einem solchen Inlandsbezug beispielsweise ausgegangen, wenn der Kläger einen dauernden Aufenthalt oder Wohnsitz im Inland hat, der Schwerpunkt des Sachverhaltes sich in Deutschland befindet, deutsches Recht auf die Lösung der Streitigkeit Anwendung findet, das deutsche Gericht besonders beweisnah ist, eine internationale Notzuständigkeit besteht, die Vollstreckung in inländisches Vermögen ermöglicht werden soll oder wenn ein sonstiges berechtigtes Interesse an einer inländischen Entscheidung besteht[438]. Dieses Urteil ist in der Literatur teilweise auf Kritik gestoßen[439], wurde aber in der Rechtsprechung bestätigt[440]. In der Literatur wurde auch vorgeschlagen, die Entscheidungszuständigkeit deutscher Gerichte von vornherein nur auf den Wert des sie begründenden Vermögens zu beschränken oder eine Verhältnismäßigkeit zwischen dem Wert dieses Vermögens und dem Wert des Streitgegenstandes zu verlangen[441]. Von GRONSTEDT wird ein "qualifizierter Inlandsbezug" verlangt, der vorliegen soll, wenn der Verfahrensgegenstand einen Bezug zum inländischen Forum hat[442].

Teilweise wird vertreten, es bestehe keine internationale Zuständigkeit deutscher Gerichte, wenn aufgrund einer Vorschrift des deutschen Rechts über eine ausschließliche Zuständigkeit bestimmter Gerichte (z.B. §§ 24, 29a ZPO) ein ausländisches Gericht zuständig ist[443]. Nach anderer Ansicht sollen jedoch deutsche Gerichte in solchen Fällen wenigstens dann international zuständig sein, wenn eine sonstige internationale

---

435 Vgl. hierzu BGH Urteil vom 02.07.1991 BGHZ 115, 90, 92 ff.; OLG Frankfurt Urteil vom 04.06.1992 NJW-RR 1993, 305 306 f.; *Bertele* S. 224 ff.; *Geimer* NJW 1991, 3072 ff.; *Geimer* IZPR Rdnr. 1346 ff.; *Gronstedt* S. 289 ff.; *Jauernig* Zivilprozeßrecht § 6 II 1; *Linke* Rdnr. 165 ff.; *Lüke* ZZP 105 (1992), 321 ff.; *Schack* Rdnr. 324 und JZ 1992, 54 ff.; *Schlosser* IPRax 1992, 140.

436 BGH Urteil vom 02.07.1991 BGHZ 115, 90, 97 f.

437 Grundlegend BGH Urteil vom 02.07.1991 BGHZ 115, 90, 94.

438 OLG Stuttgart Urteil vom 06.08.1990 IPRax 1991, 179, 181, 182.

439 *Schack* Rdnr. 325; einen Überblick über Ansätze der Kritik gibt *Wollenschläger* IPRax 2002, 96, 97.

440 Bestätigt unter anderem durch BGH Urteil vom 22.10.1996 NJW 1997, 324, 325; BGH Urteil vom 24.04.1996 NJW 1996, 2096; OLG Frankfurt/Main Urteil vom 04.06.1992 NJW-RR 1993, 305, 306; OLG München Urteil vom 07.10.1992 IPRax 1993, 237, 239.

441 *Schack* Rdnr. 328; kritisch dazu *Geimer* IZPR Rdnr. 1363 ff.

442 *Gronstedt* S. 292 ff.

443 *Stoll* IPRax 1999, 29; OLG Düsseldorf Beschluß vom 29.05.2000 RIW 2001, 380 f. zu § 29a ZPO.

Zuständigkeit deutscher Gerichte gegeben ist, z. B. aufgrund des Wohnsitzes des Beklagten im Inland[444].

Eine einmal begründete internationale Zuständigkeit eines deutschen Gerichts bleibt nach § 261 Abs. 3 Nr. 2 ZPO auch bei einer Veränderung der sie begründenden Umstände erhalten (*perpetuatio fori*)[445].

Die internationale Zuständigkeit deutscher Gerichte ist im Rechtsmittelverfahren nachprüfbar[446]. §§ 513 Abs. 2, 545 Abs. 2 ZPO (§§ 512a, 549 Abs. 2 ZPO alter Fassung) gelten nach der Rechtsprechung des Bundesgerichtshofs und der allgemeinen Ansicht in der Literatur nicht für die internationale Zuständigkeit, wiewohl der Wortlaut dieser Vorschriften nur von "Zuständigkeit" allgemein spricht[447].

b) Sonderregelungen

Für Ehe- sowie für Kindschaftssachen enthält die ZPO Sonderregelungen in den §§ 606 a bzw. 640 a ZPO[448]. § 606 a ZPO gilt auch für einstweilige Anordnungen nach §§ 620 ff. ZPO[449].

c) Vereinbarungen über die Zuständigkeit

Grundsätzlich kann die internationale Zuständigkeit deutscher Gerichte auch durch eine nach §§ 38, 40 ZPO wirksam getroffene Gerichtsstandsvereinbarung begründet oder ausgeschlossen werden[450]. Zu beachten ist hier die ausdrückliche Regelung des

---

444 OLG Düsseldorf Urteil vom 14.12.1989 ZMR 1990, 144; MüKo/ZPO-*Patzina* § 29a Rdnr. 30; Zöller-*Vollkommer* § 29a Rdnr. 4; Stein/Jonas-*Roth* § 29a Rdnr. 4.

445 BGH Urteil vom 24.04.1996 NJW 1996, 2096; BAG Urteil vom 29.06.1978 JZ 1979, 647, 648; *Geimer* IZPR Rdnr. 1830 ff., 1835; *Jauernig* Zivilprozeßrecht § 6 II 1; *Linke* Rdnr. 213; *Schack* Rdnr. 392; *von Hoffmann* § 3 Rdnr. 70.

446 Ständige Rechtsprechung seit BGH Beschluß vom 14.06.1965 BGHZ 44, 46, 51 f.; z.B. BGH Urteil vom 28.11.2002 NJW 2003, 426 und BGH Urteil vom 16.12.2003 NJW 2004, 1456 jeweils zur Rechtslage nach der ZPO-Reform zum 01.01.2002; BGH Urteil vom 21.11.1996 BGHZ 134, 127, 129 f.; BGH Urteil vom 02.07.1991 BGHZ 115, 90, 91; BGH Urteil vom 09.10.1985 NJW 1986, 662; BGH Urteil vom 18.04.1985 BGHZ 94, 156, 157; anders noch das Reichsgericht: RG Urteil vom 14.02.1936 RGZ 150, 265, 268; RG Urteil vom 14.11.1929 RGZ 126, 196, 199, und der BGH in seiner alten Rechtsprechung: BGH Beschluß vom 09.02.1960 WM 1960, 441; BGH Urteil vom 18.12.1959 GRUR 1960, 372, 377; BGH Urteil vom 07.02.1955 JZ 1956, 535; BGH Beschluß vom 18.11.1952 NJW 1953, 222, 223; die heutige Rechtsprechung des BGH wird von der in der Literatur herrschenden Meinung bestätigt, z.B. *Geimer* IZPR Rdnr. 1855 ff.; *Nagel/Gottwald* § 3 Rdnr. 206; Zöller-*Gummer/Heßler* § 513 Rdnr. 8, § 545 Rdnr. 16; Thomas/Putzo-*Reichold* § 513 Rdnr. 3, § 545 Rdnr. 13; *Schack* Rdnr. 385; *Staudinger* IPRax 2001, 298.

447 BGH Urteil vom 28.11.2002 NJW 2003, 426; BGH Urteil vom 21.11.1996 NJW 1997, 397; BGH Urteil vom 02.07.1991 BGHZ 115, 90, 91; BGH Urteil vom 18.04.1985 BGHZ 94, 156, 157; BGH Beschluß vom 14.06.1965 BGHZ 44, 46, 51; *Geimer* IZPR Rdnr. 1009, 1855; Zöller-*Geimer* IZPR Rdnr. 38, 94; Thomas/Putzo-*Reichold* § 513 Rdnr. 3, § 545 Rdnr. 11.

448 Hierzu ausführlich *Eilers* S. 13 ff.; *Nagel/Gottwald* § 3 Rdnr. 300 ff., § 15 Rdnr. 57 ff.; *Schack* Rdnr. 368 ff.

449 *Eilers* S. 14; *Nagel/Gottwald* § 15 Rdnr. 57.

450 Vgl. z.B. BGH Urteil vom 13.12.1967 BGHZ 49, 124; *Geimer* IZPR Rdnr. 1596 ff., 1633; Zöller-*Geimer* IZPR Rdnr. 62 ff.; *Hausmann* in Reithmann/Martiny Rdnr. 3104 ff.; *Jauernig* Zivilpro-

§ 38 Abs. 2 ZPO für Streitigkeiten, in denen mindestens eine Vertragspartei keinen allgemeinen Gerichtsstand im Inland hat. Die Begründung einer internationalen Zuständigkeit ist auch durch rügelose Einlassung nach § 39 S. 1 ZPO möglich[451]. Dabei geht der BGH für die Bestimmung der internationalen Zuständigkeit davon aus, daß das Fehlen der internationalen Zuständigkeit noch in der ersten mündlichen Verhandlung gerügt werden kann[452]. Dagegen ist umstritten, ob hier auch § 39 S. 2 ZPO Anwendung findet, nach dem die Zuständigkeit eines Gerichts des ersten Rechtszuges nicht kraft rügeloser Einlassung begründet werden kann, wenn eine Belehrung des Beklagten nach § 504 ZPO über die sachliche oder örtliche Unzuständigkeit des Amtsgerichts sowie die Folgen einer rügelosen Einlassung zur Hauptsache unterblieben ist. Im allgemeinen wird trotz des Wortlautes des § 504 ZPO, der keine Belehrung bei internationaler Unzuständigkeit des Gerichts vorsieht, davon ausgegangen, daß dies der Fall ist und bei unterbliebener Belehrung durch das Gericht über das Fehlen der internationalen Zuständigkeit keine Zuständigkeit durch rügelose Einlassung begründet werden kann[453].

Bei Gerichtsstandsvereinbarungen handelt es sich nach allgemeiner Ansicht um materiellrechtliche Verträge über prozeßrechtliche Beziehungen, deren Zustandekommen sich nach materiellem Recht richtet, welches bei Streitigkeiten mit Auslandsbezug nach den Regeln des Internationalen Privatrechts zu bestimmen ist[454]. Zulässigkeit, Form und Wirkung einer Gerichtsstandsvereinbarung werden dagegen nach der lex fori des angerufenen Gerichts beurteilt[455].

---

zeßrecht § 6 II 1; Baumbach/Lauterbach/Albers/Hartmann-*Hartmann* Übers § 38 Rdnr. 7; *Linke* Rdnr. 177; *Nagel/Gottwald* § 3 Rdnr. 261; Thomas/Putzo-*Hüßtege* Vorbem. § 38 Rdnr. 3, 5 ff.; *Schack* Rdnr. 435; *Schütze* Rechtsverfolgung Rdnr. 108 ff.

451 BGH Urteil vom 21.11.1996 BGHZ 134, 127, 132 ff.; BGH Urteil vom 03.12.1992 BGHZ 120, 334, 337; BGH Urteil vom 15.10.1992 NJW 1993, 1270, 1272; BGH Urteil vom 13.07.1987 BGHZ 101, 296, 301; BGH Urteil vom 26.01.1979 WM 1979, 445, 446; OLG Düsseldorf Urteil vom 15.03.1990 NJW 1991, 1492, 1493; *Geimer* IZPR Rdnr. 1397; Zöller-*Geimer* IZPR Rdnr. 93; Baumbach/Lauterbach/Albers/Hartmann-*Hartmann* § 39 Rdnr. 5; *Hausmann* in Reithmann/Martiny Rdnr. 3206; *Jauernig* Zivilprozeßrecht § 6 II 1; *Linke* Rdnr. 192; *Nagel/Gottwald* § 3 Rdnr. 288.

452 BGH Urteil vom 21.11.1996 BGH NJW 1997, 397, 398; anderer Ansicht Zöller-*Geimer* IZPR Rdnr. 93: vor der Verhandlung zur Hauptsache, entsprechend § 282 Abs. 3 ZPO.

453 Zöller-*Geimer* IZPR Rdnr. 93; *Hausmann* in Reithmann/Martiny Rdnr. 3207; *Linke* Rdnr. 193; *Nagel/Gottwald* § 3 Rdnr. 289; *Schack* Rdnr. 485.

454 BGH Urteil vom 17.05.1972 BGHZ 59, 23, 26 f., wobei der BGH das Zustandekommen der Gerichtsstandsvereinbarung nach dem für den Hauptvertrag anwendbaren Recht bestimmt und damit das Statut des Hauptvertrages mit dem der Gerichtsstandsvereinbarung verquickt; BGH Urteil vom 29.02.1968 BGHZ 49, 384, 386; dazu *Geimer* IZPR Rdnr. 1677 ff.; Baumbach/Lauterbach/Albers/Hartmann-*Hartmann* Übers § 38 Rdnr. 7; *Linke* Rdnr. 185; *Nagel/Gottwald* § 3 Rdnr. 269; Thomas/Putzo-*Hüßtege* Vorbem. § 38 Rdnr. 6; *Schack* Rdnr. 432, 444 ff.; *Schütze* Rechtsverfolgung Rdnr. 112.

455 BGH Beschluß vom 14.04.2005 NJW-RR 2005, 929, 930 f.; BAG Urteil vom 29.06.1978 JZ 1979, 647; BGH Urteil vom 17.05.1972 BGHZ 59, 23, 26; Baumbach/Lauterbach/Albers/Hartmann-*Hartmann* Übers § 38 Rdnr. 7; *Kegel/Schurig* § 22 II; Zöller-*Geimer* IZPR Rdnr. 25; *Linke* Rdnr. 185; *Nagel/Gottwald* § 3 Rdnr. 269; Thomas/Putzo-*Hüßtege* Vorbem. § 38 Rdnr. 7; *Schack* Rdnr. 432, 436 ff., 448 ff.; *Schütze* Rechtsverfolgung Rdnr. 112.

Weil die Vorschriften zwischenstaatlicher Verträge den autonomen Regeln vorgehen, gelten die §§ 38 ff. ZPO nicht, soweit zwischenstaatliche Vereinbarungen wie das EuGVÜ die gerichtliche Zuständigkeit regeln[456]. Gleiches gilt für die EuGVVO, die als europäisches Gemeinschaftsrecht dem einfachen nationalen Gesetz vorgeht[457].

d) Berücksichtigung ausländischer Rechtshängigkeit

Das Fehlen einer anderweitigen Rechtshängigkeit stellt eine negative Prozeßvoraussetzung dar, die von Amts wegen zu beachten ist[458]. Nur soweit die Klage nicht bereits vor einem anderen Gericht anhängig ist, darf sie für zulässig erklärt werden. Die fehlende anderweitige ausländische Rechtshängigkeit ist damit keine Voraussetzung der internationalen Zuständigkeit eines deutschen Gerichts, kann aber dazu führen, daß ein international zuständiges deutsches Gericht eine Klage als unzulässig abweisen muß.

Die Einrede inländischer Rechtshängigkeit muß nach § 261 Abs. 3 Nr. 1 ZPO grundsätzlich beachtet werden. Rechtshängigkeit tritt nach §§ 253 Abs. 1, 261 Abs. 1 ZPO mit Zustellung der Klage ein. Die Rechtshängigkeit eines Antrags auf Erlaß einer einstweiligen Maßnahme tritt bereits mit Eingang des Gesuchs bei Gericht ein[459]. Maßgebend für die Berücksichtigung einer anderen Rechtshängigkeit ist die Identität des Streitgegenstandes und der Parteien[460]. Nach heutigem deutschem Rechtsverständnis beurteilt sich dabei der Streitgegenstand nicht nach dem materiellrechtlichen Anspruch, sondern nach der Identität des Klageantrags und des dazugehörigen Lebenssachverhalts[461].

Wie im Falle ausländischer Rechtshängigkeit zu verfahren ist, regelt die ZPO nicht[462]. Nach ständiger Rechtsprechung und fast allgemeiner Ansicht in der Literatur ist jedoch die Einrede ausländischer Rechtshängigkeit zu beachten und damit eine Klage abzuweisen, wenn derselbe Rechtsstreit bereits vor einem ausländischen Gericht anhängig

---

456 BGH Urteil vom 20.03.1980 NJW 1980, 2022, 2023; OLG München Urteil vom 11.02.1981 NJW 1982, 1951; *Jauernig* Zivilprozeßrecht § 6 II 1.

457 Vgl. z.B. *Hausmann* in Reithmann/Martiny Rdnr. 2950.

458 *Jauernig* Zivilprozeßrecht § 33 IV 3 a, § 40 II; *Nagel/Gottwald* § 5 Rdnr. 213, 217.

459 OLG München Beschluß vom 02.11.1992 NJW 1993, 1604; LG Hamburg Urteil vom 12.01.1966 MDR 1966, 931; AG Weilheim Urteil vom 24.09.1984 MDR 1985, 148; MüKo/ZPO-*Lüke* § 261 Rdnr. 14; Baumbach/Lauterbach/Albers/Hartmann-*Hartmann* § 920 Rdnr. 8.

460 BGH Urteil vom 12.02.1992 IPRax 1994, 40, 41; BGH Urteil vom 10.10.1985 NJW 1986, 2195; BGH Urteil vom 17.01.1952 BGHZ 4, 314, 322; OLG München Urteil vom 26.06.1991 IPRax 1992, 174; Zöller-*Greger* § 261 Rdnr. 8a ff.; Baumbach/Lauterbach/Albers/Hartmann-*Hartmann* § 261 Rdnr. 18 ff.; *Linke* IPRax 1994, 17; Thomas/Putzo-*Reichold* § 261 Rdnr. 10 ff.

461 Sog. "Theorie des zweigliedrigen Streitgegenstandes", vgl. z.B. BGH Urteil vom 27.03.1996 BGHZ 132, 240, 243; *Jauernig* Zivilprozeßrecht § 37 II 3, 4 und *Musielak* Rdnr. 144, jeweils mit Hinweisen auf andere Theorien; Thomas/Putzo-*Reichold* § 261 Rdnr. 12; Zöller-*Vollkommer* Einleitung Rdnr. 62 ff., 82 f.

462 Eine ausdrückliche Regelung der Einrede ausländischer Rechtshängigkeit bei Klagen auf Schadensersatz wegen einer Schiffskollision enthält § 738 a Abs. 1 HGB. Ist eine entsprechende Klage bei einem ausländischen Gericht anhängig, hat dies nach dieser Vorschrift die in § 261 Abs. 3 Nr. 1 ZPO bestimmten Wirkungen, wenn die Zuständigkeit des ausländischen Gerichts auf einer Regelung beruht, die dem § 738 Abs. 1 HGB entspricht.

ist[463]. Dies gilt allerdings nur insoweit, wie nicht durch § 328 Abs. 1 Nr. 5 ZPO[464] oder aus anderen Gründen die Anerkennung des ausländischen Urteils im Inland von vornherein ausgeschlossen ist[465]. Ob bereits ausländische Rechtshängigkeit besteht, bestimmt sich nach allgemeiner Ansicht nach dem ausländischen Prozeßrecht[466].

Die Rechtshängigkeit eines ausländischen Verfahrens des einstweiligen Rechtsschutzes ist aber für die Erhebung einer Klage im Inland unschädlich, weil hier ein anderes Begehren, nämlich nur die Sicherung eines Anspruchs, rechtshängig ist[467].

e) Entscheidungszuständigkeit für einstweilige Maßnahmen

(1) Bestimmung der internationalen Zuständigkeit

Auch für einstweilige Maßnahmen ergibt sich die internationale Zuständigkeit deutscher Gerichte grundsätzlich aus den Regeln über die örtliche Zuständigkeit[468].

(a) Arreste

Für den Erlaß von *Arresten* sind damit nach § 919 ZPO deutsche Gerichte international zuständig, wenn entweder das Gericht der Hauptsache, das nach den allgemeinen Regeln zu bestimmen ist, oder das Amtsgericht, in dessen Bezirk sich der mit Arrest zu

---

463 BGH Urteil vom 12.02.1992 NJW-RR 1992, 642; BGH Urteil vom 18.03.1987 NJW 1987, 3083; BGH Urteil vom 02.02.1964 FamRZ 1994, 434; OLG Karlsruhe Beschluß vom 22.04.1993 FamRZ 1994, 47; RG Urteil vom 13.04.1901 RGZ 49, 340, 344 f.; *Dohm* S. 238; Zöller-*Geimer* IZPR Rdnr. 96; *Linke* Rdnr. 201; *Linke* IPRax 1994, 17; MüKo/ZPO-*Patzina* § 12 Rdnr. 71; *Rauscher* S. 470; *Schack* Rdnr. 747 ff.; *Schütze* Rechtsverfolgung Rdnr. 279; dies wird häufig auf eine entsprechende Anwendung des § 261 Abs. 3 Nr. 1 ZPO gestützt. DOHM aber lehnt dies ab und zieht statt dessen eine analoge Anwendung des § 148 ZPO heran, *Dohm* S. 271, 278.

464 Vgl. hierzu unten Gliederungspunkt II.A.2.a), S. 97.

465 BGH Urteil vom 24.10.2000 NJW 2001, 524, 525; BGH Urteil vom 18.03.1987 NJW 1987, 3083; BGH Urteil vom 10.10.1985 NJW 1986, 2195; RG Urteil vom 13.04.1901 RGZ 49, 340, 344; Zöller-*Geimer* IZPR Rdnr. 96; *Geimer* IZPR Rdnr. 2688; *Linke* Rdnr. 202; *Rauscher* S. 470; *Schack* Rdnr. 754; *Dohm* S. 245 f., 252 ff., 277 f. stellt fest, daß eine umfassende Anerkennungsprognose nicht möglich ist, solange das ausländische Gericht noch nicht rechtskräftig entschieden hat; ausführlich *Nagel/Gottwald* § 5 Rdnr. 215 ff.

466 BGH Urteil vom 12.02.1992 NJW-RR 1992, 642, 643; BGH Urteil vom 18.03.1987 NJW 1987, 3083; BGH Urteil vom 09.10.1985 NJW 1986, 662, 663; BGH Urteil vom 16.06.1982 FamRZ 1982, 917; OLG Karlsruhe Urteil vom 11.02.1993 RIW 1994, 1046, 1048; *Dohm* S. 240; *von Hoffmann* § 3 Rdnr. 67; *Nagel/Gottwald* § 5 Rdnr. 228; *Rauscher* S. 470; teilweise wird zur Vermeidung von Benachteiligungen ergänzend zu diesem Grundsatz eine doppelspurige Beurteilung nach inländischem und ausländischem Prozeßrecht verlangt, nach der der Zeitpunkt des Eintritts der ausländischen Rechtshängigkeit nicht nur nach ausländischem Prozeßrecht, sondern auch nach der deutschen lex fori zu beurteilen ist: *Linke* Rdnr. 204 und IPRax 1994, 17, 18; *Schack* Rdnr. 756 ff.

467 *Spellenberg/Leible* in *Gilles* S. 293, 317; für Inlandsverfahren: Zöller-*Greger* § 261 Rdnr. 2.

468 OLG Karlsruhe Beschluß vom 02.10.2001 MDR 2002, 231; LG Frankfurt/Main Urteil vom 12.04.1989 NJW 1990, 652; *Albrecht* S. 67; *Eilers* S. 6 ff.; *Gronstedt* S. 17, 288 f.; Stein/Jonas-*Grunsky* § 919 Rdnr. 2; Soergel-*Kronke* Art. 38 EGBGB Anh. IV Rdnr. 221; *Nagel/Gottwald* § 15 Rdnr. 24, 46; *Schack* Rdnr. 414 f.; *Spellenberg/Leible* in *Gilles* S. 293, 308; *Thümmel* NJW 1996, 1930; Wieczorek/Schütze-*Thümmel* § 919 Rdnr. 1 und § 937 Rdnr. 1; Zöller-*Vollkommer* § 919 Rdnr. 2.

belegende Gegenstand oder die in ihrer persönlichen Freiheit zu beschränkende Person befindet, deutsche Gerichte sind[469].

Für die Zuständigkeit des Hauptsachegerichts ist es unerheblich, ob sich der mit Arrest zu belegende Gegenstand im Inland oder im Ausland befindet[470]. Ist die Hauptsache noch nicht anhängig, kann der Antragsteller nach § 35 ZPO frei zwischen den nach §§ 12 ff. ZPO in Betracht kommenden Gerichtsständen wählen[471]. Wichtigster Gerichtsstand ist hier derjenige nach § 23 ZPO, allerdings ist auch im Arrestverfahren ein "hinreichender Inlandsbezug" zu verlangen[472].

Grundsätzlich ist nach § 919 Alt. 2 ZPO, der die Zuständigkeit des Amtsgerichts vorsieht, die internationale Zuständigkeit deutscher Gerichte auch dann möglich, wenn deutsche Gerichte nicht für die Durchführung des Hauptsacheverfahrens zuständig sind, sofern sich nur der mit einem Arrest zu belegende Gegenstand oder die in ihrer Freiheit zu beschränkende Person im Inland befindet[473].

---

469 OLG Karlsruhe Beschluß vom 02.10.2001 MDR 2002, 231; OLG Koblenz Urteil vom 23.02.1990 IPRax 1991, 241, 242; OLG Frankfurt/Main Urteil vom 23.09.1980 RIW/AWD 1980, 799; LG Frankfurt/Main Urteil vom 12.04.1989 RIW 1989, 485; LG Bremen Urteil vom 30.05.1978 RIW/AWD 1980, 366; *Albrecht* S. 67; *Dittmar* NJW 1978, 1720, 1721; *Eilers* S. 6 f.; *Fohrer/Mattil* WM 2002, 840, 841; Geimer/Schütze-*Geimer* Urteilsanerkennung I/1 § 41 I 1, S. 269; *Gronstedt* S. 17; Stein/Jonas-*Grunsky* § 919 Rdnr. 2; ausführlich *Hornung* ZVglRWiss 95 (1996), 305, 306 f.; *Nagel/Gottwald* § 15 Rdnr. 25; *Rauscher* S. 411; *Schack* Rdnr. 415; Zöller-*Vollkommer* § 919 Rdnr. 2; Schuschke/Walker-*Walker* § 919 Rdnr. 3.

470 OLG Karlsruhe Urteil vom 26.04.1972 OLGZ 1973, 58, 60; *Cuniberti* Rdnr. 191 f.; *Gronstedt* S. 37.

471 *Eilers* S. 6; *Fohrer/Mattil* WM 2002, 840, 841; *Nagel/Gottwald* § 15 Rdnr. 26; *Schack* Rdnr. 415; *Spellenberg/Leible* in *Gilles* S. 293, 309; *Wolf* in FS Schütze S. 983, 988 f.

472 Vgl. *Bertele* S. 593; *Hornung* ZVglRWiss 95 (1996), 305, 310 ff.; *Nagel/Gottwald* § 15 Rdnr. 26; *Spellenberg/Leible* in *Gilles* S. 293, 309; Zöller-*Vollkommer* § 919 Rdnr. 9; anderer Ansicht *Wollenschläger* IPRax 2002, 96, 99 f.; *Gronstedt* S. 28 ff., 30, der allerdings auf S. 31 eine Zuständigkeit ablehnt, wenn schon im Zeitpunkt der Stellung des Arrestantrags (im Beschlußverfahren) bzw. im Zeitpunkt der letzten mündlichen Verhandlung (im Urteilsverfahren) offenkundig ist, daß zur Vollziehung des Antrags relevantes und geeignetes Vermögen nicht vorhanden ist.

473 *Dittmar* NJW 1978, 1720, 1721; *Eilers* S. 8; *Geimer* IZPR Rdnr. 1203 und RIW/AWD 1975, 81, 85; *Fohrer/Mattil* WM 2002, 840, 842; Zöller-*Geimer* IZPR Rdnr. 91; Stein/Jonas-*Grunsky* § 919 Rdnr. 2; Baumbach/Lauterbach/Albers/Hartmann-*Hartmann* § 919 Rdnr. 3, 9; *Spellenberg/Leible* in *Gilles* S. 293, 310; Soergel-*Kronke* Art. 38 EGBGB Anh. IV Rdnr. 221; Rauscher-*Leible* EuZPR Art. 31 EuGVVO Rdnr. 28; Zöller-*Vollkommer* § 919 Rdnr. 2; Schuschke/Walker-*Walker* Vor § 916 Rdnr. 62 und § 919 Rdnr. 3; *Wolf* in FS Schütze S. 983, 990; *Wollenschläger* IPRax 2002, 96, 97, 100; offen gelassen in: OLG Koblenz Urteil vom 02.05.1975 RIW/AWD 1977, 359; mit *Gronstedt* S. 38 ist aber davon auszugehen, daß die Anordnungskompetenz des Gerichts nicht auf das im Inland belegene Vermögen begrenzt ist.

(b) Einstweilige Verfügungen

i) Zuständiges Hauptsachegericht

Für den Erlaß *einstweiliger Verfügungen* kann sich die internationale Zuständigkeit zunächst aus § 937 Abs. 1 ZPO ergeben, nach dem grundsätzlich das nach den allgemeinen Regeln zu bestimmende Gericht der Hauptsache örtlich zuständig ist[474].

ii) § 942 Abs. 1 ZPO

(aa) Grundsätzliche Frage nach der Anwendbarkeit

Fraglich ist, ob sich ausnahmsweise darüber hinaus die internationale Zuständigkeit in dringenden Fällen[475] auch aus § 942 Abs. 1 ZPO ergeben kann. Teilweise wird dies in der Literatur bejaht[476]. Dann ist auch das deutsche Amtsgericht, in dessen Bezirk sich der Streitgegenstand befindet, für den Erlaß der einstweiligen Verfügung zuständig. Andere verneinen einen Doppelfunktionalität mit der Begründung, das in § 942 Abs. 1 ZPO vorausgesetzte Rechtfertigungs- oder Rechtmäßigkeitsverfahren bei dem Gericht der Hauptsache verlange die internationale Zuständigkeit inländischer Gerichte für das Hauptsacheverfahren. Daher könne die internationale Zuständigkeit zum Erlaß einstweiliger Verfügungen nur dann vorliegen, wenn eine internationale Zuständigkeit für das Hauptsacheverfahren nach § 937 ZPO bestehe[477].

Für eine mögliche Zuständigkeit des Amtsgerichts nach § 942 Abs. 1 ZPO in Fällen mit Auslandsberührung sprechen jedoch Aspekte der Prozeßökonomie sowie der Effizienz des Rechtsschutzes[478]: Ließe man die internationale Zuständigkeit nach § 942 Abs. 1 ZPO nicht zu, müßte der Gläubiger vor dem ausländischen Hauptsachegericht um einstweiligen Rechtsschutz nachsuchen, selbst wenn ein im Inland belegener Streitgegenstand von der Maßnahme betroffen sein würde. Diese einstweilige Maßnahme müßte dann gegebenenfalls im Inland anerkannt und für vollstreckbar erklärt werden. Dies würde insbesondere einen erhöhten Zeitaufwand bedeuten, der dem Grundzweck des einstweiligen Rechtsschutzes, möglichst schnell und effektiv einstweilige Sicherheit zu gewähren, zuwider liefe. Damit ist § 942 Abs. 1 ZPO auch zur Bestimmung der internationalen gerichtlichen Zuständigkeit in Verfahren mit Auslandsberührung anzuwenden.

(bb) Dringender Fall im Sinne des § 942 Abs. 1 ZPO

Fraglich ist, wann bei Streitigkeiten mit Auslandsbezug ein dringender Fall im Sinne des § 942 Abs. 1 ZPO vorliegt. Die einen dringenden Fall begründende drohende

---

474 *Albrecht* S. 68; *Eilers* S. 11; *Geimer* RIW/AWD 1975, 81, 86; Geimer/Schütze-*Geimer* Urteilsanerkennung I/1 § 41 I 5, S. 271; *Nagel/Gottwald* § 15 Rdnr. 46; *Schack* Rdnr. 415; *Spellenberg/Leible* in *Gilles* S. 293, 310; Wieczorek/Schütze-*Thümmel* § 937 Rdnr. 1; zur Anwendung des § 23 ZPO *Wollenschläger* IPRax 2002, 96, 100.

475 Zu diesem Begriff in dieser Vorschrift vgl. oben Gliederungspunkt I.A.2, S. 33 f.

476 *Eilers* S. 11; *Geimer* RIW/AWD 1975, 81, 86; Geimer/Schütze-*Geimer* Urteilsanerkennung I/1 § 41 I 5, S. 271; MüKo/ZPO-*Gottwald* Art. 24 EuGVÜ Rdnr. 9; *Puttfarken* RIW/AWD 1977, 360; *Schack* Rdnr. 416; *Schlosser* EU-Zivilprozeßrecht Art. 31 Rdnr. 21 unter ausdrücklicher Aufgabe der in der Vorausgabe vertretenen Ansicht; *Spellenberg/Leible* in *Gilles* S. 293, 310.

477 *Nagel/Gottwald* § 15 Rdnr. 47.

478 Vgl. *Gronstedt* S. 301.

nachteilige Verzögerung könnte sich hier bereits daraus ergeben, daß eine Rechtsverfolgung im Ausland meist mit zusätzlichen Schwierigkeiten rechtlicher oder tatsächlicher Art verbunden ist[479]. Dazu merkt EILERS an, bei einer solchen Auffassung sei in Fällen mit Auslandsberührung immer ein inländischer Gerichtsstand gegeben, wenn der Streitgegenstand sich im Inland befindet. Der Kläger erhalte so ein Wahlrecht, das nach §§ 937, 942 ZPO nicht vorgesehen sei. EILERS schlägt daher vor, einen "dringenden Fall" im Sinne des § 942 Abs. 1 ZPO dann anzunehmen, wenn bezüglich der ordnungsgemäß ablaufenden ausländischen Rechtspflege eine Ausnahmesituation, zum Beispiel bedingt durch politische oder wirtschaftliche Krisensituationen, besteht[480]. Auch soll er dann vorliegen, wenn die ausländische Justiz wesentlich langsamer arbeitet als die inländische, selbst wenn keine Krisensituation besteht[481].

EILERS ist darin zuzustimmen, daß nicht bereits jegliche mit einer Rechtsverfolgung im Ausland einhergehende Verzögerung geeignet ist, einen dringenden Fall im Sinne des § 942 Abs. 1 ZPO darzustellen. Dies würde dem Ausnahmecharakter der Zuständigkeit des Amtsgerichts nach § 942 Abs. 1 ZPO, der gerade durch dieses zusätzliche Erfordernis deutlich wird, nicht gerecht werden. Es erscheint vielmehr in der Tat einleuchtend, entsprechend dem Sinn des § 942 Abs. 1 ZPO nur solche drohenden nachteiligen Verzögerungen bei der Rechtsverfolgung im Ausland als dringende Fälle anzusehen, die auf einer "Ausnahmesituation" beruhen. Neben Krisensituationen jeglicher Art sind als solche gewiß auch das außergewöhnlich langsame Arbeiten einer ausländischen Justiz oder das Fehlen vergleichbarer Verfahren des einstweiligen Rechtsschutzes im jeweiligen Ausland anzusehen.

iii) § 942 Abs. 2 ZPO

Eine Sonderregelung enthält § 942 Abs. 2 ZPO für einstweilige Verfügungen, die auf Eintragung einer Vormerkung oder eines Widerspruchs in das Grundbuch, das Schiffsregister oder das Schiffsbauregister gerichtet sind. Auch diese Vorschrift kann zur Bestimmung der internationalen gerichtlichen Zuständigkeit herangezogen werden. Voraussetzung ist einzig, daß einer der dort genannten Fälle vorliegt. Besondere Dringlichkeit ist, wie sich auch aus § 942 Abs. 2 S. 1, 1. HS am Ende ZPO ergibt, nicht notwendig. § 942 Abs. 2 S. 1, 2. HS ZPO läßt erkennen, daß gerade in diesen Fällen eine Regelung der Zuständigkeit deutscher Gerichte in Sachverhalten mit Auslandsbezug für notwendig erachte wurde: Danach kann die einstweilige Verfügung vom Amtsgericht in Hamburg erlassen werden, wenn der Heimathafen des betroffenen Schiffs nicht im Inland liegt.

(2) Zuständigkeit bei Vorhandensein einer Schiedsklausel

Nach § 1033 ZPO können einstweilige Maßnahmen in bezug auf den Streitgegenstand auch bei Vorhandensein einer Schiedsklausel vor oder nach Beginn des schiedsrichterlichen Verfahrens vor staatlichen Gerichten beantragt werden. Dies gilt auch für

479 Vgl. hierzu *Gronstedt* S. 301.

480 *Eilers* S. 12; zustimmend *Schack* Rdnr. 416.

481 *Eilers* S. 12 f.

internationale und ausländische Schiedsverfahren[482]. Eine Schiedseinrede nach § 1032 Abs. 1 ZPO ist dann nicht möglich[483].

(3) Gerichtsstandsvereinbarungen

(a) Grundsätzliche Möglichkeit von Gerichtsstandsvereinbarungen bezüglich Verfahren des einstweiligen Rechtsschutzes

Fraglich ist, ob Gerichtsstandsvereinbarungen über die internationale Zuständigkeit deutscher Gerichte für die Durchführung von Verfahren des einstweiligen Rechtsschutzes möglich sind.

Zunächst ist zu untersuchen, ob solche zur *Derogation* der inländischen Zuständigkeit zulässig sein können. Durch eine wirksame Gerichtsstandsvereinbarung, welche die internationale Zuständigkeit deutscher Gerichte für die Durchführung des Hauptsacheverfahrens derogiert, könnte auch die internationale Zuständigkeit für die Durchführung eines Verfahrens des einstweiligen Rechtsschutzes ausgeschlossen werden[484]. In Anbetracht der Tatsache, daß die Gerichtsstände nach §§ 919, 937 und 942 ZPO gemäß § 802 ZPO ausschließliche sind, können jedoch wenigstens die *örtlichen* Gerichtsstände nach § 40 Abs. 2 ZPO nicht durch Gerichtsstandsvereinbarung derogiert werden. Möglich ist einzig, daß eine Gerichtsstandsvereinbarung in der Hauptsache mittelbar über § 919 1. Alt. bzw. 937 Abs. 1 ZPO auch die Eilzuständigkeit regelt. Somit könnte davon ausgegangen werden, daß die *internationalen* Gerichtsstände nach §§ 919 2. Alt. und 942 ZPO wegen §§ 40 Abs. 2, 802 ZPO nicht derogiert werden können, auch wenn ein inländischer Hauptsachegerichtsstand fehlt[485]. Fraglich ist aber, ob auch § 802 ZPO doppelfunktional hinsichtlich der internationalen gerichtlichen Zuständigkeit ist[486].

Gegen diese Interpretation sprechen zwei Argumente: Zunächst ist § 802 ZPO aufgrund seines Standortes unter den allgemeinen Vorschriften im achten Buch der ZPO nur zufällig auch auf Verfahren des einstweiligen Rechtsschutzes anwendbar, die systemwidrig ebenfalls im achten Buch geregelt sind, ohne jedoch Zwangsvollstreckungsverfahren im eigentlichen Sinne darzustellen[487]. Weiterhin ist kein Grund ersichtlich, wieso die Parteien wenigstens dann nicht auf die Möglichkeit, einstweiligen Rechtsschutz vor inländischen Gerichten erlangen zu können, verzichten können, wenn sie durch eine wirksame Gerichtsstandsvereinbarung aufgrund der Dispositionsmaxime auf die inländische internationale Zuständigkeit für die Durchführung des Hauptsache-

---

482 Vgl. § 1025 Abs. 2 ZPO; *Hausmann* in Reithmann/Martiny Rdnr. 3493; *Spellenberg/Leible* in *Gilles* S. 293, 316; kritisch Soergel-*Kronke* Art. 38 EGBGB Anh. IV Rdnr. 222.

483 *Hausmann* in Reithmann/Martiny Rdnr. 3493.

484 Vgl. BGH Urteil vom 03.12.1973 WM 1974, 242, 243; *Schack* Rdnr. 418; siehe dazu auch *Geimer* IZPR Rdnr. 1767.

485 Siehe hierzu insgesamt *Albrecht* S. 70; *Gronstedt* S. 41 ff.; *Kropholler* Art. 23 Rdnr. 104; *Thümmel* NJW 1996, 1930, 1931.

486 Hierzu allgemein *Eilers* S. 27 ff.

487 *Gronstedt* S. 41; *Schack* Rdnr. 417; Zöller-*Vollkommer* vor § 916 Rdnr. 1 a.E.

verfahrens verzichten können[488]. Somit steht § 802 ZPO der *Derogation* eines deutschen Eilgerichtsstandes nicht entgegen[489].

Gerichtsstandsvereinbarungen zur *Prorogation* der inländischen Zuständigkeit könnten ebenfalls dem § 802 ZPO zuwiderlaufen[490]. Die Vereinbarung eines Gerichtsstandes für die Hauptsache wirkt aber in jedem Fall mittelbar über die §§ 919, 937 Abs. 1 ZPO. Weiterhin gebietet der mit den Vorschriften zum einstweiligen Rechtsschutz verfolgte Zweck des Gläubigerschutzes, dem Gläubiger möglichst viele Möglichkeiten der Erlangung einstweiligen Rechtsschutzes zu eröffnen. Würde § 802 ZPO hier als doppelfunktional angesehen, wäre diesem Zweck nicht gedient. § 802 ZPO steht also auch der *Prorogation* eines deutschen Eilgerichtsstandes nicht entgegen[491].

(b) Bedeutung von Gerichtsstandsvereinbarungen in der Hauptsache für die Durchführbarkeit von Verfahren des einstweiligen Rechtsschutzes

Fraglich ist aber, wann auch Verfahren des einstweiligen Rechtsschutzes von Gerichtsstandsvereinbarungen erfaßt werden. Dabei ist immer vorrangig die konkrete Gerichtsstandsvereinbarung im Einzelfall auszulegen. Die folgenden Ausführungen verstehen sich nur als Rahmen einer solchen Auslegung.

Zunächst ist bei Fehlen anderslautender Hinweise davon auszugehen, daß durch die *Vereinbarung einer Derogation* der internationalen Zuständigkeit deutscher Gerichte für das Hauptsacheverfahren nicht auch automatisch die Entscheidungszuständigkeit für Verfahren des einstweiligen Rechtsschutzes derogiert wird[492]. Um den mit den Vorschriften über den einstweiligen Rechtsschutz verfolgten Zweck des Gläubigerschutzes zu erreichen, ist eine Derogation der internationalen Zuständigkeit für Eilverfahren nur ausdrücklich möglich. Dies kann zum Beispiel durch die Vereinbarung einer *ausschließlichen* Zuständigkeit der ausländischen Gerichte oder durch Bezugnahme auf *alle* Rechtsstreitigkeiten zwischen den Parteien geschehen[493].

Eine *Prorogation* der Zuständigkeit kann dagegen bereits in der Vereinbarung der inländischen Hauptsachezuständigkeit ohne konkrete Bezugnahme auf Verfahren des einstweiligen Rechtsschutzes gesehen werden. Eine solche wirkt über § 919 1. Alt. bzw. § 937 Abs. 1 ZPO ohnehin indirekt[494]. Wird eine ausschließliche Zuständigkeit deutscher Gerichte vereinbart, führt dies dazu, daß aus deutscher Sicht meist

---

488 *Schack* Rdnr. 418, 447.

489 So auch im Ergebnis *Eilers* S. 34; *Geimer* IZPR Rdnr. 1767; Geimer/Schütze-*Geimer* Urteilsanerkennung I/1 § 96 XXI 8, S. 922; *Gronstedt* S. 42 für § 919 1. Alt ZPO, ablehnend für § 919 2. Alt. ZPO auf S. 47 ff; *Hausmann* in Reithmann/Martiny Rdnr. 3093; anderer Ansicht *Kropholler* Art. 23 Rdnr. 104.

490 Vgl. *Schack* Rdnr. 417.

491 So auch im Ergebnis *Eilers* S. 34; *Geimer* IZPR Rdnr. 1755a; Soergel-*Kronke* Art. 38 EGBGB Anh. IV Rdnr. 222.

492 *Albrecht* S. 70; *Eilers* S. 36; *Gronstedt* S. 46; anders wohl BGH Urteil vom 03.12.1973 WM 1974, 242, 243; *Geimer* WM 1975, 910, 912.

493 OLG Stuttgart Beschluß vom 19.12.2000 RIW 2001, 228 f.; *Eilers* S. 36; Zöller-*Geimer* IZPR Rdnr. 65.

494 Stein/Jonas-*Grunsky* § 919 Rdnr. 1.

ausländische Gerichte auch zur Durchführung von Verfahren des einstweiligen Rechtsschutzes oder der Beweissicherung nicht mehr zuständig sind, so daß dann in solchen Verfahren ergangene Entscheidungen in Deutschland nicht anerkannt werden können[495].

(4) Berücksichtigung ausländischer Rechtshängigkeit

Für die Beurteilung einer ausländischen Rechtshängigkeit ist deutlich zwischen den Anträgen in Hauptsacheverfahren und solchen des einstweiligen Rechtsschutzes zu unterscheiden: Im Falle der Beantragung einstweiligen Rechtsschutzes beinhaltet der Klageantrag das Begehren nach Sicherung und einstweiligem Rechtsschutz[496]. Der Streitgegenstand ist damit nicht mit dem des Hauptsacheverfahrens identisch. Die Rechtshängigkeit des Hauptsacheverfahrens im Ausland steht also der Beantragung einstweiligen Rechtsschutzes grundsätzlich im Inland nicht entgegen[497]. Teilweise wird allerdings vertreten, daß, soweit die ausländische Entscheidung im Hauptsacheverfahren im Inland anerkennungsfähig ist, im Inland Arreste nur noch am speziellen Eilgerichtsstand nach § 919 2. Alt. ZPO und nicht mehr beim "potentiellen" Hauptgerichtsstand nach § 919 1. Alt. ZPO beantragt werden können, wohingegen einstweilige Verfügungen auch vor den nach § 937 Abs. 1 ZPO zuständigen Gerichten beantragt werden können, sich jedoch nur auf das Inland erstrecken sollen[498]. Weiterhin könne ein Arrest in Bezug auf Vermögen, das sich im Staat des Hauptsachegerichts befände, wegen dessen größerer Sachnähe nicht zugelassen werden[499]. Für beide Einschränkungen hinsichtlich des Arrestes spreche das dann fehlende Rechtsschutzbedürfnis des Antragstellers[500].

Ein Antrag auf Anordnung eines Arrestes oder einer einstweiligen Verfügung wäre aber nach § 261 Abs. 3 Nr. 1 ZPO in Deutschland unzulässig, wenn bereits ein Verfahren des einstweiligen Rechtsschutzes mit identischem Streitgegenstand im Ausland anhängig ist[501]. Dies gilt jedoch bereits dann nicht, wenn beispielsweise nicht dieselben Gegenstände sichergestellt werden sollen oder wenn die Maßnahmen in den verschiedenen Staaten territorial auf das jeweilige Staatsgebiet begrenzt bleiben[502]. Weiter kann § 261 Abs. 3 Nr. 1 ZPO wie in Hauptsacheverfahren nur dann Anwendung finden, wenn die gerichtliche Entscheidung aus dem ausländischen Verfahren einer Anerkennung in Deutschland zugänglich ist. Dies ist jedoch nach autonomem Recht, wie

---

495 LG Hamburg Urteil vom 15.09.1998 IPRax 2001, 45, 47; zu den Voraussetzungen der Anerkennung ausländischer Urteile siehe unten Gliederungspunkt II.A.2, S. 97.

496 *Spellenberg/Leible* in *Gilles* S. 293, 317; Zöller-*Vollkommer* vor § 916 Rdnr. 5; *Gronstedt* S. 139, 307; *Dohm* S. 145 f.

497 *Spellenberg/Leible* in *Gilles* S. 293, 317; *Gronstedt* S. 139 ff. für den Arrest, 308 f. für die einstweilige Verfügung, *Gronstedt* schlägt auf S. 308 f. vor, dann nur solche einstweilige Verfügungen zuzulassen, deren Maßnahme sich auf das Inland beschränken.

498 *Gronstedt* S. 140 ff. für den Arrest, S. 308 ff. für die einstweilige Verfügung.

499 *Gronstedt* S. 147.

500 *Gronstedt* S. 149 f.

501 Stein/Jonas-*Grunsky* vor § 916 Rdnr. 11; *Spellenberg/Leible* in *Gilles* S. 293, 317; anderer Ansicht wohl *Gronstedt* S. 152 f.

502 *Gronstedt* S. 152, 311; *Matscher* ZZP 95 (1982), 170, 224 f.

noch zu betrachten sein wird, nicht der Fall[503]. In der Praxis wird in Verfahren des einstweiligen Rechtsschutzes § 261 Abs. 3 Nr. 1 ZPO wegen ausländischer Rechtshängigkeit daher nur äußerst selten Anwendung finden.

f) *Entscheidungszuständigkeit für die Durchführung selbständiger Beweisverfahren*

Auch bei der Durchführung selbständiger Beweisverfahren ergibt sich die internationale Zuständigkeit grundsätzlich aus den Regeln über die örtliche Zuständigkeit[504]. Ist ein Rechtsstreit bereits anhängig, ist damit nach § 486 Abs. 1 ZPO das Gericht der Hauptsache für die Durchführung selbständiger Beweisverfahren örtlich zuständig. Ist das Hauptsacheverfahren noch nicht anhängig, ist gemäß § 486 Abs. 2 ZPO das Gericht zuständig, das auch für die Durchführung des Hauptsacheverfahrens zuständig wäre. Die Zuständigkeit des Hauptsachegerichts bestimmt sich dabei in beiden Fällen nach den allgemeinen Regeln der §§ 12 ff. ZPO.

Nach § 486 Abs. 3 ZPO ist in Fällen dringender Gefahr jedoch auch das Amtsgericht zuständig, in dessen Bezirk sich die zu vernehmende oder zu begutachtende Person aufhält oder die in Augenschein zu nehmende oder zu begutachtende Sache sich befindet. Nach dieser Vorschrift kann demnach auch ein selbständiges Beweissicherungsverfahren in Deutschland durchgeführt werden, wenn deutsche Gerichte nicht für die Durchführung des Hauptsacheverfahrens international zuständig sind[505]. Vereinzelt wird jedoch vertreten, dies sollte auf Fälle beschränkt bleiben, in denen dem Antragsteller eine Beweisaufnahme im Inland im Wege eines vom ausländischen Hauptsachegericht gestellten Rechtshilfeersuchens zeitlich nicht möglich ist[506]. Dem ist nicht zuzustimmen, da die Dauer einer Beweisaufnahme im Wege eines Rechtshilfeersuchens kaum oder nur sehr grob absehbar ist und dem jeweiligen Antragsteller nicht die daraus resultierende Abwägungsunsicherheit auferlegt werden sollte. Zudem enthält § 486 Abs. 3 ZPO keine Anhaltspunkte für eine derartige Subsidiarität. Um Mißbrauchsmöglichkeiten zu verhindern, darf allerdings der Wohnsitz des vom An-

---

503 Vgl. unten Gliederungspunkt II.A.2.d), S. 100; einen Ausschluß der Anerkennung von gerichtlichen Entscheidungen im einstweiligen Rechtsschutz enthalten auch viele bilaterale Staatsverträge über die Anerkennung und Vollstreckung gerichtlicher Entscheidungen, vgl. z.B. Art. 4 Abs. 1 Nr. 7 des Vertrages zwischen der Bundesrepublik Deutschland und dem Staat Israel über die gegenseitige Anerkennung und Vollstreckung gerichtlicher Entscheidungen in Zivil- und Handelssachen vom 20.07.1977, BGBl. 1980 II, S. 926.

504 LG Hamburg Urteil vom 15.09.1998 IPRax 2001, 45, 47; *Albrecht* S. 71; *Dörschner* S. 153; *Geimer* IZPR Rdnr. 1246, 2540; Zöller-*Geimer* IZPR Rdnr. 92; *Nagel/Gottwald* § 15 Rdnr. 74; *Schütze* Rechtsverfolgung Rdnr. 200.

505 AG Frankfurt/Main Beschluß vom 07.03.1960 JZ 1960, 540 f.; *Ahrens* in FS Schütze S. 1, 10; *Dörschner* S. 154 f.; *Geimer* IZPR Rdnr. 1246; *Gronstedt* S. 223; *Heiss* S. 56; *Nagel/Gottwald* § 15 Rdnr. 78; *Schack* Rdnr. 429; *Schütze* Rechtsverfolgung Rdnr. 200; *Stadler* in FS Geimer S. 1281, 1303, Fn. 63; Rauscher-*von Hein* EuZPR Art. 1 EG-BewVO Rdnr. 53.

506 *Gronstedt* S. 223.

tragsteller genannten bzw. gewünschten Sachverständigen nicht maßgeblich für die Bestimmung des örtlichen Bezuges sein[507].

Ist eine Beweissicherungsmaßnahme im Ausland notwendig, der Rechtsstreit aber im Inland anhängig, muß das deutsche Gericht grundsätzlich ein Ersuchen um Beweisaufnahme im Ausland nach § 363 ZPO stellen[508]. Eine Ausnahme hiervon soll für den von einem deutschen Gericht beauftragten Sachverständigen gelten: Hierzu wird allgemein angenommen, dieser übe – jedenfalls solange kein Zwang auf die Parteien oder andere Person ausgeübt werden müsse – keine hoheitliche Tätigkeit aus, sondern ermittele einzig Tatsachen, so daß er auch im Ausland die Befundtatsachen begutachten könne[509].

Gerichtsstandsvereinbarungen haben keinen Einfluß auf die internationale Zuständigkeit für die Durchführung von Beweissicherungsverfahren: Sie lassen die Zuständigkeit des zukünftigen Hauptsachegerichts nach § 486 Abs. 2 ZPO für Beweissicherungsverfahren in der Regel unberührt[510] und auch aus der Zulassung eines Beweissicherungsverfahrens dürfen keine Rückschlüsse auf die Wirksamkeit einer Prorogation gezogen werden[511].

2. Anerkennung

a) Grundsatz

Als staatliche Hoheitsakte wirken Gerichtsentscheidungen grundsätzlich nur innerhalb des Territoriums desjenigen Staates, dessen Gerichte sie erlassen haben[512]. Jedoch können ausländische gerichtliche Entscheidungen im Inland anerkannt werden und dann Wirkung entfalten. Die Anerkennung ausländischer Urteile richtet sich grundsätzlich nach § 328 ZPO. Für Entscheidungen der freiwilligen Gerichtsbarkeit gilt § 16 a FGG, der dem § 328 ZPO fast wörtlich nachgebildet wurde.

Eine ausdrückliche Entscheidung über die Anerkennung ist grundsätzlich nicht erforderlich, sie erfolgt vielmehr *ipso iure*, wenn die Anerkennungsvoraussetzungen gegeben sind[513]. Die Prüfung der Anerkennungsvoraussetzungen erfolgt deshalb vor deutschen Gerichten inzident während eines anderen laufenden Verfahrens und hat keinerlei Bindungswirkung für weitere Verfahren. Die Anerkennung des ausländischen Urteils kann jedoch im Streitfall auch Gegenstand einer Feststellungsklage nach § 256

---

507 *Meilicke* NJW 1984, 2017; *Schack* Rdnr. 429; anderer Ansicht OLG Schleswig Beschluß vom 09.05.1974 MDR 1974, 761 f.; *Geimer* IZPR Rdnr. 1246.

508 *Albrecht* S. 72; *Dörschner* S. 171 ff.; *Leipold* S. 41; *Schack* Rdnr. 429.

509 *Schack* Rdnr. 710; *Geimer* IZPR Rdnr. 2542; *Gronstedt* S. 185 f.; *Schütze* Rechtsverfolgung Rdnr. 202; anderer Ansicht *Dörschner* S. 177; *Leipold* S. 46 ff.

510 *Geimer* IZPR Rdnr. 1781; *Schack* Rdnr. 429; *Schütze* Rechtsverfolgung Rdnr. 201; anderer Ansicht *Dörschner* S. 157.

511 LG Hamburg Urteil vom 31.01.1984 IPRax 1985, 282, 283; *Geimer* IZPR Rdnr. 1756.

512 *Gottwald* in FS Habscheid S. 119 ff.; *Linke* Rdnr. 31, 331; *Schack* Rdnr. 775; *Schütze* Rechtsverfolgung Rdnr. 211; *von Hoffmann* § 3 Rdnr. 149.

513 *Geimer* IZPR Rdnr. 2992; Zöller-*Geimer* § 328 Rdnr. 187; *Gottwald* ZZP 103 (1990), 257, 259 f.; Thomas/Putzo-*Hüßtege* § 328 Rdnr. 1; *Kegel/Schurig* § 22 V 1. k); *Linke* Rdnr. 426; *Nagel/Gottwald* § 11 Rdnr. 106; *Schack* Rdnr. 879; *von Hoffmann* § 3 Rdnr. 158.

ZPO sein[514]. Die Voraussetzungen für die Anerkennung sind von Amts wegen zu prüfen[515].

Zunächst muß nach § 328 ZPO überhaupt ein gerichtliches Urteil vorliegen, also eine einen Prozeß beendende Entscheidung eines Zivilgerichts oder einer entsprechenden staatlichen Behörde[516]. Dieses muß formell rechtskräftig und in seinem Erlaßstaat vollstreckbar sein[517].

Nach § 328 Abs. 1 Nr. 1 ZPO muß geprüft werden, ob die Gerichte des betreffenden Staates international zuständig sind. Dabei werden die deutschen Zuständigkeitsnormen zugrunde gelegt (sog. Spiegelbildprinzip)[518].

Weiterhin muß nach § 328 Abs. 1 Nr. 2 ZPO sichergestellt sein, daß dem Beklagten, der sich auf das ursprüngliche Verfahren nicht eingelassen hat und sich hierauf beruft, das verfahrenseinleitende Schriftstück ordnungsgemäß und so rechtzeitig zugestellt wurde, daß er sich hätte verteidigen können. Diese Vorschrift schützt insbesondere vor der Anerkennung von Versäumnisentscheidungen, soweit diese auf der fehlerhaften Zustellung des verfahrenseinleitenden Schriftstücks beruhen[519].

Nach § 328 Abs. 1 Nr. 3 ZPO darf das anzuerkennende Urteil nicht mit einem davor oder danach in Deutschland erlassenen Urteil, einem anzuerkennenden älteren ausländischen Urteil oder einem früher in Deutschland rechtshängig gewordenen Verfahren unvereinbar sein.

Außerdem darf nach § 328 Abs. 1 Nr. 4 ZPO das Urteil nicht mit wesentlichen Grundsätzen des deutschen Rechts, insbesondere den Grundrechten unvereinbar sein. Dies bedeutet jedoch nicht, daß das anerkennende Gericht das anzuerkennende Urteil inhaltlich überprüfen darf (Verbot der sog. "*révision au fond*")[520]. Vielmehr ist zu prüfen, ob das ausländische Verfahren grundlegenden deutschen Verfahrensgrundsätzen widerspricht (sog. verfahrensrechtlicher ordre public) und ob dem Urteil und damit

---

514 RG Urteil vom 31.10.1941 RGZ 167, 373, 380 f.; *Geimer* IZPR Rdnr. 2995 ff.; Thomas/Putzo-*Hüßtege* § 328 Rdnr. 1; *Linke* Rdnr. 427; *Nagel/Gottwald* § 11 Rdnr. 109; *Schack* Rdnr. 885 f.

515 Thomas/Putzo-*Hüßtege* § 328 Rdnr. 7.

516 *Eilers* S. 223; *Geimer* IZPR Rdnr. 2851 ff.; Zöller-*Geimer* § 328 Rdnr. 67a; dazu *Gottwald* ZZP 103 (1990), 257, 263 ff.; Baumbach/Lauterbach/Albers/Hartmann-*Hartmann* § 328 Rdnr. 8 ff.; Thomas/Putzo-*Hüßtege* § 328 Rdnr. 2 ff.; *Linke* Rdnr. 375; *Schack* Rdnr. 810 ff.

517 BayObLG Beschluß vom 29.03.1990 FamRZ 1990, 897, 898; *Linke* Rdnr. 379, 382; *Gottwald* ZZP 103 (1990), 257, 264; *Schack* Rdnr. 821; anderer Ansicht, nach der es ausreicht, ob im Erlaßstaat Urteilswirkungen eingetreten sind: Zöller-*Geimer* § 328 Rdnr. 69; Stein/Jonas-*Roth* § 328 Rdnr. 73 ff.

518 BGH Urteil vom 03.12.1992 BGHZ 120, 334, 337; *Geimer* IZPR Rdnr. 2893, 2896 ff.; Zöller-*Geimer* § 328 Rdnr. 96 ff.; Baumbach/Lauterbach/Albers/Hartmann-*Hartmann* § 328 Rdnr. 16; Thomas/Putzo-*Hüßtege* § 328 Rdnr. 8 ff.; *Kegel/Schurig* § 22 V 1. c); *Linke* Rdnr. 392; *Nagel/Gottwald* § 11 Rdnr. 151 ff.; *Schack* Rdnr. 835 ff.; *Schütze* Rechtsverfolgung Rdnr. 234; *von Hoffmann* § 3 Rdnr. 160; ausführlich dazu *Gottwald* ZZP 103 (1990), 257, 269 ff.

519 Zöller-*Geimer* § 328 Rdnr. 131 ff.; Thomas /Putzo-*Hüßtege* § 328 Rdnr. 9 ff.; *Linke* Rdnr. 402 ff.; insgesamt *Nagel/Gottwald* § 11 Rdnr. 160 ff.

520 BGH Urteil vom 04.06.1992 BGHZ 118, 312, 326 ff.; *Geimer* IZPR Rdnr. 2910; Zöller-*Geimer* § 328 ZPO Rdnr. 151; Thomas/Putzo-*Hüßtege* § 328 Rdnr. 7; *Linke* Rdnr. 331; *Schack* Rdnr. 861 ff.; *von Hoffmann* § 3 Rdnr. 165.

dem Ergebnis der Rechtsanwendung keine grundlegenden inländischen Wertvorstellungen materiellen Rechts (sog. materiellrechtlicher ordre public) entgegenstehen[521]. Dabei kann ein Verstoß gegen den deutschen ordre public nur dann vorliegen, wenn ein hinreichender Inlandsbezug des der Streitigkeit zugrundeliegenden Sachverhaltes besteht[522]. Maßgebender Zeitpunkt für die Feststellung eines Verstoßes gegen den ordre public ist der Zeitpunkt der Entscheidung des deutschen Gerichts über die Anerkennung, weil das ausländische Urteil erst ab diesem Moment im Inland Rechtswirkungen entfaltet[523].

Nach § 328 Abs. 1 Nr. 5 ZPO muß die Gegenseitigkeit verbürgt sein, d.h. der fremde Staat müßte ein vergleichbares Urteil eines deutschen Gerichts unter wesentlich gleichen Bedingungen anerkennen, die einzelnen Anerkennungsvoraussetzungen müssen sich aber nicht entsprechen[524]. Dies gilt jedoch nach § 328 Abs. 2 ZPO nicht, wenn das anzuerkennende Urteil einen nicht vermögensrechtlichen Anspruch betrifft und nach deutschem Recht ein Gerichtsstand im Inland nicht begründet gewesen war oder wenn es sich um eine Kindschaftssache nach § 640 ZPO handelt. In diesen Fällen ist eine Anerkennung also auch möglich, wenn die Gegenseitigkeit nicht verbürgt ist. Grundsätzlich erfolgt die Beurteilung der Gegenseitigkeit durch Prüfung der Anerkennungs*praxis* und nicht bloß des ausländischen Gesetzestextes[525]. Läßt sich eine positive Anerkennungspraxis jedoch nicht feststellen und liegt auf jeden Fall keine negative Anerkennungspraxis vor, kann die Entscheidung auch einzig nach der Beurteilung der ausländischen gesetzlichen Bestimmungen erfolgen[526].

b) Sonderregelungen

Im Familienrecht ist nach Art. 7 Familienrechtsänderungsgesetz vom 11.08.1961 (FamRÄndG) für ausländische Entscheidungen in Ehesachen ein förmliches Anerken-

---

[521] Dazu BGH Urteil vom 04.06.1992 BGHZ 118, 312, 320 f., 330; *Geimer* IZPR Rdnr. 2910 ff.; Zöller-*Geimer* § 328 Rdnr. 152 ff.; Thomas/Putzo-*Hüßtege* § 328 Rdnr. 15 ff.; *Linke* Rdnr. 420 ff.; *Nagel/Gottwald* § 11 Rdnr. 173 ff.; *Schack* Rdnr. 863 ff.; 867 ff.; *Schütze* Rechtsverfolgung Rdnr. 238; *von Hoffmann* § 3 Rdnr. 166 ff.

[522] BGH Urteil vom 04.06.1992 BGHZ 118, 312 (Leitsatz e)), 332.

[523] BGH Urteil vom 11.04.1979 NJW 1980, 529, 531; BGH Urteil vom 26.06.1969 BGHZ 52, 184, 192 zum damaligen § 1044 Abs. 2 Nr. 2 ZPO; BGH Urteil vom 09.01.1969 BGHZ 51, 290, 293 zum damaligen Art. 30 EGBGB; Baumbach/Lauterbach/Albers/Hartmann-*Hartmann* § 328 Rdnr. 32; *Geimer* IZPR Rdnr. 2988; Thomas/Putzo-*Hüßtege* § 328 Rdnr. 15; *von Hoffmann* § 3 Rdnr. 174.

[524] BGH Urteil vom 24.10.2000 NJW 2001, 524; BGH Urteil vom 29.04.1999 NJW 1999, 3198, 3201; BGH Urteil vom 05.07.1972 BGHZ 59, 116, 121; BGH Urteil vom 16.03.1970 BGHZ 53, 332, 334; BGH Urteil vom 08.05.1968 BGHZ 50, 100, 103; BGH Urteil vom 30.09.1964 BGHZ 42, 194, 196 f.; *Geimer* IZPR Rdnr. 2879 f.; ausführlich *Gottwald* ZZP 103 (1990), 257, 279 ff.; Baumbach/Lauterbach/Albers/Hartmann-*Hartmann* § 328 Rdnr. 46; Thomas/Putzo-*Hüßtege* § 328 Rdnr. 20; *Linke* Rdnr. 384; *Schack* Rdnr. 871 ff.; *Schütze* Rechtsverfolgung Rdnr. 239 ff.; *von Hoffmann* § 3 Rdnr. 175 f.

[525] Thomas/Putzo-*Hüßtege* § 328 Rdnr. 20; *Linke* Rdnr. 385; *Rauscher* S. 457.

[526] BGH Urteil vom 24.10.2000 NJW 2001, 524, 525; BGH Urteil vom 15.11.1967 BGHZ 49, 50, 52; Thomas/Putzo-*Hüßtege* § 328 Rdnr. 20; *Rauscher* S. 457; Stein/Jonas-*Roth* § 328 Rdnr. 156; *Schütze* Rechtsverfolgung Rdnr. 239 f., unter Rdnr. 241 findet sich eine Liste zahlreicher Staaten mit dem Vermerk, ob die Gegenseitigkeit verbürgt ist.

nungsverfahren notwendig[527]. Aufgrund der erhöhten Gefahren, die sich in diesem Bereich durch einander widersprechende Entscheidungen ergeben würden, erfolgt die Anerkennung derartiger Entscheidungen nicht *ipso iure*, sondern muß nach Art. 7 § 1 Abs. 1 S. 1 FamRÄndG ausdrücklich durch die Landesjustizverwaltung festgestellt werden. Zuständig ist nach Art. 7 § 1 Abs. 2 S. 1 FamRÄndG die Landesjustizverwaltung jenes Bundeslandes, in dem ein Ehegatte seinen gewöhnlichen Aufenthaltsort hat. Eine ausdrückliche Anerkennung durch die Landesjustizverwaltung ist nach Art. 7 § 1 Abs. 1 S. 3 FamRÄndG aber nicht notwendig, wenn die anzuerkennende Entscheidung von einem Gericht oder einer Behörde des Staates getroffen wurde, dem beide Ehegatten zum Zeitpunkt der Entscheidung angehörten. Art. 7 FamRÄndG enthält nur Bestimmungen zum Verfahren bis zur Anerkennungsentscheidung, aber keinerlei Vorschriften über die Voraussetzungen der Anerkennung. Diese sind ebenfalls § 328 ZPO zu entnehmen.

Ist vor einem Gericht ein Verfahren anhängig, für das die Anerkennung einer Ehescheidung entscheidungserheblich ist, muß das Verfahren ausgesetzt werden, damit die Parteien eine Anerkennungsentscheidung durch die Landesjustizverwaltung einholen können.

c) Folgen der Urteilsanerkennung

Ist ein ausländisches Urteil anerkannt, kommen ihm im Inland die gleichen Wirkungen zu wie nach dem Recht des Urteilsstaates, sog. Wirkungserstreckung[528]. Hauptsächlich betrifft die Wirkungserstreckung die materielle Rechtskraft und die aus ihr folgende Feststellungs- und Präklusionswirkung sowie die Gestaltungswirkung[529].

d) Einstweilige Maßnahmen

Aufgrund der Tatsache, daß für eine Anerkennung nach § 328 ZPO überhaupt ein rechtskräftiges gerichtliches Urteil, also eine einen Prozeß beendende Entscheidung eines Zivilgerichts oder einer entsprechenden staatlichen Behörde[530], vorliegen muß, ist § 328 ZPO bei Arresten und einstweiligen Verfügungen grundsätzlich nicht anwendbar[531]. Eine Ausnahme soll jedoch gemacht werden, wenn einstweilige Maßnah-

---

527 Vgl. zu dieser Vorschrift *Geimer* IZPR Rdnr. 3015 ff.; Zöller-*Geimer* § 328 Rdnr. 222 ff.; Thomas/Putzo-*Hüßtege* § 328 Rdnr. 25 ff.; *Linke* Rdnr. 428 ff.; *Schack* Rdnr. 891 ff.; zu den Neuregelungen auf dem Gebiet der Ehe- und Sorgerechtssachen vgl. auch die Ausführungen zur Verordnung (EG) Nr. 1347/2000 und zur Verordnung (EG) Nr. 2201/2003 oben unter Gliederungspunkt IV.A in Teil 1 der Arbeit, S. 15.

528 *Geimer* IZPR Rdnr. 2776 ff.; *Gottwald* ZZP 103 (1990), 257, 261; *Linke* Rdnr. 333; *Nagel/Gottwald* § 11 Rdnr. 111; *Rauscher* S. 453; *von Hoffmann* § 3 Rdnr. 154-155 ff.; anderer Ansicht beispielsweise *Schack* Rdnr. 792 ff., der Wirkungen nur insoweit anerkennen will, wie sie auch ein entsprechendes inländisches Urteil hätte; kritisch hierzu *Cuniberti* Rdnr. 480.

529 Siehe im einzelnen *Geimer* IZPR Rdnr. 2799 ff.; *Linke* Rdnr. 356 ff.; *Schack* Rdnr. 777 ff.

530 Siehe bereits oben unter Gliederungspunkt II.A.2.a), S. 97.

531 *Albrecht* S. 141; *Eilers* S. 223; Zöller-*Geimer* § 328 Rdnr. 70; *Gottwald* ZZP 103 (1990), 257, 266; Baumbach/Lauterbach/Albers/Hartmann-*Hartmann* § 328 Rdnr. 9; *Hausmann* IPRax 1981, 79,

men den Rechtsstreit de facto erledigen[532]. Dies gilt insbesondere für Leistungsverfügungen, die auf Zahlung einer Geldsumme gerichtet sind, weil diese nicht nur zur Sicherung der Durchsetzbarkeit eines Anspruchs, sondern zu vorläufiger Befriedigung führen[533].

Die Ablehnung der Möglichkeit einer Anerkennung ausländischer einstweiliger Maßnahmen im deutschen Recht wird von CUNIBERTI vor allem vor dem Hintergrund kritisiert, daß deutsche Gerichte ihre internationale Zuständigkeit für die Durchführung eines Verfahrens des einstweiligen Rechtsschutzes nicht davon abhängig machten, ob sich der mit einem Arrest zu belegende Gegenstand im Inland befände[534]. Vielmehr werde die internationale Zuständigkeit nach den allgemeinen Regeln ermittelt und die Gerichte hielten sich für zuständig, auch Arreste anzuordnen, die im Ausland vollstreckt werden müßten[535]. Im Gegenzug sollten dann auch einstweilige Maßnahmen ausländischer Gerichte anerkannt werden.

e) Selbständiges Beweisverfahren

Werden Anordnungen zur Durchführung eines selbständigen Beweisverfahrens von einem ausländischen Gericht in einem Verfahren des einstweiligen Rechtsschutzes erlassen, sind solche Anordnung keine anerkennungsfähige Entscheidung im Sinne des § 328 ZPO. Derartige Anordnungen sind keine Urteile im Sinne dieser Vorschrift, weil sie bereits nicht einen Rechtsstreit zumindest teilweise erledigen[536]. Eine Anerkennung solcher Anordnungen findet daher nicht statt. Die grenzüberschreitende Beweisaufnahme ist insoweit in der EuBVO bzw. im HBÜ geregelt[537].

Beim selbständigen Beweisverfahren ist jedoch meist nicht die Frage nach der Anerkennung und Vollstreckung der Anordnung der Beweisaufnahme, sondern vielmehr die nach der Verwertbarkeit der im ausländischen selbständigen Beweisverfahren gewonnenen Beweise von Bedeutung[538]. Dabei wird allgemein zutreffend davon

---

80; Thomas/Putzo-*Hüßtege* § 328 Rdnr. 2; *Nagel/Gottwald* § 11 Rdnr. 138, § 15 Rdnr. 79; *Schack* Rdnr. 823, vgl. aber auch Rdnr. 810, wo SCHACK die französische "*ordonnance de référé*" als anerkennungsfähig bezeichnet; Wieczorek/Schütze-*Thümmel* Vor § 916 Rdnr. 23.

532 *Eilers* S. 223 f.; Zöller-*Geimer* § 328 Rdnr. 70; *Geimer* IZPR Rdnr. 2857; MüKo/ZPO-*Gottwald* § 328 Rdnr. 44; *Hausmann* IPRax 1981, 79, 80; *Schack* Rdnr. 823; Wieczorek/Schütze-*Thümmel* Vor § 916 Rdnr. 23.

533 OLG München Urteil vom 26.06.1991 IPRax 1992, 174, 175; *Albrecht* S. 141; Baumbach/Lauterbach/Albers/Hartmann-*Hartmann* § 328 Rdnr. 9; Thomas/Putzo-*Hüßtege* § 328 Rdnr. 2; *Nagel/Gottwald* § 15 Rdnr. 80; *Schack* Rdnr. 823; Wieczorek/Schütze-*Thümmel* Vor § 916 Rdnr. 23.

534 *Cuniberti* Rdnr. 231 ff.

535 Ausdrücklich *Dörschner* S. 182 f.; siehe oben Gliederungspunkt II.A.1.e)(1)(a), S. 89, und Fußnote 470.

536 Vgl. zum Urteilsbegriff oben Gliederungspunkt II.A.2.a) und Fußnote 516.

537 Vgl. OLG Hamm Beschluß vom 14.06.1988 RIW 1989, 566 f.; Geimer/Schütze-*Geimer* Urteilsanerkennung I/1 § 107 X S. 987; *Linke* Rdnr. 330; kritisch *Bloch* RIW 1989, 567.

538 Materiellrechtlich stellt sich dazuhin die Frage, ob ein im Ausland eingeleitetes Beweissicherungsverfahren nach § 204 Abs. 1 Nr. 7 BGB die Verjährung hemmt. Dies wird in der Regel, mit verschiedenen Differenzierungen, bejaht: LG Hamburg Urteil vom 15.09.1998 IPRax 2001, 45 noch zu

ausgegangen, daß auch diese nicht in den Anwendungsbereich des § 328 ZPO fallen, da diese Vorschrift nur Entscheidungen erfaßt, die einen Rechtsstreit zumindest teilweise erledigen[539].

Die Zulässigkeit der Durchführung eigenständiger Beweissicherungsverfahren im Ausland zur Unterstützung eines inländischen Hauptsacheverfahrens und die Verwertbarkeit der entsprechenden Ergebnisse in einem inländischen Zivilverfahren werden in der Literatur überwiegend, zumindest für Fälle, in denen Beweisaufnahmen im Wege eines Rechtshilfeersuchens zu viel Zeit beanspruchen würden oder in denen das Beweissicherungsverfahren noch vor Einleitung eines Hauptsacheverfahrens durchgeführt werden soll, grundsätzlich befürwortet[540]. Fraglich ist dann aber, auf welche Weise die Ergebnisse einer ausländischen Beweisaufnahme anderweitig in ein Hauptsacheverfahren eingeführt werden können.

Keinen Bedenken begegnet insoweit die Vorlage des gerichtlichen Protokolls, beispielsweise über eine Vernehmung von Zeugen, oder eines Sachverständigengutachtens im Wege des Parteivorbringens. Dann aber bleibt das jeweilige Protokoll oder Gutachten Parteivortrag, der als solcher inhaltlich bestritten werden kann und der keinen Beweiswert hat. Weiterhin ist es möglich, das ausländische Schriftstück im Wege des Urkundenbeweises in den Prozeß einzuführen[541]. Dann kommt ihm aber auch nur die Beweiskraft eines Urkundenbeweises zu, deren formelle Beweiskraft sich im deutschen Recht einzig nach den §§ 415 ff. ZPO bestimmt und insoweit gegenüber den anderen Beweismitteln geringer ist.

Keine Anwendung können §§ 364 Abs. 4 S. 2 und 369 ZPO finden, die zwar beide die Verwertung des Ergebnisses einer Beweisaufnahme im Ausland betreffen, sich nach ihrem systematischen Standort aber nur auf im Wege des Rechtshilfeersuchens von einem Gericht eines anderen Staates oder einer ausländischen Behörde durchgeführte Beweisaufnahmen beziehen bzw. keine Aussage über die Art der Verwertung der ausländischen Beweisaufnahme treffen[542].

Teilweise wird befürwortet, die Ergebnisse einer ausländischen Beweisaufnahme nach § 493 ZPO in einem deutschen Hauptsacheverfahren zu verwerten[543]. Andere halten

---

§ 477 Abs. 2 S. 1 BGB a.F.; *Dörschner* S. 207 f.; *Nagel/Gottwald* § 15 Rdnr. 75; *Spickhoff* IPRax 2001, 37 ff.; *Stadler* in FS Geimer S. 1281, 1304; *Mankowski* EWiR 1999, 345 f.

539 *Dörschner* S. 194 f.; Zöller-*Geimer* § 328 Rdnr. 29; *Stürner* IPRax 1984, 299, 301.

540 *Ahrens* in FS Schütze S. 1, 13; *Dörschner* S. 193 ff.; *Gronstedt* S. 221 f.; Soergel-*Kronke* Art. 38 EGBGB Anh. IV Rdnr. 139; *Linke* Rdnr. 330; *Meilicke* NJW 1984, 2017; *Nagel/Gottwald* § 15 Rdnr. 75; *Schütze* Rechtsverfolgung Rdnr. 203; *Stürner* IPRax 1984, 299, 300; *Stadler* in FS Geimer S. 1281, 1303 f.; Rauscher-*von Hein* EuZPR Art. 1 EG-BewVO Rdnr. 54.

541 *Ahrens* in FS Schütze S. 1, 13; *Geimer* IZPR Rdnr. 2541; *Linke* Rdnr. 330; *Nagel/Gottwald* § 15 Rdnr. 75; MüKo/ZPO-*Schreiber* § 493 Rdnr. 2; *Spickhoff* IPRax 2001, 37, 40 f.; *Stadler* in FS Geimer S. 1281, 1304; Rauscher-*von Hein* EuZPR Art. 1 EG-BewVO Rdnr. 54.

542 Vgl. *Dörschner* S. 193 f.

543 *Schütze* Rechtsverfolgung Rdnr. 203; *Mankowski* JZ 2005, 1144, 1147; *Spickhoff* IPRax 2001, 37, 39 f. und *Linke* Rdnr. 330 halten die Ergebnisse eines ausländischen Beweissicherungsverfahrens unter der Voraussetzung einer „funktionellen Gleichwertigkeit" des ausländischen Verfahrens mit dem selbständigen Beweisverfahren nach deutschem Recht für verwertbar.

§ 493 ZPO auf ausländische Beweisaufnahmen für nicht anwendbar[544]. Einige Autoren führen zur Begründung hierfür an, § 493 ZPO beziehe sich nach seinem Standort und nach seiner Entstehungsgeschichte nur auf das selbständige Beweisverfahren nach §§ 485 ff. ZPO[545]. Vereinzelt wird auch befürwortet, ausländische Beweissicherungen einer "gleichen" Beurteilung wie inländische Beweissicherungen nach § 493 ZPO zu unterziehen, ohne daß die direkte Anwendbarkeit des § 493 ZPO ausdrücklich verneint oder bejaht wird[546].

Im Ergebnis läßt sich feststellen, daß die Verwertbarkeit der Ergebnisse ausländischer Beweisaufnahmen, die in einem selbständigen Verfahren dort durchgeführt wurden, wenigstens in der Literatur überwiegend bejaht wird, über die rechtliche Grundlage und die Art der Verwertung aber keine Einigkeit besteht. Gegen die Verwertung der Ergebnisse eines ausländischen selbständigen Beweissicherungsverfahrens spricht insbesondere nicht, daß ausländische Gerichte bei derartigen Beweisaufnahmen ihr eigenes Verfahrensrecht anwenden. Denn dies ist auch bei Beweisaufnahmen im Rahmen eines Rechtshilfeersuchens der Fall. Im Interesse effektiven Rechtsschutzes für denjenigen, der aus zeitlichen oder praktischen Gründen zunächst ein selbständiges Beweissicherungsverfahren vor einem ausländischen Gericht durchführt, sollte aber versucht werden, das Ergebnis der ausländischen Beweisaufnahme unter Beibehaltung des Charakters des jeweiligen Beweismittels mit der weitestmöglichen Beweiskraft nach deutschem Recht in den deutschen Prozeß einfließen zu lassen. Die Verwertung als bloßer Urkundenbeweis sollte insbesondere in Fällen, in denen im Ausland der Beweis durch Zeugenvernehmung oder durch gerichtlichen Inaugenscheinnahme erhoben wurde, die Ausnahme bilden.

Beizupflichten ist allerdings denjenigen Stimmen in Rechtsprechung und Literatur, die eine direkte Anwendung des § 493 ZPO ablehnen. Diese Vorschrift bezieht sich bereits aufgrund ihrer systematischen Stellung einzig auf das selbständige Beweisverfahren nach deutschem Recht. Überdies enthält die Vorschrift keinerlei Anhaltspunkte, wie eine ausländische Beweisaufnahme zustande gekommen und gestaltet sein sollte, während diejenigen Vorschriften, die sich ausdrücklich auf Beweisaufnahmen vor ausländischen Gerichten beziehen (§§ 364 Abs. 4 S. 2, 369 ZPO), derartige Vorgaben enthalten.

Entsprechend wird in der Literatur, mit verschiedenen Nuancen, die entsprechende Anwendung der in §§ 493, 328 ZPO enthaltenen Vorgaben vorgeschlagen[547]. Dem ist

---

544 OLG Hamburg Beschluß vom 29.09.1999 IPRax 2000, 530; OLG Köln Beschluß vom 05.01.1983 IPRax 1984, 315; *Ahrens* in FS Schütze S. 1, 13; *Dörschner* S. 196; *Försterling* IPRax 2000, 499, 500; Baumbach/Lauterbach/Albers/Hartmann-*Hartmann* § 493 Rdnr. 2; MüKo/ZPO-*Schreiber* § 493 Rdnr. 2; Thomas/Putzo-*Reichold* § 493 Rdnr. 1.

545 *Dörschner* S. 196.

546 *Stürner* IPRax 1984, 299, 301.

547 *Dörschner*, S. 199 ff., befürwortet in geeigneten Fällen eine Verwertung in analoger Anwendung des § 493 ZPO und möchte die Verwertung bei Vorliegen eines sich aus den Rechtsgedanken des § 328 ZPO oder Art. 27 EuGVÜ ergebenden Versagungsgrundes ausschließen; Stein/Jonas-*Leipold* § 493 Rdnr. 7 hält die Ergebnisse ausländischer Beweissicherungsverfahren für verwertbar,

grundsätzlich zu folgen. Für eine analoge oder entsprechende Anwendung ist hier auch Raum, weil die nach autonomem Recht zur Verfügung stehenden Vorschriften keine direkte Regelung zum Umgang mit den Ergebnissen einer Beweisaufnahme in selbständigen Beweissicherungsverfahren vor ausländischen Gerichten enthalten. Eine derartige Herangehensweise erlaubt zudem eine flexible Handhabung und die Prüfung, ob in dem jeweiligen ausländischen Verfahren die allgemeinen Vorgaben, die in § 328 Abs. 1 ZPO für die Anerkennung ausländischer Urteile gesetzlich normiert sind, erfüllt sind. Die entsprechende Anwendung dieser Kriterien ist auch sachgerecht, lassen sie doch die gesetzgeberische Wertung erkennen, welche "Mindestanforderungen" an die Berücksichtigung von in ausländischen gerichtlichen Verfahren ergangenen Entscheidungen oder Feststellungen gestellt werden. Die entsprechende Anwendung der Vorgaben des § 328 Abs. 1 Nr. 3 ZPO muß dabei allerdings ausbleiben, da eine Unvereinbarkeit von Beweisaufnahmen sachlich nicht denkbar ist[548]. Widersprechen sich die Ergebnisse zweier Beweisaufnahmen, kann das Gericht vielmehr gerade auch diesen Widerspruch im Rahmen der freien Beweiswürdigung nach § 286 ZPO berücksichtigen.

3. Vollstreckung

Mit dem Begriff "Vollstreckung" werden im internationalen Zivilverfahrensrecht ganz überwiegend nicht die eigentliche Zwangsvollstreckung einer ausländischen Entscheidung als solche, sondern Verfahren und Voraussetzungen der sog. "Vollstreckbarerklärung" ausländischer Urteile bezeichnet. Gegenstand der Untersuchung ist hier also, ob und unter welchen Voraussetzungen ein ausländischer Titel im Inland vollstreckt werden kann. Die Zwangsvollstreckung als solche richtet sich dann einzig nach nationalem Zwangsvollstreckungsrecht, wie es auf Vollstreckungstitel nach deutschem Recht Anwendung findet[549]. Zusätzlich zu dem im folgenden zu untersuchenden Vollstreckbarerklärungsverfahren muß ein Inhaber eines ausländischen Titels also, nachdem der ausländische Titel von einem deutschen Gericht für vollstreckbar erklärt wurde, die Zwangsvollstreckung nach allgemeinen Vorschriften betreiben.

a) Grundsatz

Während die Anerkennung ausländischer Entscheidungen in der Regel ohne gesonderte Feststellung erfolgt, ist für die Vollstreckbarkeit ein inländischer Hoheitsakt notwendig, da die inländischen Vollstreckungsorgane nur auf einen solchen hin tätig werden[550]. Dieser Hoheitsakt wird auch als "Exequatur" bezeichnet[551] und in der Regel in einem Vollstreckungsurteil nach §§ 722, 723 ZPO erteilt. In internationalen Übereinkommen wird er meist Vollstreckbarerklärung genannt.

---

wenn die Voraussetzungen des § 328 Abs. 1 Nr. 1, 2, 4 und 5 ZPO in analoger Anwendung gegeben sind und § 493 Abs. 1 ZPO nicht entgegensteht.

[548] So auch Stein/Jonas-*Leipold* § 493 Rdnr. 7; *Dörschner* S. 203.

[549] Vgl. z.B. Soergel-*Kronke* Art. 38 EGBGB Anh. IV Rdnr. 213; MüKo/ZPO-*Gottwald* § 722 Rdnr. 41.

[550] BGH Beschluß vom 04.03.1993 NJW 1993, 1801, 1802; BGH Urteil vom 06.11.1985 IPRax 1986, 294, 295; *Geimer* IZPR Rdnr. 3155; Zöller-*Geimer* § 722 Rdnr. 2 f.; *Schack* Rdnr. 930.

[551] *Linke* Rdnr. 335; *Schack* Rdnr. 931.

Die Vollstreckbarerklärung wird auf eine Vollstreckungsklage gemäß §§ 722, 723 ZPO hin erteilt. Für die Vollstreckungsklage bestimmt sich die internationale und die örtliche Zuständigkeit des Gerichts nach § 722 Abs. 2 ZPO, der einerseits auf die allgemeinen Regeln über den allgemeinen Schuldnergerichtsstand nach §§ 12 bis 19 ZPO, andererseits aber auch auf § 23 ZPO verweist, wobei hier kein "hinreichender Inlandsbezug" verlangt wird[552]. Streitgegenstand dieses Verfahrens ist die Zulässigkeit der Zwangsvollstreckung aus dem ausländischen Titel und nicht etwa der materiellrechtliche Anspruch selbst[553].

Nach § 723 Abs. 2 ZPO kann ein ausländisches Urteil nur dann durch ein Vollstreckungsurteil für vollstreckbar erklärt werden, wenn es im Urteilsstaat bereits Rechtskraft erlangt hat und wenn nicht eine Anerkennung des Urteils nach § 328 ZPO zu versagen wäre. Die Voraussetzungen der Anerkennung von ausländischen Urteilen nach § 328 ZPO sind damit immer auch Voraussetzungen für dessen Vollstreckbarkeit im Inland.

Nach § 723 Abs. 1 ZPO darf ein ausländisches Urteil vor Erlaß des Vollstreckungsurteils nicht auf die Gesetzmäßigkeit der getroffenen Entscheidung hin geprüft werden (Verbot der "*révision au fond*")[554].

Ausländische Exequaturteile können nicht für vollstreckbar erklärt werden[555]. Andernfalls könnte über den Umweg einer Exequaturentscheidung in einem anerkennungs- und vollstreckungsfreundlichen Staat, dessen Entscheidungen auch im Inland leicht anerkannt und vollstreckt werden können, jegliches Urteil vereinfacht anerkannt werden, ohne daß man prüfen könnte, ob die Anerkennungs- und Vollstreckungsvoraussetzungen auch hinsichtlich des ursprünglichen Urteils erfüllt sind.

Die Erhebung einer Vollstreckungsabwehrklage nach § 767 Abs. 1 ZPO gegen die Vollstreckbarerklärung ist nach Abschluß des Vollstreckbarerklärungsverfahrens unter den allgemeinen Voraussetzungen nach § 767 Abs. 1 ZPO möglich[556].

b) Sonderregelungen

Lassen internationale Verträge dies zu, können ausländische Entscheidungen in einem vereinfachten Verfahren ohne Urteil oder unter erleichterten Voraussetzungen durch

---

552 Vgl. BGH Beschluß vom 28.10.1996 NJW 1997, 325, 326; LG Heilbronn Beschluß vom 15.08.1994 IPRax 1996, 123; *Geimer* IZPR Rdnr. 3127; Zöller-*Geimer* § 722 Rdnr. 46; Baumbach/Lauterbach/Albers/Hartmann-*Hartmann* § 722 Rdnr. 8; *Nagel/Gottwald* § 12 Rdnr. 106; ausführlich *Wollenschläger* IPRax 2002, 96, 98 f.

553 *Geimer* IZPR Rdnr. 3105; Zöller-*Geimer* § 722 Rdnr. 6; *Nagel/Gottwald* § 12 Rdnr. 107; *Schack* Rdnr. 941.

554 Dazu BGH Urteil vom 04.06.1992 BGHZ 118, 312, 320; BGH Urteil vom 25.03.1970 BGHZ 53, 357, 363; Zöller-*Geimer* § 723 Rdnr. 1; MüKo/ZPO-*Gottwald* § 723 Rdnr. 1; Baumbach/Lauterbach/Albers/Hartmann-*Hartmann* § 723 Rdnr. 3.

555 *Geimer* IZPR Rdnr. 3110; Zöller-*Geimer* § 722 Rdnr. 21; *Linke* Rdnr. 358; *Nagel/Gottwald* § 12 Rdnr. 116; *Rauscher* S. 454; *Schack* Rdnr. 936.

556 BGH Urteil vom 05.05.1982 BGHZ 84, 17, 22; *Geimer* IZPR Rdnr. 3169 f.; Zöller-*Geimer* § 722 Rdnr. 104; *Schack* Rdnr. 945 f.; *von Hoffmann* § 3 Rdnr. 181.

Vollstreckbarerklärung für vollstreckbar erklärt werden[557]. Die Einzelheiten dieser staatsvertraglichen Regelungen bleiben jedoch vorliegend unbehandelt. Weitere Vorschriften für das Verfahren zur Erlangung einer Vollstreckungsklausel für Entscheidungen, die im Anwendungsbereich bestimmter zwischenstaatlicher Verträge über die gegenseitige Anerkennung und Vollstreckung von Entscheidungen in Zivil- und Handelssachen ergangen sind, enthält das "Gesetz zur Ausführung zwischenstaatlicher Verträge und zur Durchführung von Verordnungen der Europäischen Gemeinschaft auf dem Gebiet der Anerkennung und Vollstreckung in Zivil- und Handelssachen" (Anerkennungs- und Vollstreckungsausführungsgesetz AVAG) vom 19.02.2001. In seinem Anwendungsbereich ersetzt das AVAG das Verfahren nach §§ 722, 723 ZPO[558]. Soweit internationale Verträge dem Anwendungsbereich des AVAG gemäß § 1 Abs. 1 Nr. 1 AVAG unterliegen, werden Entscheidungen, die im Anwendungsbereich und nach den Vorschriften dieser Verträge erlassen wurden, in einem vereinfachten Verfahren ohne mündliche Verhandlung nach §§ 2 ff. AVAG mit einer Vollstreckungsklausel versehen. Zuständig ist nach §§ 2, 5 AVAG der Vorsitzende der nach der Geschäftsverteilung zuständigen Kammer des Landgerichts, in dessen Bezirk der Wohnsitz des Schuldners liegt.

c) Einstweilige Maßnahmen

Nach § 723 Abs. 2 S. 1 ZPO kann für ausländische Urteile nur dann die Zulässigkeit der Zwangsvollstreckung durch Vollstreckungsurteil ausgesprochen werden, wenn diese nach dem für das ausländische Gericht geltenden Recht rechtskräftig sind. Weiterhin können Urteile nach § 723 Abs. 2 S. 2 ZPO nicht für vollstreckbar erklärt werden, wenn die Anerkennung nach § 328 ZPO ausgeschlossen ist. Da ausländische einstweilige Maßnahmen dem Grundsatz nach von einer Anerkennung nach § 328 ZPO ausgeschlossen sind[559], wird allgemein angenommen, daß einstweilige Maßnahmen, die wegen ihrer Vorläufigkeit auch nicht endgültig sind, grundsätzlich nie nach §§ 722, 723 ZPO für vollstreckbar erklärt werden können[560]. Diese Wertung des deutschen Rechts hat jedoch keinen Einfluß auf die Frage nach der Möglichkeit einer Anerkennung und Vollstreckbarerklärung ausländischer einstweiliger Maßnahmen nach dem EuGVÜ bzw. der EuGVVO[561].

Anerkannt und vollstreckt werden können dagegen Leistungsverfügungen bzw. andere Maßnahmen, die de facto dazu geeignet sind, den Rechtsstreit endgültig zu

---

557 Vgl. z.B. Thomas/Putzo-*Hüßtege* Anhang nach § 723 Rdnr. 3 ff.

558 Thomas/Putzo-*Hüßtege* Vor AVAG Rdnr. 1 (S. 1531).

559 Vgl. oben Fußnote 531.

560 OLG Stuttgart Beschluß vom 15.06.1982 IPRspr 1982 Nr. 175; *Eilers* S. 223; *Geimer* IZPR Rdnr. 3107; Zöller-*Geimer* § 722 Rdnr. 13; *Nagel/Gottwald* § 12 Rdnr. 114, § 15 Rdnr. 79 ff. mit Verweis auf Sonderregelungen in bilateralen Staatsverträgen; *Spellenberg/Leible* in *Gilles* S. 293, 328; *Wolf* in *Geimer/Schütze* Internationaler Rechtsverkehr EuGVÜ Art. 24 Rdnr. 71; *Wolf* EWS 2000, 11, 17.

561 Vgl. dazu unten Gliederungspunkt III.B in Teil 3 der Arbeit, S. 301.

erledigen[562]. Dies wird damit begründet, daß Leistungsverfügungen zumindest vorübergehend und oft endgültig durch Befriedigung *de facto* zu einer Erledigung des Rechtsstreites führen und daher hinreichend endgültig sind[563]. Zwangsgeldfestsetzungen bei Gebotsverfügungen können dagegen nicht anerkannt werden[564]. Jedoch kann in Vollstreckung eines ausländischen Titels, der zu einer Handlung oder einem Unterlassen verpflichtet und in Deutschland für vollstreckbar erklärt wurde, auf Antrag des Gläubigers ein Zwangs- oder Ordnungsgeld nach §§ 888, 890 ZPO verhängt werden, da diese Zwangsmittel nach deutschem Recht reine Maßnahmen der Zwangsvollstreckung sind[565].

d) Selbständiges Beweisverfahren

Aufgrund der Tatsache, daß eine im einstweiligen Rechtsschutz ergangene Anordnung eines ausländischen Gerichts zur Durchführung eines selbständigen Beweisverfahrens und das Ergebnis eines selbständigen Beweisverfahrens bereits nicht der Anerkennung nach § 328 Abs. 1 ZPO unterliegen bzw. keinen vollstreckungsfähigen Inhalt haben, wird auch die Vollstreckbarkeit nach §§ 722, 723 ZPO verneint[566]. Anordnungen ausländischer Gerichte zur Durchführung einer Beweisaufnahme können einzig im Wege eines Rechtshilfeersuchens nach dem HBÜ oder der EuBVO erledigt werden, die Verwertung der Ergebnisse ausländischer selbständiger Beweissicherungsverfahren erfolgt in entsprechender Anwendungen der Vorgaben der §§ 328, 493 ZPO[567].

4. Exkurs: Vollstreckung inländischer einstweiliger Maßnahmen mit extraterritorialer Wirkung

Erlangt ein Gläubiger eine gerichtliche Entscheidung des einstweiligen Rechtsschutzes vor einem deutschen Gericht in einer Streitigkeit mit Auslandsbezug, stellt sich ihm die Frage nach der effektivsten Vollziehung dieser Maßnahme. Dies gilt vor allem dann, wenn die Maßnahme ihrem Inhalt nach extraterritoriale Wirkung hat, beispielsweise weil sie generell und örtlich ungebunden die Unterlassung bestimmter Handlungen anordnet. Die Vollstreckung inländischer gerichtlicher Entscheidungen mit extraterritorialer Wirkung ist streng genommen nicht Teil des internationalen

---

[562] *Eilers* S. 223 f.; *Geimer* IZPR Rdnr. 3107; Zöller-*Geimer* § 722 Rdnr. 13; *Hausmann* IPRax 1981, 79, 80; *Matscher* ZZP 95 (1982), 170, 180; *Nagel/Gottwald* § 15 Rdnr. 80; *Spellenberg/Leible* in *Gilles* S. 293, 328.

[563] *Hausmann* IPRax 1981, 79, 80; *Matscher* ZZP 95 (1982), 170, 180; *Spellenberg/Leible* in *Gilles* S. 293, 328.

[564] Soergel-*Kronke* Art. 38 EGBGB Anh. IV Rdnr. 218; *Lindacher* in FS Gaul S. 399, 409; *Schack* Rdnr. 974; *Remien* S. 310.

[565] BGH Beschluß vom 10.02.2000 WM 2000, 635, 637; OLG Karlsruhe Beschluß vom 19.12.1994 ZZPInt 1 (1996) S. 91, 94; *Lindacher* in FS Gaul S. 399, 408; *Remien* S. 311; *Stürner* in FS Henckel S. 863, 869 f. für die Vollstreckung der Pflicht zur Vornahme einer nicht vertretbaren Handlung, S. 871 f. für die Unterlassungsvollstreckung; *Gärtner* S. 197 ff., der auch die Durchsetzbarkeit eines Ordnungsgeldes gegen einen nicht im Inland weilenden Ausländer problematisiert.

[566] *Geimer* IZPR Rdnr. 3109; Wieczorek/Schütze-*Schütze* § 723 Rdnr. 3; Zöller-*Geimer* § 722 Rdnr. 25.

[567] Siehe oben Gliederungspunkt II.A.2.e), S. 101.

Zivilverfahrensrechts. Sie soll jedoch im hiesigen Zusammenhang kurz erörtert werden, weil in der Praxis in Verfahren mit Auslandsbezug die Frage nach der Vollziehung von wesentlicher Bedeutung für effektiven Rechtsschutz ist.

Insgesamt ist heute anerkannt, daß deutsche Gerichte auch Handlungen, Duldungen oder Unterlassungen im Ausland gebieten oder verbieten dürfen[568]. Wird keine Anerkennung und Vollstreckung oder Zustellung im jeweiligen Ausland betrieben, sind ausländische Hoheitsrechte von derartigen grenzüberschreitenden Anordnungen nicht betroffen[569]. Zwar ist die Hoheitsgewalt jedes Staates auf sein eigenes Staatsgebiet beschränkt, woraus auch folgt, daß auch Gerichte nicht auf das Hoheitsgebiet eines anderen Staates einwirken dürfen[570]. Aus einer einmal festgestellten internationalen Zuständigkeit eines Gerichts folgt jedoch dessen Kompetenz, einen Rechtsstreit umfassend zu entscheiden[571]. Es kann allerdings die Gefahr eines für die Betroffenen möglicherweise ärgerlichen Wertungswiderspruchs bestehen, wenn das jeweilige ausländische Recht die von einem deutschen Gericht angeordnete Handlung verbietet bzw. die untersagte Handlung erlaubt[572]. Auch Entscheidungen im einstweiligen Rechtsschutz können grundsätzlich Handlungen, Duldungen oder Unterlassungen im Ausland anordnen, da insoweit keine Anhaltspunkte dafür bestehen, von diesem Grundsatz abzuweichen.

Hinsichtlich der Vollstreckung derartiger Entscheidungen kommt einerseits eine grenzüberschreitende Vollstreckung der Maßnahme im Wege ihrer Anerkennung und Vollstreckbarerklärung im Ausland in Betracht. In Verfahren mit Auslandsbezug kann es für einen Gläubiger wirtschaftlich wie praktisch aber auch bedeutsam sein, eine inländische gerichtliche Entscheidung nach dem deutschen Zwangsvollstreckungsrecht in Deutschland vollstrecken zu können, obwohl eine solche Vollstreckung Wirkung auf das Ausland haben könnte. Eine solche inländische Vollstreckung kann auch in Verfahren des einstweiligen Rechtsschutzes interessant sein, weil beispielsweise bei einer Unterlassungsverfügung oft die Vollstreckung nach nationalem Recht ausreichend sein kann.

Im folgenden soll zunächst geklärt werden, in welchen Fällen eine Anerkennung und Vollstreckbarerklärung einer Maßnahme im Ausland notwendig ist, und sodann untersucht werden, inwieweit und mit welchen Vorgaben eine Zwangsvollstreckung im Inland mit extraterritorialer Wirkung möglich ist. Da letzteres eine Frage des Zwangsvollstreckungsrechts ist, die sich auch für Hauptsacheentscheidungen stellt, kann inso-

---

568 BGH Urteil vom 02.10.1956 BGHZ 22, 1, 13 für die Verletzung eines in einem ausländischen Staat geschützten Warenzeichens; OLG München Urteil vom 15.02.1990 IPRspr 1990 Nr. 166; OLG Stuttgart Beschluß vom 26.09.1983 ZZP 97 (1984), 487, 488; *Bertele* S. 548, 555; *Geimer* IZPR Rdnr. 396, 399a, 400 ff.; *Gottwald* in FS Habscheid 1989, 119, 120; *Gronstedt* S. 11, 274; *Leipold* S. 54; *Remien* S. 297 und WRP 1994, 25, 26; *Schack* Rdnr. 973; *Spellenberg/Leible* in *Gilles* S. 293, 325; *Stadler* IPRax 2003, 430, 432; *Stutz* S. 17.

569 *Bertele* S. 548, 555; *Gerhard* SZIER 1999, 97, 118 f.; *Remien* S. 298 f.; *Stutz* S. 17.

570 *Gottwald* in FS Habscheid S. 119, 120; *Stutz* S. 17.

571 *Bertele* S. 555; *Gottwald* in FS Habscheid S. 119, 120; *Stutz* S. 17.

572 *Gronstedt* S. 274, 334 ff.; *Gottwald* in FS Habscheid 1989, 119, 121 f. hält einen solchen Widerspruch für völkerrechtswidrig; anderer Ansicht dazu *Geimer* IZPR Rdnr. 176 ff., 404.

weit auch die zur Vollstreckung von Hauptsacheentscheidungen ergangene Rechtsprechung und Literatur berücksichtigt werden.

a) Anerkennung und Vollstreckung im Ausland

Grundsätzlich bestimmt einzig das Recht des ausländischen Staates, ob in diesem eine vollstreckungsbedürftige einstweilige Maßnahme eines deutschen Gerichts anerkannt und für vollstreckbar erklärt werden kann[573].

Ob eine Vollstreckung im eigentlichen Sinne von von deutschen Gerichten erlassenen einstweiligen Maßnahmen, deren Inhalt sich auf das Ausland erstreckt, im Ausland allerdings notwendig ist, hängt von der Art der einstweiligen Maßnahme ab.

Für Arreste[574], einen Teil der Sicherungs- und Regelungsverfügungen sowie Leistungsverfügungen, die auf die Erbringung einer Leistung wie die Herausgabe einer Sache oder die Zahlung einer Geldsumme gerichtet sind, ist eine Vollstreckung durch eine ausländische Vollstreckungsbehörde nötig, wenn die angeordnete Maßnahme im Ausland vollzogen werden muß, beispielsweise weil sich nur dort greifbares Vermögen des Schuldners oder gerade der betroffene Vermögensgegenstand befindet.

Dagegen findet im Falle von Duldungs- oder Unterlassungsverfügungen oder solchen, die auf die Vornahme einer Handlung gerichtet sind, keine Vollstreckung im eigentlichen Sinne statt, solange der Schuldner sich gemäß der einstweiligen Verfügung verhält. Erst bei Zuwiderhandlung wird meist ein Zwangsmittel angeordnet, das auch bereits angedroht sein konnte, oder der Gläubiger wird zur Ersatzvornahme nach § 887 ZPO ermächtigt, wenn der Schuldner die geschuldete vertretbare Handlung nicht vornimmt.

b) Vollstreckung im Inland durch Ermächtigung zur Ersatzvornahme, § 887 ZPO, und Androhung und Festsetzung von Zwangs- oder Ordnungsgeld, §§ 888, 890 ZPO

Bei der Ermächtigung zur Ersatzvornahme oder der Vollstreckung nach §§ 888, 890 ZPO ergeben sich verschiedene Fragen, wenn der Schuldner keinen Wohnsitz im Inland hat und die gerichtliche Entscheidung daher im Ausland zugestellt werden muß und wenn die zu vollstreckende Verpflichtung im Ausland vorzunehmen oder zu unterlassen ist. Diese sollen hier wegen des nur sehr entfernten Bezugs zum Thema der Arbeit nur angerissen werden.

(1) Ersatzvornahme, § 887 ZPO

Ist eine *einstweilige Verfügung auf Vornahme einer vertretbaren Handlung* gerichtet, kann nach §§ 936, 928, 887 ZPO der Gläubiger ermächtigt werden, auf Kosten des Schuldners die Handlung von einem anderen vornehmen zu lassen.

---

573 Vgl. *Geimer* IZPR Rdnr. 396; *Gronstedt* S. 94; *Spellenberg/Leible* in *Gilles* S. 293, 325; Wieczorek/Schütze-*Thümmel* Vor § 916 Rdnr. 24; Thomas/Putzo-*Reichold* § 917 Rdnr. 3.

574 Zu den territorialen Grenzen der Pfändung von Sachen und Rechten vgl. *Gronstedt* S. 94 ff., zur Pfändung von Ansprüchen auf Herausgabe von Sachen speziell S. 95 ff., zur Pfändung von Geldforderungen S. 99 ff.

Fraglich ist aber, ob die Ermächtigung zur Ersatzvornahme im Ausland gegen die Hoheitsrechte des betroffenen Staates verstößt und ob eine Vollstreckung im Wege der Ersatzvornahme effizient ist, wenn die Handlung im Ausland vorgenommen werden müßte. In Rechtsprechung und Literatur wird ganz überwiegend angenommen, eine Ermächtigung zu einer Ersatzvornahme auf dem Territorium eines anderen Staates stelle nur dann einen Angriff auf die Hoheitsrechte dieses Staates dar, wenn innerhalb des fremden Staatsgebietes Zwang gegen den Schuldner ausgeübt werden müsse[575]. Die Ermächtigung zu einer Ersatzvornahme im Ausland in Form eines angeordneten Betretens eines im Ausland belegenen Grundstücks wurde in einem vom OLG Stuttgart entschiedenen Fall dementsprechend abgelehnt, weil dadurch dem Schuldner eine Duldungspflicht auferlegt würde und im Falle des Widerstandes des Schuldners § 892 ZPO Anwendung fände[576]. In Vollstreckungsangelegenheiten gehen Rechtsprechung und Literatur überwiegend davon aus, auch bei an sich vertretbaren Handlungen könne der Vollstreckungsgläubiger nach § 888 ZPO vorgehen und die Festsetzung eines Zwangsgeldes beantragen, weil eine Vollstreckung nach § 887 ZPO im Ausland in nicht zumutbarer Weise zu einer Erschwerung und Verzögerung der Vollstreckung führe[577]. Nach § 888 ZPO ist danach insbesondere in solchen Fällen vorzugehen, in denen eine Ersatzvornahme ohne Zwang nicht durchgeführt werden könnte[578]. Damit ist die Anordnung einer Ersatzvornahme im Ausland nach § 887 ZPO grundsätzlich zwar möglich, aber unüblich, da sie regelmäßig sinnlos ist. Das OLG Hamm läßt in einem Beschluß vom 27.03.1998 die Ermächtigung zur Ersatzvornahme bei der Verpflichtung des Schuldners zur Erstellung eines Buchauszuges im Ausland ausdrücklich mit der Begründung zu, in dem dort entschiedenen Fall hätten keine Anhaltspunkte für einen Widerstand des Schuldners gegen die Ersatzvornahme bestanden[579].

---

575 OLG Stuttgart Beschluß vom 26.09.1983 ZZP 97 (1984), 487, 488; Stein/Jonas-*Brehm* § 887 Rdnr. 29; *Gottwald* in FS Habscheid S. 119, 121; *Mühlhausen* WM 1986, 985, 989; *Nagel/Gottwald* § 17 Rdnr. 41 f.; *Schack* Rdnr. 973; *Stadler* IPRax 2003, 430, 431; *Stutz* S. 19 dehnt dies sogar auf Fälle aus, in denen absehbar eine Mitwirkung des Schuldners im Ausland zur Durchführung der Ersatzvornahme notwendig ist; *Geimer* IZPR Rdnr. 403, 3227, hält die Ermächtigung zur Ersatzvornahme für generell zulässig und meint, es sei 'Sache' des Gläubigers, was er mit einer solchen Ermächtigung im Ausland anfangen könne.

576 OLG Stuttgart Beschluß vom 26.09.1983 ZZP 97 (1984), 487, 488; zustimmend *Mühlhausen* WM 1986, 989; kritisch zum Verweis auf die Duldungspflicht *Bertele* S. 553.

577 OLG Köln Beschluß vom 03.06.2002 IPRax 2003, 446; OLG Frankfurt Beschluß vom 14.12.2000 RIW 2001, 379 f.; OLG Stuttgart Beschluß vom 26.09.1983 ZZP 97 (1984), 487, 488; *Geimer* IZPR Rdnr. 3228 f.; Soergel-*Kronke* Art. 38 EGBGB Anh. IV Rdnr. 216; *Schuschke* EWiR 2001, 243 f.; *Bertele* S. 565; *Schack* Rdnr. 973; *Münzberg* ZZP 97 (1984), 489, 491 f.

578 Soergel-*Kronke* Art. 38 EGBGB Anh. IV Rdnr. 216; *Schuschke* EWiR 2001, 243 f. sieht die geschuldete Handlung in diesen Fällen als "unvertretbar" an.

579 OLG Hamm Beschluß vom 27.03.1998 InVo 1999, 32.

(2) Zwangs- und Ordnungsgeld, §§ 888, 890 ZPO

Eine Androhung und Festsetzung von Zwangsmitteln nach §§ 888, 890 ZPO ist im deutschen Vollstreckungsrecht grundsätzlich auch dann möglich, wenn die vorzunehmende Handlung oder Unterlassung im Ausland vorzunehmen ist[580]. Dies stellt keinen Angriff auf die Hoheitsrechte eines fremden Staates dar, weil staatlicher Zwang dann nur im Inland ausgeübt wird[581]. Eine auf Vornahme einer nicht vertretbaren Handlung gerichtete einstweilige Verfügung enthält nach §§ 936, 928, 888 Abs. 2 ZPO keine Androhung eines Zwangsgeldes. Problematisch ist aber, ob Entscheidungen deutscher Gerichte, die Androhungen oder Festsetzungen nach §§ 888, 890 ZPO enthalten, im Ausland auch *zugestellt* werden können.

Bei Unterlassungsverfügungen ist, wie bereits festgestellt wurde[582], nach deutschem Recht davon auszugehen, daß diese bereits mit Zustellung im Parteibetrieb vollzogen werden. Fraglich ist dann, ob eine Zustellung im Ausland fremde Hoheitsrechte verletzt, wenn in der Unterlassungsverfügung selbst schon ein Ordnungsgeld angedroht ist. Manche Staaten befürchten, daß die Zustellung einer einstweiligen Verfügung mit Androhung von Ordnungsgeld bereits einen Teil der Vollstreckung der Verfügung darstellt, und lehnen daher die Zustellung entsprechender Entscheidungen nach Art. 13 Haager Zustellungsübereinkommen (HZÜ)[583] mit Verweis auf ihre Hoheitsrechte ab[584]. Die EU-Zustellungsverordnung (EuZustVO)[585] enthält keine dem Art. 13 HZÜ entsprechende Möglichkeit der Annahmeverweigerung.

---

580 OLG Köln Beschluß vom 03.06.2002 IPRax 2003, 446; OLG Köln Beschluß vom 02.11.2001 JMBl. NW 2002, 100 f.; OLG Frankfurt/Main Beschluß vom 14.12.2000 RIW 2001, 379 f.; OLG Hamm Urteil vom 20.06.1985 NJW-RR 1986, 1047, 1048; OLG Stuttgart Beschluß vom 26.09.1983 ZZP 97 (1984) 487, 488; OLG Nürnberg Beschluß vom 05.04.1974 IPRspr. 1974 Nr. 188; *Bertele* S. 553, 565; Stein/Jonas-*Brehm* § 888 Rdnr. 8; *Geimer* IZPR Rdnr. 400 f., 1221, 3228 f.; Soergel-*Kronke* Art. 38 EGBGB Anh. IV Rdnr. 216; *Nagel/Gottwald* § 17 Rdnr. 43; Thomas/Putzo-*Putzo* § 888 Rdnr. 9; *Schuschke* EWiR 2001, 243 f.; *Stadler* IPRax 2003, 430, 432; *Stutz* S. 18 f.; anderer Ansicht wohl zunächst das LG Köln in dem durch das OLG Köln mit Beschluß vom 03.06.2002 entschiedenen Fall.

581 OLG Köln Beschluß vom 03.06.2002 IPRax 2003, 446; OLG Frankfurt/Main Beschluß vom 14.12.2000 RIW 2001, 379 f.; *Mühlhausen* WM 1986, 985, 989; *Schuschke* EWiR 2001, 243 f.; OLG Nürnberg Beschluß vom 05.04.1974 IPRspr. 1974 Nr. 188; OLG Stuttgart Beschluß vom 26.09.1983 ZZP 97 (1984) 487, 488; *Geimer* IZPR Rdnr. 400 f., 1221, 3228 f.; Soergel-*Kronke* Art. 38 EGBGB Anh. IV Rdnr. 216; *Bertele* S. 553; *Stutz* S. 18 f.; Stein/Jonas-*Brehm* § 888 Rdnr. 8; Thomas/Putzo-*Putzo* § 888 Rdnr. 9; *Remien* S. 305 f.; *Stadler* IPRax 2003, 430, 432; anderer Ansicht wohl LG Köln in dem durch das OLG Köln mit Beschluß vom 03.06.2002 entschiedenen Fall, vgl. IPRax 2002, 446.

582 Siehe oben Gliederungspunkt I.A.2.c), S. 39.

583 Haager Übereinkommen über die Zustellung gerichtlicher und außergerichtlicher Schriftstücke im Ausland in Zivil- und Handelssachen vom 15.11.1965, BGBl. 1977 II, S. 1453; für Deutschland in Kraft seit dem 26.06.1979, BGBl. 1979 II, S. 779; dazu z.B. *Böckstiegel/Schlafen* NJW 1978, 1073.

584 So *Spellenberg/Leible* in *Gilles* S. 293, 326; vgl. *Gronstedt* S. 11 f., 124 ff., 329; ausführlich zum Souveränitätsvorbehalt im HZÜ *Bertele* S. 350 ff.; nach *Schütze* WM 1980, 1438, 1440 lehnt regelmäßig auch bereits die Landesjustizverwaltung die Weiterleitung des Ersuchens um Zustellung ab. Das HZÜ findet hier auch für die Zustellung im Parteibetrieb Anwendung, weil für eine internationale Zustellung im Parteibetrieb ein Gesuch an den Vorsitzenden des Prozeßgerichts erforderlich ist,

Jedoch liegt in der Zustellung einer einstweiligen Verfügung, die die Androhung oder Festsetzung eines Zwangsmittels enthält, kein Angriff auf die Souveränität des fremden Staates, solange das Zwangsmittel durch Vollstreckung in inländisches Vermögen durchgesetzt werden kann[586]. Denn dann findet keine Ausübung von Zwang auf dem Hoheitsgebiet des fremden Staates statt. Es besteht dann kein Anlaß für die Befürchtung, daß ohne gerichtliche Anerkennung und Vollstreckung in Hoheitsrechte des jeweiligen fremden Staates eingegriffen wird[587].

Ein bereits festgesetztes Zwangs- oder Ordnungsgeld kann wegen seines "Strafcharakters" für die Nichtbeachtung einer gerichtlichen Anordnung grundsätzlich nicht im Ausland beigetrieben werden[588]. Das EuGVÜ bzw. die EuGVVO enthalten allerdings mit Art. 43 EuGVÜ bzw. Art. 49 EuGVVO Vorschriften, nach denen Entscheidungen, die ein Zwangsgeld und dessen Höhe bereits festsetzen, in anderen Vertrags- bzw. Mitgliedsstaaten vollstreckt werden können[589].

(3) Art. 22 Nr. 5 EuGVVO bzw. Art. 16 Nr. 5 EuGVÜ

Einer inländischen Vollstreckung mit Auslandsberührung in Form der Ermächtigung zur Ersatzvornahme nach § 887 ZPO oder der Festsetzung von Zwangs- oder Ordnungsmitteln nach §§ 888, 890 ZPO steht unter den genannten Voraussetzungen auch nicht Art. 22 Nr. 5 EuGVVO bzw. Art. 16 Nr. 5 EuGVÜ entgegen. Nach diesen Vorschriften sind für Verfahren, welche die Zwangsvollstreckung aus Entscheidungen zum Gegenstand haben, die Gerichte desjenigen Mitglieds- bzw. Vertragsstaates, in dessen Hoheitsgebiet die Zwangsvollstreckung durchgeführt werden soll oder durchgeführt worden ist, ausschließlich und ohne Rücksicht auf den Wohnsitz des Beklagten international zuständig. Solange allerdings, wie dargestellt, kein Zwang im Ausland ausgeübt werden muß und auch das Zwangsmittel einzig im Inland vollstreckt wird, findet keine Zwangsvollstreckung im Hoheitsgebiet eines anderen Staates statt[590]. Bereits im Urteilsstaat angeordnete Zwangsmittel unterfallen damit nicht dem Anwendungsbereich von Art. 22 Nr. 5 EuGVVO bzw. Art. 16 Nr. 5 EuGVÜ, sonst würde

---

vgl. KG Urteil vom 04.09.1998 IPRax 2001, 236; *Geimer* IZPR Rdnr. 2099, 2132 ff.; *Mennicke* IPRax 2001, 202, 203; Stein/Jonas-*Roth* § 191 Rdnr. 3.

585 Verordnung (EG) Nr. 1348/2000 des Rates über die Zustellung gerichtlicher und außergerichtlicher Schriftstücke in Zivil- und Handelssachen in den Mitgliedsstaaten vom 29.05.2000, abgedr. in Abl. L 160 vom 30.06.2000, S. 37.

586 OLG Köln Beschluß vom 03.06.2002 IPRax 2003, 446, 447; OLG München Urteil vom 15.02.1990 IPRspr. 1990 Nr. 166; *Geimer* IZPR Rdnr. 401 ff.; *Remien* WRP 1994, 25, 27; *Schütze* WM 1980, 1438, 1440; *Spellenberg/Leible* in *Gilles* S. 293, 327; differenzierend *Gronstedt* S. 332 ff.; von *Schack* Rdnr. 592 wird diese Möglichkeit dagegen nicht ausgeschlossen.

587 OLG Köln Beschluß vom 03.06.2002 IPRax 2003, 446, 447; *Bertele* S. 594 f.; *Geimer* IZPR Rdnr. 402 f.; *Stürner* in FS Henckel S. 863, 873.

588 *Thümmel* NJW 1996, 1930, 1932.

589 Siehe dazu unten Gliederungspunkt III.A.3.f) in Teil 3 der Arbeit, S. 299; *Gronstedt* S. 12 f.; *Remien* WRP 1994, 25, 27.

590 *Bertele* S. 568; *Stutz* S. 20; differenzierend *Kropholler* Art. 22 Rdnr. 60, 61, nach dem einer Ermächtigung zur Ersatzvornahme im Ausland nach § 887 ZPO Art. 22 Nr. 5 EuGVVO entgegensteht, wohingegen eine Zwangsgeldandrohung möglich bleiben soll.

auch Art. 49 EuGVVO bzw. Art. 42 EuGVÜ gegenstandslos[591]. Art. 22 Nr. 5 EuGVVO bzw. Art. 16 Nr. 5 EuGVÜ erfassen unter anderem Rechtsbehelfe und Klagen in einem Vollstreckungsverfahren, wie im deutschen Recht beispielsweise die Erinnerung nach § 766 ZPO, die Vollstreckungsgegenklage nach § 767 ZPO[592] und die Drittwiderspruchsklage nach § 771 ZPO[593].

B. Autonomes französisches Recht

Das internationale Verfahrensrecht ist auch im französischen Recht gesetzlich kaum geregelt[594]. Die wesentlichen Grundsätze sind daher von der Rechtsprechung erarbeitet worden.

1. Zuständigkeit / *compétence*

Mit Art. 14 und 15 C. Civil enthält das französische Recht nur vereinzelte ausdrückliche Regelungen über die internationale gerichtliche Zuständigkeit.

a) Grundsatz

Grundsätzlich ergibt sich nach den von der Rechtsprechung entwickelten und heute allgemein anerkannten Regeln auch im französischen Recht die internationale Zuständigkeit der Gerichte aus der örtlichen Zuständigkeit[595]. Dazu werden die allgemeinen Regeln über die örtliche Zuständigkeit nach Art. 42 bis 48 NCPC sowie die speziellen Vorschriften herangezogen, wie zum Beispiel Art. 1070 NCPC in Scheidungssachen oder Art. 79 des IV. Buches des Code du Travail, Art. 80 des Dekrets vom 22.12.1958 und R. 517.1 Code du Travail in arbeitsgerichtlichen Streitigkeiten[596]. Allgemeiner Gerichtsstand ist nach Art. 42 Abs. 1 NCPC der des Beklagtenwohnsitzes.

b) Gerichtsstandsprivilegien nach Art. 14 und 15 C. Civil

Subsidiär zu der sich aus den Regeln über die örtliche Zuständigkeit der Gerichte ergebenden "*compétence internationale ordinaire*" gibt es auch eine sog. "*compétence internationale privilégiée*", die in Art. 14 und 15 C. Civil festgesetzt ist. Diese Vorschriften bestimmen ausdrücklich die internationale Zuständigkeit französischer

591 So auch *Remien* S. 324.

592 Dazu EuGH Urteil vom 04.07.1985 *AS Autoteile/Malhé*, Rs. 220/84, Slg. 1985, 2267, 2277 Rdnr. 12.

593 Vgl. z.B. *Nagel/Gottwald* § 17 Rdnr. 24; Thomas/Putzo-*Hüßtege* Art. 22 EuGVVO Rdnr. 15; *Kropholler* Art. 22 Rdnr. 61; *Schmidt* Rdnr. 60.

594 Vgl. *Gaudemet-Tallon* Rev. crit. DIP 1977, 1 ff.

595 Ständige Rechtsprechung seit dem Grundsatzurteil C. Cass. Civ. 1ère 19.10.1959 *Pelassa* Rev. crit. 1960, 215, 216; C. Cass. Civ. 1ère 02.04.1996 Bull. civ. I no. 164; C. Cass. Civ. 1ère 06.02.1985 *Simitch* Rev. crit. DIP 1985, 369, 373; C. Cass. Civ. 1ère 13.01.1981 Rev. crit. DIP 1981, 331, 332; C. Cass. Civ. 1ère 06.11.1979 *Nassibian* Rev. crit. DIP 1980, 588, 589; C. Cass. Civ. 1ère 30.10.1962 *Scheffel* Rev. crit. DIP 1963, 387, 388; *Audit* Rdnr. 335; *Gaudemet-Tallon* Rev. crit. DIP 1977, 1, 3 ff.; *Huet* Editions du Juris-Classeur Droit International, Fascicule 581-20 Rdnr. 5 ff.; *Loussouarn* Rdnr. 444 ff.; *Mayer* Rdnr. 284; *Mezger* in FS Nagel S. 246, 257; *Schack* Rdnr. 404.

596 Vgl. im einzelnen *Audit* Rdnr. 336 ff.; *Gaudemet-Tallon* Rev. crit. DIP 1977, 1, 21 ff.; *Huet* Editions du Juris-Classeur Droit International, Fascicule 581-20 Rdnr. 14 ff.; *Loussouarn* Rdnr. 445 ff.

Gerichte für vertragsrechtliche Streitigkeiten, die einen Franzosen als Kläger oder Beklagten unabhängig von dessen Wohnsitz betreffen, auch wenn er die streitigen Rechte nur durch Abtretung erworben hat oder sie in Prozeßstandschaft geltend macht[597]. Ihr Anwendungsbereich wurde jedoch von der Rechtsprechung auf fast alle zivilrechtlichen Streitigkeiten ausgedehnt, mit Ausnahme von sachenrechtlichen Streitigkeiten über im Ausland belegene Immobilien und von Streitigkeiten hinsichtlich von Zwangsvollstreckungsverfahren, die in ausländischen Staaten durchgeführt werden[598]. Die Art. 14, 15 C. Civil werden in ihrer Allgemeinheit schon lange von der Literatur als Zeichen eines überholten Nationalismus und wegen ihrer Unpraktikabilität, wenn ein Rechtsstreit als einzigen Bezugspunkt zu Frankreich die Nationalität eines der Beteiligten, unabhängig von dessen Wohnort, aufweist, kritisiert[599]. Aufgrund ihrer von der Rechtsprechung entwickelten Subsidiarität zu den oben dargestellten allgemeinen Regeln werden Art. 14 und 15 C. Civil zur Bestimmung der internationalen Zuständigkeit heute nur noch herangezogen, wenn sich die internationale Zuständigkeit der französischen Gerichte nicht aus einer Regel über die örtliche Zuständigkeit ergibt[600]. Weiterhin durften sie nach der Rechtsprechung während langer Zeit von den Richtern nicht von Amts wegen angewandt, sondern nur herangezogen werden, wenn sich eine Partei ausdrücklich darauf berief[601]. Heute jedoch werden die Art. 14 und 15 C. Civil auch von Amts wegen angewandt, wenn die jeweilige Partei ihre französische Staatsangehörigkeit geltend macht[602].

Art. 14 C. Civil lautet:

> *L'étranger, même non résidant en France, pourra être cité devant les tribunaux français, pour l'exécution des obligations par lui contractées en France avec un Français; il pourra être traduit devant les tribunaux de France, pour les obligations par lui contractées en pays étranger envers des Français.*

---

597 C. Cass. Civ. 1ère 31.01.1995 Dalloz 1995 Jur. 471; C. Cass. Civ. 1ère 21.03.1966 Rev. crit. DIP 1966, 670, 671; *Audit* Rdnr. 355; *Courbe* Dalloz 1995 Jur. 472; *Loussouarn* Rdnr. 463.

598 *Audit* Rdnr. 352 f.; *Huet* Editions du Juris-Classeur Droit International, Fascicule 581-31 Rdnr. 1 ff.; *Loussouarn* Rdnr. 464; *Mayer* Rdnr. 292; *Mezger* in FS Nagel S. 246, 248; für Art. 14 C. Civil: Grundsatzurteil C. Cass. Civ. 1ère 27.05.1970 Rev. crit. DIP 1971, 113, 114; C. Cass. Civ. 1ère 21.06.1988 Bull. civ. I no. 198; C. Cass. Civ. 1ère 17.11.1981 Bull. civ. I no. 341; CA Paris 20.12.1985 Dalloz 1986 IR 268; für Art. 15 C. Civil: C. Cass. Civ. 1ère 16.06.1959 Rev. crit. DIP 1959, 501, 502; C. Cass. Civ. 1ère 01.02.1955 Rev. crit. DIP 1955, 327, 328.

599 Vgl. z.B. *Audit* Rdnr. 351; *Droz* Rev. crit. DIP 1975, 1, 7 ff., 21 ff.; *Loussouarn* Rdnr. 462.

600 C. Cass. Civ. 1ère 19.11.1985 *Cognacs and Brandies from France* Rev. crit. DIP 1986, 712, 713; *Audit* Rdnr. 332; 334, 351; *Mezger* FS Nagel S. 246, 248 f.; *Nagel/Gottwald* § 3 Rdnr. 381.

601 C. Cass. Com. 09.10.1967 JDI 1968, 918, 919; C. Cass. Civ. 1ère 21.05.1963 Rev. crit. DIP 1964, 340; *Huet* Editions du Juris-Classeur Droit International, Fascicule 581-32 Rdnr. 67 ff..

602 C. Cass. Civ. 1ère 16.04.1985 Rev. crit. DIP 1987, 584, 585; *Huet* Editions du Juris-Classeur Droit International, Fascicule 581-32 Rdnr. 78; *Mayer* Rdnr. 296.

Art. 15 C. Civil lautet:

> *Un Français pourra être traduit devant un tribunal de France, pour des obligations par lui contractées en pays étranger, même avec un étranger.*[603]

Früher hielten sich französische Gerichte aufgrund eines Umkehrschlusses aus Art. 14, 15 C. Civil grundsätzlich für unzuständig, Streitigkeiten zwischen Ausländern zu entscheiden[604]. Seit einem Grundsatzurteil der Cour de Cassation aus dem Jahr 1948 ist diese Rechtsprechung jedoch überholt[605]. Heute werden auch Streitigkeiten zwischen Ausländern von französischen Gerichten entschieden, wenn die französischen Gerichte nach den allgemeinen Regeln international zuständig sind.

Auf die mit der Staatsangehörigkeit verbundenen Gerichtsstandsprivilegien können die Parteien verzichten[606]. Dieser Verzicht muß nicht ausdrücklich erklärt werden, sondern wird regelmäßig als in der Vereinbarung einer ausländischen Zuständigkeit konkludent enthalten angesehen[607]. Auch die Erhebung einer Klage im Ausland kann als impliziter Verzicht auf das Gerichtsstandsprivileg angesehen werden[608].

Aufgrund der Subsidiarität der Art. 14 und 15 C. Civil zu den allgemeinen Regeln über die internationale Zuständigkeit französischer Gerichte, die aus den Regeln über die örtliche Zuständigkeit abgeleitet werden, fehlen inländische Vorschriften zur Bestimmung der örtlichen Zuständigkeit, wenn die internationale Zuständigkeit der französischen Gerichte nach Art. 14 oder 15 C. Civil angenommen wird[609]. Nach der Rechtsprechung kann der Kläger dann dasjenige Gericht wählen, das zum Rechtsstreit die engste Verbindung aufweist ("*lien de rattachement*"), oder dasjenige, das im Interesse eines ordnungsgemäßen Funktionierens der Justiz angemessen erscheint[610].

---

603 Übersetzungen dieser Vorschriften bei *Mezger* in FS Nagel S. 246, 247 f.

604 *Audit* Rdnr. 327; *Geimer* IZPR Rdnr. 1907; *Mayer* Rdnr. 282; *Schack* Rdnr. 405.

605 C. Cass. Civ. 21.06.1948 *Patiño* Rev. crit. DIP 1949, 557; ausdrücklich bestätigt durch C. Cass. Civ. 1ère 16.04.1985 Rev. crit. DIP 1986, 694, 696; C. Cass. Civ. 1ère 30.10.1962 *Scheffel* Rev. crit. DIP 1963, 387 f.; dazu *Audit* Rdnr. 329; *Mayer* Rdnr. 282.

606 C. Cass. Civ. 1ère 08.06.1999 Rev. crit. DIP 2000, 35; C. Cass. Civ. 1ère 18.05.1994 Dalloz 1995 Jur. 20, 21; C. Cass. Civ. 1ère 16.06.1981 und 01.07.1981 Rev. crit. DIP 1981, 721 ff.; C. Cass. Civ. 1ère 04.10.1967 *Bachir* Rev. crit. DIP 1968, 98 f.; C. Cass. Com. 13.02.1950 Dalloz 1950 Jur. 317; *Audit* Rdnr. 359 ff.; *Loussouarn* Rdnr. 465 ff.; *Huet* Editions du Juris-Classeur Droit International, Fascicule 581-32 Rdnr. 4 ff.; *Schack* Rdnr. 479.

607 C. Cass. Civ. 1ère 18.10.1988 Rev. crit. DIP 1989, 537, 538; C. Cass. Civ. 1ère 25.11.1986 Rev. crit. DIP 1987, 396, 397; C. Cass. Civ. 1ère 17.12.1985 *Cie. des signaux* Rev. crit. DIP 1986, 537, 540; C. Cass. Soc. 08.07.1985 Rev. crit. DIP 1986, 113, 114; *Audit* Rdnr. 360; *Huet* Editions du Juris-Classeur Droit International, Fascicule 581-32 Rdnr. 10 ff.; *Loussouarn* Rdnr. 465-1; *Schack* Rdnr. 479.

608 C. Cass. Civ. 1ère 30.06.1992 Dalloz 1994 Jur. 169, 170; *Audit* Rdnr. 362 f.; *Huet* Editions du Juris-Classeur Droit International, Fascicule 581-32 Rdnr. 41 ff.; *Loussouarn* Rdnr. 465-1; eine derartige Auslegung wurde aber abgelehnt, wenn die Klage in Frankreich zeitlich später als die vor einem ausländischen Gericht erhoben wurde: C. Cass. Civ. 1ère 27.01.1993 Dalloz 1993, 602.

609 *Audit* Rdnr. 356 f.; *Mayer* Rdnr. 295; *Mezger* in FS Nagel S. 246, 248.

610 Ständige Rechtsprechung seit dem Grundsatzurteil C. Cass. Civ. 1ère 13.06.1978 Rev. crit. DIP 1978, 722, 723; z.B. C. Cass. Civ. 1ère 29.01.1980 Bull. civ. I no. 38; vgl. davor C. Cass. Civ.

c) *Vereinbarungen über die Zuständigkeit*

Gerichtsstandsvereinbarungen (*Clauses attributives de compétence/ de juridiction*) sind bei Streitigkeiten mit Auslandsbezug zur Festsetzung, also Prorogation oder Derogation, der internationalen Zuständigkeit zulässig und scheitern nicht an Art. 48 NCPC, der allgemein die Voraussetzungen für Gerichtsstandsvereinbarungen enthält[611]. Entgegen der Formulierung des Art. 48 NCPC sind sie auch unter Nichtkaufleuten zulässig[612], müssen allerdings die weiteren allgemeinen Voraussetzungen des Art. 48 NCPC, insbesondere die deutliche Erkennbarkeit innerhalb der vertraglichen Verpflichtungen der Parteien, erfüllen[613]. Weiterhin dürfen sie nicht einer ausschließlichen gerichtlichen Zuständigkeit nach französischem Recht widersprechen[614].

Auch im französischen Recht richtet sich die Zulässigkeit und Wirksamkeit von Gerichtsstandsvereinbarungen nach dem Recht des angerufenen Gerichtes, der lex fori[615], während sich das Zustandekommen nach dem von den Parteien gewählten Recht, dem auf den Gesamtvertrag anwendbaren Recht oder dem nach den allgemeinen Regeln des Internationalen Privatrechts zu bestimmenden Recht beurteilt[616].

d) *Berücksichtigung ausländischer Rechtshängigkeit (litispendance internationale)*

Art. 100 NCPC bestimmt, daß sich im Falle einer bereits eingetretenen Rechtshängigkeit der gleichen Streitsache im Inland das später angerufene Gericht für unzuständig erklären muß. Rechtshängigkeit liegt nach überwiegender Auffassung vor, wenn die Parteien (*parties*), der Klageantrag (*objet*) und die Begründung (*cause*) identisch sind[617]. Wie im Falle vorheriger ausländischer Rechtshängigkeit zu verfahren ist, ist gesetzlich nicht geregelt. Hierzu hat erneut die französische Rechtsprechung Grundsätze entwickelt, nach denen die ausländische Rechtshängigkeit eines Verfahrens, wenn sie von einer Partei vorgetragen wird, beachtet wird und zur Unzulässigkeit einer

---

1ère 11.10.1967 Rev. crit. DIP 1968, 105, 106; C. Cass. Civ. 1ère 14.02.1962 Rev. crit. DIP 1963, 87; C. Cass. Civ. 1ère 09.02.1960 Rev. crit. DIP 60, 390, 391; *Mayer* Rdnr. 295.

611 C. Cass. Civ. 1ère 25.11.1986 Rev. crit. 1987, 396, 397; C. Cass. Civ. 1ère 17.12.1985 *Cie. des signaux* Rev. crit. DIP 1986, 537, 539; TGI Paris 10.10.1990 Rev. crit. DIP 1991, 605, 606 f.; *Audit* Rdnr. 387; *Gaudemet-Tallon* Rev. crit. DIP 1977, 1, 31 ff.; *Huet* Editions du Juris-Classeur Droit International, Fascicule 581-41 Rdnr. 1 ff., 7 ff.; *Loussouarn* Rdnr. 454 ff.; *Mezger* in FS Nagel S. 246, 264 ff.; *Schack* Rdnr. 479.

612 *Benecke* S. 22; *Loussouarn* Rdnr. 454-1; *Mayer* Rdnr. 303; *Mezger* in FS Nagel S. 246, 266.

613 C. Cass. Civ. 1ère 30.06.1992 Dalloz 1994 Jur. 169; C. Cass. Civ. 1ère 18.10.1988 Rev. crit. DIP 1989, 537, 538; *Audit* Rdnr. 389; *Benecke* S. 22; *Mayer* Rdnr. 303.

614 C. Cass. Civ. 1ère 17.12.1985 *Cie. des signaux* Rev. crit. DIP 1986, 537, 539; *Audit* Rdnr. 387 f.; *Benecke* S. 22; *Mezger* in FS Nagel S. 246, 266; *Schack* Rdnr. 479.

615 CA Paris 14.06.1995 Dalloz 1996 Somm. 169; *Huet* Editions du Juris-Classeur Droit International, Fascicule 581-41 Rdnr. 7 ff.; *Mayer* Rdnr. 301.

616 C. Cass. Civ. 1ère 03.12.1991 Rev. crit. DIP 1992, 340, 341; *Mayer* Rdnr. 302.

617 *Gaudemet-Tallon* in Mélanges Holleaux S. 121, 132; *Huet* Editions du Juris-Classeur Droit International, Fascicule 581-43 Rdnr. 1, 3 f.; *Isenburg-Epple* S. 180.

in Frankreich erhobenen Klage führt[618]. Allerdings muß das ausländische Gericht für die Entscheidung der Streitigkeit aus französischer Sicht international zuständig sein. Hierbei wird die internationale Zuständigkeit nach denselben Regeln geprüft wie bei der Anerkennung ausländischer Entscheidungen (indirekte Zuständigkeit)[619]. Ist also bereits absehbar, daß die Entscheidung in dem bereits anhängigen ausländischen Verfahren wegen fehlender internationaler Zuständigkeit des ausländischen Gerichts oder aus einem anderen Grund nicht der Anerkennung in Frankreich fähig ist, muß eine ausländische Rechtshängigkeit nicht beachtet werden[620]. Der Einwand ausländischer Rechtshängigkeit wird oft abgewiesen, wenn die internationale Zuständigkeit französischer Gerichte aus französischer Sicht eine ausschließliche ist und daher eine Anerkennung der ausländischen Entscheidung wegen fehlender internationaler Zuständigkeit des ausländischen Gerichts nicht in Betracht kommt[621].

Kein Fall der Rechtshängigkeit, sondern der entgegenstehenden Rechtskraft liegt vor, wenn in dem ausländischen Verfahren bereits ein rechtskräftiges Urteil ergangen ist. Dann wird eine in Frankreich erhobene Klage als unzulässig abgewiesen, soweit das ausländische Urteil in Frankreich *ipso iure* anerkannt wird und nicht der Vollstreckbarerklärung in einem Exequatur-Verfahren bedarf ("*exception de chose jugée*")[622].

e) Einstweilige Maßnahmen

(1) Bestimmung der internationalen Zuständigkeit

Auch die internationale gerichtliche Zuständigkeit für die Durchführung von Verfahren des einstweiligen Rechtsschutzes ist nicht gesetzlich geregelt. Verschiedene Regeln wurden aber von der Rechtsprechung entwickelt:

Zunächst sind französische Gerichte für die Durchführung von derartigen Verfahren international zuständig, wenn französische Gerichte auch für die Durchführung des

---

618 Grundsatzurteil C. Cass. Civ. 1ère 26.11.1974 *Soc. Miniera di Fragne* Rev. crit. DIP 1975, 491, 495; C. Cass. Civ. 1ère 08.06.1999 Rev. crit. DIP 2000, 35; CA Lyon 22.05.1979 Dalloz 1980 IR 332; TGI Paris 23.11.1983 Rev. crit. DIP 1984, 510, 512; TGI Paris 12.02.1980 JDI 1980, 653, 655; *Audit* Rdnr. 380 f.; *Gaudemet-Tallon* in Mélanges Holleaux S. 121 ff.; *Huet* Editions du Juris-Classeur Droit International, Fascicule 581-43 Rdnr. 3 ff., 27; *Mayer* Rdnr. 442; anders noch die ältere Rechtsprechung: z.B. C. Cass. Civ. 1ère 01.12.1969 Rev. crit. 1972, 84, 85.

619 C. Cass. Civ. 1ère 08.06.1999 Rev. crit. DIP 2000, 35; *Huet* Editions du Juris-Classeur Droit International, Fascicule 581-43 Rdnr. 13; siehe zur indirekten Zuständigkeit unten Gliederungspunkt II.B.2.a)(1)(a), S. 123.

620 C. Cass. Civ. 1ère 26.11.1974 *Soc. Miniera di Fragne* Rev. crit. DIP 1975, 491, 495; CA Paris 24.11.1977 Rev. crit. DIP 1978, 527, 530; *Audit* Rdnr. 381; zu den Voraussetzungen einer Anerkennung oder Vollstreckung ausländischer Urteile in Frankreich siehe unten Gliederungspunkt II.B.2.a)(1), S. 123.

621 Dazu C. Cass. Civ. 1ère 21.01.1992 JCP 1992 éd. G IV no. 838; *Gaudemet-Tallon* in Mélanges Holleaux S. 121, 129 ff.; *Huet* Editions du Juris-Classeur Droit International, Fascicule 581-43 Rdnr. 14; zu den Voraussetzungen einer Anerkennung und Vollstreckung ausländischer Urteil in Frankreich siehe unten Gliederungspunkt II.B.2.a)(1), S. 123.

622 C. Cass. Civ. 1ère 15.05.1963 *Patiño* Rev. crit. DIP 1964, 532, 534; *Gaudemet-Tallon* Rev. int. dr. comp. 1986, 487, 591; *Mayer* Rdnr. 402 f., 447 ff.; zur Frage, welche Urteile eines solchen Verfahrens nicht bedürfen, siehe unten Gliederungspunkt II.B.2.a)(2), S. 125.

Hauptsacheverfahrens zuständig sind[623]. Dies folgt auch aus der Verknüpfung der beiden bereits dargestellten Regeln, wonach sich einerseits die internationale Zuständigkeit französischer Gerichte aus den Vorschriften über die örtliche Zuständigkeit ergibt und sich andererseits die örtliche Zuständigkeit französischer Richter für die Durchführung von Verfahren des einstweiligen Rechtsschutzes bei der *ordonnance de référé* nach den für alle Verfahren geltenden allgemeinen Vorschriften und bei der *ordonnance sur requête* nach der örtlichen Zuständigkeit des Hauptsachegerichts, soweit ein Hauptsacheverfahren bereits anhängig ist, bestimmt[624]. Ob die internationale Zuständigkeit französischer Gerichte, wenn französische Gerichte für die Durchführung des Hauptsacheverfahrens zuständig sind, auch bestehen kann, wenn die Maßnahme im Ausland vollstreckt werden muß, ist umstritten[625].

Französische Gerichte sind darüber hinaus international zuständig, wenn die beantragte einstweilige Maßnahme in Frankreich vollstreckt werden müßte[626]. Auch dies folgt bereits aus der Verknüpfung der allgemeinen Regeln über die internationale Zuständigkeit mit denen über die örtliche Zuständigkeit für die Durchführung von *référé*-Verfahren bzw. *procédures sur requête*. Diese Zuständigkeit wird auch oft mit Eile ("*urgence*") begründet, eine häufig verwendete Formulierung ist "... *lorsque la sécurité des personnes ou la conservation de leurs biens est en péril*"[627]. Weil die besondere Eile nur bei Maßnahmen angeführt wird, die ohnehin in Frankreich vollstreckt werden müßten und für deren Erlaß daher bereits eine internationale gerichtliche Zuständigkeit nach der vorgenannten Regel begründet ist[628], spiegelt sie keinen weiteren Fall der internationalen gerichtlichen Zuständigkeit wieder, sondern dient nur der argumentativen Untermauerung der allgemeinen Regel.

Diese Regel wurde von der Rechtsprechung zunächst für Maßnahmen entwickelt, die die Sicherstellung einer Sache, zum Beispiel eines Schiffes, beinhalteten[629]. Dann

---

623 *Delaporte* Trav. Com. fr. DIP 1987-88, 147, 148; *Huet* JDI 1989, 96, 99; *Loussouarn* Rdnr. 449-1; *Nagel/Gottwald* § 15 Rdnr. 90; *Santa Croce* Gaz. Pal. 1er et 2 mars 2000 S. 3; *Vareilles-Sommières* Rev. crit. DIP 1996, 397, 417 ff.

624 Siehe dazu oben Gliederungspunkte I.B.1, S. 48, bzw. I.B.2, S. 62.

625 Bejahend: *Vareilles-Sommières* Rev. crit. DIP 1996, 397, 420 f. für eine auf Art. 14 oder 15 C. Civil gestützte Hauptsachezuständigkeit; anderer Ansicht für sichernde Maßnahme (saisies conservatoires): *Santa Croce* Gaz. Pal. 1er et 2 mars 2000 S. 3, 4; siehe dazu auch unten Gliederungspunkt II.B.3, S. 130.

626 *Delaporte* Trav. Com. fr. DIP 1987-88, 147, 148 ff.; *Huet* JDI 1989, 96, 99; *Loussouarn* Rdnr. 449-1; *Mayer* Rdnr. 287; *Santa Croce* Gaz. Pal. 1er et 2 mars 2000 S. 3; *Vareilles-Sommières* Rev. crit. DIP 1996, 397, 421.

627 Z.B. C. Cass. Civ. 1ère 20.03.1989 Revue de l'arbitrage 1989, 497, 498; ähnlich C. Cass. Civ. 1ère 17.12.1985 *Cie. des signaux* Rev. crit. DIP 1986, 537, 539; *Huet* Editions du Juris-Classeur Droit International, Fascicule 581-21 Rdnr. 64, 72 ff.

628 Vgl. z.B. C. Cass. Civ. 1ère 20.03.1989 Revue de l'arbitrage 1989, 497, 498; C. Cass. Civ. 1ère 17.12.1985 *Cie. des signaux* Rev. crit. DIP 1986, 537, 539; *Huet* Editions du Juris-Classeur Droit International, Fascicule 581-21 Rdnr. 64, 72 ff., 81 f.

629 C. Cass. Civ. 1ère 06.12.1989 Rev. crit. DIP 1990, 545, 546; C. Cass. Civ. 2e 29.02.1984 Rev. crit. DIP 1985, 545, 546; CA Dijon 27.05.1992 Rev. crit. DIP 1993, 291, 292; TGI Paris 11.07.1990 JDI 1991, 722, 724 f.; *Delaporte* Trav. Com. fr. DIP 1987-88, 147, 149; *Vareilles-Sommières* Rev. crit. DIP 1996, 397, 422.

wurde sie auf andere Maßnahmen, insbesondere solche, die in einem *référé*-Verfahren angeordnet werden, ausgedehnt[630]. Sie gilt auch dann, wenn im Ausland bereits ein Hauptsacheverfahren anhängig ist[631], oder wenn das Hauptsacheverfahren durch eine Schiedsklausel staatlichen Gerichten entzogen wurde[632]. Für einstweilige Maßnahmen, die in Form von *mesures conservatoires* nach Art. 67 ff. des Gesetzes Nr. 91-650 vom 09.07.1991 und Art. 210 ff. des Dekrets Nr. 92-755 vom 31.07.1992 ergehen[633], wurde sie von der Rechtsprechung bestätigt mit dem ausdrücklichen Zusatz, daß dies trotz des Art. 211 Abs. 1 des Dekrets, der das Gericht des Wohnsitzes des Schuldners für örtlich zuständig erklärt[634], auch unabhängig davon gilt, ob der Schuldner seinen Wohnsitz im Ausland hat[635]. Würde Art. 211 des Dekrets entsprechend der allgemeinen Regel für die Bestimmung der internationalen Zuständigkeit ausschließlich herangezogen, wären französische Gerichte nur zuständig, wenn der Schuldner einen Wohnsitz im Inland hat[636]. Die Zuständigkeit des Gerichts am Ort, an dem die Maßnahme vollstreckt werden müßte, kann aber auch bereits aus Art. 9 Abs. 2 des Dekrets abgeleitet werden, nach dem allgemein auch das Gericht am Vollstreckungsort örtlich zuständig ist, wenn der Schuldner nicht über einen Wohnsitz im Inland verfügt oder sein Wohnsitz unbekannt ist[637]. Teilweise wird sogar davon ausgegangen, daß nur Art. 9 des Dekrets auf Fälle mit Auslandsbezug anwendbar sei, während Art. 211 des Dekrets einzig *saisies conservatoires* in Fällen ohne jeglichen Auslandsbezug betreffe[638].

Begründet wird die internationale Zuständigkeit bei Vollstreckung der Maßnahme in Frankreich einerseits mit der Praktikabilität und Beschleunigung, weil eine Vollstreckung im Ausland von in Verfahren des einstweiligen Rechtsschutzes ergangenen Ent-

---

630 C. Cass. Civ. 1ère 17.12.1985 *Cie. des signaux* Rev. crit. DIP 1986, 537, 539; CA Paris 08.10.1964 JDI 1965, 901; vgl. *Audit* Rdnr. 347; *Delaporte* Trav. Com. fr. DIP 1987-88, 147, 152 ff.; *Vareilles-Sommières* Rev. crit. DIP 1996, 397, 423.

631 C. Cass. Civ. 1ère 06.12.1989 Rev. crit. DIP 1990, 545, 546; kritisch *Grandcourt* in Mélanges Loussouarn S. 203, 213 f.

632 C. Cass. Civ. 1ère 20.03.1989 Revue de l'arbitrage 1989, 497, 498; C. Cass. Civ. 1ère 18.11.1986 Rev. crit. DIP 1987, 760, 762; vgl. für die Rechtslage bei reinen Inlandsfällen hierzu oben Gliederungspunkt I.B, S. 47 f., und Fußnoten 223 ff.; *Delaporte* Trav. Com. fr. DIP 1987-88, 147, 150 f.; zum Sonderfall des *référé-provision* ausführlich *Grandcourt* in Mélanges Loussouarn S. 203, 209 ff.; *Santa Croce* Gaz. Pal. 1er et 2 mars 2000 S. 3, 5; *Vareilles-Sommières* Rev. crit. DIP 1996, 397, 434 ff.

633 Siehe dazu oben Gliederungspunkt I.B.2.d), S. 67.

634 Siehe dazu ebenfalls oben Gliederungspunkt I.B.2.d), S. 67; Art. 211 Abs. 1 des Dekrets lautet: *Le juge compétent pour autoriser une mesure conservatoire est le juge de l'exécution du lieu où demeure le débiteur.*

635 C. Cass. Civ. Com. 05.01.1999 Rev. crit. DIP 1999, 137, 144; *Audit* Rdnr. 343; *Loussouarn* Rdnr. 449-1; anderer Ansicht: TGI Nîmes 09.06.1998 Dalloz 1999 Jur. 301.

636 So TGI Nîmes 09.06.1998 Dalloz 1999 Jur. 301.

637 Zum ganzen insgesamt bereits CA Paris 05.04.1995 Dalloz 1995 IR 123; *Vareilles-Sommières* Rev. crit. DIP 1996, 397, 423; gegen eine Anwendung des Art. 9 im Anwendungsbereich des Art. 211 TGI Nîmes 09.06.1998 Dalloz 1999 Jur. 301; Art. 9 Abs. 2 des Dekrets lautet: *Si le débiteur demeure à l'étranger ou si le lieu où il demeure est inconnu, le juge compétent est celui du lieu d'exécution de la mesure.*

638 *Audit* Rdnr. 343; *Santa Croce* Gaz. Pal. 1er et 2 mars 2000 S. 3, 4.

scheidungen nicht mehr notwendig sei[639], andererseits aber auch damit, daß Verfahren des einstweiligen Rechtsschutzes die Vollstreckung der Hauptsacheentscheidung sichern sollten, somit eine sachliche Nähe zu den Verfahren der Zwangsvollstreckung aufwiesen und damit in die Zuständigkeit des Vollstreckungsstaates fielen[640].

Nach der heutigen Rechtsprechung ist ein aufgrund dieser Regel für den Erlaß einstweiliger Maßnahmen international zuständiger Richter nicht auch automatisch für eine Entscheidung in der Hauptsache zuständig[641]. Früher wurde in der Rechtsprechung davon ausgegangen, daß das französische Gericht im vom mittlerweile abgeänderten (Ancien) Code de Procédure Civile vorgesehenen Verfahren zur Überprüfung einer einstweiligen Maßnahme selbst über den Bestand der Hauptforderung urteilen konnte, auch wenn französische Gerichte nicht für die Durchführung des Hauptsacheverfahrens zuständig waren[642]. Dies führte letztlich zu einer zusätzlichen internationalen Zuständigkeit französischer Gerichte für die Durchführung des Hauptsacheverfahrens (sog. "*forum arresti*").

(2) Référé probatoire

Sind französische Gerichte für die Durchführung des Hauptsacheverfahrens international zuständig, kann ein *référé probatoire* unabhängig vom Ort der Beweisaufnahme vom französischen Hauptsachegericht angeordnet werden[643].

Sind französische Gerichte dagegen nicht international zuständig für die Entscheidung des Rechtsstreits in der Hauptsache, kann ein *référé probatoire* nur dann von einem französischen Gericht erlassen werden, wenn die Beweisaufnahme in Frankreich erfolgen müßte[644] oder besondere Eile, zum Beispiel wegen drohenden Verfalls der Beweisstücke, eine kurzfristige Beweisaufnahme gebietet[645]. Dabei soll es nach einer Entscheidung der *Cour d'appel de Versailles* auch zulässig sein, einen Sachverständi-

---

639 *Vareilles-Sommières* Rev. crit. DIP 1996, 397, 424 f.

640 *Delaporte* Trav. Com. fr. DIP 1987-88, 147, 149.

641 Ständige Rechtsprechung seit dem Grundsatzurteil der Cour de Cassation C. Cass. Civ. 1ère 17.01.1995 *Cobenam* Rev. crit. 1996, 133, 134; C. Cass. Civ. 1ère 11.02.1997 *Strojexport* Bull. civ. I no. 47; *Audit* Rdnr. 343; *Huet* Editions du Juris-Classeur Droit International, Fascicule 581-40 Rdnr. 43; *Loussouarn* Rdnr. 449-1; *Mayer* Rdnr. 287.

642 Z.B. C. Cass. Civ. 1ère 06.11.1979 *Nassibian* Rev. crit. DIP 1980, 588, 589; anders jedoch davor C. Cass. req. 30.12.1929 JDI 1931, 94, 95.

643 *Muir-Watt* Rev. crit. DIP 1998, 459, 461; *Vareilles-Sommières* Rev. crit. DIP 1996, 397, 420; in einem Urteil der Cour de Cassation vom 07.04.1998, Rev. crit. 1998, 459, lehnte die Cour de Cassation eine internationale Zuständigkeit französischer Gerichte auf der Grundlage von Art. 14 C. Civil ab, weil die handelnde französische Gesellschaft *Bachy* einzig in Vertretung von Gesellschaften nach monegassischem Recht auftrat. Grundsätzlich reicht somit auch eine auf Art. 14 C. Civil gestützte Hauptsachezuständigkeit aus, vgl. hierzu *Groud* Rdnr. 448 f.

644 C. Cass. Civ. 1ère 07.04.1998 Rev. crit. DIP 1998, 459; *Groud* Rdnr. 429 ff.; *Muir-Watt* Rev. crit. DIP 1998, 459 ff., 462; kritisch *Santa Croce* Gaz. Pal. 1er et 2 mars 2000 S. 3, 11 und *Delaporte* Trav. Com. fr. DIP 1987-88, 147, 153.

645 C. Cass. Civ. 1ère 17.12.1985 *Cie. des signaux* Rev. crit. DIP 1986, 537, 539; *Delaporte* Trav. Com. fr. DIP 1987-88, 147, 153; *Groud* Rdnr. 431 ff.; *Muir-Watt* Rev. crit. DIP 1998, 459 ff., 463.

gen mit einer Begutachtung eines Gegenstandes außerhalb des französischen Hoheitsgebietes zu beauftragen[646].

Die Anhängigkeit des Hauptsacheverfahrens vor einem ausländischen Gericht steht dabei der Anordnung des *référé probatoire* nicht entgegen, obwohl nach Art. 145 NCPC im französischen nationalen Verfahrensrecht ein *référé probatoire* nicht mehr ergehen kann, sobald das Hauptsacheverfahren anhängig ist. Denn Hintergrund dieser Bestimmung des nationalen Zivilverfahrensrechts ist, daß dann die Beweiserhebung auch durch das (französische) Hauptsachegericht angeordnet und durchgeführt werden kann. Ist dagegen das Hauptsacheverfahren vor einem ausländischen Gericht anhängig, wird die (kurzfristige) Anordnung und Durchführung einer Beweisaufnahme durch das ausländische Hauptsachegericht möglicherweise der Eilbedürftigkeit nicht gerecht. Trotz Anhängigkeit des Hauptsacheverfahrens im Ausland kann daher in den genannten Fällen ein französisches Gericht eine *mesure probatoire* anordnen[647]. Eine Ausnahme soll nach Ansicht von GROUD nur dann gelten, wenn in dem ausländischen Hauptsacheverfahren die Erhebung weiterer Beweise ausdrücklich abgelehnt worden ist. In einem solchen Fall bestehe auch kein *motif légitime* im Sinne von Art. 145 NCPC mehr[648].

(3) Gerichtsstandsvereinbarungen

Gerichtsstandsvereinbarungen zur Prorogation der internationalen Zuständigkeit französischer Gerichte sind unter den oben genannten allgemeinen Voraussetzungen für Vereinbarungen über die internationale Zuständigkeit französischer Gerichte auch in Verfahren des einstweiligen Rechtsschutzes zulässig[649]. In dem Rechtsstreit dürfen aber nur Rechte betroffen sein, über welche die Parteien frei verfügen können[650].

In der Literatur wird davon ausgegangen, daß eine Gerichtsstandsvereinbarung, welche die französischen Gerichte für die Durchführung des Hauptsacheverfahrens für international zuständig erklärt, auch gleichzeitig eine Prorogation der internationalen Zuständigkeit französischer Gerichte für Verfahren des einstweiligen Rechtsschutzes bedeutet[651].

Werden durch eine Gerichtsstandsvereinbarung die Gerichte eines ausländischen Staates für zuständig erklärt, Verfahren des einstweiligen Rechtsschutzes durchzuführen, wird damit grundsätzlich auch die internationale Zuständigkeit französischer Gerichte für die Durchführung von Verfahren des einstweiligen Rechtsschutzes derogiert[652]. Dies wird damit begründet, daß eine vereinbarte Zuständigkeit ausschließlich

646 CA Versailles 09.04.1993 JCP 1995 éd. G II 22436 S. 201 f.; kritisch *Dörschner* S. 178.

647 *Groud* Rdnr. 436 ff.

648 *Groud* Rdnr. 438 mit Verweis auf einen ähnlich gelagerten Fall des TGI Nanterre réf. 10.03.1997 Dalloz 1997, 449, 450.

649 C. Cass. Civ. 1ère 17.12.1985 *Cie. des signaux* Rev. crit. DIP 1986, 537, 539; *Vareilles-Sommières* Rev. crit. DIP 1996, 397, 431.

650 C. Cass. Civ. 1ère 17.12.1985 *Cie. des signaux* Rev. crit. DIP 1986, 537, 539.

651 *Vareilles-Sommières* Rev. crit. DIP 1996, 397, 432.

652 C. Cass. Civ. 1ère 17.12.1985 *Cie. des signaux* Rev. crit. DIP 1986, 537, 539; *Vareilles-Sommières* Rev. crit. DIP 1996, 397, 433.

ist[653]. Die Rechtsprechung hat jedoch deutlich gemacht, daß eine Ausnahme von diesem Grundsatz möglich ist, wenn besondere Eile oder Gefahr eine Anordnung sichernder Maßnahmen durch französische Gerichte erforderlich macht und diese in Frankreich vollstreckt werden müßten[654]. Bislang ist aber nicht bestimmt, wann eine solche besondere Eile oder Gefahr vorliegt.

(4) Berücksichtigung ausländischer Rechtshängigkeit

Ist im Ausland ein Hauptsacheverfahren anhängig, steht dessen Rechtshängigkeit nicht der Anordnung einstweiliger Maßnahmen in derselben Angelegenheit durch ein französisches Gericht entgegen, soweit das ausländische Gericht noch keine entsprechenden einstweiligen Maßnahmen mit demselben Streitgegenstand erlassen hat[655].

2. Anerkennung und Vollstreckung

Das französische Recht trennt nicht ausdrücklich zwischen der Anerkennung und der Vollstreckbarerklärung von Entscheidungen ausländischer Gerichte. Diese sind vielmehr grundsätzlich Gegenstand eines einzigen Verfahrens. Die Voraussetzungen von Anerkennung und Vollstreckung werden im Verfahren zur Erlangung des Exequaturs, der Vollstreckbarerklärung, geprüft. Allerdings werden zunehmend bestimmte Entscheidungen auch ohne Exequatur *ipso iure* anerkannt oder in anderen Verfahren für vollstreckbar erklärt. Aus diesem Grunde sollen im folgenden unter dem Titel "Anerkennung" die Voraussetzungen für jegliche Anerkennung oder Vollstreckung vorgestellt und dann dargestellt werden, welche Entscheidungen ohne förmliches Anerkennungsverfahren anerkannt werden können (Gliederungspunkt a)). Danach soll unter dem Titel "Vollstreckung" dargestellt werden, für welche Entscheidungen formelle Anerkennungsverfahren oder solche zur Erlangung einer Vollstreckbarerklärung notwendig sind und wie diese gestaltet sind[656] (Gliederungspunkt b)). Auch im französischen Recht kann die eigentliche Zwangsvollstreckung (*exécution forcée*) erst nach der Vollstreckbarerklärung betrieben werden und richtet sich nur nach autonomem französischen Recht.

a) Anerkennung / reconnaissance des jugements étrangers

Die Voraussetzungen für die Anerkennung und Vollstreckung ausländischer Entscheidungen sind im französischen Recht nicht gesetzlich geregelt, sondern von der Rechtsprechung der Cour de Cassation entwickelt worden.

---

653 C. Cass. Civ. 1ère 17.12.1985 *Cie. des signaux* Rev. crit. DIP 1986, 537, 539; *Mayer* Rdnr. 378; *Vareilles-Sommières* Rev. crit. DIP 1996, 397, 433.

654 C. Cass. Civ. 1ère 17.12.1985 *Cie. des signaux* Rev. crit. DIP 1986, 537, 539; *Vareilles-Sommières* Rev. crit. DIP 1996, 397, 433 f.

655 C. Cass. Civ. 1ère 06.12.1989 Rev. crit. DIP 1990, 545, 546; C. Cass. Civ. 2e 17.05.1982 Bull. civ. II no. 75; CA Paris 20.01.1988 JDI 1989, 1032, 1036 f.; TGI Paris Réf. 29.07.1976 Gaz. Pal. 1976 Jur. 719, 720; *Huet* Editions du Juris-Classeur Droit International, Fascicule 581-43 Rdnr. 7; *Mayer* Rdnr. 287 in Fußnote 15.

656 Vgl. zur zunehmenden Entscheidung zwischen "*reconnaissance*" und "*exécution*" auch *Gaudemet-Tallon* Rev. int. dr. comp. 1986, 487 ff.

(1) Die Voraussetzungen nach dem Grundsatzurteil der Cour de Cassation "*Munzer*" vom 07.01.1964

Die Cour de Cassation stellte im Grundsatzurteil *Munzer* 1964[657] fünf Voraussetzungen für die Anerkennung ausländischer Urteile auf, die seitdem Gültigkeit behalten haben.

(a) Internationale Zuständigkeit des ausländischen Gerichts

Zunächst muß das ausländische Gericht für die Entscheidung des Rechtsstreits international zuständig gewesen sein. Das Urteil der Cour de Cassation vom 07.01.1964 ließ allerdings offen, nach welchen Maßstäben sich die internationale Zuständigkeit der Gerichte des Urteilsstaates bestimmen sollte. Überwiegend wurde ursprünglich dem Spiegelbildprinzip gefolgt, d.h. es wurde geprüft, ob die internationale Zuständigkeit des ausländischen Gerichts unter Zugrundelegung der französischen Regeln zur internationalen gerichtlichen Zuständigkeit zu bejahen gewesen wäre[658]. Andere wollten dagegen die internationale Zuständigkeit des Urteilsstaates anhand dessen eigener Regeln nachprüfen[659]. Letztlich hat die Cour de Cassation im Urteil "*Simitch*" 1985 einen dritten Weg gewählt und entschieden, daß die Anerkennungszuständigkeit voraussetzt, daß keine ausschließliche internationale Zuständigkeit französischer Gerichte besteht, der Rechtsstreit mit dem Urteilsstaat hinreichend verknüpft ist ("*se rattache d'une manière caractérisée*") und der Kläger die Zuständigkeit nicht in Umgehungsabsicht gewählt hat[660]. Worin diese "hinreichende Verknüpfung" zu sehen ist, wurde von der Rechtsprechung nicht abstrakt definiert. In dem von der Cour de Cassation entschiedenen Fall wurde ein englisches Gericht als für die Durchführung eines Scheidungsverfahrens zuständig angesehen, weil die Klägerin die englische Staatsangehörigkeit besaß und ihren Wohnsitz in England hatte.

Im Interesse des Schutzes der französischen Staatsangehörigen hat die französische Rechtsprechung Art. 15 C. Civil als indirekte Zuständigkeitsnorm auf die Anerkennungszuständigkeit übertragen und als Privileg der Franzosen herausgearbeitet, sich nur in Frankreich verklagen lassen zu müssen. Dies bedeutet, daß Art. 15 C. Civil zu einer ausschließlichen internationalen Zuständigkeit französischer Gerichte führt[661]. Soweit der französische Staatsangehörige nicht beispielsweise durch eine Gerichtsstandsvereinbarung auf dieses Privileg verzichtet, wird also eine gegen ihn im Ausland ergangene Entscheidung in Frankreich nicht anerkannt, weil sie von einem aus

---

657 C. Cass. Civ. 1ère 07.01.1964 Rev. crit. DIP 1964, 344.

658 Dazu CA Paris 18.06.1964 Rev. crit. DIP 1967, 340, 341; *Audit* Rdnr. 456; *Mayer* Rdnr. 370.

659 Dazu CA Paris 04.02.1958 Rev. crit. DIP 1958, 389, 390; *Audit* Rdnr. 457; *Mayer* Rdnr. 369.

660 C. Cass. Civ. 1ère 06.02.1985 *Simitch* Rev. crit. DIP 1985, 369, 373; bestätigt z.B. durch C. Cass. Civ. 1ère 06.01.1987 Bull. civ. I no. 3; dazu *Audit* Rdnr. 455, 457; *Gaudemet-Tallon* in Mélanges Holleaux S. 121, 128 und Rev. int. dr. comp. 1986, 487, 491; *Huet* JDI 1988, 5, 13 f.; *Mayer* Rdnr. 373; *Mezger* in FS Nagel S. 246, 249 ff., 255 ff.; *Nagel/Gottwald* § 14 Rdnr. 72; *Schack* Rdnr. 909.

661 C. Cass. Civ. 1ère 21.01.1992 Bull. civ. I no. 18; C. Cass. Civ. 1ère 25.06.1974 JDI 1975, 102, 103; *Mayer* Rdnr. 376; *Mezger* in FS Nagel S. 246, 248.

französischer Sicht international unzuständigen Gericht erlassen wurde[662]. Von der Literatur wird größtenteils heftig kritisiert, diese Rechtsprechung zeuge von einem mangelnden Vertrauen in die Rechtsprechung fremder Staaten, das heute nicht mehr zeitgemäß und angebracht sei, und erwecke den Eindruck, französische Staatsangehörige würden von der französischen Justiz besonders geschützt[663].

Der von der Cour de Cassation gewählte Weg der Überprüfung der Zuständigkeit ausländischer Gerichte zeichnet sich damit einerseits durch nur geringe Anforderungen an die Zuständigkeit ausländischer Gerichte aus. Diese Großzügigkeit wird jedoch durch das aus Art. 15 C. Civil abgeleitete Privileg und dem daraus folgenden ausschließlichen Gerichtsstand wieder relativiert.

(b) Ordnungsgemäßes gerichtliches Verfahren

Das international zuständige Gericht muß ein ordnungsgemäßes Verfahren durchgeführt haben. Diese Voraussetzung wird seit einem weiteren Grundsatzurteil der Cour de Cassation aus dem Jahre 1967 insbesondere im Hinblick auf einen Verstoß gegen den ordre public geprüft[664]. Es handelt sich mithin um eine Prüfung des verfahrensrechtlichen ordre public[665].

(c) Anwendung des zutreffenden materiellen Rechts

Außerdem muß das nach französischem Kollisionsrecht für die Lösung der Streitigkeit maßgebliche nationale materielle Recht Anwendung gefunden haben[666]. Auch diese Voraussetzung wird von der Literatur mit Verweis darauf, daß die Wahl eines Anknüpfungskriteriums im materiellen Kollisionsrecht oft schwierig und daher auch die in anderen Staaten getroffene Lösung zu respektieren sei, zunehmend kritisiert[667]. Sie wird von der französischen Rechtsprechung deshalb seit jeher großzügig ausgelegt und angewandt[668].

---

662 C. Cass. Civ. 1ère 18.05.1994 Dalloz 1995 Jur. 20, 21; C. Cass. Civ. 1ère 27.01.1987 Rev. crit. DIP 1987, 605, 606; C. Cass. Civ. 1ère 10.12.1974 Rev. crit. DIP 1975, 299, 300; CA Versailles 22.09.1993 JCP 1995 II 22459; *Audit* Rdnr. 350, 459; *Droz* Rev. crit. DIP 1975, 1, 18; *Gaudemet-Tallon* in Mélanges Holleaux S. 121, 131; *Huet* JDI 1988, 5, 12 f.; *Mayer* Rdnr. 376; *Nagel/Gottwald* § 14 Rdnr. 72; *Schack* Rdnr. 907.

663 *Audit* Rdnr. 460; die Haltung der Cour de Cassation unterstützt *Courbe* Dalloz 1995 Jur. 21, 22; *Mayer* Rdnr. 376.

664 C. Cass. Civ. 1ère 04.10.1967 *Bachir* Rev. crit. DIP 1968, 98, 99; *Audit* Rdnr. 454, 463; *Gaudemet-Tallon* Rev. int. dr. comp. 1986, 487, 492; *Loussouarn* Rdnr. 498 f.

665 C. Cass. Civ. 1ère 03.12.1996 Rev. crit. DIP 1997, 328, 329; *Huet* JDI 1988, 5, 16 f.; *Mayer* Rdnr. 384.

666 Dazu *Audit* Rdnr. 464; *Huet* JDI 1988, 5, 14 f.; *Mayer* Rdnr. 385 ff.

667 Zuletzt umfassend *Gressot-Léger* JDI 2003, 768, v.a. 783 ff.; *Audit* Rdnr. 465; *Loussouarn* Rdnr. 496-1 f.; *Mayer* Rdnr. 388.

668 C. Cass. Req. 29.07.1929 Rev. dr. int. pr. 1931, 334, 335; CA Paris 08.05.1980 Rev. crit. DIP 1981, 700, 703; CA Paris 04.02.1958 Rev. crit. DIP 1958, 389, 391; Trib. Civ. Seine 04.11.1954 Rev. crit. DIP 1956, 690, 692; *Audit* Rdnr. 464; *Gaudemet-Tallon* Rev. int. dr. comp. 1986, 487, 492; *Huet* JDI 1988, 5, 15; *Mayer* Rdnr. 386.

(d) Ordre public

Weiterhin darf die ausländische Entscheidung nicht gegen den ordre public verstoßen. Wie im deutschen Recht wird geprüft, ob das konkrete Ergebnis der anzuerkennenden Entscheidung nicht gegen wesentliche Grundsätze des französischen Rechts verstößt. Wie bereits dargelegt, wird seit 1967 auch geprüft, ob das ausländische gerichtliche Verfahren dem verfahrensrechtlichen ordre public entsprach.

(e) Fehlen einer "fraude à la loi"

Schließlich darf keinerlei Gesetzesumgehung bzw. Rechtsmißbrauch ("*fraude à la loi*") bei der Wahl des ausländischen Gerichtsstands erkennbar sein[669]. Da die rechtsmißbräuchliche Wahl eines ausländischen Gerichtsstandes oft zum Zwecke der Anwendung eines nach der Anwendung der französischen Kollisionsregeln nicht anwendbaren Rechts erfolgt und derartige Entscheidungen daher meist schon aus diesem Grund nicht anerkannt werden, hat diese Voraussetzung in der Praxis wenig Bedeutung und dient eher der Abschreckung. In vielen Fällen wird das in mißbräuchlicher Absicht angerufene ausländische Gericht auch schon aus französischer Sicht unter Zugrundelegung der oben genannten Maßstäbe nicht international zuständig sein[670].

(f) Nicht verlangte Voraussetzungen: Inhaltliche Richtigkeit und Verbürgung der Gegenseitigkeit

Außerdem wurde im Urteil *Munzer* die bis dahin verlangte Voraussetzung einer inhaltlichen Überprüfung der ausländischen Entscheidung ("*révision au fond*") ausdrücklich aufgegeben[671]. Allerdings wird weiterhin die oben dargestellte kollisionsrechtliche *révision au fond* durchgeführt.

Die Verbürgung der Gegenseitigkeit der Anerkennung ausländischer Entscheidungen, wie sie in Deutschland nach § 328 Abs. 1 Nr. 5 ZPO Voraussetzung ist, wird und wurde in Frankreich nie verlangt[672].

(2) Anerkennung von Entscheidungen ohne formelles Anerkennungsverfahren

Nach von der Rechtsprechung entwickelten Grundsätzen werden Urteile, die den Personenstand, den Familienstand oder die Rechtsfähigkeit einer Person betreffen, gestalten oder feststellen, ohne Durchführung eines Anerkennungsverfahrens *ipso iure* anerkannt, außer wenn aus derartigen Urteilen schuld- oder sachenrechtliche Ansprüche, beispielsweise Unterhaltsansprüche, abgeleitet werden sollen[673]. Diese Praxis wurde auf rechtsgestaltende Urteile in anderen Rechtsgebieten, namentlich im Gesellschafts-

---

669 Dazu *Audit* Rdnr. 468; ausführlich *Mayer* Rdnr. 390 ff.

670 Zum ganzen *Audit* Rdnr. 468.

671 C. Cass. Civ. 1ère 07.01.1964 Rev. crit. DIP 1964, 344, 345; *Audit* Rdnr. 453; *Huet* JDI 1988, 5, 11; *Mayer* Rdnr. 364.

672 Vgl. CA Paris 18.12.1996 Rev. crit. DIP 1997, 527, 529; *Audit* Rdnr. 452; *Gaudemet-Tallon* Rev. int. dr. comp. 1986, 487, 490; *Huet* JDI 1988, 5, 11.

673 C. Cass. Civ. 11.04. und 01.05.1945 JDI 1940-45, 596, 597, 598; C. Cass. Req. 03.03.1930 JDI 1930, 981; C. Cass. Civ. 09.05.1900 *de Wrède* JDI 1900, 613, 615; *Audit* Rdnr. 471; *Huet* JDI 1988, 5, 9; *Loussouarn* Rdnr. 502; *Mayer* Rdnr. 399 ff.

recht, ausgedehnt[674]. In all diesen Bereichen sollen die Betroffenen nicht der Rechtsunsicherheit durch unterschiedliche Behandlung von ergangenen Urteilen in verschiedenen Staaten ausgesetzt sein.

Die Anerkennung der genannten Entscheidungen kann inzident während eines anderen Verfahrens geprüft und festgestellt werden, aber auch Gegenstand eines eigenen Verfahrens sein (*action en opposabilité/en inopposabilité*). Dieses wurde von der Rechtsprechung entwickelt und ist der positiven bzw. negativen Feststellungsklage nach deutschem Recht vergleichbar[675]. Wird in einem solchen Verfahren festgestellt, daß die jeweilige Entscheidung nicht anerkennungsfähig ist, ist ein Exequatur-Verfahren zur Erlangung der Vollstreckbarerklärung unzulässig[676].

(3) Ausländische Beweissicherungsverfahren

Stellungnahmen zur Behandlung ausländischer gerichtlicher Entscheidungen in Verfahren zur selbständigen Beweissicherung sind in der französischen Rechtsprechung und Literatur rar. Allein aus diesem Umstand läßt sich entnehmen, daß Verfahren einer selbständigen Beweisaufnahme im Ausland zur Unterstützung von Hauptsacheverfahren vor französischen Gerichten offensichtlich nicht oder kaum praktiziert werden[677].

In der Literatur wird allerdings darauf verwiesen, daß im französischen Recht zwar die Beweisaufnahme allein Aufgabe und Recht des Gerichts ist, die Parteien dagegen bei der Beweisbeschaffung und dem Beweisangebot über eine "Autonomie" verfügten, also berechtigt und auch verpflichtet seien, selbst nach Beweisen für die von ihnen behaupteten Tatsachen zu suchen[678]. Daraus folge, daß es ihnen auch möglich sein müsse, notwendigenfalls Beweise im Ausland gerichtlich sichern und erheben zu lassen, ohne daß zuvor eine entsprechende Anordnung eines französischen Gerichts ergangen sei[679]. Dieser Schluß läßt sich auch aus einer Entscheidung der Cour de Cassation vom 22.02.1978 ziehen, nach der in einem französischen Scheidungsverfahren

---

674 C. Cass. Civ. 1ère 03.11.1983 JDI 1985, 115, 117; C. Cass. Civ. 1ère 09.12.1974 Rev. crit. DIP 1975, 504, 505 bejaht die automatische Anerkennung eines Urteils, das die Nichtigkeit eines Kaufvertrages feststellt; C. Cass. Civ. 1ère 06.06.1967 JDI 1967, 890, 891; *Audit* Rdnr. 472; *Gaudemet-Tallon* Rev. int. dr. comp. 1986, 487, 500 f.; dazu *Muir-Watt* in Mélanges Holleaux S. 301, 303 f.

675 C. Cass. Civ. 1ère 03.01.1980 JDI 1980, 341, 342; C. Cass. Civ. 1ère 10.02.1971 Rev. crit. DIP 1972, 123; C. Cass. Civ. 22.01.1951 *Weiller* Rev. crit. 1951, 167, 170; TGI Paris 08.12.1977 Rev. crit. DIP 1978, 539, 540; *Audit* Rdnr. 481, 483 ff.; *Gaudemet-Tallon* Rev. int. dr. comp. 1986, 487, 495; *Huet* JDI 1988, 5, 10; *Mayer* Rdnr. 402 ff., 407; *Muir-Watt* Editions du Juris-Classeur Droit International, Fascicule 584-8 Rdnr. 2 ff.

676 C. Cass. Civ. 1ère *Weiller II* 02.04.1957 Rev. crit. 1957, 491, 492; *Audit* Rdnr. 484; *Mayer* Rdnr. 408.

677 *Delaporte* Trav. Com. fr. DIP 1987-88, 147, 153 steht dem umgekehrten Fall einer selbständigen Beweisaufnahme vor französischen Gerichten zur Verwertung in ausländischen Hauptsacheverfahren sehr kritisch gegenüber.

678 *Groud* Rdnr. 405 ff.

679 *Groud* Rdnr. 409, v.a. Rdnr. 411 ff.

auch das Ergebnis einer in Venezuela vor einem dortigen Notar erfolgten Zeugenvernehmung verwertet werden konnte[680].

Wie im deutschen Recht muß allerdings auch im französischen Recht die Anerkennung ausländischer gerichtlicher Entscheidungen, durch die eine Beweisaufnahme angeordnet wird, verweigert werden, da derartige Entscheidungen keine Entscheidung in der Sache enthalten[681].

Das Ergebnis einer im Ausland nach dem Recht des anderen Staates durchgeführten Beweisaufnahme ist in einem französischen gerichtlichen Verfahren verwertbar[682]. Erörtert wird allerdings auch hier, welcher Beweiswert diesen Beweisen zukommt. Der bereits erwähnten Entscheidung der Cour de Cassation vom 22.02.1978 könnte sich entnehmen lassen, daß sie vor französischen Gerichten erhobenen Beweisen grundsätzlich gleichgestellt werden können[683]. Allerdings hat im dortigen Fall die Cour de Cassation ausgeführt, es sei unerheblich, wenn bei der im Ausland erfolgten Beweisaufnahme dem Gegner kein rechtliches Gehör gewährt worden sei. Maßgeblich sei einzig, daß in dem Verfahren vor französischen Gerichten der Gegner eine Gelegenheit zur Stellungnahme erhalten habe[684]. Daraus wird in der Literatur geschlossen, daß das Ergebnis einer ausländischen Beweisaufnahme in einem französischen Gerichtsverfahren wie ein von einer Partei beigeschaffter und vorgelegter Beweis verwertet werden könne[685]. Dies kann beispielsweise in der Vorlage einer Urkunde oder von Fotos geschehen.

b) Vollstreckung / exécution des jugements étrangers

(1) Grundsatz

Zur Vollstreckbarkeit ausländischer Entscheidungen enthält das französische Recht mit Art. 509 NCPC und Art. 2123 Abs. 2 C. Civil nur Regeln, aus denen allgemein abgeleitet werden kann, daß aus ausländischen gerichtlichen Entscheidungen in Frankreich nur dann die Zwangsvollstreckung betrieben werden kann, wenn sie zuvor für vollstreckbar erklärt wurden[686]. Dies geschieht im Exequatur-Verfahren[687].

---

680 C. Cass. Civ. 1ère 22.02.1978 Rev. crit. DIP 1979, 593.

681 *Groud* Rdnr. 395 f. m.w.N.

682 C. Cass. Civ. 1ère 22.02.1978 Rev. crit. DIP 1979, 593; *Groud* Rdnr. 421.

683 C. Cass. Civ. 1ère 22.02.1978 Rev. crit. DIP 1979, 593; *Groud* Rdnr. 421.

684 C. Cass. Civ. 1ère 22.02.1978 Rev. crit. DIP 1979, 593.

685 *Groud* Rdnr. 424 a.E., 425.

686 Vgl. dazu *Gaudemet-Tallon* Rev. int. dr. comp. 1986, 487, 488; *Huet* JDI 1988, 5; *Loussouarn* Rdnr. 501 ff.

687 Im Oktober 2001 hat das französische Justizministerium eine Studie in Auftrag gegeben, in der 1390 Entscheidungen französischer Gerichte in Exequatur-Verfahren aus den Jahren 1999-2001 ausgewertet und auf ihre Fehlerhaftigkeit untersucht werden sollten. Das Ergebnis dieser Studie, die unter der Leitung von *Marie-Laure Niboyet* und *Laurence Sinopoli* unter Mitarbeit von *François de Bérard* durchgeführt wurde, ist nunmehr veröffentlicht in Gaz. Pal. 2004, 1741 ff.

In diesem werden die oben dargestellten Anerkennungsvoraussetzungen geprüft[688]. Gegenstand des Verfahrens ist einzig die Vollstreckbarkeit der konkreten ausländischen Entscheidung und nicht die materiellrechtliche Lösung der Streitigkeit[689]. Aus Gründen der Rechtssicherheit können nur solche Entscheidungen für vollstreckbar erklärt werden, die nach dem ausländischen Prozeßrecht auch bereits vollstreckbar sind[690].

Außerdem untersucht die französische Rechtsprechung im Exequatur-Verfahren, ob die ausländische Entscheidung einer rechtskräftigen Entscheidung eines französischen Gerichts entgegensteht. Wurde über den gleichen Streitgegenstand zwischen denselben Parteien bereits durch ein französisches Gericht entschieden, wird eine ausländische Entscheidung nicht für vollstreckbar erklärt[691].

Für die Durchführung des Exequatur-Verfahrens ist nach Art. L 311-11 Abs. 1 Code de l'organisation judiciaire ein Einzelrichter des *Tribunal de grande instance* zuständig[692]. Das örtlich zuständige Gericht bestimmt sich nach den allgemeinen Regeln[693].

Wird durch ein Exequatur die ausländische Entscheidung für vollstreckbar erklärt, kann diese dabei inhaltlich nicht verändert werden, zum Beispiel hinsichtlich der Höhe eines Schadensersatzanspruches, wohl aber nur in Teilen anerkannt werden[694]. Sieht die ausländische Entscheidung keine Zwangsmittel vor, verweigern französische Gerichte im Exequaturverfahren die Anordnung und Festsetzung eines Zwangsgeldes (*astreinte*)[695].

Die Zwangsvollstreckung der ausländischen Entscheidung als solche richtet sich einzig nach französischem Recht.

---

688 C. Cass. Civ. 1ère 07.01.1964 *Munzer* Rev. crit. DIP 1964, 344, 345; CA Paris 10.11.1966 Rev. crit. 1967, 560, 561; *Audit* Rdnr. 473 bis; *Gaudemet-Tallon* Rev. int. dr. comp. 1986, 487, 496 f.; *Huet* JDI 1988, 5, 8 f., 11 ff.; *Mayer* Rdnr. 429.

689 CA Paris 10.11.1966 Rev. crit. DIP 1967, 560, 561; *Mayer* Rdnr. 410.

690 C. Cass. Civ. 1ère 16.03.1999 Bull. civ. I no. 91; TGI Paris 01.07.1987 Rev. crit. DIP 1988, 720; *Audit* Rdnr. 473 bis; *Delaporte* Trav. Com. fr. DIP 1987-88, 147, 155.

691 C. Cass. Civ. 1ère 15.05.1963 *Patiño* Rev. crit. DIP 1964, 532, 534; C. Cass. Civ. 1ère 05.04.1960 Dalloz 1960 Jur. 717; *Audit* Rdnr. 466 sieht dies als eine Frage des ordre public an; *Mayer* Rdnr. 450; *Muir-Watt* Editions du Juris-Classeur Droit International, Fascicule 584-5 Rdnr. 2 ff.

692 *Audit* Rdnr. 477; *Estoup* Rdnr. 142; *Loussouarn* Rdnr. 501-4; *Mayer* Rdnr. 414.

693 CA Paris 18.12.1973 Rev. crit. DIP 1974, 530, 531; TGI Paris 11.07.1979 Rev. crit. DIP 1981, 102, 103; *Audit* Rdnr. 478; *Huet* JDI 1988, 5, 8; *Mayer* Rdnr. 416.

694 CA Versailles 06.02.1997 JDI 1998, 119, 120; *Audit* Rdnr. 479; *Mayer* Rdnr. 422 f.

695 TGI Paris 26.02.1980 Rev. crit. DIP 1980, 783, 784; *Stutz* S. 70 ff.; anders *Remien* S. 311, 328, nach dem auch in Frankreich die Verhängung einer astreinte zur Durchsetzung einer für vollstreckbar erklärten ausländischen Entscheidung zugelassen wird; vor diesem Hintergrund stellt *Schlosser* den Nutzen einer Vollstreckbarerklärung einer englichen *freezing injunction* in Frankreich in Frage, IPRax 2006, 300, 301 f.

(2) Einstweilige Maßnahmen

(a) Vollstreckung ausländischer einstweiliger Maßnahmen in Frankreich

Grundsätzlich bejaht die französische Rechtsprechung mit Zustimmung eines Teils der Literatur die Möglichkeit der Anerkennung und Vollstreckbarerklärung ausländischer einstweiliger Maßnahmen in Frankreich[696].

Allerdings wird die Zweckmäßigkeit einer Vollstreckung einstweiliger Maßnahmen in einem anderen als ihrem Ursprungsstaat in der Literatur teilweise erheblich angezweifelt. Aufgrund der Eilbedürftigkeit sei nicht einzusehen, warum einerseits die Gerichte des Staates, in dem die Maßnahme vollstreckt werden muß, für international zuständig erklärt werden, andererseits aber die von einem Hauptsachegericht angeordneten Maßnahmen in einem langwierigen Exequatur-Verfahren im Ausland für vollstreckbar erklärt werden können sollen[697]. Weiterhin wiesen die Verfahren des einstweiligen Rechtsschutzes aufgrund ihres Zwecks, die Vollstreckung eines Endurteils zu sichern, eine Nähe zu den allgemeinen Zwangsvollstreckungsverfahren auf, die immer nur im Vollstreckungsstaat durchgeführt werden könnten[698]. Außerdem gelte zu beachten, daß viele Maßnahmen des einstweiligen Rechtsschutzes nach nationalen Rechten in anderen Rechtsordnungen keine Entsprechung fänden[699].

Vereinzelt wird in der Literatur auch vertreten, einstweilige Maßnahmen ausländischer Gerichte, die ausschließlich in Frankreich vollstreckt werden müßten, könnten unter Anwendung der allgemeinen Voraussetzungen für eine Anerkennung ausländischer Urteile nicht anerkannt und vollstreckt werden, weil die internationale Zuständigkeit französischer Gerichte zur Anordnung solcher Maßnahmen eine ausschließliche sei[700].

Geht man grundsätzlich von der Möglichkeit der Anerkennungs- und Vollstreckungsfähigkeit ausländischer einstweiliger Maßnahmen aus, ist zu fragen, ob bestimmte einstweilige Maßnahmen *ipso iure* anerkannt werden und nicht der Vollstreckbarerklärung in einem Exequatur-Verfahren bedürfen. Wiewohl zahlreiche einstweilige Maßnahmen nicht der Zwangsvollstreckung im eigentlichen Sinne bedürfen, solange sich der Schuldner beispielsweise entsprechend einer Anordnung verhält, wird im allge-

---

696 C. Cass. Civ. 1ère 06.02.1985 *Simitch* Rev. crit. DIP 1985, 369, 373; *Cuniberti* Rdnr. 237, 252; *Delaporte* Trav. Com. fr. DIP 1987-88, 147, 155; *Eilers* S. 234; ein Urteil der Cour de Cassation vom 16.03.1999 verlangt aber, daß Entscheidungen, die in Frankreich für vollstreckbar erklärt werden sollen, nach dem Recht ihres Ursprungsstaates vollstreckbar (*exécutoire*) und endgültig (*définitif*) sein müssen: C. Cass. Civ. 1ère 16.03.1999 Bull. civ. I no. 91.

697 *Delaporte* Trav. Com. fr. DIP 1987-88, 147, 155; vgl. auch *Muir-Watt* Editions du Juris-Classeur Droit International, Fascicule 584-2 Rdnr. 57.

698 *Delaporte* Trav. Com. fr. DIP 1987-88, 147, 155, 157 f.; vgl. auch *Muir-Watt* Editions du Juris-Classeur Droit International, Fascicule 584-2 Rdnr. 56.

699 *Delaporte* Trav. Com. fr. DIP 1987-88, 147, 157 f.

700 Für die saisie conservatoire und die Zuständigkeit des französischen Richters nach Art. 9 des Dekrets Nr. 92-755 vom 31.07.1992 bejaht dies *Santa Croce* Gaz. Pal. 1er et 2 mars 2000 S. 3, 4, 10; die genannte Ansicht verweist auf die Entscheidungen C. Cass. Civ. 2e 29.02.1984 *Sté Varonas* Bull. civ. II no. 40; C. Cass. Civ. 1ère 11.02.1997 *Strojexport* Bull. civ. I no. 48; TGI Paris 15.03.1995 JDI 1997, 813, von denen einzig die letztgenannte Entscheidung diese Auslegung zuläßt, wobei in diesem Fall ein Schiedsgericht für die Durchführung des Hauptsacheverfahrens zuständig war.

meinen davon ausgegangen, daß diese Maßnahmen trotz ihrer rein sichernden Wirkung über das bloße Feststellen eines Zustandes hinausgehen und die Sicherung nur vor dem Hintergrund einer möglichen Vollstreckung durch den Staat erfolgt[701]. Aus diesem Grund fallen einstweilige Maßnahmen nicht unter die Entscheidungen, die ohne Durchführung eines Exequatur-Verfahrens anerkannt werden können. Für die Anordnung der Eintragung einer "*hypothèque judiciaire*" ist die Notwendigkeit eines Exequaturs ausdrücklich in Art. 2123 Abs. 2 C. Civil festgesetzt und gilt damit auch für auf eine solche Eintragung gerichtete einstweilige Maßnahmen.

(b) Maßnahmen zur Beweissicherung

Ausländische gerichtliche Entscheidungen, die eine Beweisaufnahme anordnen, können in Frankreich - wie auch nach deutschem Recht - nicht für vollstreckbar erklärt werden, weil sie keinen vollstreckungsfähigen Inhalt haben[702].

Die Verwertbarkeit von Beweisen, die in selbständigen Beweissicherungsverfahren im Ausland erhoben wurden, in französischen Hauptsacheverfahren wurde bereits bei der Prüfung der Anerkennungsfähigkeit von Maßnahmen der Beweissicherung untersucht[703].

3. Exkurs: Erstreckung französischer einstweiliger Maßnahmen auf das Ausland

Wie bereits zum deutschen Recht dargelegt, kann es in Streitigkeiten mit Auslandsbezug notwendig oder sachgerecht sein, daß sich eine gerichtliche Entscheidung nicht nur auf das Staatsgebiet des Ursprungsstaates bezieht, sondern geographisch ungebunden bestimmte Verpflichtungen feststellt. Dies gilt insbesondere für die Verpflichtung zur Vornahme oder zum Unterlassen räumlich ungebundener Handlungen. Dabei wird in Rechtsprechung und Literatur davon ausgegangen, daß französische Gerichte auch Maßnahmen mit Wirkung im Ausland anordnen können[704]. Dies widerspreche weder völkerrechtlichen Grundsätzen noch könne die Anordnung einstweiliger Maßnahmen im internationalen Zivilverfahrensrecht dem Zwangsvollstreckungsrecht zugeordnet werden, so daß einzig inländische Gerichte hierfür zuständig wären[705].

Dann hat der Gläubiger die Wahl, die jeweilige Entscheidung im Inland nach autonomem Vollstreckungsrecht zu vollstrecken oder sie im Ausland anerkennen und für

---

[701] *Vareilles-Sommières* Rev. crit. DIP 1996, 397, 409 f.; differenzierend aber *Cuniberti* Rdnr. 233 ff.

[702] *Groud* Rdnr. 397 f.

[703] Siehe oben Gliederungspunkt II.B.2.a)(3), S. 126.

[704] C. Cass. Com. 30.05.1985 Rev. crit. DIP 1986, 329, 331, wodurch eine französische Bank verpflichtet wurde, im Zuge der Vollstreckung einer einstweiligen Maßnahme das Guthaben eines ihrer Kunden auf einem Konto in der Schweiz zu benennen; *Muir-Watt* Rev. crit. DIP 1998, 27, 36 ff.; *Cuniberti* Rdnr. 63 f. und Dalloz 1999 Jur. 301, 302 mit Hinweisen auf unveröffentlichte Entscheidungen französischer Gerichte, die derartige Maßnahmen anordneten; zur Erstreckung sichernder einstweiliger Maßnahmen auf das Ausland insgesamt ausführlich: *Cuniberti*, Les mesures conservatoires portant sur des biens situés à l'étranger, Paris 2000, zugl. Thèse Paris I, 1998.

[705] *Cuniberti* Rdnr. 16 ff. bzw. 40 ff., und Dalloz 1999 Jur. 301, 302; Gothot/Holleaux Rdnr. 158 mit Blick auf Art. 16 Nr. 5 EuGVÜ.

vollstreckbar erklären zu lassen. Soweit beispielsweise bei einer Verpflichtung zur Vornahme oder Unterlassung einer bestimmten Handlung eine Vollstreckung durch Anordnung und Durchsetzung eines Zwangsmittels in Betracht kommt, wird es für einen Gläubiger regelmäßig einfacher und effektiver sein, Maßnahmen des einstweiligen Rechtsschutzes nicht im Ausland anerkennen und für vollstreckbar erklären zu lassen, sondern mittels einer Vollstreckung im Erlaßstaat eine extraterritoriale Wirkung der Maßnahme durchzusetzen[706].

Gegen die Vollstreckung derartiger Maßnahmen in Frankreich nach französischem Zwangsvollstreckungsrecht werden - soweit ersichtlich - in der französischen Rechtsprechung und Literatur keine Einwände vorgebracht. Wird ein Schuldner zur Vornahme einer Handlung im Ausland verpflichtet, kann nach der französischen Rechtsprechung zur Durchsetzung dieser Verpflichtung eine *astreinte* angedroht, festgesetzt und vollstreckt werden[707]. Daneben bleibt selbstverständlich eine grenzüberschreitende Anerkennung und Vollstreckbarerklärung mit anschließender Vollstreckung im Ausland möglich, dieses Verfahren richtet sich aber ausschließlich nach ausländischem Verfahrensrecht.

In der Literatur wird vereinzelt allerdings die Zweckmäßigkeit einer Erstreckung einstweiliger Maßnahmen auf das Ausland insbesondere bei sichernden Maßnahmen nach dem Gesetz Nr. 91-650 vom 09.07.1991 und Art. 210 ff. des Dekrets Nr. 92-755 vom 31.07.1992 auch bezweifelt[708]. Diese Ausführungen beziehen sich jedoch ganz wesentlich auf sichernde Maßnahmen in Bezug auf einen Gegenstand, so daß sie im Rahmen dieser Arbeit nicht weiter erörtert werden sollen.

C. Zusammenfassender Vergleich der Rechtslagen in Deutschland und Frankreich

1. Zuständigkeit

a) Grundsatz

In Frankreich wie in Deutschland bestimmt sich die internationale Zuständigkeit der inländischen Gerichte grundsätzlich durch eine doppelfunktionale Anwendung der Regeln über die örtliche Zuständigkeit[709]. Das deutsche Recht enthält darüber hinaus einige ausdrückliche Regelungen über die internationale gerichtliche Zuständigkeit in Ehe- und Kindschaftssachen. Das französische Recht kennt mit Art. 14 und 15 C. Civil allgemeine Zuständigkeitsregeln, die ausdrücklich die internationale Zuständigkeit betreffen. Diese Vorschriften setzen exorbitante Gerichtsstände fest, die die internationale Zuständigkeit französischer Gerichte von der französischen Staatsangehörigkeit einer an der Streitigkeit beteiligten Partei abhängig machen[710]. Dem deutschen Recht

---

706 Siehe zum deutschen Recht oben Gliederungspunkt II.A.4, S. 107.

707 TGI Paris 25.06.1982 Gaz. Pal. 1982, II Jur. 396; dazu *Remien* S. 302 Fn. 61.

708 *Audit* Rdnr. 343 *Audit* JDI 1997, 817, 820; *Santa Croce* Gaz. Pal. 1er et 2 mars 2000 S. 3, 10 f., die insbesondere eine extraterritoriale Anordnung von saisies conservatoires ablehnt.

709 Siehe oben Gliederungspunkte II.A.1.a), S. 84, und II.B.1.a), S. 113.

710 Siehe oben Gliederungspunkt II.B.1.b), S. 113.

ist in Zivilsachen die Anknüpfung der internationalen gerichtlichen Zuständigkeit einzig an die Staatsangehörigkeit einer der Parteien fremd.

In beiden Staaten wird der Anwendungsbereich exorbitanter Gerichtsstände, die aufgrund ihrer Doppelfunktionalität zu einer internationalen gerichtlichen Zuständigkeit führen können (zum Beispiel § 23 ZPO) oder ausdrücklich die internationale Zuständigkeit bestimmen (zum Beispiel Art. 14 und 15 C. Civil), von der Rechtsprechung einschränkend ausgelegt[711].

b) *Vereinbarungen über die internationale gerichtliche Zuständigkeit*

Weder das französische noch das deutsche Recht enthalten ausdrückliche gesetzliche Regelungen über die Vereinbarung gerade der *internationalen* Zuständigkeit der Gerichte. Im deutschen Recht ist in den allgemeinen Regeln zu Vereinbarungen über die gerichtliche Zuständigkeit mit § 38 Abs. 2 ZPO allerdings eine Vorschrift enthalten, die ausdrücklich für Streitigkeiten mit Auslandsbezug gilt, sich aber ebenfalls ausdrücklich nur auf die örtliche und sachliche Zuständigkeit bezieht.

In beiden Rechtssystemen werden derartige Vereinbarungen jedoch von der jeweiligen höchstrichterlichen Rechtsprechung als zulässig angesehen. Dabei werden die allgemeinen Regelungen zu Vereinbarungen über die gerichtliche Zuständigkeit, im deutschen Recht §§ 38 ff. ZPO, im französischen Recht Art. 48 NCPC, herangezogen. Möglich sind jeweils sowohl die Prorogation als auch die Derogation der inländischen Zuständigkeit[712].

c) *Berücksichtigung ausländischer Rechtshängigkeit*

Weder das französische noch das deutsche Recht enthalten Vorschriften zu der Frage, wie im Falle einer vorherigen ausländischen Rechtshängigkeit mit einer bei einem inländischen Gericht eingereichten Klage zu verfahren ist. Nach der französischen und der deutschen Rechtsprechung ist aber eine im Inland erhobene Klage bei vorheriger ausländischer Rechtshängigkeit eines Verfahrens mit identischem Streitgegenstand abzuweisen, wenn die gerichtliche Entscheidung aus dem ausländischen Verfahren im Inland anzuerkennen ist[713].

d) *Einstweilige Maßnahmen*

Nach französischem Recht sind französische Gerichte international zum Erlaß einstweiliger Maßnahmen zuständig, wenn entweder französische Gerichte für die Durchführung des Hauptsacheverfahrens zuständig sind oder wenn die beantragte einstweilige Maßnahme in Frankreich vollstreckt werden müßte[714].

---

711 Siehe oben Gliederungspunkte II.A.1.a), S. 84, und II.B.1.b), S. 113.

712 Siehe oben Gliederungspunkte II.A.1.c), S. 86, und II.B.1.c), S. 116.

713 Siehe oben Gliederungspunkte II.A.1.d), S. 88, und II.B.1.d), S. 116.

714 Siehe oben Gliederungspunkt II.B.1.e), S. 117.

Nach deutschem Recht bestimmt sich die internationale gerichtliche Zuständigkeit zum Erlaß einstweiliger Maßnahmen durch Ausweitung der Regeln über die örtliche Zuständigkeit der Gerichte[715].

Im Ergebnis führt dies in beiden Staaten zu ähnlichen Zuständigkeiten: Nach deutschem Recht ist ebenfalls das Hauptsachegericht nach § 919 Abs. 1 bzw. § 937 Abs. 1 ZPO zuständig. Nach § 919 Abs. 2 und § 942 Abs. 1 ZPO sind zudem deutsche Gerichte international zuständig, wenn sich der mit Arrest zu belegende Gegenstand oder die in ihrer persönlichen Freiheit zu beschränkende Person bzw. der Streitgegenstand im Bezirk eines deutschen Amtsgerichts und mithin im Inland befindet.

Zu beachten ist allerdings, daß die Zuständigkeit nach § 942 Abs. 1 ZPO nur in besonders dringenden Fällen besteht[716], während nach französischem Recht neben den allgemeinen Voraussetzungen der einstweiligen Maßnahmen keine zusätzliche Eile für eine internationale gerichtliche Zuständigkeit aufgrund der Belegenheit der Sache oder des Aufenthaltes der Person im Inland gefordert wird.

Beide Rechtssysteme gelangen damit zu sachgerechten Lösungen: Der Gerichtsstand des Ortes des Hauptsachegerichts bietet den Vorteil, daß ein Gericht umfassend mit dem Verfahren betraut ist und somit kohärente und sachgerechte Lösungen zu erwarten sind. Der Gerichtsstand des Vollstreckungsortes dagegen bietet den Vorteil der Vereinfachung und Beschleunigung, da eine Vollstreckung der Maßnahme im Ausland häufig nicht mehr nötig ist[717].

In beiden Staaten kann grundsätzlich die internationale Zuständigkeit für die Durchführung von Verfahren des einstweiligen Rechtsschutzes auch durch Vereinbarungen über die internationale gerichtliche Zuständigkeit begründet oder ausgeschlossen werden[718].

Die ausländische Rechtshängigkeit des Hauptsacheverfahrens ist nach französischem wie deutschem Recht für die Durchführung eines Verfahrens des einstweiligen Rechtsschutzes unbeachtlich, wohingegen die ausländische Rechtshängigkeit eines Verfahrens des einstweiligen Rechtsschutzes bei Identität der Streitgegenstände grundsätzlich beachtet werden muß[719]. Allerdings muß der Antrag auf Erlaß einer einstweiligen Maßnahme nur dann wegen voriger ausländischer Rechtshängigkeit als unzulässig abgewiesen werden, wenn die in dem ausländischen Verfahren des einstweiligen Rechtsschutzes ergehende gerichtliche Entscheidung im jeweiligen Inland anerkannt und vollstreckt werden kann. Gerade im deutschen Recht, nach dem nach autonomem Recht eine Anerkennung und Vollstreckbarerklärung ausländischer einstweiliger Maßnahmen nur in Ausnahmefällen oder bei einer Sonderregelung durch zwischenstaatliche Vereinbarungen möglich ist, wird daher eine Ablehnung eines Antrags auf Gewährung einstweiligen Rechtsschutzes wegen anderweitiger ausländischer Rechtshängigkeit in der Praxis selten sein.

---

715 Siehe oben Gliederungspunkt II.A.1.e), S. 89.

716 Siehe oben Gliederungspunkt II.A.1.e)(1)(b)ii)(bb), S. 91.

717 *Vareilles-Sommières* Rev. crit. DIP 1996, 397, 424 ff.

718 Siehe oben Gliederungspunkte II.A.1.e)(3), S. 93, und II.B.1.e)(3), S. 121.

719 Siehe oben Gliederungspunkte II.A.1.e)(4), S. 95, und II.B.1.e)(4), S. 122.

e) Verfahren zur Beweissicherung

Wie bereits dargestellt, werden selbständige Beweissicherungsverfahren nach deutschem und französischem Recht unterschiedlich eingeordnet[720]. Während das französische Recht diese als eine Sonderform einstweiliger Maßnahmen ansieht, ist dies nach deutschem Recht nicht der Fall. Entsprechend unterschiedlich werden die Regeln zur Bestimmung der internationalen gerichtlichen Zuständigkeit zur Durchführung derartiger Verfahren hergeleitet: Nach französischem Recht sind inländische Gerichte unabhängig vom Ort der Beweisaufnahme für die Anordnung eines *référé probatoire* zuständig, wenn sie auch für die Durchführung des Hauptsacheverfahrens zuständig sind. Außerdem sind französische Gerichte immer zuständig, wenn die Beweisaufnahme in Frankreich erfolgen müßte[721]. Nach deutschem Recht werden die Regeln über die örtliche Zuständigkeit für die Durchführung selbständiger Beweisverfahren für die internationale Zuständigkeit ausgedehnt. Daraus ergibt sich ebenfalls, daß deutsche Gerichte zuständig sind, wenn sie für die Durchführung des Hauptsacheverfahrens zuständig sind oder wären (§ 486 Abs. 1 und 2 ZPO), oder in dringenden Fällen, wenn sich der Beweisgegenstand oder die zu vernehmende oder zu begutachtende Person im Bezirk eines deutschen Amtsgerichts befindet[722]. Erneut ähneln sich damit die Regeln des französischen und des deutschen Rechts im Ergebnis.

2. Anerkennung und Vollstreckung

Während im deutschen Recht die Anerkennung und Vollstreckung ausländischer Entscheidungen in § 328 ZPO bzw. §§ 722, 723 ZPO gesetzlich geregelt sind, enthält das französische Recht keine ausdrücklichen und ausführlichen Bestimmungen hierzu. Die maßgeblichen Grundsätze wurden vielmehr von der Rechtsprechung in verschiedenen Grundsatzentscheidungen entwickelt[723]. Das französische Recht trennt darüber hinaus nicht grundsätzlich zwischen der Anerkennung und der Vollstreckung, eine solche Unterscheidung wird vielmehr nur zur Beurteilung der Frage gemacht, welche ausländischen Entscheidungen ohne Durchführung eines formellen Verfahrens zur Vollstreckbarerklärung *ipso iure* anerkannt werden.

a) Anerkennung

Die Anerkennung ausländischer gerichtlicher Entscheidungen ist im deutschen Recht in § 328 ZPO geregelt, in Frankreich existieren keine gesetzlichen Regelungen, sondern die Cour de Cassation hat in mehreren Grundsatzurteilen die Anerkennungsvoraussetzungen herausgearbeitet. Auffallend ist, daß die Verbürgung der Gegenseitigkeit, die im deutschen Recht in § 328 Abs. 1 Nr. 5 ZPO als Voraussetzung der Anerkennung ausländischer Entscheidungen festgesetzt ist, im französischen Recht für die Anerkennung ausländischer Entscheidungen nicht verlangt wird[724]. In beiden Staaten wird die

---

720 Siehe oben Gliederungspunkt I.C.1.c), S. 77.

721 Siehe oben Gliederungspunkt II.B.1.e)(2), S. 120.

722 Siehe oben Gliederungspunkt II.A.1.f), S. 96.

723 Siehe oben Gliederungspunkt II.B.2.a)(1), S. 123.

724 Einen ausführlichen Vergleich der Anerkennungs- und Vollstreckungsvoraussetzungen nach französischem und deutschem Recht im Jahr 1968 enthält BGH Urteil vom 08.05.1968 BGHZ 50,

ausländische gerichtliche Entscheidung nicht inhaltlich auf ihre Rechtmäßigkeit (keine *révision au fond*) untersucht, sondern einzig auf Verstöße gegen den *ordre public*. Dabei sind sowohl der verfahrensrechtliche wie auch der materiellrechtliche *ordre public* zu beachten. Die Prüfung der internationalen Zuständigkeit des ausländischen Gerichts ist in beiden Staaten Voraussetzung für eine Anerkennung. Diese wird nach deutschem Recht nach dem Spiegelbildprinzip unter Zugrundelegung der inländischen Vorschriften zur Bestimmung der internationalen gerichtlichen Zuständigkeit untersucht. Das französische Recht enthält hierzu keine gesetzliche Bestimmungen, jedoch hat die französische Rechtsprechung Regeln entwickelt, nach denen eine Anerkennung jedenfalls dann nicht möglich ist, wenn aus französischer Sicht für die Entscheidung des Rechtsstreits französische Gerichte ausschließlich international zuständig gewesen wären[725].

b) Vollstreckung

Die Verfahren zur Vollstreckbarerklärung ausländischer Entscheidungen nach französischem und deutschem Recht sind einander gut vergleichbar. Sie entsprechen sich darin, daß ihr Gegenstand einzig die Zulässigkeit der Vollstreckung der ausländischen Entscheidung ist und keinerlei Entscheidung zur materiellen Rechtslage verlangt. Die Zwangsvollstreckung im eigentlichen Sinne findet dann aufgrund des Exequatur bzw. der Vollstreckungsklausel nur nach nationalem Zwangsvollstreckungsrecht statt. Exequaturentscheidungen können nicht für vollstreckbar erklärt werden.

c) Anerkennung und Vollstreckung ausländischer einstweiliger Maßnahmen

Nach deutschem autonomem Recht können einstweilige Maßnahmen ausländischer Gerichte grundsätzlich nicht im Inland anerkannt und vollstreckt werden. Eine Ausnahme soll einzig für Maßnahmen gelten, die den Rechtsstreit zumindest vorübergehend de facto erledigen[726].

Nach französischem Recht ist die Anerkennung und Vollstreckung ausländischer einstweiliger Maßnahmen nicht ausgeschlossen. Die Rechtsprechung läßt sie allgemein zu. An der Zweckmäßigkeit einer solchen Anerkennung und Vollstreckung werden jedoch in der Literatur teilweise Zweifel geäußert. Diese Autoren verweisen darauf, daß die Annahme einer internationalen Zuständigkeit der Gerichte desjenigen Staates, in dem die Maßnahme vollstreckt werden müßte, für den Erlaß von einstweiligen Maßnahmen eigentlich eine grenzüberschreitende Anerkennung und Vollstreckung entbehrlich machen sollte[727].

100, in dem der BGH untersucht, ob im Verhältnis zu Frankreich die Gegenseitigkeit im Sinne des § 328 Abs. 1 Nr. 5 ZPO verbürgt ist.

725 Siehe oben Gliederungspunkt II.B.2.a)(1)(a), S. 123.

726 Siehe oben Gliederungspunkte II.A.2.d), S. 100, und II.A.3.c), S. 106.

727 Siehe oben Gliederungspunkt II.B.2.b)(2)(a), S. 129.

d) *Anordnungen und Ergebnisse von Beweisaufnahmen in selbständigen Beweisverfahren*

Im französischen wie im deutschen Recht ist die Anerkennung von ausländischen gerichtlichen Entscheidungen, die eine selbständige Beweisaufnahme anordnen, nicht möglich. Verwiesen wird jeweils darauf, daß derartige Entscheidungen keine Entscheidung in der Sache enthalten bzw. einen Rechtsstreit sachlich nicht zumindest teilweise erledigen. Eine von einem ausländischen Gerichte angeordnete Beweisaufnahme wird folglich von französischen wie von deutschen Gerichten nur im Wege eines Rechtshilfeersuchens, nach dem HBÜ oder der EuBVO durchgeführt.

Die Anerkennung bzw. die Verwertung von Beweisen, die in einem selbständigen Beweisverfahren vor ausländischen Gericht erhoben wurden, ist in beiden Rechtsordnungen nicht geregelt. In der Literatur wird in beiden Staaten eine Verwertung befürwortet. In der Literatur zum deutschen Recht werden dabei verschiedene dogmatische Begründungen vorgeschlagen und es wird erörtert, in welcher Weise ein von einem ausländischen Gericht erhobener Beweis in ein Hauptsacheverfahren vor einem deutschen Gericht eingeführt werden könnte. Dabei erscheint die Verwertung mindestens im Wege des Urkundenbeweises möglich. Nach der Literatur zum französischen Recht scheint einzig eine Verwertung der erhobenen Beweise im Wege der Vorlage der über die Beweiserhebung angefertigten Dokumente möglich zu sein. In beiden Rechtsordnungen sind gerichtliche Entscheidungen zu diesen Fragen kaum veröffentlicht. Daraus kann geschlossen werden, daß eine derartige Vorgehensweise jedenfalls nicht häufig praktiziert wird[728].

---

[728] Siehe zum ganzen jeweils oben Gliederungspunkte II.A.3.d), S. 107, II.B.2.a)(3), S. 126, und II.B.2.b)(2)(b), S. 130.

Teil 3: Die Behandlung einstweiliger Maßnahmen nach der EuGVVO und dem EuGVÜ sowie in der diesbezüglichen Rechtsprechung des EuGH

Einstweilige Maßnahmen haben im EuGVÜ bzw. in der EuGVVO kaum eine eigene Regelung erfahren. Nur Art. 24 EuGVÜ bzw. Art. 31 EuGVVO beziehen sich ausdrücklich auf einstweilige Maßnahmen und enthalten eine Regelung zur Bestimmung der internationalen gerichtlichen Zuständigkeit zum Erlaß derartiger Maßnahmen. Die Auslegung dieser Vorschriften sowie der Normen ohne ausdrückliche Bezugnahme auf Verfahren des einstweiligen Rechtsschutzes mit Blick auf ihre Bedeutung für einstweilige Maßnahmen und ihre Anwendbarkeit auf Verfahren des einstweiligen Rechtsschutzes oder auf in einem solchen Verfahren ergangene Entscheidungen blieb also der Rechtsprechung sowie der Literatur überlassen. Gerade die Rechtsprechung des EuGH war dabei von erheblicher Bedeutung.

In einer kurzen Einführung sollen daher zunächst die Hintergründe der Auslegung des EuGVÜ bzw. der EuGVVO durch den EuGH dargestellt werden (Gliederungspunkt I).

Danach soll die internationale gerichtliche Zuständigkeit für den Erlaß einstweiliger Maßnahmen nach der EuGVVO bzw. dem EuGVÜ analysiert werden (Gliederungspunkt II).

Abschließend soll untersucht werden, ob und unter welchen Voraussetzungen nach der EuGVVO bzw. dem EuGVÜ erlassene einstweilige Maßnahmen in einem anderen Staat als dem Erlaßstaat nach der EuGVVO anerkannt und vollstreckt werden können (Gliederungspunkt III).

I. Einleitung: Die Auslegung des EuGVÜ bzw. der EuGVVO durch den EuGH

Die alleinige Kompetenz des EuGH zur Auslegung des EuGVÜ ergibt sich aus dem "Luxemburger Protokoll betreffend die Auslegung des Übereinkommens vom 27.09.1968 über die gerichtliche Zuständigkeit und die Vollstreckung gerichtlicher Entscheidungen in Zivil- und Handelssachen durch den Gerichtshof"[729], nach dem der EuGH über die Auslegung des EuGVÜ sowie der dazugehörigen Protokolle im Wege der Vorabentscheidung nach Vorlage durch bestimmte nationale Gerichte entscheidet[730]. Art. 2 des Protokolls enthält eine Aufzählung der Gerichte, die zur Vorlage an den EuGH berechtigt oder verpflichtet sind. In Deutschland sind dies die obersten Gerichtshöfe des Bundes, in Frankreich die *Cour de Cassation* und der *Conseil d'État*, das oberste französische Verwaltungsgericht. Art. 4 des Protokolls sieht darüber hinaus ein Verfahren vor, in dem eine zuständige Stelle eines Vertragsstaates dem EuGH eine Auslegungsfrage vorlegen kann, wenn gerichtliche Entscheidungen in dieser Frage der Auslegung durch den EuGH oder durch eines der in Art. 2 Nr. 1 und 2 des Protokolls genannten Gerichte widersprechen (sog. Divergenzverfahren). Dieses Verfahren ist der im französischen Rechtskreis bekannten "*cassation dans l'intérêt de la loi*" nachgebildet[731]. Zuständige Stelle in der Bundesrepublik ist nach Art. 3 des deutschen Zustimmungsgesetzes zu dem Protokoll[732] der Generalbundesanwalt beim BGH.

Der EuGH prüft bei jedem im EuGVÜ verwendeten Begriff, ob dieser vertragsautonom ausgelegt werden kann[733]. Er läßt aber auch die Auslegung nach den Sachnormen desjenigen Rechts zu, das nach den Kollisionsnormen des mit dem Rechtsstreit befaßten Gerichts maßgeblich ist[734]. Bei der Auslegung ist damit nicht das Recht eines der beteiligten Vertragsstaaten maßgeblich. Das EuGVÜ sowie die EuGVVO dienen dem Ziel, die internationalen gerichtlichen Zuständigkeiten zu vereinheitlichen und weitestgehende Freizügigkeit für gerichtliche Entscheidungen anderer Staaten zu sichern. Dies wird nur durch eine eigenständige und in allen Staaten gleiche Auslegung des Übereinkommens bewirkt. Die "autonome" Auslegung wird daher auch in der

---

729 Siehe bereits oben Fußnote 16: BGBl. 1972 II, S. 846, für Deutschland derzeit in der Fassung des 4. Beitrittsübereinkommens vom 29.11.1996 (BGBl. 1998 II, S. 1412) gültig.

730 Vgl. dazu z.B. Geimer/Schütze-*Geimer* EuGVVO Einl. Rdnr. 180 ff.; *Schlosser* RIW/AWD 1975, 534 und NJW 1977, 457; *von Hoffmann* § 3 Rdnr. 188.

731 Vgl. *Benecke* S. 4; Geimer/Schütze-*Geimer* EuGVVO Einl. Rdnr. 186; Geimer/Schütze-*Geimer* Urteilsanerkennung I/1 § 12 II; *Schlosser* RIW/AWD 1975, 534, 541 f.

732 Zustimmungsgesetz vom 07.08.1972, BGBl. 1972 II, S. 845.

733 Z.B. EuGH Urteil vom 10.03.1992 *Powell Duffryn*, Rs. C-214/89, Slg. 1992, I-1745, 1773 Rdnr. 11 f.; EuGH Urteil vom 06.10.1976 *Tessili*, Rs. 12/76, Slg. 1976, 1473, 1485 Rdnr. 11; dazu z.B. Geimer/Schütze-*Geimer* EuGVVO Einl. Rdnr. 125 ff.; MüKo/ZPO-*Gottwald* Vor Art. 1 EuGVÜ Rdnr. 30; *Martiny* RabelsZ 45 (1981), 427, 428 ff.; *Schlosser* EU-Zivilprozeßrecht Einl. Rdnr. 29.

734 EuGH Urteil vom 10.03.1992 *Powell Duffryn*, Rs. C-214/89, Slg. 1992, I-1745, 1773 Rdnr. 11 f.; EuGH Urteil vom 06.10.1976 *Tessili*, Rs. 12/76, Slg. 1976, 1473, 1485 Rdnr. 11.

Literatur begrüßt[735]. Im Rahmen der autonomen Auslegung kann dann grundsätzlich auf verschiedene Auslegungsmethoden, wie beispielsweise die historische oder die teleologische Auslegung, zurückgegriffen werden[736].

Die vom EuGH in einem Vorabentscheidungsverfahren gegebene Auslegung hat nur in demjenigen Rechtsstreit, der zur Vorlegung führte, Bindungswirkung[737].

Die Auslegungskompetenz des EuGH zur EuGVVO ergibt sich aus ihrer Rechtsnatur als sekundäres Gemeinschaftsrecht. Das Vorabentscheidungsverfahren ist für sekundäres Gemeinschaftsrecht, das auf Grundlage der Vorschriften des Titel IV EG erlassen wurde, in Art. 68, 234 EG geregelt[738]. Danach müssen letztinstanzliche Gerichte Fragen der Auslegung von Vorschriften des Titels IV EG sowie von auf Grundlage dieses Titels erlassenen Rechtsakten der Organe der Gemeinschaft dem Europäischen Gerichtshof in einem Vorabentscheidungsverfahren vorlegen, wenn sich diese Auslegungsfragen in einem schwebenden Verfahren bei einem einzelstaatlichen Gericht stellen[739]. Entsprechend dem Zweck der EuGVVO, einheitliche Zuständigkeitsregeln und Freizügigkeit für gerichtliche Entscheidungen zu schaffen, wird auch hier der EuGH an der autonomen Auslegung der Verordnung festhalten.

Die Rechtsprechung des EuGH zum EuGVÜ kann, soweit die Vorschriften des EuGVÜ wörtlich in die EuGVVO übernommen wurden, zur Auslegung der EuGVVO herangezogen werden.

---

735 Geimer/Schütze-*Geimer* EuGVVO Einl. Rdnr. 133 ff.; Geimer/Schütze-*Geimer* Urteilsanerkennung I/1 § 11, S. 56 ff.; *Heiss* S. 33; *Kropholler* Einl. Rdnr. 41; *von Hoffmann* § 3 Rdnr. 192; *Linke* RIW/AWD 1977, 43, 45.

736 Vgl. *Benecke* S. 6 ff.; *Kropholler* Einl. Rdnr. 42 ff.; *von Hoffmann* § 3 Rdnr. 191; mit Blick auf die Auslegung des Begriffs "einstweilige Maßnahmen" *Heiss* S. 34 ff.

737 Geimer/Schütze-*Geimer* EuGVVO Einl. Rdnr. 174; *Kropholler* Einl. Rdnr. 38; *Schlosser* RIW/AWD 1975, 534, 540 f.

738 Vgl. *Basedow* in Systemwechsel S. 19, 27 f.; MüKo/ZPO-*Gottwald* Aktualisierungsband Vor Art. 1 EuGVVO Rdnr. 6; Thomas/Putzo-*Hüßtege* Vorbem EuGVVO Rdnr. 14; *Schlosser* EU-Zivilprozeßrecht Einl. Rdnr. 18.

739 *Kohler* in FS Geimer S. 461, 467 äußert sich kritisch zur Beschränkung der Vorlagebefugnis auf letztinstanzlich entscheidende Gerichte, die er für eine einheitliche europaweite Weiterentwicklung der EuGVVO für unzureichend hält; kritisch auch *von Hoffmann* § 3 Rdnr. 189.

II. Gerichtliche Zuständigkeit für den Erlaß einstweiliger Maßnahmen nach der EuGVVO bzw. dem EuGVÜ

Die Regeln zur Bestimmung der internationalen gerichtlichen Zuständigkeit sind in Kapitel II der EuGVVO bzw. Titel II des EuGVÜ geregelt. Während die allgemeinen Regelungen über die gerichtliche Zuständigkeit in Art. 2 und Art. 5 bis 24 EuGVVO bzw. Art. 2 und 5 bis 18 EuGVÜ enthalten sind, sehen Art. 31 EuGVVO und Art. 24 EuGVÜ für einstweilige Maßnahmen eine Sonderregelung vor.

Der Regelungsgehalt dieser Vorschrift soll im folgenden zuerst dargestellt werden (Gliederungspunkt A). Anschließend wird zu prüfen sein, welche einstweiligen Maßnahmen, auch unter Berücksichtigung der jüngsten Rechtsprechung des EuGH, in den Anwendungsbereich von Art. 31 EuGVVO bzw. Art. 24 EuGVÜ fallen (Gliederungspunkt B). Sodann soll die eigentliche Bestimmung der internationalen gerichtlichen Zuständigkeit zum Erlaß einstweiliger Maßnahmen nach der EuGVVO bzw. nach dem EuGVÜ untersucht und analysiert werden (Gliederungspunkt C).

A. Regelungsgehalt des Art. 31 EuGVVO bzw. Art. 24 EuGVÜ

Art. 31 EuGVVO und der wortgleiche Art. 24 EuGVÜ bestimmen in einer allgemein gehaltenen Formulierung, daß die nach dem nationalen Recht eines Vertragsstaates vorgesehenen einstweiligen Maßnahmen bei den Gerichten dieses Staates auch dann beantragt werden können, wenn für die Durchführung des Verfahrens in der Hauptsache nach der EuGVVO bzw. dem EuGVÜ das Gericht eines anderen Vertragsstaates zuständig ist.

1. Verweisung auf nationale Zuständigkeitsvorschriften

Damit regeln diese Vorschriften nicht die gerichtliche Zuständigkeit für den Erlaß einstweiliger Maßnahmen, sondern verweisen im Rahmen ihres Anwendungsbereiches für die Bestimmung der international zuständigen Gerichte auf die Regeln der nationalen Rechtsordnungen. Die gerichtliche Zuständigkeit für die Durchführung solcher Verfahren ergibt sich dann aus Art. 31 EuGVVO bzw. Art. 24 EuGVÜ in Verbindung mit den autonomen Vorschriften über die internationale Zuständigkeit. Zweck dieser Regelung ist es, den Gläubigern die Gerichtsstände des nationalen Rechts zu erhalten, um ihnen an möglichst vielen Gerichtsständen und insbesondere dem sachnächsten Gericht die zeitnahe Erlangung von Rechtsschutz zu ermöglichen und eine langwierige grenzüberschreitende Anerkennung und Vollstreckung einstweiliger Maßnahmen weitestgehend entbehrlich zu machen[740]. Verhindert werden soll, dass die Parteien durch die meist lange Verfahrensdauer in Zivilverfahren mit Auslandsbezug aufgrund der langen Verfahrensdauer einen Nachteil erleiden[741].

Soweit WILLEITNER zu dem Ergebnis gelangt, Art. 31 EuGVVO bzw. Art. 24 EuGVÜ müßten als "eigenständige und abschließende Zuständigkeitsvorschriften" angesehen

---

[740] Vgl. z.B. *Grunsky* RIW/AWD 1977, 1, 8; *Hausmann* FamRZ 1980, 418, 419; *Wolf/Lange* RIW 2003, 55, 59 f.; *Zeiler* Österr. JBl. 1996, 635, 638.

[741] So jüngst ausdrücklich EuGH Urteil vom 28.04.2005 *St. Paul Dairy Industries NV/Unibel Exser BVBA*, Rs. C-104/03, RIW 2005, 538, 539 Rdnr. 12.

werden[742], kann dem nicht gefolgt werden. Dies wird auch - soweit ersichtlich - anderweitig nicht vertreten. Einzig GRUNDMANN sieht auch Art. 24 LugÜ als Zuständigkeitsnorm an, geht aber gar davon aus, dieser enthalte die Verpflichtung an alle Vertragsstaaten, bei ausländischer Anhängigkeit des Hauptsacheverfahrens einstweiligen Rechtsschutz zu gewähren[743]. Es würden dadurch also die Gerichte aller Vertragsstaaten des LugÜ für den Erlaß einstweiliger Maßnahmen für zuständig erklärt. Nur die örtliche Zuständigkeit werde dann nach nationalem Recht bestimmt[744].

Im Schrifttum wird dagegen im übrigen einmütig davon ausgegangen, daß Art. 31 EuGVVO bzw. Art. 24 EuGVÜ einen Verweis auf die Zuständigkeitsvorschriften nach den nationalen Rechtsordnungen enthalten[745]. Teilweise wird dabei aber auch hervorgehoben, daß diese Vorschriften auch selbst gewisse Vorgaben enthielten[746].

Zunächst ist eine Auslegung von Art. 31 EuGVVO bzw. Art. 24 EuGVÜ als eigene abschließende Zuständigkeitsregelungen mit den derzeitigen Fassungen dieser Vorschriften nicht vereinbar, die selbst keine Anknüpfungen zur Bestimmung enthalten, welche Gerichte für den Erlaß einstweiliger Maßnahmen international zuständig sein sollen. Die Vorschriften können insoweit bereits nicht als "abschließend" angesehen werden und verdrängen damit auch nicht nationale Zuständigkeitsnormen[747]. Weiterhin hat eine solche Auslegung auch keinen Rückhalt in der Rechtsprechung des EuGH, der beispielsweise in seinem Urteil "*Mietz*" ausführt, nach Art. 24 EuGVÜ könne "ein Gericht aufgrund der Rechtsvorschriften seines Staates einstweilige Maßnahmen und sichernde Maßnahmen erlassen"[748]. Auch die von WILLEITNER selbst zitierte Stelle des Urteils "*van Uden*", in dem der EuGH feststellt, das Verbot exorbitanter Gerichtsstände in Art. 3 EuGVÜ gelte für Art. 24 EuGVÜ nicht[749], spricht ausdrücklich gegen die von WILLEITNER geforderte Auslegung. Denn der EuGH macht an dieser Stelle deutlich, daß die nationalen Vorschriften zur internationalen gerichtlichen Zuständigkeit gerade anwendbar sein sollen. Darüber hinaus kann nicht angenommen, daß selbst wenn die vom EuGH aufgestellten Voraussetzungen für die Bestimmung der internationalen gerichtlichen Zuständigkeit nach Art. 31 EuGVVO, die noch zu betrachten sein werden, erfüllt sind, die Gerichte eines Staates zuständig sein könnten, dessen autonomes Recht eine solche Zuständigkeit nicht kennen würde. Eine solche Auslegung würde das Verständnis von Art. 24 EuGVÜ bzw. Art. 31 EuGVVO als eigenständige abschließende Zuständigkeitsvorschrift aber ebenfalls beinhalten.

---

742 *Willeitner* S. 139 ff.

743 *Grundmann* S. 131 ff., v.a. S. 140 f.

744 *Grundmann* S. 141.

745 Vgl. z.B. *Gaudemet-Tallon* Rdnr. 311; *Groud* Rdnr. 469 f.; *Kropholler* Art. 31 Rdnr. 1 f.; MüKo/ZPO-*Gottwald* Art. 24 EuGVÜ Rdnr. 1; *Pörnbacher* in *Geimer/Schütze* Internationaler Rechtsverkehr EuGVVO Art. 31 Rdnr. 1; *Wolf/Lange* RIW 2003, 55, 59, linke Spalte oben, die jeweils ebenfalls von "verweisen" sprechen.

746 *Groud* Rdnr. 470.

747 So aber *Willeitner* S. 144 letzter Absatz.

748 EuGH Urteil vom 27.04.1999 *Mietz*, Rs. C-99/96, Slg. 1999, I-2277, 2313 Rdnr. 38.

749 EuGH Urteil vom 17.11.1998 *van Uden*, Rs. C-391/95, Slg. 1998, I-7091, 7135 Rdnr. 42; hierzu ausführlich unten Gliederungspunkt II.C.8.c)(2), S. 254.

Weiterhin bemängelt WILLEITNER die durch die Anwendung der Zuständigkeitsvorschriften nach den nationalen Rechtsordnungen bestehende Möglichkeit von Ungleichbehandlungen[750]. Die zur Illustration dieser Gefahr angeführten Beispiele vermögen allerdings nicht zu überzeugen: Der Autor läßt unbeachtet, daß einstweiliger Rechtsschutz neben Art. 31 EuGVVO bzw. Art. 24 EuGVÜ auch vor dem für die Entscheidung des Rechtsstreits in der Hauptsache zuständigen Gericht erlangt werden kann. In seinem ersten Beispiel rügt er, daß ein deutscher Antragsteller mit Wohnsitz in Deutschland gegen einen niederländischen Antragsgegner mit Wohnsitz in den Niederlanden keinen einstweiligen Rechtsschutz in den Niederlanden nach Art. 126 Nr. 3 Wetboek van Burgelijke Rechtsvordering erlangen könnte, da nach niederländischem Recht hierfür ein Wohnsitz des Antragstellers in den Niederlanden notwendig sei[751]. In diesem Fall sind niederländische Gerichte aber bereits nach Art. 2 Abs. 1 EuGVVO/EuGVÜ für die Entscheidung des Rechtsstreits in der Hauptsache und damit auch - wie im folgenden zu zeigen sein wird[752] - für den Erlaß einstweiliger Maßnahmen international zuständig. Hinsichtlich des von WILLEITNER angeführten Beispiels aus dem deutsch-französischen Rechtsverkehr übersieht der Autor, daß französische Gerichte nicht nur bei französischer Nationalität des Antragstellers ihre internationale Zuständigkeit für den Erlaß einer einstweiligen Maßnahme bejahen, sondern sowohl eine internationale Zuständigkeit aufgrund des "Beklagten-"wohnsitzes als auch eine solche aufgrund der Notwendigkeit einer Vollziehung der einstweiligen Maßnahme in Frankreich kennen[753]. Die von WILLEITNER gerügten Ungleichbehandlungen[754] bestehen ohnehin bereits aufgrund der unterschiedlichen Ausgestaltung der in den Rechtsordnungen der verschiedenen Staaten vorgesehenen einstweiligen Maßnahmen, die unabhängig von der Frage nach der internationalen gerichtlichen Zuständigkeit unter verschiedenen Voraussetzungen erlassen werden und den jeweiligen Gläubigern unterschiedlichen Schutz bieten. Um alle Ungleichbehandlungen diesbezüglich zu vermeiden, müßten die Justiz und die Prozeßordnungen EU-weit vereinheitlicht werden. Ein Verstoß gegen Art. 12 EG besteht erst bei einer Diskriminierung aufgrund der Staatsangehörigkeit.

Gegen die durch GRUNDMANN vorgeschlagene Auslegung von Art. 24 LugÜ, der Art. 24 EuGVÜ wortgleich ist, als Verpflichtungsnorm, spricht bereits der Wortlaut der Vorschrift[755]: Sollte diese eine Zuständigkeit der Gerichte aller Vertragsstaaten sowie eine Verpflichtung zum Erlaß einstweiliger Maßnahmen enthalten, hätte dies sprachlich einen Niederschlag finden müssen. Das verwendete Verb "können" drückt einzig aus, daß weiterer einstweiliger Rechtsschutz vor Gerichten von nicht für die Durchführung des Hauptsacheverfahrens zuständigen Staaten *möglich* ist. Wären die Gerichte *aller* anderen Vertragsstaaten daneben zuständig, hätte beispielsweise formu-

---

750 *Willeitner* S. 141 ff.

751 *Willeitner* S. 142 oben erster Absatz.

752 Siehe unten Gliederungspunkt II.C.2, S. 204.

753 Siehe hierzu oben Gliederungspunkt II.B.1.e)(1), in Teil 2 der Arbeit, S. 117.

754 Insbesondere *Willeitner* S. 141 unten.

755 *Grundmann* zieht auf S. 145 unten allerdings gerade den Wortlaut zur Unterstützung seiner Ansicht heran.

liert werden können: "Für den Erlaß einstweiliger Maßnahmen einschließlich solcher, die auf eine Sicherung gerichtet sind, sind die Gerichtes jedes Vertragsstaates zuständig, auch wenn für die Entscheidung in der Hauptsache das Gericht eines anderen Vertragsstaates aufgrund dieses Übereinkommens zuständig ist." Weiterhin ist bei der von GRUNDMANN erarbeiteten Auslegung nicht erklärlich, weshalb Art. 24 LugÜ noch auf das nationale Recht der Vertragsstaaten verweisen sollte: Da das LugÜ bzw. das EuGVÜ über die von ihnen erfaßten Regelungsbereiche hinaus das autonome Zivilverfahrensrecht der Mitgliedsstaaten unberührt lassen, wäre selbst bei dem von GRUNDMANN vertretenen Verständnis von Art. 24 LugÜ ein Verweis auf nationales Recht unnötig gewesen, da nationales Zivilprozeßrecht ohnehin als lex fori im gerichtlichen Verfahren zum Erlaß der einstweiligen Maßnahme Anwendung fände. Der Verweis auf nationales Recht zusammen mit der Verwendung des Wortes "können" spricht somit für die Auslegung von Art. 24 EuGVÜ/LugÜ bzw. Art. 31 EuGVVO als bloße Verweisungsnorm. Weiterhin sei darauf hingewiesen, daß der Auslegung als verpflichtende Zuständigkeitsnorm wenigstens durch die jüngste Rechtsprechung des EuGH zur gerichtlichen Zuständigkeit auf Grundlage von Art. 24 EuGVÜ bzw. Art. 31 EuGVVO, die im weiteren zu besprechen sein wird, der Boden entzogen ist.

2. Auslegungsbedürftiger eigener Tatbestand

Aber auch als bloße Verweisungsnormen auf die nationalen Rechtsordnungen lassen Art. 31 EuGVVO und Art. 24 EuGVÜ eine Reihe von Fragen offen. Der aus dem Wortlaut ableitbare Gehalt der Vorschriften beschränkt sich darauf, daß auf jeden Fall die nach nationalem Recht zuständigen Gerichte für die Durchführung von Verfahren des einstweiligen Rechtsschutzes im Rahmen des Anwendungsbereichs der EuGVVO bzw. des EuGVÜ international zuständig sind, auch wenn diese nach der EuGVVO nicht für die Durchführung des Hauptsacheverfahrens zuständig sind. Dem Wortlaut läßt sich dagegen beispielsweise nicht entnehmen, ob dies auch noch nach Einleitung des Hauptsacheverfahrens vor einem nach Art. 2 oder 5 bis 24 EuGVVO bzw. Art. 2 oder 5 bis 18 EuGVÜ zuständigen Gericht gilt und ob einstweilige Maßnahmen auch vor dem nach den Regeln der EuGVVO bzw. des EuGVÜ zuständigen Gericht der Hauptsache beantragt werden können. Weiterhin ist in Art. 31 EuGVVO bzw. Art. 24 EuGVÜ nicht konkretisiert, welche gerichtliche Entscheidungen "einstweilige Maßnahmen einschließlich solcher, die auf eine Sicherung gerichtet sind," im Sinne dieser Vorschriften darstellen.

Die Konkretisierung des Anwendungsbereichs und des Regelungsgehalts von Art. 24 EuGVÜ und Art. 31 EuGVVO ebenso wie die Beantwortung der Frage weiterer internationaler gerichtlicher Zuständigkeiten für die Durchführung von Verfahren des einstweiligen Rechtsschutzes blieb damit dem EuGH sowie der Literatur überlassen.

B. Einstweilige Maßnahmen im Anwendungsbereich des Art. 31 EuGVVO

Die EuGVVO enthält keine Definition der in Art. 31 EuGVVO verwendeten Umschreibung "einstweilige Maßnahmen einschließlich solcher, die auf eine Sicherung gerichtet sind". Nachzugehen ist also der Frage, welche Maßnahmen überhaupt von Art. 31 EuGVVO erfaßt werden.

1. Maßnahmen im Anwendungsbereich der EuGVVO

Zunächst können nur solche einstweiligen Maßnahmen in den Anwendungsbereich des Art. 31 EuGVVO fallen, die einen Rechtsstreit betreffen, der selbst in den Anwendungsbereich der EuGVVO fällt, wie er in Art. 1 und 2 definiert ist[756].

a) Anwendungsbereich der EuGVVO

(1) Räumlicher Anwendungsbereich

Die EuGVVO gilt, wie bereits dargestellt, für alle EU-Mitgliedsstaaten mit Ausnahme von Dänemark[757]. Dies ergibt sich auch aus Art. 1 Abs. 3 EuGVVO, nach welchem Mitgliedsstaaten im Sinne der EuGVVO alle EU-Mitgliedsstaaten mit Ausnahme von Dänemark sind. Im Verhältnis der Mitgliedsstaaten im Sinne von Art. 1 Abs. 3 EuGVVO zu Dänemark findet nach Erwägungsgrund 22 der EuGVVO weiterhin das EuGVÜ in der zuletzt im Verhältnis zu Dänemark geltenden Fassung Anwendung.

(2) Sachlicher Anwendungsbereich: Zivil- und Handelssachen

Der sachliche Anwendungsbereich der EuGVVO wird in Art. 1 EuGVVO festgesetzt. Er wurde gegenüber demjenigen des EuGVÜ nicht verändert. Nach Art. 1 Abs. 1 S. 1 EuGVVO ist diese in Zivil- und Handelssachen anzuwenden, ohne daß es auf die Art der Gerichtsbarkeit ankommt. Satz 2 dieses Absatzes hebt ausdrücklich hervor, daß Steuer- und Zollsachen sowie verwaltungsrechtliche Angelegenheiten nicht erfaßt sind[758]. Art. 1 Abs. 2 EuGVVO enthält einen Katalog von Rechtsgebieten, die ausdrücklich aus dem Anwendungsbereich der Vorschrift ausgeklammert sind. Unter die-

---

756 Zum EuGVÜ: EuGH Urteil vom 17.11.1998 *van Uden*, Rs. C-391/95, Slg. 1998, I-7091, 7132 Rdnr. 30; EuGH Urteil vom 26.03.1992 *Reichert II*, Rs. C-261/90, Slg. 1992, I-2149, 2184 Rdnr. 34; EuGH Urteil vom 31.03.1982 *C.H.W./G.J.H.*, Rs. 25/81, Slg. 1982, 1189, 1202 Rdnr. 4 ff., 12; EuGH Urteil vom 27.03.1979 *De Cavel I*, Rs. 143/78, Slg. 1979, 1055, 1066 Rdnr. 6 ff.; *Gaudemet-Tallon* Rdnr. 306; Geimer/Schütze-*Geimer* Art. 31 EuGVVO Rdnr. 22; Geimer/Schütze-*Geimer* Urteilsanerkennung I/1 § 29 XVI 3., S. 235 f.; *Gothot/Holleaux* Rdnr. 201; MüKo/ZPO-*Gottwald* Art. 24 EuGVÜ Rdnr. 1; *Hausmann* FamRZ 1980, 418, 420; *Heiss* S. 13; Soergel-*Kronke* Art. 38 EGBGB Anh. IV Rdnr. 97; *Kropholler* Art. 31 Rdnr. 3; *Martinet/Honorat* Gaz. Pal. 1999 Jur. 330; *Schlosser* EU-Zivilprozeßrecht Art. 31 Rdnr. 24; *van Drooghenbroeck* in *van Compernolle/Tarzia* S. 475, 498 Rdnr. 31; *Wolf* in *Geimer/Schütze* Internationaler Rechtsverkehr EuGVÜ Art. 24 Rdnr. 7 ff.

757 Siehe oben Gliederungspunkt III.B.2 in Teil 1 der Arbeit, S. 13.

758 Vgl. hierzu zuletzt EuGH Urteil vom 15.05.2003 *Préservatrice foncière TIARD/Staat der Nederlanden*, Rs. C-266/01, Slg. 2003, I-4867, 4893 Rdnr. 36, nach dem die Ausklammerung von Steuer- und Zollsachen nicht gilt, wenn ein Hoheitsträger einen Bürgen aufgrund einer Bürgschaft für Zölle und andere öffentliche Abgaben in Anspruch nimmt, weil der Bürgschaftsvertrag dann eine selbständige privatrechtliche Verpflichtung des Bürgen begründet, die nicht mit der des (ggf. Zölle-) Schuldners identisch ist; zustimmend *Geimer* IPRax 2003, 512, 515.

sen befinden sich beispielsweise der Personenstand, die ehelichen Güterstände und das Erbrecht (Art. 1 Abs. 2 a) EuGVVO), Konkurse, Vergleiche und ähnliche Verfahren (Art. 1 Abs. 2 b) EuGVVO), die soziale Sicherheit (Art. 1 Abs. 2 c) EuGVVO)[759] sowie die Schiedsgerichtsbarkeit (Art. 1 Abs. 2 d) EuGVVO). Der Begriff der Zivil- und Handelssache ist nicht definiert, er wird allgemein vertragsautonom ausgelegt[760].

Grundsätzlich kann damit die EuGVVO auch durch andere Gerichte als Zivilgerichte angewandt werden[761]. Ein Beispiel für die Anwendung des EuGVÜ durch ein Verwaltungsgericht gibt es in der veröffentlichten französischen Rechtsprechung: In einem von einer französischen *Cour administrative d'appel*, die einem deutschen Oberverwaltungsgericht entspricht, entschiedenen Fall ergab sich die Streitigkeit aus einem Vertrag, den ein französisches Unternehmen mit einem holländischen Unternehmen als Subunternehmer geschlossen hatte. Besonderheit war, daß Vertragspartner des französischen Unternehmens für das Gesamtwerk die französische Staatsbahn SNCF war und der zwischen dem Unternehmen und der SNCF geschlossene Vertrag ein öffentlich-rechtlicher war. Die SNCF war aber nicht hoheitlich tätig geworden. Aufgrund der öffentlich-rechtlichen Natur des Vertrages waren die Verwaltungsgerichte aber sowohl für die Entscheidung von Streitigkeiten, die sich aus dem Vertrag zwischen der SNCF und dem Unternehmen ergaben, als auch für die Entscheidung solcher Streitigkeiten, die sich aus den Unterauftragsverhältnissen ergaben, zuständig. Die *Cour administrative d'appel de Nantes* entschied, daß materiellrechtlich Gegenstand der Streitigkeit eine zivilrechtliche Frage war und es sich somit nicht um eine verwaltungsrechtliche Angelegenheit handelte. Es handelte sich somit um eine zivilrechtliche Streitigkeit, für deren Entscheidung die Verwaltungsgerichte zuständig waren. Die *Cour administrative d'appel de Nantes* wendete das EuGVÜ an und bestätigte die Rechtmäßigkeit einer vom erstinstanzlichen *Tribunal administratif* erlassenen *ordonnance de référé*, für deren Erlaß sich das Gericht nach Art. 24 EuGVÜ für inter-

---

759 Zur Auslegung des gleichlautenden Art. 1 Abs. 2 Nr. 3 EuGVÜ vgl. EuGH Urteil vom 14.11.2002 *Gemeente Steenbergen/Baten*, Rs. C-271/00, Slg. 2002, I-10489, 10508, nach dem sich der Begriff der sozialen Sicherheit "nicht auf eine Rückgriffsklage erstreckt, mit der eine öffentliche Stelle gegenüber einer Privatperson nach den allgemein geltenden Vorschriften die Rückzahlung von Beträgen verfolgt, die sie als Sozialhilfe an den geschiedenen Ehegatten und an das Kind dieser Person gezahlt hat" (Leitsatz).

760 Zuletzt EuGH Urteil vom 15.05.2003 *Préservatrice foncière TIARD/Staat der Nederlanden*, Rs. C-266/01, Slg. 2003, I-4867, 4889 Rdnr. 20; EuGH Urteil vom 21.04.1993 *Sonntag/Waidmann*, Rs. 172/91, Slg. 1993, I-1963, 1996 Rdnr. 18; EuGH Urteil vom 16.12.1980 *Niederlande/Rüffer*, Rs. 814/79, Slg. 1980, 3807, 3819 Rdnr. 7; EuGH Urteil vom 22.02.1979 *Gourdain/Nadler*, Rs. 133/78, Slg. 1979, 733, 743 Rdnr. 3; grundlegend EuGH Urteil vom 14.10.1976 *LTU/ Eurocontrol*, Rs. 29/76, Slg. 1976, 1541, 1550 f. Rdnr. 3 ff.; *Droz* Rev. crit. DIP 1977, 775, 779 f.; *Geimer* IPRax 2003, 512, 513; Geimer/Schütze-*Geimer* Art. 1 EuGVVO Rdnr. 2 f.; Geimer/Schütze-*Geimer* Urteilsanerkennung I/1 § 19 II und III, S. 115 ff.; *Kropholler* Art. 1 Rdnr. 3; *Linke* RIW/AWD 1977, 43, 45; *Piltz* NJW 1979, 1071; *von Hoffmann* § 3 Rdnr. 195 ff.; anderer Ansicht vor Klarstellung durch die EuGH-Urteile beispielsweise BGH Urteil vom 26.11.1975 BGHZ 65, 291, 298 für das Vollstreckungsverfahren; *Grunsky* RIW/AWD 1977, 1, 4; *Schlosser* NJW 1977, 457, 460.

761 Geimer/Schütze-*Geimer* Art. 1 EuGVVO Rdnr. 27 ff.; Geimer/Schütze-*Geimer* Urteilsanerkennung I/1 § 19 X bis XIV, S. 127 ff.; *Kropholler* Art. 1 Rdnr. 11; *Piltz* NJW 1979, 1071; *Schlosser* EU-Zivilprozeßrecht Art. 1 Rdnr. 4.

national zuständig erklärt hatte[762]. Es wurde davon ausgegangen, daß eine Zivil- und Handelssache deshalb vorlag, weil nach französischem Recht Zivilrecht anzuwenden war, auch wenn der Streitigkeit ein öffentlich-rechtliches Rechtsverhältnis zugrunde lag. So kann das EuGVÜ bzw. die EuGVVO auch bei der Lösung von Streitigkeiten aus bestimmten öffentlich-rechtlichen Verträgen anwendbar sein[763].

Gemäß Art. 67 und 71 EuGVVO findet die EuGVVO im Geltungsbereich von Rechtsinstrumenten, die in bestimmten Rechtsgebieten Spezialregelungen treffen, keine Anwendung. Dies gilt sowohl für gemeinschaftliche Rechtsakte (Art. 67 EuGVVO) wie auch für zwischenstaatliche Übereinkommen (Art. 71 EuGVVO).

(3) Notwendigkeit eines Auslandsbezuges und sog. Drittstaatenproblematik

(a) Notwendigkeit eines Auslandsbezuges

Für das EuGVÜ wurde diskutiert, ob dessen Anwendbarkeit von der Existenz eines Sachverhaltes mit Auslandsbezug abhinge. Teilweise wurde mit Verweis auf den Zweck des EuGVÜ, die internationale Zuständigkeit zu vereinheitlichen und die Freizügigkeit von ergangenen Entscheidungen zu erreichen, davon ausgegangen, daß ein Auslandsbezug Voraussetzung der Anwendbarkeit des EuGVÜ war[764]. Das Bestehen einer solchen Voraussetzung ergab sich jedoch weder aus dem Wortlaut des EuGVÜ noch war sie praktisch relevant: Bei reinen Inlandsfällen ist regelmäßig weder die Frage nach der internationalen Zuständigkeit des angerufenen Gerichts noch die nach der Möglichkeit der Anerkennung und Vollstreckung in einem anderen Staat von praktischer Bedeutung. Daher waren in solchen Fällen grundsätzlich die Vorschriften des EuGVÜ anwendbar[765], mußten aber regelmäßig nicht herangezogen werden, da Art. 2 Abs. 1 EuGVVO insoweit ohnehin die Gerichte dieses Staates für zuständig erklärte.

Auch die EuGVVO enthält keine ausdrückliche Bestimmung zu dieser Frage. Zur Auslegung könnte hier Erwägungsgrund 8 zur EuGVVO herangezogen werden. Dieser lautet: "Rechtsstreitigkeiten, die unter diese Verordnung fallen, müssen einen Anknüpfungspunkt an das Hoheitsgebiet eines der Mitgliedsstaaten aufweisen, die durch diese Verordnung gebunden sind. Gemeinsame Zuständigkeitsvorschriften sollen demnach grundsätzlich dann Anwendung finden, wenn der Beklagte seinen Wohnsitz in einem dieser Mitgliedsstaaten hat." Die Verwendung des Singulars in Satz 1 (".... müssen

---

762 CAA Nantes Plén. 15 avril 1999 RJDA 1999, 929, 930.

763 *Béraudo* Editions du Juris-Classeur Droit International, Fascicule 631-10 Rdnr. 9; *Schlosser* EU-Zivilprozeßrecht Art. 1 Rdnr. 12.

764 *Benecke* S. 50 ff., 57; *Bülow* RabelsZ 29 (1965), 473, 476 zum Entwurf des EuGVÜ von 1964, abgedruckt in RabelsZ 29 (1965), 594; Jenard-Bericht zum EuGVÜ BT-Drucksache VI/1973 S. 52, 83 zu Art. 17 EuGVÜ; *Piltz* NJW 1979, 1071; *Samtleben* NJW 1974, 1590; *Schack* Rdnr. 239.

765 Für Fälle, in denen zwar mindestens eine Partei ausländischer Staatsangehörigkeit war, beide Parteien aber ihren Wohnsitz im Inland hatten: BGH Urteil vom 27.01.1993 NJW-RR 1993, 898; KG Urteil vom 22.10.1997 NJW 1998, 2062; BGH Urteil vom 11.12.1991 NJW 1992, 974; allgemein: *Geimer* NJW 1976, 441, 446; Geimer/Schütze-*Geimer* Urteilsanerkennung I/1 § 29 XIV 3., S. 220; *Geimer/Schütze* EuGVÜ Art. 2 Rdnr. 65 ff.; *Schlosser* EU-Zivilprozeßrecht Vorbem. zu Kapitel II Rdnr. 5; Jenard-Bericht zum EuGVÜ, BT-Drucksache VI/1973 S. 52, 57.

einen Anknüpfungspunkt an das Hoheitsgebiets **eines** der Mitgliedsstaaten......") deutet darauf hin, daß der einer Streitigkeit zugrundeliegende Sachverhalt keinen Bezug zu mehreren Staaten aufweisen muß. Die Anwendbarkeit der EuGVVO setzt danach nicht voraus, daß ein Rechtsstreit mit Auslandsbezug vorliegt[766]. Dennoch sind in Streitigkeiten, die keinerlei Beziehung zu mehr als einem Staat aufweisen, Fragen nach der internationalen gerichtlichen Zuständigkeit sowie der Anerkennung und Vollstreckung gerichtlicher Entscheidungen im Ausland regelmäßig nicht von praktischer Bedeutung. Ein Rechtsstreit hat nur dann zu nur einem Staat Berührungspunkte, wenn auch der Beklagte in diesem Staat seinen Wohnsitz hat. Andernfalls läge bereits ein Fall mit Auslandsberührung vor. Hat aber der Beklagte seinen Wohnsitz in demjenigen Staat, in dem ein gerichtliches Verfahren eingeleitet werden soll, besteht nach Art. 2 Abs. 1 und Abs. 2 EuGVVO bzw. dem nationalen internationalen Zivilverfahrensrecht (beispielsweise in Deutschland in Anwendung der §§ 12, 13 ZPO, in Frankreich Art. 42 Abs. 1 NCPC) jeweils bereits der allgemeine internationale Gerichtsstand des Beklagtenwohnsitzes.

(b) Auslandsbezug zu einem Drittstaat

Erheblich praxisrelevanter war dagegen der Streit, ob das EuGVÜ auch bei einem Bezug des Sachverhaltes zu einem sog. Drittstaat, also einem Staat, der nicht Vertragsstaat des EuGVÜ war, anwendbar sein sollte.

Teilweise wurde vertreten, eine Anwendung des EuGVÜ komme einzig in Betracht, wenn mindestens zwei Vertragsstaaten Bezug zu dem Sachverhalt hätten[767]. Begründend wurde angeführt, das EuGVÜ bezwecke nur die einheitliche gerichtliche Zuständigkeit und Freizügigkeit von Entscheidungen bei Streitigkeiten zwischen Vertragsstaaten, nicht aber im Verhältnis zu Drittstaaten. Dafür spreche der Wortlaut des Abs. 3 der Präambel[768] und die Tatsache, daß das EuGVÜ auf Grundlage des Art. 293 EG abgeschlossen wurde[769].

Nach anderer Ansicht dagegen sollte das EuGVÜ auch bei einem Auslandsbezug zu einem sog. Drittstaat anwendbar sein[770]. Hierfür wurde argumentiert, gerade um eine

---

766 So auch Geimer/Schütze-*Geimer* EuGVVO Einl. Rdnr. 234 ff., Art. 2 EuGVVO Rdnr. 101 ff.; Zöller-*Geimer* Art. 2 EuGVVO Rdnr. 14; *Geimer* in FS Németh János S. 229, 235 f.; *von Hoffmann* § 3 Rdnr. 210; im Ergebnis *Schmidt* Rdnr. 28; anders nunmehr EuGH Urteil vom 01.03.2005 *Villa Holiday Bal-Inn Villas*, Rs. C-281/02, RIW 2005, 292, 294 Rdnr. 25; so auch Thomas/Putzo-*Hüßtege* Vorbem EuGVVO Rdnr. 11; *Kropholler* vor Art. 2 Rdnr. 6; *Piltz* NJW 2002, 789, 790; *Schack* Rdnr. 239.

767 BGH Urteil vom 13.12.2000 IPRax 2001, 454, 455; BGH Urteil vom 12.10.1989 BGHZ 109, 29, 34; OLG Düsseldorf Urteil vom 15.03.1990 NJW 1991, 1492: *Benecke* S. 16, 113 ff.; *Piltz* NJW 1979, 1071, 1072; *Samtleben* RabelsZ 59(1995), 670, 689 ff. für Art. 17 EuGVÜ; *Schack* Rdnr. 240.

768 Dieser lautet: "... in dem Bestreben, innerhalb der Gemeinschaft den Rechtsschutz der dort ansässigen Personen zu verstärken, ...".

769 *Benecke* S. 113; *Schack* Rdnr. 240.

770 OLG Köln Urteil vom 31.07.1991 VersR 1991, 1202, 1203; LG Kiel Urteil vom 21.06.1995 FamRZ 1996, 47; KG Urteil vom 22.10.1997 NJW 1998, 2062; OLG Hamburg Urteil vom 06.02.1998 IPRax 1999, 168, 169 zu Art. 16 EuGVÜ; OLG Hamm Beschluß vom 11.07.1988 IPRspr. 1988 Nr. 203 S. 447; CA Paris 30.11.1990 JDI 1992, 192; TGI Marseille réf. 28.06.1977 Rev. crit.

größtmögliche Freizügigkeit von Entscheidungen zwischen den EuGVÜ-Vertragsstaaten zu erreichen, sei es notwendig, möglichst viele Entscheidungen auf die Zuständigkeitsregeln des EuGVÜ zu stützen[771]. Zudem sei dem Wortlaut des Art. 2 Abs. 1 EuGVÜ, der die Anwendbarkeit des EuGVÜ nur vom Beklagtenwohnsitz in einem Vertragsstaat abhängig mache, keine Einschränkung in bezug auf Sachverhalte mit Bezug zu Drittstaaten zu entnehmen[772].

Eine entsprechende Auslegungsfrage wurde dem EuGH bereits 1992 vom britischen *House of Lords* vorgelegt[773]. Das Verfahren wurde als Rechtssache C-314/92 geführt, jedoch im Jahr 1994 ohne Urteil eingestellt. Auf eine weitere Vorlagefrage der *Cour d'appel de Versailles* im Jahr 1998 entschied der EuGH im Juli 2000, Titel II des EuGVÜ fände, sobald der Beklagte seinen Wohnsitz oder Sitz im Hoheitsgebiet eines Vertragsstaats habe, grundsätzlich auch dann Anwendung, wenn der Kläger in einem Drittland ansässig sei[774]. Im Jahr 2005 entschied er entsprechend, dass das EuGVÜ auch auf einen Sachverhalt anwendbar sei, der Berührungspunkte zu nur einem Vertragsstaat und zu einem Nichtvertragsstaat habe[775]. Neben der Tatsache, daß ein Auslandsbezug nur zu einem Drittstaat für die Anwendbarkeit des EuGVÜ unschädlich ist, wenn man, wie hier, davon ausgeht, daß das EuGVÜ ohnehin grundsätzlich auch ohne Auslandsbezug des Sachverhaltes anwendbar ist, spricht für diese Lösung insbesondere der Wortlaut des Art. 2 Abs. 1 EuGVÜ.

Die EuGVVO enthält zu diesem Punkt ebenfalls keine ausdrückliche Regelung. Eine implizite Lösung der Frage könnte sich aber aus Erwägungsgrund 8 zur EuGVVO ergeben. Zunächst deutet erneut die Verwendung des Singulars in Satz 1 darauf hin, daß der einer Streitigkeit zugrundeliegende Sachverhalt keinen Bezug zu zwei oder mehr Mitgliedsstaaten aufweisen muß, sondern auch ein Bezug zu einem Drittstaat ausreicht. Auch die französische Fassung des ersten Satzes des Erwägungsgrundes (".... doivent présenter **un** rattachement **au territoire** des Etats membres........") deutet auf dieses Ergebnis hin. Sollten Sachverhalte, die einzig einen Bezug zu einem Mitgliedsstaat und einem Drittstaat aufweisen, aus dem Anwendungsbereich der EuGVVO ausgeschlossen sein, wäre zudem die Klarstellung in Satz 2 unnötig[776]. Damit ist davon

---

DIP 1979, 97, 98 f.; *Geimer/Schütze* EuGVÜ Einl. Rdnr. 122 und Art. 2 Rdnr. 73 f.; Geimer/Schütze-*Geimer* Urteilsanerkennung I/1 § 29 XV, S. 227 ff.; *Geimer* IPRax 1991, 31; MüKo/ZPO-*Gottwald* Art. 2 EuGVÜ Rdnr. 23 f.; *Kohler* in FS Matscher S. 251, 257 ff.; *Kropholler* vor Art. 2 Rdnr. 8; *Samtleben* RabelsZ 59 (1995), 670, 688 f., der allerdings die Reichweite einzelner Normen, wie z.B. Art. 17 EuGVÜ, eingrenzen will; *Schlosser* EU-Zivilprozeßrecht Vorbem. zu Kapitel II Rdnr. 5.

771 *Geimer* IPRax 1991, 31, 32.

772 *Geimer/Schütze* EuGVÜ Einl. Rdnr. 124; Geimer/Schütze-*Geimer* Urteilsanerkennung I/1 § 29 XV 2., S. 227.

773 House of Lords Vorlagebeschluß vom 13.07.1992 IPRax 1991, 373.

774 EuGH Urteil vom 13.07.2000 *Group Josi Reinsurance Company SA/Universal General Insurance Company*, Rs. C-412/98, Slg. 2000, I-5925, 5952 Rdnr. 33 ff., insbesondere S. 5958, Rdnr. 61; zustimmende Anmerkung *Staudinger* IPRax 2000, 483; vgl. *Schlosser* EU-Zivilprozeßrecht Art. 1 Rdnr. 1, vor Art. 2 Rdnr. 5; zustimmend auch *von Hoffmann* § 3 Rdnr. 212.

775 EuGH Urteil vom 01.03.2005 *Villa Holiday Bal-Inn Villas*, Rs. C-281/02, RIW 2005, 292, 294 Rdnr. 26 ff., 35.

776 Wortlaut des Erwägungsgrundes 8 siehe oben unter Gliederungspunkt II.B.1.a)(3)(a), S. 146 f.

auszugehen, daß ein Auslandsbezug eines Sachverhaltes einzig zu einem Drittstaat einer Anwendung der EuGVVO nicht entgegensteht[777].

Von diesem Ergebnis ist auch trotz des Umstandes auszugehen, daß dann die Regeln des autonomen Rechts der Mitgliedsstaaten über die internationale Zuständigkeit teilweise verdrängt werden. Zunächst ist festzustellen, daß sie über Art. 4 Abs. 1 EuGVVO immer noch dann Anwendung finden, wenn der Beklagte in keinem Mitgliedsstaat über einen Wohnsitz verfügt. Art. 4 Abs. 2 EuGVVO macht dabei sogar deutlich, daß sich jede Person, die ihren Wohnsitz im Hoheitsgebiet eines Mitgliedsstaates hat, gegenüber einem Beklagten, der keinen Wohnsitz im Hoheitsgebiet eines Mitgliedsstaates hat, auch auf die durch Art. 3 Abs. 2 EuGVVO ausgeschlossenen Gerichtsstände berufen kann. Weiterhin verweist gerade Art. 31 EuGVVO auf die Zuständigkeitsvorschriften nach autonomem Recht[778]. Zudem ist die EuGVVO vor dem Hintergrund des Ziels der Europäischen Gemeinschaft erlassen worden, einen Raum der Freiheit, der Sicherheit und des Rechts zu erhalten und weiterzuentwickeln, wie sich aus dem Wortlaut des Erwägungsgrundes 1 zur EuGVVO ergibt. Eine Schaffung einheitlichen Rechts wurde gerade bezweckt. Dies ist auch aus der Verwendung des Rechtsinstruments der Verordnung zu erkennen, die im Gegensatz zur Richtlinie in jedem Mitgliedsstaat unmittelbar bindende Wirkung hat.

(4) Persönlicher Anwendungsbereich

Ausdrückliche Vorschriften zum allgemeinen persönlichen Anwendungsbereich enthält die EuGVVO nicht.

Die Zuständigkeitsvorschriften der EuGVVO finden jedoch nach Art. 2 Abs. 1 EuGVVO Anwendung, wenn der Beklagte seinen Wohnsitz in einem EU-Mitgliedsstaat im Sinne der EuGVVO hat. Dabei kommt es nach Art. 2 Abs. 2 EuGVVO auf die Staatsangehörigkeit des Beklagten nicht an. Auf Angehörige fremder Staaten, seien es EU-Mitgliedsstaaten oder andere Staaten, sind vielmehr die für Inländer geltenden Zuständigkeitsvorschriften anzuwenden. Somit gilt für diese grundsätzlich auch die EuGVVO. Auf die Frage, ob eine Person in einem Mitgliedsstaat, dessen Gerichte angerufen sind, ihren Wohnsitz hat, findet nach Art. 59 Abs. 1 EuGVVO das Recht des angerufenen Gerichts Anwendung (lex fori). Entsprechend ist zur Frage, ob eine Person in einem anderen Mitgliedsstaat als dem des angerufenen Gerichts ihren Wohnsitz hat, nach Art. 59 Abs. 2 EuGVVO vom angerufenen Gericht das Recht des anderen Mitgliedsstaates anzuwenden. Für juristische Personen enthält Art. 60 EuGVVO eine Spezialregelung. Gesellschaften und juristische Personen haben nach Art. 60 Abs. 1 EuGVVO für die Anwendung der EuGVVO ihren Wohnsitz an dem Ort, an dem sich entweder ihr satzungsmäßiger Sitz, ihre Hauptverwaltung oder ihre Hauptniederlassung befindet. Diese Anknüpfung an mehrere Geschäftsstellen erlaubt eine möglichst breite Anwendung der EuGVVO. Für das Vereinigte Königreich und Irland ist in Art. 60 Abs. 2 EuGVVO ausdrücklich bestimmt, daß unter dem Begriff "satzungsmä-

---

[777] So auch Geimer/Schütze-*Geimer* EuGVVO Einl. Rdnr. 234 ff., Art. 2 EuGVVO Rdnr. 111 ff.; Rauscher-*Mankowski* EuZPR Art. 2 EuGVVO Rdnr. 11; *Piltz* NJW 2002, 789, 790; *Schmidt* Rdnr. 29 ff.; *von Hoffmann* § 3 Rdnr. 213; jetzt auch Thomas/Putzo-*Hüßtege* Vorbem EuGVVO Rdnr. 12.

[778] Siehe oben Gliederungspunkt II.A.1, S. 140.

ßiger Sitz" das "registered office", der Ort der Erlangung der Rechtsfähigkeit oder der Ort, nach dessen Recht die Gründung erfolgte, zu verstehen ist. Hintergrund dieser Regelung ist die im anglo-amerikanischen Rechtskreis herrschende "Gründungstheorie" im internationalen Gesellschaftsrecht, nach der eine juristische Person derjenigen Rechtsordnung unterstellt ist, nach der sie gegründet wurde[779]. In Versicherungs- und Verbrauchersachen sind für den Fall, daß der Versicherer bzw. Vertragspartner des Verbrauchers keinen Wohnsitz im Hoheitsgebiet eines Mitgliedsstaates, aber in einem Mitgliedsstaat eine Zweigniederlassung, Agentur oder andere Niederlassung hat, Art. 9 Abs. 2 bzw. Art. 15 Abs. 2 EuGVVO zu beachten. Nach diesen Vorschriften wird der Versicherer bzw. Vertragspartner des Verbrauchers für Streitigkeiten aus dem Betrieb der Zweigniederlassung, Agentur oder Niederlassung so behandelt, als habe er dort seinen Wohnsitz. In diesen Fällen kann dann ebenfalls die EuGVVO angewandt werden.

Hat der Beklagte keinen Wohnsitz im Hoheitsgebiet eines Mitgliedsstaates, so finden nach Art. 4 Abs. 1 EuGVVO die Zuständigkeitsvorschriften des nationalen Rechts des angerufenen Gerichts Anwendung. Insbesondere können nach Art. 4 Abs. 2 EuGVVO in diesem Fall auch die durch Art. 3 Abs. 2 i.V.m. Anhang I EuGVVO ausgeschlossenen Gerichtsstände des nationalen Rechts zur Begründung der internationalen gerichtlichen Zuständigkeit herangezogen werden.

Unabhängig vom Wohnsitz des Beklagten findet die EuGVVO bei einer ausschließlichen gerichtlichen Zuständigkeit nach Art. 22 EuGVVO und bei wirksamen Vereinbarungen über die Zuständigkeit nach Art. 23 EuGVVO Anwendung, wenn sich daraus jeweils die gerichtliche Zuständigkeit eines Mitgliedsstaates ergibt. Ausschließlich zuständig sind beispielsweise für Klagen, die die Gültigkeit, Nichtigkeit oder Auflösung einer juristischen Person zum Gegenstand haben, die Gerichte des Mitgliedsstaates, in dessen Hoheitsgebiet die juristische Person ihren Sitz hat (vgl. Art. 22 Nr. 2 EuGVVO), und für Zwangsvollstreckungsverfahren die Gerichte desjenigen Mitgliedsstaates, in dessen Hoheitsgebiet die Zwangsvollstreckung durchgeführt werden soll oder durchgeführt worden ist (vgl. Art. 22 Nr. 5 EuGVVO).

(5) Erfaßte gerichtliche Verfahren

Wenngleich die EuGVVO außer dem Ausschluß bestimmter Verfahren nach Art. 1 Abs. 2 EuGVVO keine ausdrückliche Regelung darüber enthält, welche gerichtlichen Verfahren von den Bestimmungen über die internationale Zuständigkeit erfaßt sein sollen, macht Art. 2 Abs. 1 EuGVVO deutlich, daß die EuGVVO nicht auf alle gerichtlichen Verfahren anwendbar ist. Zwar darf aus der Verwendung des Verbs "klagen" nicht geschlossen werden, daß nur Verfahren, die auf eine Klage im technischen Sinne hin eingeleitet werden, erfaßt sind[780]. So werden beispielsweise Arreste und einstweilige Verfügungen auf Antrag hin erlassen. Jedoch verlangt Art. 2 Abs. 1

---

779 Vgl. hierzu z.B. *Hoffmann* ZVglRWiss 101 (2002), 283.

780 Geimer/Schütze-*Geimer* Art. 2 EuGVVO Rdnr. 90; Geimer/Schütze-*Geimer* Urteilsanerkennung I/1 § 29 XI 1., S. 213; *Heiss* S. 55 f.; *Schmidt* Rdnr. 35.

EuGVVO, daß *eine Person* verklagt wird, so daß die EuGVVO nur auf streitige Verfahren anwendbar ist[781].

(6) Zeitlicher Anwendungsbereich

Die Vorschriften der EuGVVO über die internationale gerichtliche Zuständigkeit gelten nach Art. 66 Abs. 1 EuGVVO nur für Klagen, die nach dem Zeitpunkt des Inkrafttretens der Verordnung, also nach dem 01.03.2002, erhoben worden sind[782].

Nach Art. 66 Abs. 2 EuGVVO werden Entscheidungen, die nach dem Inkrafttreten der EuGVVO ergangen sind, bei denen jedoch die Klage vor Inkrafttreten der EuGVVO erhoben wurde, nach Kapitel III der EuGVVO anerkannt und vollstreckt. Dies gilt aber nur für Entscheidungen, die in Verfahren ergangen sind, bei denen zur Bestimmung der gerichtlichen Zuständigkeit das EuGVÜ herangezogen wurde[783].

b) Selbständige Bestimmung der Anwendbarkeit der EuGVVO bei einstweiligen Maßnahmen

Ist eine einstweilige Maßnahme ein akzessorischer Antrag zu einem Hauptsacheverfahren, ist fraglich, ob die EuGVVO sowohl auf die einstweilige Maßnahme als auch das Hauptsacheverfahren anwendbar sein oder nur die einstweilige Maßnahme als solche in den Anwendungsbereich der EuGVVO fallen muß, während das Hauptsacheverfahren beispielsweise eines der in Art. 1 Abs. 2 EuGVVO ausgeklammerten Rechtsgebiete betreffen kann.

Die Zugehörigkeit einer einstweiligen Maßnahme zum Anwendungsbereich des EuGVÜ richtet sich nach der Rechtsprechung des EuGH grundsätzlich nicht nach ihrer Rechtsnatur, sondern nach derjenigen der durch sie zu sichernden Ansprüche[784]. Viele einstweilige Maßnahmen, beispielsweise sichernde Maßnahmen wie ein Arrest, sind ihrem Streitgegenstand nach "neutral". Erst der zu sichernde Anspruch kann einem bestimmten Rechtsgebiet zugeordnet werden. Entscheidend ist nach der Rechtsprechung des EuGH nicht, ob die Hauptsache als solche in den Anwendungsbereich des EuGVÜ (bzw. der EuGVVO) fällt, sondern welchem Rechtsgebiet der durch die einstweilige Maßnahme zu sichernde Anspruch zuzurechnen ist und ob dieser zum Anwendungsbereich des EuGVÜ (bzw. der EuGVVO) gehört[785].

So hat der EuGH in dem Rechtsstreit "*de Cavel I*" entschieden, daß sichernde Maßnahmen[786], mittels derer im Rahmen eines Scheidungsverfahrens eine einstweilige

---

[781] Vgl. Geimer/Schütze-*Geimer* Art. 2 EuGVVO Rdnr. 91; Geimer/Schütze-*Geimer* Urteilsanerkennung I/1 § 29 XI 2. f., S. 213.

[782] Siehe hierzu bereits oben Gliederungspunkt III.B.1 in Teil 1 der Arbeit, S. 12.

[783] Vgl. zum zeitlichen Anwendungsbereich der EuGVVO auch *Droz/Gaudemet-Tallon* Rev. crit. DIP 2001, 601, 615 f.

[784] EuGH Urteil vom 26.03.1992 *Reichert II*, Rs. C-261/90, Slg. 1992, I-2149, 2184 Rdnr. 32; EuGH Urteil vom 27.03.1979 *De Cavel I*, Rs. 143/78, Slg. 1979, 1055, 1066 Rdnr. 8.

[785] EuGH Urteil vom 06.03.1980 *De Cavel II*, Rs. 120/79, Slg. 1980, 731, 741 Rdnr. 9; vgl. auch *Cuniberti* Dalloz 1999 Jur. 301, 302; *Heiss* S. 14 f.; *Schlosser* EU-Zivilprozeßrecht Art. 31 Rdnr. 24.

[786] Im dortigen Fall eine "*saisie-arrêt*" nach französischem Recht, vgl. Schlußanträge des Generalanwalts *Warner*, Slg. 1979, 1068, 1069; die *saisie-arrêt* ist im Zuge der Reform der Siche-

Regelung vermögensrechtlicher Beziehungen zwischen den Ehegatten erreicht werden soll, nicht in den Anwendungsbereich des EuGVÜ fallen[787]. Dagegen fällt die einstweilige Anordnung von Unterhaltszahlungen in den Anwendungsbereich des EuGVÜ und stellt eine einstweilige Maßnahme im Sinne des Art. 24 EuGVÜ dar, auch wenn die Anordnung im Rahmen eines Ehescheidungsverfahrens ergeht[788]. Vermögensrechtliche Streitigkeiten im Rahmen eines Scheidungsverfahrens fallen wegen der Ausklammerung von Güterrechtsstreitigkeiten in Art. 1 Abs. 2 EuGVÜ nicht in den Anwendungsbereich des EuGVÜ, während Rechtssachen um Unterhaltszahlung auch dann erfaßt sind, wenn sie anläßlich einer Familien- und Ehesache entstehen[789]. Die Anwendbarkeit der EuGVVO auf Unterhaltssachen ergibt sich auch aus Art. 5 Nr. 2 EuGVVO.

Nach anfänglicher vereinzelter Kritik am Urteil "*De Cavel I*"[790] stößt diese selbständige Bestimmung der Anwendbarkeit der EuGVVO bzw. des EuGVÜ bei einstweiligen Maßnahmen heute in der Literatur allgemein auf Zustimmung[791].

Auch der Wortlaut des Art. 31 EuGVVO spricht nicht gegen die selbständige Bestimmung des Anwendungsbereichs. Nach diesem "können ... [einstweilige Maßnahmen] *auch dann* beantragt werden, wenn für die Entscheidung in der Hauptsache das Gericht eines anderen Mitgliedsstaates aufgrund dieser Verordnung zuständig ist"[792]. Damit ist nicht ausgeschlossen, daß einstweilige Maßnahmen in Anwendung von Art. 31 EuGVVO auch beantragt werden können, wenn in der Hauptsache kein Gericht eines anderen Mitgliedsstaates aufgrund der EuGVVO zuständig ist.

2. Vertragsautonome Auslegung des Begriffs "einstweilige Maßnahmen"

Offen läßt die EuGVVO und insbesondere deren Art. 31 jedoch, welche gerichtlichen Entscheidungen "einstweilige Maßnahmen" darstellen. Weitestgehend Einigkeit

---

rungsmaßnahmen durch das Gesetz Nr. 91-650 vom 09.07.1991 durch die *saisie-attribution*, die *saisie-vente* und die *saisie-appréhension* ersetzt worden.

787 EuGH Urteil vom 27.03.1979 *De Cavel I*, Rs. 143/78, Slg. 1979, 1055 ff.; vgl. auch EuGH Urteil vom 31.03.1982 *C.H.W./G.J.H.*, Rs. 25/81, Slg. 1982, 1189, 1203 Rdnr. 8; hierzu *Droz* Rev. crit. DIP 1984, 354, 355; *Huet* JDI 1982, 942, 945 f.

788 EuGH Urteil vom 06.03.1980 *De Cavel II*, Rs. 120/79, Slg. 1980, 731 ff., 741 Rdnr. 11.

789 EuGH Urteil vom 06.03.1980 *De Cavel II*, Rs. 120/79, Slg. 1980, 731, 741 Rdnr. 9 ff.; *Gronstedt* S. 18; *Hausmann* FamRZ 1980, 418, 419; *Heiss* S. 14; *Wolf* in *Geimer/Schütze* Internationaler Rechtsverkehr EuGVÜ Art. 24 Rdnr. 7.

790 *Droz* Rev. crit. DIP 1980, 621, 625 ff.; *Hausmann* FamRZ 1980, 418, 421 f., der allerdings hauptsächlich kritisierte, daß Unterhaltsanordnungen nach der Rechtsprechung des EuGH vermeintlich nicht in den Anwendungsbereich des EuGVÜ fielen; *Huet* JDI 1979, 681, 685 ff.

791 Vgl. z.B. *Eilers* S. 190; *Gronstedt* S. 17; *Heiss* S. 16 f.; *Kropholler* Art. 31 Rdnr. 3; *Matscher* ZZP 95 (1982), 170, 226 f.; *Pörnbacher* in *Geimer/Schütze* Internationaler Rechtsverkehr EuGVVO Art. 31 Rdnr. 3; *Schlosser* EU-Zivilprozeßrecht Art. 31 Rdnr. 24; *Wolf* in *Geimer/Schütze* Internationaler Rechtsverkehr EuGVÜ Art. 24 Rdnr. 7.

792 Hervorhebungen durch die Verfasserin. Entsprechend lautete der Wortlaut des Art. 24 EuGVÜ: ".... können ......[einstweilige Maßnahmen] *auch dann* beantragt werden, wenn für die Entscheidung in der Hauptsache das Gericht eines anderen Vertragsstaats *auf Grund dieses Übereinkommens* zuständig ist".

herrscht darüber, daß der Begriff der "einstweiligen Maßnahme" vertragsautonom zu bestimmen ist[793]. Darüber hinaus wird darauf hingewiesen, daß aufgrund der Tatsache, daß Art. 31 EuGVVO bzw. Art. 24 EuGVÜ eine Ausnahme zu den allgemeinen Zuständigkeitsregeln der EuGVVO bzw. des EuGVÜ festsetze, dieser Artikel und damit auch der Begriff der "einstweiligen Maßnahme" restriktiv auszulegen sei[794]. Vereinzelt wurden in der Literatur Versuche einer Definition unternommen. So formulierte GRUNSKY, dem Art. 24 EuGVÜ unterfielen "...unabhängig von der jeweiligen innerstaatlichen Bezeichnung alle Maßnahmen ....., die sich bewußt mit einer weniger sorgfältigen Prüfung der Sach- und Rechtslage begnügen, als dies sonst der Fall ist, und dies deswegen tun können, weil ein Hauptsacheverfahren folgt, in dem dieselbe Frage unter Beachtung aller erdenklicher Richtigkeitsgarantien entschieden (und die einstweilige Maßnahme erforderlichenfalls korrigiert) wird"[795]. HEISS formulierte abstrakt, die Entscheidung, die zum Erlaß einer einstweiligen Maßnahme führt, dürfe keine Rechtskraft hinsichtlich des zugrunde liegenden streitigen Anspruchs entfalten können, und im Verfahren für den Erlaß dieser Entscheidung müsse die besondere Dringlichkeit des klägerischen Rechtsschutzbedürfnisses geprüft und festgestellt werden[796]. Weiterhin werde einstweiliger Rechtsschutz vor oder neben einem Hauptsacheverfahren nur vorläufig und vom Ausgang des Hauptsacheverfahrens abhängig gewährt[797]. Ähnlich sind nach HAUSMANN nach dem Zweck des Art. 24 EuGVÜ unter einstweiligen Maßnahmen im Sinne dieser Vorschrift "alle Maßnahmen zu verstehen, die dem Gläubiger einen vorläufigen, vom Ausgang eines späteren Hauptsacheverfahrens abhängigen Rechtsschutz gewähren sollen"[798].

a) Definition durch den EuGH: Maßnahmen zur Sicherung von Rechten durch Verhinderung der Veränderung der Sach- und Rechtslage

In seiner Entscheidung "*Reichert II*" vom 26.03.1992 definierte der EuGH erstmals den in Art. 24 EuGVÜ verwendeten Begriff der "einstweiligen Maßnahmen einschließlich solcher, die auf eine Sicherung gerichtet sind" als "Maßnahmen, die auf in den Anwendungsbereich des Übereinkommens fallenden Rechtsgebieten ergehen und eine Sach- oder Rechtslage erhalten sollen, um Rechte zu sichern, deren Anerkennung

---

793 *Dedek* EWS 2000, 246, 247; Geimer/Schütze-*Geimer* Art. 31 EuGVVO Rdnr. 34; Geimer/Schütze-*Geimer* Urteilsanerkennung I/1 § 39 I 1; MüKo/ZPO-*Gottwald* Art. 24 EuGVÜ Rdnr. 2; *Heiss* S. 33; *Holleaux* JDI 1980, 894, 895; *Huet* JDI 1993, 156; Thomas/Putzo-*Hüßtege* Art. 31 EuGVVO Rdnr. 2; *Kropholler* Art. 31 Rdnr. 5; *Mezger* Rev. crit. DIP 1979, 130, 132; *Pörnbacher* in *Geimer/Schütze* Internationaler Rechtsverkehr EuGVVO Art. 31 Rdnr. 5; *Schlosser* EU-Zivilprozeßrecht Art. 31 Rdnr. 26; *Wolf* in *Geimer/Schütze* Internationaler Rechtsverkehr EuGVÜ Art. 24 Rdnr. 3; vgl. zur vertragsautonomen Auslegung des EuGVÜ bzw. der EuGVVO bereits oben Gliederungspunkt I, S. 138; anderer Ansicht wohl CA Aix-en-Provence Réf. 04.05.1981 Rev. crit. DIP 1983, 110, 111; CA Versailles 27.06.1979 Gaz. Pal. 1979 Jur. 453, 454.

794 *Heiss* S. 37.

795 *Grunsky* RIW/AWD 1977, 1, 7.

796 *Heiss* S. 39 bzw. 43 f.

797 *Heiss* S. 51.

798 *Hausmann* IPRax 1981, 79, 80; so auch *Kropholler* Art. 31 Rdnr. 5; *Stadler* JZ 1999, 1089, 1095.

im übrigen bei dem in der Hauptsache zuständigen Gericht beantragt wird"[799]. Ziel derartiger Maßnahmen ist also die Erhaltung einer Sach- oder Rechtslage zur Sicherung von Rechten.

Die in diesem Verfahren dem EuGH vorgelegte Frage zur Vorabentscheidung war unter anderem darauf gerichtet zu klären, ob für eine Gläubigeranfechtungsklage nach Art. 1167 des französischen C. Civil ("*action paulienne*") die Zuständigkeitsregel des Art. 24 EuGVÜ gilt. Die *action paulienne* zielt darauf, eine Verfügungshandlung eines Schuldners rückgängig zu machen und somit eine Rechtslage zu verändern. Sie ist der Anfechtungsklage nach deutschem Recht gemäß § 13 AnfG vergleichbar.

Entsprechend der von ihm vorgenommenen Definition entschied der EuGH, daß die von Art. 24 EuGVÜ erfaßten sichernden Maßnahmen ("... solche, die auf eine Sicherung gerichtet sind, ...") ebenfalls einstweilige Maßnahmen sein müßten. Die *action paulienne* könne trotz ihrer sichernden Natur nicht als solche angesehen werden, weil sie nicht lediglich der Erhaltung einer Rechts- oder Sachlage diene. Sie falle daher nicht in den Anwendungsbereich von Art. 24 EuGVÜ[800].

Die Aufstellung konkreter Kriterien zur Prüfung, ob eine "einstweilige Maßnahme" im Sinne des Art. 24 EuGVÜ bzw. des Art. 31 EuGVVO vorliegt, wurde in Rechtsprechung und Schrifttum übernommen[801]. Sachgerecht ist insbesondere die Voraussetzung, daß eine einstweilige Maßnahme durch Erhaltung einer Sach- oder Rechtslage der vorläufigen *Sicherung* von - eventuell auch nur vermeintlich bestehenden - Rechten dienen muß. Ob diese Rechte tatsächlich bestehen, kann nämlich nur im Hauptsacheverfahren entschieden oder festgestellt werden. Allerdings bietet das Hauptsacheverfahren oft nicht die Gelegenheit dafür, daß dies in dem für die Gewährung effektiven Rechtsschutzes notwendigen Zeitrahmen geschieht. In Verfahren einstweiligen Rechtsschutzes muß somit angeordnet werden können, was während der Dauer des Hauptsacheverfahrens als ungesichert angesehen werden muß, aber für die Gewährleistung eines effektiven Rechtsschutzes unerläßlich ist. Andererseits darf aber dem Ausgang des Hauptsacheverfahrens nicht vorgegriffen werden können.

Fraglich könnte allerdings sein, ob nach der vom EuGH aufgestellten Definition Maßnahmen, die nicht nur einen Status quo *erhalten*, sondern eine Sach- oder Rechtslage vorübergehend *regeln*, nicht in den Anwendungsbereich des Art. 31 EuGVVO bzw. Art. 24 EuGVÜ fallen[802]. Beispielhaft kann hier die Regelungsverfügung nach § 940 ZPO genannt werden. Auch diese dient jedoch der nur *vorübergehenden* Regelung eines Rechtsverhältnisses, um wesentliche Nachteile oder drohende Gewalt zu

---

799 EuGH Urteil vom 26.03.1992 *Reichert II*, Rs. C-261/90, Slg. 1992, I-2149, 2184 Rdnr. 34; in der französischen Fassung lautet die entsprechende Stelle: *mesures "dans les matières relevant du champ d'application de la convention, [qui] sont destinées à maintenir une situation de fait ou de droit afin de sauvegarder des droits dont la reconnaissance est par ailleurs demandée au juge du fond."*

800 EuGH Urteil vom 26.03.1992 *Reichert II*, Rs. C-261/90, Slg. 1992, I-2149, 2184 f. Rdnr. 35.

801 CA Paris 23.02.2001, no. 2001/00716, veröffentlicht in www.legifrance.gouv.fr; *Gaudemet-Tallon* Rdnr. 307; *Kropholler* Art. 31 Rdnr. 5; *Vareilles-Sommières* Rev. crit. DIP 1996, 397, 404; *Wolf* in *Geimer/Schütze* Internationaler Rechtsverkehr EuGVÜ Art. 24 Rdnr. 3.

802 Vgl. *Normand* Rev. crit. DIP 1999, 353, 360 Rdnr. 23.

verhindern. Deshalb zielen auch regelnde Maßnahmen auf den Erhalt einer bestimmten Sach- oder Rechtslage und somit die Sicherung von Rechten. Regelnde Maßnahmen können damit problemlos unter die vom EuGH gegebene Definition der einstweiligen Maßnahme subsumiert werden.

Die genannte Definition wurde vom EuGH in dem im Jahr 2005 ergangenen Urteil in dem Rechtsstreit C-104/03 "*St. Paul Dairy Industries NV/Unibel Exser BVBA*" bestätigt und in den Kernbereich der Argumentation gestellt. In diesem Verfahren ging es um die Frage der Einordnung einer vorprozessualen Beweiserhebung durch Zeugenvernehmung als einstweilige Maßnahme im Sinne des Art. 24 EuGVÜ. Geklärt werden sollte nach den Vorlagefragen zunächst, ob eine sog. "vorgezogene Zeugenvernehmung vor Anhängigkeit einer Sache" nach Art. 186 ff. der niederländischen Zivilprozeßordnung in den Anwendungsbereich des EuGVÜ fällt, und sodann ggf., ob dieses Institut als Maßnahme im Sinne von Art. 24 EuGVÜ angesehen werden kann[803]. Dabei war zu berücksichtigen, daß eine derartige Vernehmung nach niederländischem Recht nicht nur der Sicherung von Beweisen, sondern auch und vor allem der Aufklärung von Tatsachen dient. Der EuGH entschied, dass derartige Maßnahmen der vorprozessualen Beweiserhebung nicht unter den Begriff der einstweiligen Maßnahme im Sinne des Art. 24 EuGVÜ fielen, und verwies dabei entscheidend darauf, dass die streitigen Maßnahmen einzig dem Interesse des Antragstellers an der Beurteilung der Zweckmäßigkeit eines Verfahrens in der Hauptsache dienten und daher nicht der Zielsetzung von Art. 24 EuGVÜ, einen durch die lange Dauer internationaler Verfahren beim Gläubiger drohenden Schaden abzuwenden, entsprächen[804].

b) Vorläufige Leistungsanordnungen

Eine besondere Betrachtung verdienen vorläufige Leistungsanordnungen, weil diese in jüngster Vergangenheit zwei Mal Gegenstand von Entscheidungen des EuGH waren[805] und diese Entscheidungen in Rechtsprechung und Literatur lebhaft und kontrovers diskutiert wurden. Vorläufige Anordnungen zur Erbringung einer Leistung kommen außerdem in Form des *référé-provision* und in Form der Leistungsverfügung sowohl im französischen wie auch im deutschen Recht vor.

(1) Hintergrund

Lange Zeit war ungeklärt, ob und unter welchen Voraussetzungen Anordnungen zur vorläufigen Erbringung von Leistungen, wie beispielsweise die deutsche Leistungsverfügung oder der französische *référé-provision*, als einstweilige Maßnahmen im Sinne des Art. 24 EuGVÜ anzusehen seien[806]. Diese könnten darüber hinausgehen,

---

[803] EuGH Urteil vom 28.04.2005 *St. Paul Dairy Industries NV/Unibel Exser BVBA*, Rs. C-104/03, RIW 2005, 538, 539 Rdnr. 8.

[804] EuGH Urteil vom 28.04.2005 *St. Paul Dairy Industries NV/Unibel Exser BVBA*, Rs. C-104/03, RIW 2005, 538, 539 f., v.a. 540 Rdnr. 17.

[805] EuGH Urteil vom 27.04.1999 *Mietz*, Rs. C-99/96, Slg. 1999, I-2277; EuGH Urteil vom 17.11.1998 *van Uden*, Rs. C-391/95, Slg. 1998, I-7091.

[806] Vgl. *Geimer/Schütze* EuGVÜ Art. 24 Rdnr. 20 ff.; *Gronstedt* S. 295 ff.; *Kropholler* noch in der 6. Auflage 1998 Art. 24 Rdnr. 5; *Mayer* Rdnr. 354 in der 5. Auflage 1994; *Schlosser* EuGVÜ Art. 24 Rdnr. 7.

eine Sach- oder Rechtslage zu erhalten, um Rechte zu sichern. Zudem besteht bei derartigen Maßnahmen die Gefahr, daß die Rückabwicklung der Leistung, wenn im summarischen Verfahren die vorläufige Befriedigung angeordnet wird, im Falle einer späteren anders lautenden Entscheidung im Hauptsacheverfahren faktisch vereitelt oder erschwert ist[807]. Die Maßnahme bleibt damit nicht vorläufig, sondern bekommt einen endgültigen Charakter. Könnten jedoch von Gerichten, die nach Art. 31 EuGVVO bzw. Art. 24 EuGVÜ in Verbindung mit den nationalen Vorschriften für den Erlaß einstweiliger Maßnahmen international zuständig wären, auch Maßnahmen erlassen werden, die faktisch endgültig wirken, bestünde die Gefahr, daß die Zuständigkeitsvorschriften der EuGVVO bzw. des EuGVÜ umgangen würden.

(a) Leistungsverfügungen

Hinsichtlich der Leistungsverfügungen nach deutschem Recht, bei der an den Verfügungsgrund hohe Anforderungen gestellt werden[808], herrschte vor dem Urteil des EuGH in der Rechtssache "*van Uden*" weitestgehend Einigkeit darüber, daß diese in den Anwendungsbereich des Art. 24 EuGVÜ fielen[809].

Sehr vereinzelt wurde jedoch auch vertreten, daß bei Maßnahmen, die zwar nach den nationalen Rechtsordnungen als einstweilige angesehen werden, faktisch aber endgültig den Rechtsstreit entscheiden könnten, nie Art. 24 EuGVÜ herangezogen werden könne[810]. HEISS argumentierte hierfür, daß solche Verfahren zwar in den nationalen Rechtsordnungen im Interesse eines effektiven Rechtsschutzes aufgrund des Justizgewährungsanspruches zur Verfügung stehen müßten, die Nichtanwendung des Art. 24 EuGVÜ auf solche Verfahren jedoch für den Gläubiger keine Minderung seiner Rechtsschutzmöglichkeiten oder gar einen drohenden Rechtsverlust bedeute. Außerdem wies er darauf hin, daß Art. 24 EuGVÜ einzig die gerichtliche Zuständigkeit für den Erlaß einstweiliger Maßnahmen betrifft. Fände Art. 24 EuGVÜ keine Anwendung, würde der Gläubiger daher nicht auf den Rechtsschutz im Hauptsacheverfahren verwiesen, wie das nach nationalem Recht der Fall wäre, wenn solche Verfahren nicht existieren würden, sondern müßte einzig eine zeitliche Verzögerung in Kauf nehmen, um im Wohnsitzstaat des Schuldners eine einstweilige Maßnahme zu erlangen[811]. Weiterhin bestünde ein erhebliches Interesse des Schuldners, nicht im Ausland mit einem Verfahren "überzogen" werden zu können, das den Gegenstand des Hauptsacheverfahrens im Inland vorwegnehmen könne[812].

---

807 Siehe oben Gliederungspunkt I.A.2.a)(2)(c) in Teil 2 der Arbeit, S. 36 (zur Leistungsverfügung nach deutschem Recht), und Gliederungspunkt I.B.1.b) in Teil 2 der Arbeit, S. 56 (zum *référé-provision* nach französischem Recht).

808 Siehe oben Gliederungspunkt I.A.2.a)(2)(c) in Teil 2 der Arbeit, S. 36.

809 *Geimer/Schütze* EuGVÜ Art. 24 Rdnr. 20 ff.; MüKo/ZPO-*Gottwald* Art. 24 EuGVÜ Rdnr. 2; *Grunsky* RIW/AWD 1977, 1, 7; *Hausmann* IPRax 1981, 79, 80; Soergel-*Kronke* Art. 38 EGBGB Anh. IV Rdnr. 97; *Kropholler* noch in der 6. Auflage 1998 Art. 24 Rdnr. 5; *Schlosser* EuGVÜ Art. 24 Rdnr. 7; *Wolf* in *Geimer/Schütze* Internationaler Rechtsverkehr EuGVÜ Art. 24 Rdnr. 4.

810 *Heiss* S. 44 ff.; *Zeiler* Österr. JBl. 1996, 635, 639.

811 *Heiss* S. 46 ff., 64.

812 *Heiss* S. 46 f., 65.

(b) Référé-provision

Für den *référé-provision* nach französischem Recht dagegen war die Frage nach der Anwendbarkeit des Art. 24 EuGVÜ stärker umstritten. Für seinen Erlaß gelten weniger strenge Voraussetzungen als für den Erlaß einer Leistungsverfügung nach deutschem Recht. Es wird, wie bereits dargelegt[813], beispielsweise nicht die Darlegung einer besonderen Eilbedürftigkeit verlangt.

Ein Teil der Rechtsprechung[814] und der Literatur[815] befürwortete eine Anwendung des Art. 24 EuGVÜ generell. Von einigen Autoren wurde aber auch vorgeschlagen, einen *référé-provision* nur dann als einstweilige Maßnahme im Sinne des Art. 24 EuGVÜ anzusehen, wenn er unter der Voraussetzung besonderer Eilbedürftigkeit erlassen werde[816]. Teilweise wurde auch verlangt, er müsse im Erlaßstaat vollstreckbar sein[817].

Einer weiteren in Rechtsprechung und Literatur vertretenen Ansicht zufolge sollte der *référé-provision* nie unter Art. 24 EuGVÜ fallen[818]. Dazu wurde angeführt, die vorläufige Leistungsanordnung in Form des *référé-provision* greife häufig insbesondere aufgrund von Schwierigkeiten einer eventuell notwendigen Rückabwicklung der Hauptsache vor. Der Wortlaut des Art. 24 EuGVÜ trenne zwischen einstweiligen Maßnahmen und der Entscheidung des Rechtsstreits in der Hauptsache, eine der Hauptsache vorgreifende Maßnahme könne also keine vorläufige im Sinne dieser Vorschrift sein[819].

(c) Rechtsprechung des EuGH vor 1998

Bis 1998 hatte der EuGH keine Gelegenheit, sich zu den angesprochenen Fragen zu äußern. Zwar lag ihm in den Jahren 1981/1982 ein Fall zur Entscheidung vor, in dem die Anwendbarkeit des Art. 24 EuGVÜ auf ein niederländisches "*kort geding*" nach den Art. 289 ff. der niederländischen Zivilprozeßordnung fraglich war. Das *kort geding* stellt ebenfalls eine vorläufige Leistungsanordnung dar. Im dortigen Fall war es auf die Herausgabe von Dokumenten und eine Unterlassung gerichtet. Letztlich konnte eine Entscheidung der Frage der Anwendbarkeit des Art. 24 EuGVÜ jedoch dahinstehen, weil das EuGVÜ bereits nicht anwendbar war[820].

---

813 Siehe oben Gliederungspunkt I.B.1.b)(1) in Teil 2 der Arbeit, S. 57.

814 CA Paris 17.11.1987 JDI 1989, 96; CA Chambéry 02.03.1992 JDI 1994, 173; TGI Nanterre Réf. 09.10.1978 Rev. crit. DIP 1979, 128, 129, bestätigt durch CA Versailles 27.06.1979 Gaz. Pal. 1979 Jur. 453; Tribunal de commerce de Paris Réf. 23.06.1998 Gaz. Pal. 1999 Jur. 341.

815 *Kropholler* noch in der 6. Auflage 1998 Art. 24 Rdnr. 5; *Martinet/Honorat* Gaz. Pal. 1999 Jur. 330, 331; *Vareilles-Sommières* Rev. crit. DIP 1996, 397, 414 f., 428 f.

816 *Couchez* Rev. crit. DIP 1983, 112, 115 f.; *Gothot/Holleaux* Rdnr. 204.

817 *Mayer* Rdnr. 354 in der 5. Auflage, 1994.

818 CA Rennes 04.11.1992 JDI 1994, 173; CA Aix-en-Provence Réf. 04.05.1981 Rev. crit. 1983, 110, 111; *Delaporte* Trav. Com. fr. DIP 1987-88, 147, 154; *Heiss* S. 87 ff., 91; *Huet* JDI 1994, 173, 174 und JDI 1989, 96, 98; *Lagarde* Rev. crit. DIP 1979, 100, 102; *Mezger* Rev. crit. DIP 1979, 130, 132; *Schlosser* EuGVÜ Art. 24 Rdnr. 7.

819 Vgl. hierzu Schlußanträge *Léger* vor EuGH Urteil vom 17.11.1998 *van Uden*, Rs. C-391/95, Slg. 1998, I-7091, 7114 Rdnr. 111; *Dedek* EWS 2000, 246, 248; *Huet* JDI 1989, 96, 98.

820 EuGH Urteil vom 31.03.1982 *C.H.W./G.J.H.*, Rs. 25/81, Slg. 1982, 1189; vgl. dazu oben in Gliederungspunkt II.B.1.b), S. 151.

(2) Lösung des EuGH im Urteil vom 17.11.1998 "van Uden/Deco-Line"

In seinem Urteil vom 17.11.1998 in der Rechtssache "*van Uden*" hatte der EuGH Gelegenheit, zum Streit um die Anwendbarkeit des Art. 24 EuGVÜ auf vorläufige Leistungsanordnungen Stellung zu nehmen. In diesem Verfahren ging es unter anderem ebenfalls um die Qualifizierung eines *kort geding* nach niederländischem Recht. Die Parteien hatten im Jahr 1993 einen als "slot/space charter agreement" bezeichneten Vertrag geschlossen, nach dem die niederländische Firma "*van Uden Maritime*" dem deutschen Unternehmen "*Deco-Line*" regelmäßig Laderaum an Bord von Schiffen einer Schiffahrtslinie gegen Zahlung einer Frachtgebühr zur Verfügung stellte. Nachdem mehrere Rechnungen der niederländischen Gläubigerin von der deutschen Schuldnerin nicht bezahlt worden waren, erwirkte die niederländische Firma ein *kort geding* vor einem niederländischen Gericht (Präsident der *Rechtbank Rotterdam*). Allerdings hatten die Parteien auch eine Schiedsvereinbarung nach den Regeln des EuGVÜ getroffen, so daß staatliche Gerichte nicht für die Entscheidung des Rechtsstreits in der Hauptsache zuständig waren. Die deutsche Schuldnerin focht im folgenden das *kort geding* vor dem *Gerechtshof Den Haag* an und bemängelte die fehlende internationale Zuständigkeit niederländischer Gerichte. Der *Gerechtshof Den Haag* hob das *kort geding* auf. Gegen diese Entscheidung legte die Gläubigerin ein Rechtsmittel vor dem *Hoge Raad* der Niederlande ein. Der *Hoge Raad* setzte das Verfahren aus und legte dem EuGH mehrere Fragen zur Vorabentscheidung vor.

Der EuGH entschied unter anderem, die Anordnung der vorläufigen Erbringung einer vertraglichen Hauptleistung stelle nur dann eine einstweilige Maßnahme im Sinne des Art. 24 EuGVÜ dar, "wenn die Rückzahlung des zugesprochenen Betrages an den Antragsgegner in dem Fall, daß der Antragsteller nicht in der Hauptsache obsiegt, gewährleistet ist und wenn die beantragte Maßnahme nur bestimmte Vermögensgegenstände des Antragsgegners betrifft, die sich im örtlichen Zuständigkeitsbereich des angerufenen Gerichts befinden oder befinden müßten"[821].

In der das Urteil kommentierenden Literatur scheint vereinzelt das zweitgenannte Kriterium mit dem zur Zuständigkeit aufgestellten und später noch zu besprechenden Kriterium der "realen Verknüpfung"[822] vermischt oder als dessen spezielle Ausprägung angesehen zu werden[823]. Jedoch hat der EuGH durch diese Entscheidung zwei Voraussetzungen für die Einordnung gerichtlicher Entscheidungen, die die einstweilige Anordnung der vorläufigen Erbringung einer Leistung enthalten, als einstweilige Maßnahmen im Sinne des Art. 24 EuGVÜ entwickelt: das der gesicherten Rückzahlung im Falle des Obsiegens des Antragsgegners und das des örtlichen Bezugs des Vermögensgegenstandes zum angerufenen Gericht.

---

821 EuGH Urteil vom 17.11.1998 *van Uden*, Rs. C-391/95, Slg. 1998, I-7091, 7137 Rdnr. 47.

822 Siehe dazu unten Gliederungspunkt II.C.7, S. 234.

823 *Gaudemet-Tallon* Revue de l'arbitrage 1999, 152, 164; *Hackspiel* R.A.E.-L.E.A. 2000, 184, 190; *Heß/Vollkommer* IPRax 1999, 220, 224; *Schulz* ZEuP 2001, 805, 815 unter (1); *Willeitner* S. 113 f., der bei der Besprechung der Ziffer 5 des Tenors der Entscheidung "*van Uden*" die Bedeutung der "realen Verknüpfung erörtert, obwohl diese in Ziffer 4 des Tenors statuiert wird; vgl. zur Unterscheidung zwischen den beiden Kriterien durch den EuGH aber auch *Dedek* EWS 2000, 246, 251.

Die Formulierung der Entscheidung des EuGH macht deutlich, daß die Anordnung der vorläufigen Erbringung einer vertraglichen Hauptleistung grundsätzlich nicht als einstweilige Maßnahme angesehen wird und Art. 24 EuGVÜ nur ausnahmsweise unter den beiden vom EuGH bestimmten Voraussetzungen Anwendung findet. Dies ergibt sich noch eindeutiger aus der französischsprachigen Fassung des Urteils *"van Uden"*, die in Rdnr. 47 lautet:

> *Par conséquent, le paiement à titre de provision d'une contre-prestation contractuelle* ***ne constitue pas*** *une mesure provisoire au sens de cette disposition* ***à moins que****, d'une part, le remboursement au défendeur de la somme allouée soit garanti dans l'hypothèse où le demandeur n'obtiendrait pas gain de cause au fond de l'affaire et, d'autre part, la mesure sollicitée ne porte que sur des avoirs déterminés du défendeur se situant, ou devant se situer, dans la sphère de la compétence territoriale du juge saisi.*[824]

(3) Bestätigung durch das Urteil des EuGH vom 27.04.1999 "Mietz/Intership Yachting"

Eine weitere Stellungnahme des EuGH zu der hier aufgeworfenen Frage erfolgte im Jahr 1999. In der Rechtssache "*Mietz*" hatte ein niederländisches Unternehmen (*Firma Intership Yachting Sneek BV*) mit einem deutschen Privatmann (Herrn *Mietz*) ein Kaufvertrag über eine Yacht geschlossen worden, wobei Herr *Mietz* den vereinbarten Kaufpreis von 250.000,00 DM in fünf Teilbeträgen noch vor Übertragung des Besitzes an dem Boot bezahlen sollte. Als er diesen Pflichten nicht nachkam, erwirkte die Firma *Intership* in einem Verfahren des einstweiligen Rechtsschutzes gegen ihren deutschen Schuldner in den Niederlanden ein *kort geding* nach niederländischem Recht, mit dem die Zahlung eines Teils der Forderungen der Firma *Intership* angeordnet wurde. Das niederländische Gericht war nicht nach den Regeln des EuGVÜ für die Entscheidung des Rechtsstreits in der Hauptsache zuständig. Im folgenden wurde auf Antrag der niederländischen Gläubigerin das *kort geding* vom Landgericht Lüneburg in Deutschland anerkannt und für vollstreckbar erklärt. Im Rahmen des Verfahrens um die Vollstreckung der Maßnahme legte letztlich der BGH dem EuGH diverse Rechtsfragen vor[825], die dem EuGH unter anderem Gelegenheit gaben, erneut zur Auslegung des Art. 24 EuGVÜ Stellung zu nehmen. Dabei bestätigte er bereits einige der im Urteil "*van Uden*" aufgestellten Grundsätze zur Einordnung vorläufiger Anordnungen zur Leistungserbringung unter Art. 24 EuGVÜ[826]. Er bekräftigte, daß eine auf die vorläufige Erbringung einer vertraglichen Leistung gerichtete gerichtliche Entscheidung nur dann eine einstweilige Maßnahme im Sinne von Art. 24 EuGVÜ sei, wenn die Rückzahlung im Falle des Obsiegens des Antragsgegners in der Hauptsache sichergestellt sei und die Maßnahme nur Vermögensgegenstände im örtlichen Zuständigkeitsbereich des angerufenen Gerichts betreffe[827].

---

824 Hervorhebungen durch die Verfasserin; auf die unzulässige sprachliche Umkehrung des Regel-Ausnahme-Verhältnisses in der deutschen Übersetzung des Urteils "*van Uden*" weist auch *Willeitner*, S. 92, hin, der insoweit auch einen Vergleich mit der Originalfassung des Urteils in der niederländischen Sprache zugrunde legt.

825 BGH Beschluß vom 29.02.1996 NJW 1997, 2685.

826 EuGH Urteil vom 27.04.1999 *Mietz*, Rs. C-99/96, Slg. 1999, I-2277, 2314 Rdnr. 42 f.

827 EuGH Urteil vom 27.04.1999 *Mietz*, Rs. C-99/96, Slg. 1999, I-2277, 2314 Rdnr. 42 f.

(4) Reaktionen in Rechtsprechung und Literatur

Beide vom EuGH aufgestellten Kriterien sind in der Zwischenzeit von der französischen Rechtsprechung aufgegriffen und bestätigt worden[828].

Von der Literatur ist die Präzisierung des Begriffs der einstweiligen Maßnahme in bezug auf Anordnungen der vorläufigen Erbringung einer vertraglichen Leistung durch die Urteile des EuGH grundsätzlich begrüßt worden[829]. Es wurde aber auch bemängelt, daß die Ausführungen des EuGH Fragen offen ließen.

(a) Sicherstellung der Rückzahlung

In bezug auf die erste vom EuGH aufgestellte Voraussetzung, die der gesicherten Rückerstattung, wiesen einige Autoren auf Klärungsbedarf dahingehend hin, wann eine Rückzahlung des zugesprochenen Betrages als gewährleistet angesehen werden dürfe[830]. Insbesondere werde nicht deutlich, ob es sich um eine nur rechtlich oder um eine auch tatsächlich abgesicherte Gewährleistung handeln müsse[831]. Das Bestehen eines Bereicherungs-, Schadensersatz- oder sonstigen Rückzahlungsanspruchs, im deutschen Recht beispielsweise aus § 945 ZPO, könne nicht als ausreichend betrachtet werden, weil dann der Antragsgegner der einstweiligen Maßnahme das Prozeß- und Insolvenzrisiko der Rückforderung des zugesprochenen Betrages trüge[832]. Als gewährleistet könne man daher eine Rückerstattung nur dann erachten, wenn der Antragsteller dafür eine Sicherheit geleistet habe, deren Einzelheiten der lex fori überlassen bleiben könnten[833]. Angeregt wurde allerdings, vom Erfordernis der Sicherstellung der Rückzahlung abzusehen, wenn der Hintergrund der Beantragung und Anordnung der vorläufigen Befriedigung gerade eine akute finanzielle Notlage des Antragstellers sei, die es ihm auch unmöglich mache, eine Sicherheitsleistung zu erbringen[834]. Dies könnte beispielsweise bei familienrechtlichen Unterhaltszahlungen oder deliktischen Schadensersatzansprüchen der Fall sein. Denn gerade in solchen Konstellationen würde die

---

[828] C. Cass. Civ. 1ère 13.04.1999 *Bachy* Rev. crit. DIP 1999, 352, 353; vgl. zum zugrundeliegenden Sachverhalt unten in Gliederungspunkt II.B.3.b)(1)(a), S. 196; CA Chambéry 03.04.2003, no. 2222/01, CA Paris 19.09.2001, no. 2001/05913, und CA Paris 23.02.2001, no. 2001/00716, jeweils veröffentlicht unter www.legifrance.gouv.fr.

[829] *Dedek* EWS 2000, 246, 250 ff., 252; *Donzallaz* AJP/PJA 2000, 956, 969 ff.; *Gaudemet-Tallon* Revue de l'arbitrage 1999, 152, 161 f.; Geimer/Schütze-*Geimer* Art. 31 EuGVVO Rdnr. 47 ff.; *Spellenberg/Leible* ZZPInt 4 (1999), 221, 224 f.; *Stadler* JZ 1999, 1089, 1097, 1099.

[830] *Cuniberti* Dalloz 2000 Jur. 379, 382 Rdnr. 10; *Schlosser* EU-Zivilprozeßrecht Art. 31 Rdnr. 13; *Schulz* ZEuP 2001, 805, 822; *Stadler* JZ 1999, 1089, 1097.

[831] *Schulz* ZEuP 2001, 805, 822.

[832] Geimer/Schütze-*Geimer* Art. 31 EuGVVO Rdnr. 49; *Schlosser* EU-Zivilprozeßrecht Art. 31 Rdnr. 22; *Schulz* ZEuP 2001, 805, 822; *Stadler* JZ 1999, 1089, 1097.

[833] Geimer/Schütze-*Geimer* Art. 31 EuGVVO Rdnr. 49; *Schlosser* EU-Zivilprozeßrecht Art. 31 Rdnr. 22; *Stadler* JZ 1999, 1089, 1097; die CA Paris verlangte in einem Urteil vom 23.02.2001, 2001/00716, veröffentlicht in www.legifrance.gouv.fr, eine Sicherheitsleistung in Höhe des vollständigen Betrages, dessen Zahlung in dem Antrag auf Erlaß der einstweiligen Maßnahme begehrt worden war.

[834] *Donzallaz* AJP/PJA 2000, 956, 971; *Willeitner* S. 105 f.; Rauscher-*Leible* EuZPR Art. 31 EuGVVO Rdnr. 12.

vom EuGH aufgestellte Voraussetzung die Erlangung derartiger Maßnahmen sinnwidrig erschweren.

Vereinzelt wird in der Literatur auch darauf hingewiesen, daß sich die Entscheidungen des EuGH nur auf die vorläufige Erbringung einer *vertraglichen* Gegenleistung bezögen[835]. Ob eine Sicherheitsleistung auch bei Zahlungsansprüchen, die auf gesetzlichen oder familienrechtlichen Rechtsverhältnissen beruhen, verlangt wird, sei noch nicht entschieden. Vor dem Hintergrund, daß in solchen Rechtsverhältnissen im Gegensatz zu Verträgen meist keine Vorsorge gegen eine akute "Bedürftigkeit" getroffen werden könne, welche die Anordnung der vorläufigen Erbringung einer Leistung rechtfertigen würde, sei aber davon auszugehen, daß das vom EuGH aufgestellte Erfordernis einer Sicherheitsleistung hier nicht gelte. Von Vertragsparteien dagegen könne das Treffen entsprechender Vorkehrungen in gewissem Maße erwartet werden[836]. Nach DONZALLAZ soll das vom EuGH formulierte Erfordernis immer dann Anwendung finden, wenn aus der Anordnung und gegebenenfalls Vollziehung der jeweiligen einstweiligen Maßnahme eine irreparable Rechtsgutsverletzung bei der anderen Partei entstehen kann[837].

HEß hält das vom EuGH aufgestellte Erfordernis, die Sicherheitsleistung müsse bereits vom Erstgericht angeordnet werden, mit Verweis darauf, eine Sicherheitsleistung könne ohnehin nach Art. 38 EuGVÜ vom "Zweitgericht" angeordnet werden, für "wenig überzeugend"[838].

(b) Vermögensgegenstand im Zuständigkeitsbereich des Gerichts

Hinsichtlich der zweiten vom EuGH aufgestellten Voraussetzung, der Vermögensgegenstand müsse sich im örtlichen Zuständigkeitsbereich des angerufenen Gerichts befinden, wurden in der Literatur ebenfalls in mehrerer Hinsicht bestehende Unklarheiten bemängelt: Neben der Frage, ob mit dem "örtlichen Zuständigkeitsbereich des angerufenen Gerichts" auf die internationale oder auf die örtliche Zuständigkeit des Gerichts Bezug genommen werde, bleibe offen, welche Rolle der Vermögensgegenstand im Falle von Leistungsanordnungen spiele, die auf Geldzahlungen gerichtet sind[839]. Teilweise wurde auch davon ausgegangen, daß diese Voraussetzung nur solche einstweiligen Maßnahmen betreffe, die die Leistung bestimmter Vermögensgegenstände anordnen[840].

---

835 *Spellenberg/Leible* ZZPInt 4 (1999), 221, 224; Rauscher-*Leible* EuZPR Art. 31 EuGVVO Rdnr. 12; *Pörnbacher* in *Geimer/Schütze* Internationaler Rechtsverkehr EuGVVO Art. 31 Rdnr. 8 regt an, die Vorläufigkeit der Maßnahme in einem solchen Fall durch Setzung einer Frist zur Einleitung des Hauptsacheverfahrens sicherzustellen.

836 *Spellenberg/Leible* ZZPInt 4 (1999), 221, 224; Rauscher-*Leible* EuZPR Art. 31 EuGVVO Rdnr. 12; gegen eine solche Differenzierung wendet sich ausdrücklich Geimer/Schütze-*Geimer* Art. 31 EuGVVO Rdnr. 50.

837 *Donzallaz* AJP/PJA 2000, 956, 970.

838 *Heß* IPRax 2000, 370, 373.

839 *Dedek* EWS 2000, 246, 251; *Hackspiel* R.A.E.-L.E.A. 2000, 184, 190; *Schlosser* EU-Zivilprozeßrecht Art. 31 Rdnr. 13; *Schulz* ZEuP 2001, 805, 816.

840 *Heß/Vollkommer* IPRax 1999, 220, 224.

Kritisiert wurde darüber hinaus, die Formulierung, daß die Vermögensgegenstände sich im Zuständigkeitsbereich des angerufenen Gerichts "befinden oder befinden müßten", sei unklar[841]. Mehrere Autoren schlossen daraus, dies solle Vermögensverschiebungen nutzlos machen, weil auf diesem Wege auch sich im Ausland befindende Vermögensgegenstände berücksichtigt werden könnten[842]. Einige äußerten auch die Auffassung, es könne nur gemeint sein, daß bereits eine gewisse Wahrscheinlichkeit der Möglichkeit einer inländischen Vollziehung genüge und der Antragsteller daher die inländische Vollzugsmöglichkeit nicht beweisen, sondern lediglich glaubhaft machen müsse[843].

Vielfach wird davon ausgegangen, das zweite vom EuGH aufgestellte Kriterium sei dahingehend zu verstehen, daß eine einstweilige Leistungsanordnung nur dann eine Maßnahme nach Art. 31 EuGVVO bzw. Art. 24 EuGVÜ darstelle, wenn sie im Urteilsstaat vollstreckt werden könne[844]. Diese Möglichkeit der Vollstreckung im Urteilsstaat müsse zum Zeitpunkt der Antragstellung oder zumindest doch in diesem Zeitpunkt voraussehbar in naher Zukunft vorliegen[845]. Die *Cour de Cassation* scheint diese Voraussetzung in zwei Entscheidungen aus den Jahren 1999 und 2001 ebenfalls dahingehend ausgelegt zu haben, daß eine Vollstreckung der einstweiligen Maßnahme im Urteilsstaat möglich sein muß[846]. Vereinzelt wurde allgemein geschlossen, das Erstgericht müsse bereits festlegen, in welche inländischen Vermögensgegenstände die Verfügung vollzogen werden muß[847].

STADLER geht in ihrer Auslegung noch weiter und schließt aus der Formulierung des EuGH, ein eine Leistungsverfügung anordnendes Gericht habe sicherzustellen, daß die angeordnete Maßnahme nur im Erlaßstaat und dort sogar nur in bestimmte

---

841 *Consolo* ZZPInt 6 (2001) 49, 53 f., der insbesondere darauf hinweist, daß der Konjunktiv an dieser Stelle nur in der deutschen Version des Urteils verwendet wird; *Dedek* EWS 2000, 246, 252; *Gaudemet-Tallon* Revue de l'arbitrage 1999, 152, 164; *Heß/Vollkommer* IPRax 1999, 220, 224; *Spellenberg/Leible* ZZPInt 4 (1999), 221, 230; *Vlas* Netherlands International Law Review 1999, 106, 109.

842 *Dedek* EWS 2000, 246, 252; *Hackspiel* R.A.E.-L.E.A. 2000, 184, 190, v.a. Fn. 40; *Heß/Vollkommer* IPRax 1999, 220, 224.

843 *Heß/Vollkommer* IPRax 1999, 220, 224; *Spellenberg/Leible* ZZPInt 4 (1999), 221, 230 f.

844 CA Paris 23.02.2001, no. 2001/00716, veröffentlicht in www.legifrance.gouv.fr; *Consolo* ZZPInt 6 (2001) 49, 53; *Béraudo* Editions du Juris-Classeur Droit International, Fascicule 631-51 Rdnr. 31; *Gaudemet-Tallon* Revue de l'arbitrage 1999, 152, 162; *Huet* JDI 2000, 83, 85; *Normand* RTD civ. 1999, 177, 182; *Vuitton* Dalloz 1999 Jur. 545, 546.

845 *Consolo* ZZPInt 6 (2001) 49, 54.

846 C. Cass. Civ. 1ère 11.12.2001 Bull. civ. I no. 313; C. Cass. Civ. 1ère 13.04.1999 *Bachy* Rev. crit. DIP 1999, 352, 353.

847 Im Ergebnis *Willeitner* S. 124, der dies jedoch gemeinsam mit dem Erfordernis der "realen Verknüpfung" betrachtet, das er für Leistungsverfügungen im hier genannten Sinne auslegt; *Heß* IPRax 2000, 370, 372, 373 mit Verweis auf C. Cass. Civ. 1ère 13.04.1999 *Bachy* Rev. crit. 1999, 352, 353; in diesem Urteil zitiert die Cour de Cassation allerdings einmal den EuGH wörtlich bzw. stellt an anderer Stelle fest, daß eine Vollstreckungsmöglichkeit im Inland erforderlich ist. Eine Festlegung auf bestimmte Gegenstände wird über die Zitierung der Rechtsprechung des EuGH hinaus nicht ausdrücklich verlangt.

Vermögensgegenstände vollstreckt werden könne[848]. Darüber hinaus dürfe eine allgemeine, grundsätzlich in das Vermögen des Schuldners zu vollstreckende Zahlungspflicht nicht mehr angeordnet werden[849]. Mit HEß/VOLLKOMMER geht STADLER davon aus, daß mit dem örtlichen Zuständigkeitsbereich des angerufenen Gerichts nur das gesamte Hoheitsgebiet des EuGVÜ-Vertragsstaates gemeint sein könne[850]. Ferner stellt STADLER fest, es müsse eine ex-ante-Prüfung des Vollstreckungsbezugs erfolgen, bei der es sich nur um eine Prognose handeln könne, ob im Zeitpunkt der späteren Zwangsvollstreckung eine Vollstreckung im Inland möglich sein werde[851]. Stelle sich später heraus, daß die Maßnahme mangels Zugriffsobjekten doch nicht im Erlaßstaat vollstreckt werden könne, stehe einer grenzüberschreitenden Vollstreckung der Maßnahme nichts entgegen[852].

SPELLENBERG/LEIBLE weisen darauf hin, die Belegenheit des Vermögensgegenstandes im Zuständigkeitsbereich des angerufenen Gerichts passe nicht recht zur Eingrenzung des Begriffs der einstweiligen Maßnahme im Sinne des Art. 24 EuGVÜ, sondern sei bei der Bestimmung des zuständigen Gerichts heranzuziehen[853].

Erneut sei angemerkt, daß einige Autoren den hier besprochenen vom EuGH verlangten Bezug einer Leistungsverfügung auf bestimmte Vermögensgegenstände mit der vom EuGH entwickelten Zulässigkeitsvoraussetzung der "realen Verknüpfung" gleichzustellen oder zu vermischen scheinen[854].

(c) Weitere Stellungnahmen

Vereinzelt wird, insbesondere von französischen Autoren, nach wie vor verlangt, daß eine besondere Eile für den Erlaß eines *référé-provision* nachgewiesen werden muß, um ihn als einstweilige Maßnahme nach Art. 31 EuGVVO bzw. Art. 24 EuGVÜ anzusehen, wiewohl sich eine solche Voraussetzung nicht aus dem Urteil "*van Uden*" des EuGH ableiten ließe[855].

SCHULZ leitet aus dem Urteil des EuGH "*van Uden*" eine weitere Voraussetzung ab, die ebenfalls erfüllt sein müsse, damit einstweilige Leistungsanordnungen als einstweilige Maßnahmen im Sinne des Art. 24 EuGVÜ angesehen werden könnten: Die

---

848 *Stadler* JZ 1999, 1089, 1098, 1099; sehr kritisch hierzu *Willeitner* S. 109 f., der allerdings das hier besprochene Erfordernis mit der vom EuGH ebenfalls verlangten "realen Verknüpfung" gleichstellt, dazu unten Gliederungspunkt II.C.7, S. 234.

849 *Stadler* JZ 1999, 1089, 1098.

850 *Heß/Vollkommer* IPRax 1999, 220, 224; *Stadler* JZ 1999, 1089, 1098.

851 *Stadler* JZ 1999, 1089, 1097.

852 *Stadler* JZ 1999, 1089, 1097 f.; zustimmend *Dedek* EWS 2000, 246, 252.

853 *Spellenberg/Leible* ZZPInt 4 (1999), 221, 225, auf S. 232, 2. Absatz bezeichnen sie die Einordnung der Vermögensbelegenheit in den Tatbestand der einstweiligen Maßnahme als "verblüffend", im 3. Absatz als "kühn".

854 *Gaudemet-Tallon* Revue de l'arbitrage 1999, 152, 164; *Gaudemet-Tallon* Rdnr. 310; *Hackspiel* R.A.E.-L.E.A. 2000, 184, 190; *Heß/Vollkommer* IPRax 1999, 220, 224; *Schulz* ZEuP 2001, 805, 815 unter (1); *Willeitner* S. 113 f.

855 *Gaudemet-Tallon* Revue de l'arbitrage 1999, 152, 162; *Spellenberg/Leible* ZZPInt 4 (1999), 221, 226; *Vuitton* Dalloz 1999, 545, 547 f.; vgl. zu dieser Forderung für alle Arten von einstweiligen Maßnahmen auch unten Gliederungspunkt II.B.2.e), S. 185.

angeordnete Maßnahme müsse zur Sicherung des Anspruchs in der Hauptsache *erforderlich* sein[856]. Sie stützt dies auf die Ausführungen des EuGH, es könne "nicht von vornherein abstrakt und generell ausgeschlossen werden, daß die Anordnung der vorläufigen Erbringung einer vertraglichen Hauptleistung, auch wenn ihr Betrag dem des Klageantrags entspricht, zur Sicherstellung der Wirksamkeit des Urteils in der Hauptsache erforderlich ist und gegebenenfalls angesichts der Parteiinteressen gerechtfertigt erscheint"[857]. Diesen Ausführungen des EuGH kann zwar entnommen werden, daß ihnen der Gedanke zugrunde liegt, einstweilige Maßnahmen würden nur erlassen, wenn sie zur Sicherstellung der Wirksamkeit des Urteils in der Hauptsache erforderlich sind und durch die Parteiinteressen gerechtfertigt erscheinen. Konkrete Voraussetzungen dafür, wann einstweilige Leistungsanordnungen als einstweilige Maßnahmen im Sinne des Art. 31 EuGVVO bzw. Art. 24 EuGVÜ anzusehen sind, können ihnen aber nicht entnommen werden. Der Folgerung von SCHULZ, die einstweilige Maßnahme müsse nach Ansicht des EuGH zur Sicherstellung des Anspruchs in der Hauptsache erforderlich sein, kann somit in dieser Allgemeinheit nicht gefolgt werden. Vielmehr ist darauf hinzuweisen, daß gerade in Streitigkeiten um die regelmäßige Zahlung von Unterhalt eine Leistungsverfügung regelmäßig nicht für die Sicherung des Anspruchs in der Hauptsache erforderlich sein wird, wohl aber zur Existenzsicherung des Gläubigers notwendig ist.

(d) Unterlassungsverfügungen

Auch einstweilige Maßnahmen, die eine Verpflichtung zu einem Unterlassen anordnen, sind als Leistungsverfügungen anzusehen. Derartige Maßnahmen standen in der Literatur nicht nur in Bezug auf die Auslegung der vom EuGH genannten Kriterien im Blickpunkt. Vielmehr wurde auch die Frage aufgeworfen, ob diese überhaupt als einstweilige Maßnahme im Sinne von Art. 31 EuGVVO bzw. Art. 24 EuGVÜ angesehen werden könnten.

WILLEITNER verneint dies, insbesondere mit Blick darauf, daß Unterlassungsverfügungen meist eine Vorwegnahme der Hauptsache beinhalteten, die gegen die nach Art. 31 EuGVVO bzw. Art. 24 EuGVÜ vorgesehene und in den jüngsten Urteilen des EuGH hervorgehobene "Einstweiligkeit" der Maßnahme spräche[858]. Dabei führt er aus, es sei unzureichend, den Antragsgegner für den Fall, daß der Antragsteller im Rechtsmittel- oder Hauptsacheverfahren unterliege und sich die einstweilige Maßnahme als ungerechtfertigt erweise, auf Schadensersatzansprüche zu verweisen, da die Realisierung derartiger Ansprüche ungewiß und die Bemessung und der Beweis eines Schadens nur schwer möglich sei[859]. Weiterhin sieht WILLEITNER einen Wertungswiderspruch darin, daß der Unterlassungsgläubiger zusätzlich zu seiner Möglichkeit nach materiellem Recht, gegen den Unterlassungsschuldner bei Fortsetzung des beanstandeten Verhaltens Schadensersatzansprüche geltend zu machen, gegen diesen im einstweiligen Rechtsschutz eine Unterlassungsverfügung erlangen könne, während der

---

856 *Schulz* ZEuP 2001, 805, 820, 831.

857 EuGH Urteil vom 17.11.1998 *van Uden*, Rs. C-391/95, Slg. 1998, I-7091, 7136 Rdnr. 45.

858 *Willeitner* S. 94 ff.

859 *Willeitner* S. 94.

Unterlassungsschuldner pauschal auf die Möglichkeit von Schadensersatz verwiesen werde, falls sich die einstweilige Maßnahme als rechtswidrig herausstelle[860].

Andere Autoren bejahen dagegen ohne weitere Begründung die Anwendbarkeit von Art. 31 EuGVVO bzw. Art. 24 EuGVÜ auch auf Unterlassungsverfügungen[861].

(5) Stellungnahme

Bedenken gegen die Einordnung der vorläufigen Anordnungen von Leistungen unter den Begriff der einstweiligen Maßnahmen im Sinne des Art. 31 EuGVVO bzw. Art. 24 EuGVÜ bestehen vor allem vor dem Hintergrund, daß die Rückabwicklung solcher Maßnahmen, sollte sich im Hauptsacheverfahren im nachhinein ihre Anordnung als unrichtig erweisen, aus faktischen Gründen unmöglich oder gefährdet sein kann. In einem solchen Fall haben derartige Maßnahmen, trotz ihrer Bezeichnung als einstweilige Maßnahmen und ihrer entsprechenden Einordnung in den nationalen Rechtssystemen, keinen vorläufigen Charakter mehr. Dies gilt insbesondere, wenn nicht nur die Erbringung eines Teils, sondern die Erbringung der gesamten geschuldeten Leistung angeordnet wurde. Die einmal angeordnete Leistung bleibt dann auch im Fall eines klageabweisenden Urteils in der Hauptsache endgültig erbracht.

Entgegen den Ausführungen des Generalanwalts LÉGER im Verfahren "*van Uden*" liegt dies auch nicht hauptsächlich an der Haltung der Parteien. Nach seiner Auffassung ist die ihrer Natur nach immer vorläufige Leistungsanordnung nur dann endgültig, wenn nach Anordnung der Maßnahme vom Antragsteller kein Hauptsacheverfahren mehr eingeleitet oder vom Antragsgegner nicht die Aufhebung der vorläufigen Maßnahme beantragt wird[862]. Dabei berücksichtigt LÉGER jedoch nicht, daß sich viele Rechtsstreitigkeiten mit der Erbringung der Leistung schon erledigt haben können, beispielsweise, weil es um deren Erbringung zu einem bestimmten Termin ging und die Einleitung eines anschließenden Hauptsacheverfahrens durch den Antragsteller oder ein Antrag auf Aufhebung der Maßnahme durch den Antragsgegner somit sinnlos wären. Dann kommt nur ein Ausgleich des dem Antragsgegner durch die Befolgung der angeordneten Maßnahme eventuell entstandenen Schadens in Betracht.

Der EuGH trägt diesen Bedenken für die vorläufige Anordnung der Erbringung einer vertraglich geschuldeten Hauptleistung Rechnung, indem er entscheidet, daß derartige Maßnahmen grundsätzlich zunächst nicht als einstweilige Maßnahmen im Sinne des Art. 31 EuGVVO bzw. Art. 24 EuGVÜ anzusehen sind, wenn nicht bestimmte Voraussetzungen erfüllt sind. Die Sachdienlichkeit dieser Voraussetzungen ist im folgenden zu untersuchen (Gliederungspunkt (b)).

Zuvor soll jedoch auf die in der Literatur aufgeworfene Frage eingegangen werden, ob Unterlassungsverfügungen grundsätzlich nicht als "einstweilige Maßnahmen" im Sinne der Art. 31 EuGVVO bzw. Art. 24 EuGVÜ anzusehen sind (Gliederungspunkt (a)).

---

860 *Willeitner* S. 95.

861 Zöller-*Geimer* Art. 31 EuGVVO Rdnr. 3; *Wolf* in *Geimer/Schütze* Internationaler Rechtsverkehr EuGVÜ Art. 24 Rdnr. 4; *Schlosser* EU-Zivilprozeßrecht Art. 31 Rdnr. 23.

862 Schlußanträge *Léger* vor EuGH Urteil vom 17.11.1998 *van Uden*, Rs. C-391/95, Slg. 1998, I-7091, 7116 Rdnr. 119.

Wäre dies der Fall, könnte ihre Betrachtung bei der Untersuchung der genannten Rechtsprechung des EuGH zu Leistungsverfügungen im Rahmen von Art. 31 EuGVVO bzw. Art. 24 EuGVÜ unterbleiben.

(a) Einordnung von Unterlassungsverfügungen

Die ablehnende Haltung von WILLEITNER hinsichtlich der Einordnung von Unterlassungsverfügungen als einstweilige Maßnahmen im Sinne des Art. 31 EuGVVO bzw. Art. 24 EuGVÜ beruht wesentlich auf der Überlegung, daß diese häufig das Ergebnis der Hauptsache vorwegnähmen und daher der "strikten Einstweiligkeit" nicht mehr genügten[863].

Der EuGH hat in den Urteilen "*van Uden*" und "*Mietz*" zu Unterlassungsverfügungen als Spezialfall der einstweiligen Maßnahmen, die auf die vorläufige Erfüllung eines streitigen Anspruchs gerichtet sind, nicht ausdrücklich Stellung genommen. Daraus können zunächst keine Schlüsse gezogen werden. Zuzustimmen ist WILLEITNER darin, daß der EuGH in diesen Urteilen durch die Aufstellung des Kriteriums der "Sicherstellung der Rückzahlung" die Einstweiligkeit der Maßnahmen im Rahmen von Art. 31 EuGVVO bzw. Art. 24 EuGVÜ in den Vordergrund stellt.

Zunächst ist WILLEITNER aber entgegenzuhalten, daß nicht alle auf Unterlassung gerichteten Maßnahmen eine Vorwegnahme der Hauptsache bedeuten. In einigen Fällen ist es möglich, die Handlung, deren Vornahme dem Antragsgegner verboten war, nach Aufhebung der Maßnahme im Rechtsmittel- oder Hauptsacheverfahren in noch immer wirtschaftlich sinnvoller Weise nachzuholen, beispielsweise die Fortsetzung von Bauarbeiten, der Verkauf eines Buches etc. In derartigen Fällen weisen solche Maßnahmen bereits eine Einstweiligkeit auf. Schon die Existenz derartiger nicht-vorgreiflicher Unterlassungsverfügungen spricht mit Blick auf die Gewährung eines möglichst effektiven Rechtsschutzes dafür, Unterlassungsverfügungen nicht generell vom Begriff der einstweiligen Maßnahme nach Art. 31 EuGVVO bzw. Art. 24 EuGVÜ auszunehmen. Würde man dies tun, bliebe dem Gläubiger zwar auch im Anwendungsbereich der EuGVVO bzw. des EuGVÜ - wie noch zu zeigen sein wird - die Möglichkeit, einstweiligen Rechtsschutz vor dem für die Entscheidung des Rechtsstreits in der Hauptsache zuständigen Gericht zu beantragen. Von diesem erlassene Maßnahmen müßten dann aber gegebenenfalls aufwendig in anderen Staaten anerkannt und für vollstreckbar erklärt werden. Die durch das pauschale Ausschließen von Unterlassungsverfügungen aus dem Anwendungsbereich von Art. 31 EuGVVO bzw. Art. 24 EuGVÜ aufgerissenen Rechtsschutzlücken für den Gläubiger wären in diesen Fällen nicht gerechtfertigt.

Weiterhin ist anzumerken, daß auch bei Unterlassungsverfügungen eine "Absicherung" des Antragsgegners für den Fall, daß sich die Maßnahme im Rechtsmittel- oder im Hauptsacheverfahren als rechtswidrig erweist, in vielen Fällen möglich ist. Zwar ist eine Rückabwicklung "in natura" meist nicht denkbar. Der Antragsgegner kann aber, sollte sich die Anordnung der Maßnahme im nachhinein als ungerechtfertigt erweisen, für einen eventuell erlittenen Schaden - auch in Form von Gewinneinbußen - vom

---

863 *Willeitner* S. 94 ff.

Antragsteller entschädigt werden. Bei Unterlassungsverfügungen, insbesondere im gewerblichen Rechtsschutz, wäre denkbar, den Gläubiger bereits bei Anordnung der Maßnahme zur Hinterlegung einer Lizenzgebühr oder Geldsumme zu verpflichten, die im Fall eines Obsiegens des Schuldners im Hauptsacheverfahren dessen Schadensersatzansprüche befriedigen könnte[864].

Letztlich wird man daher davon ausgehen müssen, daß grundsätzlich auch auf eine Unterlassung gerichtete einstweilige Maßnahmen unter Art. 31 EuGVVO bzw. Art. 24 EuGVÜ fallen können, soweit sie ihrem Inhalt nach nicht zwingend eine Vorwegnahme der Hauptsache darstellen oder zumindest einen adäquaten Ausgleich für den Antragsgegner für den Fall der Aufhebung der Maßnahme enthalten können. Anhand der vom EuGH aufgestellten Forderungen nach einer "Sicherstellung der Rückzahlung", die, wie zu zeigen sein wird, bei nicht auf eine Geldleistung gerichteten Maßnahmen auf eine "Sicherstellung der Einstweiligkeit" hinausläuft, wird dann im Einzelfall zu untersuchen sein, ob der Antragsgegner bei Erlaß der Maßnahme für den Fall ihrer Rechtswidrigkeit in wirtschaftlich vernünftiger Weise abgesichert werden kann. Ist dies nicht der Fall, muß ein Gericht den Erlaß einer Unterlassungsverfügung auf der Grundlage von Art. 31 EuGVVO bzw. Art. 24 EuGVÜ ablehnen müssen. Es bleibt für den Unterlassungsgläubiger dann aber die Möglichkeit, die begehrte einstweilige Maßnahme vor dem für die Entscheidung des Rechtsstreits in der Hauptsache zuständigen Gericht zu beantragen.

Diese einzelfallabhängige Bewertung und Abwägung ist auch weder für den Unterlassungsgläubiger noch für den Unterlassungsschuldner besonders benachteiligend oder unbefriedigend. Der Unterlassungsgläubiger hat es in der Hand, dem Gericht, das er auf der Grundlage von Art. 31 EuGVVO bzw. Art. 24 EuGVÜ für international zuständig hält, bereits mit der Antragstellung darzutun, in welcher Weise er eine Absicherung des Schuldners anbietet. Zugunsten des Schuldners andererseits besteht immer die Möglichkeit, daß das Gericht die "Einstweiligkeit" einer Maßnahme in einem bestimmten Fall verneint.

Nur der Vollständigkeit halber sei erwähnt, daß eine Entscheidung des EuGH aus dem Monat Juni 2002 ein Verfahren betraf, in dem es um die Vollstreckbarerklärung einer im einstweiligen Rechtsschutz ergangenen Unterlassungsverfügung eines italienischen Gerichts ging[865]. Diese Unterlassungsverfügung war zwar von dem für die Entscheidung des Rechtsstreits in der Hauptsache zuständigen Gericht erlassen worden[866]. Zuvor hatte der Unterlassungsgläubiger jedoch bereits eine Unterlassungsverfügung vor dem LG Koblenz als einem nach Art. 24 EuGVÜ in Verbindung mit § 17 ZPO zuständigen Gericht beantragt. Das LG Koblenz hatte den Erlaß der Verfügung durch Urteil vom 17.11.1998 abgelehnt, weil kein Verfügungsgrund vorlag[867]. Die Erwägung, eine

---

864 Vgl. hierzu auch *Heiss* S. 67 f.

865 EuGH Urteil vom 06.06.2002 *Italian Leather*, Rs. C-80/00, Slg. 2002, I-4995.

866 Im dortigen Fall hatten die Parteien eine Gerichtsstandsvereinbarung getroffen, vgl. EuGH Urteil vom 06.06.2002 *Italian Leather*, Rs. C-80/00, Slg. 2002, I-4995, 5018 Rdnr. 16.

867 Vgl. die Schilderung des Sachverhalts im Vorlagebeschluß des BGH vom 10.02.2000 WM 2000, 635.

Unterlassungsverfügung könne im Rahmen der Zuständigkeit nach Art. 24 EuGVÜ in Verbindung mit Vorschriften des nationalen Rechts ohnehin nicht erlassen werden, wurde in diesem Verfahren soweit erkennbar von keinem der Beteiligten bzw. von keinem Gericht angestellt. Vielmehr stellte der EuGH fest, er ginge davon aus, daß das Landgericht Koblenz in dem Urteil vom 17.11.1998 die Grenzen der aus Art. 24 EuGVÜ abgeleiteten Zuständigkeit, wie sie der Gerichtshof ausgelegt habe, nicht überschritten habe[868]. Hätte das LG Koblenz ohnehin keine Unterlassungsverfügung auf der Grundlage von Art. 24 EuGVÜ erlassen dürfen, hätte es deren Erlaß aber nicht erst wegen Fehlen eines Verfügungsgrundes, sondern bereits wegen der fehlenden internationalen Zuständigkeit ablehnen müssen. Wiewohl dem EuGH durch die Vorlagefragen kein direkter Anlaß gegeben wurde, diese Entscheidung des LG Koblenz zu überprüfen, muß jedoch in Anbetracht der Tatsache, daß er in dem Urteil die genannte Feststellung zur korrekten Auslegung von Art. 24 EuGVÜ durch das Landgericht getroffen hat, angenommen werden, daß er diese Ausführungen nicht gemacht hätte, wenn das LG Koblenz ohnehin keine Unterlassungsverfügung im Rahmen einer auf Art. 24 EuGVÜ begründeten Zuständigkeit hätte erlassen dürfen. Die Entscheidung des EuGH vom 06.06.2002 bestätigt damit insoweit die hier gefundene Lösung.

(b) Analyse der Anforderungen des EuGH

In einem weiteren Schritt ist nunmehr die Bedeutung und die Sachdienlichkeit der vom EuGH in den Entscheidungen "*van Uden*" und "*Mietz*" aufgestellten Anforderungen an einstweilige Maßnahmen im Rahmen des Art. 24 EuGVÜ bzw. Art. 31 EuGVVO, durch die die vorläufige Befriedigung eines Anspruchs angeordnet wird, näher zu untersuchen.

i) Sicherstellung der Rückzahlung

Zunächst verlangt der EuGH, daß die Rückzahlung des zugesprochenen Betrages an den Antragsgegner im Falle des Obsiegens des Antragsgegners in der Hauptsache gewährleistet sein muß. Dadurch wird verhindert, daß die Maßnahme tatsächlich einen endgültigen Charakter allein dadurch erhält, daß der Antragsteller zu einer Rückzahlung der erhaltenen Leistung nach Beendigung des Hauptsacheverfahrens nicht mehr in der Lage ist. Diese vom EuGH aufgestellte Voraussetzung erscheint grundsätzlich als sachgerechtes Kriterium, um den gegen die Einordnung einstweiliger Leistungsanordnungen unter Art. 31 EuGVVO bzw. Art. 24 EuGVÜ vorgetragenen Bedenken gerecht zu werden. Angemerkt sei, daß der EuGH eine vergleichbare Forderung bereits 1980 in seinem Urteil "*Denilauler*" im Zusammenhang mit der Frage, ob einstweilige Maßnahmen unter den in Art. 25 bis 49 EuGVÜ genannten Voraussetzungen in einem anderen Staat anerkannt und vollstreckt werden könnten, ganz allgemein angedeutet hat. Dort führte er aus, es müsse möglich sein, die Anwendung der einstweiligen Maßnahme zu befristen und ihre Anordnung von Voraussetzungen abhängig zu machen, die sicherstellen, daß die Maßnahme ihren einstweiligen und auf die Sicherung gerichteten Charakter behält[869].

---

868 EuGH Urteil vom 06.06.2002 *Italian Leather*, Rs. C-80/00, Slg. 2002, I-4995, 5024 Rdnr. 39.

869 EuGH Urteil vom 21.05.1980 *Denilauler*, Rs. 125/79, Slg. 1980, 1553, 1570 Rdnr. 15.

HEß kritisierte hierzu, es sei nicht überzeugend, daß bereits das Erstgericht eine Sicherheitsleistung anordnen müsse, weil das EuGVÜ bereits nach Art. 38 EuGVÜ die Anordnung einer Sicherheitsleistung durch das "Zweitgericht" zulasse[870]. Dem ist entgegenzuhalten, daß Art. 38 EuGVÜ nicht dem "Zweitgericht", also demjenigen Gericht, bei dem eine grenzüberschreitende Anerkennung geltend gemacht oder eine Vollstreckbarerklärung beantragt wird, sondern dem mit dem Rechtsbehelf gegen eine Vollstreckbarerklärung befaßten Gericht diese Kompetenz einräumt. Darüber hinaus läßt sich dem Urteil des EuGH nicht entnehmen, daß die Rückzahlung erst im Fall einer grenzüberschreitenden Anerkennung und Vollstreckung gesichert sein soll. Vielmehr besteht die oben genannte Schutzbedürftigkeit des Schuldners auch bei Maßnahmen, die keine grenzüberschreitende Anerkennung und Vollstreckung erfahren, so daß hier einzig das Erstgericht sachgerecht die Rückzahlung sicherstellen kann. Die von HEß vorgeschlagene analoge Anwendung des Art. 38 Abs. 3 EuGVÜ für eine Anordnung einer Sicherheitsleistung durch das Zweitgericht bei der Klauselerteilung wäre dann nutzlos.

(aa) Praktische Umsetzung der Sicherstellung der Rückzahlung

Unklar bleibt allerdings, in welchen Fällen eine Rückzahlung als gewährleistet gelten kann. Allein die Existenz einer Anspruchsgrundlage wie derjenigen nach § 945 ZPO erscheint hier nicht ausreichend, weil die Durchsetzbarkeit eines solchen Anspruches nicht immer gewährleistet ist und der Antragsgegner damit das Prozeß- und Insolvenzrisiko trägt. Im deutschen wie im französischen Recht kann die Anordnung einer Leistungsverfügung bzw. die sofortige Vollstreckbarkeit eines *référé-provision* jedoch auch von einer Sicherheitsleistung des Antragstellers abhängig gemacht werden[871]. Bei Anordnung und Erbringung einer solchen Sicherheitsleistung kann die Rückzahlung als gewährleistet im Sinne der Entscheidung des EuGH angesehen werden[872]. Da die Beantragung einer einstweiligen Maßnahme im Sinne des Art. 31 EuGVVO Voraussetzung für die internationale gerichtliche Zuständigkeit nach dieser Vorschrift in Verbindung mit den nationalen Vorschriften ist, ist SCHULZ und STADLER in ihrer Ansicht, die internationale Zuständigkeit eines Gerichts für den Erlaß einer Leistungsanordnung würde nunmehr davon abhängig gemacht, ob dieses gleichzeitig Sicherheitsleistung durch den Gläubiger anordnet[873], zuzustimmen.

(bb) Anwendung des Kriteriums bei nicht auf eine Zahlung gerichteten Maßnahmen, insbesondere Unterlassungsverfügungen

Keine Aussage macht der EuGH zu den vorläufigen Anordnungen der Erbringung einer Leistung, die nicht auf die Zahlung einer Geldsumme gerichtet sind oder die sich nicht auf *vertraglich* begründete Leistungen beziehen (beispielsweise die Herausgabe einer Sache nach Ausübung verbotener Eigenmacht durch den Antragsgegner, das

870 *Heß* IPRax 2000, 370, 373; siehe bereits oben in Gliederungspunkt II.B.2.b)(4)(a), S. 160.

871 Siehe dazu oben Gliederungspunkt I.A.2.b) in Teil 2 der Arbeit, S. 38 zur einstweiligen Verfügung nach deutschem Recht, und in Gliederungspunkt I.B.1 in Teil 2 der Arbeit, S. 48, zu den allgemeinen Bestimmungen über den *référé* nach französischem Recht.

872 So auch *Stadler* JZ 1999, 1089, 1097.

873 So *Schulz* ZEuP 2001, 805, 823; *Stadler* JZ 1999, 1089, 1097.

Unterlassen anderweitiger Eigentumsbeeinträchtigungen oder das Abdrucken einer Gegendarstellung in presserechtlichen Angelegenheiten). Auch in diesen Fällen bestehen die allgemeinen Bedenken gegen die Einordnung einstweiliger Leistungs- bzw. Befriedigungsverfügungen als einstweilige Maßnahmen. Es existiert ebenfalls die grundsätzliche Gefahr der faktischen Endgültigkeit der einstweiligen Maßnahme, wenn sich die Anordnung der einstweiligen Maßnahme als unrechtmäßig erweist, aber der Antragsteller zu einer Rückerstattung nicht in der Lage ist oder kein Hauptsacheverfahren mehr eingeleitet wird. Somit ist auch in diesen Fällen grundsätzlich von dem Erfordernis auszugehen, daß eine "Einstweiligkeit" in Form einer "Rückabwicklungsmöglichkeit" sicherzustellen ist.

Dabei kann angenommen werden, daß in vielen Fällen ebenfalls durch eine finanzielle Sicherheitsleistung des Antragstellers eine für den Antragsgegner interessengerechte Rückabwicklung einer einstweiligen Maßnahme, deren Anordnung sich im folgenden Hauptsacheverfahren als ungerechtfertigt erweist, als gesichert angesehen werden kann. Gelangt das Gericht, bei dem der Erlaß der Maßnahme beantragt ist, allerdings zu dem Ergebnis, daß eine Sicherheitsleistung zur Absicherung eines Schadensersatzanspruchs im Einzelfall zur Sicherung der "Einstweiligkeit" nicht ausreichend ist, muß es den Erlaß der Maßnahme auf der Grundlage von Art. 31 EuGVVO bzw. Art. 24 EuGVÜ ablehnen.

(cc) Behandlung von Maßnahmen, bei denen eine Sicherheitsleitung dem Zweck der Maßnahme entgegenstünde

Problematisch bleibt, ob diese Voraussetzung auch in Fällen gelten kann, in denen eine Sicherheitsleistung von Seiten des Antragstellers dem Sinn der einstweiligen Maßnahme zuwiderlaufen würde. Dies könnte vor allem dann der Fall sein, wenn die vorläufige Anordnung der Leistung zur Abwendung einer Notlage oder einer Existenzgefährdung beantragt wird[874]. Bei Bestehen einer Notlage ist der Antragsteller gerade nicht in der Lage, Sicherheitsleistungen für die beispielsweise von ihm benötigten Geldleistungen zu erbringen. Dies ist vor allem bei familienrechtlichen Ansprüchen auf Zahlung von Unterhalt, aber auch bei vertraglichen Verhältnissen beispielsweise beim Bezug von Arbeitslohn denkbar. Entgegen der Ansicht von SPELLENBERG/LEIBLE[875] kann insbesondere bei Arbeitsverhältnissen auch bei Vorhandensein von Verträgen nicht immer von einer Vertragspartei erwartet werden, Vorsorge gegen eine solche "Bedürftigkeit" zu treffen. Arbeitsverhältnisse sind oft gerade dadurch gekennzeichnet, daß sich der Arbeitnehmer in wirtschaftlicher Abhängigkeit von seinem Arbeitgeber befindet. Um den Sinn des einstweiligen Rechtsschutzes nicht zu untergraben, muß daher in solchen Ausnahmefällen, in denen eine Sicherheitsleistung die einstweilige Maßnahme sinnlos machen würde, auch ein Abweichen von dieser Voraussetzung des EuGH möglich sein[876]. Der Entscheidung des EuGH ist

---

874 Vgl. auch *Normand* Rev. crit. DIP 1999, 353, 364; *Spellenberg/Leible* ZZPInt 4 (1999), 221, 224; *van Drooghenbroeck* in *van Compernolle/Tarzia* S. 475, 505 f. Rdnr. 35*bis*.

875 *Spellenberg/Leible* ZZPInt 4 (1999), 221, 224.

876 So auch *Spellenberg/Leible* ZZPInt 4 (1999), 221, 225; *Willeitner* S. 105 f.

damit unter der zuletzt genannten Einschränkung für die einstweilige Anordnung der Erbringung von Leistungen zur Abwendung einer Notlage grundsätzlich zuzustimmen.

ii) Örtliche Belegenheit des Vermögensgegenstandes

Nicht zwingend notwendig erscheint dagegen das weitere vom EuGH aufgestellte Kriterium dafür, daß einstweilige Leistungsanordnungen in den Anwendungsbereich des Art. 31 EuGVVO bzw. Art. 24 EuGVÜ fallen. Nach diesem muß sich der betroffene Vermögensgegenstand im *örtlichen Zuständigkeitsbereich* des angerufenen Gerichts *befinden oder sich dort befinden müssen*. Der EuGH führt dazu im Urteil "*van Uden*" an, daß sonst die Zuständigkeitsvorschriften nach Art. 2 bis 18 EuGVÜ umgangen werden könnten[877]. Befindet sich beispielsweise ein herauszugebender Gegenstand im Hoheitsgebiet eines Mitgliedsstaates, der sonst mit dem Rechtsstreit keinerlei Berührungspunkte aufweist, können über Art. 31 EuGVVO in Verbindung mit den nationalen Zuständigkeitsvorschriften dieses Mitgliedsstaates dennoch seine Gerichte für die Anordnung der Erbringung dieser Leistung zuständig sein, wenn die nationalen Zuständigkeitsvorschriften eine solche internationale Zuständigkeit vorsehen.

Es wird zu zeigen sein, daß dieses Kriterium vom EuGH als solches verstanden ist, das einstweilige Anordnungen der Erbringung einer vertraglichen Hauptleistung erfüllen müssen, um eine einstweilige Maßnahme im Sinne des Art. 24 EuGVÜ darzustellen. Diese Einordnung erscheint aber systematisch unzutreffend zu sein (Gliederungspunkt (aa)). Weiter soll die Bedeutung des Kriteriums untersucht werden, wobei festzustellen sein wird, daß zahlreiche Fragestellungen offen bleiben, und es sollen entsprechende Auslegungsanregungen gegeben werden (Gliederungspunkt (bb)).

(aa) Systematisch ungeschickte Einordnung des Kriteriums als Voraussetzung für einstweilige Maßnahmen im Rahmen des Art. 24 EuGVÜ bzw. Art. 31 EuGVVO

Die vom EuGH angeführten Bedenken der Gefahr der Umgehung der allgemeinen Zuständigkeitsvorschriften durch den Erlaß einstweiliger Maßnahmen in Anwendung von Art. 31 EuGVVO bzw. Art. 24 EuGVÜ können grundsätzlich gegen alle Maßnahmen erhoben werden, die auf Grundlage des Art. 31 EuGVVO bzw. Art. 24 EuGVÜ angeordnet werden. Sie knüpfen nicht an die Natur einzelner einstweiliger Maßnahmen wie beispielsweise der Leistungsverfügungen an, sondern ergeben sich vielmehr aus der internationalen gerichtlichen Zuständigkeit für den Erlaß solcher Maßnahmen nach Art. 31 EuGVVO bzw. Art. 24 EuGVÜ in Verbindung mit den jeweiligen Vorschriften des autonomen Rechts *trotz* einer anderweitigen internationalen gerichtlichen Zuständigkeit für die Entscheidung des Rechtsstreits in der Hauptsache. Insofern sollten sie kein Anlaß sein, für einzelne Arten einstweiliger Maßnahmen, wie der Anordnung der vorläufigen Erbringung einer Leistung, Voraussetzungen aufzustellen, unter denen diese in den Anwendungsbereich des Art. 31 EuGVVO bzw. Art. 24 EuGVÜ fallen können. Sachgerechter erscheint vielmehr, die Zweckmäßigkeit einer solchen Voraussetzung bei der Erörterung der Frage zu erwägen, wann ein Gericht allgemein für die

---

877 EuGH Urteil vom 17.11.1998 *van Uden*, Rs. C-391/95, Slg. 1998, I-7091, 7136 Rdnr. 46.

Anordnung von Maßnahmen auf Grundlage des Art. 31 EuGVVO bzw. Art. 24 EuGVÜ zuständig sein soll[878].

Möglicherweise wird aus ähnlichen Erwägungen von einigen Autoren das hier besprochene Kriterium des EuGH an Leistungsverfügungen mit der vom EuGH entwickelten Zuständigkeitsvoraussetzung der "realen Verknüpfung", die noch zu analysieren sein wird[879], gleichgesetzt bzw. vermengt. Dies erscheint jedoch mit Blick auf die Darstellungen des EuGH im Urteil "*van Uden*" als nicht zulässig: Zunächst entwickelt der EuGH dort die Forderung nach einer "realen Verknüpfung" in einem anderen Kontext und an anderer Stelle (Rdnr. 37 ff., insbes. 40) als den "örtlichen" Bezug zwischen Leistungsverfügungen und den durch sie betroffenen Vermögensgegenständen (Rdnr. 43 ff., insbes. 47). Die genannten Kriterien werden dann auch in verschiedenen Punkten des Tenors (Nr. 4 bzw. Nr. 5) genannt. Weiterhin bezieht sich das Erfordernis der "realen Verknüpfung" bereits sprachlich auf die Anordnung einstweiliger Maßnahmen nach Art. 24 EuGVÜ generell (Rdnr. 40), während in Rdnr. 47 die Frage im Vordergrund steht, unter welchen Voraussetzungen die Anordnung der vorläufigen Erbringung einer vertraglichen Hauptleistung eine einstweilige Maßnahme im Sinne von Art. 24 EuGVÜ darstellt[880]. Das hier zu untersuchende Erfordernis der Belegenheit des Vermögensgegenstandes ist somit nach der Rechtsprechung des EuGH Voraussetzung dafür, daß die Anordnung der vorläufigen Erbringung einer Hauptleistung eine einstweilige Maßnahme im Sinne des Art. 24 EuGVÜ darstellt.

(bb) Bedeutung

Allerdings kann Stimmen in der Literatur, die die Unklarheiten des vom EuGH aufgestellten Kriteriums bemängeln, beigepflichtet werden: Weder wird deutlich, welche Vermögens*gegenstände* des Antragsgegners betroffen sein sollen, wenn die Anordnung auf Erbringung einer Geldleistung gerichtet ist, noch ist erkennbar, zu welchem Zeitpunkt sich ein solcher Vermögensgegenstand "im örtlichen Zuständigkeitsbereich des angerufenen Gerichts" befinden müßte[881]. Im Falle der Geldleistungen könnte beispielsweise erwogen werden, es käme auf den Ort an, an dem sich Konten des Antragsgegners oder anderweitige Guthaben befinden. Dann läßt sich aber nicht mehr von "Vermögensgegenstand" sprechen, sondern es müßte vom "Inhalt" der zu erbringenden Leistung die Rede sein. Zu beachten ist, daß die Ungeklärtheit dieser Fragen um so beachtlicher ist, da in den den Entscheidungen "*van Uden*" und "*Mietz*" zugrundeliegenden Streitigkeiten die jeweiligen einstweiligen Maßnahmen jeweils auf die vorläufige Erbringung einer Geldleistung gerichtet waren.

Offen bleibt, ob der "Gegenstand", auf den sich die Maßnahme bezieht, bereits selbst in der Entscheidung bestimmt, also festgelegt, sein muß. HEß[882] kann darin zugestimmt

---

878 So auch *Gaudemet-Tallon* Revue de l'arbitrage 1999, 152, 162; *Loussouarn* Rdnr. 487-5; *Spellenberg/Leible* ZZPInt 4 (1999), 221, 225; wohl auch *Heß/Vollkommer* IPRax 1999, 220, 224.

879 Siehe unten Gliederungspunkt II.C.7, S. 234.

880 Fundstellen jeweils in EuGH Urteil vom 17.11.1998 *van Uden*, Rs. C-391/95, Slg. 1998, I-7091, 7134 ff.

881 Vgl. zur Kritik in der Literatur bereits oben Gliederungspunkt II.B.2.b)(4)(a), S. 160.

882 *Heß* IPRax 2000, 370, 372, 373.

werden, daß wenigstens der französischsprachigen Fassung des Urteils "*van Uden*" entnommen werden könnte, das Gericht müsse den Vermögensgegenstand, in den die Verfügung vollzogen werden muß, bereits festlegen: Soweit dort in Rdnr. 47 formuliert wird "*la mesure sollicitée ne porte que sur des avoirs déterminés du défendeur se situant, ou devant se situer, dans la sphère de la compétence territoriale du juge saisi*", deutet die Verwendung des Wortes "*déterminés*", was mit "bestimmt" im Sinne von "festgelegt" oder "festgesetzt" übersetzt werden kann, darauf hin, daß das Gericht den Vermögensgegenstand bereits bezeichnen muß. Soweit WILLEITNER diese Festlegung aus dem Erfordernis der "realen Verknüpfung" ableitet, soll dies später erörtert werden[883]. Eine solche Festlegung auf bestimmte Gegenstände, in die die Vollziehung stattfinden muß, bereits in der gerichtlichen Entscheidung erscheint jedoch nicht sachgerecht. Einerseits kann es für den Antragsteller - gerade in Verfahren, in denen eine Anhörung des Antragsgegners nicht stattfindet - schwierig sein, bestimmte Gegenstände zu benennen. Weiterhin kann die Pflicht einer derartigen Festlegung dazu führen, daß hintereinander mehrere Maßnahmen beantragt werden müßten, wenn sich die Vollziehung in einen Gegenstand als unmöglich erweist. Solange nicht gerade die Herausgabe eines bestimmten Gegenstandes streitgegenständlich ist, würde dies den Gläubiger zu einem umständlichen Vorgehen zwingen, für das kein Erfordernis besteht.

Das Erfordernis, die Gegenstände *müßten* sich im Zuständigkeitsbereich des angerufenen Gerichts befinden, sollte im Interesse eines effektiven Gläubigerschutzes dahingehend konkretisiert werden, daß eine einstweilige Maßnahme im Sinne von Art. 31 EuGVVO bzw. Art. 24 EuGVÜ auch dann vorliegt, wenn der Gläubiger über den Verbleib des "Gegenstandes" nur Mutmaßungen anstellen kann oder wenn der Schuldner nach Antragstellung den Gegenstand aus dem Zuständigkeitsbereich des Gerichts verbringt. In ersterem Fall ermöglicht oft erst ein Zugriff auf einen Gegenstand im Wege der Zwangsvollstreckung Gewißheit über dessen tatsächlichen Verbleib[884]. In zweiterem Fall wäre andernfalls ein Mißbrauchsrisiko gegeben. Allerdings fehlt in der Entscheidung des EuGH tatsächlich eine Konkretisierung, zu welchem Zeitpunkt der Vermögensgegenstand sich im Zuständigkeitsbereich des Gerichts befinden muß. Teilweise wird mit Verweis darauf, daß hiervon letztlich auch die gerichtliche Zuständigkeit abhänge, davon ausgegangen, dabei sei auf den Entscheidungszeitpunkt abzustellen[885]. Ob eine örtliche Befindlichkeit zum Zeitpunkt der Antragstellung ausreicht, ist aus dieser Stellungnahme nicht zu entnehmen. Dafür spricht allerdings das bereits erwähnte sonst möglicherweise bestehende Mißbrauchsrisiko, daß der Schuldner unmittelbar nach Antragstellung den Gegenstand aus dem Zuständigkeitsbereich des Gerichts verbringt. Weiterhin kann gerade der Verwendung des Wortes "müßte" in der Entscheidung des EuGH wie dargestellt entnommen werden, daß das Erfüllen dieser Voraussetzung zum Zeitpunkt der Antragstellung ausreichend sein muß. Dafür spricht

---

883 Siehe unten Gliederungspunkt II.C.7, S. 234 ff.

884 Vgl. *Spellenberg/Leible* ZZPInt 4 (1999), 221, 230, die meinen, eine "gewisse Wahrscheinlichkeit der Möglichkeit einer inländischen Vollziehung" genüge.

885 *Schulz* ZEuP 2001, 805, 827 f.

ferner der Grundsatz der *perpetuatio fori*, dessen Geltung im Rahmen des EuGVÜ bzw. der EuGVVO soweit ersichtlich unumstritten ist[886].

Beide Anforderungen sind aber erneut solche, die nicht nur speziell für einzelne einstweilige Maßnahmen, wie hier die Anordnungen der vorläufigen Erbringung einer Leistung, sondern allgemein für die internationale gerichtliche Zuständigkeit für den Erlaß einstweiliger Maßnahmen aufgestellt werden sollten.

iii) Ergebnis

Zusammenfassend ist damit festzustellen, daß auf Geldleistung gerichtete einstweilige Leistungsanordnungen als einstweilige Maßnahme im Sinne des Art. 31 EuGVVO bzw. Art. 24 EuGVÜ angesehen werden können, wenn, wie der EuGH es entschieden hat, die Rückzahlung der Summe, die durch eine einstweilige Anordnung auf Geldleistung erbracht wurde, gesichert ist. Von diesem Erfordernis kann nur abgewichen werden, wenn andernfalls der Sinn der einstweiligen Anordnung nicht erfüllt würde.

Für auf die Erbringung anderer Leistungen gerichtete Anordnungen muß eine angemessene Entschädigung des Antragsgegners gesichert sein. Zu den Forderungen nach einer Voraussetzung der besonderen Eile vgl. unten unter Gliederungspunkt e)).

Dem weiter vom EuGH aufgestellten Erfordernis der Befindlichkeit des von der Maßnahme betroffenen Vermögensgegenstandes im Urteilsstaat kann allerdings für die Einordnung einer einstweiligen Maßnahme als solche im Sinne des Art. 31 EuGVVO bzw. Art. 24 EuGVÜ nicht zugestimmt werden.

c) Selbständige bzw. vorprozessuale Beweissicherungsverfahren

Eine Sonderstellung nehmen außerdem selbständige bzw. vorprozessuale Beweissicherungsverfahren ein. Dies gilt einerseits vor dem Hintergrund, daß diese bereits nicht in den Rechtsordnungen aller Mitgliedsstaaten im Sinne der EuGVVO als einstweilige Maßnahmen angesehen werden und konzipiert sind, wie das Beispiel des selbständigen Beweisverfahrens nach deutschem Recht gemäß §§ 485 ff. ZPO belegt[887].

Überdies bestehen zwischen den Ausgestaltungen solcher Verfahren in den einzelnen Mitgliedsstaaten erhebliche Unterschiede im Hinblick auf die Voraussetzungen und die Ziele der Durchführung solcher Verfahren. Letzteres wurde in dem im Jahr 2005 vom EuGH entschiedenen Rechtsstreit C-104/03 "*St. Paul Diary Industries NV/Unibel Exser BVBA*" deutlich: Dort war die Einordnung einer sog. "vorgezogenen Zeugenvernehmung vor Anhängigkeit einer Sache" nach Art. 186 ff. der niederländischen Zivilprozeßordnung streitig, die nach den Angaben der Vorlagefragen auch und vor allem dazu dient, einer Partei noch vor Einleitung eines Prozesses die Aufklärung von Tatsachen mit gerichtlicher Hilfe zu ermöglichen, um die Rechtslage beurteilen zu können und erst im Anschluß an das Beweisverfahren zu entscheiden, ob ein Prozeß geführt werden soll[888]. Dagegen ist im selbständigen Beweisverfahren nach §§ 485 ff.

---

886 Siehe dazu unten Gliederungspunkt II.C.11, S. 279.

887 Siehe hierzu und zu dessen Einordnung bereits oben Gliederungspunkt I.A.3 in Teil 2 der Arbeit, S. 42.

888 Vgl. EuGH Urteil vom 28.04.2006 Rs. C-104/03 *St. Paul Diary Industries NV/Unibel Exser BVBA*, RIW 2005, 538, 539 Rdnr. 8.

ZPO ein Ausforschungsbeweis unzulässig; die Tatsachen, über die Beweis erhoben werden soll, müssen vielmehr im Antrag auf Einleitung eines solchen Verfahrens bereits im wesentlichen benannt werden[889]. Auch im französischen Recht ist eine Tatsachenermittlung im Wege eines selbständigen Beweissicherungsverfahrens unzulässig: Sowohl für den *référé probatoire* als auch für die *mesures d'instruction sur requête* müssen ein sog. *motif légitime* und ein *intérêt probatoire*, also einerseits der Bezug der beantragten Beweiserhebung zu einem bestimmten Rechtsstreit in der Hauptsache, andererseits das Interesse an einer Beweiserhebung über bereits bestimmt bezeichnete Tatsachen, nachgewiesen werden[890].

Eine Klärung der Frage, ob die Anordnung einer Beweiserhebung durch Zeugenvernehmung vor Einleitung eines Hauptsacheverfahrens als einstweilige Maßnahme im Sinne des Art. 24 EuGVÜ anzusehen sei, hätte bereits in der Rechtssache C-99/95 "*Saueressig GmbH & Co/Forbo-Krommenie BV*" erfolgen können, die dem EuGH aufgrund einer Entscheidung des Hoge Raad der Niederlande vom 24.03.1995 vorgelegt wurde. In diesem Rechtsstreit erging jedoch kein Urteil des EuGH, sondern das Verfahren wurde am 29.04.1996 aus dem Register des EuGH gelöscht. Es ist anzunehmen, daß die Angelegenheit anderweitig erledigt wurde.

Im folgenden soll die jüngst ergangene Rechtsprechung des EuGH zu diesem Thema dargestellt und kommentiert werden. Wegen der Besonderheiten der Verfahren nach deutschem und französischem Recht im Vergleich zu dem vom EuGH entschiedenen Fall sollen diese Verfahren und die Anwendbarkeit der EuGVVO jedoch bei der separaten Betrachtung der nationalen Verfahren nochmals gesondert untersucht werden[891].

(1) Hintergrund

In Literatur und Rechtsprechung herrscht sowohl in Frankreich als auch in Deutschland zu der Frage, ob selbständige Verfahren der Beweissicherung als einstweilige Maßnahmen im Sinne von Art. 24 EuGVÜ bzw. Art. 31 EuGVVO angesehen werden können, Uneinigkeit. Dabei wird bereits bezweifelt, ob derartige Maßnahmen überhaupt in den Anwendungsbereich des EuGVÜ bzw. der EuGVVO fallen[892]. Dies wird auch mit Blick auf das Verhältnis zwischen der EuGVVO bzw. des EuGVÜ und anderen Übereinkommen und Rechtsinstrumenten, wie dem HBÜ und der EuBVO, erörtert[893]. In beiden Staaten wird teilweise vertreten, selbständige Verfahren der Beweissi-

---

[889] Siehe hierzu oben Gliederungspunkt I.A.3 in Teil 2 der Arbeit, S. 42.

[890] Siehe oben Gliederungspunkte I.B.1.e)(1) im zweiten Teil der Arbeit, S. 60, und I.B.2.c) im zweiten Teil der Arbeit, S. 66.

[891] Siehe dazu unten Gliederungspunkte II.B.3.a)(3), S. 188, und II.B.3.b)(1)(b), S. 197.

[892] Z.B. LG Hamburg Urteil vom 15.09.1998 IPRax 2001, 45, 47; *Albrecht* S. 107 f.; *Donzallaz* Rdnr. 1609 ff., 1615; *Geimer* IZPR Rdnr. 1246 in Fn. 472; Zöller-*Geimer* IZPR Rdnr. 92; *Stadler* in FS Geimer S. 1281, 1302; siehe hierzu ausführlich unten Gliederungspunkte II.B.3.a)(3)(a), S. 189, und II.B.3.b)(1)(b)i), S. 198.

[893] *Albrecht* S. 108; *Ahrens* in FS *Schütze* S. 1, 6 ff.; vgl. dazu auch unten Gliederungspunkt II.B.2.c)(4)(b), S. 182.

cherung fielen nicht in den Anwendungsbereich von Art. 24 EuGVÜ und Art. 31 EuGVVO[894].

(2) Urteil des EuGH vom 28.04.2005 „St. Paul Dairy Industries NV/Unibel Exser BVBA“

Der EuGH entschied im Jahr 2005, dass Maßnahmen der Beweissicherung, durch die die Vernehmung eines Zeugen mit dem Ziel angeordnet wird, es dem Antragsteller zu ermöglichen, die Zweckmäßigkeit einer eventuellen Klage einzuschätzen, nicht unter den Begriff der einstweiligen Maßnahme im Sinne des Art. 24 EuGVÜ fallen[895].

Hintergrund des Verfahrens war ein Rechtsstreit zwischen zwei belgischen Unternehmen um Schadensersatzleistungen wegen einer möglicherweise fehlerhaften Installation einer Industrieanlage durch die Gesellschaft *Unibel Exser BVBA* bei der Firma *St. Paul Dairy Industries NV*. Auf das Rechtsverhältnis zwischen den Parteien findet belgisches Recht Anwendung und belgische Gerichte wären für die Entscheidung eines Rechtsstreits in der Hauptsache zuständig. Auf Antrag der Gesellschaft *Unibel Exser BVBA* ordnete ein niederländisches Gericht eine "vorgezogene Vernehmung" eines Zeugen nach Art. 186 ff. der niederländischen Zivilprozeßordnung (*Nederlandse Wetboek van Burgerlijke Rechtsvordering*) an, noch bevor zwischen den Parteien ein Rechtsstreit in der Hauptsache anhängig war. Dabei leitete das niederländische Gericht seine internationale Zuständigkeit daraus ab, daß der zu befragende Zeuge seinen Wohnsitz in den Niederlanden hatte. Gegen die Anordnung der Zeugenvernehmung legte die Firma *St. Paul* ein Rechtsmittel beim Gerechtshof Amsterdam ein, der die Fragen nach der Anwendbarkeit des EuGVÜ und der Einordnung der umstrittenen Maßnahme als solche nach Art. 24 EuGVÜ dem EuGH zur Vorabentscheidung vorlegte.

Seine Entscheidung begründete der EuGH im wesentlichen mit zwei Aspekten:

Einerseits stellte der EuGH maßgeblich darauf ab, daß die streitgegenständliche Maßnahme nach niederländischem Recht einzig dazu diente, es dem Antragsteller zu ermöglichen, die Zweckmäßigkeit einer eventuellen Klage abzuschätzen, die Grundlage für eine solche Klage festzustellen und die Erheblichkeit der Klagegründe zu beurteilen[896]. Demgegenüber dienten Maßnahmen im Sinne von Art. 24 EuGVÜ nur der Sicherung von Rechten mit dem Zweck, Schaden von Parteien abzuwenden, der aufgrund der langen Dauer von Rechtsstreitigkeiten mit Auslandsbezug einhergehen kann. Ersichtlich war damit die Entscheidung in diesem Rechtsstreit von den Besonderheiten der streitgegenständlichen Maßnahme nach niederländischem Recht abhängig. Ferner hob der EuGH hervor, dass eine Umgehung der Zuständigkeitsvorschriften des EuGVÜ verhindert werden müsse. Soweit Art. 24 EuGVÜ ein Abweichen von den

---

894 *Albrecht* S. 107 ff.; *Donzallaz* Rdnr. 1613; *Groud* Rdnr. 451 ff.; Rauscher-*Leible* EuZPR Art. 31 EuGVVO Rdnr. 13; *Schmidt* Rdnr. 141; *Spellenberg/Leible* in *Gilles* S. 293, 312; siehe hierzu nochmals unten Gliederungspunkte II.B.3.a)(3)(b)i), S. 191, und II.B.3.b)(1)(b)ii), S. 199.

895 EuGH Urteil vom 28.04.2005 *St. Paul Dairy Industries NV/Unibel Exser BVBA*, Rs. C-104/03, RIW 2005, 538 ff.

896 EuGH Urteil vom 28.04.2005 *St. Paul Dairy Industries NV/Unibel Exser BVBA*, Rs. C-104/03, RIW 2005, 538, 539 Rdnr. 16.

allgemeinen Zuständigkeitsvorschriften zulasse, rechtfertige sich dies nur aufgrund der genannten speziellen Zielrichtung dieser Vorschrift, so dass Maßnahmen, die nicht dieser Zielrichtung entsprächen, nicht als einstweilige Maßnahmen im Sinne dieser Vorschrift angesehen werden könnten[897].

Ferner verwies der EuGH auf das Verhältnis der EuGVVO zur EuBVO[898]. Dabei stellte er fest, ein vorprozessualer Antrag auf Zeugenvernehmung könnte, wenn er als einstweilige Maßnahme im Sinne von Art. 24 EuGVÜ angesehen werde, dazu verwendet werden, die Regelungen der EuBVO zu umgehen[899].

Damit folgte der EuGH nicht vollumfänglich den Schlussanträgen des Generalanwalts DÁMASO RUIZ-JARABO COLOMER, der bereits die Anwendbarkeit des EuGVÜ für zweifelhaft hielt. Der Generalanwalt ging von der Notwendigkeit eines Rechtsstreits mit Auslandsbezug für die Anwendbarkeit des EuGVÜ aus[900] und führte aus, dass das streitige Beweisverfahren nur dann einen Rechtsstreit mit Auslandsbezug betreffe, wenn ein enger Zusammenhang des streitigen selbständigen Beweisverfahrens vor dem niederländischen Gericht mit dem Rechtsstreit in der Hauptsache, der einzig Berührungspunkte zu Belgien aufweist, bestehe. Wiewohl der aus den dem EuGH vorliegenden Akten ersichtliche Sachverhalt nach den Ausführungen des Generalanwalts keine abschließende Beurteilung erlaubte, hegte DÁMASO RUIZ-JARABO COLOMER an einer solchen engen Verbindung erhebliche Zweifel, weil die vorgezogene Beweisaufnahme nach den Ausführungen des niederländischen Gerichts auch und vor allem der vorprozessualen Ermittlung von Tatsachen diene und eine Verknüpfung mit einem späteren Hauptsacheverfahren nicht erfolge oder verlangt werde. Auch Art. 24 EuGVÜ setze eine derartig enge Verbindung des Beweissicherungsverfahrens mit dem Hauptsacheverfahrens voraus, die allerdings nicht bestehe, wenn dem Beweissicherungsverfahren aufgrund seiner Aufklärungsfunktion bereits ein eigener, "innerer" Wert zukomme[901]. Der Generalanwalt gelangte zu dem Schluß, daß eine vorprozessuale Maßnahme zur Beweiserhebung nur dann als solche im Sinne des Art. 24 EuGVÜ anzusehen sein könnte, wenn die Erhaltung eines Beweismittels gerade mit Blick auf ein späteres, bereits hinreichend bestimmtes Hauptsacheverfahren angestrebt werde[902].

---

[897] EuGH Urteil vom 28.04.2005 *St. Paul Dairy Industries NV/Unibel Exser BVBA*, Rs. C-104/03, RIW 2005, 538, 940 Rdnr. 19 ff.

[898] Abl. L 174 vom 27.06.2001 S. 1.

[899] EuGH Urteil vom 28.04.2005 *St. Paul Dairy Industries NV/Unibel Exser BVBA*, Rs. C-104/03, RIW 2005, 538, 540 Rdnr. 23.

[900] Vgl. zu dieser Voraussetzung oben Gliederungspunkt II.B.1.a)(3)(a), S. 146.

[901] Generalanwalt *Dámaso Ruiz-Jarabo Colomer* in den Schlußanträgen vor dem EuGH in der Rechtssache C-104/03, *St. Paul Dairy Industries NV/Unibel Exser BVBA*, vom 09.09.2004, dort Rdnr. 41 ff., insbes. Rdnr. 46 f.; die Schlußanträge sind auf der homepage des EuGH unter www.curia.eu.int abrufbar.

[902] Generalanwalt *Dámaso Ruiz-Jarabo Colomer* in den Schlußanträgen vor dem EuGH in der Rechtssache C-104/03, *St. Paul Dairy Industries NV/Unibel Exser BVBA*, vom 09.09.2004, dort Rdnr. 47 ff., insbes. Rdnr. 55; die Schlußanträge sind auf der homepage des EuGH unter www.curia.eu.int abrufbar.

(3) Reaktionen in Rechtsprechung und Literatur

In der Rechtsprechung ist – soweit ersichtlich – zu dieser Fragestellung nach der Entscheidung des EuGH noch keine Entscheidung ergangen.

In der Literatur wurde die Entscheidung des EuGH bislang kaum kommentiert, in den ergangenen Stellungnahmen jedoch kritisch aufgenommen[903]. Argumentiert wurde dabei insbesondere mit der praktischen Erwägung, dass es sachwidrig sei, einen Gläubiger dazu zu zwingen, Maßnahmen der Beweissicherung in Ermangelung der Anwendbarkeit von Art. 31 EuGVVO bzw. Art. 24 EuGVÜ im Hauptsachegerichtsstand beantragen und dann in einem anderen Staat durchführen lassen zu müssen[904]. Die Befürchtung der Umgehung der Vorschriften der EuBVO sei nicht gerechtfertigt, weil die Verwertung von Ergebnissen eines in einem Mitgliedsstaat durchgeführten selbständigen Beweisverfahrens vor Gerichten anderer Mitgliedsstaaten fraglich sei und daher kein Gläubiger leichtfertig isolierte Maßnahmen der Beweissicherung ergreife[905]. Die EuBVO befasse sich zudem mit Beweisaufnahmen im Ausland, während ein selbständiges Beweissicherungsverfahren dazu diene, eine Beweisaufnahme in einem anderen Staat als demjenigen des angerufenen Gerichts zu vermeiden[906]. Ferner wurde angeführt, es stünde einer Einordnung eines Verfahrens als einstweilige Maßnahme nicht entgegen, wenn diese – wie eine vorweggenommene Zeugenvernehmung – nur Gläubigerinteressen diene, weil jede Art einstweiligen Rechtsschutzes nur der Sicherung von Gläubigerinteressen diene[907].

(4) Stellungnahme

Der Entscheidung des EuGH ist in ihrem Ergebnis im konkreten Fall zuzustimmen, die hierzu angeführte Argumentation überzeugt jedoch nicht vollumfänglich.

(a) Zielsetzung von Art. 31 EuGVVO bzw. Art. 24 EuGVÜ

Soweit der EuGH unter Bezugnahme auf seine zu Art. 24 EuGVÜ entwickelte Definition des Begriffs der „einstweiligen Maßnahme" feststellt, eine vorweggenommene Beweisaufnahme durch Zeugenvernehmung in Form der streitgegenständlichen Maßnahme stelle keine einstweilige Maßnahme im Sinne dieser Vorschrift dar, ist dem im Ergebnis zuzustimmen. Dabei lässt der EuGH offen, ob andere Maßnahmen der Beweissicherung einstweilige Maßnahmen darstellen können. Weder die Ausführungen des EuGH noch die Definition der einstweiligen Maßnahmen sowie die Zielsetzung von Art. 24 EuGVÜ bzw. Art. 31 EuGVVO schließen generell aus, vorprozessuale oder selbständige Maßnahmen der Beweissicherung als einstweilige Maßnahmen im Sinne von Art. 24 EuGVÜ bzw. Art. 31 EuGVVO anzusehen.

---

903 *Mankowski* RIW 2005, 561, 566.

904 *Mankowski* RIW 2005, 561, 566.

905 *Mankowski* RIW 2005, 561, 567 und JZ 2005, 1144, 1147.

906 *Mankowski* JZ 2005, 1144, 1146 f.

907 *Mankowski* JZ 2005, 1144, 1145 f.

i) Prüfung nach der vom EuGH aufgestellten Definition der einstweiligen Maßnahmen

Wie oben dargestellt, sind nach der Definition des EuGH einstweilige Maßnahmen im Sinne des Art. 24 EuGVÜ bzw. Art. 31 EuGVVO "Maßnahmen, die auf in den Anwendungsbereich des Übereinkommens fallenden Rechtsgebieten ergehen und eine Sach- oder Rechtslage erhalten sollen, um Rechte zu sichern, deren Anerkennung im übrigen bei dem in der Hauptsache zuständigen Gericht beantragt wird"[908]. Der EuGH stellte diese Definition in den Mittelpunkt seiner Argumentation in der Entscheidung vom 28.04.2005. Ferner verwies er darauf, daß es Zielsetzung von Art. 24 EuGVÜ sei, zu verhindern, dass die Parteien „durch die jedem internationalen Verfahren eigene lange Verfahrensdauer" Schaden erleiden[909].

Vor diesem Hintergrund ist es sachgerecht, vorprozessuale oder selbständige beweissichernde Maßnahmen, die der *Ermittlung* von Tatsachen dienen, aus dem Anwendungsbereich von Art. 24 EuGVÜ auszuklammern. Denn derartige Maßnahmen sind nicht vorrangig auf die Erhaltung einer Sach- und Rechtslage gerichtet, um Rechte zu sichern. Sie sind vielmehr Teil der Vorbereitung eines Rechtsstreits durch eine Partei. Sie dienen zunächst nicht der Sicherung von Rechten, sondern der Ermittlung von Rechten und deren Durchsetzbarkeit. Ob letztlich noch ein Hauptsacheverfahren eingeleitet werden soll, hängt vom Ausgang des Beweissicherungsverfahrens ab. Stellt sich in diesem heraus, dass eine bestimmte Sachlage nicht gegeben ist oder dass der Antragsteller einen von ihm angenommenen tatsächlichen Umstand nicht beweisen kann, wird er von der Einleitung des Hauptsacheverfahrens absehen. Ferner sind derartige Maßnahmen nicht ausschließlich auf die Erhaltung einer Sach- oder Rechtslage gerichtet, sondern darauf, dem Antragsteller Aufschluss über einen bestimmten Sachverhalt zu geben, der als solcher unter Umständen gar keiner Sicherung bedurft hätte. Dem Ergebnis des EuGH ist danach zuzustimmen.

Der Entscheidung des EuGH lässt sich jedoch nicht entnehmen, dass Maßnahmen der Beweissicherung generell nicht in den Anwendungsbereich von Art. 24 EuGVÜ bzw. Art. 31 EuGVVO fallen sollen. Denn einerseits stellte der EuGH in seinen Erwägungen vorrangig auf die Besonderheiten des Beweissicherungsverfahrens aus dem Ausgangsverfahren, insbesondere dessen Zielsetzung der Beurteilung der Zweckmäßigkeit eines Hauptsacheverfahrens, ab. Andererseits unterfallen Maßnahmen der Beweissicherung, die mit Blick auf die Durchsetzung eines bereits bekannten materiellen Rechts und mit Blick auf ein bereits ins Auge gefasstes Hauptsacheverfahren eingeleitet werden, der Definition der einstweiligen Maßnahmen, wie sie vom EuGH aufgestellt wurde.

Maßnahmen der Beweissicherung dienen der Feststellung einer Tatsachenlage, um diese Feststellungen zur Durchsetzung eines Rechtes im Hauptsacheverfahren zu verwenden. So wird nach § 485 Abs. 1 ZPO ein Beweissicherungsverfahren nur durchge-

---

908 Siehe oben Fußnote 799.

909 EuGH Urteil vom 28.04.2005 *St. Paul Dairy Industries NV/Unibel Exser BVBA*, Rs. C-104/03, RIW 2005, 538, 539 Rdnr. 12.

führt, wenn der Gegner zustimmt oder zu befürchten ist, daß ein Beweismittel verloren geht oder seine Benutzung erschwert wird. Somit dient es ebenfalls der Erhaltung einer Sachlage zur Sicherung von Rechten. Weiterhin werden selbständige Beweisverfahren wie dasjenige nach deutschem Recht mit Blick auf die Sicherung eines bestimmten Rechts in einem Hauptsacheverfahren durchgeführt. Es bedarf gemäß § 485 Abs. 2 ZPO für die Durchführung eines selbständigen Beweisverfahrens, wenn ein Rechtsstreit noch nicht anhängig ist, der Darlegung eines rechtlichen Interesses durch die antragstellende Partei. Ferner müssen die Tatsachen, über die Beweis erhoben werden soll, dem Antragsteller bereits bekannt sein, da sie nach § 487 Nr. 2 ZPO bereits in der Antragsschrift dargelegt werden müssen. Darüber hinaus greifen Beweissicherungsverfahren dem Hauptsacheverfahren nicht vorweg, sie führen nur zu einer einstweiligen Feststellung.

Bedenken könnten nur dann bestehen, wenn die vom EuGH gegebene Definition dahingehend zu verstehen wäre, daß die Erhaltung der Sach- oder Rechtslage unmittelbar die Sicherung von Rechten oder eines Rechts herbeiführen müßte. Eine solche enge Auslegung kann aber der Formulierung des EuGH nicht entnommen werden. Wäre eine solche Bedeutung gewollt gewesen, hätte statt "Maßnahmen, die .... eine Sach- oder Rechtslage erhalten sollen, *um* Rechte zu sichern, deren Anerkennung im übrigen bei dem in der Hauptsache zuständigen Gericht beantragt wird" formuliert werden können: "Maßnahmen, die ...... eine Sach- oder Rechtslage erhalten *und Rechte sichern sollen, ...*".

Damit unterfallen Maßnahmen der Beweissicherung, die hinsichtlich dem Antragsteller bereits bekannter Umstände und mit Blick auf ein bestimmtes Hauptsacheverfahren ergehen, grundsätzlich der vom EuGH aufgestellten Definition der einstweiligen Maßnahmen nach Art. 31 EuGVVO bzw. Art. 24 EuGVÜ.

ii) Berücksichtigung des Zwecks von Art. 31 EuGVVO bzw. Art. 24 EuGVÜ

Auch die Argumentation des EuGH, vorprozessuale Maßnahmen der Beweissicherung, die der Beurteilung der Zweckmäßigkeit einer eventuellen Klage dienten, entsprächen nicht der Zielsetzung von Art. 24 EuGVÜ bzw. Art. 31 EuGVVO, durch lange Verfahrensdauer drohende Schäden beim Gläubiger zu vermeiden, ist stimmig. Sie schließt jedoch ebenfalls nicht aus, anderweitige Maßnahmen der Beweissicherung unter Art. 31 EuGVVO zu subsumieren.

Die Auslegung von Art. 24 EuGVÜ bzw. Art. 31 EuGVVO hat sich einerseits daran zu orientieren, dass mit diesen Vorschriften eine Erweiterung der Anzahl der für die Durchführung von Eilverfahren möglicherweise zuständigen Gerichte zur Gewährung effektiven Gläubigerschutzes auch in langwierigen Verfahren mit Auslandsbezug bezweckt wird. Andererseits muss aufgrund des Ausnahmecharakters dieser Vorschriften verhindert werden, dass im Wege des einstweiligen Rechtsschutzes die Hauptsache vorweggenommen wird und in dieser Weise die Vorschriften über die gerichtlichen Zuständigkeiten für die Durchführung des Hauptsacheverfahrens umgangen werden. Wie im Hauptsacheverfahren muss verhindert werden, dass es für einen Schuldner unübersehbar ist, vor den Gerichten welcher Staaten er gegebenenfalls seine Rechte wird verteidigen müssen. Ferner darf ein Abweichen von den nach der EuGVVO für die

Durchführung des Hauptsacheverfahrens zuständigen Gerichten nur zulässig sein, wenn wesentliche Sicherungsinteressen des Gläubigers dies nötig machen.

Diesen Zielsetzungen entsprechen Maßnahmen der Beweissicherung, die auf eine vorprozessuale Ermittlung von Tatsachen gerichtet sind, nicht. Soweit Sicherungsinteressen des Gläubigers es rechtfertigen, in Eilverfahren zusätzliche Gerichtsstände zu den Hauptsachegerichtsständen, insbesondere solche, die sich nicht aus der Verordnung selbst, sondern aus den hierüber anwendbaren nationalen Rechtsordnungen ergeben, zuzulassen, ist hierfür keine Notwendigkeit in Verfahren ersichtlich, durch die zunächst die Zweckmäßigkeit eines Hauptsacheverfahrens ermittelt werden soll. Denn in diesem Fall drohen dem Gläubiger eventuelle Nachteile nicht aufgrund des Vergehens einer Sach- oder Rechtslage während oder vor einem Hauptsacheverfahren, sondern aufgrund der möglicherweise noch unvollständigen Kenntnis des Gläubigers von den tatsächlichen Hintergründen eines Rechtsstreits. Die Möglichkeit deren Ermittlung bietet ihm aber – im Gegensatz zur Sicherung von Rechten oder Sachlagen – gerade nicht nur ein gerichtliches Verfahren. Es steht ihm vielmehr frei, außerprozessual die für den Rechtsstreit relevanten Umstände aufzuklären und sodann ein Beweissicherungsverfahren zu den dann ihm bekannten Tatsachen einzuleiten, falls insoweit der Verlust von Beweismitteln droht.

Demgegenüber entsprechen Maßnahmen der Beweissicherung, die sich auf bereits bekannte Umstände beziehen und mit Blick auf ein bereits in wesentlichen Grundzügen bekanntes Hauptsacheverfahren beantragt werden, der genannten Zielsetzung. In diesen Verfahren ist es möglich, dass entweder aufgrund der mitunter längeren Verfahrensdauer von Verfahren mit Auslandsbezug oder aber auch aufgrund der möglichen Langwierigkeit einer grenzüberschreitenden Beweisaufnahme im Ausland während eines anhängigen Verfahrens im Wege der Rechtshilfe eine selbständige Beweissicherung in einem anderen Staat die einzige Möglichkeit eines Gläubigers ist, einen bestimmten Zustand in gerichtlich verwertbarer Form zu dokumentieren. Der drohende Verlust von Beweismitteln aufgrund einer möglichen oder drohenden Verzögerung der Beweisaufnahme im Hauptsacheverfahren oder der besonderen Vergänglichkeit eines bestimmten Zustandes ist dann auch Rechtfertigung dafür, zur Bestimmung der gerichtlichen Zuständigkeit für die Durchführung derartiger Maßnahmen von den allgemeinen Zuständigkeitsvorschriften der Art. 2 ff. EuGVVO abzuweichen, weil danach möglicherweise nicht die Gerichte desjenigen Staates zuständig wären, in dem die Beweisaufnahme notwendig ist.

iii) Vorgaben der EuGVVO mit Blick auf die während deren Erarbeitung gemachten Vorschläge.

Gegen die Einbeziehung beweissichernder Maßnahmen in den Anwendungsbereich von Art. 24 EuGVÜ und Art. 31 EuGVVO nach Maßgabe der obigen Darstellungen spricht auch nicht, daß letztlich der ursprüngliche Vorschlag der Kommission vom 22.12.1997, in die Nachfolgevorschrift von Art. 24 EuGVÜ ausdrücklich eine Definition einstweiliger Maßnahmen aufzunehmen, die auch Maßnahmen der Beweissicherung umfaßt hätte[910], in die EuGVVO keinen Eingang gefunden hat. Denn daraus, daß

910 Siehe dazu oben III.A.3.a) in Teil 1 der Arbeit, S. 9.

von einer ausdrücklichen Definition insgesamt Abstand genommen wurde, läßt sich nicht schließen, daß einstweilige Maßnahmen, die in der vorgeschlagenen Definition ausdrücklich enthalten gewesen wären, nunmehr nicht mehr in den Anwendungsbereich des EuGVÜ bzw. der EuGVVO fallen sollten[911]. Vielmehr muß davon ausgegangen werden, daß bei Erlaß der EuGVVO die Verordnungsgesetzgeber davon ausgingen, daß die bisherige Rechtslage aufrechtzuerhalten ist bzw. eine für den Umgang mit einstweiligen Maßnahmen hinreichende Flexibilität bietet. Hätte man nach dem ursprünglichen Kommissionsvorschlag davon Abstand nehmen wollen, Maßnahmen der Beweissicherung in den Anwendungsbereich von Art. 24 EuGVÜ bzw. seiner Nachfolgevorschrift fallen zu lassen, ist vielmehr davon auszugehen, daß eine entsprechende Klarstellung erfolgt wäre. Dies gilt auch vor dem Hintergrund, daß bereits zum EuGVÜ von Teilen der Rechtsprechung und Literatur eine Anwendung des Art. 24 EuGVÜ auf Maßnahmen der Beweissicherung befürwortet wurde, so daß eine Veränderungen dieser Praxis einer Klarstellung bedurft hätte. Aus dem unveränderten Fortgelten des Art. 24 EuGVÜ und seiner fast wortgleichen Übernahme in Art. 31 EuGVVO ist somit zu schließen, daß durch den Erlaß der EuGVVO dieser Artikel hinsichtlich seiner Anwendung auf Maßnahmen zur Beweissicherung keine neue Auslegung erfahren sollte.

iv) Ergebnis

Soweit der EuGH mit Blick auf die Zielsetzung von Art. 31 EuGVVO Maßnahmen der Beweissicherung, die auf eine vorprozessuale Tatsachenermittlung gerichtet sind, vom Anwendungsbereich dieser Vorschrift ausnimmt, ist dem mit Blick auf den Ausnahmecharakter von Art. 31 EuGVVO und den Umstand, dass eine effektive Sicherung von Gläubigerinteressen bei der Ermittlung des einem Sachverhalt zugrundeliegenden Umstandes sowie bei der Beurteilung der Zweckmäßigkeit eines Hauptsacheverfahrens auch ohne gerichtliche Hilfe erlangt werden kann, zu folgen. Weder die Entscheidung des EuGH noch der Wortlaut von Art. 31 EuGVVO und seine Entstehungsgeschichte lassen jedoch erkennen, dass dies für alle Maßnahmen der Beweissicherung dienen soll. Wegen der Besonderheiten der Verfahren nach deutschem und französischem Recht im Vergleich zu dem vom EuGH entschiedenen Fall sollen diese Verfahren und die Anwendbarkeit der EuGVVO bei der separaten Betrachtung der nationalen Verfahren gesondert untersucht werden[912].

(b) Verhältnis zu anderen Übereinkommen und Rechtsinstrumenten

Soweit der EuGH ferner auf das Verhältnis zwischen der EuGVVO und der EuBVO Bezug nimmt und ausführt, ein Antrag auf Einleitung eines selbständigen Beweisverfahrens und Zeugenvernehmung könnte dazu verwendet werden, die Vorschriften der EuBVO zu umgehen[913], stellt diese Befürchtung keinen Grund zu einer Ausklammerung von Verfahren der vorläufigen Beweissicherung aus dem Anwendungsbereich der

---

911 Vgl. hierzu auch *Mankowski* JZ 2005, 1144, 1147 f. unter 4.

912 Siehe dazu unten Gliederungspunkte II.B.3.a)(3), S. 188, und II.B.3.b)(1)(b), S. 197.

913 EuGH Urteil vom 28.04.2005 *St. Paul Dairy Industries NV/Unibel Exser BVBA*, Rs. C-104/03, RIW 2005, 538, 540 Rdnr. 23.

EuGVVO dar. Diese Argumentation trägt auch nach dem Aufbau des Urteils des EuGH dessen Entscheidung nicht, weil sie erst nach Abschluss der Erwägungen zu der Zielsetzung von Art. 24 EuGVÜ eingeschoben wird. Es ist jedoch erkennbar, dass der EuGH auch diese Erwägung für ausreichend halten würde, um Beweissicherungsmaßnahmen zur Beurteilung der Zweckmäßigkeit eines Hauptsacheverfahrens vom Anwendungsbereich von Art. 24 EuGVÜ auszuschließen.

Eine Umgehung der Regelungen der EuBVO durch eine Anwendung der Vorschriften der EuGVVO könnte vor dem Hintergrund, dass in der EuBVO speziellere Regelungen enthalten sind, unzulässig sein. Der Anwendungsbereich der EuBVO ist somit von demjenigen der EuGVVO abzugrenzen.

Die EuBVO ist in den Mitgliedsstaaten der Europäischen Union mit Ausnahme von Dänemark anwendbar (vgl. Nr. 22 der Präambel). Der wesentliche Teil der Vorschriften gilt gemäß Art. 24 Abs. 2 EuBVO seit dem 01.01.2004. Nach Art. 1 Abs. 1 a) und b) EuBVO ist die Verordnung anwendbar, wenn das Gericht eines Mitgliedsstaates nach seinen innerstaatlichen Rechtsvorschriften das zuständige Gericht eines anderen Mitgliedsstaates um Beweisaufnahme oder darum ersucht, in einem anderen Mitgliedsstaat gemäß Art. 17 EuBVO selbst unmittelbar Beweis erheben zu dürfen. Nach Art. 1 Abs. 2 EuBVO darf um eine Beweisaufnahme nicht ersucht werden, wenn die Beweise nicht zur Verwendung in einem bestimmten (Hauptsache-)Verfahren bestimmt sind. Dabei ergibt sich aus der dort verwendeten Formulierung "*in einem bereits eingeleiteten oder zu eröffnenden gerichtlichen Verfahren bestimmt sind*", daß auch bereits vor Einleitung des Hauptsacheverfahrens um eine Beweisaufnahme ersucht werden darf, sofern dieses Hauptsacheverfahren bereits bestimmbar ist und seine Einleitung feststeht.

Die Verordnung bestimmt allerdings nicht, welches Gericht für die Anordnung einer Beweisaufnahme oder für die Durchführung eines selbständigen Beweissicherungsverfahrens unabhängig von der Zuständigkeit für die Entscheidung des Rechtsstreits in der Hauptsache zuständig ist. Regelungsgegenstand ist einzig, in welcher Weise Ersuchen um eine Beweisaufnahme im Ausland übermittelt und erledigt werden. Spezialregelungen zu den in der EuGVVO enthaltenen Bestimmungen über die internationale Zuständigkeit eines Gerichts für die Durchführung eines bestimmten Verfahrens oder für die Entscheidung darüber, ob in einem bestimmten Rechtsstreit eine Beweisaufnahme durchgeführt werden soll (entsprechend dem Beweisbeschluß im deutschen Zivilprozeß), befinden sich in der EuBVO somit nicht. Damit schließt die Geltung der EuBVO die Anwendung der EuGVVO auf selbständige Beweisverfahren nicht grundsätzlich aus[914].

---

914 So auch *Mankowski* JZ 2005, 1144, 1144 f.; anderer Ansicht war ohne weitere Begründung offensichtlich Generalanwalt *Dámaso Ruiz-Jarabo Colomer* in den Schlußanträgen vor dem EuGH in der Rechtssache C-104/03, *St. Paul Dairy Industries NV/Unibel Exser BVBA*, vom 09.09.2004, dort Rdnr. 59 ff.; die Schlußanträge sind auf der homepage des EuGH unter www.curia.eu.int abrufbar; *Dámaso Ruiz-Jarabo Colomer* geht darin allerdings auf den hier erwähnten Aspekt, daß einzig die EuGVVO Regelungen zur gerichtlichen Zuständigkeit enthält, nicht ein.

Das wichtigste multilaterale Abkommen über die Beweisaufnahme im grenzüberschreitenden Zivilrechtsverkehr stellt das Haager Übereinkommen vom 18.03.1970 über die Beweisaufnahme im Ausland in Zivil- und Handelssachen[915] (Haager Beweisübereinkommen, HBÜ) dar. Auch dieses enthält im wesentlichen Vorschriften zum Abfassen von Rechtshilfeersuchen um eine gerichtliche Beweisaufnahme durch das ersuchte Gericht in einem anderen Staat und über die Erledigung solcher Ersuchen. Damit regelt auch das HBÜ einzig die Vorbereitung und Durchführung einer Beweis*aufnahme*, nicht aber die internationale Zuständigkeit eines Gerichts für die Entscheidung darüber, ob überhaupt eine Beweisaufnahme in einem bestimmten Rechtsstreit durchgeführt werden soll[916].

Ein selbständiges Beweisverfahren findet auf Antrag einer Partei vor dem tatsächlichen oder zukünftigen Hauptsachegericht nach § 486 Abs. 1 bzw. 2 ZPO oder dem nach § 486 Abs. 3 ZPO zuständigen Amtsgericht statt. Die Beweisaufnahme erfolgt aufgrund eines Beweisbeschlusses nach § 490 Abs. 1 ZPO gemäß § 492 ZPO nach den allgemeinen Vorschriften. Auf die Vorbereitung und Durchführung der Beweisaufnahme im Ausland finden das HBÜ bzw. im Verhältnis zwischen Frankreich und Deutschland die EuBVO Anwendung. Beide Regelungswerke enthalten dagegen keine Vorschriften über die *gerichtliche Zuständigkeit* für die Durchführung selbständiger Beweisverfahren oder über die Verwertung von in derartigen Verfahren gewonnenen Ergebnissen in ausländischen Verfahren. Zur Bestimmung der gerichtlichen Zuständigkeit könnten also die EuGVVO bzw. das EuGVÜ herangezogen werden.

ALBRECHT lehnt eine Anwendbarkeit des EuGVÜ auf selbständige Beweisverfahren mit der Begründung ab, diese stellten nur eine vorweggenommene Beweisaufnahme dar, auf die ausschließlich das HBÜ anwendbar sei[917]. In den Anwendungsbereich des EuGVÜ fielen nur beweissichernde Maßnahmen, zu diesen gehöre das selbständige Beweisverfahren nach §§ 485 ff. ZPO aber nicht. Er übersieht dabei jedoch gerade, daß die internationale gerichtliche Zuständigkeit für die Durchführung selbständiger Beweisverfahren nicht im HBÜ geregelt ist und dieses somit einer Anwendbarkeit der EuGVVO bzw. des EuGVÜ nicht entgegensteht.

AHRENS verneint ebenfalls die Anwendbarkeit des EuGVÜ auf selbständige Beweisverfahren mit Blick auf das HBÜ, weil er Beweisbeschlüsse im selbständigen Beweisverfahren nicht für anerkennungsfähige und vollstreckbare Entscheidungen nach dem EuGVÜ hält, sondern darauf verweist, daß immer ein Ersuchen an ein ausländisches Gericht nach dem HBÜ notwendig ist[918]. Auch dies schließt jedoch nicht aus, die EuGVVO bzw. das EuGVÜ wenigstens zur Bestimmung der internationalen gerichtlichen Zuständigkeit für die Entscheidung über die Durchführung einer Beweisaufnahme heranzuziehen.

---

915 BGBl. 1977 II, S. 1472.

916 Vgl. CA Versailles 09.04.1993 JCP 1995 éd. G II 22436 S. 201; *Dörschner* S. 162.

917 *Albrecht* S. 108; der Erlaß der EuBVO war zum Zeitpunkt der Veröffentlichung seines Werks noch nicht absehbar.

918 *Ahrens* in FS Schütze S. 1, 6 ff.

Damit sind selbständige Beweisverfahren nicht durch speziellere Regelungen vom Anwendungsbereich der EuGVVO bzw. des EuGVÜ ausgeschlossen.

d) Notwendigkeit einer Vollstreckung im Urteilsstaat?

Unabhängig von den jüngsten Entscheidungen des EuGH war bereits zuvor in der Literatur erörtert worden, ob einstweilige Maßnahmen generell nur dann in den Anwendungsbereich des Art. 31 EuGVVO bzw. Art. 24 EuGVÜ fallen, wenn sie in dem Staat, dessen Gericht die einstweilige Maßnahme erläßt, vollstreckt werden. In dieser Allgemeinheit wurde dies allerdings - soweit ersichtlich - weder in der Rechtsprechung noch in der Literatur gefordert. Aus dem Urteil "*van Uden*" ergibt sich eine solche Voraussetzung nicht, weil sich dieses nur mit der Einordnung der einstweiligen Anordnung einer Leistung als Sonderfall einer einstweiligen Maßnahme beschäftigt. GOTHOT/HOLLEAUX stellen eine vergleichbare Forderung auf, diese bezieht sich jedoch auf die Frage, wann ein Gericht zum Erlaß einstweiliger Maßnahmen nach Art. 24 EuGVÜ zuständig ist und nicht, welche Maßnahmen überhaupt in dessen Anwendungsbereich fallen[919].

Die Vollstreckbarkeit der Maßnahme im Inland erscheint jedoch, wie bereits bezüglich der Anordnungen der vorläufigen Erbringung einer Leistung dargestellt, nicht ein Kriterium zur Bestimmung zu sein, welche Maßnahmen in den Anwendungsbereich des Art. 31 EuGVVO fallen. Vielmehr kann ein solches Kriterium sachgerechter im Rahmen der Frage berücksichtigt werden, unter welchen Voraussetzungen Maßnahmen nach Art. 31 EuGVVO erlassen werden können sollen, wann also Gerichte ihre internationale Zuständigkeit aus Art. 31 EuGVVO in Verbindung mit den nationalen Zuständigkeitsvorschriften ableiten können. Dies gilt ebenso vor dem Hintergrund, daß auch nach nationalem Recht die internationale gerichtliche Zuständigkeit häufig an die Belegenheit der Sache im Inland angeknüpft wird[920].

e) Eilbedürftigkeit als Voraussetzung einstweiliger Maßnahmen im Sinne des Art. 31 EuGVVO?

Insbesondere in der französischen Literatur wurde bislang vereinzelt verlangt, einstweilige Maßnahmen im Sinne des Art. 31 EuGVVO bzw. Art. 24 EuGVÜ dürften nur unter der Voraussetzung besonderer Eilbedürftigkeit erlassen werden. Generell sollte Art. 24 EuGVÜ bzw. Art. 31 EuGVVO nur dann anwendbar sein, wenn eine besondere Eile vorliege[921]. Dies wurde damit begründet, daß eine unberechtigte Aushöhlung der Zuständigkeitsordnung einträte, wenn Art. 31 EuGVVO bzw. Art. 24 EuGVÜ auch in Fällen angewandt werden könnten, in denen die Sache für den Gläubiger nicht

---

919 *Gothot/Holleaux* Rdnr. 203.

920 Vgl. Gliederungspunkt II.A.1.e)(1) in Teil 2 der Arbeit, S. 89 zum deutschen Recht, Gliederungspunkt II.B.1.e) in Teil 2 der Arbeit, S. 117 zum französischen Recht.

921 *Donzallaz* Rdnr. 1598 ff.; *Donzallaz* AJP/PJA 2000, 956, 972; *Dörschner* S. 165; *Gaudemet-Tallon* Rdnr. 310; *Gothot/Holleaux* Rdnr. 203 f.; *Heiss* S. 42 ff.; *Spellenberg/Leible* ZZPInt 4 (1999), 221, 226; *van Drooghenbroeck* in *van Compernolle/Tarzia* S. 475, 514 ff. Rdnr. 43 ff.

dringend sei[922]. Außerdem wurde, wie bereits dargestellt, teilweise vorgeschlagen, einen *référé-provision* nur dann als einstweilige Maßnahme im Sinne des Art. 24 EuGVÜ anzusehen, wenn er unter der Voraussetzung besonderer Eilbedürftigkeit erlassen worden ist[923]. Auch für den *référé probatoire* nach Art. 145 NCPC wurden entsprechende Forderungen erhoben[924].

Dem Urteil des EuGH in der Rechtssache "*van Uden*" läßt sich eine solche Voraussetzung nicht entnehmen[925].

Eine Voraussetzung besonderer Eile ergibt sich auch nicht bereits aus dem Wortlaut des Art. 31 EuGVVO. Das Attribut "*einstweilig*" bzw. "*provisoire*" deutet nicht zwingend darauf hin. Aus ihm wird vielmehr deutlich, daß die Maßnahme nur vorübergehend sein und keinen Einfluß auf den Ausgang des Hauptsacheverfahrens haben soll[926]. Insbesondere verlangt aber auch die Funktion des Art. 31 EuGVVO nicht das Aufstellen einer solchen Voraussetzung. Art. 31 EuGVVO regelt nur die gerichtliche Zuständigkeit für den Erlaß einstweiliger Maßnahmen und verweist hierfür auf die Zuständigkeiten nach den nationalen Rechten. Zudem verweist diese Vorschrift auf die nach den nationalen Rechten vorgesehenen einstweiligen Maßnahmen und verlangt nicht, daß die von den nationalen Rechtssystemen vorgesehenen Voraussetzungen für ihren Erlaß verändert werden, wenn sich die gerichtliche Zuständigkeit über Art. 31 EuGVVO nach nationalem Recht bestimmt. Eine solche Notwendigkeit besteht nur, wenn, wie oben gesehen, sonst der "einstweilige" Charakter einer Maßnahme nicht sichergestellt ist. Anhaltspunkte für die Erwägung, die zusätzlichen Gerichtsstände für einstweilige Maßnahmen nach Art. 31 EuGVVO bzw. Art. 24 EuGVÜ in Verbindung mit Vorschriften des nationalen Rechts sollten im Anwendungsbereich der EuGVVO bzw. des EuGVÜ nur eröffnet sein, wenn eine besondere Eile ein Abweichen von den allgemeinen Zuständigkeitsvorschriften rechtfertige, läßt sich der derzeitigen Fassung von Art. 31 EuGVVO bzw. Art. 24 EuGVÜ und der hierzu ergangenen Rechtsprechung des EuGH dagegen nicht entnehmen[927].

Somit ist es abzulehnen, eine Maßnahme nur dann als "einstweilige Maßnahme" im Sinne des Art. 31 EuGVVO zu qualifizieren, wenn sie unter der Voraussetzung besonderer Eile erlassen wird[928].

---

922 *Spellenberg/Leible* ZZPInt 4 (1999), 221, 226.

923 Vgl. dazu bereits oben Gliederungspunkt II.B.2.b)(1)(b), S. 157 und Fußnote 816; *Couchez* Rev. crit. DIP 1983, 112, 115 f.; *Spellenberg/Leible* ZZPInt 4 (1999), 221, 226.

924 Vgl. die Argumentation in dem *pourvoi*, der zum Urteil der Cour de Cassation, Chambre commerciale, vom 10.03.1992, JDI 1993, 156, führte.

925 So auch z.B. *Stadler* JZ 1999, 1089, 1096; *Vuitton* Dalloz 1999, 545, 548; *Willeitner* S. 11; *Donzallaz* AJP/PJA 2000, 956, 972 hält es für möglich, daß wenigstens für Maßnahmen zur Sicherung der späteren Vollstreckung eines Urteils auch nach der Rechtsprechung des EuGH Eile bestehen muß.

926 So auch C. Cass. Com. *Krupp Widia* 10.03.1992 JDI 1993, 156, 157.

927 So auch ausdrücklich *Béraudo* Editions du Juris-Classeur Droit International, Fascicule 631-51 Rdnr. 26.

928 So auch *Huet* JDI 1989, 96, 98; *Schlosser* EU-Zivilprozeßrecht Art. 31 Rdnr. 6, 22; für den *référé-provision* C. Cass. Civ. 1ère 13.04.1999 *Bachy* Rev. crit. DIP 1999, 352, 353; *Cuniberti*

f) Ergebnis

Durch die Rechtsprechung des EuGH wurde der Begriff der einstweiligen Maßnahme, wie er in Art. 31 EuGVVO und in Art. 24 EuGVÜ verwendet wird, erheblich konkretisiert. Die zu den Leistungsverfügungen herausgearbeiteten Kriterien können jedoch nur teilweise übernommen werden.

3. Nationale Verfahren im Anwendungsbereich des Art. 31 EuGVVO

Zu untersuchen ist nun, welche der in dieser Arbeit näher betrachteten Verfahren des einstweiligen Rechtsschutzes nach deutschem und französischem Recht in den Anwendungsbereich des Art. 31 EuGVVO fallen.

a) Deutschland

(1) Einstweilige Verfügungen, Arreste, einstweilige Anordnungen

Aus dem deutschen Zivilprozeßrecht werden von Art. 31 EuGVVO bzw. Art. 24 EuGVÜ sowohl einstweilige Verfügungen nach §§ 935 ff. ZPO als auch Arreste nach §§ 916 ff. ZPO erfaßt, wenn diese in Rechtsgebieten ergehen, die in den Anwendungsbereich der EuGVVO fallen[929]. Einstweilige Verfügungen und Arreste dienen durch eine einstweilige Erhaltung von Sach- oder Rechtslagen der vorläufigen Sicherung von Rechten, die in einem Hauptsacheverfahren geltend gemacht werden müssen. Bereits oben wurde gezeigt, daß auch regelnde Maßnahmen wie die Regelungsverfügung nach § 940 ZPO, die primär auf die Erhaltung des Rechtsfriedens zielt, der Sicherung von Rechten in streitigen Rechtsverhältnissen dienen und somit unter die vom EuGH gegebene Definition einstweiliger Maßnahmen im Sinne des Art. 31 EuGVVO bzw. Art. 24 EuGVÜ fallen[930]. Derartige Maßnahmen können trotz eines regelnden Charakters auch nicht als vorläufige Anordnung der Erbringung einer Leistung eingeordnet werden, weil ihr Inhalt gerade keine - vorläufige - Befriedigung des Gläubigers durch Erbringung einer Leistung, sondern nur die *Regelung* eines *einstweiligen* Zustandes in einem bestimmten Rechtsverhältnis ist.

Der Vollständigkeit halber sei angemerkt, daß bei den einstweiligen Anordnungen des Familienrechts im Einzelfall anhand der oben dargestellten Kriterien zu prüfen ist, ob die konkrete Maßnahme überhaupt in den Anwendungsbereich der EuGVVO nach deren Art. 1 fällt[931], grundsätzlich ist dies jedoch wenigstens bei Unterhaltsanordnungen denkbar[932].

Rdnr. 448; für den *référé probatoire*: C. Cass. Com. *Krupp Widia* 10.03.1992 JDI 1993, 156, 157; allgemein *Huet* JDI 1993, 156, 157; *Vareilles-Sommières* Rev. crit. DIP 1996, 397, 428.

929 Vgl. z.B. MüKo/ZPO-*Gottwald* Art. 24 EuGVÜ Rdnr. 2; *Heiss* S. 51 f.; Thomas/Putzo-*Hüßtege* Art. 31 EuGVVO Rdnr. 2; *Kropholler* Art. 31 Rdnr. 6; *Schlosser* EU-Zivilprozeßrecht Art. 31 Rdnr. 17 ff.

930 Vgl. oben in Gliederungspunkt II.B.2.a) S. 153.

931 Vgl. oben Gliederungspunkte II.B.1.a)(2), S. 144, und II.B.1.b), S. 151.

932 MüKo/ZPO-*Gottwald* Art. 24 EuGVÜ Rdnr. 2; *Heiss* S. 52 ff.; Thomas/Putzo-*Hüßtege* Art. 31 EuGVVO Rdnr. 2; *Schlosser* EuGVÜ Art. 24 Rdnr. 5.

(2) Leistungsverfügungen

Unter der vom EuGH entwickelten Voraussetzung, daß die Rückabwicklung einstweiliger Leistungsverfügungen gesichert sein muß, kann, wie bereits dargestellt, auch davon ausgegangen werden, daß diese in den Anwendungsbereich von Art. 31 EuGVVO bzw. Art. 24 EuGVÜ fallen[933]. Im Einzelfall muß das Gericht immer prüfen, ob die Rückzahlung gesichert ist bzw. in anderweitiger Form für eine wirtschaftlich vernünftige "Rückabwicklungsmöglichkeit" für den Antragsgegner gesorgt werden kann. Von diesem Erfordernis ist, wie bereits ausgeführt, nur dann abzusehen, wenn eine solche Anordnung dem Zweck der einstweiligen Maßnahme widersprechen würde, weil diese gerade eine besondere wirtschaftliche Notlage des Gläubigers verhindern oder mildern soll[934]. Dies kann insbesondere bei auf die Zahlung von Unterhalt oder Arbeitslohn gerichteten Maßnahmen der Fall sein.

Diese Grundsätze gelten auch für Unterlassungsverfügungen, die nach dem Ergebnis der obigen Untersuchungen nicht bereits als solche aus dem Anwendungsbereich von Art. 31 EuGVVO bzw. Art. 24 EuGVÜ ausgenommen werden dürfen[935]. Kann im Einzelfall die Nachholbarkeit der unterlassenen Handlung oder ein wirtschaftlich vernünftiger Ausgleich des Unterlassungsschuldners für den Fall der nachträglichen Aufhebung der Maßnahme nicht sichergestellt werden, ist der Anwendungsbereich des Art. 31 EuGVVO bzw. Art. 24 EuGVÜ nicht eröffnet, so daß ein auf dieser Grundlage angerufenes Gericht seine internationale Zuständigkeit bereits verneinen muß. Es bleibt aber möglich, den Erlaß derartiger Maßnahmen vor dem Hauptsachegericht zu beantragen.

(3) Selbständiges Beweisverfahren

Fraglich ist, ob auch das selbständige Beweisverfahren nach §§ 485 ff. ZPO, vor allem wenn es nach § 486 Abs. 3 ZPO in einem dringenden Fall durchgeführt wird, als einstweilige Maßnahme im Sinne des Art. 31 EuGVVO anzusehen ist. Nach dem Urteil des EuGH vom 28.04.2005 in der Rechtssache C-104/03, *St. Paul Dairy Industries NV/Unibel Exser BVBA*, fällt eine Maßnahme, durch die eine Beweisaufnahme mit dem Ziel angeordnet wird, es dem Antragsteller zu ermöglichen, die Zweckmäßigkeit eines gerichtlichen Hauptsacheverfahrens einzuschätzen oder Aufschluss über bestimmte, für die Führung des Hauptsacheverfahrens relevante Tatsachen zu erlangen, nicht unter den Begriff der „einstweiligen Maßnahmen" im Sinne von Art. 24 EuGVÜ bzw. Art. 31 EuGVVO[936]. Wie aufgezeigt, schließt die dortige Argumentation jedoch nicht aus, Beweissicherungsverfahren mit anderer Zielrichtung als die dort streitgegenständliche Maßnahme als einstweilige Maßnahmen im Sinne von Art. 31 EuGVVO anzusehen.

---

933 Vgl. oben in Gliederungspunkt II.B.2.b)(5), insbesondere II.B.2.b)(5)(b)iii), S. 174.

934 Siehe oben Gliederungspunkt II.B.2.b)(5)(b)i)(cc), S. 170.

935 Vgl. ebenfalls bereits oben Gliederungspunkt II.B.2.b)(5)(a), S. 166; Zöller-*Geimer* Art. 31 EuGVVO Rdnr. 3; *Schlosser* EU-Zivilprozeßrecht Art. 31 Rdnr. 23; *Wolf* in *Geimer/Schütze* Internationaler Rechtsverkehr EuGVÜ Art. 24 Rdnr. 4.

936 EuGH Urteil vom 28.04.2005 *St. Paul Dairy Industries NV/Unibel Exser BVBA*, Rs. C-104/03, RIW 2005, 538.

Die Frage der Anwendbarkeit des Art. 31 EuGVVO, der die gerichtliche Zuständigkeit betrifft, muß aber von derjenigen unterschieden werden, ob Beschlüsse nach § 490 ZPO oder gar die Ergebnisse der Beweisaufnahme Entscheidungen im Sinne von Art. 32 EuGVVO sind[937]. Im folgenden wird zunächst nurdie Anwendbarkeit von Art. 31 EuGVVO Gegenstand der Prüfung sein. Dabei soll zuerst geprüft werden, ob derartige Maßnahmen überhaupt in den Anwendungsbereich der EuGVVO bzw. des EuGVÜ fallen.

(a) Anwendbarkeit der EuGVVO bzw. des EuGVÜ

Der EuGH hat in der Entscheidung vom 28.04.2005 nicht die Frage angesprochen, ob selbständige Beweissicherungsverfahren überhaupt in den Anwendungsbereich der EuGVVO bzw. des EuGVÜ fallen[938].

Teilweise wird in der deutschen Rechtsprechung und Literatur vertreten, selbständige Beweisverfahren fielen nicht in den Anwendungsbereich der EuGVVO bzw. des EuGVÜ[939]. Begründend wird angeführt, daß die EuGVVO bzw. das EuGVÜ nur für streitige Verfahren gelte[940]. Außerdem wird argumentiert, bei Beweissicherungsverfahren stünde nicht der Schutz des Beklagten vor unzumutbaren und nicht vorhersehbaren Gerichtsständen im Vordergrund, sondern das Anliegen, den Verlust von Beweismitteln im Interesse der Rechtspflege und gerechten Urteilsfindung zu vermeiden. Sachgerechter sei es daher, zur Bestimmung der gerichtlichen Zuständigkeit nicht die Zuständigkeitsvorschriften der EuGVVO bzw. des EuGVÜ heranzuziehen, sondern die gerichtliche Zuständigkeit an den Ort der Belegenheit des Beweismittels anzuknüpfen[941]. Nach anderer Ansicht hingegen fällt das selbständige Beweisverfahren in den Anwendungsbereich der EuGVVO bzw. des EuGVÜ[942].

---

937 *Mankowski* JZ 2005, 1144, 1148 weist zutreffend darauf hin, dass aus dem Umstand, dass eine Maßnahme nicht der Anerkennung und Vollstreckung im Ausland zugänglich ist, nicht folge, dass sie nicht unter die Zuständigkeitsvorschriften der EuGVVO falle.

938 Der Generalanwalt *Dámaso Ruiz-Jarabo Colomer* im Verfahren vor dem EuGH in der Rechtssache C-104/03, *St. Paul Dairy Industries NV/Unibel Exser BVBA*, hielt eine getrennte Untersuchung der Fragen nach der Anwendbarkeit dort des EuGVÜ und nach der Einordnung als einstweilige Maßnahme im Sinne des Art. 24 EuGVÜ für "gekünstelt", da nach seinem Dafürhalten im Rahmen des EuGVÜ ohnehin höchstens von Art. 24 selbständige Verfahren zur Beweiserhebung erfaßt werden könnten. Er prüfte daher beide Fragen gemeinsam, vgl. Schlußanträge vom 09.09.2004, Rdnr. 18 ff., abrufbar unter www.curia.eu.int. Da die Frage nach der Anwendbarkeit der EuGVVO bzw. des EuGVÜ jedoch logisch vorrangig zu beantworten ist, soll diese hier gesondert betrachtet werden.

939 LG Hamburg Urteil vom 15.09.1998 IPRax 2001, 45, 47; *Ahrens* in FS Schütze S. 1, 7; *Albrecht* S. 107 f.; *Donzallaz* Rdnr. 1609 ff., 1615; *Geimer* IZPR Rdnr. 1246 in Fn. 472; Geimer/Schütze-*Geimer* Art. 2 EuGVVO Rdnr. 92, Art. 31 EuGVVO Rdnr. 32; Geimer/Schütze-*Geimer* Urteilsanerkennung I/1 § 29 XI 4, S. 215; Zöller-*Geimer* IZPR Rdnr. 92; *Stadler* in FS Geimer S. 1281, 1302; Rauscher-*von Hein* EuZPR Art. 1 EG-BewVO Rdnr. 52.

940 Geimer/Schütze-*Geimer* Art. 2 EuGVVO Rdnr. 90 ff.

941 Geimer/Schütze-*Geimer* Urteilsanerkennung I/1 § 29 XI 4., S. 215.

942 So auch meist ohne Begründung OLG Hamburg Beschluß vom 29.09.1999, IPRax 2000, 530; *Berger* IPRax 2001, 522, 523; MüKo/ZPO-*Gottwald* Art. 1 EuGVÜ Rdnr. 2, Art. 24 EuGVÜ Rdnr. 2; *Heiss* S. 56 f.; Thomas/Putzo-*Hüßtege* Art. 31 EuGVVO Rdnr. 2; *Meilicke* NJW 1984, 2017, 2018;

Die gegen eine Anwendbarkeit der EuGVVO vorgebrachten Bedenken greifen jedoch für das hier untersuchte selbständige Beweisverfahren nach §§ 485 ff. ZPO nicht durch.

Beim selbständigen Beweisverfahren nach §§ 485 ff. ZPO ist ein Gegner beteiligt, wie sich bereits aus § 485 Abs. 1 ZPO ergibt. Er ist nach § 487 Nr. 1 ZPO im Antrag zu benennen und muß nach § 491 ZPO zu einer Beweisaufnahme geladen werden. Zwar kann der Gegner nach § 490 Abs. 2 S. 2 ZPO den Beweisbeschluß nicht anfechten. In einem späteren Prozeß muß er aber das Ergebnis der Beweisaufnahme gegen sich gelten lassen. All dies spricht dafür, das selbständige Beweisverfahren als ein streitiges Verfahren zwischen zwei Parteien anzusehen[943]. Ergeht das Beweissicherungsverfahren im übrigen im Anwendungsbereich der EuGVVO bzw. des EuGVÜ nach deren jeweiligem Art. 1, ist somit davon auszugehen, daß die EuGVVO bzw. das EuGVÜ Anwendung finden.

Hält man die EuGVVO bzw. das EuGVÜ für anwendbar und betrachtet man darüber hinaus selbständige Beweisverfahren als Maßnahmen des einstweiligen Rechtsschutzes im Sinne des Art. 31 EuGVVO bzw. Art. 24 EuGVÜ, kann zudem ebenfalls die gerichtliche Zuständigkeit an den Ort der Belegenheit des Beweismittels angeknüpft werden, wenn das anwendbare nationale Recht einen solchen internationalen Gerichtsstand vorsieht. Sieht man das selbständige Beweisverfahren als Maßnahme des einstweiligen Rechtsschutzes im Sinne des Art. 31 EuGVVO bzw. Art. 24 EuGVÜ an, ist über Art. 31 EuGVVO bzw. Art. 24 EuGVÜ nach § 486 Abs. 3 ZPO in dringenden Fällen auch das Amtsgericht am Ort der Befindlichkeit des Beweismittels für die Durchführung des selbständigen Beweisverfahrens zuständig. Durch die Anwendbarkeit der EuGVVO bzw. des EuGVÜ muß also die gerichtliche Zuständigkeit am Ort des Beweismittels nicht ausgeschlossen sein, so daß die Befürchtung des Ausschlusses dieser Zuständigkeit nicht grundsätzlich gegen die Anwendbarkeit der EuGVVO bzw. des EuGVÜ vorgetragen werden kann.

Damit stellt das selbständige Beweisverfahren ein Verfahren dar, auf das grundsätzlich das EuGVÜ bzw. die EuGVVO Anwendung finden, wenn es im übrigen in den Anwendungsbereich, insbesondere den sachlichen, des EuGVÜ bzw. der EuGVVO fällt[944].

(b) Einordnung als einstweilige Maßnahme im Sinne des Art. 31 EuGVVO bzw. Art. 24 EuGVÜ

Fraglich bleibt jedoch, ob selbständige Beweisverfahren auch als einstweilige Maßnahme im Sinne von Art. 31 EuGVVO bzw. Art. 24 EuGVÜ angesehen werden können.

Nagel/Gottwald § 15 Rdnr. 74; *Schlosser* EuGVÜ Art. 1 Rdnr. 6 und EU-Zivilprozeßrecht Art. 1 Rdnr. 6; *Stürner* IPRax 1984, 299, 300 f.

943 *Schilken* ZZP 92 (1979), 238, 240 f.

944 So auch *Heiss* S. 56, *Mankowski* EWiR 1999, 345, 346 und JZ 2005, 1144, 1150; *Schlosser* EU-Zivilprozeßrecht Art. 1 Rdnr. 6.

i) In Rechtsprechung und Literatur vertretene Ansichten

In der deutschen Rechtsprechung und im Schrifttum wird teilweise vertreten, Beweissicherungsverfahren könnten als Verfahren des einstweiligen Rechtsschutzes im Sinne des Art. 24 EuGVÜ bzw. Art. 31 EuGVVO angesehen werden[945]. HEISS argumentiert, diese Verfahren könnten nur unter der Voraussetzung besonderer Dringlichkeit eingeleitet werden und würden einer endgültigen Entscheidung in der Hauptsache nicht vorgreifen. Zudem sei die Ratio sowohl des § 486 Abs. 3 ZPO wie auch des Art. 24 EuGVÜ bzw. Art. 31 EuGVVO, die Zuständigkeit des sachnächsten Gerichtes zu begründen[946].

Von anderen Autoren wird, soweit nicht die Anwendbarkeit der EuGVVO bzw. des EuGVÜ auf Beweissicherungsverfahren bereits generell verneint wird, teilweise pauschal ausgeschlossen, daß das deutsche selbständige Beweissicherungsverfahren eine einstweilige Maßnahme nach Art. 24 EuGVÜ bzw. Art. 31 EuGVVO darstellen könne[947]. Vereinzelt wird zur Begründung darauf verwiesen, daß im Rahmen der Erarbeitung der EuGVVO vorgeschlagen wurde, Maßnahmen zur Beweissicherung ausdrücklich in die Nachfolgevorschrift von Art. 24 EuGVÜ einzubeziehen, dies aber unterblieben ist[948]. Weiter wird angeführt, in derartigen Verfahren ergingen keine Entscheidungen, die der Anerkennung und Vollstreckung im Ausland bedürften, so daß kein Bedürfnis nach einer einheitlichen Zuständigkeitsregelung bestehe[949].

ii) Stellungnahme

Gegen eine Anwendung von Art. 31 EuGVVO auf selbständige Beweisverfahren nach §§ 485 ff. ZPO könnte der Wortlaut des Art. 31 EuGVVO sprechen. Er bezieht sich auf "die in dem Recht eines Vertragsstaates vorgesehenen einstweiligen Maßnahmen". Daraus könnte gefolgert werden, einstweilige Maßnahmen im Anwendungsbereich des Art. 31 EuGVVO könnten nur solche sein, die auch in ihrem nationalen Recht als einstweilige Maßnahmen angesehen werden. Das selbständige Beweissicherungsverfahren wird in Deutschland, wie oben dargelegt, nicht als Verfahren des einstweiligen Rechtsschutzes angesehen[950]. Jedoch fallen in den Anwendungsbereich des Art. 31 EuGVVO bereits nicht alle in den nationalen Rechten vorgesehenen einstweiligen Maßnahmen, so daß umgekehrt bei der Bestimmung der von Art. 31 EuGVVO erfaßten Maßnahmen nicht einzig von der Einordnung nach nationalem Recht ausgegangen

---

945 OLG Hamburg Beschluß vom 29.09.1999, IPRax 2000, 530; *Berger* IPRax 2001, 522, 523; *Dörschner* S. 160 ff.; MüKo/ZPO-*Gottwald* Art. 1 EuGVÜ Rdnr. 2, Art. 24 EuGVÜ Rdnr. 2; *Heiss* S. 56 f.; Thomas/Putzo-*Hüßtege* Art. 31 EuGVVO Rdnr. 2; *Mankowski* EWiR 1999, 345, 346; *Meilicke* NJW 1984, 2017, 2018; *Nagel/Gottwald* § 15 Rdnr. 74; *Pörnbacher* in *Geimer/Schütze* Internationaler Rechtsverkehr EuGVVO Art. 31 Rdnr. 5; *Spickhoff* IPRax 2001, 37, 39; *Stürner* IPRax 1984, 299, 300 f.; Musielak-*Weth* Art. 31 EuGVVO Rdnr. 2; *Wolf* in *Geimer/Schütze* Internationaler Rechtsverkehr EuGVÜ Art. 24 Rdnr. 5.

946 *Heiss* S. 56.

947 *Albrecht* S. 107 ff.; *Donzallaz* Rdnr. 1613; Rauscher-*Leible* EuZPR Art. 31 EuGVVO Rdnr. 13; *Morbach* S. 331; *Schmidt* Rdnr. 141; *Spellenberg/Leible* in *Gilles* S. 293, 312.

948 MüKo/ZPO-*Gottwald* Aktualisierungsband Art. 31 EuGVVO Rdnr. 1.

949 *Schmidt* Rdnr. 141.

950 Siehe oben Gliederungspunkt I.A.3 in Teil 2 der Arbeit, S. 42.

werden kann[951]. Vielmehr muß, wie bereits dargelegt, der Begriff der einstweiligen Maßnahme autonom ausgelegt werden[952]. Der Wortlaut des Art. 31 EuGVVO schließt folglich dessen Anwendung auf selbständige Beweisverfahren nicht aus. Wie dargelegt sind Maßnahmen der selbständigen Beweissicherung auch grundsätzlich unter die vom EuGH gegebene Definition der einstweiligen Maßnahmen subsumierbar[953].

Gegen eine Anwendung von Art. 31 EuGVVO bzw. Art. 24 EuGVÜ auf Maßnahmen der Beweissicherung allgemein wurde in der französischen Literatur eingewandt, Maßnahmen im selbständigen Beweissicherungsverfahren könnten weder als einstweilige noch als sichernde Maßnahmen angesehen werden[954]: *Einstweiligen* Maßnahmen sei eigen, daß sie in Erwartung der Entscheidung des Rechtsstreits in der Hauptsache eine bestimmte Rechtsfrage vorläufig regeln. Demgegenüber ergingen Maßnahmen der Beweissicherung nicht in Erwartung der Entscheidung in der Hauptsache, sondern in Erwartung oder Vorbereitung eines Hauptsacheverfahrens als solchem, und enthielten hinsichtlich der Beweissicherung auch keine vorläufige, sondern eine endgültige Regelung[955]. Auch *sichernde* Maßnahmen würden immer in Erwartung der Hauptsacheentscheidung ergehen und sich mit Erlaß derselben erledigen, wohingegen Maßnahmen der Beweissicherung unabhängig von der Hauptsacheentscheidung als solcher erlassen würden und sich mit Ergehen der Hauptsacheentscheidung auch nicht erledigten[956].

Zuzugeben ist, daß das Ergebnis einer Beweisaufnahme keine "Erledigung" als solche erfahren kann, sondern unabhängig von der Einleitung und vom Ausgang des Hauptsacheverfahrens bestehen bleibt. Auch kann eine Beweiserhebung - hat sie einmal stattgefunden - nicht mehr "rückgängig" gemacht werden.

Eine solche Betrachtung berücksichtigt jedoch nicht hinreichend, daß Maßnahmen der Beweissicherung nicht zum Selbstzweck ergehen, sondern ein Hauptsacheverfahren vorbereiten, die Durchsetzung von Rechten in einem solchen sichern oder aber auch den Gläubiger von einer Durchsetzung seiner Rechte im Hauptsacheverfahren Abstand nehmen lassen[957]. Mit einstweiligen und sichernden Maßnahmen nach der obigen Betrachtung haben Maßnahmen der Beweissicherung demnach gemein, daß nicht eine bestimmte Rechtsfrage endgültig entschieden, sondern die Durchsetzung eines geltend gemachten oder geltend zu machenden Rechts unterstützt oder gesichert wird. Eine weitere Gemeinsamkeit besteht darin, daß in Verfahren der selbständigen Beweissicherung gerichtliche Hilfe zusätzlich zu einem Hauptsacheverfahren, aber mit Blick auf die Durchsetzung eines materiellen Rechts in Anspruch genommen wird[958]. Ein selbständiges Beweisverfahren nach deutschem Recht wird einzig mit Blick auf ein be-

---

951 *Mankowski* JZ 2005, 1144, 1145.

952 Siehe oben Gliederungspunkt II.B.2, S. 152.

953 Vgl. oben Gliederungspunkt II.B.2.c)(4)(a)i), S. 179.

954 *Groud* Rdnr. 453 ff.

955 *Groud* Rdnr. 454 ff.

956 *Groud* Rdnr. 458.

957 Vgl. zum Zweck des selbständigen Beweisverfahrens im deutschen Recht oben Gliederungspunkt I.A.3 in Teil 2 der Arbeit, S. 42; zuletzt auch z.B. BGH Beschluß vom 10.07.2003 NJW 2003, 3057.

958 Zu solchen Erwägungen auch *Groud* Rdnr. 461.

stimmtes Hauptsacheverfahren durchgeführt. Dem entspricht auch, daß in seinem Rahmen keine Tatsachenermittlung möglich ist, sondern bereits bekannte Tatsachen, die in einem konkreten Rechtsstreit von Bedeutung sein könnten, gesichert werden sollen. Diese enge Verknüpfung des Verfahrens der Beweissicherung mit dem Hauptsacheverfahren ist danach wesentliches Merkmal für die Einordnung eines solchen Verfahrens als einstweilige Maßnahme im Sinne von Art. 31 EuGVVO.

Der Generalanwalt beim EuGH DÁMASO RUIZ-JARABO COLOMER zog in seinen Schlußanträgen im Verfahren *St. Paul Dairy Industries NV/Unibel Exser BVBA* vor dem EuGH vom 09.09.2004 ähnliche Erwägungen bei der Prüfung der Einordnung eines Verfahrens der vorprozessualen Beweissicherung nach niederländischem Recht heran. Dort wurde die Frage nach der Anwendbarkeit des Art. 24 EuGVÜ allerdings eng verknüpft mit der Frage nach der Anwendbarkeit des EuGVÜ als solchem. Nach Ansicht des Generalanwalts DÁMASO RUIZ-JARABO COLOMER war in dieser Rechtssache bereits die Anwendbarkeit des EuGVÜ zweifelhaft, da er von der Notwendigkeit eines Rechtsstreits mit Auslandsbezug für die Anwendbarkeit des EuGVÜ ausging[959]. Dabei vertrat er den Standpunkt, dass das streitige Beweisverfahren nur dann einen Rechtsstreit mit Auslandsbezug betreffe, wenn ein enger Zusammenhang des streitigen selbständigen Beweisverfahrens vor dem niederländischen Gericht mit dem Rechtsstreit in der Hauptsache, der Berührungspunkte nur zu Belgien aufwies, bestehe. Wiewohl der aus den dem EuGH vorliegenden Akten ersichtliche Sachverhalt nach den Ausführungen des Generalanwalts keine abschließende Beurteilung erlaubte, hegte DÁMASO RUIZ-JARABO COLOMER an einer solchen engen Verbindung erhebliche Zweifel, weil die vorgezogene Beweisaufnahme nach den Ausführungen des niederländischen Gerichts auch und vor allem der vorprozessualen Ermittlung von Tatsachen diene und eine Verknüpfung mit einem späteren Hauptsacheverfahren nicht erfolge oder verlangt werde. Auch Art. 24 EuGVÜ setze eine derartig enge Verbindung des Beweissicherungsverfahrens mit dem Hauptsacheverfahrens voraus, die allerdings nicht bestehe, wenn dem Beweissicherungsverfahren aufgrund seiner Aufklärungsfunktion bereits ein eigener, "innerer" Wert zukomme[960]. Der Generalanwalt gelangt zu dem Schluß, daß die dort streitige vorprozessuale Maßnahme zur Beweiserhebung nur dann als solche im Sinne des Art. 24 EuGVÜ anzusehen sein könnte, wenn die Erhaltung eines Beweismittels gerade mit Blick auf ein späteres, bereits hinreichend bestimmtes Hauptsacheverfahren angestrebt werde[961].

---

959 Vgl. zu dieser Voraussetzung oben Gliederungspunkt II.B.1.a)(3)(a), S. 146.

960 Generalanwalt *Dámaso Ruiz-Jarabo Colomer* in den Schlußanträgen vor dem EuGH in der Rechtssache C-104/03, *St. Paul Dairy Industries NV/Unibel Exser BVBA*, vom 09.09.2004, dort Rdnr. 41 ff., insbes. Rdnr. 46 f.; die Schlußanträge sind auf der homepage des EuGH unter www.curia.eu.int abrufbar.

961 Generalanwalt *Dámaso Ruiz-Jarabo Colomer* in den Schlußanträgen vor dem EuGH in der Rechtssache C-104/03, *St. Paul Dairy Industries NV/Unibel Exser BVBA*, vom 09.09.2004, dort Rdnr. 47 ff., insbes. Rdnr. 55; die Schlußanträge sind auf der homepage des EuGH unter www.curia.eu.int abrufbar.

Weiterhin greifen Verfahren zur Beweissicherung wie andere einstweilige Maßnahmen nicht der Entscheidung des Rechtsstreits in der Hauptsache inhaltlich vor, sondern verhindern vielmehr, daß nicht aufgrund der Veränderung tatsächlicher Umstände während der Anhängigkeit des Hauptsacheverfahrens bereits eine bestimmte Entscheidung von vornherein ausgeschlossen ist[962]. Überdies kann eine Gemeinsamkeit darin gesehen werden, daß sowohl Maßnahmen des einstweiligen Rechtsschutzes als auch Beweissicherungsmaßnahmen aufgrund eines summarischen Verfahrens ergehen, in dem die Anforderungen an die Beweisführung gesenkt sind und nach § 920 Abs. 2 bzw. § 487 Nr. 4 ZPO eine Glaubhaftmachung nach § 294 ZPO genügt.

Zutreffend ist zwar, daß Maßnahmen der Beweissicherung keine Regelung oder Sicherung in Bezug auf das geltend gemachte materielle Recht zum Gegenstand haben, sondern einzig prozeßrechtlicher Natur sind. Während die Anordnung einer Beweisaufnahme rein verfahrensrechtliche Wirkungen hat, sichern aber die einmal erhobenen Beweise unmittelbar die Durchsetzbarkeit des im Hauptsacheverfahren geltend zu machenden oder gemachten Rechts. Maßgeblich ist, daß Maßnahmen der Beweissicherung genauso wie Entscheidungen in Verfahren des einstweiligen Rechtsschutzes, durch die eine materiellrechtliche Frage vorübergehend eine Regelung erfährt und entsprechend eine Sach- oder Rechtslage erhalten oder gestaltet wird, mit Bezug auf ein bestimmtes - auch zukünftiges - Hauptsacheverfahren ergehen und die Durchsetzung der dort geltend gemachten Rechte sichern sollen.

Für eine Anwendung von Art. 31 EuGVVO zur Bestimmung der internationalen gerichtlichen Zuständigkeit für die Durchführung selbständiger Beweisverfahren nach §§ 485 ff. ZPO spricht auch die praktische Erwägung, daß es insbesondere bei Eilbedürftigkeit nicht zweckmäßig erscheint, im Anwendungsbereich der EuGVVO eine Beweisaufnahme im Ausland in Rechtsstreitigkeiten einzig durch Rechtshilfeersuchen nach dem HBÜ und der EuBVO zu ermöglichen[963]. Sachdienlich ist dann, die internationalen gerichtlichen Zuständigkeiten für die Durchführung von selbständigen Beweissicherungsverfahren nach den nationalen Rechtsordnungen bestehen zu lassen, da diese meist auch eine Eilzuständigkeit am Ort des Beweismittels vorsehen, wie dies § 486 Abs. 3 ZPO tut.

Damit ist grundsätzlich davon auszugehen, daß auch selbständige Beweisverfahren nach §§ 485 ff. ZPO, insbesondere wenn sie nach § 486 Abs. 3 ZPO in einem dringenden Fall durchgeführt werden, als einstweilige Maßnahmen im Sinne des Art. 31 EuGVVO anzusehen sind.

Es kann jedoch überlegt werden, ob nicht die vom EuGH für die vorläufigen Leistungsanordnungen aufgestellten Kriterien entsprechend herangezogen werden können. Sowohl der vorläufigen Anordnung von Leistungen als auch bei der Sicherung von Beweisen handelt es sich um Maßnahmen, die zunächst dem Begehren des Antragstellers vollständig Rechnung tragen. Aus dem vom EuGH aufgestellten Kriterium der örtlichen Befindlichkeit des Gegenstandes im örtlichen Zuständigkeitsbereich des

---

962 Hierzu auch *Mankowski* JZ 2005, 1144, 1146.

963 Vgl. die entsprechenden Erwägungen von *Mankowski* RIW 2005, 561, 566 und JZ 2005, 1144, 1147.

angerufenen Gerichts könnte die grundsätzliche Erwägung gefolgert werden, einstweilige Maßnahmen, für deren Erlaß die gerichtliche Zuständigkeit nach Art. 31 EuGVVO bestimmt werden soll, könnten immer nur solche sein, die im Staat des angerufenen Gerichts vollstreckt werden sollten[964]. Wie bereits festgestellt, sollte die örtliche Befindlichkeit der Person oder Sache jedoch eine Voraussetzung sein, die im Rahmen der gerichtlichen Zuständigkeit für den Erlaß einstweiliger Maßnahmen im Sinne des Art. 31 EuGVVO geprüft wird. Sie sollte nicht dazu führen, von vornherein bestimmte Maßnahmen generell aus dem Anwendungsbereich der EuGVVO bzw. des EuGVÜ auszuschließen. Zudem besteht bei Anwendbarkeit des § 486 Abs. 3 ZPO in dringenden Fällen die Eilzuständigkeit ohnehin nur dann, wenn sich die Person oder die Sache, über die Beweis erhoben werden soll, im örtlichen Bezirk des angerufenen Amtsgerichts befindet. Übertragen auf die internationale Zuständigkeit bedeutet dies, daß sich die Person oder Sache auf jeden Fall auch im Inland befinden muß. Die vom EuGH aufgestellten Kriterien müssen somit hier nicht herangezogen werden.

b) Frankreich

Auch die einstweiligen Maßnahmen des französischen Recht unterfallen überwiegend der Definition der einstweiligen Maßnahmen im Sinne von Art. 31 EuGVVO bzw. Art. 24 EuGVÜ durch den EuGH.

(1) Ordonnances de référé

Ordonnances de référé nach französischem Recht erfüllen grundsätzlich die Voraussetzungen einer einstweiligen Maßnahme im Sinne des Art. 31 EuGVVO, wie sie vom EuGH festgesetzt wurden, wenn sie im Anwendungsbereich der EuGVVO ergehen[965].

Wie bereits dargestellt[966], ist eine *ordonnance de référé* immer vorläufiger Natur, da sie nach Art. 488 NCPC keine "*autorité de chose jugée*", also keine Bindungswirkung für das Hauptsacheverfahren hat. Die endgültige Anerkennung oder Feststellung der geltend gemachten Rechte kann somit einzig im Hauptsacheverfahren erfolgen.

Mit einer *ordonnance de référé générale* nach Art. 808, 809 Abs. 1 NCPC können insbesondere *mesures conservatoires* und *mesures provisoires* angeordnet werden[967], die Maßnahmen darstellen, die eine bestimmte Sach- oder Rechtslage erhalten sollen.

Mesures conservatoires können einerseits die Erhaltung eines bestimmten Zustandes anordnen, andererseits aber auch die Sicherstellung bestimmter Gegenstände festsetzen, und haben somit das Ziel der Erhaltung einer Sach- oder Rechtslage und dadurch der Sicherung von Rechten. Dies deutet auch bereits das Adjektiv "*conservatoire*" an, das mit "*der Erhaltung dienend*" oder "*sichernd*" übersetzt werden muß[968].

---

964 *Heß/Vollkommer* IPRax 1999, 220, 223; vgl. auch *Stadler* in *Gottwald*, Revision des EuGVÜ, S. 37, 58.

965 Vgl. z.B. *Heiss* S. 87, allerdings teilweise zur alten Rechtslage im französischen Recht.

966 Siehe oben in Gliederungspunkt I.B.1 in Teil 2 der Arbeit, S. 48.

967 Siehe dazu bereits oben Gliederungspunkt I.B.1.a)(1)(b) in Teil 2 der Arbeit, S. 54.

968 *Conservatoire* ist abgeleitet vom Verb *conserver*, das in seiner Grundbedeutung "erhalten" und "bewahren" bedeutet.

Mit *mesures provisoires* werden dagegen regelnde Maßnahmen angeordnet, die allerdings in Abgrenzung zu der durch einen *référé-provision* angeordneten Erbringung einer Leistung keinen befriedigenden Charakter haben. Durch diese vorläufige Regelung einer bestimmten tatsächlichen oder rechtlichen Lage wird ebenfalls die Sicherung sonst gefährdeter Rechte bezweckt. Auch die in Art. 809 Abs. 1 NCPC vorgesehenen *mesures de remise en état* dienen mit der Wiederherstellung eines bestimmten Zustandes der einstweiligen Regelung eines Rechtsverhältnisses insbesondere im Falle der rechtswidrigen Störung von Rechten (*trouble manifestement illicite*) und damit der Sicherung der durch die Störung beeinträchtigten Rechte.

Umstritten ist die Einordnung von in *procédures de référé* ergangenen Entscheidungen als einstweilige Maßnahme im Sinne des Art. 31 EuGVVO nur für den *référé-provision* nach Art. 809 Abs. 2 1. Alt. NCPC und den *référé probatoire* nach Art 145 NCPC, die im folgenden näher zu betrachten sein werden. Gleiche Bedenken wie gegen die Einordnung des *référé-provision* können auch gegen die Einordnung des *référé-injonction* nach Art. 809 Abs. 2 2. Alt. NCPC vorgetragen werden, weil dieser ebenfalls die vorläufige Anordnung einer Leistungserbringung (nämlich die Vornahme einer Handlung) beinhaltet. Daß seine Einordnung in der Literatur nicht diskutiert wird, dürfte auf seine Ähnlichkeit mit dem *référé-provision* sowie darauf zurückzuführen sein, daß er erst 1985 eingeführt wurde und seltener angeordnet wird. Im folgenden verstehen sich die Betrachtungen des *référé-provision* auch als solche des *référé-injonction.*

(a) Référé-provision und référé-injonction

In der französischen Rechtsprechung und Literatur war lange umstritten, ob der *référé-provision* in den Anwendungsbereich des Art. 24 EuGVÜ fällt. Wie bereits dargestellt, wurden insbesondere dahingehend Bedenken erhoben, die durch einen *référé-provision* entstandene Sach- oder Rechtslage könnte trotz einer anderen Beurteilung im Hauptsacheverfahren wegen fehlender tatsächlicher Rückabwicklungsmöglichkeiten oft endgültig bestehen bleiben. Dann würde mit einem *référé-provision* dem Ausgang des Hauptsacheverfahrens vorgegriffen[969].

Im Anschluß an das Urteil des EuGH "*van Uden*" ist jedoch davon auszugehen, daß der *référé-provision* unter den in dieser Entscheidung für vorläufige Anordnungen der Erbringung einer vertraglich geschuldeten Leistung aufgestellten Kriterien, insbesondere dem der gesicherten Rückabwicklung, in den Anwendungsbereich des Art. 31 EuGVVO bzw. Art. 24 EuGVÜ fällt[970]. Durch diese Erfordernisse wird sichergestellt, daß der *référé-provision* ebenfalls eine nur vorläufige Natur behält, so daß er unter die allgemeine Definition einstweiliger Maßnahmen durch den EuGH fällt, nach der die Maßnahme eine Sach- oder Rechtslage erhalten muß, um Rechte zu sichern, deren Anerkennung im übrigen bei dem in der Hauptsache zuständigen Gericht beantragt wird.

---

969 Vgl. zu allem bereits oben Gliederungspunkt II.B.2.b)(1)(b), S. 157; *Mayer* Rdnr. 354 in der 5. Auflage, 1994.

970 So auch *Béraudo* Editions du Juris-Classeur Droit International, Fascicule 631-51 Rdnr. 31.

Dies ist auch einem im April 1999 ergangenen Urteil der *Cour de Cassation* zu entnehmen[971]. In dem zugrundeliegenden Fall hatte ein französisches Unternehmen (*Bachy*) mit einem portugiesischen Unternehmen (*Belbetoes*) und dessen Muttergesellschaft einen Vertrag über einen Technologietransfer geschlossen. Als es zu einer Streitigkeit über Zahlungspflichten der Firma Belbetoes kam, beantragte die Firma *Bachy* vor einem französischen *Tribunal de commerce*, einem erstinstanzlichen Gericht mit allgemeiner Zuständigkeit in Handelssachen, einen *référé-provision*, mit dem die Zahlung einer bestimmten Summe durch die Firma *Belbetoes* angeordnet werden sollte. Das Gericht erließ im Jahr 1996 den beantragten *référé-provision*, durch den die portugiesische Gesellschaft zur einstweiligen Erbringung der Leistung verpflichtet wurde. Die Entscheidung des Tribunal de commerce wurde im Jahr 1997 durch die *Cour d'appel de Paris* bestätigt, die *Cour de Cassation* hob diese Entscheidung jedoch auf[972]. In dem *arrêt de cassation* wird das Urteil des EuGH "*van Uden*" zitiert und festgestellt, daß die *Cour d'appel* diesen *référé-provision* nicht als einstweilige Maßnahme im Sinne des Art. 24 EuGVÜ einordnen durfte, ohne zuvor festzustellen, ob die angeordnete Zahlung in Frankreich vollstreckt werden könnte. Aus diesen Verweisen ist abzuleiten, daß nach der Rechtsprechung der *Cour de Cassation* der *référé-provision* unter den vom EuGH aufgestellten Voraussetzungen als einstweilige Maßnahme im Sinne des Art. 24 EuGVÜ bzw. Art. 31 EuGVVO einzuordnen ist.

(b) Référé probatoire und Mesures d'instruction sur requête nach Art. 145 NCPC

Ob die *mesures probatoires* des französischen Rechts als einstweilige Maßnahmen im Sinne des Art. 31 EuGVVO bzw. Art. 24 EuGVÜ anzusehen sind, ist ebenfalls umstritten[973].

Mehrheitlich werden sie vor allem in dem Fall, in dem die Erstellung eines Sachverständigengutachtens angeordnet wird, als eine Maßnahme im Sinne des Art. 31 EuGVVO bzw. Art. 24 EuGVÜ verstanden[974]. In einem Urteil vom 09.04.1993 grenzte die *Cour d'appel de Versailles* den Anwendungsbereich des HBÜ und des EuGVÜ voneinander ab[975]. In der Entscheidung wird festgestellt, das HBÜ müsse bei solchen Beweiserhebungen im Ausland herangezogen werden, die ohne Einschaltung der Be-

---

971 C. Cass. Civ. 1ère 13.04.1999 *Bachy* Rev. crit. DIP 1999, 352, 353.

972 C. Cass. Civ. 1ère 13.04.1999 *Bachy* Rev. crit. DIP 1999, 352, 353.

973 Vgl. z.B. *Gaudemet-Tallon* Rdnr. 307 m.w.N.; *Groud* Rdnr. 451 ff.; *Treichel* GRUR Int. 2001, 690, 702.

974 CA Paris 28.04.2000, no. 1999/08040, veröffentlicht unter www.legifrance.gouv.fr, bestätigt durch C. Cass. Civ. 1ère 11.12.2001 Bull. civ. I no. 313; CA Versailles 09.04.1993, Rev. crit. DIP 1995, 80, 83; CA Paris 19.03.1987 Dalloz 1987 IR 107 für den Fall, daß die Feststellungen in Deutschland getroffen werden müßten; CA Aix-en-Provence Réf. 04.05.1981 Rev. crit. DIP 1983, 110, 111; CA Rennes 28.04.1975 Rev. crit. DIP 1976, 768; CAA Nantes Plén. 15 avril 1999 RJDA 1999, 929, 930; *Béraudo* Editions du Juris-Classeur Droit International, Fascicule 631-51 Rdnr. 33 f. für Maßnahmen, aufgrund derer Beweise im Erlaßstaat erhoben werden; *Huet* JDI 1989, 96, 99; *Treichel* GRUR Int. 2001, 690, für den Spezialfall der *saisie-contrefaçon* als einstweilige Maßnahme im Sinne von Art. 24 EuGVÜ S. 697 f., allgemein für Maßnahmen der vorläufigen Beweissicherung S. 702.

975 CA Versailles 09.04.1993 Rev. crit. DIP 1995, 80, 82 f.

hörden oder Gerichte des Staates, in dem Beweis erhoben werden soll, einen Angriff auf dessen Souveränität darstellten. Bei einem Beschluß über die Erstellung eines Sachverständigengutachtens in einem anderen Staat, welche nach Ansicht des Gerichts keinen Angriff auf dessen Souveränität darstellen würde[976], könne dagegen die Bestimmung des zuständigen Gerichts nach Art. 24 EuGVÜ erfolgen[977]. Weiterhin führte die *Cour d'appel* aus, beide Übereinkommen hätten verschiedene Anwendungsgebiete, was die Beweiserhebung betreffe, insbesondere sei das HBÜ hier nicht ausschließlich anwendbar[978].

Vor allem GROUD wendet sich jedoch gegen eine Anwendbarkeit des Art. 24 EuGVÜ auf *mesures d'instruction à futur* und verweist insbesondere darauf, daß diese nicht in Erwartung einer Entscheidung in der Hauptsache eine Rechts- oder Sachlage vorläufig regelten und sich mit der Entscheidung in der Hauptsache nicht erledigten[979].

Insgesamt können hier damit ähnliche Überlegungen wie zum deutschen selbständigen Beweisverfahren herangezogen werden:

i) Anwendbarkeit der EuGVVO

Mesures probatoires fallen ebenfalls grundsätzlich in den Anwendungsbereich der EuGVVO, wenn sie in einem Rechtsgebiet ergehen, das in den Anwendungsbereich der Verordnung fällt. Die hiergegen in bezug auf das selbständige Beweisverfahren nach deutschem Recht vorgebrachten Bedenken greifen auch bei den *mesures probatoires* nicht durch.

Zunächst läßt sich gegen eine Anwendung der EuGVVO nicht einwenden, bei einem auf die Anordnung eines *référé probatoire* gerichteten Verfahren handele es sich nicht um ein Verfahren zwischen zwei Parteien. Aus der Natur des *référé*-Verfahrens folgt, daß neben dem Antragsteller eine weitere Partei an dem Verfahren beteiligt ist. Ansonsten würde eine *procédure sur requête* eingeleitet. Die Beteiligung einer weiteren Partei ergibt sich - auch für die ohne vorherige Anhörung des Gegners ergehenden *mesures d'instruction sur requête* - auch aus dem Erfordernis eines *motif légitime* nach Art. 145 NCPC, aus dem abgeleitet wurde, die Beweisaufnahme, deren Anordnung beantragt wird, müsse zur Sicherung der Durchführbarkeit eines bestimmten Rechtsstreites, dessen Gegenstand und *Parteien* bereits bekannt sind, notwendig sein[980].

Weiterhin führt auch bei *référés probatoires* die Anwendung der EuGVVO nicht zu einer mit der Rechtsnatur und der Eilbedürftigkeit dieser Maßnahmen nicht zu vereinbarenden Verringerung der Anzahl der Gerichte, die in einem konkreten Rechtsstreit grundsätzlich international zuständig wären. Denn ordnet man den *référé probatoire* als Maßnahme nach Art. 31 EuGVVO ein, sind bei Befindlichkeit des Beweismittels in französischem Hoheitsgebiet und der Notwendigkeit einer Beweisaufnahme in Frankreich französische Gerichte nach dem dann anwendbaren französischen internationalen

---

976 Ausdrücklich anderer Ansicht: *Couchez* Rev. crit. DIP 1995, 83, 87; *Béraudo* Editions du Juris-Classeur Droit International, Fascicule 631-51 Rdnr. 35.

977 CA Versailles 09.04.1993 Rev. crit. DIP 1995, 80, 83.

978 CA Versailles 09.04.1993 Rev. crit. DIP 1995, 80, 82 f.

979 Groud Rdnr. 451 ff., 463.

980 Siehe oben Gliederungspunkt I.B.1.e)(1) in Teil 2 der Arbeit, S. 60.

Zivilverfahrensrecht für die Anordnung des *référé probatoire* zuständig[981]. Der in Art. 31 EuGVVO enthaltene Verweis auf die nationalen Vorschriften über die internationale Zuständigkeit führt nämlich gerade dazu, daß diese Gerichtsstände trotz der Anwendbarkeit der EuGVVO erhalten bleiben. In den übrigen Fällen ist für die Anordnung des *référé probatoire* nach französischem internationalem Zivilverfahrensrecht das Hauptsachegericht unabhängig davon zuständig, an welchem Ort die Beweisaufnahme durchgeführt werden muß[982].

Der Anwendung der EuGVVO im Verfahren zum Erlaß eines *référé probatoire* steht auch die Existenz der EuBVO und des HBÜ nicht entgegen. Eine Anwendung der EuGVVO erfolgt einzig im Rahmen der Ermittlung der gerichtlichen Zuständigkeit und läßt den Anwendungsbereich der EuBVO bzw. des HBÜ unberührt, da sich nach deren Vorschriften richtet, wie sich die folgende Beweisaufnahme vollzieht, falls Beweise im Ausland erhoben werden müssen[983].

ii) Einordnung als einstweilige Maßnahme im Sinne des Art. 31 EuGVVO

Anhand der Definition, die der EuGH für einstweilige Maßnahmen im Sinne des Art. 31 EuGVVO bzw. Art. 24 EuGVÜ aufgestellt hat, muß ferner untersucht werden, ob *mesures probatoires* auch als einstweilige Maßnahmen angesehen werden können. Nach hier vertretener Auffassung steht die jüngste Rechtsprechung des EuGH einer Einordnung von derartigen Beweissicherungsverfahren als einstweilige Maßnahmen nicht grundsätzlich entgegen[984].

Mesures probatoires müßten hierfür Maßnahmen darstellen, die eine Sach- oder Rechtslage erhalten sollen, um Rechte zu sichern, deren Anerkennung im übrigen bei dem in der Hauptsache zuständigen Gericht beantragt wird. Genauso wie das selbständige Beweisverfahren nach deutschem Recht dienen der *référé probatoire* und die *mesure d'instruction sur requête* nach französischem Recht der einstweiligen Feststellung einer bestimmten Sach- oder Rechtslage durch Beweiserhebung, um diese Feststellungen in einem späteren Hauptsacheverfahren, in dem ein Recht geltend gemacht wird, als Beweis einführen zu können. Dabei wird durch eine *mesure probatoire* eine bestimmte Beweiserhebung nur angeordnet, wenn die Gefahr besteht, daß sonst die tatsächlichen Umstände verschwinden und dann in einem Hauptsacheverfahren nicht mehr der Beweisaufnahme zugänglich sind, sie also durch eine *mesure probatoire* gesichert werden müssen[985]. Somit dienen die *mesures probatoires* nach Art. 145 NCPC oder in Form eines *référé de droit commun* ebenfalls der Sicherung von Rechten durch

---

981 Vgl. zur internationalen Zuständigkeit französischer Gerichte für den Erlaß eines *référé probatoire* bereits oben Gliederungspunkt II.B.1.e)(2) in Teil 2 der Arbeit, S. 120; grundlegend C. Cass. Civ. 1ère 07.04.1998 Rev. crit. DIP 1998, 459.

982 Vgl. ebenfalls oben Gliederungspunkt II.B.1.e)(2) in Teil 2 der Arbeit, S. 120.

983 Zu den unterschiedlichen Anwendungsbereichen bereits oben Gliederungspunkt II.B.2.c)(4)(b), S. 182.

984 EuGH Urteil vom 28.04.2005 *St. Paul Dairy Industries NV/Unibel Exser BVBA*, Rs. C-104/03, RIW 2005, 538; vgl. hierzu oben Gliederungspunkt II.B.2.c)(4)(a)iv), S. 182.

985 Vgl. zu den Voraussetzungen für den Erlaß eines *référé probatoire* bereits oben Gliederungspunkt I.B.1.e)(1) in Teil 2 der Arbeit, S. 60.

den Erhalt einer bestimmten Sachlage in Form einer Beweisaufnahme[986]. Sie unterfallen damit wie das selbständige Beweisverfahren nach §§ 485 ff. ZPO dem Art. 31 EuGVVO.

Insbesondere GROUD wendet sich jedoch mit Verweis darauf, daß Verfahren zur Beweissicherung weder als einstweilige noch als sichernde Maßnahmen angesehen werden können, gegen eine Einordnung der *mesures d'instruction à futur* als einstweilige Maßnahmen im Sinne von Art. 24 EuGVÜ[987]. Ihm ist darin zuzustimmen ist, daß Maßnahmen der Beweissicherung im Gegensatz zu anderen einstweiligen Maßnahmen nicht in Erwartung einer *Entscheidung* in der Hauptsache, sondern mit Blick auf das Hauptsache*verfahren* als solches ergehen und sich mit der Entscheidung des Rechtsstreits in der Hauptsache auch nicht inhaltlich erledigen, weil sie keine materiellrechtliche Regelung enthalten. Ihnen ist jedoch mit anderen einstweiligen Maßnahmen gemeinsam, daß gerichtliche Unterstützung im Vorfeld oder parallel zu einem Hauptsacheverfahren gewährt wird, um die Durchsetzung der im Hauptsacheverfahren geltend gemachten oder zu machenden Rechte zu sichern oder zu unterstützen. Weiter ist einer *mesure probatoire* mit so verstandenen sichernden und regelnden Maßnahmen gemein, daß sie einer Entscheidung in der Hauptsache inhaltlich nicht vorgreifen.

GROUD wendet außerdem ein, gegen eine Anwendbarkeit von Art. 24 EuGVÜ bzw. Art. 31 EuGVVO spreche, daß diese Vorschriften nur ausnahmsweise eine gerichtliche Zuständigkeit außerhalb der Hauptsachezuständigkeit zulassen wollten, während die Regelungen materiellrechtlicher Fragen in einem konkreten Rechtsstreit eigentlich ausschließlich dem Hauptsachegericht gebührte. Maßnahmen der Beweissicherung fielen ohnehin nicht in die "normale" Zuständigkeit der Hauptsachegerichte[988]. Diese Sichtweise scheint ein Beweissicherungsverfahren zu losgelöst vom Hauptsacheverfahren zu betrachten: "Normalerweise" ist die Beweisaufnahme durchaus Aufgabe des für die Entscheidung des Rechtsstreits in der Hauptsache zuständigen Gerichts und auch wesentlicher Bestandteil des Hauptsacheverfahrens. Nur wenn eine - auch selbständige - Beweisaufnahme im Hauptsacheverfahren wegen eines zwischenzeitlichen Untergangs der Beweise zu spät käme oder gar von der Beweisbarkeit der Tatsachen für den Gläubiger die erfolgversprechende Durchführung eines Hauptsacheverfahrens abhängt, wird der Gläubiger zusätzlich zum Hauptsacheverfahren oder im Vorfeld desselben ein Verfahren der Beweissicherung einleiten.

Für eine Anwendung des Art. 31 EuGVVO zur Bestimmung der internationalen gerichtlichen Zuständigkeit in Verfahren zur Anordnung eines *référé probatoire* oder anderer *mesures d'instruction à futurum* spricht zudem - wie dies ebenfalls bereits für die selbständigen Beweisverfahren nach deutschem Recht festgestellt wurde -, daß über diese Vorschrift die nationalen Zuständigkeitsvorschriften zur Anwendung kommen können, die oft eine gerichtliche Zuständigkeit am Ort der Befindlichkeit der Sache vorsehen, über die Beweis erhoben werden soll. Würde man davon ausgehen, daß

---

986 Zu der gleichen Würdigung für die *saisie-contrefaçon* nach französischem Recht gelangt *Treichel* GRUR Int. 2001, 690, 698.

987 *Groud* Rdnr. 451 ff.

988 *Groud* Rdnr. 463.

Verfahren zur Anordnung von *mesures probatoires* zwar grundsätzlich in den Anwendungsbereich der EuGVVO fielen, aber nicht als einstweilige Maßnahmen im Sinne des Art. 31 EuGVVO angesehen werden könnten, könnten sonst derartige Verfahren vor einem französischen Gericht nur eingeleitet werden, wenn dieses nach den Regeln der EuGVVO international für die Durchführung des Hauptsacheverfahrens zuständig wäre. Wären französische Gerichte hierfür nicht international zuständig, könnte trotz der Befindlichkeit des Gegenstandes, über den Beweis erhoben werden soll, auf französischem Hoheitsgebiet eine vorläufige Beweisaufnahme durch einen *référé probatoire* oder eine *mesure d'instruction sur requête* von einem französischen Gericht nicht angeordnet werden. Beweisaufnahmen wären dann nur über Rechtshilfeersuchen ausländischer Gerichte nach dem HBÜ bzw. seit dem 01.01.2004 im Bereich der Europäischen Union außer Dänemark (vgl. Präambel, Nr. 22) nach der EuBVO möglich.

Somit sind sowohl der *référé probatoire* als auch *die mesure d'instruction sur requête* als einstweilige Maßnahme im Sinne des Art. 31 EuGVVO einzuordnen.

Wie oben dargestellt, wurde allerdings vereinzelt verlangt, einen *référé probatoire* nur dann als einstweilige Maßnahme im Sinne des Art. 31 EuGVVO bzw. Art. 24 EuGVÜ anzusehen, wenn er unter der Voraussetzung besonderer Eile erlassen werde, die aber nach französischem Recht keine Voraussetzung für seinen Erlaß ist[989]. Eine solche Voraussetzung ist im Rahmen des Art. 31 EuGVVO jedoch insgesamt abzulehnen[990], so daß sie auch nicht bei Verfahren zum Erlaß eines *référé probatoire* herangezogen werden kann.

iii) Ergebnis

Damit kann Art. 31 EuGVVO zur Bestimmung der internationalen gerichtlichen Zuständigkeit für die Durchführung eines auf einen *référé probatoire* gerichteten Verfahrens angewandt werden.

(2) Ordonnances sur requête

Auch *ordonnances sur requête* werden grundsätzlich vom Begriff der einstweiligen Maßnahme im Sinne von Art. 31 EuGVVO, wie er vom EuGH definiert wurde, erfaßt.

Bereits aus Art. 493 NCPC ergibt sich der nur vorläufige Charakter einer *ordonnance sur requête* ohne Rechtskraftwirkung für andere gerichtliche Verfahren in derselben Streitigkeit[991]. Mit einer allgemeinen *ordonnance sur requête de droit commun* dürfen nur Maßnahmen angeordnet werden, die grundsätzlich rückgängig gemacht werden können, keine dauerhaften Eingriffe in Rechte des Antragsgegner bewirken und keine Rechte Dritter beeinträchtigen, soweit dies nicht unvermeidlich ist, wie beispielsweise die Anordnung der Zwangsverwaltung einer Gesellschaft oder die Herausgabe eines Schriftstücks[992]. Durch eine *ordonnance sur requête* nach dem Gesetz Nr. 91-650 vom 09.07.1991 werden nur sichernde Maßnahmen angeordnet.

---

989 Vgl. oben in Gliederungspunkt II.B.2.e), S. 185.

990 Vgl. oben Gliederungspunkt II.B.2.e), S. 185.

991 Siehe dazu bereits oben in Gliederungspunkt I.B.2 in Teil 2 der Arbeit, S. 62.

992 Siehe zu den möglichen Maßnahmen bereits oben Gliederungspunkt I.B.2.a)(2) in Teil 2 der Arbeit, S. 65.

All diesen Maßnahmen ist gemeinsam, daß sie nur bei einem besonderen Sicherungsbedürfnis des Antragstellers, sei es in Form der besonderen Eilbedürftigkeit in der *procédure sur requête de droit commun* oder in Form der Gefahr der Vereitelung der späteren Durchsetzbarkeit eines noch nicht titulierten Geldzahlungsanspruchs bei den Maßnahmen nach dem Gesetz Nr. 91-650 vom 09.07.1991, angeordnet werden dürfen. Damit dienen auch sie einzig der vorübergehenden Erhaltung einer Sach- und Rechtslage zur Sicherung von Rechten, die endgültig nur in einem Hauptsacheverfahren durchgesetzt werden können, wie es vom EuGH für die Anwendbarkeit des Art. 24 EuGVÜ bzw. Art. 31 EuGVVO verlangt wird.

Zu beachten ist allerdings, daß nach der Rechtsprechung des EuGH einstweilige Maßnahmen nicht nach Titel III des EuGVÜ bzw. Kapitel III der EuGVVO vollstreckt werden können, wenn die Gegenpartei zum Verfahren nicht geladen worden ist[993]. *Ordonnances sur requête*, die immer ohne Ladung des Gegners zum Verfahren und ohne Anhörung des Gegners erlassen werden[994], können daher von vornherein nie nach Kapitel III der EuGVVO im Ausland anerkannt und für vollstreckbar erklärt werden.

(3) Andere Verfahren

Die *action paulienne* nach Art. 1167 C. Civil fällt entsprechend der Entscheidung "*Reichert II*" des EuGH nicht in den Anwendungsbereich des Art. 24 EuGVÜ[995]. Sie ist - wie die Anfechtungsklage gemäß § 13 AnfG im deutschen Recht - gerade nicht auf die nur vorübergehende Erhaltung einer Sach- und Rechtslage gerichtet, sondern zielt darauf, eine bestimmte Rechtshandlung des Schuldners im Verhältnis zum Gläubiger rückgängig zu machen. Sie wird auch im französischen Recht nicht zu den einstweiligen Maßnahmen gezählt.

---

993 EuGH Urteil vom 21.05.1980 *Denilauler*, Rs. 125/79, Slg. 1980, 1553, 1571 Rdnr. 17; vgl. dazu unten Gliederungspunkt III.B.2.b), S. 303.

994 Siehe dazu bereits oben Gliederungspunkt I.B.2 in Teil 2 der Arbeit, S. 62.

995 Vgl. oben Fußnote 800.

C. Bestimmung der internationalen gerichtlichen Zuständigkeit

Wie bereits angedeutet, lassen Art. 31 EuGVVO bzw. Art. 24 EuGVÜ zahlreiche Fragen bei der Bestimmung der internationalen gerichtlichen Zuständigkeit zum Erlaß einstweiliger Maßnahmen offen. Weitere Sondervorschriften sind hierzu in der EuGVVO nicht enthalten. Es ist somit einerseits zu klären, ob und inwieweit auch die anderen Zuständigkeitsvorschriften zur Bestimmung der internationalen gerichtlichen Zuständigkeit für den Erlaß einstweiliger Maßnahmen Anwendung finden, andererseits sind Art. 31 EuGVVO und Art. 24 EuGVÜ einer Auslegung zu unterziehen. Dabei werden zunächst all diejenigen Fragen erörtert, zu denen der EuGH ausdrücklich Stellung genommen hat, um aus den vom EuGH gegebenen Antworten gegebenenfalls Rückschlüsse für die Beantwortung noch ungeklärter Problemgebiete ziehen zu können. Einleitend soll ein kurzer Überblick über die vom EuGH zu einigen der hier angesprochenen Fragen ergangenen Entscheidungen gegeben werden.

1. Einleitung: Überblick über die Rechtsprechung des EuGH

Bis zum Jahr 1998 hatte der EuGH kaum Gelegenheit, auf offene Fragen hinsichtlich der gerichtlichen Zuständigkeit für den Erlaß einstweiliger Maßnahmen nach Art. 31 EuGVVO bzw. Art. 24 EuGVÜ eine Antwort zu geben.

In seinem Urteil "*De Cavel I*"[996] verneinte der EuGH bereits das Vorliegen einer einstweiligen Maßnahme im Sinne des Art. 24 EuGVÜ, er war also nicht veranlaßt, zur gerichtlichen Zuständigkeit Stellung zu nehmen.

In dem Verfahren, das zum Urteil "*De Cavel II*" führte, war die umstrittene einstweilige Maßnahme zwar von dem für die Hauptsache zuständigen Gericht erlassen worden, was grundsätzlich Anlaß für die Beantwortung der Frage nach dessen Zuständigkeit für die Durchführung eines Verfahrens des einstweiligen Rechtsschutzes hätte geben können. Die Zuständigkeit des Hauptsachegerichts ergab sich jedoch nicht aus den Regeln des EuGVÜ, da es sich um eine Scheidungsangelegenheit handelte. Überdies war dem EuGH nicht die Frage nach der Zuständigkeit dieses Gerichts zum Erlaß einstweiliger Maßnahmen vorgelegt worden, sondern einzig die nach der Anwendbarkeit des Art. 24 EuGVÜ auf eine im Rahmen eines Scheidungsverfahrens ergangene einstweilige Anordnung zur Zahlung von Unterhalt[997]. Zur gerichtlichen Zuständigkeit mußte daher nicht Stellung genommen werden.

Auch in den Verfahren "*Denilauler/Couchet Frères*"[998], "*C.H.W./G.J.H.*"[999] und "*Reichert u.a./Dresdner Bank AG*"[1000] gaben die vorgelegten Fragen keinen Anlaß zu einer Stellungnahme zur gerichtlichen Zuständigkeit.

---

[996] EuGH Urteil vom 27.03.1979 *De Cavel I*, Rs. 143/78, Slg. 1979, 1055 ff.; siehe dazu oben in Gliederungspunkt II.B.1.b), S. 151.

[997] EuGH Urteil vom 06.03.1980 *De Cavel II*, Rs. 120/79, Slg. 1980, 731, 734; siehe dazu oben Gliederungspunkt II.B.1.b), S. 151.

[998] EuGH Urteil vom 21.05.1980 *Denilauler*, Rs. 125/79, Slg. 1980, 1553.

[999] EuGH Urteil vom 31.03.1982 *C.H.W./G.J.H.*, Rs. 25/81, Slg. 1982, 1189.

[1000] EuGH Urteil vom 26.03.1992 *Reichert II*, Rs. C-261/90, Slg. 1992, I-2149.

Erst in den Jahren 1998 und 1999 konnte der EuGH in den Urteilen "*van Uden*" bzw. "*Mietz*" einige der offenen Fragen beantworten[1001].

Das am 06.06.2002 erlassene Urteil im Verfahren "*Italian Leather*" betraf die Anerkennung und Vollstreckung einer einstweiligen Maßnahme[1002], das am 28.04.2005 ergangene Urteil im Verfahren "*St. Paul*" behandelte die Einordnung von Beweissicherungsverfahren[1003], beide enthielten daher ebenfalls keine Ausführungen zur gerichtlichen Zuständigkeit.

2. Internationale Zuständigkeit des nach dem EuGVÜ für die Entscheidung des Rechtsstreits in der Hauptsache international zuständigen Gerichts zum Erlaß einstweiliger Maßnahmen

a) Hintergrund

Teilweise war umstritten, ob einstweilige Maßnahmen nur gemäß Art. 24 EuGVÜ bzw. Art. 31 EuGVVO bei den nach dem Recht eines Vertragsstaates vorgesehenen nationalen Gerichten oder grundsätzlich auch bei einem nach Art. 2 oder 5 bis 18 EuGVÜ bzw. Art. 2 oder 5 bis 24 EuGVVO für die Hauptsache zuständigen Gericht beantragt werden können.

SCHLOSSER vertrat die Ansicht, das nach den Vorschriften des EuGVÜ für die Hauptsache zuständige Gericht sei nicht kraft des EuGVÜ auch zum Erlaß einstweiliger Maßnahmen zuständig[1004]. Art. 24 EuGVÜ besage nur, daß eine nach dem Übereinkommen für die Hauptsache begründete Zuständigkeit keine Begrenzung der Anzahl derjenigen Gerichte darstelle, die zum Erlaß einstweiliger Maßnahmen zuständig sind. Im übrigen verweise Art. 24 EuGVÜ ausschließlich auf die Zuständigkeitsvorschriften der nationalen Rechtsordnungen, die für den einstweiligen Rechtsschutz die internationale Zuständigkeit anders als nach Art. 2 bis 18 EuGVÜ bestimmen könnten[1005].

Nach einigen Entscheidungen der Rechtsprechung[1006] sowie der Ansicht vieler Autoren[1007] jedoch schloß Art. 24 EuGVÜ die Zuständigkeit der nach den Art. 2 oder 5 bis

---

1001 EuGH Urteil vom 17.11.1998 *van Uden*, Rs. C-391/95, Slg. 1998, I-7091; EuGH Urteil vom 27.04.1999 *Mietz*, Rs. C-99/96, Slg. 1999, I-2277; zu den den Urteilen zugrundeliegenden jeweiligen wesentlichen Sachverhalten siehe bereits unter Gliederungspunkt II.B.2.b)(2), S. 158, bzw. unter Gliederungspunkt II.B.2.b)(3), S. 159.

1002 EuGH Urteil vom 06.06.2002 *Italian Leather*, Rs. C-80/00, Slg. 2002, I-4995.

1003 EuGH Urteil vom 28.04.2005 *St. Paul Dairy Industries NV/Unibel Exser BVBA*, Rs. C-104/03, RIW 2005, 538.

1004 *Schlosser* EuGVÜ Art. 24 Rdnr. 1, anders im Anschluß an die Urteile *van Uden* und *Mietz* in *Schlosser* EU-Zivilprozeßrecht Art. 31 Rdnr. 2, 18, 21.

1005 *Schlosser* EuGVÜ Art. 24 Rdnr. 1; so auch *Zeiler* Österr. JBl. 1996, 635, 638.

1006 TGI Quimper Réf. 22.10.1992 Gaz. Pal. 1993 Jur. 238, 240.

1007 *Cuniberti* Rdnr. 439; *Eilers* S. 200; *Gaudemet-Tallon* Revue de l'arbitrage 1999, 152, 165; Geimer/Schütze-*Geimer* Urteilsanerkennung I/1 § 29 XVI 2., S. 234, nach dem rechtslogisch das nationale Zuständigkeitsrecht zu den Vorschriften des EuGVÜ im Rahmen des Art. 24 EuGVÜ subsidiär angewandt wird; *Geimer/Schütze* EuGVÜ Art. 24 Rdnr. 2; *Gothot/Holleaux* Rdnr. 202; *Grunsky* RIW/AWD 1977, 1, 8; MüKo/ZPO-*Gottwald* Art. 24 EuGVÜ Rdnr. 5 ff.; *Hanisch* IPRax 1991, 215, 216; *Heiss* S. 12 f.; *Kropholler* noch in der 6. Auflage 1998 Art. 24 Rdnr. 6; *Martinet/Honorat* Gaz.

18 EuGVÜ für die Durchführung des Hauptsacheverfahrens zuständigen Gerichte auch für die Durchführung eines Verfahrens des vorläufigen Rechtsschutzes nicht aus, sondern diese Zuständigkeit wurde vielmehr wie selbstverständlich vorausgesetzt.

b) Urteile des EuGH vom 17.11.1998 (C-391/95, "van Uden/Deco-Line") und vom 27.04.1999 (C-99/96, "Mietz")

Im Verfahren "*van Uden/Deco-Line*" hatte der EuGH Gelegenheit, zur internationalen Zuständigkeit der Hauptsachegerichte für den Erlaß einstweiliger Maßnahmen Stellung zu nehmen. Hier war der Rechtsstreit durch eine Schiedsklausel in der Hauptsache den staatlichen Gerichten entzogen, die niederländische Gläubigerin hatte aber gegen ihre deutsche Schuldnerin vor einem niederländischen Gericht eine einstweilige Maßnahme erwirkt. Das angerufene niederländische Gericht wäre bei Fehlen einer Schiedsklausel für die Durchführung des Hauptsacheverfahrens nach Art. 5 Nr. 1 EuGVÜ zuständig gewesen. Mit den Vorlagefragen des niederländischen Hoge Raad an den EuGH wurde unter anderem eine umfangreiche Klärung der gerichtlichen Zuständigkeit bezweckt. Darunter befand sich auch die hier betrachtete Frage, ob ein nach Art. 2 oder 5 bis 18 EuGVÜ für die Entscheidung eines Rechtsstreits in der Hauptsache zuständiges Gericht auch für die Entscheidung über einen Antrag im Verfahren des einstweiligen Rechtsschutzes international zuständig sei[1008].

Der EuGH entschied ohne weitere Begründung, daß das nach Art. 2 und 5 bis 18 EuGVÜ für die Entscheidung des Rechtsstreits in der Hauptsache zuständige Gericht auch für die Anordnung einstweiliger oder sichernder Maßnahmen international zuständig sei, die sich als erforderlich erwiesen, ohne daß diese Zuständigkeit von weiteren Voraussetzungen abhinge[1009].

Im Verfahren "*Mietz/Intership Yachting*" war in einem Verfahren des einstweiligen Rechtsschutzes ebenfalls vor einem niederländischen Gericht von einer niederländischen Gläubigerin gegen ihren deutschen Schuldner ein *kort geding* nach niederländischem Recht erreicht worden, dessen Vollstreckung die niederländische Gläubigerin in Deutschland anstrebte. Wiewohl die Frage nach der Zuständigkeit eines nach dem EuGVÜ für die Entscheidung des Rechtsstreits in der Hauptsache zuständigen Gerichts auch für Maßnahmen des einstweiligen Rechtsschutzes nicht zu den Vorlagefragen gehörte, bestätigte der EuGH in einem obiter dictum die im Urteil "*van Uden*" gegebene Antwort[1010]. Weitergehend führte er sogar aus, daß für den Fall, daß das angerufene Gericht bereits für die Entscheidung des Rechtsstreits in der Hauptsache nach allgemeinen Regeln zuständig sei, Art. 24 EuGVÜ zur Begründung der Zuständigkeit

---

Pal. 1999 Jur. 330, 331; *Stickler* S. 29; *van Drooghenbroeck* in *van Compernolle/Tarzia* S. 475, 486 Rdnr. 15; *Vareilles-Sommières* Rev. crit. DIP 1996, 397, 417; *Wolf* in *Geimer/Schütze* Internationaler Rechtsverkehr EuGVÜ Art. 24 Rdnr. 13.

1008 EuGH Urteil vom 17.11.1998 *van Uden*, Rs. C-391/95, Slg. 1998, I-7091, 7128 Rdnr. 17, Vorlagefrage Nr. 1.

1009 EuGH Urteil vom 17.11.1998 *van Uden*, Rs. C-391/95, Slg. 1998, I-7091, 7130 Rdnr. 19, 22; der EuGH folgte damit den Schlußanträgen des Generalanwalts *Léger*, Slg. 1998, I-7091, 7109 f. Rdnr. 83 ff.

1010 EuGH Urteil vom 27.04.1999 *Mietz*, Rs. C-99/96, Slg. 1999, I-2277, 2314 Rdnr. 40 f.

zum Erlaß einstweiliger Maßnahmen nicht mehr herangezogen werden müsse[1011]. Entsprechend gälten für ein solches Gericht auch nicht die speziellen Voraussetzungen, die ein nach Art. 24 EuGVÜ in Verbindung mit nationalen Zuständigkeitsvorschriften international zuständiges Gericht bei der Anordnung einstweiliger Maßnahmen beachten müsse[1012].

c) *Reaktionen in Rechtsprechung und Literatur*

In der französischen Rechtsprechung ist die Lösung des EuGH bereits ausdrücklich übernommen worden. In einem von der *Cour d'appel d'Orléans* am 07.11.2002 entschiedenen Verfahren hatte eine französische Antragstellerin gegen eine italienische Firma den Erlaß einer einstweiligen Maßnahme beantragt, mit der die Antragsgegnerin zu bestimmten Unterlassungen und Handlungen verpflichtet wurde und die in Italien vollstreckt werden mußte[1013]. Die Cour d'appel befand, daß französische Gerichte in dem konkreten Rechtsstreit aufgrund einer Gerichtsstandsvereinbarung nach Art. 17 EuGVÜ für die Entscheidung eines Rechtsstreits in der Hauptsache und daher bereits aus diesem Grund auch für den Erlaß einstweiliger Maßnahmen zuständig seien. Art. 24 EuGVÜ müsse zur Begründung der internationalen Zuständigkeit nicht herangezogen werden und weitere Voraussetzungen, wie beispielsweise die Vollstreckbarkeit der Maßnahme im Inland, müßten nicht erfüllt sein[1014]. Entscheidungen deutscher Gerichte sind - soweit ersichtlich - noch nicht veröffentlicht worden.

In der Literatur wurde der Entscheidung des EuGH zugestimmt[1015]. Die Zuständigkeit auch des Hauptsachegerichts ergebe sich bereits aus dem Wortlaut Art. 24 EuGVÜ bzw. Art. 31 EuGVVO[1016]. Außerdem sei es auch in grenzüberschreitenden Verfahren sachgerecht, daß das mit dem Hauptsacheverfahren vertraute Gericht, das dafür zuständig sei, in diesem eine endgültige Entscheidung zu treffen, als "Weniger" auch für den Erlaß einstweiliger Maßnahmen zuständig sei[1017]. Auch sei mit dem EuGH davon auszugehen, daß das für die Durchführung des Hauptsacheverfahrens zuständige Gericht für den Erlaß einstweiliger Maßnahmen bereits als solches zuständig sei und nicht die besonderen Voraussetzungen des Art. 31 EuGVVO bzw. Art. 24 EuGVÜ erfüllt sein müßten[1018]. Dieses Gericht könne also alle in Betracht kommenden Arten von

---

1011 EuGH Urteil vom 27.04.1999 *Mietz*, Rs. C-99/96, Slg. 1999, I-2277, 2314 Rdnr. 40.

1012 EuGH Urteil vom 27.04.1999 *Mietz*, Rs. C-99/96, Slg. 1999, I-2277, 2315 Rdnr. 46.

1013 CA Orléans 07.11.2002 Rev. crit. DIP 2003, 326 ff.

1014 CA Orléans 07.11.2002 Rev. crit. DIP 2003, 326, 329.

1015 *Cuniberti* Dalloz 2000 Jur. 379, 380 Rdnr. 6; *Gaudemet-Tallon* Revue de l'arbitrage 1999, 152, 165; Geimer/Schütze-*Geimer* Art. 31 EuGVVO Rdnr. 3;*Grabinski* GRUR Int. 2001, 199, 211 ohne Bezugnahme auf die Rechtsprechung des EuGH; *Hackspiel* R.A.E.-L.E.A. 2000, 184, 186; *Huet* JDI 2004, 203, 204 f.; *Klauer* ELR 1998, 594, 596; *Leclerc* JDI 2001, 682, 686; Rauscher-*Leible* EuZPR Art. 31 EuGVVO Rdnr. 22; *Normand* Rev. crit. DIP 1999, 353, 366; *Spellenberg/Leible* ZZPInt 4 (1999), 221, 226; *Stadler* JZ 1999, 1089, 1094.

1016 *Cuniberti* Rdnr. 439 und Dalloz 2000 Jur. 379, 380 Rdnr. 6; *Normand* Rev. crit. DIP 1999, 353, 366.

1017 *Donzallaz* AJP/PJA 2000, 956, 968; *Normand* Rev. crit. DIP 1999, 353, 366.

1018 *Donzallaz* AJP/PJA 2000, 956, 968; *Leclerc* JDI 2001, 682, 686; *Normand* Rev. crit. DIP 1999, 353, 366; *van Drooghenbroeck* in *van Compernolle/Tarzia* S. 475, 488 Rdnr. 17, Fn. 36.

einstweiligen Maßnahmen erlassen, ohne sich auf die unter Art. 31 EuGVVO bzw. Art. 24 EuGVÜ fallenden Maßnahmen beschränken zu müssen. Insbesondere könne das Hauptsachegericht auch Maßnahmen erlassen, die sich auf Gegenstände bezögen, welche sich nicht im Inland befänden[1019]. Voraussetzung sei auch nicht, daß die Hauptsache bereits anhängig sei[1020]. Die gerichtliche Zuständigkeit sei damit nicht an weitere Voraussetzungen gebunden, wie sie jedoch, wie im folgenden zu betrachten sein wird, für Art. 31 EuGVVO bzw. Art. 24 EuGVÜ aufgestellt worden sind[1021].

Ergänzend wurde auch die Klarstellung des EuGH, bei Bestehen einer internationalen Zuständigkeit für die Entscheidung des Rechtsstreits in der Hauptsache müsse für die Begründung der internationalen Zuständigkeit zum Erlaß einstweiliger Maßnahmen nicht mehr Art. 24 EuGVÜ bzw. Art. 31 EuGVVO herangezogen werden, betont und ausdrücklich bestätigt[1022].

d) Stellungnahme

Die Entscheidung des EuGH ist zu begrüßen. Für die internationale Zuständigkeit des nach der EuGVVO für die Entscheidung des Hauptsacheverfahrens international zuständigen Gerichts auch für die Anordnung einer einstweiligen Maßnahme sprechen eine Vielzahl von Argumenten, die unter (1) dargelegt werden. Wie unter (2) zu zeigen sein wird, muß diese Zuständigkeit für die Anordnung einstweiliger Maßnahmen auch schon vor Einleitung eines Hauptsacheverfahrens bestehen. Unter (3) wird kurz der Umfang der Entscheidungskompetenz des Hauptsachegerichts in Eilverfahren betrachtet.

(1) Argumentative Begründung der Zuständigkeit des Hauptsachegerichts

Die internationale Zuständigkeit auch des für die Entscheidung des Rechtsstreits in der Hauptsache zuständigen Gerichts erscheint zunächst sachgerecht, weil dieses Gericht, wenn das Hauptsacheverfahren bereits anhängig ist, meist mit den Einzelheiten des Rechtsstreits in tatsächlicher wie in rechtlicher Hinsicht am besten *vertraut* ist. Außerdem ist der Literatur darin zuzustimmen, daß ein Gericht, das für die Entscheidung des Rechtsstreits in der Hauptsache zuständig ist, als "*Weniger*" auch in einem summarischen Verfahren des einstweiligen Rechtsschutzes zuständig sein sollte. Weiterhin wäre es nicht einsichtig, warum im Rahmen der allgemeinen Zuständigkeitsvorschriften in Art. 2 und 5 bis 22 EuGVVO bzw. Art. 2 und 5 bis 16 EuGVÜ nach der Art des angestrebten gerichtlichen Verfahrens - Hauptsacheverfahren oder Verfahren des einstweiligen Rechtsschutzes - zu unterscheiden sein sollte[1023]. Insbesondere läßt sich den Art. 2 ff. EuGVVO bzw. EuGVÜ nicht entnehmen, daß diese Vorschriften nur zur Bestimmung der gerichtlichen Zuständigkeit für die Durchführung von Hauptsachever-

---

1019 *Cuniberti* Dalloz 2000 Jur. 379, 381 Rdnr. 6; *Donzallaz* AJP/PJA 2000, 956, 968; *Gaudemet-Tallon* Revue de l'arbitrage 1999, 152, 165; Geimer/Schütze-*Geimer* Art. 31 EuGVVO Rdnr. 4.

1020 *Leclerc* JDI 2001, 682, 686; *Pörnbacher* RIW 1999, 780, 781; *Spellenberg/Leible* ZZPInt 4 (1999), 221, 228.

1021 *Kropholler* Art. 31 Rdnr. 12; Rauscher-*Leible* EuZPR Art. 31 EuGVVO Rdnr. 16.

1022 *Donzallaz* AJP/PJA 2000, 956, 979; *Kropholler* Art. 31 Rdnr. 12.

1023 Vgl. Schlußanträge des Generalanwalts *Léger*, Slg. 1998, I-7091, 7110 Rdnr. 86.

fahren gelten sollten und in Verfahren des einstweiligen Rechtsschutzes nicht herangezogen werden dürften. Darüber hinaus wird diese Lösung auch dem Zweck des Art. 31 EuGVVO bzw. Art. 24 EuGVÜ, dem Gläubiger möglichst viele Gerichtsstände für die Beantragung einstweiligen Rechtsschutzes zu eröffnen, um ihm effektiven Rechtsschutz zu gewähren, gerecht. Denn nach ihr kann einstweiliger Rechtsschutz im Anwendungsbereich der EuGVVO bzw. des EuGVÜ nicht nur vor dem für die Durchführung des Hauptsacheverfahrens zuständigen oder bereits mit diesem befaßten Gericht, sondern auch vor allen nach den nationalen Rechtsordnungen über Art. 31 EuGVVO bzw. Art. 24 EuGVÜ international zuständigen Gerichten erlangt werden.

Einzig mit dem Argument, die für die Entscheidung des Rechtsstreits in der Hauptsache zuständigen Gerichte seien meist besonders "*sachnah*", läßt sich die Entscheidung des EuGH dagegen nicht begründen, weil die in nationalen Rechtsordnungen normierten Eilgerichtsstände gerade wegen ihrer Sachnähe, beispielsweise aufgrund der geographischen Nähe zum Streitgegenstand, teilweise Regelungen enthalten, die von den Zuständigkeitsvorschriften für die Hauptsache abweichen. Die Hauptsachegerichtsstände sind damit nicht zwingend sachnäher als die Eilgerichtsstände.

Vor allem kann sich die Lösung des EuGH aber auf den Wortlaut des Art. 31 EuGVVO bzw. Art. 24 EuGVÜ stützen. Könnte einstweiliger Rechtsschutz nur vor nach Art. 31 EuGVVO bzw. Art. 24 EuGVÜ in Verbindung mit den nationalen Vorschriften international zuständigen Gerichten beantragt werden, stünde dort statt "*können* ... beantragt werden" beispielsweise "*sind zu beantragen*" oder "*müssen beantragt werden*". Der derzeitigen Formulierung der Vorschrift kann somit nicht entnommen werden, daß sich die internationale gerichtliche Zuständigkeit in Verfahren des einstweiligen Rechtsschutzes ausschließlich nach Art. 31 EuGVVO bzw. Art. 24 EuGVÜ richten soll.

(2) Zuständigkeit bereits vor Anhängigkeit des Hauptsacheverfahrens

Mit dieser allgemeinen internationalen Zuständigkeit des nach den Vorschriften der EuGVVO bzw. des EuGVÜ international zuständigen Gerichts der Hauptsache auch für die Durchführung von Verfahren des einstweiligen Rechtsschutzes muß auch einhergehen, daß für die Zuständigkeit des Hauptsachegerichts für die Anordnung einstweiliger Maßnahmen das Hauptsacheverfahren noch nicht anhängig sein muß[1024]:

Ist das Hauptsacheverfahren noch nicht anhängig, ist es zunächst aus *prozeßökonomischen* Gründen sinnvoll, daß ein für die Durchführung des Hauptsacheverfahrens international zuständiges Gericht auch für die Durchführung eines Verfahrens des einstweiligen Rechtsschutzes zuständig ist. Der Rechtsstreit kann dann dadurch, daß sich nur ein Gericht mit diesem befassen muß, mit insgesamt weniger Aufwand einer Lösung zugeführt werden als wenn zwei verschiedene Gerichte tätig werden, von denen eines mit der Durchführung des Hauptsacheverfahrens und eines mit der Durchführung eines Verfahrens im einstweiligen Rechtsschutz betraut ist.

[1024] So auch *Spellenberg/Leible* ZZPInt 4 (1999), 221, 228; *Grundmann* S. 112 zum LugÜ; Geimer/Schütze-*Geimer* Art. 31 EuGVVO Rdnr. 7.

Der Gläubiger hat damit zunächst grundsätzlich für die Beantragung einstweiligen Rechtsschutzes die Wahl zwischen allen in Betracht kommenden Hauptsachegerichtsständen[1025]. Hat er allerdings ein für die Durchführung des Hauptsacheverfahrens zuständiges Gericht im einstweiligen Rechtsschutz angerufen, sollte er später aus Gründen des Beklagtenschutzes nur noch an diesem das Hauptsacheverfahren einleiten können. Zwar besteht aufgrund der Existenz der speziellen Eilgerichtsstände, die über Art. 24 EuGVÜ bzw. Art. 31 EuGVVO anwendbar sind, grundsätzlich die Möglichkeit, daß in einer Streitigkeit das Hauptsacheverfahren und ein Verfahren des einstweiligen Rechtsschutzes in verschiedenen Staaten stattfinden können. Die Existenz verschiedener in Betracht kommender Hauptsachegerichtsstände sollte jedoch nicht zu einem solchen "Splitting" bzw. zu einem "Austesten" der verschiedenen in der Hauptsache zuständigen Gerichte ausgenutzt werden können[1026].

Im Anwendungsbereich der EuGVVO bzw. des EuGVÜ sind damit grundsätzlich die nach den Vorschriften der EuGVVO bzw. des EuGVÜ für die Entscheidung des Rechtsstreits in der Hauptsache zuständigen Gerichte auch für die Durchführung von Verfahren des einstweiligen Rechtsschutzes zuständig. Diese Zuständigkeit setzt nicht voraus, daß das Hauptsacheverfahren bei diesem Gericht bereits anhängig ist. Auf die einzelnen in Art. 2 und 5 bis 24 EuGVVO bzw. Art. 2 und 5 bis 18 EuGVÜ bestimmten Hauptsachegerichtsstände soll allerdings im Rahmen dieser Arbeit wegen der grundsätzlichen Konzentration auf die besondere Behandlung von Verfahren des einstweiligen Rechtsschutzes nicht eingegangen werden.

Auf die Frage, ob die Einleitung eines Verfahrens des einstweiligen Rechtsschutzes vor einem nach den allgemeinen Zuständigkeitsvorschriften der EuGVVO bzw. des EuGVÜ für die Durchführung des Hauptsacheverfahrens nach Art. 2 ff. EuGVVO bzw. EuGVÜ zuständigen Gericht auch noch möglich ist, wenn das Hauptsacheverfahren bereits vor einem anderen (international zuständigen) Gericht eingeleitet wurde, wird in einem gesonderten Gliederungspunkt einzugehen sein[1027].

(3) Umfang der Zuständigkeit

Im Verfahren "*van Uden*" wurde zusammen mit der Frage, ob das nach dem EuGVÜ für die Entscheidung des Rechtsstreits in der Hauptsache international zuständige Gericht auch für die Anordnung einstweiliger Maßnahmen zuständig sei, mit der ersten und dritten Vorlagefrage auch angefragt, ob diese internationale gerichtliche Zuständigkeit zum Erlaß derartiger Maßnahmen des Hauptsachegerichts von weiteren Voraussetzungen wie beispielsweise der Vollstreckbarkeit der Maßnahme im Erlaßstaat abhinge. Daraufhin stellte der EuGH klar, daß der Erlaß einstweiliger Maßnahmen durch das für die Entscheidung des Rechtsstreits in der Hauptsache zuständige Gericht

---

1025 So wohl auch *Pörnbacher* RIW 1999, 780, 781; Rauscher-*Leible* EuZPR Art. 31 EuGVVO Rdnr. 18; vgl. zur gleichen Rechtslage im deutschen Recht Gliederungspunkt I.A.1 in Teil 2 der Arbeit, S. 26.

1026 *Wolf* in *Geimer/Schütze* Internationaler Rechtsverkehr EuGVÜ Art. 24 Rdnr. 15; *Schulz* ZEuP 2001, 805, 814; *Wolf/Lange* RIW 2003, 55, 61 linke Spalte oben; anderer Ansicht *Pörnbacher* in *Geimer/Schütze* Internationaler Rechtsverkehr EuGVVO Art. 31 Rdnr. 9.

1027 Siehe unten Gliederungspunkt II.C.10.c), S. 276.

nicht von weiteren derartigen Voraussetzungen abhinge[1028], führte diesen Gedanken aber nicht weiter aus, da der vorgelegte Fall keinen Anlaß für eine Vertiefung der Frage gab. Im Urteil "*Mietz*" bestätigte der EuGH diese Rechtsprechung in Bezug auf die Anordnung einer vorläufigen Leistungserbringung und bemerkte, daß für ein Gericht, das für die Entscheidung des Rechtsstreits in der Hauptsache zuständig sei, die Grenzen von Art. 24 EuGVÜ nicht gälten[1029].

Aufgrund der Eindeutigkeit der Ausführungen des EuGH muß danach davon ausgegangen werden, daß für die Zuständigkeit des für die Entscheidung des Rechtsstreits in der Hauptsache international zuständigen Gerichts in Verfahren des einstweiligen Rechtsschutzes nicht die im Urteil "*van Uden*" herausgearbeiteten Voraussetzungen und Einschränkungen für die gerichtliche Zuständigkeit in Anwendung des Art. 31 EuGVVO bzw. Art. 24 EuGVÜ gelten, die in den folgenden Abschnitten darzulegen sein werden. Außerdem kann das Hauptsachegericht danach auch Entscheidungen treffen, die keine einstweiligen Maßnahmen im Sinne der Art. 31 EuGVVO bzw. Art. 24 EuGVÜ darstellen. Dies gilt insbesondere für die uneingeschränkte Zuständigkeit für die Anordnung von einstweiligen Maßnahmen, die auf eine vorläufige Befriedigung des Gläubigers gerichtet sind, soweit diese nach dem jeweiligen anwendbaren nationalen Zivilverfahrensrecht zulässig sind. Die nach dem EuGVÜ bzw. der EuGVVO für die Entscheidung des Rechtsstreits in der Hauptsache zuständigen Gerichte unterliegen insoweit einzig den nationalen Verfahrensrechten.

In einem am 27.04.2004 vom EuGH entschiedenen Verfahren[1030], in dem es um die Vereinbarkeit einer Anordnung eines englischen Gerichts, mittels derer dem Beklagten das Weiterbetreiben eines gerichtlichen Verfahrens in einem anderen EuGVÜ-Vertragsstaat untersagt wurde (sog. *antisuit-injunction*), mit dem EuGVÜ ging, beriefen sich der dortige Kläger sowie die Regierung des Vereinigten Königreichs auf diesen Aspekt der Entscheidung "*van Uden*". Sie machten geltend, aus den Feststellungen des EuGH im Urteil "*van Uden*" folge, daß das EuGVÜ keine Beschränkungen für Verfahrensmaßnahmen vorsehe, die von einem Gericht eines Vertragsstaates erlassen würden, wenn dieses nach dem EuGVÜ für die Entscheidung in der Hauptsache international zuständig sei[1031]. Ohne auf Art. 24 EuGVÜ oder die Zulässigkeit derartiger Rückschlüsse aus seiner Entscheidung "*van Uden*" eingehen zu müssen, stellte der EuGH allerdings klar, daß derartige Prozeßführungsverbote bewirkten, daß die Anwendung der im Übereinkommen vorgesehenen Zuständigkeitsregeln beschränkt würde, da das ein derartiges Verbot aussprechende Gericht der Entscheidung des ausländischen Gerichts über dessen internationale Zuständigkeit vorgreifen würde. Sie beeinträchtigten daher die praktische Wirksamkeit der Vorschriften des EuGVÜ und seien folglich mit diesem unvereinbar[1032]. Die in dem vom EuGH entschiedenen Fall

---

[1028] EuGH Urteil vom 17.11.1998 *van Uden*, Rs. C-391/95, Slg. 1998, I-7091, 7130 Rdnr. 22, 48.

[1029] EuGH Urteil vom 27.04.1999 *Mietz*, Rs. C-99/96, Slg. 1999, I-2277, 2315 Rdnr. 46.

[1030] EuGH Urteil vom 27.04.2004 *Turner*, Rs. C-159/02, IPRax 2004, 425.

[1031] EuGH Urteil vom 27.04.2004 *Turner*, Rs. C-159/02, IPRax 2004, 425, 426, Rdnr. 22.

[1032] EuGH Urteil vom 27.04.2004 *Turner*, Rs. C-159/02, IPRax 2004, 425, 426 f., Rdnr. 27 ff. und Leitsatz; zustimmend beispielsweise *Rauscher* IPRax 2004, 405, 408 f.; vgl. auch *Grabinski* GRUR

fragliche Maßnahme war zwar offensichtlich nicht in einem Verfahren des einstweiligen Rechtsschutzes angeordnet worden, die Ausführungen des EuGH über die Vereinbarkeit einer Maßnahme mit dem EuGVÜ im allgemeinen gelten aber auch für Verfahren des einstweiligen Rechtsschutzes. Derartige Maßnahmen, die der Entscheidung eines ausländischen Gerichts über seine internationale Zuständigkeit vorgreifen, dürfen damit auch in Verfahren des einstweiligen Rechtsschutzes, selbst wenn diese vor Hauptsachegerichten durchgeführt werden, nicht angeordnet werden[1033].

3. Bestimmung der internationalen gerichtlichen Zuständigkeit gemäß Art. 31 EuGVVO bzw. Art. 24 EuGVÜ unabhängig von der Hauptsachezuständigkeit

Nur klarstellend sei darauf hingewiesen, daß die Bestimmung der internationalen gerichtlichen Zuständigkeit nach Art. 31 EuGVVO bzw. Art. 24 EuGVÜ in Verbindung mit Vorschriften der nationalen Rechtsordnungen unabhängig davon erfolgt, welche Gerichte nach Kapitel II der EuGVVO bzw. Titel II des EuGVÜ für die Entscheidung des Rechtsstreits in der Hauptsache zuständig sind.

Bereits der Wortlaut des Art. 31 EuGVVO, einstweilige Maßnahmen könnten bei Gerichten eines Staates *auch dann* beantragt werden, "wenn für die Entscheidung in der Hauptsache das Gericht eines anderen Mitgliedsstaates aufgrund dieser Verordnung zuständig" sei[1034], spricht dafür, daß im Rahmen des Art. 31 EuGVVO (bzw. des insoweit fast gleichlautenden Art. 24 EuGVÜ) zwischen verschiedenen Hauptsachezuständigkeit nach der EuGVVO nicht unterschieden wird. Dies wird - soweit erkennbar - auch in der Literatur von niemandem in Frage gestellt.

Grundsätzlich muß diese Unabhängigkeit von Art. 31 EuGVVO bzw. Art. 24 EuGVÜ auch bei einer ausschließlichen internationalen gerichtlichen Zuständigkeit für die Entscheidung des Rechtsstreits in der Hauptsache nach Art. 22 EuGVVO bzw. Art. 16 EuGVÜ und bei Spezialzuständigkeiten nach Abschnitt 3, 4 oder 6 des Kapitels II der EuGVVO oder nach dem 3., 4. oder 5. Abschnitt des Titels II des EuGVÜ bestehen. Auch für diese Fälle enthalten Art. 31 EuGVVO bzw. Art. 24 EuGVÜ eine Abweichung von den allgemeinen Zuständigkeitsvorschriften.

Anhaltspunkte für eine Ausnahme von der Geltung dieser Vorschrift insbesondere für den Fall, daß in der Hauptsache eine ausschließliche Zuständigkeit besteht, sind nicht ersichtlich[1035]. Allerdings ist wenigstens für die in Art. 22 EuGVVO bzw. Art. 16 EuGVÜ genannten ausschließlichen internationalen Zuständigkeiten zu bezweifeln, daß es praktisch zahlreiche Fälle gibt, in denen ein Gericht eines Staates, dessen

---

Int. 2001, 199, 211; Geimer/Schütze-*Geimer* Art. 1 EuGVVO Rdnr. 161, Art. 27 EuGVVO Rdnr. 46; *Jayme* IPRax 2000, 547; *Kropholler* Art. 27 EuGVVO Rdnr. 20; *Nagel/Gottwald* § 5 Rdnr. 304.

1033 Die Frage, ob bestimmte *antisuit-injunctions* einstweilige Maßnahmen im Sinne von Art. 31 EuGVVO bzw. Art. 24 EuGVÜ sein könnten, stellt sich somit gar nicht. Sie wird von *Krause* RIW 2004, 533, 539 verneint.

1034 Hervorhebung durch die Verfasserin.

1035 So auch *Donzallaz* AJP/PJA 2000, 956, 962; Geimer/Schütze-*Geimer* Art. 2 EuGVVO Rdnr. 223 a.E., Art. 31 EuGVVO Rdnr. 21; *Gronstedt* S. 24 f.; OLG Düsseldorf Beschluß vom 29.05.2000 RIW 2001, 380, 381.

Gerichte nach diesen Vorschriften für die Entscheidung des Rechtsstreits in der Hauptsache unzuständig sind, seine internationale Zuständigkeit auf Vorschriften nationalen Rechts stützen kann.

In dem Urteil "*Mietz*" hat der EuGH dies am Rande auch für den Fall bestätigt, daß die Gerichte in der Hauptsache aufgrund der Sonderregelung in Art. 13 und 14 EuGVÜ für Verbrauchersachen international zuständig wären[1036]. In diesem Fall stellte der EuGH zwar fest, daß gerade keine Verbrauchersache vorlag, insbesondere weil dort der Verkäufer schon vor Übertragung des Besitzes an der gekauften Sache vom Käufer die Zahlung des gesamten Kaufpreises verlangen konnte[1037]. Hätte eine Verbrauchersache vorgelegen, wären nach Art. 14 Abs. 2 EuGVÜ einzig die deutschen Gerichte für die Entscheidung des Rechtsstreits international zuständig gewesen. Gegenstand des dem EuGH vorgelegten Rechtsstreits war aber die Vollstreckbarerklärung eines von einem niederländischen Gericht gegen den deutschen Beklagten erlassenen *kort geding*[1038]. Der EuGH stellte hierzu fest, "daß das niederländische Ursprungsgericht selbst dann, wenn der Vortrag des Schuldners, daß er als Verbraucher im Sinne des Art. 13 des Übereinkommens hätte angesehen werden müssen, zu berücksichtigen wäre, für den Erlaß einstweiliger Maßnahmen hätte zuständig sein können"[1039], und prüfte im folgenden, ob das niederländische Gericht eine einstweilige Maßnahme im Sinne von Art. 24 EuGVÜ erlassen hatte. Daraus folgt, daß auch der EuGH die gerichtliche Zuständigkeit über Art. 24 EuGVÜ bzw. Art. 31 EuGVVO als zusätzlich zu den speziellen Zuständigkeitsvorschriften für die Hauptsache ansieht.

4. Anhängigkeit des Hauptsacheverfahrens und internationale Zuständigkeit anderer Gerichte über Art. 31 EuGVVO bzw. Art. 24 EuGVÜ

a) Hintergrund und Exkurs über die Berücksichtigung anderweitiger Rechtshängigkeit in der EuGVVO und dem EuGVÜ

Art. 31 EuGVVO bzw. Art. 24 EuGVÜ geben keine Antwort auf die Frage, ob einstweiliger Rechtsschutz vor einem nach Art. 31 EuGVVO bzw. Art. 24 EuGVÜ in Verbindung mit einer nationalen Zuständigkeitsvorschrift zuständigen Gericht auch noch beantragt werden kann, wenn das Hauptsacheverfahren bereits vor einem nach den allgemeinen Vorschriften der EuGVVO bzw. des EuGVÜ zuständigen - gegebenenfalls ausländischen - Gericht anhängig ist. Dies könnte allgemein ausgeschlossen sein.

Im Einzelfall könnte sich auch das im Verfahren des einstweiligen Rechtsschutzes angerufene Gericht aufgrund der Regelungen über die Berücksichtigung anderweitiger Rechtshängigkeit für unzuständig erklären müssen.

1036 Wiewohl das hier besprochene Problem nicht Gegenstand der Vorlagefragen des BGH war, hatte der Bundesgerichtshof die entsprechende Frage bereits ebenfalls ausdrücklich aufgeworfen, vgl. EuGH Urteil vom 27.04.1999 *Mietz*, Rs. C-99/96, Slg. 1999, I-2277, 2307 Rdnr. 19.

1037 EuGH Urteil vom 27.04.1999 *Mietz*, Rs. C-99/96, Slg. 1999, I-2277, 2311 Rdnr. 31.

1038 Zum zugrundeliegenden Sachverhalt siehe bereits oben Gliederungspunkt II.B.2.b)(3), S. 159.

1039 EuGH Urteil vom 27.04.1999 *Mietz*, Rs. C-99/96, Slg. 1999, I-2277, 2315 Rdnr. 45.

(1) Art. 27 EuGVVO bzw. Art. 21 EuGVÜ

Die Berücksichtigung anderweitiger Rechtshängigkeit ist in der EuGVVO bzw. im EuGVÜ ebenfalls in Titel II bzw. Kapitel II zur gerichtlichen Zuständigkeit geregelt. Nach Art. 27 EuGVVO bzw. Art. 21 EuGVÜ setzt das später angerufene Gericht, wenn bei Gerichten verschiedener Vertrags- bzw. Mitgliedsstaaten Klagen wegen desselben Anspruchs zwischen denselben Parteien anhängig gemacht werden, das Verfahren von Amts wegen aus, bis die Zuständigkeit des zuerst angerufenen Gerichts feststeht (Abs. 1). Steht sie fest, erklärt sich das später angerufene Gericht zugunsten des zuerst angerufenen Gerichts für unzuständig (Abs. 2). Zweck von Art. 27 EuGVVO bzw. Art. 21 EuGVÜ ist es, Parallelverfahren vor Gerichten verschiedener Mitglieds- bzw. Vertragsstaaten und daraus resultierende sich widersprechende gerichtliche Entscheidungen zu verhindern[1040].

Zu beachten ist, daß auch der Begriff des "selben Anspruchs" in Art. 21 EuGVÜ bzw. Art. 27 EuGVVO eine autonome Auslegung durch den EuGH erfahren hat[1041].

Weder in der EuGVVO noch im EuGVÜ wird zwischen den nach deutschem Recht verschiedenen Begriffen "Anhängigkeit" und "Rechtshängigkeit" unterschieden. Während im Wortlaut des Titels des Abschnitts 9 der EuGVVO bzw. 8. Abschnitts des EuGVÜ jeweils das Wort "Rechtshängigkeit" bzw. "Rechtsanhängigkeit" verwendet wurde, regeln Art. 27 Abs. 1 EuGVVO bzw. Art. 21 Abs. 1 EuGVÜ jeweils den Fall, daß bei verschiedenen Gerichten Klagen "anhängig" gemacht werden. Während bislang nach der Rechtsprechung des EuGH der Zeitpunkt der Rechtshängigkeit nach dem Verfahrensrecht des angerufenen Gerichts bestimmt werden sollte[1042], enthält nunmehr der neu eingeführte Art. 30 EuGVVO eine ausdrückliche Regelung zur Bestimmung, wann ein Gericht als angerufen gilt[1043].

Grundsätzlich hat das später angerufene Gericht dabei nach allgemeiner Ansicht keine Prüfungskompetenz hinsichtlich der Zuständigkeit des zuerst angerufenen Gerichts oder der Anerkennungsfähigkeit der Entscheidung des ausländischen Gerichts, sondern

---

1040 Zum Sinn des Art. 21 EuGVÜ bzw. Art. 27 EuGVVO zuletzt EuGH Urteil vom 14.10.2004 *Mærsk Olie & Gas A/S /Firma M. de Haan en W. de Boer*, Rs. C-39/02, IPRax 2006, 262, Rdnr. 31; EuGH Urteil vom 08.05.2003 *Gantner Electronic/Basch*, Rs. C-111/01, Slg. 2003, I-4207, 4229 Rdnr. 4; EuGH Urteil vom 08.12.1987 *Gubisch/Palumbo*, Rs. 144/86, Slg. 1987, 4861, 4874 Rdnr. 8; EuGH Urteil vom 30.11.1976 *De Wolf/Cox*, Rs. 42/76 Slg. 1976, 1759, 1767 Rdnr. 9 ff.; Geimer/Schütze-*Geimer* Art. 27 EuGVVO Rdnr. 1; MüKo/ZPO-*Gottwald* Art. 21 EuGVÜ Rdnr. 1; *Kropholler* vor Art. 27 Rdnr. 1.

1041 Vgl. EuGH Urteil vom 08.05.2003 *Gantner Electronic/Basch*, Rs. C-111/01, Slg. 2003, I-4207, 4235 Rdnr. 24 ff.; EuGH Urteil vom 19.05.1998 *Drouot assurances SA/CMI industrial sites u.a.*, Rs. C-351/96, Slg. 1998 I, 3075, 3097 Rdnr. 16; EuGH Urteil vom 06.12.1994 *Tatry*, Rs. C-406/92, Slg. 1994, I-5439, 5473 Rdnr. 30; EuGH Urteil vom 08.12.1987 *Gubisch/Palumbo*, Rs. 144/86, Slg. 1987, 4861, 4874 Rdnr. 11.

1042 EuGH Urteil vom 07.06.1984 *Zelger/Salinitri*, Rs. 129/83, Slg. 1984, 2397, 2408, Rdnr. 15; kritisch OLG Frankfurt/Main Beschluß vom 05.03.2001 IPRax 2002, 515, 519; dazu *Linke* Rdnr. 204; zu der daraus resultierenden Möglichkeit von Mißbräuchen einerseits durch inländische Rechtswegwahl, andererseits durch Klageerhebung im Ausland BVerwG Beschluß vom 05.02.2001 IPRax 2004, 112 mit Anmerkung *Grothe* IPRax 2004, 83.

1043 Dazu z.B. *Homann* IPRax 2002, 502, 504; *Schmidt* Rdnr. 156.

muß das Verfahren nach Art. 21 Abs. 1 EuGVÜ bzw. Art. 27 Abs. 1 EuGVVO unabhängig von einer solchen Prüfung aussetzen[1044]. Dies muß das später angerufene Gericht nach einer im Dezember 2003 ergangenen Entscheidung des EuGH selbst dann tun, wenn seine internationale Zuständigkeit für die Entscheidung des Rechtsstreits in der Hauptsache aufgrund einer Gerichtsstandsvereinbarung nach Art. 17 EuGVÜ bzw. Art. 23 EuGVVO geltend gemacht wird[1045]. Hierfür wird insbesondere angeführt, daß Art. 21 EuGVÜ nicht zwischen den verschiedenen Zuständigkeitsgründen des Übereinkommens unterscheide und es der bezweckten Rechtssicherheit entspreche, daß im Fall einer mehrfachen Rechtshängigkeit in allen Fallkonstellationen feststehe, welches Gericht zuerst über die eigene internationale Zuständigkeit zu befinden habe[1046]. Hinsichtlich der Parallelproblematik, ob das später angerufene Gericht das Verfahren nach Art. 21 Abs. 1 EuGVÜ bzw. Art. 27 Abs. 1 EuGVVO aussetzen muß, wenn es für die Entscheidung des Rechtsstreits nach Art. 16 EuGVÜ bzw. Art. 22 EuGVVO international ausschließlich zuständig ist, wird hingegen in der Literatur überwiegend ein Abweichen von Art. 21 Abs. 1 EuGVÜ bzw. Art. 27 Abs. 1 EuGVVO befürwortet: Dann soll das ausschließlich zuständige Gericht die vor einem wegen Art. 16 EuGVÜ bzw. Art. 22 EuGVVO unzuständigen Gericht eingetretene Rechtshängigkeit unbeachtet lassen und das Verfahren nicht aussetzen[1047]. Für diese Sichtweise spricht insbesondere, daß gemäß Art. 35 Abs. 1 EuGVVO bzw. Art. 28 Abs. 1 EuGVÜ ein unter Mißachtung einer ausschließlichen Zuständigkeit nach Art. 22 EuGVVO bzw. Art. 16 EuGVÜ erlassenes Urteil ohnehin nicht in anderen Vertrags- bzw. Mitgliedsstaaten anerkannt würde[1048]. Weiterhin spricht hierfür die Regelung des Art. 29 EuGVVO bzw. Art. 23 EuGVÜ, nach der sich das zuletzt angerufene Gericht für den Fall, daß beide angerufenen Gerichte für die Entscheidung ausschließlich zuständig sind,

---

[1044] EuGH Urteil vom 27.06.1991 *Overseas Union/New Hampshire Insurance*, Rs. 35/89, Slg. 1991, 3317, 3350 Rdnr. 33 ff.; OLG Frankfurt/Main Beschluß vom 05.03.2001 IPRax 2002, 515, 521; OLG Köln Beschluß vom 13.12.1990 IPRax 1992, 89; *Kropholler* Art. 27 EuGVVO Rdnr. 19; *Isenburg-Epple* S. 25, 83 ff.; Zöller-*Geimer* Art. 27 EuGVVO Rdnr. 12; *Linke* Rdnr. 201.

[1045] EuGH Urteil vom 09.12.2003 *Gasser/MISAT*, Rs. C-116/02, IPRax 2004, 243, Rdnr. 54; dazu *Grothe* IPRax 2004, 205; *Schilling* IPRax 2004, 294; *Thiele* RIW 2004, 285, 286 ff.; wie der EuGH auch bereits LG Bonn Beschluß vom 26.06.2003 IPRax 2003, 543 f.; *Försterling* in *Geimer/Schütze* Internationaler Rechtsverkehr EuGVVO Art. 27 Rdnr. 34; MüKo/ZPO-*Gottwald* Art. 21 EuGVÜ Rdnr. 17; *Kropholler* Art. 27 Rdnr. 19; *Prütting* in Gedächtnisschrift Lüderitz, 2000, S. 623, 629; *Schack* IPRax 1991, 270, 272 f.; *Schack* Rdnr. 761; anderer Ansicht Generalanwalt *Léger* in seinen Schlußanträgen im oben genannten Verfahren vor dem EuGH *Gasser/MISAT*, Rs. C-116/02, vom 09.09.2003, Rdnr. 43 ff., die Schlußanträge sind auf der homepage des EuGH unter www.curia.eu.int abrufbar; *Schlosser* Art. 27 EuGVVO Rdnr. 9, nach dem auch in solchen Fällen die ausländische Rechtshängigkeit unbeachtet bleiben soll.

[1046] EuGH Urteil vom 09.12.2003 *Gasser/MISAT*, Rs. C-116/02, IPRax 2004, 243, Rdnr. 43 u. 51.

[1047] *Dohm* S. 168 ff.; *Försterling* in *Geimer/Schütze* Internationaler Rechtsverkehr EuGVVO Art. 27 Rdnr. 33; *Rauscher* S. 468; *Safferling* in *Geimer/Schütze* Internationaler Rechtsverkehr EuGVÜ Art. 21 Rdnr. 12; *Schack* IPRax 1991, 270, 272; *Schack* Rdnr. 761; *Rauscher/Gutknecht* IPRax 1993, 21, 24; anderer Ansicht wohl Thomas/Putzo-*Hüßtege* Art. 27 EuGVVO Rdnr. 2; Geimer/Schütze-*Geimer* Art. 27 EuGVVO Rdnr. 18; *Schlosser* EU-Zivilprozeßrecht Art. 27 Rdnr. 1 und 9.

[1048] LG Bonn Beschluß vom 26.06.2003 IPRax 2003, 543, 544; *Försterling* in *Geimer/Schütze* Internationaler Rechtsverkehr EuGVVO Art. 27 Rdnr. 33.

zugunsten des zuerst angerufenen Gerichts für unzuständig erklären muß. Daraus wird deutlich, daß das als zweites angerufene Gericht für den Fall, daß es eine eigene ausschließliche internationale Zuständigkeit feststellt, ohnehin die Zuständigkeit des zuerst angerufenen Gerichts prüfen muß, um festzustellen, ob ein Fall des Art. 29 EuGVVO bzw. Art. 23 EuGVÜ vorliegt[1049]. Dann entspricht es der Zweckmäßigkeit, selbst eine Entscheidung in der Sache zu treffen, da die Entscheidung des zuerst angerufenen Gerichts wegen Art. 35 Abs. 1 EuGVVO bzw. Art. 28 Abs. 1 EuGVÜ ohnehin nicht in anderen Staaten anerkannt und für vollstreckbar erklärt werden könnte.

Von der Frage nach der Berücksichtigung vorheriger Rechtshängigkeit ist die der Berücksichtigung einer bereits ergangenen Entscheidung in der gleichen Rechtssache zu unterscheiden, die nicht die gerichtliche Zuständigkeit, sondern die Zulässigkeit der Klage betrifft und daher von der EuGVVO und vom EuGVÜ nicht geregelt wird[1050]. Nach der Rechtsprechung des EuGH ergibt sich allerdings aus Sinn und Zweck der Art. 26 bis 29 EuGVÜ, daß eine weitere Klage in einer Rechtssache mit identischem Streitgegenstand unzulässig ist[1051]. Ob bereits eine Entscheidung in derselben Rechtssache ergangen ist, wird zudem gemäß Art. 34 Nr. 3 und 4 EuGVVO bzw. Art. 27 Nr. 3 und 5 EuGVÜ im Rahmen des Verfahrens zur Anerkennung und Vollstreckbarerklärung eines ausländischen Urteils berücksichtigt[1052].

Möglicherweise könnte in einem Verfahren des einstweiligen Rechtsschutzes, das vor einem nach Art. 31 EuGVVO in Verbindung mit den nationalen Zuständigkeitsvorschriften zuständigen Gericht und parallel zu einem bereits anhängigen Hauptsacheverfahren eingeleitet wurde, Art. 27 EuGVVO Anwendung finden. Dies könnte, wenn die Voraussetzungen des Art. 27 EuGVVO vorlägen, die Folge haben, daß das im Verfahren des einstweiligen Rechtsschutzes angerufene Gericht dieses Verfahren nach Art. 27 Abs. 1 EuGVVO aussetzen oder sich nach Art. 27 Abs. 2 EuGVVO zugunsten des zuerst angerufenen Gerichts für unzuständig erklären müßte, nachdem dessen Zuständigkeit für die Durchführung des Hauptsacheverfahrens festgestellt wurde. Dann wäre einzig das mit der Durchführung des Hauptsacheverfahrens betraute Gericht für die Anordnung von Maßnahmen des einstweiligen Rechtsschutzes zuständig.

(2) Bisherige Rechtsprechung und Literatur

In Rechtsprechung und Literatur wurde bislang allgemein davon ausgegangen, daß Art. 21 EuGVÜ, die dem Art. 27 EuGVVO wortgleiche Vorschrift des EuGVÜ, bei der Einleitung eines Verfahrens des einstweiligen Rechtsschutzes parallel zu einem bereits

---

[1049] *Rauscher* S. 468 f.; *Safferling* in *Geimer/Schütze* Internationaler Rechtsverkehr EuGVÜ Art. 21 Rdnr. 12.

[1050] Vgl. *Cuniberti* Rdnr. 467 f.; *Wolf* in *Geimer/Schütze* Internationaler Rechtsverkehr EuGVÜ Art. 24 Rdnr. 60 f.; die Unterscheidung zwischen doppelter Rechtshängigkeit und entgegenstehender Rechtskraft verkennt wohl LG Kleve Beschluß vom 12.05.2000 IPRax 2000, 546 (Leitsatz), die unzutreffende Folge der Unzuständigkeit des angerufenen Gerichts zieht aus einer entgegenstehenden Rechtskraft OLG Düsseldorf Beschluß vom 29.05.2000 RIW 2001, 380, 381.

[1051] EuGH Urteil vom 30.11.1976 *De Wolf/Cox*, Rs. 42/76 Slg. 1976, 1759, 1767 Rdnr. 9/10 ff.

[1052] Siehe dazu unten Gliederungspunkt III.A.2.c)(1)(c), S. 290, bzw. für einstweilige Maßnahmen III.C.3, S. 334.

anhängigen Hauptsacheverfahren generell nicht anwendbar sei[1053]. Ein nach Art. 31 EuGVVO bzw. Art. 24 EuGVÜ in Verbindung mit den nationalen Zuständigkeitsvorschriften zuständiges Gericht könnte dann trotz Anhängigkeit des Hauptsacheverfahrens vor dem Gericht eines anderen Vertrags- bzw. Mitgliedsstaates einstweilige Maßnahmen erlassen. Begründend wurde angeführt, daß das Hauptsacheverfahren und eine im Verfahren des einstweiligen Rechtsschutzes begehrte Maßnahme nicht "denselben Anspruch" beträfen[1054], bzw. daß möglicherweise nicht derselbe Verfahrensgegenstand, wie er vom EuGH definiert wurde, vorliege[1055]. Ferner deute die Systematik des EuGVÜ auf diese Auslegung hin: Art. 24 EuGVÜ befinde sich als einzige die gerichtliche Zuständigkeit betreffende Vorschrift hinter den Vorschriften zur Rechtshängigkeit und zu im Zusammenhang stehenden Verfahren, Art. 21 bis 23 EuGVÜ, woraus geschlossen werden könne, daß sich diese Artikel nur auf Hauptsacheverfahren bezögen[1056].

b) Entscheidung des EuGH vom 17.11.1998 (C-391/95 "van Uden")

Dem EuGH wurde im Verfahren "*van Uden*" die soeben aufgeworfene Frage als Vorlagefrage gestellt[1057]. Er entschied, daß einstweilige Maßnahmen auch dann noch nach Art. 24 EuGVÜ in Verbindung mit den nationalen Vorschriften über die internationale gerichtliche Zuständigkeit bei einem Gericht eines Vertragsstaates beantragt werden können, wenn das Hauptsacheverfahren bereits vor einem Gericht eines anderen Vertragsstaates eingeleitet ist[1058].

Dabei ging der Gerichtshof jedoch nicht auf eine Anwendbarkeit des Art. 21 EuGVÜ ein. Es kann der Entscheidung des EuGH damit entnommen werden, daß Art. 21 EuGVÜ grundsätzlich der Möglichkeit der Durchführung eines Verfahrens des einst-

---

1053 Vgl. z.B. CA Dijon 29.01.1975 Dalloz 1976 Jur. 383, 384; *Albrecht* S. 118, 176; *Bischoff/Huet* JDI 1982, 942, 947; *Cuniberti* Rdnr. 464; *Donzallaz* Rdnr. 1650; *van Drooghenbroeck* in *van Compernolle/Tarzia* S. 475, 488 Rdnr. 17; *Eilers* S. 204 u. S. 221 Fn. 124; *Geimer/Schütze* EuGVÜ Art. 21 Rdnr. 37, Art. 24 Rdnr. 26; Geimer/Schütze-*Geimer* Urteilsanerkennung I/1 § 40, S. 269; Zöller-*Geimer* Art. 21 EuGVÜ Rdnr. 18 in 22. Auflage 2001; *Gronstedt* S. 146, 310; *Grundmann* S. 122, 131 zu Art. 24 LugÜ; *Kessedjian* JDI 1997, 103, 104; *Mankowski* EWiR 1997, 791, 792; *Safferling* in *Geimer/Schütze* Internationaler Rechtsverkehr EuGVÜ Art. 21 Rdnr. 8 (S. 423 unten); *Schlosser* EuGVÜ Art. 21 Rdnr. 5; *Schütze* RIW/AWD 1975, 78, 80; im Beschluß des OLG Frankfurt/Main vom 23.09.1980, RIW/AWD 1980, 799, wurde ebenfalls die Anwendbarkeit des Art. 21 EuGVÜ verneint, dort jedoch, weil die Verfahren verschiedene Ansprüche betrafen.

1054 CA Dijon 29.01.1975 Dalloz 1976 Jur. 383, 384; *Gronstedt* S. 149.

1055 *Albrecht* S. 176; *Geimer/Schütze* EuGVÜ Art. 21 Rdnr. 38 und nunmehr Geimer/Schütze-*Geimer* Art. 47 EuGVVO Rdnr. 47; zur Auslegung des Begriffs "desselben Anspruchs" und der sog. "Kernpunkttheorie" des EuGH vgl. z.B. Geimer/Schütze-*Geimer* Art. 27 EuGVVO Rdnr. 30 ff.; *Nagel/Gottwald* § 5 Rdnr. 202 f.; *Schlosser* EU-Zivilprozeßrecht Art. 27 Rdnr. 2 ff.; *Schmidt* Rdnr. 152 ff.; vgl. auch oben Fußnote 1041.

1056 *Cuniberti* Rdnr. 464; *Grundmann* S. 131 zu Art. 24 LugÜ.

1057 EuGH Urteil vom 17.11.1998 *van Uden,* Rs. C-391/95, Slg. 1998, I-7091, 7129 Rdnr. 17, Vorlagefrage 5.

1058 EuGH Urteil vom 17.11.1998 *van Uden,* Rs. C-391/95, Slg. 1998, I-7091, 7132 Rdnr. 28 f., 34; der EuGH folgte damit den Schlußanträgen des Generalanwalts *Léger*, Slg. 1998, I-7091, 7117 Rdnr. 124 ff.

weiligen Rechtsschutzes in einem anderen Staat als dem des Hauptsacheverfahrens nicht entgegenstehen soll.

c) *Reaktionen in Rechtsprechung und Literatur*

Ohne auf die Entscheidung des EuGH Bezug zu nehmen, wurde in der Folgezeit in der französischen und der deutschen Rechtsprechung ebenfalls entschieden, daß Art. 21 EuGVÜ in Fällen wie den hier untersuchten keine Anwendung findet[1059].

In der Literatur wurde die Entscheidung des EuGH überwiegend bestätigt oder teilweise ohne Bezugnahme auf die Entscheidung des EuGH die Möglichkeit der Durchführung von Verfahren des einstweiligen Rechtsschutzes vor einem nach Art. 31 EuGVVO bzw. Art. 24 EuGVÜ zuständigen Gericht parallel zu einem Hauptsacheverfahren bejaht[1060]. Vereinzelt wurde aber auch vertreten, ein nach Art. 24 EuGVÜ zuständiges Gericht müsse sich nach Art. 21 EuGVÜ für unzuständig erklären, wenn der beantragte einstweilige Rechtsschutz wegen seiner Wirkungen denselben Kernpunkt der Streitigkeit betreffe wie das Hauptsacheverfahren. Dies könne bei Leistungsverfügungen der Fall sein, die ohne die Anordnung einer vorgängigen Sicherheitsleistung Abschlagszahlungen anordneten[1061]. Derartige Leistungsverfügungen fallen jedoch, wie bereits dargestellt wurde, ohnehin nicht unter den Begriff der "einstweiligen Maßnahme" im Sinne des Art. 31 EuGVVO bzw. Art. 24 EuGVÜ[1062].

d) *Stellungnahme*

Die Klarstellung des EuGH hinsichtlich des Fortbestandes der internationalen gerichtlichen Zuständigkeit nach Art. 31 EuGVVO bzw. Art. 24 EuGVÜ in Verbindung mit den nationalen Zuständigkeitsvorschriften ist zu begrüßen. Der Wortlaut des Art. 31 EuGVVO bzw. Art. 24 EuGVÜ deutet nicht darauf hin, daß im Falle der Anhängigkeit des Hauptsacheverfahrens Verfahren des einstweiligen Rechtsschutzes nur noch vor diesem durchgeführt werden können. Weiterhin würde der Zweck des einstweiligen Rechtsschutzes, dem Gläubiger möglichst schnell die vorläufige Sicherung seiner Rechte zu ermöglichen, nicht erfüllt werden, wenn einstweilige Maßnahmen nach Anhängigkeit des Hauptsacheverfahrens nur noch vom Hauptsachegericht erlassen werden könnten und dann in den anderen Mitglieds- bzw. Vertragsstaaten anerkannt und vollstreckt werden müßten.

1059 CAA Nantes Plén. 15.04.1999 *Sté Mammoet Stoof Vof.* RJDA 1999, 929, 930; LG Hamburg Urteil vom 22.04.2002 GRUR Int. 2002, 1025, 1027; aus der österreichischen Rechtsprechung: OGH Beschluß vom 27.11.2001 GRUR Int. 2002, 936, 937 a.E.

1060 Z.B. *Donzallaz* AJP/PJA 2000, 956, 978; Zöller-*Geimer* Art. 27 EuGVVO Rdnr. 28; Geimer/Schütze-*Geimer* Art. 27 EuGVVO Rdnr. 46 f.; MüKo/ZPO-*Gottwald* Art. 24 EuGVÜ Rdnr. 4; *Grabinski* GRUR Int. 2001, 199, 211; Thomas/Putzo-*Hüßtege* Art. 27 EuGVVO Rdnr. 6; *Kropholler* Art. 27 Rdnr. 14, Art. 31 Rdnr. 14 und 19; *Otte* IPRax 1999, 440, 441; *Pörnbacher* in *Geimer/Schütze* Internationaler Rechtsverkehr EuGVVO Art. 31 Rdnr. 9; *Schlosser* EU-Zivilprozeßrecht Art. 31 Rdnr. 5, 12; *Schmidt* Rdnr. 138; *Wolf* in *Geimer/Schütze* Internationaler Rechtsverkehr EuGVÜ Art. 24 Rdnr. 17.

1061 *Heß/Vollkommer* IPRax 1999, 220, 223 Fn. 57.

1062 Siehe oben Gliederungspunkt II.B.2.b)(2), S. 158, und Gliederungspunkt II.B.2.b)(5)(b)i), S. 168.

Gegen eine Anwendung der Art. 27 ff. EuGVVO bzw. Art. 21 ff. EuGVÜ auf Verfahren des einstweiligen Rechtsschutzes nach Art. 31 EuGVVO bzw. Art. 24 EuGVÜ kann allerdings nicht bereits der Wortlaut des Art. 27 EuGVVO bzw. Art. 21 EuGVÜ herangezogen werden, der sich nur auf die gleichzeitige Anhängigkeit von "Klagen" bezieht[1063]. Denn insoweit kann der Begriff der Klage nicht im Sinne von § 253 ZPO verstanden werden, sondern umfaßt jegliche Prozeßhandlungen, die zur Rechtshängigkeit eines Anspruchs führen[1064]. Allerdings ist darauf hinzuweisen, daß ein Verfahren des einstweiligen Rechtsschutzes und ein Hauptsacheverfahren in derselben Angelegenheit nicht denselben "Anspruch" im Sinne des Art. 27 EuGVVO bzw. Art. 21 EuGVÜ betreffen, da ein Verfahren des einstweiligen Rechtsschutzes nur auf die Sicherung von Rechten gerichtet ist[1065]. Auch Art. 21 ff. EuGVÜ bzw. Art. 27 ff. EuGVVO stehen somit der parallelen Durchführbarkeit eines Hauptsacheverfahrens und eines Verfahrens des einstweiligen Rechtsschutzes vor einem nach Art. 31 EuGVVO bzw. Art. 24 EuGVÜ in Verbindung mit den Vorschriften eines nationalen Rechts zuständigen Gericht nicht entgegen[1066].

5. Keine Notwendigkeit einer Anhängigkeit des Hauptsacheverfahrens für die Anwendbarkeit von Art. 31 EuGVVO bzw. Art. 24 EuGVÜ

Sehr vereinzelt wurde in der Literatur die Frage angesprochen, ob eine gerichtliche Zuständigkeit nach Art. 31 EuGVVO bzw. Art. 24 EuGVÜ in Verbindung mit den nationalen Zuständigkeitsvorschriften voraussetze, daß bereits ein Hauptsacheverfahren vor einem nach der EuGVVO bzw. dem EuGVÜ zuständigen Hauptsachegericht anhängig sei. Dabei bestand allerdings grundsätzlich Einigkeit, daß dies nicht nötig sei[1067]. Generalanwalt LÉGER hat die Frage in seinen Schlußanträgen im Verfahren "*van Uden*" aufgeworfen und festgestellt, daß die gerichtliche Zuständigkeit nach

---

1063 So aber wohl OLG Hamburg Urteil vom 28.02.1997 IPRspr. 1997 Nr. 176.

1064 BGH Urteil vom 09.10.1985 IPRax 1987, 314, 315; LG Frankfurt/Main Urteil vom 22.02.1988 IPRax 1990, 234 f. zur Rechtshängigkeit nach Streitverkündung vor einem ausländischen Gericht; *Isenburg-Epple* S. 74; *Schlosser* EU-Zivilprozeßrecht Art. 27 Rdnr. 1: jedes Rechtsschutzgesuch, das von der Verordnung erfaßt wird; vgl. insoweit auch die französische Fassung des Art. 27 Abs. 1 EuGVVO, die das Wort "*demandes*" verwendet, was ebenfalls nicht nur Klagen, die als "*plaintes*" bezeichnet werden, umfaßt.

1065 *Mankowski* EWiR 1997, 791, 792; so auch zum umgekehrten Fall der vorigen Anhängigkeit des Verfahrens des einstweiligen Rechtsschutzes zur Frage der internationalen Zuständigkeit eines anderen Gerichts zur Durchführung des Hauptsacheverfahrens OLG Stuttgart Urteil vom 07.08.2000 FamRZ 2001, 1371; OLG Hamburg Urteil vom 28.02.1997 IPRspr. 1997 Nr. 176; *Grothe* IPRax 2004, 83, 88 erwägt, ob bei einstweiligen Befriedigungsverfügungen auf Unterlassen eine Anspruchsidentität mit dem Hauptsacheverfahren bestehen könnte, auch dabei beinhaltet der einstweilige Rechtsschutz jedoch nur die Sicherung von Rechten.

1066 Zur Bedeutung des Art. 27 EuGVVO bzw. Art. 21 EuGVÜ für Verfahren des einstweiligen Rechtsschutzes vor einem nach Art. 2 oder 5 bis 24 EuGVVO bzw. Art. 2 oder 5 bis 18 EuGVÜ zuständigen Gericht, wenn das Hauptsacheverfahren bereits anhängig ist, vgl. unten Gliederungspunkt II.C.10.c), S. 276.

1067 Schlußanträge des Generalanwalts *Léger*, Slg. 1998, I-7091, 7117 Rdnr. 125; *Bischoff/Huet* JDI 1982, 942, 947; *Donzallaz* Rdnr. 1648 f.; *Grundmann* S. 110 zu Art. 24 LugÜ; *van Drooghenbroeck* in *van Compernolle/Tarzia* S. 475, 488 Rdnr. 17.

Art. 24 EuGVÜ in Verbindung mit den nationalen Zuständigkeitsvorschriften nicht voraussetze, daß ein Hauptsacheverfahren bereits anhängig sei[1068]. Der EuGH widersprach dem nicht, sondern ging wie selbstverständlich davon aus, daß ein Hauptsacheverfahren nicht bereits anhängig sein müsse[1069].

Diese Lösung entspricht neben dem Wortlaut des Art. 31 EuGVVO bzw. Art. 24 EuGVÜ auch dem Zweck von Verfahren des einstweiligen Rechtsschutzes, dem Gläubiger möglichst schnell eine Sicherung seiner Rechte zu ermöglichen: Könnte er, solange das Hauptsacheverfahren noch nicht anhängig ist, einstweiligen Rechtsschutz nur bei einem für die Durchführung des Hauptsacheverfahrens international zuständigen Gericht beantragen und müßte die so erlangte Maßnahme dann eventuell im Ausland anerkennen und vollstrecken lassen, müßte er unter Umständen enorme zeitliche Verzögerungen in Kauf nehmen.

6. Gerichtliche Zuständigkeit auf Grundlage von Art. 31 EuGVVO bzw. Art. 24 EuGVÜ bei Vorhandensein einer Schiedsklausel

Klärung brachte die Entscheidung des EuGH "*van Uden*" ferner hinsichtlich der internationalen gerichtlichen Zuständigkeit für den Erlaß einstweiliger Maßnahmen auf Grundlage von Art. 31 EuGVVO bzw. Art. 24 EuGVÜ in Verbindung mit Zuständigkeitsvorschriften nationalen Rechts, wenn die Entscheidung des Rechtsstreits wenigstens in der Hauptsache durch eine Schiedsvereinbarung staatlichen Gerichten entzogen ist.

a) Hintergrund

Ist die Streitigkeit durch eine zwischen den Parteien getroffene Schiedsvereinbarung der Beilegung vor staatlichen Gerichten entzogen, fehlt aber eine Vereinbarung der Parteien hinsichtlich der Zuständigkeit für den Erlaß einstweiliger Maßnahmen, stellen sich Fragen hinsichtlich der Durchführbarkeit eines Verfahrens des einstweiligen Rechtsschutzes vor staatlichen Gerichten sowie gegebenenfalls hinsichtlich der Bestimmung des zuständigen Gerichts.

(1) Generelle Anwendbarkeit der Zuständigkeitsvorschriften der EuGVVO bzw. des EuGVÜ

Zunächst ist fraglich, ob bei Vorhandensein einer Schiedsklausel, die keine ausdrückliche Vereinbarung über den Erlaß einstweiliger Maßnahmen enthält, solche dennoch vor einem staatlichen Gericht beantragt werden können. Für die EuGVVO bzw. das EuGVÜ stellt sich diese Frage auch im Hinblick darauf, daß in Art. 1 Abs. 2 Nr. 4 EuGVVO bzw. EuGVÜ Verfahren der Schiedsgerichtsbarkeit ausdrücklich vom Anwendungsbereich der Verordnung bzw. des Übereinkommens ausgenommen worden sind und der EuGH entschieden hat, daß damit die Schiedsgerichtsbarkeit als Gesamtbereich vom Anwendungsbereich des EuGVÜ ausgeschlossen sein sollte[1070]. Dies gelte für alle Maßnahmen staatlicher Gerichte, die der Einleitung eines Schiedsverfah-

---

[1068] Schlußanträge des Generalanwalts *Léger*, Slg. 1998, I-7091, 7117 Rdnr. 125.
[1069] EuGH Urteil vom 17.11.1998 *van Uden*, Rs. C-391/95, Slg. 1998, I-7091, 7132 Rdnr. 28 f.
[1070] EuGH Urteil vom 25.07.1991 *Marc Rich*, Rs. C-180/89, Slg. 1991, I-3855, 3900 Rdnr. 18.

rens dienen sollten, beispielsweise auch für Streitigkeiten um die Benennung der Schiedsrichter, selbst wenn das Bestehen oder die Gültigkeit der Schiedsvereinbarung eine Vorfrage in einem solchen Rechtsstreit darstelle[1071]. Zudem hat der EuGH, wie bereits ausgeführt, im Urteil "*De Cavel II*" entschieden, daß einstweilige Maßnahmen nur dann solche im Sinne des Art. 24 EuGVÜ bzw. des Art. 31 EuGVVO sind, wenn das Rechtsgebiet, dem die einstweilige Maßnahme zuzurechnen ist, in den Anwendungsbereich des EuGVÜ bzw. der EuGVVO fällt[1072].

Im deutschen Zivilprozeßrecht läßt § 1033 ZPO ausdrücklich zu, daß ein staatliches Gericht vor oder nach Beginn des schiedsrichterlichen Verfahrens Maßnahmen des einstweiligen Rechtsschutzes anordnet.

In Frankreich wird das Problem im nationalen Zivilverfahrensrecht in Rechtsprechung und Literatur ebenso gehandhabt[1073]. Auch nach dem internationalen französischen Zivilverfahrensrecht können staatliche Gerichte bei Vorhandensein einer Schiedsklausel einstweilige Maßnahmen erlassen, selbst wenn sich das Schiedsgericht schon gebildet hat, soweit die Parteien nichts Gegenteiliges vereinbart haben[1074].

Eine entsprechende Lösung findet sich auch in der Schiedsordnung eines der bedeutendsten institutionalisierten Schiedsgerichtshöfe: Auch nach Art. 23 Abs. 2 der Schiedsordnung des Schiedsgerichtshofes der Internationalen Handelskammer ICC in der seit 01.01.1998 gültigen Fassung ist die Einleitung eines Verfahrens des einstweiligen Rechtsschutzes vor staatlichen Gerichten "vor Übergabe der Akten an das Schiedsgericht" möglich.

Ein anderes Vorgehen im Anwendungsbereich des EuGVÜ war vor dem Ergehen des Urteils "*van Uden*" ebenfalls nicht ersichtlich[1075], so daß grundsätzlich die Vorschriften des EuGVÜ zur Bestimmung der internationalen gerichtlichen Zuständigkeit angewandt werden konnten, wenn einstweilige Maßnahmen von staatlichen Gerichten erlassen werden sollten, obwohl in der Hauptsache in derselben Rechtsstreitigkeit bereits ein Schiedsverfahren anhängig war.

(2) Bestimmung des zuständigen Gerichts

Soweit staatliche Gerichte auch im Anwendungsbereich der EuGVVO bzw. des EuGVÜ für zuständig gehalten wurden, einstweilige Maßnahmen auch bei Vorhanden-

---

1071 EuGH Urteil vom 25.07.1991 *Marc Rich*, Rs. C-180/89, Slg. 1991, I-3855, 3900 f. Rdnr. 19, 26; siehe dazu auch *Willems* Gaz. Pal. 9 au 11 janvier 2000 S. 37.

1072 EuGH Urteil vom 06.03.1980 *De Cavel II*, Rs. 120/79, Slg. 1980, 731, 741 Rdnr. 9; siehe dazu oben Gliederungspunkt II.B.1.b), S. 151.

1073 Siehe bereits oben in Gliederungspunkt I.B in Teil 2 der Arbeit, S. 47; C. Cass. Com 10.03.1998, Revue de l'arbitrage 1999, 58, 59; *Giverdon* Editions du Juris-Classeur Procédure Civile, Fascicule 233 Rdnr. 29; *Normand* in *van Compernolle/Tarzia* S. 461, 462.

1074 Vgl. dazu bereits oben im ersten Teil Gliederungspunkt II.B.1.e)(1) in Teil 2 der Arbeit, S. 117, Fußnote 632; C. Cass. Civ. 1ère 20.03.1989 *Iran c. Framatome et Eurodif* Revue de l'arbitrage 1989, 497, 498; C. Cass. Civ. 1ère 18.11.1986 *Atlantic Triton* Rev. crit. DIP 1987, 760, 762; *Grandcourt* in Mélanges Loussouarn S. 203, 208 f., 213 f.; *Vareilles-Sommières* Rev. crit. DIP 1996, 397, 435 f.

1075 Vgl. z.B. AG Hamburg-Harburg Urteil vom 09.07.1975 IPRspr. 1975 Nr. 188 S. 495 f.

sein einer Schiedsklausel anzuordnen, stellte sich darüber hinaus bislang die Frage, ob sich die internationale Zuständigkeit des staatlichen Gerichts zum Erlaß einstweiliger Maßnahmen nur nach Art. 31 EuGVVO bzw. Art. 24 EuGVÜ in Verbindung mit den nationalen Zuständigkeitsvorschriften bestimme oder ob auch die nach Art. 2 und 5 bis 24 EuGVVO bzw. Art. 2 und 5 bis 18 EuGVÜ "fiktiv" für die Entscheidung in der Hauptsache zuständigen Gerichte für die Durchführung von Verfahren des einstweiligen Rechtsschutzes zuständig sein sollten. Im deutschen Recht sind im Anwendungsbereich des § 919 ZPO auch die nur fiktiv für die Hauptsache zuständigen Gerichte bei Vorhandensein einer Schiedsabrede zur Anordnung einstweiliger Maßnahmen zuständig[1076].

Generalanwalt LÉGER ging in seinen Schlußanträgen im Verfahren "*van Uden*" davon aus, daß zur Bestimmung der gerichtlichen Zuständigkeit für die Durchführung von Verfahren des einstweiligen Rechtsschutzes auch Art. 5 Nr. 1 EuGVÜ herangezogen werden könne[1077]. Ohne auf eventuelle Besonderheiten bei Vorhandensein einer Schiedsklausel einzugehen, führte er aus, die internationale Zuständigkeit eines nach dieser Vorschrift international zuständigen Gerichts bestehe unabhängig von der Natur des bei ihm eingeleiteten Verfahrens. Somit hielt er die bei Vorhandensein einer Schiedsklausel nur noch "fiktiv" zur Bestimmung der internationalen Zuständigkeit des Hauptsachegerichts anwendbaren Vorschriften dennoch für anwendbar mit Blick auf die Bestimmung der internationalen Zuständigkeit staatlicher Gerichte für den Erlaß einstweiliger Maßnahmen.

b) Entscheidung des EuGH

Im Urteil "*van Uden*" hatte der EuGH Gelegenheit, zu beiden Fragen Stellung zu nehmen:

(1) Generelle Anwendbarkeit der Zuständigkeitsvorschriften der EuGVVO bzw. des EuGVÜ

Hinsichtlich der Frage nach der generellen Durchführbarkeit eines Verfahrens des einstweiligen Rechtsschutzes bei Vorhandensein einer Schiedsklausel und der Anwendbarkeit des EuGVÜ auf dieses stellte der EuGH fest, daß ein Verfahren des einstweiligen Rechtsschutzes und ein Schiedsverfahren parallel zueinander durchführbar seien[1078]. Voraussetzung sei allerdings, daß der durch die einstweilige Maßnahme zu sichernde Anspruch in den Anwendungsbereich des EuGVÜ falle[1079]. Dies gelte selbst dann, wenn das Verfahren vor dem Schiedsgericht bereits eingeleitet sei[1080].

1076 OLG Frankfurt/Main Urteil vom 10.12.1958 NJW 1959, 1088; *Heß/Vollkommer* IPRax 1999, 220, 222; Stein/Jonas-*Grunsky* vor § 916 Rdnr. 30.

1077 Schlußanträge *Léger* vor EuGH Urteil vom 17.11.1998 *van Uden*, Rs. C-391/95, Slg. 1998, I-7091, 7111 Rdnr. 90 ff., v.a. 98 f.

1078 EuGH Urteil vom 17.11.1998 *van Uden*, Rs. C-391/95, Slg. 1998, I-7091, 7133 Rdnr. 33 f.

1079 EuGH Urteil vom 17.11.1998 *van Uden*, Rs. C-391/95, Slg. 1998, I-7091, 7133 Rdnr. 33.

1080 EuGH Urteil vom 17.11.1998 *van Uden*, Rs. C-391/95, Slg. 1998, I-7091, 7133 Rdnr. 34.

(2) Bestimmung des zuständigen Gerichts

Bezüglich der Bestimmung des zuständigen Gerichts wies der EuGH darauf hin, daß es im Fall einer Schiedsklausel kein staatliches Gericht gebe, das für die Entscheidung des Rechtsstreits in der Hauptsache zuständig sei. Daher könne das nur "fiktiv" für die Durchführung eines Hauptsacheverfahrens international zuständige Gericht auch nicht über den Erlaß einstweiliger Maßnahmen entscheiden[1081]. In einem solchen Fall könne die internationale Zuständigkeit zur Durchführung eines Verfahrens des einstweiligen Rechtsschutzes also einzig auf Art. 24 EuGVÜ und nicht auf Art. 2 oder 5 bis 18 EuGVÜ gestützt werden[1082]. Der EuGH wich insofern von den Schlußanträgen des Generalanwalts LÉGER ab.

c) *Reaktionen in Rechtsprechung*

Die Möglichkeit, trotz der Durchführung eines Schiedsverfahrens für die Hauptsache nach Art. 24 EuGVÜ einstweilige Maßnahmen vor staatlichen Gerichten zu beantragen, ist in der deutschen Rechtsprechung bereits bestätigt worden[1083]. Eine Stellungnahme dazu, ob einstweiliger Rechtsschutz bei Vorhandensein einer Schiedsklausel auch vor den nach Art. 2 oder 5 bis 24 EuGVVO für die Durchführung des Hauptsacheverfahrens zuständigen Gerichten erlangt werden kann, ist, soweit ersichtlich, in der deutschen und französischen Rechtsprechung noch nicht erfolgt[1084].

d) *Reaktionen in der Literatur*

Die Entscheidung des EuGH wurde in der Literatur weitestgehend positiv, jedoch mit Nuancierungen aufgenommen:

(1) Generelle Anwendbarkeit der Zuständigkeitsvorschriften der EuGVVO bzw. des EuGVÜ

Einige Autoren begrüßten die Anwendbarkeit der EuGVVO bzw. des EuGVÜ und die generelle Durchführbarkeit eines Verfahrens des einstweiligen Rechtsschutzes trotz des Vorhandenseins einer Schiedsklausel[1085]. Dabei wurde daran erinnert, daß sich die

---

[1081] EuGH Urteil vom 17.11.1998 *van Uden*, Rs. C-391/95, Slg. 1998, I-7091, 7131 Rdnr. 24.

[1082] EuGH Urteil vom 17.11.1998 *van Uden*, Rs. C-391/95, Slg. 1998, I-7091, 7131 ff. Rdnr. 25, 34.

[1083] OLG München Beschluß vom 05.04.2000 RIW 2000, 464, 465.

[1084] Der OGH Wien hat entschieden, daß eine Schiedsvereinbarung keine Vereinbarung der gerichtlichen Zuständigkeit nach Art. 17 EuGVÜ zur Begründung der internationalen Zuständigkeit der Gerichte eines Staates zum Erlaß von einstweiligen Maßnahmen darstelle, so daß eine internationale Zuständigkeit österreichischer Gerichte zum Erlaß einstweiliger Maßnahmen parallel zu einem in Österreich in der Hauptsache durchgeführten Schiedsverfahren nicht gegeben sei, wenn sich nach dem nationalen Recht über Art. 24 EuGVÜ keine internationale Zuständigkeit ergebe - Beschluß vom 04.09.2001, IPRax 2003, 64.

[1085] *Heß/Vollkommer* IPRax 1999, 220, 222; *Kropholler* Art. 31 Rdnr. 4; Rauscher-*Leible* EuZPR Art. 31 EuGVVO Rdnr. 20; *Normand* Rev. crit. DIP 1999, 353, 367; *Pörnbacher* in *Geimer/Schütze* Internationaler Rechtsverkehr EuGVVO Art. 31 Rdnr. 4; *Spellenberg/Leible* ZZPInt 4 (1999), 221, 226 f.; *Vlas* Netherlands International Law Review 1999, 106, 107; *Willems* Gaz. Pal. 9 au 11 janvier 2000 S. 37, 38; *Wolf* EWS 2000, 11, 14.

Anwendbarkeit der EuGVVO bzw. des EuGVÜ auf einstweilige Maßnahmen nach der Rechtsprechung des EuGH grundsätzlich nicht nach der Rechtsnatur der einstweiligen Maßnahme, sondern nach derjenigen der durch sie zu sichernden Ansprüche richte[1086]. Soweit die einstweilige Maßnahme also nicht der Durchführbarkeit eines Schiedsverfahrens diene, könne diese selbständig in den Anwendungsbereich der EuGVVO bzw. des EuGVÜ fallen. Dies entspreche auch dem Art. 1 Abs. 2 Nr. 4 EuGVÜ[1087]. WOLF stimmt der Lösung des EuGH grundsätzlich zu, wobei seiner Meinung nach die Entscheidung nur vor dem Hintergrund zu verstehen sei, daß nach dem EuGH einstweilige Maßnahmen, die von einem nach Art. 24 EuGVÜ in Verbindung mit den Zuständigkeitsvorschriften des nationalen Rechts zuständigen Gericht erlassen worden sind, nach dem EuGVÜ nicht anerkannt und vollstreckt werden könnten, während dies bei durch das Hauptsachegericht erlassenen einstweiligen Maßnahmen grundsätzlich zulässig sein soll[1088]. Gibt es kein nach dem EuGVÜ für den Erlaß einstweiliger Maßnahmen zuständiges Hauptsachegericht, sollten diejenigen einstweiligen Maßnahmen, die von einem Gericht erlassen wurden, das nach dem EuGVÜ zwar für die Entscheidung im Hauptsacheverfahren zuständig wäre, dies aber im konkreten Fall aufgrund der Schiedsklausel nicht ist, auch nicht nach dem EuGVÜ anerkannt und vollstreckt werden können[1089].

Insbesondere in der französischsprachigen Literatur wurde die Richtigkeit der Lösung des EuGH jedoch auch angezweifelt[1090]. Angemerkt wurde, daß der Wortlaut des Art. 24 EuGVÜ, nach dem einstweilige Maßnahmen bei Gerichten eines Vertragsstaates auch dann beantragt werden können, "wenn für die Entscheidung in der Hauptsache das Gericht eines anderen Vertrags*staates* auf Grund dieses Übereinkommens zuständig ist"[1091], gegen die Anwendbarkeit des Art. 24 EuGVÜ bei Vorhandensein einer Schiedsklausel sprechen könnte, weil dann gerade kein anderes *staatliches* Gericht zuständig sei[1092]. Außerdem sei Ziel des Art. 24 EuGVÜ, für den einstweiligen Rechtsschutz ein Abweichen von den allgemeinen Zuständigkeitsvorschriften des Übereinkommens zu ermöglichen. Ein solches Abweichen sei jedoch gar nicht möglich, wenn die Streitigkeit vor einem Schiedsgericht beigelegt werde[1093]. Ließe man die Anwendbarkeit des Art. 31 EuGVVO bzw. Art. 24 EuGVÜ in diesem Zusammenhang nicht zu, würde dies auch nicht dazu führen, daß einstweiliger Rechtsschutz vor staatlichen

---

1086 Vgl. oben Gliederungspunkt II.B.1.b), S. 151, und die dort bereits erwähnten Urteile des EuGH vom 26.03.1992 *Reichert II*, Rs. C-261/90, Slg. 1992, I-2149, 2184 Rdnr. 32, und EuGH Urteil vom 27.03.1979 *De Cavel I*, Rs. 143/78, Slg. 1979, 1055, 1066 Rdnr. 8.

1087 *Normand* Rev. crit. DIP 1999, 353, 367; *Spellenberg/Leible* ZZPInt 4 (1999), 221, 226 f.; *Vlas* Netherlands International Law Review 1999, 106, 108; *Willems* Gaz. Pal. 9 au 11 janvier 2000 S. 37, 38.

1088 *Wolf* EWS 2000, 11, 14.

1089 *Wolf* EWS 2000, 11, 14.

1090 *Dubarry/Loquin* RTD com. 2000, 334, 343; *Gaudemet-Tallon* Revue de l'arbitrage 1999, 152, 156 ff.; *Hackspiel* R.A.E.-L.E.A. 2000, 184, 187; *Huet* JDI 1999, 613, 623 f.

1091 Hervorhebung der Verfasserin.

1092 *Hackspiel* R.A.E.-L.E.A. 2000, 184, 187.

1093 *Gaudemet-Tallon* Revue de l'arbitrage 1999, 152, 156; *Hackspiel* R.A.E.-L.E.A. 2000, 184, 187.

Gerichten bei Vorhandensein einer Schiedsklausel gar nicht zu erlangen wäre, sondern vielmehr, daß die gerichtliche Zuständigkeit zum Erlaß solcher Maßnahmen sich ausschließlich nach nationalem autonomem internationalen Zivilverfahrensrecht bestimmen würde[1094]. Teilweise wurde auch angemerkt, es sei insgesamt sinnvoller, den nationalen Gerichten und den Schiedsgerichten die Lösung der Frage zu überlassen, ob und unter welchen Voraussetzungen staatliche Gerichte parallel zu Schiedsgerichten angerufen werden können[1095]. Diese könnten besser als der EuGH die Besonderheiten internationaler Schiedsverfahren berücksichtigen[1096]. Eine einheitliche Behandlung des Verhältnisses zwischen staatlichen Gerichten und Schiedsgerichten hinsichtlich der Zuständigkeit für die Anordnung einstweiliger Maßnahmen im Geltungsbereich des EuGVÜ sei darüber hinaus nicht notwendig[1097]. Nach Ansicht von HUET hätte der EuGH, wenn dieser schon grundsätzlich die parallele Durchführbarkeit eines Schiedsverfahrens und eines Verfahrens des einstweiligen Rechtsschutzes bejaht, hierbei für die Kompetenzverteilung zwischen staatlichen Gerichten und Schiedsgerichten zwischen verschiedenen Arten von einstweiligen Maßnahmen unterscheiden sollen: So sollten einstweilige Maßnahmen, die die Vollstreckung eines Urteils sichern sollen, von staatlichen Gerichten erlassen werden können, während Leistungsverfügungen und insbesondere der *référé-provision* nach der Bildung des Schiedsgerichts nur noch vom Schiedsgericht erlassen werden können sollten[1098]. Für alle anderen einstweiligen Maßnahmen sollte es bei der parallelen Zuständigkeit von staatlichen Gerichten und Schiedsgerichten bleiben[1099].

(2) Bestimmung des zuständigen Gerichts

Zu der Entscheidung des EuGH, bei Vorhandensein einer Schiedsklausel seien die nach Art. 2 oder 5 bis 18 EuGVÜ für die Entscheidung des Rechtsstreits in der Hauptsache international zuständigen Gerichte nicht mehr für den Erlaß einstweiliger Maßnahmen zuständig, gab es in der Literatur, soweit ersichtlich, wesentlich weniger Stellungnahmen.

Teilweise wurde der Ausschluß der Bestimmung des für die Gewährung einstweiligen Rechtsschutzes international zuständigen Gerichts nach den Zuständigkeitsregeln für

---

1094 *Hackspiel* R.A.E.-L.E.A. 2000, 184, 187.

1095 *Dubarry/Loquin* RTD com. 2000, 334, 343; *Gaudemet-Tallon* Revue de l'arbitrage 1999, 152, 157 f.; *Hackspiel* R.A.E.-L.E.A. 2000, 184, 187; *Huet* JDI 1999, 613, 623.

1096 *Gaudemet-Tallon* Revue de l'arbitrage 1999, 152, 158.

1097 *Dubarry/Loquin* RTD com. 2000, 334, 343; *Gaudemet-Tallon* Revue de l'arbitrage 1999, 152, 158.

1098 *Huet* JDI 1999, 613, 623 f.; HUET folgt damit der Lösung im autonomen französischen internationalen Zivilverfahrensrecht, wie sie die Cour de Cassation erarbeitet hat: C. Cass. Civ. 1ère 06.03.1990 Revue de l'arbitrage 1990, 633; C. Cass. Civ. 1ère 20.03.1989 Revue de l'arbitrage 1989, 497, 498; C. Cass. Civ. 1ère 14.03.1984 *Eurodif* Revue de l'arbitrage 1985, 71, 72; eine Unterscheidung nach der Art der einstweiligen Maßnahme schlägt auch *Cuniberti* vor, Dalloz 2000 Jur. 379, 382 Rdnr. 13 f.

1099 *Huet* JDI 1999, 613, 624.

die Hauptsache kritisiert[1100]: Dadurch werde der Schiedsabrede eine ihr nicht zukommende umfassende Derogationswirkung beigemessen, die der einer Gerichtsstandsvereinbarung nach Art. 17 EuGVÜ ähnele. Weiterhin widerspreche es den Geboten der einheitlichen Geltung des Gemeinschaftsrechts und des Beklagtenschutzes, die Parteien einzig über Art. 24 EuGVÜ auf die nationalen Gerichtsstände zu verweisen[1101]. Argumentiert wurde auch, soweit das im Forumstaat geltende Recht die Zuständigkeit staatlicher Gerichte für den Erlaß einstweiliger Maßnahmen auch bei Vorhandensein einer Schiedsklausel nicht ausschließe, fänden grundsätzlich zur Bestimmung des international zuständigen Gerichts die allgemeinen Regeln Anwendung und dies könne auch für Art. 2 und 5 bis 18 EuGVÜ gelten[1102]. HUET hielt ohne weitere Begründung die Vorgehensweise des EuGH für nicht zwingend[1103].

Von anderer Seite wurde dieser Aspekt der Entscheidung des EuGH dagegen bestätigt oder gar sehr begrüßt[1104]: Der EuGH gebiete dadurch wirksam der Praxis der Rechtssysteme einiger Staaten Einhalt, immer die internationale Zuständigkeit der staatlichen Gerichte am Ort des Schiedsgerichts für den Erlaß einstweiliger Maßnahmen anzunehmen. Denn diese Haltung führe zur bedauerlichen Schaffung eines "subsidiären" Gerichts zum Schiedsgericht, das für den Erlaß aller Maßnahmen, die das Schiedsgericht nicht anordne, zuständig sei[1105].

(3) Bedeutung der Entscheidung des EuGH für andere Rechtsfragen

(a) Internationale Zuständigkeit eines Hauptsachegerichts für die Durchführung von Verfahren des einstweiligen Rechtsschutzes nach Erklärung der Unzuständigkeit nach Art. 27 EuGVVO bzw. Art. 21 EuGVÜ

Nach Ansicht einiger Autoren hat der EuGH durch seine Stellungnahme, daß ein Gericht, das nach Art. 2 ff. EuGVÜ für die Entscheidung in der Hauptsache international zuständig wäre, bei Vorhandensein einer Schiedsklausel nicht aufgrund seiner "fiktiven" Hauptsachezuständigkeit auch für den Erlaß einstweiliger Maßnahmen zuständig sein könne, eine weitere Frage geklärt[1106]: Bislang war offen, ob ein Gericht, das zwar nach Art. 2 ff. EuGVÜ für die Entscheidung des Rechtsstreits in der Hauptsache international zuständig wäre, sich aber nach Art. 21 Abs. 2 EuGVÜ zugunsten eines

---

1100 *Heß/Vollkommer* IPRax 1999, 220, 222; *Pörnbacher* in *Geimer/Schütze* Internationaler Rechtsverkehr EuGVVO Art. 31 Rdnr. 11; *Reiner* IPRax 2003, 74, 75 f.; *Schlosser* EU-Zivilprozeßrecht Art. 31 Rdnr. 15, 18; *Schulz* ZEuP 2001, 805, 811; *Spellenberg/Leible* ZZPInt 4 (1999), 221, 226 f.; Rauscher-*Leible* EuZPR Art. 31 EuGVVO Rdnr. 20; *Schlosser* EU-Zivilprozeßrecht Art. 31 Rdnr. 18 geht gar davon aus, daß die Vorschriften des Kapitels II wegen § 1033 ZPO in das deutsche Recht inkorporiert seien und daher weiterhin Anwendung fänden, vgl. auch Art. 31 Rdnr. 25.

1101 *Heß/Vollkommer* IPRax 1999, 220, 222.

1102 *Spellenberg/Leible* ZZPInt 4 (1999), 221, 227; Rauscher-*Leible* EuZPR Art. 31 EuGVVO Rdnr. 20.

1103 *Huet* JDI 1999, 613, 623 ff.

1104 *Kropholler* Art. 31 Rdnr. 4, 13; *Willems* Gaz. Pal. 9 au 11 janvier 2000 S. 37, 38 f.

1105 *Willems* Gaz. Pal. 9 au 11 janvier 2000 S. 37, 38 f.

1106 *Hackspiel* R.A.E.-L.E.A. 2000, 184, 188; *Marmisse/Wilderspin* Rev. crit. DIP 1999, 669, 681, *Wolf* EWS 2000, 11, 14.

Gerichts eines anderen Staates für die Durchführung des Hauptsacheverfahrens für unzuständig erklärt hatte, noch aufgrund seiner grundsätzlichen internationalen Zuständigkeit für die Durchführung des Hauptsacheverfahrens in demselben Verfahren, in dem es sich nach Art. 21 Abs. 2 EuGVÜ für unzuständig erklärt hat, für den Erlaß von Maßnahmen des einstweiligen Rechtsschutzes international zuständig sein könnte.

Teilweise wurde hierzu vertreten, die internationale Zuständigkeit für den Erlaß einstweiliger Maßnahmen bestehe generell, auch nach Erklärung der Unzuständigkeit in der Hauptsache, fort[1107].

Nach Ansicht einiger Autoren kann aus der Entscheidung des EuGH geschlossen werden, daß diese Zuständigkeit im hier besprochenen Fall nicht fortbestehe: Entfalle nämlich die internationale Zuständigkeit dafür, als Hauptsachegericht eine Maßnahme des einstweiligen Rechtsschutzes zu erlassen, weil dem nach Art. 2 ff. EuGVÜ für die Durchführung der Hauptsache international zuständigen Gericht dieses durch eine Schiedsklausel entzogen ist, könne nichts Anderes gelten, wenn die Zuständigkeit eines eigentlich nach Art. 2 ff. EuGVÜ für die Durchführung des Hauptsacheverfahrens international zuständigen Gerichts nach Art. 21 EuGVÜ bzw. Art. 27 Abs. 2 EuGVVO ausgeschlossen sei[1108]. Vereinzelt wird hervorgehoben, dies solle aber nicht gelten, solange sich das zweite Gericht noch nicht für unzuständig erklärt habe, weil dann noch Klärungsbedarf dahingehend bestehe, welches Gericht tatsächlich zuerst angerufen wurde. In diesem Zeitraum sollten vielmehr beide Gerichte eine internationale Zuständigkeit für den Erlaß einstweiliger Maßnahmen auch auf Art. 2 und 5 bis 18 EuGVÜ stützen können[1109].

(b) Einstweiliger Rechtsschutz vor einem nach Art. 2 oder 5 bis 16 EuGVÜ bzw. Art. 2 oder 5 bis 22 EuGVVO für die Entscheidung des Rechtsstreits in der Hauptsache grundsätzlich international zuständigen Gericht bei Vorhandensein einer Gerichtsstandsvereinbarung in der Hauptsache

Genauso wurde in der Literatur festgestellt, daß nach der Lösung des EuGH bei Vorhandensein einer Gerichtsstandsklausel nach Art. 17 EuGVÜ einstweiliger Rechtsschutz vor dem Hauptsachegericht nur noch vor dem nach dieser Klausel zuständigen Gericht beantragt werden könne. Dessen internationale Zuständigkeit für die Entscheidung des Rechtsstreits in der Hauptsache sei nach Art. 17 Abs. 1 S. 1 EuGVÜ eine ausschließliche und somit seien die nach Art. 2 und 5 bis 16 EuGVÜ sonst grundsätz-

---

1107 *Grundmann* S. 113 oben und S. 122 zum LugÜ; *Kropholler* noch in der 6. Auflage 1998 Art. 24 Rdnr. 7.

1108 *Grothe* IPRax 2004, 83, 88; *Hackspiel* R.A.E.-L.E.A. 2000, 184, 188; *Kropholler* Art. 31 Rdnr. 11, 19; *Marmisse/Wilderspin* Rev. crit. DIP 1999, 669, 681; *Schulz* ZEuP 2001, 805, 814, 829; *Wolf* EWS 2000, 11, 14; ausdrücklich anderer Ansicht *Heinze* RIW 2003, 922, 926 unter IV. 1. a) rechte Spalte oben, mit Verweis darauf, daß dann auch nach Art. 31 EuGVVO noch einstweiliger Rechtsschutz vor den Gerichten eines anderen Staates beantragt werden könne.

1109 *Marmisse/Wilderspin* Rev. crit. DIP 1999, 669, 682; *Donzallaz* Rdnr. 1650; *Grothe* IPRax 2004, 83, 88.

lich international zuständigen Gerichte ebenfalls nur "fiktiv" für die Entscheidung des Rechtsstreits international zuständig[1110].

e) Stellungnahme

(1) Generelle Anwendbarkeit der Zuständigkeitsvorschriften der EuGVVO bzw. des EuGVÜ

Im deutschen wie im französischen nationalen Zivilprozeßrecht ist anerkannt, daß auch staatliche Gerichte für die Durchführung von Verfahren des einstweiligen Rechtsschutzes zuständig sein können, wenn die Hauptsache einer Entscheidung vor staatlichen Gerichten durch eine Schiedsklausel entzogen ist und eine Vereinbarung der Parteien hinsichtlich der Zuständigkeit für die Durchführung von Verfahren des einstweiligen Rechtsschutzes fehlt[1111]. Daher soll auf die Möglichkeit der generellen Durchführbarkeit eines Verfahrens des einstweiligen Rechtsschutzes vor einem staatlichen Gericht parallel zu einem Schiedsverfahren hier nicht allgemein eingegangen werden[1112].

Hält man den Erlaß einstweiliger Maßnahmen durch staatliche Gerichte auch in dem Fall, daß die Streitigkeit in der Hauptsache durch eine Schiedsklausel den staatlichen Gerichten entzogen ist, für zulässig, ist der Lösung des EuGH hinsichtlich der generellen Anwendbarkeit des Art. 31 EuGVVO bzw. Art. 24 EuGVÜ trotz Vorhandenseins einer Schiedsklausel zuzustimmen. Sie entspricht der selbständigen Bestimmung der Anwendbarkeit der EuGVVO bzw. des EuGVÜ auf einstweilige Maßnahmen. Auch wenn die Hauptsache nicht in den Anwendungsbereich der EuGVVO bzw. des EuGVÜ fällt, ist nicht ausgeschlossen, daß sich die gerichtliche Zuständigkeit für den Erlaß einstweiliger Maßnahmen nach dieser bzw. diesem bestimmt. Es ist nicht einsichtig, warum dies anders gehandhabt werden sollte, wenn das Hauptsacheverfahren aufgrund einer Schiedsvereinbarung nicht vor staatlichen Gerichten stattfindet.

Das gegen eine Anwendbarkeit der EuGVVO bzw. des EuGVÜ vorgebrachte Argument, der Wortlaut des Art. 31 EuGVVO bzw. des Art. 24 EuGVÜ setze voraus, daß für die Entscheidung in der Hauptsache das Gericht eines anderen Mitglieds- bzw. Vertrags*staats* zuständig sei[1113], überzeugt nicht. Art. 31 EuGVVO bzw. Art. 24 EuGVÜ bestimmen vielmehr, einstweilige Maßnahmen könnten *auch dann* beantragt werden, wenn für die Entscheidung in der Hauptsache das Gericht eines anderen Mitglieds- bzw. Vertragsstaats zuständig ist[1114]. Daraus folgt, daß die Durchführung des Hauptsacheverfahrens vor staatlichen Gerichten keine Voraussetzung für die Durchführung eines Verfahrens des einstweiligen Rechtsschutzes unter Anwendung des Art. 31 EuGVVO bzw. des Art. 24 EuGVÜ ist.

1110 *Hackspiel* R.A.E.-L.E.A. 2000, 184, 188.

1111 Siehe oben Gliederungspunkte I.A in Teil 2 der Arbeit, S. 24, bzw. I.B in Teil 2 der Arbeit, S. 47.

1112 Zum deutschen Recht siehe §§ 1033, 1041 Abs. 2 ZPO; vgl. allgemein z.B. die Kommentierung von § 1033 ZPO von *Gottwald* in MüKo/ZPO; *Schütze* DIS-MAT IV (1998), S. 67, 70.

1113 Vgl. *Hackspiel* R.A.E.-L.E.A. 2000, 184, 187; oben Fußnote 1092, S. 223.

1114 Hervorhebungen jeweils durch Verfasserin.

Wenig überzeugend ist ebenfalls der Einwand, Ziel des Art. 24 EuGVÜ sei einzig, für den einstweiligen Rechtsschutz ein Abweichen von den allgemeinen Zuständigkeitsvorschriften des Übereinkommens zu ermöglichen, was nicht möglich sei, wenn die Streitigkeit in der Hauptsache von einem Schiedsgericht entschieden werde und die allgemeinen Zuständigkeitsvorschriften des Übereinkommens ohnehin keine Anwendung fänden[1115]. Weitergehender Zweck von Art. 24 EuGVÜ bzw. von Art. 31 EuGVVO ist es, dem Gläubiger die Erlangung einstweiliger Maßnahmen zu erleichtern. Er soll nicht darauf angewiesen sein, eine solche vor dem Hauptsachegericht beantragen und diese dann gegebenenfalls in anderen Staaten anerkennen und vollstrecken lassen zu müssen. Dies stünde der Eilbedürftigkeit einstweiliger Maßnahmen entgegen. Aus diesem Grund ermöglichen Art. 31 EuGVVO bzw. Art. 24 EuGVÜ ein Abweichen von den allgemeinen Zuständigkeitsvorschriften der EuGVVO bzw. des EuGVÜ. Genau demselben Zweck dient aber auch die Anwendung des Art. 31 EuGVVO bzw. Art. 24 EuGVÜ bei Vorhandensein einer Schiedsvereinbarung. Die "Zuständigkeitsvorschrift", von der durch die Anwendung des Art. 31 EuGVVO bzw. Art. 24 EuGVÜ dann abgewichen wird, ist die Schiedsvereinbarung.

Können somit einstweilige Maßnahmen auch in Streitigkeiten, die in der Hauptsache durch eine Schiedsvereinbarung der Entscheidung durch staatliche Gerichte entzogen sind, in den Anwendungsbereich des EuGVÜ bzw. der EuGVVO fallen, sind EuGVVO bzw. EuGVÜ zur Bestimmung der internationalen gerichtlichen Zuständigkeit für den Erlaß der einstweiligen Maßnahmen anzuwenden. Gegen eine Nichtanwendung insbesondere der EuGVVO aus Zweckmäßigkeitserwägungen spricht auch, daß diese als sekundäres Gemeinschaftsrecht den autonomen Regeln des internationalen Zivilverfahrensrechts in der Anwendung vorgeht. Das EuGVÜ ist zu diesen Normen spezieller.

Zusammenfassend ist also mit dem EuGH festzustellen, daß keine überzeugenden Argumente erkennbar sind, warum die Vorschriften der EuGVVO bzw. des EuGVÜ nicht zur Bestimmung der internationalen gerichtlichen Zuständigkeit für den Erlaß einstweiliger Maßnahmen heranzuziehen sein sollen, wenn die Hauptsache durch eine Schiedsvereinbarung der Entscheidung durch staatliche Gerichte entzogen ist, die einstweiligen Maßnahmen aber in den Anwendungsbereich des Übereinkommens bzw. der Verordnung fallen. Vielmehr sind die EuGVVO bzw. das EuGVÜ auch in solchen Fällen grundsätzlich anwendbar, ihre Anwendung entspricht auch ihrem Anwendungsvorrang gegenüber dem nationalen Recht.

(2) Bestimmung des zuständigen Gerichts

Fraglich ist, ob auch der Lösung des EuGH, nach der einstweilige Maßnahmen parallel zu einem Schiedsverfahren nicht vor den nach Art. 2 oder 5 bis 24 EuGVVO bzw. Art. 2 oder 5 bis 18 EuGVÜ "fiktiv" für die Entscheidung in der Hauptsache zuständigen Gerichten beantragt werden können, zugestimmt werden kann.

1115 Vgl. *Gaudemet-Tallon* Revue de l'arbitrage 1999, 152, 156; *Hackspiel* R.A.E.-L.E.A. 2000, 184, 187; oben Fußnote 223.

HEß und VOLLKOMMER ist grundsätzlich darin beizupflichten, daß, läßt man die Durchführung von Verfahren des einstweiligen Rechtsschutzes vor staatlichen Gerichten parallel zu Schiedsverfahren zu, die internationale Zuständigkeit der staatlichen Gerichte für die Durchführung von Verfahren des einstweiligen Rechtsschutzes nach den allgemeinen Regeln zu bestimmen ist[1116]. Dies hieße, daß auch die Art. 2 oder 5 bis 24 EuGVVO als allgemeine Regeln herangezogen werden könnten.

Für die Lösung des EuGH spricht aber, daß die Gründe, die allgemein für die Zuständigkeit des Gerichts der Hauptsache auch für die Durchführung von Verfahren des einstweiligen Rechtsschutzes sprechen[1117], wegfallen, wenn kein staatliches Gericht mehr für die Entscheidung des Rechtsstreits in der Hauptsache zuständig ist: Die internationale Zuständigkeit der Hauptsachegerichte auch für Verfahren des einstweiligen Rechtsschutzes beruht unter anderem auf der Annahme, daß die Hauptsachegerichte mit dem Verfahren in tatsächlicher wie in rechtlicher Hinsicht am besten *vertraut* sind und daher von ihnen erwartet wird, auch im einstweiligen Rechtsschutz sachgerechte Lösungen treffen zu können. Ist für die Entscheidung eines Rechtsstreites in der Hauptsache kein staatliches Gericht zuständig, gibt es aber keines, das die Erwartung einer besonderen Vertrautheit mit dem konkreten Rechtsstreit erfüllen kann. Diese Erwägung rechtfertigt also nicht, ein bloß "fiktives" Hauptsachegericht als zuständig für den Erlaß einstweiliger Maßnahmen anzusehen. Weiterhin beruht die internationale Zuständigkeit der Hauptsachegerichte auch für die Durchführung von Verfahren des einstweiligen Rechtsschutzes auf dem Gedanken, daß das Hauptsachegericht als "*Weniger*" auch für die Durchführung von Verfahren des einstweiligen Rechtsschutzes zuständig sein soll. Ist dem "fiktiven" Hauptsachegericht der Rechtsstreit entzogen, läßt sich ein Schluß vom "*Mehr*" auf das "*Weniger*" nicht mehr vornehmen. Zuletzt spricht, auch wenn das Hauptsacheverfahren noch nicht anhängig ist, für die Zuständigkeit des Hauptsachegerichts für die Durchführung von Verfahren des einstweiligen Rechtsschutzes die *Prozeßökonomie*. Auch diese tritt jedoch nicht ein, wenn das Hauptsacheverfahren aufgrund der von den Parteien getroffenen Schiedsvereinbarung gar nicht vor staatlichen Gerichten stattfinden kann.

Stimmt man dem EuGH darin zu, daß sich somit die internationale gerichtliche Zuständigkeit für die Durchführung von Verfahren des einstweiligen Rechtsschutzes bei Vorhandensein einer Schiedsvereinbarung einzig nach Art. 31 EuGVVO bzw. Art. 24 EuGVÜ bestimmen kann, wertet man zwar, wie HEß und VOLLKOMMER zutreffend feststellen[1118], die autonomen Gerichtsstände auf, weil nicht mehr auf die harmonisierten Hauptsachegerichtsstände nach Gemeinschaftsrecht bzw. dem EuGVÜ zurückgegriffen werden kann. Dies widerspricht allerdings nicht, wie von HEß und VOLLKOMMER vertreten[1119], dem Beklagtenschutz, weil für den Beklagten durch die Existenz des Art. 31 EuGVVO bzw. Art. 24 EuGVÜ ohnehin die "Gefahr" besteht, an

---

1116 *Heß/Vollkommer* IPRax 1999, 220, 222.

1117 Vgl. oben Gliederungspunkt II.C.2.d)(1), S. 207.

1118 *Heß/Vollkommer* IPRax 1999, 220, 222.

1119 *Heß/Vollkommer* IPRax 1999, 220, 222; dazu oben bereits Gliederungspunkt II.C.6.d)(2), S. 224.

den nicht harmonisierten und eventuell exorbitanten Eilgerichtsständen nach den innerstaatlichen Vorschriften über die internationale gerichtliche Zuständigkeit Antragsgegner eines Eilverfahrens zu werden. Durch die Aufwertung dieser Gerichtsstände wird die Durchführung des Verfahrens vor einem nach einer solchen Vorschrift international zuständigen Gericht nur wahrscheinlicher. Zudem widerspricht die Auslegung nicht den Geboten der einheitlichen Geltung des Gemeinschaftsrechts, wenn dieses einen Rückgriff auf das autonome internationale Zivilverfahrensrecht ausdrücklich zuläßt. Solange diese Regelung besteht und den Willen der EU-Mitgliedsstaaten bzw. EuGVÜ-Vertragsstaaten ausdrückt, auf dem Gebiet des einstweiligen Rechtsschutzes auf Harmonisierung zu verzichten, muß dies hingenommen werden.

Zu bedenken könnte einzig sein, daß durch diese Lösung umgekehrt die allgemeinen Gerichtsstände der EuGVVO bzw. des EuGVÜ, also diejenigen nach Art. 2 und 5 bis 24 EuGVVO bzw. nach Art. 2 und 5 bis 18 EuGVÜ, entwertet werden[1120]. Eine Schiedsvereinbarung schließt dann die Zuständigkeit dieser Gerichte nicht nur für das Hauptsacheverfahren, sondern auch für Verfahren des einstweiligen Rechtsschutzes aus. Hier muß allerdings beachtet werden, daß diese Entwertung sachdienlich ist, weil, wie dargestellt, keine Notwendigkeit mehr für das Heranziehen dieser internationalen Gerichtsstände zur Bestimmung des für den Erlaß einstweiliger Maßnahmen international zuständigen Gerichts besteht, wenn das zuständige Hauptsachegericht bereits nicht nach ihnen bestimmt wurde.

Die Lösung des EuGH, einstweilige Maßnahmen parallel zu einem Schiedsverfahren könnten nicht vor den nach Art. 2 oder 5 bis 24 EuGVVO bzw. Art. 2 oder 5 bis 18 EuGVÜ "fiktiv" für die Entscheidung in der Hauptsache zuständigen Gerichten, sondern einzig in Anwendung von Art. 31 EuGVVO bzw. Art. 24 EuGVÜ beantragt werden, erscheint damit insgesamt zustimmungswürdig.

(3) Bedeutung der Entscheidung des EuGH für andere Rechtsfragen

Zuzustimmen ist der Literatur darin, daß aus der Entscheidung des EuGH Rückschlüsse für die Lösung anderer Rechtsfragen gezogen werden können.

(a) Internationale Zuständigkeit eines Hauptsachegerichts für die Durchführung von Verfahren des einstweiligen Rechtsschutzes nach Erklärung der Unzuständigkeit gemäß Art. 27 EuGVVO bzw. Art. 21 EuGVÜ

Sind die Gerichte des bloß "fiktiven" Hauptsachegerichtsstaats bei Vorhandensein einer Schiedsklausel für den Erlaß einstweiliger Maßnahmen international unzuständig, muß dies auch für Gerichte eines Staates gelten, dessen Gerichte sich nach Art. 27 EuGVVO bzw. Art. 21 EuGVÜ für unzuständig für die Durchführung des Hauptsacheverfahrens erklärt haben. Dies folgt nicht nur "logisch" aus dem Urteil des EuGH, sondern auch daraus, daß dann kein Grund mehr dafür besteht, warum dieses "fiktive" Hauptsachegericht, das sich tatsächlich für unzuständig erklärt hat, noch für die Durchführung von Verfahren des einstweiligen Rechtsschutzes international zuständig sein

---

1120 Zum Vorwurf der "Entwertung" der Zuständigkeitsvorschriften vgl. in einer anderen Konstellation *Stadler* JZ 1999, 1089, 1095; dazu unten Gliederungspunkt II.C.10.c)(3), S. 277.

sollte: Jenes Gericht ist weder besonders *vertraut* mit dem Verfahren noch kann ein Verfahren des einstweiligen Rechtsschutzes vor ihm der *Prozeßökonomie* dienen, weil bei ihm nie das Hauptsacheverfahren anhängig sein wird. Fehlt die Zuständigkeit für die Durchführung des Hauptsacheverfahrens, ist auch ein Rückschluß vom "*Mehr*" auf das "*Weniger*" nicht möglich.

Diesem Ergebnis steht auch nicht entgegen, daß der EuGH im Urteil "*van Uden*" entschieden hat, daß das nach Art. 2 und 5 bis 18 EuGVÜ für die Entscheidung des Rechtsstreits in der Hauptsache international zuständige Gericht auch für die Anordnung einstweiliger oder sichernder Maßnahmen zuständig sei, ohne daß diese Zuständigkeit von weiteren Voraussetzungen abhinge[1121]. Zunächst bezieht sich der EuGH mit dieser Aussage auf die vom vorlegenden Gericht erwähnten Voraussetzungen, die an die zu erlassende einstweilige Maßnahme anknüpfen, wie beispielsweise die Möglichkeit der Vollstreckung der Maßnahme im Urteilsstaat[1122]. Darüber hinaus schränkt der EuGH diese allgemeine Aussage direkt im Anschluß mit seiner oben dargelegten Aussage ein, ein nach den allgemeinen Regeln des EuGVÜ für die Durchführung des Hauptsacheverfahrens zuständiges Gericht sei nicht für den Erlaß einstweiliger Maßnahmen zuständig, wenn die Hauptsache durch eine Schiedsklausel der Beilegung vor staatlichen Gerichten entzogen sei[1123].

Problematisch könnte der Rückschluß aus der Rechtsprechung des EuGH allerdings insofern sein, als er zu einer "Entwertung" der Zuständigkeitsvorschriften der EuGVVO bzw. des EuGVÜ führen könnte, die sich dem Urteil des EuGH unter Umständen so nicht entnehmen läßt[1124]. In der dem EuGH vorliegenden Konstellation wurde die Streitigkeit in der Hauptsache vollständig staatlichen Gerichten entzogen, so daß die Vorschriften des EuGVÜ über die internationale gerichtliche Zuständigkeit für die Durchführung des Hauptsacheverfahrens insgesamt keine Anwendung mehr fanden. In der hier untersuchten Konstellation aber sind die Zuständigkeitsvorschriften der EuGVVO bzw. des EuGVÜ grundsätzlich noch anwendbar, weil sich das später angerufene Gericht nur wegen der bereits eingetretenen anderweitigen Rechtshängigkeit für unzuständig erklärt. Sie dürften nach dem aus der Rechtsprechung des EuGH gezogenen Schluß jedoch nicht mehr zur Begründung einer internationalen gerichtlichen Zuständigkeit für den Erlaß einstweiliger Maßnahmen herangezogen werden, wenn sich das Gericht für die Durchführung des Hauptsacheverfahrens für unzuständig erklärt. Auch in der vom EuGH entschiedenen Konstellation folgte aber die "Entwertung" der Hauptsachegerichtsstände dadurch, daß diese nicht mehr zur Begründung der internationalen Zuständigkeit für die Durchführung von Verfahren des einstweiligen Rechtsschutzes herangezogen werden können, nicht aus der Schiedsabrede, sondern aus der Wertung des EuGH. Dieser gab offenbar anderen Erwägungen den Vorrang. Diese können, wie oben dargestellt, in der dann fehlenden Vertrautheit des bloß "fiktiven"

1121 EuGH Urteil vom 17.11.1998 *van Uden*, Rs. C-391/95, Slg. 1998, I-7091, 7130 Rdnr. 19, 22.

1122 EuGH Urteil vom 17.11.1998 *van Uden*, Rs. C-391/95, Slg. 1998, I-7091, 7130 Rdnr. 22.

1123 EuGH Urteil vom 17.11.1998 *van Uden*, Rs. C-391/95, Slg. 1998, I-7091, 7130 Rdnr. 24.

1124 Zum Vorwurf der "Entwertung" der Zuständigkeitsvorschriften vgl. bereits oben Gliederungspunkt II.C.6.e)(2), S. 228.

Hauptsachegerichts mit dem Rechtsstreit sowie der dann nicht mehr möglichen Prozeßökonomie, die sonst jeweils für eine Zuständigkeit des Hauptsachegerichts auch für den Erlaß einstweiliger Maßnahmen sprechen, liegen. Wie dargestellt, ist daher diese Entwertung der Hauptsachegerichtsstände auch als sachdienlich anzusehen[1125].

Dem steht entgegen der Ansicht von HEINZE nicht entgegen, daß es bei Rechtshängigkeit des Hauptsacheverfahren nach Art. 31 EuGVVO möglich bleibt, vor Gerichten anderer Staaten einstweiligen Rechtsschutz zu erlangen[1126]: Denn das System des einstweiligen Rechtsschutzes nach der EuGVVO ist gerade zweispurig auf die Hauptsachezuständigkeit der Gerichte nach der EuGVVO und auf die internationale Zuständigkeit nach autonomem Recht über Art. 31 EuGVVO aufgebaut. Die Begründung beider Zuständigkeiten hat verschiedene Hintergründe, diejenige des Hauptsachegerichts ist damit verbunden, daß dieses auch *tatsächlich* mit dem Hauptsacheverfahren betraut ist oder möglicherweise mit ihm betraut wird[1127].

Damit sind Gerichte eines Staates, dessen Gerichte sich nach Art. 27 Abs. 2 EuGVVO bzw. Art. 21 Abs. 2 EuGVÜ für die Durchführung des Hauptsacheverfahrens für unzuständig erklärt haben, für den Erlaß einstweiliger Maßnahmen international nur dann zuständig, wenn sie ihre Zuständigkeit auf Art. 31 EuGVVO bzw. Art. 24 EuGVÜ in Verbindung mit nationalen Zuständigkeitsvorschriften stützen können[1128].

All dies gilt jedoch nicht, solange zwar das Hauptsacheverfahren vor zwei Gerichten zweier verschiedener Staaten eingeleitet wurde, sich aber noch keines zugunsten des anderen für unzuständig erklärt hat. In diesem Fall sind beide Gericht gleichermaßen vertraut oder nicht vertraut mit dem Verfahren. Vor welchem Gericht der Prozeßökonomie gedient werden kann, läßt sich dann auch noch nicht absehen. In beiden Fällen ist auch ein Schluß vom "*Mehr*" in Form der grundsätzlich noch möglichen internationalen gerichtlichen Zuständigkeit für die Durchführung des Hauptsacheverfahrens auf das "*Weniger*" in Form der internationalen Zuständigkeit für den Erlaß einstweiliger Maßnahmen möglich. In diesem Fall können vor den Gerichten beider Staaten Verfahren des einstweiligen Rechtsschutzes eingeleitet werden[1129].

(b) Einstweiliger Rechtsschutz bei Vorhandensein einer Gerichtsstandsvereinbarung in der Hauptsache

Genauso muß HACKSPIEL[1130] darin beigepflichtet werden, daß die Lösung des EuGH auch auf den Fall übertragen werden kann, in dem die Parteien für die Lösung einer Streitigkeit durch eine Gerichtsstandsvereinbarung die Gerichte eines bestimmten Staates oder ein bestimmtes Gericht für international zuständig erklärt haben. Eine solche Vereinbarung bewirkt nach Art. 23 Abs. 1 S. 1 EuGVVO bzw. Art. 17 Abs. 1 S. 1

1125 Siehe oben Gliederungspunkt II.C.6.e)(2), S. 228.

1126 *Heinze* RIW 2003, 922, 926.

1127 Siehe oben Gliederungspunkt II.C.2.d)(1), S. 207.

1128 So auch *Pörnbacher* in *Geimer/Schütze* Internationaler Rechtsverkehr EuGVVO Art. 31 Rdnr. 15; MüKo/ZPO-*Gottwald* Art. 24 EuGVÜ Rdnr. 5; *Kropholler* Art. 27 Rdnr. 14, Art. 31 Rdnr. 19; *Wolf* in *Geimer/Schütze* Internationaler Rechtsverkehr EuGVÜ Art. 24 Rdnr. 16;

1129 Siehe hierzu auch nochmals unten Gliederungspunkt II.C.10.c)(2), S. 277.

1130 Siehe oben Fußnote 1110.

EuGVÜ, daß die Gerichte dieses Staates ausschließlich für die Entscheidung der Streitigkeit zuständig sind. Alle anderen grundsätzlich nach der EuGVVO bzw. dem EuGVÜ für die Entscheidung des Rechtsstreits in der Hauptsache zuständigen Gerichte sind demnach für die Entscheidung der Hauptsache nicht mehr zuständig. Nach dem Urteil "*van Uden*" des EuGH dürften sie auch nicht mehr für die Durchführung von Verfahren des einstweiligen Rechtsschutzes zuständig sein. Zudem würde für die Durchführung eines Verfahrens des einstweiligen Rechtsschutzes vor einem solchen "fiktiven" Hauptsachegericht auch erneut weder die besondere Vertrautheit des Gerichts mit dem Verfahren noch eine Prozeßökonomie sprechen.

(c) Einstweiliger Rechtsschutz bei ausschließlicher Hauptsachezuständigkeit nach Art. 22 EuGVVO bzw. Art. 16 EuGVÜ

Eine Übertragung dieser Erwägungen auf andere Fälle ausschließlicher Hauptsachezuständigkeiten, wie sie in Art. 22 EuGVVO (Art. 16 EuGVÜ) geregelt sind, ist dagegen nicht möglich und auch nicht notwendig. Ausschließliche Gerichtsstände bestehen nach dieser Vorschrift unter anderem beispielsweise für "Klagen, die dingliche Rechte an unbeweglichen Sachen sowie die Miete oder Pacht von unbeweglichen Sachen zum Gegenstand haben" (Nr. 1), und für "Klagen, die die Eintragung oder Gültigkeit von Patenten, Marken, Mustern und Modellen sowie ähnlicher Rechte, die einer Hinterlegung oder Registrierung bedürfen, zum Gegenstand haben" (Nr. 4).

Ist ein nationales Gericht nach Art. 22 EuGVVO für die Durchführung des Hauptsacheverfahrens international zuständig, kann ein Gericht eines anderen Staates seine Zuständigkeit für die Durchführung eines Verfahrens des einstweiligen Rechtsschutzes nicht mehr nach Art. 2 oder 5 bis 24 EuGVVO bestimmen, weil die ausschließliche internationale Zuständigkeit gerade einen Rückgriff auf die allgemeinen Vorschriften ausschließt. Dann können - auch nicht "fiktiv" - diese Vorschriften nicht mehr grundsätzlich zur Bestimmung der internationalen gerichtlichen Zuständigkeit für den Erlaß einstweiliger Maßnahmen herangezogen werden.

Art. 31 EuGVVO bzw. Art. 24 EuGVÜ bleiben jedoch weiterhin grundsätzlich anwendbar. Wie bereits festgestellt, enthalten diese Vorschriften keine Differenzierung danach, nach welcher Vorschrift sich die internationale gerichtliche Zuständigkeit für das Hauptsacheverfahren bestimmt[1131]. Ein Gericht kann demnach trotz der ausschließlichen internationalen Zuständigkeit der Gerichte eines anderen Staates für die Entscheidung des Rechtsstreits in der Hauptsache in Anwendung des Art. 31 EuGVVO bzw. Art. 24 EuGVÜ in diesem Rechtsstreit einstweilige Maßnahmen anordnen, falls es nach seiner nationalen Rechtsordnung hierfür international zuständig ist. Inwieweit dies in Anbetracht der Kataloge in Art. 22 EuGVVO bzw. Art. 16 EuGVÜ nach den nationalen Rechtsordnungen überhaupt denkbar ist, muß hier offen bleiben.

1131 Siehe oben Gliederungspunkt II.C.3, S. 211.

7. Einschränkung der internationalen gerichtlichen Zuständigkeit durch das Erfordernis einer "realen Verknüpfung"

a) Hintergrund

Insbesondere in der französischsprachigen, teilweise aber auch in der deutschen Literatur wurde seit langem darüber diskutiert, ob Gerichte für die Durchführung eines Verfahrens des einstweiligen Rechtsschutzes nach den nationalen Zuständigkeitsvorschriften in Verbindung mit Art. 24 EuGVÜ nur unter der Bedingung eines örtlichen Bezuges der beantragten Maßnahme zu dem Vertragsstaat, in dem sie beantragt wird, international zuständig sein sollten[1132].

Für eine derartige Voraussetzung wurde argumentiert, die Notwendigkeit eines Exequatur-Verfahrens in einem anderen Staat, damit die Maßnahme dort vollstreckt werden könne, stehe dem Zweck des Art. 24 EuGVÜ entgegen, eine Ausnahme von den Zuständigkeiten nach Art. 2 und 5 bis 18 EuGVÜ im Interesse der Gewährung möglichst schnellen Rechtsschutzes zu erlauben[1133]. Außerdem wurde teilweise auf das Urteil "*Denilauler*" des EuGH vom 21.05.1980 verwiesen[1134]. Dieses erging zwar zur Anerkennung und Vollstreckung einer einstweiligen Maßnahme, in Punkt 16 des Urteils stellte der EuGH jedoch fest, "der örtlich zuständige Richter oder jedenfalls der Richter des Vertragsstaates, in dem sich die von der beantragten Maßnahme betroffenen Vermögensgegenstände befinden," sei sicherlich "am besten in der Lage, die Umstände zu beurteilen, auf die es für die Bewilligung oder Versagung der begehrten Maßnahmen für die Bestimmung der vom Antragsteller zu beachtenden Modalitäten und Voraussetzungen ankommt, durch die sichergestellt werden soll, daß die Maßnahme ihren einstweiligen und auf eine Sicherung gerichteten Charakter behält"[1135].

Von französischen Gerichten wurde aber teilweise auch entschieden, es sei keine Voraussetzung für die Bestimmung der gerichtlichen Zuständigkeit nach nationalem Recht in Anwendung des Art. 31 EuGVVO bzw. Art. 24 EuGVÜ, daß die beantragte Maßnahme in dem Vertragsstaat, in dem sich das angerufene Gericht befindet, vollstreckt werden müßte[1136].

Andere Stimmen in der Literatur traten dieser These ebenfalls entgegen. Weder der Wortlaut des Art. 24 EuGVÜ lege eine solche Einschränkung nahe, noch spreche die Systematik des EuGVÜ für eine solche Begrenzung[1137]. Vielmehr sei es effizienter, wenn ein Gericht, dessen Zuständigkeit aufgrund der Belegenheit von Vermögen im Inland einmal gegeben sei, eine einstweilige Maßnahme auch im Hinblick auf auslän-

---

1132 *Albrecht* S. 120; *Gaudemet-Tallon* 2e édition Rdnr. 269, 271; *Gothot/Holleaux* Rdnr. 203; *Gronstedt* S. 38; *Martinet/Honorat* Gaz. Pal. 1999 Jur. 330, 332; *Mayer* Rdnr. 354 in der 5. Auflage, 1994; *van Drooghenbroeck* in *van Compernolle/Tarzia* S. 475, 508 f. Rdnr. 38; ohne Bezug zu Art. 24 EuGVÜ *Delaporte* Trav. Com. fr. DIP 1987-88, 147, 155.

1133 *Martinet/Honorat* Gaz. Pal. 1999 Jur. 330, 332.

1134 Vgl. z.B. *van Drooghenbroeck* in *van Compernolle/Tarzia* S. 475, 510 Rdnr. 39.

1135 EuGH Urteil vom 21.05.1980 *Denilauler*, Rs. 125/79, Slg. 1980, 1553, 1570 Rdnr. 16.

1136 CA Paris 19.03.1987 Dalloz 1987 IR 107; Tribunal de commerce de Paris Réf. 06.01.1998 Gaz. Pal. 1999 Jur. 339 f.

1137 *Gronstedt* S. 38 f.

disches Vermögen erlassen könnte, um zu vermeiden, daß der Gläubiger eine Vielzahl von Verfahren des einstweiligen Rechtsschutzes in verschiedenen Staaten einleiten müsse[1138]. Weiterhin deute gerade die Entscheidung "*Denilauler*" des EuGH, in der dieser die Anerkennung und Vollstreckung einstweiliger Maßnahmen ausdrücklich zugelassen hatte[1139], darauf hin, daß die Vollstreckbarkeit einer einstweiligen Maßnahme im Erlaßstaat keine Voraussetzung der internationalen gerichtlichen Zuständigkeit für den Erlaß einer solchen Maßnahme sein könne[1140].

b) Entscheidung des EuGH

Der EuGH hat in der Entscheidung "*van Uden*" die oben zitierte Passage aus seinem Urteil "*Denilauler*" aufgegriffen und daraus geschlossen, daß zwischen dem Gegenstand der beantragten Maßnahmen und der gebietsbezogenen Zuständigkeit des Vertragsstaates des angerufenen Gerichts eine "reale Verknüpfung" bestehen muß, wenn vor dem nach nationalem Recht gemäß Art. 24 EuGVÜ für den Erlaß einstweiliger Maßnahmen international zuständigen Gericht um einstweiligen Rechtsschutz nachgesucht werde[1141].

Leite sich jedoch die Eilzuständigkeit aus der Hauptsachezuständigkeit nach Art. 2 oder 5 bis 18 EuGVÜ her, sei diese Voraussetzung nicht zu beachten[1142].

c) Reaktionen in der Rechtsprechung

In der Rechtsprechung gaben - soweit ersichtlich - bislang kaum Verfahren Gelegenheit, zu dem hier betrachteten Aspekt Stellung zu nehmen.

Eine Entscheidung der *Cour d'appel de Chambery* vom 03.04.2003[1143] paraphrasiert das vom EuGH aufgestellte Erfordernis und stellt es mit dem Erfordernis gleich, die beantragte einstweilige Maßnahme müsse innerhalb des Staates, in dem sie von einem Gericht erlassen wurde, vollstreckbar sein.

In einer Entscheidung der *belgischen Cour de Cassation* vom 03.09.2000[1144] wird diesbezüglich auf die Entscheidung "*van Uden*" verwiesen. Die Untersuchungen eines Berufungsgerichts, ob sich die von einer beantragten einstweiligen Maßnahme betroffenen Gegenstände in Belgien befinden, wurden mit Verweis auf den EuGH in diesem Urteil für rechtmäßig erklärt[1145].

1138 *Gronstedt* S. 39; *Stutz* S. 11.

1139 Vgl. dazu unten Gliederungspunkt III.B.2.b), S. 303.

1140 *Stutz* S. 11.

1141 EuGH Urteil vom 17.11.1998 *van Uden*, Rs. C-391/95, Slg. 1998, I-7091, 7135 Rdnr. 39 f.; in der französischen Fassung des Urteils lautet Rdnr. 40: "*Il s'ensuit que l'octroi de mesures provisoires ou conservatoires en vertu de l'article 24 est subordonné, notamment, à la condition de l'existence d'un lien de rattachement réel entre l'objet des mesures sollicitées et la compétence territoriale de l'État contractant du juge saisi.*" (Hervorhebungen der Verfasserin).

1142 EuGH Urteil vom 17.11.1998 *van Uden*, Rs. C-391/95, Slg. 1998, I-7091, 7131 Rdnr. 22.

1143 CA Chambéry 03.04.2003, no. 2222/01, veröffentlicht in www.legifrance.gouv.fr.

1144 Abgedruckt in deutscher Übersetzung in GRUR Int. 2001, 73.

1145 Belgische Cour de Cassation Urteil vom 03.09.2000 GRUR Int. 2001, 73, 74 a.E.

d) Reaktionen in der Literatur

In der Literatur ist das Erfordernis einer "realen Verknüpfung" für die Bestimmung der internationalen Zuständigkeit anderer Gerichte als des Hauptsachegerichts nach Art. 31 EuGVVO bzw. Art. 24 EuGVÜ in Verbindung mit den nationalen Vorschriften grundsätzlich begrüßt worden[1146].

Mit diesem Ansatz bevorzuge der Gerichtshof eine Abgrenzung von Fall zu Fall gegenüber einer generellen teleologischen Beschränkung des Art. 31 EuGVVO bzw. Art. 24 EuGVÜ, wodurch eine gerade in Verfahren des einstweiligen Rechtsschutzes notwendige flexible Handhabung eines Verfahrens ermöglicht werde[1147]. Weiterhin sichere ein solches Erfordernis die Priorität der Zuständigkeit des Hauptsachegerichts für den Erlaß einstweiliger Maßnahmen, da diese Zuständigkeit nicht vom Bestehen einer "realen Verknüpfung" oder anderen Voraussetzungen abhänge[1148]. Die Begrenzung der gerichtlichen Zuständigkeit werde damit auch der Funktion des einstweiligen Rechtsschutzes, das Hauptsacheverfahren zu unterstützen und abzusichern, gerecht. Wenn das Hauptsachegericht einstweilige Maßnahmen ohne Einschränkungen im Hinblick auf deren Vollzugsort anordnen könne, sei eine durch das Erfordernis der "realen Verknüpfung" begrenzte Zuständigkeit anderer Gerichte nach den nationalen Rechten in Verbindung mit Art. 24 EuGVÜ sachgerecht[1149].

Das Verlangen einer "realen Verknüpfung" ohne Erklärung, wie diese beschaffen sein könnte, wurde allerdings ganz überwiegend als generalklauselartig und zu unbestimmt kritisiert[1150]. Von vielen Autoren wird die "reale Verknüpfung" als territorialer Bezug der einstweiligen Maßnahme zu einem Staat, beispielsweise durch den Aufbewahrungsort einer Sache oder den Vollstreckungsort, gedeutet[1151]. Allgemeiner wird formuliert, das Erfordernis der realen Verknüpfung verlange die Vollziehbarkeit der Maßnahme im Erlaßstaat[1152]. WILLEITNER spricht ausdrücklich von "Belegenheitsan-

---

1146 *Donzallaz* AJP/PJA 2000, 956, 974 f.; *Gaudemet-Tallon* Revue de l'arbitrage 1999, 152, 164; *Heß/Vollkommer* IPRax 1999, 220, 222.

1147 *Heß/Vollkommer* IPRax 1999, 220, 222.

1148 *Heß/Vollkommer* IPRax 1999, 220, 223.

1149 *Heß/Vollkommer* IPRax 1999, 220, 223.

1150 *Cuniberti* Dalloz 2000 Jur. 379, 381 Rdnr. 8; Geimer/Schütze-*Geimer* Art. 31 EuGVVO Rdnr. 11; *Heß/Vollkommer* IPRax 1999, 220, 225; *Spellenberg/Leible* ZZPInt 4 (1999), 221, 229; Rauscher-*Leible* EuZPR Art. 31 EuGVVO Rdnr. 24; *Stadler* JZ 1999, 1089, 1093 f.; *Wolf* EWS 2000, 11, 16.

1151 *Cuniberti* Dalloz 2000 Jur. 379, 381 Rdnr. 8 f.; *Gaudemet-Tallon* Revue de l'arbitrage 1999, 152, 164; Geimer/Schütze-*Geimer* Art. 31 EuGVVO Rdnr. 14 spricht von "realer Zugriffsmöglichkeit"; *Normand* Rev. crit. DIP 1999, 353, 362; *Willeitner* S. 116 f.; *Gerhard* SZIER 1999, 97, 135 merkt in diesem Zusammenhang an, insoweit sei das vom EuGH aufgestellte Kriterium nicht neu, weil die Vermögensgerichtsstände nach den autonomen Rechtsordnungen gerade auf einem solchen "realen" Zusammenhang zwischen der beantragten Maßnahme und der Belegenheit der betroffenen Gegenstände beruhten; ihm zustimmend *Dedek* EWS 2000, 246, 252.

1152 *Dedek* EWS 2000, 246, 252; *Gaudemet-Tallon* Rdnr. 311; *Heß/Vollkommer* IPRax 1999, 220, 223 f.; Rauscher-*Leible* EuZPR Art. 31 EuGVVO Rdnr. 24; *Mayer* Rdnr. 354; *Normand* Rev. crit. DIP 1999, 353, 362; *Schack* Rdnr. 425; *Spellenberg/Leible* ZZPInt 4 (1999), 221, 229 f.; *Stadler* JZ 1999, 1089, 1094; *Stadler* in *Gottwald*, Revision des EuGVÜ, S. 37, 62; wohl auch *Wolf* EWS 2000,

knüpfung"[1153]. DONZALLAZ geht davon aus, daß sichergestellt sein müsse, daß die jeweilige einstweilige Maßnahme einen "effektiven" Rechtsschutz böte (*"efficacité immédiate de la mesure à prononcer"*)[1154]. Einzelne Autoren gehen auch davon aus, in der einstweiligen Maßnahme müßten bereits die Gegenstände angegeben sein, in die vollstreckt werden solle[1155].

Auch wurde darauf hingewiesen, daß in den Art. 2 ff. EuGVÜ bereits die meisten Verknüpfungen von Rechtsstreitigkeiten zu gerichtlichen Zuständigkeiten erfaßt worden seien. Im Rahmen des Art. 24 EuGVÜ bestehe daher kaum die Möglichkeit, eine weitere "reale Verknüpfung" zu konkretisieren[1156]. Einzig das Vollstreckungsinteresse sei ein Aspekt, der in der Logik des EuGVÜ nicht im Rahmen des Erkenntnisverfahrens, sondern im Anerkennungs- und Vollstreckungsverfahren berücksichtigt würde. Aufgrund des Interesses des Antragstellers an effektivem Rechtsschutz sei aber in Verfahren des einstweiligen Rechtsschutzes notwendig, daß bereits im Erkenntnisverfahren auch das Vollstreckungsinteresse berücksichtigt werde, um ein umständliches ausländisches Anerkennungs- und Vollstreckbarerklärungsverfahren für derartige Entscheidungen zu vermeiden[1157]. Dazu könnten entweder in der EuGVVO bzw. im EuGVÜ selbst spezielle harmonisierte Eilgerichtsstände definiert werden, durch die dort eine Zuständigkeit für den Erlaß von einstweiligen Maßnahmen des einstweiligen Rechtsschutzes begründet werde, wo ein Vollstreckungsbedürfnis besteht, oder es könnte, wie es durch die EuGVVO bzw. das EuGVÜ bereits geschehen sei, den nationalen Rechtsordnungen überlassen werden, die Eilgerichtsstände selbst zu definieren[1158].

SCHULZ scheint davon auszugehen, daß der EuGH das Kriterium der "realen Verknüpfung" für die Fälle der Anordnung der vorläufigen Erbringung einer vertraglichen Hauptleistung durch die oben dargestellte Voraussetzung der Belegenheit des Gegenstandes im Zuständigkeitsbereich des angerufenen Gerichts[1159] bereits konkretisiert habe. Wie dagegen eine reale Verknüpfung in anderen Fällen vorliegen solle, bleibe abzuwarten[1160]. Mit STADLER weist sie darauf hin, daß das Wort "real" im Deutschen doppeldeutig ist[1161]: Es kann einerseits im Sinne von "gegenständlich", andererseits im Sinne von "aktuell/wirklich" verstanden werden.

11, 16; anderer Ansicht ausdrücklich *Donzallaz* AJP/PJA 2000, 956, 975, und wohl *Klauer* ELR 1998, 594, 596.

1153 *Willeitner* S. 118 ff.

1154 *Donzallaz* AJP/PJA 2000, 956, 974.

1155 *Willeitner* S. 122 ff.; Geimer/Schütze-*Geimer* Art. 31 EuGVVO Rdnr. 15 mit Verweis auf Rdnr. 27 des Urteils *"Mietz"*, in der es allerdings um die Auslegung von Art. 13 und 14 EuGVÜ geht.

1156 *Wolf* EWS 2000, 11, 16; zustimmend *Schulz* ZEuP 2001, 805, 817 und *Willeitner* S. 117.

1157 *Schack* ZEuP 1998, 931, 954; *Wolf* EWS 2000, 11, 16 unter VI. (3); *Willeitner* S. 117; zu diesem Gedanken vor Erlaß des Urteils *"van Uden"*: *Grundmann* S. 143.

1158 *Wolf* EWS 2000, 11, 16.

1159 Dazu oben Gliederungspunkt II.B.2.b)(2), S. 158, und Gliederungspunkt II.B.2.b)(4)(b), S. 161.

1160 *Schulz* ZEuP 2001, 805, 815, 829.

1161 *Schulz* ZEuP 2001, 805, 817; *Stadler* JZ 1999, 1089, 1094.

Nach STADLER und GEIMER ist die Auslegung des Erfordernisses der "realen Verknüpfung" dahingehend, daß immer eine Realexekution, also die Vollstreckung in einen Gegenstand, möglich sein müsse, unzulässig. Dagegen spreche, daß dann bei Unterlassungsverfügungen oder Anordnungen zur Vornahme unvertretbarer Handlungen die internationale gerichtliche Zuständigkeit gar nicht mehr unter Anwendung des Art. 24 EuGVÜ bestimmt werden könnte[1162]. Daß der EuGH solche Maßnahmen aber vollständig von Art. 24 EuGVÜ ausnehmen wollte, sei eher unwahrscheinlich. Daher sei die "reale Verknüpfung" dahingehend auszulegen, daß eine wirklich vorhandene Zugriffsmöglichkeit im Erlaßstaat vorhanden sei[1163].

Vereinzelt wurde aus dem Urteil des EuGH der Schluß gezogen, eine internationale Zuständigkeit für den Erlaß von Unterlassungsverfügungen, die ein Unterlassen im Ausland anordnen, könne unter den nunmehr herausgearbeiteten Voraussetzungen auf der Grundlage von Art. 31 EuGVVO in Verbindung mit den nationalen Vorschriften nicht mehr bestehen[1164].

Mit dem Hinweis darauf, daß Zuständigkeitsunklarheiten zu längeren Bearbeitungszeiten von Eilanträgen bei Gerichten führen und somit letztlich dem Eilbedürfnis zuwider laufen würden, wurde insgesamt bemängelt, daß die aufgestellten Kriterien nicht eindeutig seien und ihre Anwendung damit keine Rechtssicherheit gewährleisteten[1165]. Insofern wurde die Voraussetzung einer "realen Verknüpfung" mit dem vom BGH für die Anwendung des § 23 ZPO aufgestellten Erfordernis eines "hinreichenden Inlandsbezuges" verglichen[1166].

SCHLOSSER meint, auf eine Verfügung zur Zahlung von Geld könne das vom EuGH erarbeitete Erfordernis sinnvollerweise nicht angewandt werden[1167]. Überdies schließt er aus der Rechtsprechung des EuGH, ein Amtsgericht, das einen Arrestbeschluß erlasse und seine Zuständigkeit aus § 919 ZPO herleite, müsse ausdrücklich in den Arrestbeschluß aufnehmen, daß aus ihm nicht im EU-Ausland vollstreckt werden könne[1168].

e) Stellungnahme

Zunächst ist festzustellen, daß der EuGH das Kriterium der "realen Verknüpfung" als allgemeine Zuständigkeitsvoraussetzung im Rahmen des Art. 24 EuGVÜ bzw. Art. 31 EuGVVO entwickelt hat. Insbesondere gilt dieses Erfordernis nicht nur für vorläufige Leistungsanordnungen. Dies ergibt sich bereits aus der Formulierung der maßgeblichen Passage in dem Urteil "*van Uden*", in dem es heißt: "Daraus folgt, daß die Anordnung einstweiliger oder sichernder Maßnahmen nach Art. 24 insbesondere voraus-

---

1162 Geimer/Schütze-*Geimer* Art. 31 EuGVVO Rdnr. 13 f.; *Stadler* JZ 1999, 1089, 1094.

1163 *Stadler* JZ 1999, 1089, 1094; kritisch *Schlosser* EU-Zivilprozeßrecht Art. 31 Rdnr. 20.

1164 So wohl *Heß/Vollkommer* IPRax 1999, 220, 225.

1165 *Heß/Vollkommer* IPRax 1999, 220, 222; *Stadler* JZ 1999, 1089, 1093; *Wolf* EWS 2000, 11, 16.

1166 *Wolf* EWS 2000, 11, 16; zu § 23 ZPO vgl. oben unter Gliederungspunkt II.A.1.a) in Teil 2 der Arbeit, S. 84.

1167 *Schlosser* EU-Zivilprozeßrecht Art. 31 Rdnr. 22 am Ende.

1168 *Schlosser* EU-Zivilprozeßrecht Art. 31 Rdnr. 20.

setzt, daß zwischen dem Gegenstand der beantragten Maßnahmen und der gebietsbezogenen Zuständigkeit des Vertragsstaates des angerufenen Gerichts eine reale Verknüpfung besteht"[1169]. Weiter ergibt sich diese allgemeine Geltung im Rahmen von Art. 31 EuGVVO bzw. Art. 24 EuGVÜ auch aus der Stellung dieses Abschnittes in dem Urteil: Die vorstehenden Ausführungen des EuGH (Rdnr. 35 ff.) behandeln allgemein die Voraussetzungen, unter denen einstweiliger Rechtsschutz nach Art. 24 EuGVÜ beantragt werden kann. Eine Einschränkung in Bezug auf bestimmte Arten einstweiliger Maßnahmen erfolgt nicht. Die speziell auf vorläufige Leistungsanordnung bezogenen Ausführungen des EuGH beginnen erst bei Rdnr. 43 ff.

(1) Auslegung des Kriteriums einer "realen Verknüpfung"

Zunächst ist zu fragen, von welcher Voraussetzung der EuGH die internationale gerichtliche Zuständigkeit nach Art. 31 EuGVVO bzw. Art. 24 EuGVÜ mit dem Erfordernis einer "realen Verknüpfung" zwischen dem Gegenstand der beantragten Maßnahmen und der gebietsbezogenen Zuständigkeit des Vertragsstaates tatsächlich abhängig machen will. Weiter soll die Bedeutung des Kriteriums für einstweilige Maßnahmen ermittelt werden, die sich nicht auf einen "Gegenstand" beziehen.

(a) Bedeutung der "realen Verknüpfung" bei einstweiligen Maßnahmen, die sich auf Vermögensgegenstände beziehen oder in Vermögensgegenstände vollzogen werden sollen

Bei der Auslegung des Begriffs der "realen Verknüpfung" können zunächst der Wortlaut der Entscheidung des EuGH und der systematische Zusammenhang der Ausführungen innerhalb des Urteils einen Anhaltspunkt geben. Die Voraussetzung der "realen Verknüpfung" folgt nämlich nach dem EuGH daraus, daß "das örtlich zuständige Gericht oder jedenfalls das Gericht des Vertragsstaates, in dem sich die von der beantragten Maßnahme betroffenen Vermögensgegenstände befinden, sicherlich am besten in der Lage [ist], die Umstände zu beurteilen, auf die es für den Erlaß oder die Versagung der beantragten Maßnahmen oder für die Bestimmung der vom Antragsteller zu beachtenden Modalitäten und Voraussetzungen ankommt, durch die der einstweilige und auf eine Sicherung gerichtete Charakter der Maßnahme sichergestellt werden soll."[1170] Während die deutschsprachige Fassung dieses Absatzes des Urteils Unklarheiten dahingehend bestehen läßt, was mit "das örtlich zuständige Gericht" gemeint ist, und sich in dieser Fassung der Relativsatz "in dem sich die von der beantragten Maßnahme betroffenen Vermögensgegenstände befinden," nur auf das Wort "Vertragsstaat" bezieht, wird aus dem französischsprachigen und aus dem englischsprachigen

---

[1169] EuGH Urteil vom 17.11.1998 *van Uden*, Rs. C-391/95, Slg. 1998, I-7091, 7135 Rdnr. 40.
[1170] EuGH Urteil vom 17.11.1998 *van Uden*, Rs. C-391/95, Slg. 1998, I-7091, 7135 Rdnr. 39.

Wortlaut des Absatzes 39 des Urteils deutlich[1171], daß mit dem "örtlich zuständigen Gericht" das Gericht gemeint ist, in dessen Bezirk sich die von den beantragten Maßnahmen betroffenen Vermögensgegenstände befinden. Gemeint ist nicht die örtliche Zuständigkeit nach deutschem Verständnis, wie sie in §§ 12 ff. ZPO geregelt ist, sondern eine gerichtliche Zuständigkeit aufgrund eines geographischen Bezugs des Streitgegenstandes zum angerufenen Gericht. Bei einer internationalen gerichtlichen Zuständigkeit folgt dies aus dem geographischen Bezug des Gegenstandes zum Inland. Daraus kann gefolgert werden, daß die "reale Verknüpfung" zwischen dem Gegenstand der einstweiligen Maßnahme und der Zuständigkeit des Vertragsstaates des angerufenen Gerichts jedenfalls dann besteht, wenn sich die von der beantragten Maßnahme betroffenen Vermögensgegenstände im örtlichen Bezirk des angerufenen Gerichts oder wenigstens in dem Staat befinden, in dem das angerufene Gericht liegt[1172].

Eine solche Auslegung erscheint auch sachgerecht. Art. 31 EuGVVO bzw. Art. 24 EuGVÜ enthalten durch die Verweisung auf die autonomen Rechtsordnungen der Mitglieds- bzw. Vertragsstaaten eine Abweichung von den allgemeinen Zuständigkeitsvorschriften des Übereinkommens bzw. der Verordnung. Dies soll dem Gläubiger effektiven Rechtsschutz sichern. Eine derartige Abweichung erfährt insbesondere dann ihre Berechtigung, wenn sie gegenüber den allgemeinen Regeln eine zusätzliche Möglichkeit des Rechtsschutzes eröffnet. Nach den allgemeinen Regeln sind für die Anordnung von Maßnahmen des einstweiligen Rechtsschutzes die Gerichte desjenigen Staates international zuständig, dessen Gerichte auch für die Durchführung des Hauptsacheverfahrens zuständig sind. Dies gilt unabhängig davon, in welchem Staat die Maßnahmen vollstreckt werden sollen[1173]. Möchte ein Gläubiger also in einem davon verschiedenen Staat einstweiligen Rechtsschutz erlangen, kann er diesen vor Gerichten des Hauptsachegerichtsstaats beantragen und dann in dem jeweiligen Staat anerkennen und vollstrecken lassen. Der Fortbestand der internationalen Gerichtsstände nach den autonomen Rechtsordnungen, wie ihn Art. 31 EuGVVO bzw. Art. 24 EuGVÜ vorsieht, ermöglicht dazu ergänzend dem Gläubiger, ein Verfahren des einstweiligen Rechts-

---

1171 Der französischsprachige Wortlaut lautet: "A cet égard, la Cour a jugé, dans l'arrêt Denilauler, précité, point 16, que c'est certainement *le juge du lieu ou en tout cas de l'État contractant où sont situés les avoirs qui feront l'objet des mesures sollicitées* qui est le mieux à même d'apprécier les circonstances qui peuvent amener à octroyer ou à refuser les mesures sollicitées ou à prescrire des modalités et des conditions que le requérant devra respecter afin de garantir le caractère provisoire et conservatoire des mesures autorisées."

Der englischsprachige Wortlaut lautet: "In that regard, the Court held at paragraph 16 of Denilauler that *the courts of the place - or, in any event, of the Contracting State - where the assets subject to the measures sought are located* are those best able to assess the circumstances which may lead to the grant or refusal of the measures sought or to the laying down of procedures and conditions which the plaintiff must observe in order to guarantee the provisional and protective character of the measures authorised." - Hervorhebungen jeweils durch Verfasserin.

1172 Wie hier im Ergebnis auch *Willeitner* S. 119 ff.; nach *Spellenberg/Leible* ZZPInt 4 (1999), 221, 230 müssen sie sich dagegen tatsächlich im eigentlichen örtlichen Zuständigkeitsbereich des angerufenen Gerichts befinden.

1173 EuGH Urteil vom 17.11.1998 *van Uden*, Rs. C-391/95, Slg. 1998, I-7091, 7131 Rdnr. 22.

schutzes direkt in demjenigen Staat einzuleiten, in dem er einstweiligen Rechtsschutz benötigt. Ein Verfahren zur Anerkennung und Vollstreckung einer so erlangten Maßnahme in einem anderen Staat ist dann nicht mehr notwendig. Da eine Abweichung, wie sie Art. 31 EuGVVO bzw. Art. 24 EuGVÜ vorsehen, als Ausnahme nur auf die notwendigen Fälle beschränkt bleiben sollte, ist zu schließen, daß Art. 31 EuGVVO oder Art. 24 EuGVÜ nicht zu einer internationalen gerichtlichen Zuständigkeit für den Erlaß solcher einstweiliger Maßnahmen führen sollte, die noch im Ausland anerkannt und vollstreckt werden müssen[1174]. Für den Erlaß derartiger Maßnahmen sind vielmehr bereits die Gerichte des Hauptsachegerichtsstaats international zuständig. Daraus folgt erneut das Ergebnis, daß eine internationale gerichtliche Zuständigkeit nach Art. 24 EuGVÜ bzw. Art. 31 EuGVVO in Verbindung mit den nationalen Zuständigkeitsvorschriften grundsätzlich dann besteht, wenn die beantragte Maßnahme sich auf Gegenstände bezieht, die sich im Erlaßstaat der Maßnahme befinden[1175]. Diese örtliche Befindlichkeit der Gegenstände muß der Antragsteller somit bei Antragstellung glaubhaft machen[1176].

Äußerst fraglich ist allerdings, ob WILLEITNER darin zugestimmt werden kann, aus dem Erfordernis der "realen Verknüpfung" folge, daß bei auf Vermögensgegenstände gerichteten Leistungsverfügungen die betroffenen Vermögensgegenstände in der Entscheidung bereits im Tenor bestimmt und aufgelistet sein müßten und eine Vollstreckung im folgenden nur in diese möglich sei[1177]. Wie dargestellt, läßt sich ein solches Erfordernis aber durchaus der - hier kritisierten - Anforderung des EuGH entnehmen, eine Leistungsverfügung im Anwendungsbereich des Art. 24 EuGVÜ dürfe nur *bestimmte* Gegenstände betreffen, die sich im Zuständigkeitsbereich des angerufenen Gerichts befinden oder befinden müssen[1178]. Da WILLEITNER beide Forderungen des EuGH gleichzeitig in ihrer Bedeutung für derartige Leistungsverfügungen untersucht, ist sein Ergebnis allerdings wenigstens in Bezug auf Leistungsverfügungen, die sich auf bestimmte Vermögensgegenstände beziehen oder beziehen lassen, vertretbar. Die Notwendigkeit der genauen Benennung der Gegenstände besteht ohnehin, wenn sich die Verfügung, wie hier betrachtet, auf bestimmte Gegenstände bezieht. Für andere Maßnahmen erscheint eine solche Auslegung aber, wie bereits dargestellt, nicht sachgerecht[1179].

(b) Einstweilige Maßnahmen, die eine Handlung oder Unterlassung anordnen

Allerdings sind auch einstweilige Maßnahmen denkbar, die sich nicht auf Gegenstände beziehen, so beispielsweise Maßnahmen, die zu einem *Tun* oder *Unterlassen* ver-

---

1174 Vgl. auch *Gaudemet-Tallon* Revue de l'arbitrage 1999, 152, 164 f.; *Schack* Rdnr. 425; vor Erlaß des Urteils "*van Uden*": *Grundmann* S. 143.

1175 So auch *Willeitner* S. 118 ff.; vergleichbar bereits vor der jüngsten Rechtsprechung des EuGH *Gronstedt* S. 23.

1176 So auch Rauscher-*Leible* EuZPR Art. 31 EuGVVO Rdnr. 25.

1177 Vgl. *Willeitner* S. 122 ff.

1178 Vgl. EuGH Urteil vom 17.11.1998 *van Uden*, Rs. C-391/95, Slg. 1998, I-7091, 7137 Rdnr. 47; siehe dazu oben Gliederungspunkt II.B.2.b)(5)(b)ii)(bb), S. 172.

1179 Siehe oben Gliederungspunkt II.B.2.b)(5)(b)ii)(bb), S. 172.

pflichten. Auf derartige Maßnahmen hat der EuGH in seinen jüngsten Entscheidungen nicht ausdrücklich Bezug genommen. Um eine einheitliche Behandlung aller Maßnahmen des einstweiligen Rechtsschutzes sicherzustellen, sollte jedoch versucht werden, den der Forderung nach einer "realen Verknüpfung" zugrundeliegenden Gedanken für alle Arten einstweiliger Maßnahmen auszulegen. Insofern erlaubt der interpretationsbedürftige Begriff der "realen Verknüpfung" eine flexible Handhabung. Bei auf eine Handlung oder Unterlassung gerichteten Maßnahmen sollte das Kriterium der realen Verknüpfung ebenfalls so verstanden werden, daß der Staat, in dem ein Verfahren des einstweiligen Rechtsschutzes durchgeführt werden soll, einen Bezug zu der Streitigkeit in Form der Vollziehbarkeit der Maßnahme im Inland haben muß.

Dabei ist zwischen Maßnahmen, die eine Handlung oder Unterlassung an einem bestimmten Ort anordnen, und solchen, die zu einem Tun oder Unterlassen, das nicht räumlich/geographisch beschränkt ist, zu unterscheiden. Beispielhaft für letztere können Verpflichtungen zum Unterlassen von Äußerungen oder der Kontaktaufnahme mit einer bestimmten Person genannt werden.

Für beide können grundsätzlich die oben angestellten Erwägungen herangezogen werden: Denn nur für den Fall, daß die Durchführung eines Verfahrens des einstweiligen Rechtsschutzes vor einem Gericht eines Staates, dessen Gerichte nicht für die Durchführung des Hauptsacheverfahrens international zuständig sind, eine wirkliche Erleichterung bei der Erlangung einstweiligen Rechtsschutzes darstellt, rechtfertigt sich eine Ausnahme von den allgemeinen Regeln in Art. 2 und 5 bis 24 EuGVVO. Eine solche Erleichterung tritt aber nur dann ein, wenn vor der Vollstreckung der Maßnahme nicht noch ein Anerkennungs- und Vollstreckbarerklärungsverfahren in einem anderen Staat durchgeführt werden muß.

Für Maßnahmen, die eine bestimmte Verpflichtung ohne räumlich/geographische Begrenzung enthalten, und somit grenzüberschreitend eine bestimmte Handlung anordnen oder untersagen, besteht oft, wie zum deutschen und französischen Recht kurz aufgezeigt[1180], die Möglichkeit einer inländischen Vollstreckung. Beispielhaft kann hier die Möglichkeit der Vollstreckung eines Ordnungs- oder Zwangsgelds in Vermögen des Schuldners im Erlaßstaat genannt werden[1181]. Ist eine solche Vollstreckbarkeit im Inland möglich, liegt folglich auch eine reale Verknüpfung im hier verstandenen Sinne vor. Die internationale gerichtliche Zuständigkeit zum Erlaß derart extraterritorial wirkender einstweiliger Maßnahmen ist somit auch nach der jüngsten Rechtsprechung des EuGH nicht ausgeschlossen.

Soweit sich der Unterlassungsanspruch oder der Anspruch auf Vornahme einer Handlung dagegen auf eine örtlich gebundene Handlung bezieht, besteht eine internationale gerichtliche Zuständigkeit zum Erlaß derartiger Unterlassungsverfügungen auf der Grundlage von Art. 31 EuGVVO bzw. Art. 24 EuGVÜ in Verbindung mit nationalem Recht umgekehrt nur dann, wenn die Handlung in dem Staat, dessen Gerichte angeru-

---

[1180] Siehe oben Gliederungspunkt II.A.4.b) in Teil 2 der Arbeit, S. 109, zum deutschen Recht und Gliederungspunkt II.B.3 in Teil 2 der Arbeit, S. 130, zum französischen Recht.

[1181] So auch Geimer/Schütze-*Geimer* Art. 31 EuGVVO Rdnr. 14; Zöller-*Geimer* Art. 31 EuGVVO Rdnr. 7.

fen worden sind, vorgenommen werden müßte[1182]. Die Möglichkeit der Anordnung einer Ersatzvornahme im Ausland durch inländische Gerichte im Erlaßstaat wird hier nur dann möglich sein, wenn im Ausland kein Zwang ausgeübt werden muß. Da dies meist nicht von vornherein ausgeschlossen werden kann, kann hier von der Möglichkeit einer effektiven Vollziehungsmöglichkeit und damit einer realen Verknüpfung nicht ausgegangen werden.

(c) Auf eine Geldzahlung gerichtete Leistungsverfügungen

Das Urteil des EuGH "*van Uden*" erging in einem Verfahren, in dem es um die gerichtliche Zuständigkeit für die Anordnung von auf eine Geldzahlung gerichteten Leistungsverfügungen ging. Bei derartigen Leistungsverfügungen sind keine Vermögensgegenstände von der einstweiligen Maßnahme erfaßt, so daß die Bestimmung der internationalen Zuständigkeit zunächst nicht an das Vorhandensein von körperlichen Gegenständen geknüpft werden muß. Für den Fall, daß eine Vollziehung der Maßnahme in Vermögensgegenstände angestrebt wird, muß der Antragsteller, wie oben dargelegt, eine inländische Belegenheit pfändbarer Vermögensgegenstände glaubhaft machen.

Mit HEß und VOLLKOMMER kann aber davon ausgegangen werden, daß in solchen Fällen eine reale Verknüpfung dann gegeben ist, wenn eine Vollstreckungsmöglichkeit in inländisches Vermögen des Schuldners besteht[1183]. Dies kann beispielsweise bei lokalisierbaren gegenwärtigen oder zukünftigen Geldforderungen des Schuldners gegen Dritte, beispielsweise gegen eine Bank bei Kontoguthaben oder gegen einen Arbeitgeber auf Zahlung des Arbeitslohnes, der Fall sein. Nur bei einer solchen Vollstreckungsmöglichkeit im Inland bietet der Erlaß einer Leistungsverfügung durch ein Gericht eines anderen Staates als demjenigen, in dem das Hauptsacheverfahren durchgeführt wird oder durchgeführt werden müßte, eine wirkliche Erleichterung für den Gläubiger: Während eine durch das Hauptsachegericht erlassene einstweilige Maßnahme erst in dem Ausland, in dem sich die Vermögensgegenstände befinden, anerkannt und vollstreckt werden müßte, könnte diejenige Maßnahme, die ein gemäß Art. 31 EuGVVO in Verbindung mit den nationalen Zuständigkeitsvorschriften zuständiges Gericht erlassen hätte, ohne weiteres im Erlaßstaat vollstreckt werden, wo sich Vermögensgegenstände befinden.

(2) Maßgeblicher Zeitpunkt

Nicht ausdrücklich entschieden wurde vom EuGH, zu welchem Zeitpunkt die reale Verknüpfung zwischen dem Gegenstand der beantragten Maßnahme und der gebietsbezogenen Zuständigkeit des Mitglieds- bzw. Vertragsstaates bestehen müsse. In Be-

---

1182 So auch *Heß/Vollkommer* IPRax 1999, 220, 225; Rauscher-*Leible* EuZPR Art. 31 EuGVVO Rdnr. 25.

1183 Vgl. *Heß/Vollkommer* IPRax 1999, 220, 224; so auch *Willeitner* S. 122 f., der die Maßnahme sogar nur auf vom Gläubiger ausgewählte, benannte und im Erlaßstaat belegene Vermögensgegenstände begrenzen will. Er weist allerdings selbst bereits auf die Schwierigkeit hin, dies mit dem nur begrenzten Weisungsrecht des Gläubigers gegenüber dem Gerichtsvollzieher im deutschen Zwangsvollstreckungsrecht zu vereinbaren.

tracht kommen einerseits der Zeitpunkt der Stellung des Antrags auf Erlaß der Maßnahme und andererseits der Zeitpunkt der gerichtlichen Entscheidung. Weiterhin könnte man auf den Zeitpunkt der späteren Vollziehung der Maßnahme abstellen.

Zum Schutz des Gläubigers davor, durch unlautere Vermögensverschiebungen des Schuldners zusätzlich benachteiligt zu werden, muß die reale Verknüpfung zum Zeitpunkt der Antragstellung oder wenigstens im Moment der Antragstellung aufgrund einer Prognose voraussichtlich zum Zeitpunkt der späteren Vollziehung bestehen. Im letzteren Fall muß allerdings bei Antragstellung eine begründete Erwartung bestehen, die Vollstreckungsmöglichkeit werde bis zum Zeitpunkt der Vollziehung der Maßnahme eintreten (beispielsweise in Form einer in Kürze an den Schuldner von dritter Seite ausgeschütteten Geldsumme oder - für den Fall hier nicht näher betrachteter sichernder einstweiliger Maßnahmen wie den dinglichen Arrest nach §§ 916 ff. ZPO - ein sich einem inländischen Hafen näherndes Schiff). Es kann folglich einzig eine gerichtliche Entscheidung auf der Grundlage einer Prognose erfolgen[1184].

Hielte man den Zeitpunkt der Entscheidung des Gerichts für maßgeblich, könnte der Schuldner sonst unter Umständen vor der gerichtlichen Entscheidung durch Veränderung der tatsächlichen Verhältnisse, insbesondere durch Verbringung von Vermögensgegenständen ins Ausland, dafür sorgen, daß die Maßnahme nicht angeordnet werden kann.

Sollte nach Anordnung der Maßnahme die Vollziehbarkeit im Inland wegfallen, könnte eine Anerkennung und Vollstreckung der Maßnahme im Ausland sachdienlich sein. Zwar erfährt, wie oben dargestellt, die Ausnahmeregelung des Art. 31 EuGVVO bzw. Art. 24 EuGVÜ nur dann eine Berechtigung, wenn sie gegenüber den vom Hauptsachegericht angeordneten Maßnahmen eine Vereinfachung ermöglicht, indem sie ein Verfahren zur Anerkennung und Vollstreckung der Maßnahme in einem anderen Staat vermeidet[1185]. Dies sollte aber nicht dazu führen, daß eine einmal angeordnete Maßnahme nicht im Ausland anerkannt und vollstreckt werden kann. Denn dies würde der mißbräuchlichen Verbringung von Vermögensgegenständen Tür und Tor öffnen: Der Schuldner könnte nach Erlaß der Maßnahme die in Bezug genommenen Gegenstände oder sein Guthaben ins Ausland verbringen, so daß die erlassene Maßnahme im Inland zunächst nicht vollstreckt werden könnte. Der Gläubiger wäre genötigt, in demjenigen Staat, zu dem dann eine "reale" Verknüpfung besteht, erneut ein Verfahren des einstweiligen Rechtsschutzes durchzuführen[1186]. Die Möglichkeit der Anerkennung und Vollstreckung im Ausland von einstweiligen Maßnahmen, die von einem nach Art. 31 EuGVVO bzw. Art. 24 EuGVÜ in Verbindung mit den nationalen

---

1184 Ähnlich *Willeitner* S. 131; *Pörnbacher* in *Geimer/Schütze* Internationaler Rechtsverkehr EuGVVO Art. 31 Rdnr. 6.

1185 Siehe oben Gliederungspunkt II.C.7.e)(1)(a), S. 239.

1186 Vgl. ähnliche Überlegungen von *Schulz* ZEuP 2001, 805, 827 f. zu Leistungsverfügungen; Rauscher-*Leible* EuZPR Art. 31 EuGVVO Rdnr. 38, Art. 32 EuGVVO Rdnr. 13.

Zuständigkeitsvorschriften zuständigen Gericht angeordnet wurden, wurde vom EuGH im Urteil "*Mietz*" auch deutlich zum Ausdruck gebracht[1187].

(3) Zusammenfassung

Den verschiedenen Stimmen in der Literatur ist darin beizupflichten, daß das vom EuGH aufgeworfene Kriterium der "realen Verknüpfung" als wichtige Voraussetzung der Bestimmung der gerichtlichen Zuständigkeit nach Art. 31 EuGVVO bzw. Art. 24 EuGVÜ, die sich nicht aus dem Wortlaut dieser Vorschrift, sondern einzig aus ihrem Zweck und der Systematik des EuGVÜ bzw. der EuGVVO ergibt, einer eindeutigeren Darstellung durch den EuGH bedurft hätte. Andererseits ermöglicht die allgemeine Formulierung des Erfordernisses der realen Verknüpfung, dieses auch auf andere Arten von einstweiligen Maßnahmen als der Leistungsverfügung, die in dem vom EuGH entschiedenen Verfahren streitig war, zu übertragen.

Verallgemeinernd muß es als Erfordernis dahingehend verstanden werden, daß eine tatsächliche Möglichkeit zur Vollstreckung der einstweiligen Maßnahmen in demjenigen Staat, vor dessen Gericht ein Verfahren des einstweiligen Rechtsschutzes eingeleitet wird, im Moment der Antragstellung oder zu diesem Moment voraussichtlich im Zeitpunkt der späteren Vollziehung besteht. Fällt die Vollstreckungsmöglichkeit nach Antragstellung weg oder tritt sie entgegen der ursprünglich begründeten Erwartung nach Antragstellung nicht ein, hat dies auf die internationale Zuständigkeit keinen Einfluß mehr.

Im Rahmen des Erfordernisses einer realen Verknüpfung hätte der EuGH auch sachgerecht die Voraussetzung der Belegenheit des Vermögensgegenstandes anbringen können, die er als Voraussetzung dafür formuliert hat, daß Leistungsanordnungen unter den Begriff der einstweiligen Maßnahme im Sinne des Art. 31 EuGVVO bzw. Art. 24 EuGVÜ fallen[1188]. Dann könnte diese Voraussetzung als Konkretisierung des Kriteriums der realen Verknüpfung angesehen werden. Daß dieses vom EuGH schon so vorgesehen war, ist den Urteilen "*van Uden*" und "*Mietz*" dagegen nicht zu entnehmen[1189].

Insgesamt ist festzustellen, daß eine Verknüpfung zwischen der internationalen gerichtlichen Zuständigkeit und der voraussichtlichen Vollziehbarkeit einer Maßnahme im Erlaßstaat einer ausdrücklichen Regelung in der EuGVVO zugänglich gewesen wäre, weil eine derartige Forderung abstrakt und für alle Arten von einstweiligen Maßnahmen formuliert werden kann. Dies wäre auch wünschenswert gewesen, da eine ausdrückliche Regelung weitere Diskussionen und Spekulationen um die diesbezügliche Auslegung der beiden vor Erlaß der EuGVVO ergangenen Urteile "*van Uden*" und "*Mietz*" entbehrlich gemacht und somit für Rechtssicherheit gesorgt hätte. Die Verfas-

---

[1187] EuGH Urteil vom 27.04.1999 *Mietz*, Rs. C-99/96, Slg. 1999, I-2277, 2316 Rdnr. 47, 54; vgl. dazu unten Gliederungspunkt III.B.2.d), S. 307; auf diese Konsequenz aus der Entscheidung *Mietz* weist auch *Donzallaz* AJP/PJA 2000, 956, 975 hin; ähnlich wie hier *Schmidt* Rdnr. 140.

[1188] EuGH Urteil vom 17.11.1998 *van Uden*, Rs. C-391/95, Slg. 1998, I-7091, 7137 Rdnr. 47; vgl. dazu bereits oben Gliederungspunkt II.B.2.b)(2), S. 158, und Gliederungspunkt II.B.2.b)(5)(b)ii)(aa), S. 171.

[1189] Anders *Schulz* ZEuP 2001, 805, 815; vgl. dazu bereits oben in Gliederungspunkt II.C.7.d), S. 236.

ser der EuGVVO haben bedauerlicherweise auf jegliche Klarstellung verzichtet. Mit Blick auf die ergangenen Urteile wurde vielmehr von bereits vorgeschlagenen Bestimmungen, nach denen eine grenzüberschreitende Anerkennung und Vollstreckung von auf der Grundlage von Art. 31 EuGVVO ergangenen Maßnahmen nicht möglich sein soll, wieder Abstand genommen[1190]. Daraus läßt sich allerdings nicht entnehmen, daß derartige Maßnahmen nach der jüngsten Rechtsprechung des EuGH ohnehin nicht mehr einer grenzüberschreitenden Anerkennung und Vollstreckung zugänglich sein sollten: Nach den Ausführungen des EuGH im Urteil "*Mietz*" und im Urteil "*Italian Leather*" ist dies noch möglich. Vorstellbar ist, daß die Verfasser der EuGVVO insoweit nicht der Rechtsprechung des EuGH widersprechen oder vorgreifen wollten.

8. Bestimmung des zuständigen Gerichts nach nationalem Recht

Zu klären ist zudem, welche der von den nationalen Rechtssystemen vorgesehenen Gerichtsstände für die Gewährung einstweiligen Rechtsschutzes im Rahmen des Art. 31 EuGVVO bzw. Art. 24 EuGVÜ herangezogen werden können.

Nach vielen nationalen Rechtssystemen ist das *Hauptsachegericht* für den Erlaß einstweiliger Maßnahmen international zuständig. Im deutschen Recht ergibt sich dies nach der Doppelfunktionalität der Regeln über die örtliche Zuständigkeit aus den §§ 919 und 937 Abs. 1 ZPO. Im französischen Recht wurde diese Zuständigkeitsregel von der Rechtsprechung entwickelt[1191]. Darüber hinaus gibt es meist *besondere Eilgerichtsstände*, nach denen auch andere Gerichte als das Hauptsachegericht im Eilfall einstweilige Maßnahmen erlassen können. Im deutschen Recht sind dies § 919 Alt. 2 ZPO für den Arrest und § 942 Abs. 1 ZPO für die einstweilige Verfügung. Nach § 486 Abs. 3 ZPO kann darüber hinaus ein selbständiges Beweisverfahren auch bei einem vom Hauptsachegericht verschiedenen Amtsgericht durchgeführt werden. Nach der französischen Rechtsprechung sind französische Gericht für den Erlaß von einstweiligen Maßnahmen international zuständig, wenn die beantragte Maßnahme in Frankreich vollstreckt werden muß[1192].

Unbestritten ist, soweit ersichtlich, daß Art. 31 EuGVVO bzw. Art. 24 EuGVÜ auf das nationale Recht verweist, wie es im Zeitpunkt der Einleitung eines Verfahrens des einstweiligen Rechtsschutzes besteht. Abzustellen ist folglich nicht auf die nationalen Zuständigkeitsvorschriften, wie sie zum Zeitpunkt der Vereinbarung des Art. 24 EuGVÜ (bzw. der verschiedenen Fassungen des EuGVÜ) oder des Erlasses der EuGVVO bestanden haben[1193].

Während die Anwendung der besonderen Eilgerichtsstände nach nationalem Recht im Rahmen des Art. 31 EuGVVO keine Schwierigkeiten bereitet, bestehen hinsichtlich der Anwendung der nationalen Vorschriften, die für die Durchführung von Verfahren des einstweiligen Rechtsschutzes das Hauptsachegericht für zuständig erklären, Unklarheiten.

1190 Siehe bereits oben Gliederungspunkt III.A.3.c) in Teil 1 der Arbeit, S. 10.

1191 Siehe oben in Gliederungspunkt II.B.1.e)(1) in Teil 2 der Arbeit, S. 117.

1192 Siehe oben in Gliederungspunkt II.B.1.e)(1) in Teil 2 der Arbeit, S. 117.

1193 CA Versailles 27.06.1979 Gaz. Pal. 1979 Jur. 453, 454.

a) Bestimmung des Hauptsachegerichts bei auf das Hauptsachegericht verweisenden nationalen Zuständigkeitsvorschriften

In Rechtsprechung und Literatur war lange umstritten, auf welche Weise bei Vorschriften nationalen Rechts, die für die Durchführung von Verfahren des einstweiligen Rechtsschutzes das Hauptsachegericht für zuständig erklären, das zuständige Hauptsachegericht bestimmt werden sollte. In Betracht kam einerseits, dieses nach den nationalen Vorschriften zu bestimmen, andererseits, auf die Vorschriften des EuGVÜ zurückzugreifen.

(1) In Rechtsprechung und Literatur vertretene Ansichten

Nach der in Rechtsprechung[1194] und Literatur[1195] weitaus herrschenden Ansicht sind zur Bestimmung des Hauptsachegerichts in diesen Fällen die nationalen Zuständigkeitsvorschriften heranzuziehen.

Begründend wird teilweise angeführt, Art. 31 EuGVVO bzw. Art. 24 EuGVÜ ließen die nationalen Zuständigkeitsregeln auf dem Gebiet des einstweiligen Rechtsschutzes vollständig unberührt[1196]. Einstweiliger Rechtsschutz kann danach auch vor Gerichten erlangt werden, die nach nationalem Recht für den Erlaß einstweiliger Maßnahmen international zuständig sind, weil sie nach diesem für die Durchführung des Hauptsacheverfahrens zuständig sind. Mit Blick auf das deutsche Recht wird argumentiert, in diesem seien nach den besonderen Eilgerichtsständen nur Amtsgerichte für den Erlaß einstweiliger Maßnahmen zuständig, auch wenn für die Durchführung des Hauptsacheverfahrens nach innerstaatlichem deutschem Recht das Landgericht sachlich zuständig wäre. § 919 ZPO und §§ 937 Abs. 1, 942 Abs. 1 ZPO ließen aber dem Gläubiger die Wahl, einstweiligen Rechtsschutz vor dem Hauptsachegericht, das ein Land- oder ein Amtsgericht sein kann, oder nach dem besonderen Eilgerichtsstand vor dem örtlich nächsten Amtsgericht zu beantragen. Könnte der Gläubiger im Anwendungsbereich des Art. 31 EuGVVO bzw. Art. 24 EuGVÜ einstweiligen Rechtsschutz nur vor einem

---

[1194] OLG Frankfurt/Main Urteil vom 02.03.1983 IPRax 1983, 227; OLG Düsseldorf Urteil vom 18.05.1977 NJW 1977, 2034; LG Frankfurt/Main Urteil vom 12.04.1989 IPRax 1990, 177; LG Bremen Urteil vom 30.05.1978 RIW/AWD 1980, 366; AG Hamburg-Harburg Urteil vom 09.07.1975 IPRspr. 1975 Nr. 188 S. 495, 499.

[1195] *Bertele* S. 592; *Cuniberti* Rdnr. 462; *Dalhuisen* in FS Riesenfeld S. 1, 9; *Dittmar* NJW 1978, 1720, 1721; *Geimer* RIW/AWD 1975, 81, 85 f.; Geimer/Schütze-*Geimer* Art. 31 EuGVVO Rdnr. 9 f.; Geimer/Schütze-*Geimer* Urteilsanerkennung I/1 § 41 I 2., S. 269; MüKo/ZPO-*Gottwald* Art. 24 EuGVÜ Rdnr. 6 ff.; *Gronstedt* S. 18; *Grunsky* RIW/AWD 1977, 1, 7; *Hanisch* IPRax 1991, 215, 216 f.; *Hausmann* IPRax 1981, 79, 80; *Heiss* S. 18, 29 ff.; *Klauer* ELR 1998, 594, 596; Soergel-*Kronke* Art. 38 EGBGB Anh. IV Rdnr. 97; *Mankowski* RabelsZ 58 (1994), 355, 356; *Nagel/Gottwald* § 15 Rdnr. 10 f.; *Otte* ZIP 1991, 1048, 1050; *Rauscher* S. 411; Stein/Jonas-*Roth* § 23 Rdnr. 2; *Schlafen* NJW 1976, 2082; *Stickler* S. 29 ff., 47; wohl *Thümmel* NJW 1996, 1930, 1931; Musielak-*Weth* Art. 31 EuGVVO Rdnr. 4.

[1196] OLG Frankfurt/Main Urteil vom 02.03.1983 IPRax 1983, 227; OLG Düsseldorf Urteil vom 18.05.1977 NJW 1977, 2034; AG Hamburg-Harburg Urteil vom 09.07.1975 IPRspr. 1975 Nr. 188 S. 495, 499; *Dittmar* NJW 1978, 1720, 1721; *Geimer* RIW/AWD 1975, 85 f.; Geimer/Schütze-*Geimer* Urteilsanerkennung I/1 § 41 I. 3., S. 270 f.; *Heiss* S. 30 f.; *Otte* ZIP 1991, 1048, 1050; *Schlafen* NJW 1976, 2082; Musielak-*Weth* Art. 31 EuGVVO Rdnr. 4.

Amtsgericht erlangen, würde dies eine mit Art. 31 EuGVVO bzw. Art. 24 EuGVÜ nicht zu vereinbarende Einschränkung der Gläubigerrechte darstellen[1197]. HEISS führt außerdem an, daß zwar für den Arrest § 919 ZPO ein echtes Wahlrecht zwischen dem Hauptsachegericht und demjenigen Amtsgericht, in dessen Bezirk sich der mit Arrest zu belegende Gegenstand oder die in ihrer persönlichen Freiheit zu beschränkende Person befindet, lasse, für die einstweilige Verfügung die Zuständigkeit des Amtsgerichts nach § 942 Abs. 1 ZPO jedoch von strengeren Voraussetzungen abhinge als die des Hauptsachegerichts nach § 937 Abs. 1 ZPO. Würden Art. 24 EuGVÜ bzw. Art. 31 EuGVVO nur auf die speziellen Eilgerichtsstände verweisen, wären deutsche Gerichte somit nur unter den Voraussetzungen des § 942 Abs. 1 ZPO ausnahmsweise für den Erlaß einstweiliger Verfügungen international zuständig, soweit sie nicht nach der EuGVVO bzw. dem EuGVÜ für die Durchführung des Hauptsacheverfahrens zuständig wären. Art. 31 EuGVVO bzw. Art. 24 EuGVÜ liefen insoweit fast leer[1198].

Nach anderer Ansicht sollten nur die Art. 2 ff. EuGVVO bzw. EuGVÜ zur Bestimmung des Hauptsachegerichts herangezogen werden können[1199]. Teilweise wurde auch formuliert, Art. 31 EuGVVO bzw. Art. 24 EuGVÜ verwiesen einzig auf die zusätzlichen besonderen Eilgerichtsstände des nationalen Rechts[1200]. In diesem Fall stelle sich die Frage nach der Bestimmung des Hauptsachegerichts nicht. Bezweckt werde, für einstweilige Maßnahmen die Zuständigkeit des örtlich nächsten oder sachnächsten Gerichts zu erhalten, auch wenn dieses in der Hauptsache unzuständig sei. Dagegen solle nicht die Zuständigkeit eines weiteren "fiktiven Hauptsachegerichts" festgesetzt werden, das jedoch nach den Vorschriften der EuGVVO bzw. des EuGVÜ für die Entscheidung des Rechtsstreits in der Hauptsache unzuständig wäre[1201].

(2) Entscheidung des EuGH in der Rechtssache "*van Uden*"

Eine indirekte Beantwortung der hier angesprochenen Frage hat der EuGH in seinem Urteil "*van Uden*" gegeben. Darin entschied er, das Verbot nationaler exorbitanter Gerichtsstände nach Art. 3 Abs. 2 EuGVÜ gelte für die Sonderregelung des Art. 24 EuGVÜ nicht[1202]. Er leitete dies aus dem Wortlaut des Art. 3 Abs. 1 EuGVÜ ab[1203]. Nach dieser Vorschrift können Personen, die ihren Wohnsitz in dem Hoheitsgebiet

---

1197 *Dittmar* NJW 1978, 1720, 1721.

1198 Vgl. *Heiss* S. 31.

1199 OLG Koblenz Urteil vom 23.02.1990 RIW 1990, 316, 317 ff.; OLG Koblenz Urteil vom 02.05.1975 RIW/AWD 1977, 359; LG München Urteil vom 11.10.1991 IPRax 1992, 321; LG Frankfurt/Main Beschluß vom 24.01.1977 RIW/AWD 1977, 234, 235; wohl auch OLG München Beschluß vom 15.06.1983 NJW 1983, 2778 f.; *Eilers* S. 200 ff.; *Gronstedt* S. 18 ff.; *Grundmann* S. 143; *Hornung* ZVglRWiss 95 (1996), 305, 309 ff.; *Puttfarken* RIW/AWD 1977, 360; *Schlosser* EuGVÜ Art. 24 Rdnr. 2; *Roth* IPRax 1990, 161; *Wolf* in *Geimer/Schütze* Internationaler Rechtsverkehr EuGVÜ Art. 24 Rdnr. 19 ff., 25; *Zeiler* Österr. JBl. 1996, 635, 638 f.

1200 OLG Koblenz Urteil vom 02.05.1975 RIW/AWD 1977, 359; *Eilers* S. 200 ff.; *Zeiler* Österr. JBl. 1996, 635, 638 f.

1201 *Puttfarken* RIW/AWD 1977, 360; *Wolf* in *Geimer/Schütze* Internationaler Rechtsverkehr EuGVÜ Art. 24 Rdnr. 19 ff.

1202 EuGH Urteil vom 17.11.1998 *van Uden*, Rs. C-391/95, Slg. 1998, I-7091, 7135 Rdnr. 42.

1203 EuGH Urteil vom 17.11.1998 *van Uden*, Rs. C-391/95, Slg. 1998, I-7091, 7135 Rdnr. 42.

eines Vertragsstaats haben, vor den Gerichten eines anderen Vertragsstaats nur gemäß den Vorschriften des 2. bis 6. Abschnitts des Titels II verklagt werden. Art. 24 EuGVÜ befindet sich dagegen als einzige Vorschrift im 9. Abschnitt des Titels II. Der EuGH scheint somit sehr formal und aus dem Wortlaut des Art. 3 Abs. 1 EuGVÜ heraus zu argumentieren.

Da sich Art. 3 Abs. 2 EuGVVO in Verbindung mit dem Anhang I zur EuGVVO bzw. Art. 3 Abs. 2 EuGVÜ auf innerstaatliche Zuständigkeitsvorschriften für Hauptsachegerichtsstände beziehen, kann aus der Aussage des EuGH geschlossen werden, daß der EuGH voraussetzt, daß Art. 31 EuGVVO bzw. Art. 24 EuGVÜ auch dann auf die Hauptsachegerichtsstände nach autonomem internationalen Zivilverfahrensrecht verweisen, wenn das nationale Recht für Maßnahmen des einstweiligen Rechtsschutzes das Hauptsachegerichts für zuständig erklärt[1204]. Sonst wäre eine derartige Klarstellung nicht notwendig gewesen: Könnten im Rahmen des Art. 31 EuGVVO bzw. Art. 24 EuGVÜ ohnehin nicht die nationalen Vorschriften zur Bestimmung des zuständigen Hauptsachegerichts herangezogen werden, hätte sich die Frage nach der Anwendung der durch Art. 3 Abs. 2 EuGVÜ ausgeschlossenen exorbitanten Gerichtsstände nicht gestellt.

(3) Reaktionen in Rechtsprechung und Literatur

Soweit ersichtlich, wurde zu der hier angesprochenen Frage in Rechtsprechung und Literatur seit dem Urteil des EuGH "*van Uden*" nur sehr begrenzt Stellung genommen.

In der Rechtsprechung findet sich eine Entscheidungen, die zur Bestimmung des zuständigen Hauptsachegerichts im Sinne des § 937 ZPO nach Anwendung des Art. 24 EuGVÜ § 29a ZPO heranzieht, ohne jedoch auf eine Entscheidung des EuGH Bezug zu nehmen[1205]. In einer Entscheidung zum Lugano-Übereinkommen entschied das OLG Karlsruhe - ebenfalls ohne Bezugnahme auf eine Entscheidung des EuGH -, daß im Rahmen des mit Art. 24 EuGVÜ gleichlautenden Art. 24 LugÜ sich die internationale Zuständigkeit deutscher Gerichte im Arrestverfahren ausschließlich entsprechend den deutschen Vorschriften über die örtliche Zuständigkeit (dort §§ 802, 919, 23 ZPO) bestimme[1206].

In der Literatur gab es Reaktionen auf die vom EuGH zugelassene Möglichkeit, im Rahmen des Art. 31 EuGVVO bzw. Art. 24 EuGVÜ auch die durch Art. 3 Abs. 2 EuGVVO bzw. EuGVÜ ausdrücklich ausgeschlossenen Gerichtsstände heranzuziehen. Diese Stellungnahmen sollen aber im Zusammenhang weiter unten im Rahmen dieses Fragenkomplexes dargestellt werden[1207]. SCHLOSSER hält an seiner Auffassung fest, daß mit dem im deutschen Recht beispielsweise in § 919 ZPO verwendeten Begriff "Gericht der Hauptsache" für Zwecke des einstweiligen Rechtsschutzes die Zuständigkeitsvorschriften nach Kapitel II EuGVVO inkorporiert worden seien und somit das

---

1204 *Cuniberti* Dalloz 2000 Jur. 379, 381 Rdnr. 7.

1205 OLG Düsseldorf Beschluß vom 29.05.2000 RIW 2001, 380 f.

1206 OLG Karlsruhe Beschluß vom 02.10.2001 MDR 2002, 231.

1207 Siehe unten Gliederungspunkt II.C.8.c)(4), S. 255.

international zuständige Gericht der Hauptsache nur nach den Zuständigkeitsvorschriften der EuGVVO zu bestimmen sei[1208].

(4) Stellungnahme

Gegen die Ansicht, nach der Art. 31 EuGVVO bzw. Art. 24 EuGVÜ nur auf die speziellen Eilgerichtsstände des nationalen Rechts verweisen und für den Fall, daß nach nationalem Recht die internationale gerichtliche Zuständigkeit für die Durchführung von Eilverfahren nur dann besteht, wenn die Gerichte des jeweiligen Staates auch für die Entscheidung des Rechtsstreits in der Hauptsache international zuständig sind, nur die Zuständigkeitsvorschriften der EuGVVO bzw. des EuGVÜ zur Bestimmung der für die Durchführung des Hauptsacheverfahrens zuständigen Gerichte herangezogen werden können, spricht zunächst der Wortlaut des Art. 31 EuGVVO bzw. Art. 24 EuGVÜ. Dieser gibt keine Anhaltspunkte für eine solche Differenzierung[1209]. Er verweist einzig auf das "Recht eines Mitgliedsstaates" bzw. Vertragsstaates und nimmt keine Vorschriften des autonomen Rechts von dieser Verweisung aus.

Darüber hinaus ist Zweck des Art. 31 EuGVVO bzw. Art. 24 EuGVÜ, die Möglichkeiten des Gläubigers, einstweiligen Rechtsschutz zu erlangen, zu erweitern. Würde man für die Bestimmung des Hauptsachegerichts die Vorschriften der EuGVVO bzw. des EuGVÜ heranziehen, bestünde die Erweiterung einzig in der Anwendung der besonderen Eilgerichtsstände der nationalen Rechtssysteme. Diese können, wie HEISS dies zutreffend für das deutsche Recht darstellt[1210], derart enge Voraussetzungen haben, daß sie wenig zur Anwendung kommen und die Verweisung in Art. 31 EuGVVO bzw. Art. 24 EuGVÜ und somit die erweiterte Möglichkeit, einstweiligen Rechtsschutz zu erlangen, sehr geringen Umfanges wäre. Bestimmt man das Hauptsachegericht jedoch nach den Vorschriften des autonomen Rechts, könnte die Menge der in Betracht kommenden Gerichtsstände zugunsten des Gläubigers tatsächlich vergrößert werden.

Für die Ansicht, nach der zur Bestimmung der zuständigen Gerichte für die Durchführung eines Eilverfahrens nach Art. 31 EuGVVO bzw. Art. 24 EuGVÜ in Verbindung mit einem nationalen Recht das Hauptsachegericht nach nationalem Recht bestimmt werden soll, spricht auch die Kommentierung des Art. 24 EuGVÜ im *Jenard*-Bericht. Darin heißt es: "In jedem Vertragsstaat können somit bei dem zuständigen Gericht einstweilige oder auf eine Sicherung gerichtete Maßnahmen ebenso wie Entscheidungen über die Gültigkeit oder die Aufhebung dieser Maßnahmen *ohne Rücksicht auf die Zuständigkeitsregeln des Übereinkommens* beantragt werden"[1211]. Aus dieser Formulierung wird deutlich, daß bei der Bestimmung der gerichtlichen Zuständigkeit für den Erlaß einstweiliger Maßnahmen nach Art. 31 EuGVVO bzw. Art. 24 EuGVÜ in Verbindung mit nationalen Vorschriften die übrigen Zuständigkeitsregeln der EuGVVO bzw. des EuGVÜ keine Anwendung mehr finden.

1208 *Schlosser* EU-Zivilprozeßrecht Art. 31 Rdnr. 17; so wohl auch *Donzallaz* AJP/PJA 2000, 956, 969.

1209 So auch *Heiss* S. 29; *Stickler* S. 36.

1210 Vgl. oben Gliederungspunkt II.C.8.a)(1), S. 248, Fußnote 1198.

1211 Hervorhebungen der Verfasserin; Jenard-Bericht zum EuGVÜ BT-Drucksache VI/1973 S. 52, 86 zu Art. 24 EuGVÜ; vgl. dazu auch *Stickler* S. 39 f.

Weiterhin kann dem EuGH darin zugestimmt werden, daß der in Art. 3 Abs. 1 EuGVÜ (ebenso wie im inhaltsgleichen Art. 3 Abs. 1 EuGVVO) enthaltene Ausschluß der Anwendung nationaler Zuständigkeitsvorschriften sich formal wegen des Verweises auf die Abschnitte 2 bis 6 des zweiten Titels bzw. 2 bis 7 des zweiten Kapitels nur auf die Art. 5 bis 18 EuGVÜ bzw. Art. 5 bis 24 EuGVVO bezieht. Art. 3 EuGVÜ spricht also nicht dagegen, bei Anwendung von Art. 31 EuGVVO bzw. Art. 24 EuGVÜ zur Bestimmung des Hauptsachegerichts nationale Vorschriften anzuwenden, soweit dies zur Bestimmung der internationalen gerichtlichen Zuständigkeit für die Durchführung von Eilverfahren notwendig ist.

Alle angeführten Argumente sprechen auch dagegen, das Hauptsachegericht zur Ermittlung der für die Durchführung eines Eilverfahrens zuständigen Gerichte eines Staates unterschiedlich danach zu bestimmen, ob ein Hauptsacheverfahren tatsächlich schon eingeleitet wurde oder nicht. So könnte erwogen werden, nach Anhängigkeit des Hauptsacheverfahrens auch für die Bestimmung des Hauptsachegerichts im Rahmen der Anwendung nationalen Rechts gemäß Art. 31 EuGVVO bzw. Art. 24 EuGVÜ nur noch dieses Gericht als Hauptsachegericht anzusehen[1212]. Auch eine solche Differenzierung läßt sich aber weder dem Wortlaut des Art. 31 EuGVVO bzw. des Art. 24 EuGVÜ noch dem des Art. 3 EuGVVO oder Art. 3 EuGVÜ entnehmen. Art. 31 EuGVVO und Art. 24 EuGVÜ ermöglichen ausdrücklich ausnahmsweise zusätzliche internationale Gerichtsstände neben der internationalen Zuständigkeit des nach der EuGVVO bzw. dem EuGVÜ zuständigen Hauptsachegerichts auch für die Verfahren des einstweiligen Rechtsschutzes. Das nach der EuGVVO bzw. nach dem EuGVÜ für die Durchführung des Hauptsacheverfahrens zuständige Gericht ist automatisch bereits für die Durchführung eines Eilverfahrens in derselben Sache zuständig. Könnte das Hauptsachegericht nach nationalem Gericht erneut wieder nur über die EuGVVO bzw. das EuGVÜ bestimmt werden, wären Art. 31 EuGVVO und Art. 24 EuGVÜ insoweit bedeutungslos[1213].

Somit sollten bei Vorschriften des nationalen Rechts, nach denen für die Durchführung von Verfahren des einstweiligen Rechtsschutzes die Gerichte desjenigen Staates international zuständig sind, dessen Gerichte auch für die Durchführung des Hauptsacheverfahrens zuständig sind, die zuständigen Hauptsachegerichte nach den Vorschriften des nationalen Rechts und nicht nach der EuGVVO bzw. dem EuGVÜ bestimmt werden.

b) Eröffnung der nicht in die EuGVVO übernommenen nationalen Gerichtsstände

Unstreitig ist der Erlaß einstweiliger Maßnahmen damit über Art. 31 EuGVVO bzw. Art. 24 EuGVÜ auch in allen nationalen Gerichtsständen zulässig, die nicht in die EuGVVO übernommen wurden, sondern durch Art. 3 Abs. 1 EuGVVO bzw. Art. 3 Abs. 1 EuGVÜ ausgeschlossen werden[1214]. Im deutschen Recht ist dies beispielsweise

---

1212 So Rauscher-*Leible* EuZPR Art. 31 EuGVVO Rdnr. 27.

1213 Siehe dazu auch unten Gliederungspunkt II.C.10.b), S. 275.

1214 Vgl. z.B. Geimer/Schütze-*Geimer* Art. 31 EuGVVO Rdnr. 72; *Heiss* S. 18; *Stickler* S. 29.

der besondere Gerichtsstand des dauernden Aufenthaltsorts nach § 20 ZPO, der Gerichtsstand der Vermögensverwaltung nach § 31 ZPO sowie der Gerichtsstand des Zahlungsortes in Wechsel- und Scheckklagen nach § 603 Alt. 1 ZPO.

c) *Eröffnung der von der EuGVVO in Art. 3 Abs. 2 ausgeschlossenen exorbitanten Gerichtsstände*

(1) Hintergrund

Weiterhin stellte sich bislang die Frage, ob zur Bestimmung des Hauptsachegerichts nach nationalem Recht auch die durch das Verbot exorbitanter Gerichtsstände nach Art. 3 Abs. 2 EuGVÜ ausdrücklich ausgeschlossenen Gerichtsstände herangezogen werden können[1215]. Exorbitante Gerichtsstände führen hinsichtlich der internationalen Zuständigkeit dazu, daß diese über die allgemeinen Zuständigkeitsvorschriften hinaus für Klagen gegen Ausländer oder im Ausland ansässige Personen ausgedehnt wird, um inländischen Klägern die Prozeßführung im Inland zu ermöglichen[1216]. In der Literatur wird diese Frage häufig nicht von der oben erörterten Frage getrennt, ob zur Bestimmung des Hauptsachegerichts überhaupt nationale Vorschriften herangezogen werden können, so daß weitestgehend identische Argumente angeführt werden.

Ein großer Teil der Rechtsprechung[1217] und des Schrifttums[1218] vertritt die Ansicht, das Verbot exorbitanter Gerichtsstände gelte im Rahmen des Art. 31 EuGVVO bzw. Art. 24 EuGVÜ nicht. Begründend wird angeführt, Ziel des Art. 24 EuGVÜ sei es, die Möglichkeiten des Gläubigers, einstweiligen Rechtsschutz zu erlangen, zu erweitern[1219]. Das nationale Zuständigkeitsrecht auf dem Gebiet des einstweiligen Rechtsschutzes solle durch Art. 24 EuGVÜ vollständig unberührt bleiben[1220]. Ein Heranziehen der Vorschriften des EuGVÜ und mithin auch des Art. 3 Abs. 2 EuGVÜ sei

---

1215 Vgl. v.a. *Eilers* S. 193 ff.; *Gronstedt* S. 18 ff.; *Kropholler* noch in der 6. Auflage 1998 Art. 24 Rdnr. 8 f.; *Stickler* S. 30 ff.

1216 Vgl. *Arnold* AWD 1965, 321, 323; *Stickler* S. 37.

1217 OLG Köln Urteil vom 07.12.1995 NJW-RR 1997, 59, 60; OLG Frankfurt/Main Urteil vom 02.03.1983 RIW 1983, 289, 290; OLG Düsseldorf Urteil vom 18.05.1977 NJW 1977, 2034; LG Bremen Urteil vom 30.05.1978 RIW/AWD 1980, 366; AG Leverkusen Urteil vom 16.04.1981 IPRax 1983, 45; AG Hamburg-Harburg Urteil vom 09.07.1975 IPRspr. 1975 Nr. 188 S. 495, 499; TGI Nanterre Réf. 09.10.1978 Rev. crit. DIP 1979, 128, 129, bestätigt durch CA Versailles 27.06.1979 Gaz. Pal. 1979 Jur. 453.

1218 *Bertele* S. 592; *Cuniberti* Rdnr. 451, 454; *Dalhuisen* in FS Riesenfeld S. 1, 9; *Dittmar* NJW 1978, 1720, 1721; Zöller-*Geimer* Art. 31 EuGVVO Rdnr. 1; *Geimer* RIW/AWD 1975, 81, 85; Geimer/Schütze-*Geimer* Urteilsanerkennung I/1 § 41 I 2., S. 269 f.; MüKo/ZPO-*Gottwald* Art. 24 EuGVÜ Rdnr. 7; Stein/Jonas-*Grunsky* § 919 Rdnr. 2; *Grunsky* RIW/AWD 1977, 1, 7 f.; *Hausmann* IPRax 1981, 79, 80; *Heiss* S. 29 f., 38; Soergel-*Kronke* Art. 38 EGBGB Anh. IV Rdnr. 97; *Mankowski* RabelsZ 58 (1994), 355, 356; *Nagel/Gottwald* § 15 Rdnr. 11 f.; *Schack* ZEuP 1998, 931, 953; *Schlafen* NJW 1976, 2082; Stein/Jonas-*Roth* § 23 Rdnr. 2; *Stadler* JZ 1999, 1089, 1091; *Stickler* S. 47; *Stutz* S. 10; *van Drooghenbroeck* in *van Compernolle/Tarzia* S. 475, 511 Rdnr. 40.

1219 Geimer/Schütze-*Geimer* Urteilsanerkennung I/1 § 41 I 3., S. 270 f.; *Stadler* JZ 1999, 1089, 1091; *Stickler* S. 40.

1220 OLG Düsseldorf Urteil vom 18.05.1977 NJW 1977, 2034; *Geimer* RIW/AWD 1975, 81, 85; *Schlafen* NJW 1976, 2082.

insgesamt nicht gewollt[1221]. Außerdem spreche die systematische Stellung des Art. 24 EuGVÜ außerhalb des Zusammenhangs der anderen Zuständigkeitsregeln (Art. 2 und 5 bis 18 EuGVÜ) gegen eine Anwendung des Art. 3 Abs. 2 EuGVÜ auf Art. 24 EuGVÜ[1222]. Weiterhin deute der Wortlaut dieser Vorschrift darauf hin, daß der Zugang zu allen nationalen Eilgerichtsständen möglich sei, da Art. 24 EuGVÜ gerade nicht zwischen exorbitanten und anderen Gerichtsständen differenziere[1223]. Zudem mache der zur Auslegung des EuGVÜ heranzuziehende *Jenard*-Bericht deutlich, daß im Bereich des einstweiligen Rechtsschutzes die nationalen Zuständigkeitsvorschriften zusätzlich zu denen des EuGVÜ anwendbar sein sollen[1224]. Außerdem wird darauf hingewiesen, daß Art. 3 Abs. 2 EuGVÜ keinen eigenen Regelungsgehalt habe, sondern einzig deklaratorisch den in Art. 3 Abs. 1 EuGVÜ festgesetzten Ausschluß von Gerichtsständen wiedergäbe[1225]. Art. 3 Abs. 2 EuGVÜ könne damit auch nicht zu einem Ausschluß der exorbitanten Gerichtsstände des nationalen Rechts im Rahmen der Anwendung von Art. 24 EuGVÜ führen[1226].

Nach Ansicht der Vertreter der Gegenansicht[1227], zu denen auch all jene zu zählen sind, die zur Bestimmung des Hauptsachegericht einzig die Vorschriften des EuGVÜ bzw. der EuGVVO heranziehen wollen, spricht jedoch die systematische Stellung des Art. 3 Abs. 2 EuGVÜ, die eine Geltung dieser Vorschrift für alle Zuständigkeitsnormen des EuGVÜ impliziere, gerade für eine Geltung des Verbots[1228]. Normzweck des Art. 24 EuGVÜ sei einzig, für Eilmaßnahmen die besonderen Zuständigkeiten der örtlich nächsten Gerichte zu erhalten[1229]. Die Vertreter dieser Ansicht fordern die Geltung des Verbots der Anwendung exorbitanter Gerichtsstände, in Frankreich insbesondere

---

1221 *Stickler* S. 38 f.; Geimer/Schütze-*Geimer* Urteilsanerkennung I/1 § 41 I. 2. und 3., S. 269 f.; *Grunsky* RIW/AWD 1977, 1, 7; *Schlafen* NJW 1976, 2082.

1222 *Stadler* JZ 1999, 1089, 1091.

1223 *Stickler* S. 36.

1224 *Stickler* S. 39 f. mit Verweis auf Jenard-Bericht zum EuGVÜ BT-Drucksache VI/1973 S. 52, 86 zu Art. 24 EuGVÜ, zum Wortlaut der entsprechenden Textstelle siehe bereits oben unter Gliederungspunkt II.C.8.a)(4), S. 250 f.

1225 Vgl. zur deklaratorischen Bedeutung von Art. 3 Abs. 2 EuGVÜ bzw. EuGVVO: *Heiss* S. 29; *Stickler* S. 38; Geimer/Schütze-*Geimer* Urteilsanerkennung I/1 § 49 II., S. 306 f.

1226 *Heiss* S. 29; *Schlafen* NJW 1976, 2082.

1227 OLG Koblenz Urteil vom 23.02.1990 RIW 1990, 316, 318; OLG Koblenz Urteil vom 02.05.1975 RIW/AWD 1977, 359; *Eilers* S. 200 ff., 206; *Gronstedt* S. 23; *Holleaux* JDI 1980, 894, 895; wohl *Kropholler* noch in der 6. Auflage 1998 Art. 24 Rdnr. 8 f.; *Lagarde* Rev. crit. DIP 1979, 100 ff.; *Mezger* Rev. crit. DIP 1979, 130, 132; *Puttfarken* RIW/AWD 1977, 360 f.

1228 *Eilers* S. 206; EILERS schlägt auf S. 212 allerdings vor, soweit man im deutschen Recht an der Anwendung des § 23 ZPO festhält, diesen einschränkend auszulegen. Von einer gerichtlichen Zuständigkeit aufgrund dieser Vorschrift solle nur dann ausgegangen werden, wenn sich das Vermögen, in das vollstreckt werden soll, im Inland befindet. Nach einer solchen Auslegung könne § 23 ZPO zu einem international anerkannten Gerichtsstand werden. Die Auslegung, die § 23 ZPO durch das Urteil des BGH vom 02.07.1991 BGHZ 115, 90, 94 erfahren hat und nach der ein "hinreichender Inlandsbezug" der Streitigkeit verlangt wird, entspricht dieser Forderung. Vom Vorliegen eines solchen Inlandsbezuges ist beispielsweise dann auszugehen, wenn eine Vollstreckung in inländisches Vermögen ermöglicht werden soll, vgl. oben Gliederungspunkt II.A.1.a) in Teil 2 der Arbeit, S. 84.

1229 *Gronstedt* S. 22 f.; *Puttfarken* RIW/AWD 1977, 360.

mit Blick auf die an die Staatsangehörigkeit des Klägers oder des Beklagten anknüpfenden Gerichtsstände nach Art. 14 und 15 C. Civil[1230].

Teilweise wird in der Literatur auch nach der Art der durch Art. 3 Abs. 2 EuGVÜ ausgeschlossenen Gerichtsstände differenziert: So sollen insbesondere solche Gerichtsstände für die Bestimmung des Hauptsachegerichts bei einer Anwendung autonomen Rechts in Anwendung des Art. 24 EuGVÜ ausgeschlossen sein, die die internationale Zuständigkeit von Gerichten einzig an die Staatsangehörigkeit des Klägers anknüpfen[1231]. Art. 14 C. Civil könnte mithin nicht herangezogen werden, § 23 ZPO jedoch schon. Die Zuständigkeit eines sachlich nahen fiktiven Hauptsachegerichts bliebe damit unberührt. Eine solche Differenzierung ist jedoch abzulehnen. Sie mag für Verfahren des einstweiligen Rechtsschutzes zweckmäßig sein, jedoch kann dem Art. 3 EuGVÜ kein Ansatzpunkt für eine derartige Differenzierung entnommen werden.

(2) Entscheidung des EuGH in der Rechtssache "*van Uden*"

Wie bereits dargestellt, hat der EuGH entschieden, das Verbot der Anwendung exorbitanter Zuständigkeitsvorschriften nach Art. 3 Abs. 2 EuGVÜ gelte nicht für die Sonderregelung des Art. 24 EuGVÜ. Er folgerte dies aus dem formalen Gesichtspunkt, daß Art. 3 Abs. 1 EuGVÜ nur auf die Art. 5 bis 18 EuGVÜ verweise[1232]. Art. 3 Abs. 2 EuGVÜ enthält im Verhältnis zu Art. 3 Abs. 1 EuGVÜ einzig eine Klarstellung, hat also denselben Anwendungsbereich.

(3) Reaktionen in der Rechtsprechung

Das OLG Düsseldorf entschied in einem Urteil vom 28.01.1999 ebenfalls, Art. 3 Abs. 2 EuGVÜ finde im Rahmen des Art. 24 EuGVÜ keine Anwendung. Die Ansicht, nach der über §§ 937, 23 ZPO nicht ein Gericht als das Gericht der Hauptsache angesehen werden könne, das sich im Hauptsacheverfahren wegen der Bestimmungen des EuGVÜ für international unzuständig erklären müßte, fände in Art. 24 EuGVÜ keine Stütze[1233]. In diesem Urteil nimmt das OLG Düsseldorf allerdings keinen Bezug auf das Urteil des EuGH vom 17.11.1998, so daß offen ist, ob es dieses Urteil ausdrücklich bestätigt und die dort gefundene Lösung anwendet.

Eine entsprechende Entscheidung hat das OLG Karlsruhe in einem Beschluß vom 02.10.2001 für Art. 24 Lugano-Übereinkommen getroffen, allerdings ebenfalls ohne auf eine Entscheidung des EuGH Bezug zu nehmen. Das OLG Karlsruhe stellt ebenfalls fest, der Ausschluß der Anwendung des § 23 ZPO in Art. 3 Abs. 2 Lugano-Übereinkommen, der mit Art. 3 Abs. 2 EuGVÜ gleichlautend ist, beziehe sich nur auf die Hauptsachezuständigkeit. Die Anwendung von Art. 3 Abs. 2 Lugano-Übereinkommen

---

1230 *Eilers* S. 206; *Gothot/Holleaux* Rdnr. 203 zu Art. 14 C.Civ.; *Gronstedt* S. 22; *Puttfarken* RIW/AWD 1977, 360, 361; *Vareilles-Sommières* Rev. crit. DIP 1996, 397, 420.

1231 *Rauscher* S. 411.

1232 EuGH Urteil vom 17.11.1998 *van Uden*, Rs. C-391/95, Slg. 1998, I-7091, 7135 Rdnr. 42.

1233 OLG Düsseldorf Urteil vom 28.01.1999 RIW 1999, 873, 874.

sei aber wegen Art. 24 Lugano-Übereinkommen für einstweilige Maßnahmen ausgeschlossen[1234].

(4) Reaktionen in der Literatur

Zu diesem Aspekt des Urteils des EuGH sind in der Literatur bislang wenige Stellungnahmen abgegeben worden, die über die bloße Wiedergabe der Entscheidung des EuGH hinausgingen[1235].

Soweit eine Erörterung stattfand, wurde der Argumentation des EuGH zugestimmt[1236]. Teilweise wurde angemerkt, die Tragweite der exorbitanten Gerichtsstände werde ohnehin durch das aufgestellte Erfordernis einer "realen Verknüpfung" deutlich eingeschränkt[1237]. So fänden insbesondere Art. 14 und 15 C. Civil nur noch eingeschränkt Anwendung[1238].

Einzig SCHLOSSER, der weiterhin davon ausgeht, auch bei Vorschriften des nationalen Rechts, die für die Durchführung von Eilverfahren das Gericht der Hauptsache für international zuständig erklären, bestimme sich das Hauptsachegericht nach den Zuständigkeitsvorschriften der EuGVVO[1239], interpretiert die Rechtsprechung des EuGH dahingehend, daß von der EuGVVO durch Art. 3 Abs. 2 EuGVVO ausgeschlossene Hauptsachegerichtsstände des nationalen Rechts auch bei der Bestimmung der gerichtlichen Zuständigkeit für Verfahren des einstweiligen Rechtsschutzes nicht als Hauptsachegerichtsstände herangezogen werden könnten[1240].

(5) Stellungnahme

Bereits oben wurde festgestellt, daß im Rahmen des Art. 31 EuGVVO bzw. Art. 24 EuGVÜ grundsätzlich bei Vorschriften des nationalen Rechts, nach denen für die Durchführung von Verfahren des einstweiligen Rechtsschutzes diejenigen Gerichte international zuständig sind, die auch für die Entscheidung des Rechtsstreits in der Hauptsache zuständig sind, die zuständigen Hauptsachegerichte nach den Vorschriften des nationalen Rechts und nicht nach der EuGVVO bzw. dem EuGVÜ bestimmt werden[1241]. Da sich Art. 3 Abs. 1 EuGVVO bzw. EuGVÜ ausdrücklich nicht auf Art. 31

1234 OLG Karlsruhe Beschluß vom 02.10.2001 MDR 2002, 231; kritisch *Schlosser* EU-Zivilprozeßrecht Art. 31 Rdnr. 18.

1235 Geimer/Schütze-*Geimer* Art. 31 EuGVVO Rdnr. 1; MüKo/ZPO-*Gottwald* Art. 24 EuGVÜ Rdnr. 7; Rauscher-*Leible* EuZPR Art. 31 EuGVVO Rdnr. 2; Thomas/Putzo-*Hüßtege* Art. 3 EuGVVO Rdnr. 1; *Kropholler* Art. 31 Rdnr. 17 f.

1236 Geimer/Schütze-*Geimer* Art. 31 EuGVVO Rdnr. 65 f.; *Hackspiel* R.A.E.-L.E.A. 2000, 184, 191; *Stadler* JZ 1999, 1089, 1091; *Wolf/Lange* RIW 2003, 55, 59.

1237 *Cuniberti* Dalloz 2000 Jur. 379, 381 Rdnr. 9; *Donzallaz* AJP/PJA 2000, 956, 980, weist zusätzlich auf die nach seiner Ansicht zur erfüllende Voraussetzung besonderer Eile hin; *Gaudemet-Tallon* Revue de l'arbitrage 1999, 152, 163 f.; *Hackspiel* R.A.E.-L.E.A. 2000, 184, 191; *Klauer* ELR 1998, 594, 596; *Spellenberg/Leible* ZZPInt 4 (1999), 221, 229; *Wolf/Lange* RIW 2003, 55, 59.

1238 *Cuniberti* Dalloz 2000 Jur. 379, 381 Rdnr. 9; *Gaudemet-Tallon* Rdnr. 311; *Hackspiel* R.A.E.-L.E.A. 2000, 184, 191; *Klauer* ELR 1998, 594, 596.

1239 Siehe oben Gliederungspunkt II.C.8.a)(3), S. 249.

1240 *Schlosser* EU-Zivilprozeßrecht Art. 31 Rdnr. 17.

1241 Siehe oben Gliederungspunkt II.C.8.a)(4), S. 250.

EuGVVO bzw. Art. 24 EuGVÜ beziehen und Art. 3 Abs. 2 EuGVVO bzw. EuGVÜ nur ihre Konkretisierung darstellen, können daher auch die durch Art. 3 Abs. 2 EuGVVO bzw. EuGVÜ ausgeschlossenen Gerichtsstände zur Bestimmung der internationalen gerichtlichen Zuständigkeit im einstweiligen Rechtsschutz herangezogen werden. Wie bereits in der Literatur angemerkt wurde, ist die Tragweite der exorbitanten Gerichtsstände ohnehin durch das vom EuGH aufgestellte Erfordernis der "realen Verknüpfung" im Rahmen des Art. 31 EuGVVO erheblich eingeschränkt worden[1242]. So dürften insbesondere Art. 14 und 15 C. Civil leer laufen.

Der Entscheidung des EuGH im Urteil "*van Uden*", daß im Rahmen der Anwendung von Art. 31 EuGVVO bzw. Art. 24 EuGVÜ für den Fall, daß nach einer Zuständigkeitsvorschrift des autonomen Rechts das Hauptsachegericht für die Durchführung eines Eilverfahrens international zuständig ist, für die Bestimmung des international zuständigen Hauptsachegerichts auch auf die nach Art. 3 Abs. 2 EuGVVO bzw. EuGVÜ ausgeschlossenen exorbitanten Gerichtsstände nach nationalem Recht zurückgegriffen werden kann, ist damit insgesamt beizupflichten.

9. Internationale Zuständigkeit bei Vorhandensein einer Gerichtsstandsvereinbarung

Untersucht werden muß auch, ob und unter welchen Voraussetzungen die internationale gerichtliche Zuständigkeit für den Erlaß einstweiliger Maßnahmen durch Gerichtsstandsvereinbarungen begründet oder ausgeschlossen werden kann.

a) Einführung: Vereinbarungen über die gerichtliche Zuständigkeit und rügelose Einlassung nach EuGVVO und EuGVÜ

Bei der Untersuchung der Auswirkungen einer Gerichtsstandsvereinbarung auf die internationale gerichtliche Zuständigkeit für den Erlaß einstweiliger Maßnahmen wird im folgenden immer davon ausgegangen werden, daß die Gerichtsstandsvereinbarung wirksam nach den Vorschriften der EuGVVO zustande gekommen ist. Dennoch soll zunächst ein kurzer Überblick über die wesentlichen Inhalte von Art. 23 und 24 EuGVVO bzw. Art. 17 und 18 EuGVÜ erfolgen.

(1) Gerichtsstandsvereinbarungen nach Art. 23 EuGVVO bzw. Art. 17 EuGVÜ

Die internationale Zuständigkeit eines Gerichts oder der Gerichte eines Mitglieds- bzw. Vertragsstaats kann nach Art. 23 EuGVVO bzw. Art. 17 EuGVÜ durch Vereinbarung begründet werden.

Was überhaupt als Gerichtsstandsvereinbarung im Sinne dieser Vorschrift angesehen werden kann, ist nach der Rechtsprechung des EuGH durch eine autonome Auslegung dieses Begriffs zu bestimmen[1243].

Voraussetzung für die Anwendbarkeit von Art. 23 EuGVVO ist, daß eine der Parteien ihren Wohnsitz oder Sitz im Sinne des Art. 60 EuGVVO im Hoheitsgebiet eines

---

[1242] Siehe oben Gliederungspunkt II.C.8.c)(4), S. 255.

[1243] EuGH Urteil vom 10.03.1992 *Powell Duffryn/Petereit*, Rs. C-214/89, Slg 1992, I-1745, 1774 Rdnr. 14; *Kropholler* Art. 23 Rdnr. 23; *Nagel/Gottwald* § 3 Rdnr. 134.

Mitgliedsstaates hat. Ob noch ein weiterer Bezug zu einem anderen Mitgliedsstaat bestehen muß, ist umstritten[1244]. Da im folgenden jedoch die Wirksamkeit von Vereinbarungen immer vorausgesetzt sein wird, soll auf diesen Streit hier nicht näher eingegangen werden.

Gerichtsstandsvereinbarungen können für eine bereits entstandene Rechtsstreitigkeit oder für künftige aus einem bestimmten Rechtsverhältnis entspringende Streitigkeiten getroffen werden. Nach Art. 23 Abs. 1 S. 3 EuGVVO bedarf eine solche Vereinbarung für ihre materielle Wirksamkeit einer bestimmten Form: Sie muß schriftlich oder mündlich mit schriftlicher Bestätigung (a), in einer Form, welche den Gepflogenheiten entspricht, die zwischen den Parteien entstanden sind (b), oder im internationalen Handel in einer Form, die einem Handelsbrauch entspricht, der weiteren Voraussetzungen unterliegt (c), geschlossen werden.

Als Folge sind nach Art. 23 Abs. 1 S. 2 EuGVVO das durch die Vereinbarung bestimmte Gericht oder die bestimmten Gerichte eines Mitgliedsstaats ausschließlich international zuständig, sofern die Parteien nichts Anderes vereinbart haben. Ein derogiertes Gericht muß sich von Amts wegen für unzuständig erklären.

Art. 23 EuGVVO wurde im Vergleich zu Art. 17 EuGVÜ teilweise modifiziert: Nach Art. 17 Abs. 1 S. 1 EuGVÜ war das durch die Vereinbarung bestimmte Gericht ebenfalls ausschließlich zuständig, allerdings war nicht vorgesehen, daß die Parteien auch vereinbaren konnten, daß das von ihnen als zuständig vereinbarte Gericht *nicht* ausschließlich für die Entscheidung des Rechtsstreit zuständig sein soll. Weiterhin wurde Art. 23 Abs. 2 EuGVVO neu aufgenommen, nach dem in Verbindung mit Art. 23 Abs. 1 S. 3 a) EuGVVO auch Gerichtsstandsvereinbarungen mittels elektronischer Übermittlung geschlossen werden können. Der ehemalige Art. 17 Abs. 1 S. 3 EuGVÜ wurde zu Art. 23 Abs. 3 EuGVVO, Art. 17 Abs. 4 und Abs. 5 EuGVÜ sind entfallen.

(2) Rügelose Einlassung nach Art. 24 EuGVVO bzw. Art. 18 EuGVÜ

Nach Art. 24 EuGVVO wird ein Gericht, das nicht schon bereits nach den anderen Zuständigkeitsvorschriften der EuGVVO international zuständig ist, zuständig, wenn sich der Beklagte vor ihm auf das Verfahren einläßt. Dies gilt allerdings nicht, wenn eine anderweitige ausschließliche internationale Zuständigkeit aus Art. 22 EuGVVO besteht oder wenn sich der Beklagte nur auf das Verfahren einläßt, um den Mangel der Zuständigkeit geltend zu machen. Die Möglichkeit einer solchen hilfsweisen

---

[1244] Für die Notwendigkeit eines weiteren Bezugs mit Blick auf Art. 17 EuGVÜ: BGH Urteil vom 14.11.1991 IPRax 1992, 377, 378; OLG Saarbrücken Urteil vom 13.10.1999 NJW 2000, 670; OLG Karlsruhe Urteil vom 09.10.1992 NJW-RR 1993, 567, 568; OLG München Urteil vom 28.09.1989 IPRax 1991, 46, 47; LG Darmstadt Urteil vom 02.12.1993 IPRax 1995, 318, 320; *Kohler* IPRax 1983, 265, 266; *Samtleben* NJW 1974, 1590, 1593 f. und RabelsZ 59 (1995), 670, 689; dagegen: OLG München Urteil vom 08.03.1989 RIW 1989, 901; *Basedow* IPRax 1985, 133, 135; Geimer/Schütze-*Geimer* Art. 23 EuGVVO Rdnr. 30 ff.; Zöller-*Geimer* Art. 2 EuGVVO Rdnr. 9; MüKo/ZPO-*Gottwald* Art. 17 EuGVÜ Rdnr. 7; *Thorn* IPRax 1995, 294 f.

Einlassung zur Hauptsache ist für Hauptsacheverfahren bei Art 24 EuGVVO bzw. Art. 18 EuGVÜ allgemein anerkannt[1245].

Art. 24 EuGVVO ist im wesentlichen gleichlautend mit Art. 18 EuGVÜ.

Als Voraussetzung ihrer Anwendbarkeit geht aus dieser Vorschrift nur hervor, daß vor einem Gericht eines Mitgliedsstaates Klage erhoben worden sein muß. Weil Art. 18 EuGVÜ bzw. Art. 24 EuGVVO sonst für alle internationalen Fälle unabhängig vom Anwendungsbereich des EuGVÜ bzw. der EuGVVO gelten würden, wurde bereits mit Blick auf Art. 18 EuGVÜ allgemein davon ausgegangen, daß die Anwendung dieser Vorschrift weiteren Voraussetzungen unterliegen müßte[1246]. Wie diese beschaffen sein sollten, ist dagegen auch heute noch unklar. Teilweise wird vorgeschlagen, die Anwendungsvoraussetzungen des Art. 17 EuGVÜ in Art. 18 EuGVÜ bzw. des Art. 23 Abs. 1 EuGVVO in Art. 24 EuGVVO "hineinzulesen"[1247], teilweise verlangt, auf die allgemeinen Voraussetzungen für die Anwendbarkeit des EuGVÜ bzw. der EuGVVO zurückzugreifen und zu verlangen, daß der Beklagte seinen Wohnsitz im Hoheitsgebiet eines Vertragsstaates habe[1248]. Auch hierauf soll jedoch im hier vorliegenden Zusammenhang nicht weiter eingegangen werden.

b) Auswirkungen von Gerichtsstandsvereinbarungen auf die gerichtliche Zuständigkeit zum Erlaß einstweiliger Maßnahmen

Grundsätzlich können sich Gerichtsstandsvereinbarungen auch auf Verfahren des einstweiligen Rechtsschutzes beziehen. Oft ist aber in Vereinbarungen über die internationale Zuständigkeit für die Durchführung eines Hauptsacheverfahrens nicht ausdrücklich geregelt, ob auch die gerichtliche Zuständigkeit für die Durchführung von Verfahren des einstweiligen Rechtsschutzes umfaßt sein soll.

Bei der Untersuchung der Auswirkungen von Gerichtsstandsvereinbarungen auf die gerichtliche Zuständigkeit zum Erlaß von einstweiligen Maßnahmen ist daher danach zu differenzieren, ob sich die Gerichtsstandsvereinbarung ausdrücklich auch auf Verfahren des einstweiligen Rechtsschutzes oder nur auf die Hauptsache bezieht.

(1) Ausdrückliche Vereinbarungen für Verfahren des einstweiligen Rechtsschutzes

Manchmal umfaßt eine von den Parteien getroffene Gerichtsstandsvereinbarung ausdrücklich die internationale gerichtliche Zuständigkeit für die Durchführung von

---

1245 Vgl. z.B. EuGH Urteil vom 14.07.1983 *Gerling*, Rs. 210/82, Slg. 1983, 2503, 2517 Rdnr. 21; EuGH Urteil vom 31.03.1982 *C.H.W./G.J.H.*, Rs. 25/81, Slg. 1982, 1189, 1204 Rdnr. 13; EuGH Urteil vom 22.10.1981 *Rohr*, Rs. 27/81, Slg. 1981, 2431, 2439 Rdnr. 7; EuGH Urteil vom 24.06.1981 *Elefanten Schuh*, Rs. 150/80, Slg. 1981, 1671, 1685 Rdnr. 14; Geimer/Schütze-*Geimer* Urteilsanerkennung I/1 § 97 VII., S. 950 f.; MüKo/ZPO-*Gottwald* Art. 18 EuGVÜ Rdnr. 9; *Kropholler* Art. 24 Rdnr. 10 ff.; *Nagel/Gottwald* § 3 Rdnr. 163.

1246 MüKo/ZPO-*Gottwald* Art. 18 EuGVÜ Rdnr. 4; *Kropholler* Art. 24 Rdnr. 3; *Piltz* NJW 1979, 1071, 1072; *Samtleben* NJW 1974, 1590, 1594.

1247 MüKo/ZPO-*Gottwald* Art. 18 EuGVÜ Rdnr. 4; *Kropholler* Art. 24 Rdnr. 3.

1248 *Kropholler* Art. 24 Rdnr. 3; *Piltz* NJW 1979, 1071, 1072; *Samtleben* NJW 1974, 1590, 1594; nach *Nagel/Gottwald* § 3 Rdnr. 159 soll der Wohnsitz einer der Parteien in einem EU-Mitgliedsstaat ausreichen.

Verfahren des einstweiligen Rechtsschutzes. Möglich ist auch, daß sie gerade die Zuständigkeit für die Durchführung von Verfahren des einstweiligen Rechtsschutzes bestimmt[1249]. In beiden Fällen ist die Zuständigkeit aller nach der EuGVVO grundsätzlich für die Durchführung von Eilverfahren zuständigen Gerichte in diesem Rechtsstreit ausgeschlossen (Derogation). Das vereinbarte Gericht oder die Gerichte des vereinbarten Staates werden ausschließlich zuständig (Prorogation). Auch Gerichtsstandsvereinbarungen, die nur die gerichtliche Zuständigkeit der Gerichte bestimmter Staaten ausschließen, ohne ein bestimmtes Gericht für zuständig zu erklären, sind denkbar.

(a) Anforderungen an Gerichtsstandsvereinbarungen für Verfahren des einstweiligen Rechtsschutzes

Fraglich könnte sein, ob Art. 23 EuGVVO bzw. Art. 17 EuGVÜ auch für die Frage der Zulässigkeit und Wirksamkeit von Zuständigkeitsvereinbarungen, die sich nur auf den einstweiligen Rechtsschutz beziehen, gelten oder ob derartige Zuständigkeitsvereinbarungen einzig am nationalen Recht zu messen sind.

Aus der Systematik der EuGVVO, nach der Art. 31 EuGVVO eine Abweichung von den anderen Regeln enthält, könnte man schließen, daß Art. 23 EuGVVO hier nicht anwendbar sei. Außerdem könnte man erwägen, ob es ausreicht, wenn die Gerichtsstandsvereinbarung den Anforderungen des autonomen Rechts des Staates genügt, dessen angerufenes Gericht durch die Gerichtsstandsvereinbarung, soweit sie wirksam ist, prorogiert worden ist. Denn dieses müßte im Anwendungsbereich des Art. 31 EuGVVO seine internationale Zuständigkeit nach nationalem Prozeßrecht prüfen.

Gegen beide Überlegungen spricht jedoch, daß dann die Frage nach der Wirksamkeit von Zuständigkeitsvereinbarungen für Eilverfahren an anderen Maßstäben zu messen wäre als im Hauptsacheverfahren. Aus diesem Grund wird hier in der Literatur zutreffend von einer Anwendbarkeit des Art. 23 EuGVVO ausgegangen[1250].

(b) Zuständigkeit anderer Gerichte aus Art. 31 EuGVVO

Untersucht werden muß, ob sich eine Zuständigkeit anderer Gerichte noch aus Art. 31 EuGVVO in Verbindung mit den nationalen Zuständigkeitsvorschriften ergeben kann. Es könnte zu erwägen sein, daß sich aus der Natur des Art. 31 EuGVVO als Sonderregelung und aus seiner systematischen Stellung in der EuGVVO ergibt, daß er auch unbeschadet einer Gerichtsstandsvereinbarung nach Art. 23 EuGVVO, die sich ausdrücklich auf einstweilige Maßnahmen bezieht, gelten soll. Somit würde sich die ausschließliche Zuständigkeit des prorogierten Gerichts nur auf die Hauptsachezuständigkeit und die Zuständigkeit, als Hauptsachegericht einstweilige Maßnahmen erlassen zu können, beziehen. Ein solch strenges Festhalten am systematischen Zusammenspiel der Vorschriften der EuGVVO liefe in diesem Fall jedoch dem ausdrücklichen Parteiwillen entgegen: Für den Fall, daß diese ausdrücklich festsetzen, die von ihnen getroffene Gerichtsstandsvereinbarung beziehe sich auch auf die internationale gerichtliche

---

1249 *Eilers* S. 217; Geimer/Schütze-*Geimer* Urteilsanerkennung I/1 § 39 VII., S. 268.

1250 *Geimer* NJW 1986, 2991, 2994; *Wolf* in *Geimer/Schütze* Internationaler Rechtsverkehr EuGVÜ Art. 24 Rdnr. 31.

Zuständigkeit für den Erlaß einstweiliger Maßnahmen, ist davon auszugehen, daß andere Gerichte nicht nach Art. 31 EuGVVO in Verbindung mit Vorschriften des autonomen Rechts zuständig sein sollen.

(c) Rügelose Einlassung in Verfahren des einstweiligen Rechtsschutzes

Fraglich ist, ob die gerichtliche Zuständigkeit für Verfahren des einstweiligen Rechtsschutzes auch durch rügelose Einlassung im Sinne des Art. 24 EuGVVO im Verfahren des einstweiligen Rechtsschutzes begründet werden kann. Dies könnte beispielsweise dann der Fall sein, wenn sich der Antragsgegner ohne Rüge der internationalen gerichtlichen Zuständigkeit vor einem Gericht, das nicht für die Entscheidung des Rechtsstreits in der Hauptsache international zuständig ist, gegen den Antrag auf Erlaß einer einstweiligen Maßnahme sachlich verteidigt.

i) In der Literatur vertretene Ansichten und Entscheidung des EuGH in der Rechtssache "*Mietz*"

Vereinzelt wurde vor Erlaß des Urteils des EuGH "*Mietz*" in Rechtsprechung und Literatur davon ausgegangen, daß die gerichtliche Zuständigkeit zum Erlaß jeglicher einstweiliger Maßnahmen durch rügelose Einlassung begründet werden könne[1251].

Dem hat der EuGH jedoch in seinem Urteil "*Mietz*" teilweise widersprochen. Zwar schließt er nicht grundsätzlich aus, daß auch in Verfahren des einstweiligen Rechtsschutzes eine gerichtliche Zuständigkeit durch rügelose Einlassung begründet werden könne. Der EuGH führte aber aus, es genüge nicht, daß sich der Antragsgegner in einem summarischen Verfahren, das auf den Erlaß einstweiliger oder sichernder Maßnahmen in Eilfällen gerichtet ist und der Prüfung des Rechtsstreits in der Hauptsache nicht vorgreift, vor dem Gericht des vorläufigen Rechtsschutzes auf das Verfahren einlasse, um diesem Gericht nach Art. 18 EuGVÜ die unbeschränkte internationale Zuständigkeit zuzuweisen, alle einstweiligen Maßnahmen zu erlassen, als wäre es nach dem Übereinkommen für die Entscheidung in der Hauptsache international zuständig[1252].

Stützt ein Gericht bei der Entscheidung über die Anordnung einstweiliger Maßnahmen somit seine internationale Zuständigkeit auf sein nationales Prozeßrecht, liegen aber die Voraussetzungen des Art. 31 EuGVVO bzw. Art. 24 EuGVÜ nicht vor, wird dieses Gericht nicht dadurch, daß sich der Antragsgegner auf das Verfahren des einstweiligen Rechtsschutzes eingelassen hat, dafür zuständig, einstweilige Maßnahmen zu erlassen, die über die von Art. 31 EuGVVO umfaßten hinausgehen[1253]. Soweit ein Gericht nicht nach den allgemeinen Regeln der EuGVVO bzw. des EuGVÜ als Hauptsachegericht international zuständig wäre oder ist, darf es also im Anwendungsbereich der

---

1251 OLG Düsseldorf Urteil vom WM 1978, 359, 360; *Kropholler* Art. 18 Rdnr. 7 a.E. in der 6. Auflage, 1998, anders jedoch in der 8. Auflage Art. 24 Rdnr. 7 a.E.

1252 EuGH Urteil vom 27.04.1999 *Mietz*, Rs. C-99/96, Slg. 1999, I-2277, 2317 Rdnr. 52; der EuGH folgte mit dieser Entscheidung den Schlußanträgen von Generalanwalt *Léger*, Slg. 1999, I-2277, 2287 ff. Rdnr. 28 ff., der eine Prüfung der Anwendbarkeit des Art. 18 EuGVÜ jedoch aufgrund der besonderen Umstände des Falles und der Tatsache, daß das Urteil des EuGH zum Verfahren der Vollstreckbarerklärung erging, ablehnte.

1253 Vgl. *Spellenberg/Leible* ZZPInt 4 (1999) S. 221, 231.

EuGVVO bzw. des EuGVÜ auch bei rügeloser Einlassung des Antragsgegners immer nur solche einstweiligen Maßnahmen anordnen, die von Art. 31 EuGVVO bzw. Art. 24 EuGVÜ umfaßt sind. Umgekehrt kann aber das Gericht, vor dem sich der Antragsgegner ohne Rüge der gerichtlichen Zuständigkeit einläßt, einstweilige Maßnahmen unter den weiteren Voraussetzungen des Art. 31 EuGVVO, insbesondere der "realen Verknüpfung" zwischen dem Gegenstand der beantragten Maßnahmen und der gebietsbezogenen Zuständigkeit des Vertragsstaates des angerufenen Gerichts, anordnen.

ii) Reaktionen in der Literatur

Soweit ersichtlich, wurde zu diesem Aspekt der Entscheidung "*Mietz*" in der Literatur kaum Stellung genommen. Teilweise wurde die Entscheidung des EuGH insoweit wiedergegeben[1254].

SPELLENBERG/LEIBLE begrüßten die Entscheidung des EuGH und meinten, nur so könne sichergestellt werden, daß auch bei Fehlen einer Rüge der gerichtlichen Zuständigkeit durch den Antragsgegner die besonderen Voraussetzungen des Art. 31 EuGVVO bzw. Art. 24 EuGVÜ eingehalten werden[1255].

DONZALLAZ weist darauf hin, daß der EuGH mit dieser Entscheidung dem Art. 18 EuGVÜ bzw. Art. 24 EuGVVO den Charakter einer allgemeinen Vorschrift zur Begründung einer Hauptsachezuständigkeit abspricht, ohne zu präzisieren, in welchem Umfang ein aufgrund rügeloser Entscheidung für die Entscheidung des Rechtsstreits in der Hauptsache international zuständiges Gericht anderweitige Entscheidungen, wie beispielsweise einstweilige Maßnahmen, im selben Rechtsstreit treffen könne[1256]. Auch nach seiner Ansicht sind aber bei der Beantragung einstweiliger Maßnahmen in solchen Fällen jedenfalls immer die Vorgaben des Art. 31 EuGVVO bzw. Art. 24 EuGVÜ heranzuziehen[1257].

iii) Stellungnahme

Grundsätzlich ist nicht erkennbar, weshalb eine gerichtliche Zuständigkeit zum Erlaß einstweiliger Maßnahmen im Sinne des Art. 31 EuGVVO nicht auch durch rügelose Einlassung begründet werden können sollte. Wenn der Antragsgegner sich vor diesem Gericht zur Sache einläßt, verzichtet er auf die insofern zu seinem Schutz bestehende Begrenzung der international zuständigen Gerichte.

Andererseits ist dem EuGH dahingehend zuzustimmen, daß bestimmte einstweilige Maßnahmen, deren Anordnung nach der Systematik der EuGVVO dem Hauptsachegericht vorbehalten ist, auch weiterhin nur durch dieses angeordnet werden können sollten. Die bloße Einlassung des Beklagten auf ein Eilverfahren vor einem Gericht, das nach den Regeln der EuGVVO und auch dessen Art. 31 unzuständig ist, sollte nicht zu einer Veränderung dieser Kompetenzverteilung führen. Die Zuständigkeit des Hauptsachegerichts für die Durchführung von Verfahren des einstweiligen Rechtsschutzes

---

1254 *Pörnbacher* in *Geimer/Schütze* Internationaler Rechtsverkehr EuGVVO Art. 31 Rdnr. 11 a.E.

1255 *Spellenberg/Leible* ZZPInt 4 (1999) S. 221, 231; Rauscher-*Leible* EuZPR Art. 31 EuGVVO Rdnr. 26.

1256 *Donzallaz* AJP/PJA 2000, 956, 979.

1257 *Donzallaz* AJP/PJA 2000, 956, 979.

beruht gerade auf der besonderen Sachnähe und der Vertrautheit des Hauptsachegerichts mit dem Rechtsfall. Eine solche besteht in der Regel bei einem Gericht, dessen Zuständigkeit nur aufgrund einer rügelosen Einlassung des Antragsgegners im Eilverfahren begründet ist, nicht. Man könnte zwar in Erwägung ziehen, daß sich, falls das Hauptsacheverfahren noch nicht anhängig ist, der Antragsgegner dadurch, daß er sich rügelos einläßt, gleichzeitig damit einverstanden erklärt, daß dieses Gericht auch ausschließlich für die Durchführung des Hauptsacheverfahrens zuständig werden solle. Eine solche Ausdehnung ist aber nicht zulässig, weil der Antragsgegner sich gerade nicht auf das Hauptsacheverfahren, sondern nur das Verfahren des einstweiligen Rechtsschutzes einläßt[1258]. Insofern ist zwischen der *Einlassung im Eilverfahren* und der *Einlassung im Hauptsacheverfahren* zu unterscheiden. Außerdem wäre dem Antragsgegner die Konsequenz, mit seiner Einlassung auf das Eilverfahren gleichzeitig die Zuständigkeit für das Hauptsacheverfahren zu begründen, meist nicht bewußt, was zu einer starken Aushöhlung des Beklagtenschutzes führen würde.

Insgesamt ist der Entscheidung des EuGH in dieser Hinsicht damit zuzustimmen.

(2) Gerichtsstandsvereinbarungen für das Hauptsacheverfahren

Erstreckt sich die Gerichtsstandsvereinbarung ausdrücklich nur auf die internationale gerichtliche Zuständigkeit für die Durchführung von Hauptsacheverfahren und bleibt offen, welche Gerichte für die Durchführung von Verfahren des einstweiligen Rechtsschutzes zuständig sein sollen, ist dies durch Auslegung zu ermitteln. Eine Auslegung kann nur anhand der Vereinbarung im Einzelfall erfolgen, grundsätzlich können jedoch folgende Erwägungen angestellt werden:

(a) Zuständigkeit des vereinbarten Hauptsachegerichts auch für den Erlaß einstweiliger Maßnahmen

Außer für den Fall, daß die Parteien dies nicht ausdrücklich ausgeschlossen haben, wird grundsätzlich davon auszugehen sein, daß das vereinbarte Hauptsachegericht auch für die Anordnung einstweiliger Maßnahmen zuständig sein soll[1259]. Dies gilt zunächst, weil die Einheit zwischen der internationalen gerichtlichen Zuständigkeit für die Durchführung des Hauptsacheverfahrens und für die Durchführung eines Verfahrens des einstweiligen Rechtsschutzes sich sowohl aus der EuGVVO als auch aus den meisten nationalen Rechtsordnungen ergibt, wie dies auch bereits mehrfach für das deutsche und französische Recht dargelegt wurde. Es muß daher angenommen werden, daß die Parteien einen entgegenstehenden Willen ausdrücklich äußern würden. Weiterhin ist eine solche einheitliche Zuständigkeit aufgrund der bereits mehrfach erörterten besonderen Vertrautheit des Gerichts mit den tatsächlichen und rechtlichen Einzelheiten der Streitigkeit und im Interesse einer Prozeßökonomie anzustreben.

1258 So auch *Schlosser* EU-Zivilprozeßrecht Art. 31 Rdnr. 14.

1259 *Hausmann* in Reithmann/Martiny Rdnr. 3093; Thomas/Putzo-*Hüßtege* Art. 23 EuGVVO Rdnr. 25; *Wolf* in *Geimer/Schütze* Internationaler Rechtsverkehr EuGVÜ Art. 24 Rdnr. 29.

(b) *Zuständigkeit eines anderen grundsätzlich nach der EuGVVO bzw. dem EuGVÜ für die Durchführung des Hauptsacheverfahrens zuständigen Gerichts*

Die Auswirkungen einer Gerichtsstandsvereinbarung in der Hauptsache auf die Eilzuständigkeit anderer Gerichte, die grundsätzlich nach den Regeln der EuGVVO für die Durchführung des Hauptsacheverfahrens zuständig sind, wurde bereits untersucht[1260]. Eine solche Gerichtsstandsvereinbarung bewirkt nach Art. 23 Abs. 1 S. 1 EuGVVO, daß die Gerichte dieses Staates *ausschließlich* für die Entscheidung der Streitigkeit international zuständig sind. Alle anderen grundsätzlich nach der EuGVVO bzw. dem EuGVÜ für die Entscheidung des Rechtsstreits in der Hauptsache international zuständigen Gerichte sind demnach nur noch "fiktiv" für die Entscheidung in der Hauptsache zuständig. Aus dem Urteil "*van Uden*" des EuGH läßt sich der Rückschluß ziehen, daß in den Fällen bloßer "fiktiver" Hauptsachezuständigkeit keine Zuständigkeit mehr für Verfahren des einstweiligen Rechtsschutzes besteht. Beim Vorliegen einer Gerichtsstandsvereinbarung für die Hauptsache sind also alle übrigen nach der EuGVVO grundsätzlich für die Durchführung des Hauptsacheverfahrens zuständigen Gerichte nicht nur wegen Art. 23 Abs. 1 S. 2 EuGVVO nicht mehr für die Durchführung des Hauptsacheverfahrens zuständig, sondern auch nicht mehr für die Durchführung eines Verfahrens des einstweiligen Rechtsschutzes zuständig, wenn sie ihre Zuständigkeit nicht auf Art. 31 EuGVVO in Verbindung mit Normen des nationalen Rechts stützen können[1261]. Für die Durchführung eines Verfahrens des einstweiligen Rechtsschutzes vor einem "fiktiven" Hauptsachegericht würde auch erneut weder eine besondere Vertrautheit des Gerichts mit dem Verfahren noch eine Prozeßökonomie sprechen, weil nur "fiktive" Hauptsachegerichte für die Durchführung des Hauptsacheverfahrens nicht mehr international zuständig sind.

(c) *Internationale Zuständigkeit weiterer Gerichte auf Grundlage der Art. 31 EuGVVO bzw. Art. 24 EuGVÜ in Verbindung mit Vorschriften autonomen Rechts*

Zu untersuchen ist, ob bei Vorhandensein einer Gerichtsstandsvereinbarung, die sich nur auf die Hauptsache bezieht, einstweiliger Rechtsschutz noch vor einem nach Art. 31 EuGVVO oder Art. 24 EuGVÜ in Verbindung mit dem nationalen Recht international zuständigen Gericht beantragt werden kann.

i) Weitere Anwendbarkeit des Art. 31 EuGVVO

Zunächst ist umstritten, ob bei Vorhandensein einer Gerichtsstandsvereinbarung für die Hauptsache, in der nicht ausdrücklich auf die internationale Zuständigkeit für die Durchführung von Verfahren des einstweiligen Rechtsschutzes eingegangen wird, grundsätzlich die internationale Zuständigkeit anderer Gerichte gemäß Art. 31 EuGVVO derogiert wird.

1260 Siehe oben Gliederungspunkt II.C.6.e)(3)(b), S. 232.

1261 So auch ohne Bezugnahme auf das Urteil des EuGH: Geimer/Schütze-*Geimer* Art. 23 EuGVVO Rdnr. 229; *Kropholler* Art. 23 Rdnr. 103; *Wolf* in *Geimer/Schütze* Internationaler Rechtsverkehr EuGVÜ Art. 24 Rdnr. 29.

Teilweise wird vertreten, eine Gerichtsstandsvereinbarung, die zur ausschließlichen internationalen Zuständigkeit der Gerichte eines Staates für die Durchführung des Hauptsacheverfahrens führe, sei im Regelfall dahingehend auszulegen, daß die internationale Zuständigkeit der Gerichte der derogierten Mitglieds- bzw. Vertragsstaaten auch für die Anordnung von Maßnahmen des einstweiligen Rechtsschutzes ausgeschlossen sei[1262]. Die Gerichte anderer Staaten könnten somit ihre internationale Zuständigkeit für Maßnahmen des einstweiligen Rechtsschutzes auch nicht mehr auf Art. 31 EuGVVO in Verbindung mit Vorschriften des autonomen Rechts stützen.

Nach anderer Ansicht hingegen schließt die Vereinbarung einer gerichtlichen Zuständigkeit für die Hauptsache in der Regel die Zuständigkeit von Gerichten anderer Staaten für die Durchführung von Verfahren des einstweiligen Rechtsschutzes nicht aus, wenn sich diese auf Art. 31 EuGVVO in Verbindung mit den nationalen Zuständigkeitsvorschriften stützen läßt und ihr nationales Recht diese Möglichkeit vorsieht[1263].

Dafür, in einer Gerichtsstandsvereinbarung für die Hauptsache nicht zwingend auch eine Derogation der internationalen Zuständigkeit anderer Gerichte für die Durchführung von Verfahren des einstweiligen Rechtsschutzes zu sehen, spricht, daß mit einstweiligem Rechtsschutz die schnelle und effektive Sicherung eines streitigen Rechts sichergestellt werden soll[1264]. Der Schutz des Beklagten bzw. Antragsgegners ist bereits durch die Begrenzung der grundsätzlich für die Durchführung von Eilverfahren international zuständigen Gerichte berücksichtigt und wird durch die Gerichtsstandsvereinbarung in der Hauptsache auch nicht geschmälert. Es ist im Interesse eines effektiven Gläubigerschutzes somit davon auszugehen, daß dem Gläubiger die grundsätzlich zur Verfügung stehenden Eilgerichtsstände auch weiterhin offenstehen sollen. Darüber hinaus ist gerade in geschäftlichen Verhältnissen, in denen üblicherweise Gerichtsstandsvereinbarungen getroffen werden, die Einleitung von Verfahren des einstweiligen Rechtsschutzes nicht unüblich. Es kann mithin davon ausgegangen werden, daß die Parteien Verfahren des einstweiligen Rechtsschutzes, wenn sie diese in einer Gerichtsstandsvereinbarung nicht erwähnt haben, gerade nicht von dieser umfaßt wissen wollten. Bezieht sich dagegen die Gerichtsstandsvereinbarung ausdrücklich auch auf einstweilige Maßnahmen und läßt sich ihr entnehmen, daß auch diese nur vor dem vereinbarten Gericht beantragt werden können sollen, ist einzig dieses Gericht für die Gewährung einstweiligen Rechtsschutzes international zuständig.

1262 Geimer/Schütze-*Geimer* Art. 23 EuGVVO Rdnr. 192; Geimer/Schütze-*Geimer* Urteilsanerkennung I/1 § 96 XXI. 8., S. 922; *Geimer* WM 1975, 910, 912 sub. 5; das Urteil des LG Hamburg vom 15.09.1998, IPRax 2001, 45, 47, ist insoweit unergiebig, als es dort um die Zuständigkeit für die Durchführung selbständiger Beweissicherungsverfahren ging und das Landgericht diese nicht als einstweilige Maßnahmen im Sinne des Art. 24 EuGVÜ ansah und daher Art. 24 EuGVÜ nicht ansprach.

1263 CAA Nantes Plén. 15 avril 1999 *Sté Mammoet Stoof Vof.* RJDA 1999, 929, 930; OLG Hamm Beschluß vom 27.11.1987 RIW 1988, 131, 132; AG Leverkusen Urteil vom 16.04.1981 IPRax 1983, 45; *Donzallaz* AJP/PJA 2000, 956, 962; *Donzallaz* Rdnr. 1653; *Eilers* S. 220; MüKo/ZPO-*Gottwald* Art. 24 EuGVÜ Rdnr. 11; *Gronstedt* S. 46; *Grundmann* S. 128 oben zum LugÜ; *Hausmann* in Reithmann/Martiny Rdnr. 3093; *Kropholler* Art. 23 Rdnr. 103; Rauscher-*Leible* EuZPR Art. 31 EuGVVO Rdnr. 33; *Schlosser* EU-Zivilprozeßrecht Art. 31 Rdnr. 18, bezogen auf § 919 ZPO.

1264 *Eilers* S. 220; *Gronstedt* S. 46 für den Arrest.

Der EuGH scheint derselben Lösung zu folgen: Seinem Urteil "*Italian Leather*" vom 06.06.2002, das in einem Verfahren über die Vollstreckbarerklärung einer von einem italienischen Gericht erlassenen Unterlassungsverfügung in Deutschland erging, lag ein der hier angesprochenen Konstellation vergleichbarer Sachverhalt zugrunde. Die Parteien hatten eine Gerichtsstandsvereinbarung getroffen, nach der die Gerichte von Bari in Italien für die Entscheidung auftretender Streitigkeiten international und örtlich zuständig sein sollten[1265]. Eine ausdrückliche Bezugnahme in dieser Gerichtsstandsvereinbarung auf Verfahren des einstweiligen Rechtsschutzes ist nicht ersichtlich. Vielmehr hatte der italienische Unterlassungsgläubiger vor dem LG Koblenz um einstweiligen Rechtsschutz nachgesucht, wobei sich dessen internationale gerichtliche Zuständigkeit wegen der Gerichtsstandsvereinbarung in der Hauptsache einzig auf Art. 24 EuGVÜ begründen ließ. Das LG Koblenz lehnte den Antrag auf Erlaß einer Unterlassungsverfügung mit Urteil vom 17.11.1998 wegen Fehlen eines Verfügungsgrundes ab. Wiewohl dem EuGH die Frage nach der Richtigkeit dieser Entscheidung des LG Koblenz nicht vorgelegt worden war, stellte der EuGH im Urteil "*Italian Leather*" fest, er ginge davon aus, daß das LG Koblenz in seinem Urteil vom 17.11.1998 die Grenzen der aus Art. 24 EuGVÜ abgeleiteten Zuständigkeit, wie der EuGH sie ausgelegt habe, nicht überschritten habe[1266]. Zwar nahm der EuGH damit insbesondere auf seine Ausführungen in den Urteilen "*van Uden*" und "*Mietz*" zu Leistungsverfügungen als einstweilige Maßnahmen im Sinne des Art. 24 EuGVÜ Bezug. Der Feststellung des EuGH läßt sich aber entnehmen, daß der EuGH auch keine anderweitigen Bedenken gegen die Anwendung von Art. 24 EuGVÜ in dem vorliegenden Fall hegte und somit Art. 24 EuGVÜ trotz des Vorhandenseins einer Gerichtsstandsvereinbarung für die Durchführung des Hauptsacheverfahrens für grundsätzlich anwendbar hielt.

ii) Bestimmung des zuständigen Gerichts nach nationalem Recht

Bejaht man eine grundsätzliche Anwendbarkeit des Art. 31 EuGVVO, wenn sich einer Gerichtsstandsvereinbarung für die Hauptsache im Sinne des Art. 23 EuGVVO nicht entnehmen läßt, daß die Parteien die internationale Zuständigkeit anderer Gerichte für die Durchführung von Eilverfahren derogieren wollten, ist weiterhin zu untersuchen, wie das für das Verfahren des einstweiligen Rechtsschutzes international zuständige Gericht zu bestimmen ist, wenn nach dem anwendbaren nationalen Recht das Hauptsachegericht international zuständig wäre.

Teilweise wird vertreten, auch in diesem Fall sei das Hauptsachegericht ungeachtet der Gerichtsstandsvereinbarung für die Hauptsache nach nationalem Recht zu bestimmen[1267]. Die Anwendbarkeit der Gerichtsstandsvereinbarung beschränkt sich dann auf die Bestimmung des für die Durchführung des Hauptsacheverfahrens tatsächlich zuständigen Gerichts. Für die Bestimmung der für die Durchführung von Verfahren des einstweiligen Rechtsschutzes international zuständigen Hauptsachegerichte könnte dagegen über Art. 24 EuGVÜ bzw. Art. 31 EuGVVO uneingeschränkt autonomes Recht herangezogen werden.

1265 EuGH Urteil vom 06.06.2002 *Italian Leather*, Rs. C-80/00, Slg. 2002, I-4995, 5018 Rdnr. 16.

1266 EuGH Urteil vom 06.06.2002 *Italian Leather*, Rs. C-80/00, Slg. 2002, I-4995, 5024 Rdnr. 39.

1267 MüKo/ZPO-*Gottwald* Art. 24 EuGVÜ Rdnr. 7.

Nach anderer Ansicht dagegen begründet eine Gerichtsstandsvereinbarung nach Art. 23 EuGVVO bzw. Art. 17 EuGVÜ in diesen Fällen auch einen ausschließlichen Hauptsachegerichtsstand nach autonomem Recht[1268]. Dies gilt ohnehin, sofern man zur Bestimmung des Hauptsachegerichts nach nationalem Recht nur die Vorschriften der EuGVVO heranziehen möchte[1269]. Eine anderweitige internationale Eilzuständigkeit nach nationalem Recht, wie zum Beispiel diejenige des Amtsgerichts nach § 919 2. Alt. ZPO, soll dagegen bestehen bleiben[1270].

Wenn man aber, wie hier, davon ausgeht, daß Art. 31 EuGVVO bzw. Art. 24 EuGVÜ auch insoweit auf das nationale Recht verweisen, als daß das nach diesem Recht für die Durchführung eines Eilverfahrens international zuständige Hauptsachegericht ebenfalls nach autonomem Recht bestimmt werden muß, muß auch bei Vorhandensein einer Gerichtsstandsvereinbarung für die Hauptsache im Eilverfahren das Hauptsachegericht nach autonomem Recht bestimmt werden. Art. 31 EuGVVO bzw. Art. 24 EuGVÜ bieten keinen Anknüpfungspunkt für eine Differenzierung danach, woraus sich die Zuständigkeit des tatsächlichen Hauptsachegerichts nach der EuGVVO - den kodifizierten Zuständigkeitsregeln oder einer Gerichtsstandsvereinbarung - ergibt. Dies könnte nur dann anders gesehen werden, wenn man die Gerichtsstandsvereinbarung dahingehend auslegt, daß sie auch alle nach nationalem Recht für die Durchführung des Hauptsacheverfahrens grundsätzlich zuständigen Gerichte derogiert. Eine solche Auslegung erscheint jedoch in dem hier betrachteten Fall, in dem die Gerichtsstandsvereinbarung gerade nicht ausdrücklich bestimmt, welche Gerichte für die Durchführung von Verfahren des einstweiligen Rechtsschutzes zuständig sein sollen, kaum möglich. Die Möglichkeiten, Maßnahmen des einstweiligen Rechtsschutzes auch in anderen Staaten erlangen zu können, sollen nach einer solchen Vereinbarung nicht erkennbar eingeschränkt werden.

c) Zusammenfassung

Bei Vorhandensein von Gerichtsstandsvereinbarungen ist im Einzelfall zu ermitteln, ob sich diese auch auf die gerichtliche Zuständigkeit für die Durchführung von Verfahren des einstweiligen Rechtsschutzes erstrecken und welche Gerichte hierfür zuständig sein sollen.

Grundsätzlich ist auch eine Gerichtsstandsvereinbarung gerade für den einstweiligen Rechtsschutz denkbar. Dann kann in der Regel Art. 31 EuGVVO zur Begründung der internationalen Zuständigkeit anderer Gerichte nicht mehr herangezogen werden.

Eine rügelose Einlassung in Verfahren des einstweiligen Rechtsschutzes begründet eine spezifische internationale gerichtliche Eilzuständigkeit im Sinne von Art. 31

1268 OLG Frankfurt/Main Urteil vom 23.09.1980 RIW/AWD 1980, 799, obwohl das OLG ausdrücklich offen läßt, ob sich die Bestimmung des Hauptsachegerichts im Sinne des § 919 ZPO im Anwendungsbereich von Art. 24 EuGVÜ nach den allgemeinen Vorschriften des EuGVÜ oder nach nationalem Recht richtet; Zöller-*Vollkommer* § 919 Rdnr. 2 a.E.; *Wolf* in *Geimer/Schütze* Internationaler Rechtsverkehr EuGVÜ Art. 24 Rdnr. 30.

1269 Z.B. *Wolf* in *Geimer/Schütze* Internationaler Rechtsverkehr EuGVÜ Art. 24 Rdnr. 19, 29.

1270 Zöller-*Vollkommer* § 919 Rdnr. 2; *Gronstedt* S. 44 ff.

EuGVVO, so daß das angerufene Gericht die dort genannten bzw. die vom EuGH erarbeiteten Vorgaben berücksichtigen muß.

Wird in Vereinbarungen über die internationale gerichtlichen Zuständigkeit für die Entscheidung eines Rechtsstreits in der Hauptsache kein Bezug auf Verfahren des einstweiligen Rechtsschutzes genommen, ist davon auszugehen, daß Art. 31 EuGVVO bzw. Art. 24 EuGVÜ weiterhin anwendbar bleiben und vollumfänglich die Vorschriften der autonomen Rechtsordnungen herangezogen werden können.

10. Parallele Durchführung zweier Verfahren des einstweiligen Rechtsschutzes oder des Hauptsacheverfahrens und eines Verfahrens des einstweiligen Rechtsschutzes vor Gerichten unterschiedlicher Staaten.

Die Zulässigkeit der parallelen Durchführung zweier Verfahren des einstweiligen Rechtsschutzes oder eines Hauptsacheverfahrens und eines Verfahrens des einstweiligen Rechtsschutzes vor Gerichten verschiedener Staaten ist nach zwei Gesichtspunkten zu beurteilen:

Einerseits ist sie an den in dieser Arbeit bereits dargestellten und erarbeiteten Einschränkungen der internationalen Zuständigkeit der nach den allgemeinen Regeln für die Durchführung des Hauptsacheverfahrens zuständigen Gerichte auch für Verfahren des einstweiligen Rechtsschutzes zu messen.

Andererseits könnte Art. 27 EuGVVO in solchen Fällen anwendbar sein, mit der Folge, daß zu prüfen wäre, ob eine anderweitige Rechtshängigkeit besteht.

Für die Untersuchung der Frage, ob zwei Verfahren des einstweiligen Rechtsschutzes bzw. ein Hauptsacheverfahren und ein Verfahren des einstweiligen Rechtsschutzes im Anwendungsbereich der EuGVVO parallel zueinander durchgeführt werden können, müssen folglich verschiedene Konstellationen unterschieden werden:

Zunächst muß danach differenziert werden, ob zeitlich zuerst ein Verfahren des einstweiligen Rechtsschutzes (unten unter Gliederungspunkt a)) oder das Hauptsacheverfahren (unten unter Gliederungspunkt b) und unter Gliederungspunkt c)) anhängig ist. Innerhalb dieser Unterteilung muß immer danach unterschieden werden, ob das Verfahren des einstweiligen Rechtsschutzes vor einem nach den allgemeinen Regeln der EuGVVO international zuständigen Gericht oder einem nach Art. 31 EuGVVO in Verbindung mit nationalen Zuständigkeitsvorschriften zuständigen Gericht eingeleitet wurde.

a) Gleichzeitige Anhängigkeit zweier Verfahren des einstweiligen Rechtsschutzes

(1) Problemstellung

Hinsichtlich der parallelen Durchführbarkeit zweier Verfahren des einstweiligen Rechtsschutzes ist insbesondere umstritten, ob und wie Art. 27 EuGVVO bei zwei Verfahren des einstweiligen Rechtsschutzes Anwendung findet[1271].

[1271] Vgl. z.B. *Gronstedt* S. 311; *Wolf* EWS 2000, 11, 14; *Eilers* S. 220 f.

Die Auslegung der Vorschrift selbst gibt keinerlei Anhaltspunkte: Zwar wird darauf hingewiesen, der deutsche Wortlaut des Art. 27 EuGVVO spreche dafür, daß dieser nicht bei gleichzeitiger Rechtshängigkeit zweier Verfahren des einstweiligen Rechtsschutzes anwendbar sei, weil er sich nur auf "Klagen" beziehe[1272]. Wie bereits dargelegt, darf allerdings das Wort "Klage" in der EuGVVO nicht im technischen Sinne von § 253 ZPO verstanden werden, sondern umfaßt in Art. 27 EuGVVO alle Prozeßhandlungen, die zur Rechtshängigkeit eines Anspruchs führen[1273]. Entsprechend wird im französischen Text von Art. 27 Abs. 1 EuGVVO das Wort "*demandes*" verwendet, das sowohl auf Klagen, die ein Hauptsacheverfahren einleiten, als auch auf die Beantragung einstweiligen Rechtsschutzes und auf andere Verfahrenseinleitungen durch Antragstellung hinweist[1274].

(2) In der Literatur vertretene Ansichten

In der Literatur wird vielfach angenommen, Art. 27 EuGVVO bzw. Art. 21 EuGVÜ fänden in Verfahren des einstweiligen Rechtsschutzes keine Anwendung[1275]. Hierfür wird vor allem das Interesse an der Eröffnung möglichst vieler, insbesondere "vollstreckungsnaher" Möglichkeiten zur Erlangung einstweiligen Rechtsschutzes angeführt[1276]. DOHM begründet seine Ansicht mit der durch die Rechtsprechung des EuGH ausgeschlossenen Anerkennung und Vollstreckbarerklärung im Ausland von einstweiligen Maßnahmen, die ohne vorherige Anhörung des Gegners ergehen. Da aus diesem Grund die Anerkennung von einstweiligen Maßnahmen im Ausland die Ausnahme sei, sei die Gefahr sich widersprechender Entscheidungen in einem Staat sehr gering, so daß auch keine Notwendigkeit der vorherigen Anwendung von Art. 21 EuGVÜ bestehe[1277].

Andere Autoren vertreten aber, Art. 27 EuGVVO bzw. Art. 21 EuGVÜ seien generell auch auf Verfahren des einstweiligen Rechtsschutzes (wenigstens analog) anwendbar[1278]. Sie begründen dies damit, auch bei verschiedenen einstweiligen Maßnahmen bestehe die Gefahr sich widersprechender Entscheidungen[1279]. Bei Maßnahmen, die

---

1272 *Dohm* S. 144 f.; *Gronstedt* S. 311; *Kropholler* Art. 27 Rdnr. 14, Art. 31 Rdnr. 19; *Wolf/Lange* RIW 2003, 55, 60.

1273 Siehe oben Gliederungspunkt II.C.4.d), S. 217.

1274 *Cuniberti* Rdnr. 466.

1275 *Dohm* S. 144; *Donzallaz* Rdnr. 1651; *Kropholler* Art. 27 Rdnr. 14, Art. 31 Rdnr. 19; *Gronstedt* S. 311; Geimer/Schütze-*Geimer* Urteilsanerkennung I/1 § 40, S. 269; MüKo/ZPO-*Gottwald* Art. 24 EuGVÜ Rdnr. 4; *Hausmann* IPRax 1981, 79, 82; Thomas/Putzo-*Hüßtege* Art. 27 EuGVVO Rdnr. 6; *Jayme* IPRax 2000, 547; *Mankowski* EWiR 1997, 791, 792; *Schlosser* EU-Zivilprozeßrecht Art. 27 Rdnr. 5; *Schmidt* Rdnr. 138; *Wolf* in *Geimer/Schütze* Internationaler Rechtsverkehr EuGVÜ Art. 24 Rdnr. 59; *Wolf/Lange* RIW 2003, 55, 60, 62, allerdings nur für einstweiligen Rechtsschutz auf der Grundlage von Art. 31 EuGVVO bzw. Art. 24 EuGVÜ.

1276 *Dohm* S. 145; *Wolf* in *Geimer/Schütze* Internationaler Rechtsverkehr EuGVÜ Art. 24 Rdnr. 59; *Wolf/Lange* RIW 2003, 55, 60, rechte Spalte vorletzter Absatz.

1277 *Dohm* S. 144; zur fehlenden Anerkennungsfähigkeit derartiger Maßnahmen siehe unten unter Gliederungspunkt III.B.2.b), S. 303, und Gliederungspunkt III.B.4.b), S. 317.

1278 *Albrecht* S. 177; *Cuniberti* Rdnr. 466; *Eilers* S. 221.

1279 *Cuniberti* Rdnr. 466.

auf die einstweilige Sicherstellung von Gegenständen gerichtet seien, könnte allerdings dann keine Rechtshängigkeit vorliegen, wenn sich die verschiedenen beantragten Sicherungsmaßnahmen auf verschiedene Gegenstände beziehen[1280]. CUNIBERTI und ALBRECHT differenzieren zwischen Maßnahmen, die jeweils auf die Sicherung verschiedener präziser Gegenstände gerichtet sind, bei denen nach ihrem Dafürhalten Art. 21 EuGVÜ nicht Anwendung finden soll, und Maßnahmen, die der Sicherung desselben Zahlungsanspruchs dienen, aber auf verschiedene Gegenstände gerichtet sind, wo anderweitige Rechtshängigkeit nach Art. 21 EuGVÜ vorliegen soll[1281]. Nach GRONSTEDT soll Art. 21 EuGVÜ bei Sicherungsmaßnahmen einem parallelen Vorgehen dann nicht entgegenstehen, wenn die Maßnahmen territorial jeweils auf den Erlaßstaat beschränkt bleiben. Wirkten die einstweiligen Maßnahmen dagegen extraterritorial, solle einzig das für die Entscheidung des Rechtsstreits in der Hauptsache international zuständige Gericht für den Erlaß einstweiliger Maßnahmen zuständig sein. Begründend wird angeführt, daß der Antragsteller im Inland keiner zusätzlichen Zuständigkeit zum Erlaß einer einstweiligen Verfügung mehr bedürfe, wenn die Entscheidung des Hauptsachegerichts im Verfahren des einstweiligen Rechtsschutzes anerkennungs- und vollstreckungsfähig sei[1282]. Diesem Vorschlag vergleichbar regt CUNIBERTI an, Art. 21 EuGVÜ bei sichernden einstweiligen Maßnahmen so anzuwenden, daß sich nicht grundsätzlich das zuletzt angerufene Gericht für unzuständig erklären muß, sondern vielmehr immer das Hauptsachegericht zuständig sein soll, wenn eines der beiden angerufenen Gerichte das international zuständige Hauptsachegericht ist[1283]. Die Möglichkeit, in einer solchen Konstellation noch einstweiligen Rechtsschutz nach Art. 24 LugÜ zu beantragen, bejaht dagegen ausdrücklich GRUNDMANN mit Verweis darauf, daß das Verfahren zur Vollstreckbarerklärung der vom Hauptsachegericht erlassenen, extraterritorial wirkenden einstweiligen Maßnahme womöglich zu lange dauere und der Gläubiger dann die Möglichkeit haben solle, direkt im Ausland eine weitere Maßnahme zu beantragen[1284].

(3) Stellungnahme

Bei der Erörterung der hier aufgeworfenen Frage können verschiedene Fallkonstellationen unterschieden werden:

(a) Beide Gerichte leiten ihre internationale Zuständigkeit aus Art. 31 EuGVVO in Verbindung mit nationalen Zuständigkeitsvorschriften ab

Gegen die Anwendung des Art. 27 EuGVVO bei Anhängigkeit von zwei Verfahren des einstweiligen Rechtsschutzes spricht in dem Fall, daß beide Gerichte ihre internationale Zuständigkeit nach nationalem Recht in Anwendung des Art. 31 EuGVVO bestimmt haben, zunächst die systematische Stellung von Art. 27 EuGVVO: Dieser be-

---

[1280] *Cuniberti* Rdnr. 466; *Gronstedt* S. 311; *Grundmann* S. 123 zum LugÜ; *Eilers* S. 221.

[1281] *Albrecht* S. 177 f.; *Cuniberti* Rdnr. 466; zu letzterem Fall zustimmend in Bezug auf beispielsweise Unterhaltszahlungen *Grundmann* S. 125 unter 3.3.3. zum LugÜ.

[1282] *Gronstedt* S. 311.

[1283] *Cuniberti* Rdnr. 466.

[1284] *Grundmann* S. 123 f.

findet sich in Abschnitt 9 der EuGVVO, der mit dem Titel "Rechtshängigkeit und im Zusammenhang stehende Verfahren" versehen ist. Art. 31 EuGVVO dagegen hat in Abschnitt 10 eine Sonderstellung erfahren, nach der in vielen Einzelheiten von den in den anderen Abschnitten für Hauptsacheverfahren getroffenen Regelungen abgewichen wird.

Die Zuständigkeit nationaler Gerichte in Anwendung des Art. 31 EuGVVO bietet zudem dem Gläubiger die Möglichkeit, unter den in dieser Arbeit besprochenen Voraussetzungen Maßnahmen des einstweiligen Rechtsschutzes zu erlangen, die nicht erst noch in einem anderen Staat anerkannt und für vollstreckbar erklärt werden müßten. Könnte einstweiliger Rechtsschutz für den Fall, daß Maßnahmen hinsichtlich desselben Streitgegenstandes angeordnet werden müßten, nur von den Gerichten eines einzigen Staates angeordnet werden dürfen, müßte diese Maßnahme gegebenenfalls im Ausland anerkannt und für vollstreckbar erklärt werden, falls der streitige Gegenstand ins Ausland transportiert wird oder sich die streitigen Verhältnisse oder Umstände ins Ausland verlagern.

Eine Prüfung in Verfahren des einstweiligen Rechtsschutzes, ob in zwei gleichzeitig rechtshängigen Verfahren tatsächlich derselbe Anspruch im Sinne des Art. 27 Abs. 1 EuGVVO (bzw. derselbe Streitgegenstand) betroffen ist, läuft zudem dem Zweck des einstweiligen Rechtsschutzes entgegen, kurzfristigen und effektiven Rechtsschutz zu gewähren, weil eine solche Prüfung mit erheblichem zeitlichen Aufwand verbunden wäre.

Insbesondere spricht jedoch gegen eine Prüfung anderweitiger Rechtshängigkeit im Eilverfahren, daß Art. 27 EuGVVO bzw. Art. 21 EuGVÜ bezwecken, sich widersprechende Entscheidungen zu verhindern[1285]. Der Zweck, sich widersprechende Entscheidungen zu verhindern, ergibt sich aber aus der Notwendigkeit von Rechtssicherheit. Diese wird nur durch sich widersprechende Endentscheidungen in Hauptsacheverfahren dauerhaft gestört. Sich widersprechende Entscheidungen in Verfahren des einstweiligen Rechtsschutzes können die Rechtssicherheit zwar ebenfalls stören, dieser Zustand ist jedoch nur vorübergehend. Es ergeht nur eine vorläufige Regelung, die Gefahr der dauerhaften Koexistenz miteinander unvereinbarer Entscheidungen besteht nicht[1286]. Insbesondere wiegt er gegenüber dem Zustand, der eintreten würde, wenn auch in Verfahren des einstweiligen Rechtsschutzes eine anderweitige Rechtshängigkeit zu prüfen wäre, weniger schwer, weil die dadurch eintretende Verzögerung dem Eilcharakter dieser Verfahren vollständig widersprechen würde. Wägt man die vorübergehend eintretende Störung des Rechtsfriedens bzw. der Rechtssicherheit mit dem Nutzen des einstweiligen Rechtsschutzes, dem Gläubiger effektiven Rechtsschutz zu ermöglichen, ab, ist festzustellen, daß die Versagung von Rechtsschutz wegen

---

1285 Zum Sinn des Art. 21 EuGVÜ bzw. Art. 27 EuGVVO oben Gliederungspunkt II.C.4.a)(1), S. 213; zuletzt EuGH Urteil vom 08.05.2003 *Gantner Electronic/Basch*, Rs. C-111/01, Slg. 2003, I-4207, 4229 Rdnr. 4; EuGH Urteil vom 08.12.1987 *Gubisch/Palumbo*, Rs. 144/86, Slg. 1987, 4861, 4874 Rdnr. 8; EuGH Urteil vom 30.11.1976 *De Wolf/Cox*, Rs. 42/76 Slg. 1976, 1759, 1767 Rdnr. 9 ff.; MüKo/ZPO-*Gottwald* Art. 21 EuGVÜ Rdnr. 1; *Kropholler* vor Art. 27 Rdnr. 1.

1286 Vgl. hierzu auch LG Hamburg Urteil vom 22.04.2002 GRUR Int. 2002, 1025, 1027.

anderweitiger Rechtshängigkeit zu erheblichen Nachteilen für den Gläubiger führen kann, während bei sich widersprechenden vorläufigen Entscheidungen dem Schuldner keine zusätzlichen Nachteile entstehen und diese Situation vor allem spätestens mit Erlaß des Hauptsacheurteils geklärt ist. Damit beziehen sich Art. 27 EuGVVO bzw. Art. 21 EuGVÜ grundsätzlich nur auf die Verhinderung sich widersprechender *Hauptsache*entscheidungen[1287].

Weiterhin besteht nicht die Gefahr sich widersprechender Entscheidungen auf einem Staatsgebiet: Wird beispielsweise in Deutschland von einem Gericht ein Antragsgegner durch eine einstweilige Verfügung verpflichtet, ein bestimmtes Verhalten zu unterlassen, der Erlaß einer inhaltsgleichen Maßnahme aber von einem französischen Gericht aus nicht nur formalen Gründen abgelehnt, könnte, wie gesondert ausführlich darzustellen sein wird, die vom deutschen Gericht erlassene einstweilige Verfügung nach Art. 35 Nr. 3 EuGVVO bzw. Art. 27 Nr. 3 EuGVÜ nicht in Frankreich anerkannt und vollstreckt werden[1288].

Da, wie oben festgestellt, wegen des Erfordernisses einer "realen Verknüpfung" Gerichte für den Erlaß einstweiliger Maßnahmen nach Art. 31 EuGVVO in Verbindung mit Vorschriften des nationalen Rechts ohnehin nur dann international zuständig sind, wenn die Maßnahme einen Bezug zum Erlaßstaat vorweist, und eine Anerkennung und Vollstreckung in einem anderen Staat daher fast nur dann nötig wird, wenn sich nach Anordnung der Maßnahme tatsächliche Umstände ändern, auf die sich die Maßnahme bezieht[1289], wird ein möglicher Konflikt zwischen sich widersprechenden einstweiligen Maßnahmen aber weitestgehend eine Ausnahme bleiben.

Für eine ausnahmsweise Anwendung der Art. 27 EuGVVO bzw. Art. 21 EuGVÜ auf bestimmte einstweilige Maßnahme könnten allerdings in der Tat die von ALBRECHT, CUNIBERTI und GRUNDMANN vorgebrachten Bedenken bezüglich einstweiliger Maßnahmen sprechen, die auf die vorläufige Erbringung einer Geldleistung gerichtet sind[1290]. Können derartige Maßnahmen gleichzeitig in verschiedenen Staaten beantragt werden, besteht grundsätzlich die Gefahr, daß mehrere auf dieselbe Leistung bezogene Verfügungen ergehen. Der aus dieser Gefahr resultierenden Benachteiligung des Schuldners steht allerdings die erhebliche Benachteiligung des Gläubigers im umgekehrten Fall gegenüber: Kann der Gläubiger eine auf eine Geldleistung, beispielsweise Unterhaltsleistung, gerichtete einstweilige Maßnahme nur in einem einzigen Staat beantragen und erweist sich diese als im Erlaßstaat nicht vollziehbar, ist er gezwungen, die Maßnahme im Ausland anerkennen und für vollstreckbar erklären zu lassen. Dies kostet unter Umständen Zeit, was gerade in Fällen von auf Unterhaltsleistungen gerichteten Maßnahmen, in denen der Gläubiger auf die Zahlungen womöglich angewiesen ist und durch die Verzögerung in enorme Schwierigkeiten gerät, dem Zweck der

---

1287 Geimer/Schütze-*Geimer* Art. 31 EuGVVO Rdnr. 60; *Grundmann* S. 113 zum LugÜ.

1288 Siehe dazu unten Gliederungspunkt III.C.3.a), S. 335; entsprechend wurde vom EuGH Urteil vom 06.06.2002 *Italian Leather*, Rs. C-80/00, Slg. 2002, I-4995 in einem italienisch-deutschen Rechtsstreit entschieden.

1289 Siehe dazu oben Gliederungspunkt II.C.7.e)(2), S. 243.

1290 Vgl. oben Gliederungspunkt II.C.10.a)(2), S. 268, Fußnote 1281.

Maßnahme zuwiderläuft. Auch in diesen Fällen sollte daher Art. 27 EuGVVO bzw. Art. 21 EuGVÜ mit Blick sowohl auf den bloß vorläufigen Charakter der auf die Erbringung derartiger Leistungen gerichteten Maßnahmen als auch auf die ohnehin bestehenden strengen Anforderungen nach der EuGVVO und nach den nationalen Verfahrensrechten zum Erlaß derartiger Maßnahmen keine Anwendung finden.

Bei Anhängigkeit zweier Verfahren des einstweiligen Rechtsschutzes vor Gerichten verschiedener Staaten, die beide nach Art. 31 EuGVVO in Verbindung mit den nationalen Zuständigkeitsvorschriften zuständig sind, muß das zuletzt angerufene Gericht somit nicht prüfen, ob derselbe Anspruch im Sinne des Art. 27 Abs. 1 EuGVVO betroffen ist. Entsprechend muß es auch nicht gegebenenfalls nach Art. 27 Abs. 1 EuGVVO das Verfahren aussetzen oder sich nach Art. 27 Abs. 2 EuGVVO für unzuständig erklären.

(b) Beide Gerichte sind nach den allgemeinen Vorschriften der EuGVVO für die Entscheidung des Rechtsstreits in der Hauptsache zuständig, aber nur im einstweiligen Rechtsschutz angerufen

i) Untersuchung

Sind beide Gerichte für die Durchführung des Verfahrens des einstweiligen Rechtsschutzes zuständig, weil sie nach den Vorschriften der EuGVVO auch für die Durchführung des Hauptsacheverfahrens zuständig sind oder wären, kann die Argumentation dagegen nicht an die systematische Stellung des Art. 27 EuGVVO oder an die Besonderheiten von Verfahren des einstweiligen Rechtsschutzes vor Gerichten, die nach Art. 31 EuGVVO in Verbindung mit den nationalen Zuständigkeitsvorschriften international zuständig sind, anknüpfen.

Allerdings spricht auch hier der Zweck des Art. 27 EuGVVO, sich widersprechende Entscheidungen insbesondere in der Hauptsache zu verhindern, gegen eine Prüfung anderweitiger Rechtshängigkeit. Dies gilt ungeachtet der Tatsache, daß beide Gerichte grundsätzlich auch für die Durchführung eines Hauptsacheverfahrens zuständig sind und bei Anhängigkeit zweier Hauptsacheverfahren vor diesen Gerichten sich das für das Hauptsacheverfahren zuletzt angerufene Gericht nach Art. 27 Abs. 2 EuGVVO für unzuständig erklären müßte, sobald die internationale Zuständigkeit des zuerst angerufenen Gerichtes feststeht. Denn solange beide Gerichte in Verfahren des einstweiligen Rechtsschutzes angerufen sind, können sie nur einstweilige Maßnahmen anordnen.

Gegen die Anwendung des Art. 27 EuGVVO in dieser Fallkonstellation spricht auch die bereits oben erwähnte zeitliche Verzögerung, die mit der Prüfung, ob in dem zuerst eingeleiteten Verfahren derselbe Anspruch betroffen ist, einhergehen würde.

Dem hier gefundenen Ergebnis stehen nicht die oben angestellten Erwägungen hinsichtlich der besonderen Vertrautheit des Hauptsachegerichts mit der Materie und hinsichtlich der Prozeßökonomie, die durch ein Verfahren des einstweiligen Rechtsschutzes vor dem tatsächlichen Hauptsachegericht eintritt[1291], entgegen. Diese Überlegungen betrafen die Fälle, in denen ein Hauptsacheverfahren tatsächlich anhän-

---

[1291] Siehe oben Gliederungspunkt II.C.2.d)(1), S. 207.

gig ist. Werden nur zwei Verfahren des einstweiligen Rechtsschutzes, nicht aber ein Hauptsacheverfahren eingeleitet, ist keines der beiden Gerichte besonders vertraut mit den Umständen und Einzelheiten des Verfahrens. Ebensowenig kann eine Prozeßökonomie eintreten.

Weiterhin sprechen gegen das hier gefundene Ergebnis auch nicht die Entscheidung des EuGH in der Rechtssache "*van Uden*" und die aus diesem Urteil gezogenen Schlüsse hinsichtlich der Unzuständigkeit nur "fiktiver" Hauptsachegerichte für die Durchführung von Verfahren des einstweiligen Rechtsschutzes[1292]. Fiktive Hauptsachegerichte waren danach solche, die aufgrund einer Schiedsklausel, einer Gerichtsstandsvereinbarung oder weil sie sich nach Art. 27 Abs. 2 EuGVVO für unzuständig für die Durchführung des Hauptsacheverfahrens erklärt haben im konkreten Fall nicht für die Durchführung des Hauptsacheverfahrens international zuständig sind, obwohl sie dies grundsätzlich nach den allgemeinen Vorschriften der EuGVVO gewesen wären. In der hier besprochenen Konstellation kann aber noch gar nicht gesagt werden, vor welchem Gericht später auch ein Hauptsacheverfahren durchgeführt wird, kein Gericht muß sich nach Art. 27 Abs. 2 EuGVVO für unzuständig erklären. Somit gibt es kein nur "fiktiv" für die Durchführung des Hauptsacheverfahrens zuständiges Gericht.

ii) Ergebnis

Somit steht der parallelen Durchführung zweier Verfahren des einstweiligen Rechtsschutzes vor nach den allgemeinen Regeln der EuGVVO für die Durchführung von Hauptsacheverfahren und Verfahren des einstweiligen Rechtsschutzes international zuständigen Gerichten nichts entgegen, solange vor keinem der Gerichte auch ein Hauptsacheverfahren eingeleitet wurde.

iii) Einschränkungen

Aus Gründen der Rechtssicherheit für den Schuldner ist allerdings, wie bereits angedeutet, zu verlangen, daß, wenn bereits ein Verfahren des einstweiligen Rechtsschutzes vor einem nach den allgemeinen Vorschriften der EuGVVO zuständigen Gericht erlassen wurde, nur noch vor diesem das Hauptsacheverfahren eingeleitet werden kann[1293]. Sind zwei Verfahren des einstweiligen Rechtsschutzes vor Gerichten verschiedener Vertragsstaaten anhängig, darf das Hauptsacheverfahren also nur noch vor einem dieser beiden Gerichte eingeleitet werden.

Untersucht werden kann, wie zu verfahren ist, wenn vor Erlaß einer einstweiligen Maßnahme vor einem der beiden in den Verfahren des einstweiligen Rechtsschutzes angerufenen Gerichte das Hauptsacheverfahren anhängig wird. Würde vor dem Gericht, vor dem weiterhin nur das Verfahren des einstweiligen Rechtsschutzes anhängig ist, nunmehr auch in der Hauptsache Klage erhoben, müßte sich dieses nach Art. 27 Abs. 2 EuGVVO für unzuständig erklären. Ab dem Zeitpunkt der Anhängigkeit des Hauptsacheverfahrens ist das andere Gericht somit nur noch "fiktiv" für die Durch-

---

1292 Siehe oben Gliederungspunkte II.C.6.b)(2), S. 222, und II.C.6.e)(3), S. 230.

1293 Siehe oben Gliederungspunkt II.C.2.d)(2), S. 209, und die Nachweise in Fußnote 1026; so auch im hier besprochenen Zusammenhang *Wolf/Lange* RIW 2003, 55, 61 linke Spalte oben.

führung des Hauptsacheverfahrens zuständig. Entsprechend den aus dem Urteil "*van Uden*" gezogenen Schlüssen darf es dann auch nicht mehr für die Durchführung von Verfahren des einstweiligen Rechtsschutzes zuständig sein, wenn es nicht seine Zuständigkeit aus Art. 31 EuGVVO in Verbindung mit den nationalen Zuständigkeitsvorschriften ableiten kann. Es muß sich auch im Verfahren des einstweiligen Rechtsschutzes für unzuständig erklären[1294]. Etwas anderes kann nur gelten, wenn die Zuständigkeit des in der Hauptsache angerufenen Gerichts noch streitig ist. Dann darf das nur im Verfahren des einstweiligen Rechtsschutzes angerufene Gericht einstweilige Maßnahmen anordnen, bis die internationale Zuständigkeit des Hauptsachegerichts feststeht. Es würde einem effektiven einstweiligen Rechtsschutz entgegenstehen, wenn das nur im Verfahren des einstweiligen Rechtsschutzes angerufene Gericht die Entscheidung über die Zuständigkeit des in der Hauptsache angerufenen Gerichts abwarten oder sich gar für unzuständig erklären müßte, solange noch gar nicht feststeht, ob es nur "fiktiv" für die Durchführung des Hauptsacheverfahrens zuständig ist[1295].

(c) Das zuerst angerufene Gericht ist nach den allgemeinen Vorschriften der EuGVVO, das andere Gericht nach Art. 31 EuGVVO in Verbindung mit nationalen Vorschriften international zuständig

In dieser Fallkonstellation ergibt sich die Zulässigkeit der parallelen Durchführung zweier Verfahren des einstweiligen Rechtsschutzes erneut aus der Erwägung, daß Art. 27 EuGVVO insbesondere sich widersprechende Entscheidungen in der Hauptsache verhindern soll. Darüber hinaus kann hier wieder erwogen werden, daß Art. 27 EuGVVO aufgrund seiner systematischen Stellung auf Verfahren des einstweiligen Rechtsschutzes vor nach Art. 31 EuGVVO in Verbindung mit den nationalen Zuständigkeitsvorschriften zuständigen Gerichten nicht angewandt werden kann. Weiterhin sollen in Verfahren vor nach Art. 31 EuGVVO in Verbindung mit nationalen Zuständigkeitsvorschriften international zuständigen Gerichten gerade Maßnahmen angeordnet werden können, die nicht noch im Ausland vollstreckt werden müssen. Ließe man nur die Anordnung einstweiliger Maßnahmen durch das zuerst angerufene Gericht zu, müßten diese aber gegebenenfalls im Ausland anerkannt und für vollstreckbar erklärt werden.

Auch in dieser Fallkonstellation steht also der parallelen Durchführung von Verfahren des einstweiligen Rechtsschutzes nichts entgegen.

1294 *Wolf/Lange* RIW 2003, 55, 60 f. gelangen mit ihrer dort vertretenen Ansicht, das zweite Gericht müsse sich nach Art. 27 EuGVVO bzw. Art. 21 EuGVÜ für unzuständig erklären, zum selben Ergebnis. Im Unterschied zur hier vertretenen Ansicht halten sie allerdings vor für die Entscheidung des Rechtsstreits in der Hauptsache zuständigen Gerichten Art. 27 EuGVVO bzw. Art. 21 EuGVÜ in Verfahren des einstweiligen Rechtsschutzes für uneingeschränkt anwendbar.

1295 Vgl. die entsprechende Argumentation für den Fall, daß zuerst das Hauptsacheverfahren und dann das Verfahren des einstweiligen Rechtsschutzes vor einem anderen grundsätzlich für die Durchführung des Hauptsacheverfahrens zuständigen Gericht anhängig gemacht wird, unten unter Gliederungspunkt II.C.10.c)(3), S. 277.

(d) *Das zuerst angerufene Gericht ist nach Art. 31 EuGVVO in Verbindung mit nationalen Vorschriften, das andere Gericht nach den allgemeinen Vorschriften der EuGVVO zuständig*

Auch in dieser Konstellation kann die bereits dargelegte Argumentation herangezogen werden: Auch hier besteht nicht die Gefahr sich widersprechender Hauptsacheentscheidungen, so daß eine Anwendung des Art. 27 EuGVVO nicht notwendig ist[1296]. Die Anhängigkeit eines Verfahrens des einstweiligen Rechtsschutzes vor einem nach Art. 31 EuGVVO in Verbindung mit einem nationalen Recht zuständigen Gericht hat auch keine Auswirkungen auf die grundsätzliche internationale Zuständigkeit des anderen Gerichts für die Durchführung des Hauptsacheverfahrens. Somit steht auch seiner internationalen Zuständigkeit für die Anordnung einstweiliger Maßnahmen nichts entgegen. Allerdings ist hier ebenfalls, wie bereits dargestellt, aus Gründen der Rechtssicherheit für den Schuldner zu verlangen, daß ein späteres Hauptsacheverfahren nur noch vor diesem Gericht eingeleitet werden kann. Die Befürchtung bloß "fiktiver" Zuständigkeit besteht damit nicht.

(e) *Zusammenfassung*

Einer parallelen Durchführung von Verfahren des einstweiligen Rechtsschutzes im Anwendungsbereich der EuGVVO steht nichts entgegen. Insbesondere spricht hiergegen nicht Art. 27 EuGVVO[1297].

b) *Keine Auswirkung der Anhängigkeit des Hauptsacheverfahrens auf die gerichtliche Zuständigkeit für Verfahren des einstweiligen Rechtsschutzes nach Art. 31 EuGVVO bzw. Art. 24 EuGVÜ*

Die generelle Möglichkeit der Durchführung eines Verfahrens des einstweiligen Rechtsschutzes vor einem nach Art. 24 EuGVÜ bzw. Art. 31 EuGVVO zuständigen Gericht während der Anhängigkeit des Hauptsacheverfahrens hat der EuGH, wie bereits dargestellt, in seinem Urteil "*van Uden*" gebilligt[1298]. Der EuGH hat hierzu ausdrücklich festgestellt, daß die Tatsache, daß bei einem nach dem EuGVÜ international zuständigen Gericht ein Hauptsacheverfahren anhängig ist oder anhängig werden kann, nicht einem Gericht eines anderen Vertragsstaates seine Zuständigkeit aus Art. 24 EuGVÜ nimmt. Dabei ist er jedoch nicht darauf eingegangen, ob diesem Ergebnis grundsätzlich Art. 21 EuGVÜ bzw. Art. 27 EuGVVO entgegenstehen könnte.

In der Literatur herrscht darüber Einigkeit, daß Art. 21 EuGVÜ bzw. Art. 27 EuGVVO nicht ausschließen, daß trotz zeitlich früherer Rechtshängigkeit der Hauptsache in einem anderen Vertragsstaat noch einstweiliger Rechtsschutz im Sinne des Art. 31

1296 Anderer Ansicht offensichtlich *Dietze/Schnichels* EuZW 2003, 581, 587 Fn. 62 zur Fallkonstellation im Verfahren "*Italian Leather*" vor dem EuGH; diese Autoren wollen allerdings dort die Zuständigkeit des LG Koblenz nicht auf Art. 31 EuGVVO bzw. Art. 24 EuGVÜ, sondern auf eine rügelose Einlassung nach Art. 18 EuGVÜ begründet wissen, führen dies aber nicht weiter aus.

1297 So auch *Kropholler* Art. 27 Rdnr. 14 a.E.; *Schlosser* EU-Zivilprozeßrecht Art. 27 Rdnr. 5.

1298 EuGH Urteil vom 17.11.1998 *van Uden*, Rs. C-391/95, Slg. 1998, I-7091, 7132 Rdnr. 28 f., 34; siehe dazu insgesamt oben Gliederungspunkt II.C.4, S. 212.

EuGVVO bzw. Art. 24 EuGVÜ vor einem nach diesen Vorschriften in Verbindung mit Vorschriften nationalen Rechts zuständigen Gericht beantragt werden kann[1299].

Um dem Ausnahmecharakter von Art. 31 EuGVVO bzw. Art. 24 EuGVÜ gerecht zu werden, muß dies auch gelten, wenn nach dem nach Art. 31 EuGVVO bzw. Art. 24 EuGVÜ anwendbaren nationalen Recht das Hauptsachegericht für die Durchführung des Eilverfahrens international zuständig ist[1300]. Dieses wird dann, wie oben dargelegt, unabhängig vom bereits anhängigen Hauptsacheverfahren vor einem nach der EuGVVO für die Durchführung des Hauptsacheverfahrens international zuständigen Gericht ausschließlich nach nationalem Recht bestimmt[1301].

c) Mögliche Auswirkung der Anhängigkeit des Hauptsacheverfahrens auf die internationale gerichtliche Zuständigkeit für Verfahren des einstweiligen Rechtsschutzes nach den allgemeinen Regeln der EuGVVO bzw. des EuGVÜ

Im folgenden wird zu untersuchen sein, ob Gerichte, die grundsätzlich nach den Vorschriften der EuGVVO bzw. des EuGVÜ für die Entscheidung des Rechtsstreits in der Hauptsache zuständig sind, noch auf dieser Grundlage für den Erlaß einstweiliger Maßnahmen international zuständig sind, wenn vor einem Gericht eines anderen Staates bereits ein Hauptsacheverfahren, aber kein Verfahren des einstweiligen Rechtsschutzes eingeleitet wurde.

Aus der Entscheidung des EuGH in seinem Urteil "*van Uden*", bei Vorhandensein einer Schiedsklausel seien die nach der EuGVVO bzw. dem EuGVÜ grundsätzlich für die Durchführung des Hauptsacheverfahrens zuständigen Gerichte nur noch "fiktiv" für die Durchführung des Hauptsacheverfahrens und daher nicht mehr für die Durchführung eines Eilverfahrens zuständig, können, wie bereits dargestellt, Rückschlüsse gezogen werden[1302]. Dies gilt auch für die Zuständigkeit der nach Art. 2 oder 5 bis 24 EuGVVO international zuständigen Gerichte für die Durchführung von Eilverfahren parallel zu einem Hauptsacheverfahren.

(1) 1. Fall: Das später angerufene Gericht hat sich nach Art. 27 Abs. 2 EuGVVO für unzuständig für die Durchführung des Hauptsacheverfahrens erklärt

Wie bereits dargestellt, muß aus der Entscheidung des EuGH im Verfahren "*van Uden*", einstweiliger Rechtsschutz könne bei Vorhandensein einer Schiedsklausel für die Hauptsache nicht vor einem normalerweise nach Art. 2 oder 5 bis 18 EuGVÜ zuständigen Gericht beantragt werden, abgeleitet werden, daß für den Fall, in dem sich ein Gericht zugunsten eines anderen nach Art. 27 Abs. 2 EuGVVO bzw. Art. 21 Abs. 2 EuGVÜ für unzuständig erklärt hat, dieses Gericht auch nicht mehr für die Anordnung einstweiliger Maßnahmen international zuständig sein kann, weil es dann nur noch "fiktiv" für die Durchführung des Hauptsacheverfahrens international zuständig

---

[1299] Siehe zu allem oben Gliederungspunkt II.C.4.a)(2), S. 215.

[1300] Diese Auslegung läßt auch *Gronstedt* zu, S. 142; Rauscher-*Leible* EuZPR Art. 31 EuGVVO Rdnr. 27 möchte in einem solchen Fall allerdings nur die Vorschriften der EuGVVO zur Bestimmung des Hauptsachegerichts heranziehen.

[1301] Siehe oben Gliederungspunkt II.C.8.a)(4), S. 250.

[1302] Siehe oben Gliederungspunkt II.C.6.e)(3), S. 230.

wäre[1303]. Möglich bleibt dagegen, daß dieses Gericht sich auf der Grundlage von Art. 31 EuGVVO in Verbindung mit seinen Vorschriften des nationalen Rechts für zuständig erklärt, soweit sein nationales Recht eine entsprechende internationale gerichtliche Zuständigkeit im jeweiligen Fall vorsieht.

(2) 2. Fall: Das im Verfahren des einstweiligen Rechtsschutzes angerufene Gericht wurde auch im Hauptsacheverfahren angerufen, noch hat sich aber kein Gericht nach Art. 27 Abs. 2 EuGVVO für unzuständig erklärt

Soweit vor dem zweiten Gericht Klage in der Hauptsache erhoben wurde, eine Erklärung nach Art. 27 Abs. 2 EuGVVO aber noch nicht erfolgt ist, weil die internationale Zuständigkeit des zuerst angerufenen Gerichts noch nicht im Sinne des Art. 27 Abs. 2 EuGVVO feststeht und noch umstritten ist, sind beide angerufenen und grundsätzlich nach den allgemeinen Regeln der EuGVVO bzw. des EuGVÜ für die Durchführung des Hauptsacheverfahrens international zuständigen Gerichte auch für die Anordnung einstweiliger Maßnahmen zuständig[1304]. Es widerspräche dem Zweck des einstweiligen Rechtsschutzes, effektiven und kurzfristigen Rechtsschutz zu gewähren, wenn hier abgewartet werden müßte, bis sich eines der angerufenen Gerichte nach Art. 27 Abs. 2 EuGVVO für unzuständig erklärt hat.

(3) 3. Fall: Das später angerufene Gericht wurde nur im Verfahren des einstweiligen Rechtsschutzes angerufen

Etwas anderes könnte jedoch gelten, wenn ein erstes Gericht, das nach Art. 2 oder 5 bis 24 EuGVVO für die Durchführung des Hauptsacheverfahrens zuständig ist, mit dem Hauptsacheverfahren betraut ist und dann vor einem anderen Gericht, das ebenfalls grundsätzlich nach den allgemeinen Regeln der EuGVVO für die Durchführung des Hauptsacheverfahrens zuständig wäre, ein Antrag auf Erlaß einer Maßnahme des einstweiligen Rechtsschutzes gestellt wird. Dieses Gericht müßte sich, wenn vor ihm ebenfalls ein Hauptsacheverfahren eingeleitet werden sollte, nach Art. 27 Abs. 2 EuGVVO für die Durchführung des Hauptsacheverfahrens für unzuständig erklären, wenn die internationale Zuständigkeit des Hauptsachegerichts feststeht. Fraglich ist hier, wie zu verfahren ist, wenn bei ihm nur der Antrag auf Gewährung einstweiligen Rechtsschutzes gestellt wird.

Zwar stehen Art. 27 EuGVVO bzw. Art. 21 EuGVÜ der parallelen Durchführung des Hauptsacheverfahrens und eines Verfahrens des einstweiligen Rechtsschutzes vor verschiedenen Gerichten nicht entgegen. Auch bei dem später angerufenen Gericht handelt es sich in der hier besprochenen Fallkonstellation jedoch um ein nur "fiktiv" für die Durchführung des Hauptsacheverfahrens international zuständiges Gericht. Würde es im Hauptsacheverfahren angerufen, müßte es sich für unzuständig erklären. Entsprechend den aus dem Urteil "*van Uden*" gezogenen Schlußfolgerungen hinsichtlich der Zuständigkeit eines Gerichts, das sich bereits nach Art. 27 Abs. 2 EuGVVO bzw. Art. 21 Abs. 2 EuGVÜ für unzuständig erklärt hat[1305], kann für ein Gericht, das sich,

---

1303 Siehe oben Gliederungspunkt II.C.6.e)(3)(a), S. 230.
1304 Siehe bereits oben Gliederungspunkt II.C.6.e)(3)(a), S. 232.
1305 Siehe oben Gliederungspunkt II.C.6.e)(3)(a), S. 230.

würde es im Hauptsacheverfahren angerufen, nach diesen Vorschriften unstreitig für unzuständig erklären müßte, nichts Anderes gelten. Dieses Gericht ist damit nicht mehr für die Anordnung einstweiliger Maßnahmen international zuständig, wenn es seine Zuständigkeit nicht auf Art. 31 EuGVVO bzw. Art. 24 EuGVÜ in Verbindung mit den nationalen Zuständigkeitsvorschriften stützen kann[1306].

Einige Autoren wollen allerdings auch nach Anhängigkeit des Hauptsacheverfahrens noch alle Zuständigkeitsvorschriften heranziehen und verweisen darauf, es entstünden sonst empfindliche Rechtsschutzlücken[1307]. Wie bereits aufgezeigt, besteht aber in einem solchen Fall weiterhin die Möglichkeit, einstweiligen Rechtsschutz vor nach Art. 31 EuGVVO bzw. Art. 24 EuGVÜ zuständigen Gerichten zu beantragen[1308].

SPELLENBERG/LEIBLE und STADLER halten der hier vertretenen Lösung entgegen, die grundsätzlich bestehende Sachnähe eines für die Durchführung des Hauptsacheverfahrens international zuständigen Gerichts bestehe auch fort, wenn vor einem anderen Gericht bereits in der Hauptsache Klage erhoben wurde, und ließe sich nicht bestreiten[1309]. Ferner gibt STADLER zu bedenken, daß sich die Unzuständigkeit des im Verfahren des einstweiligen Rechtsschutzes angerufenen Gerichts wegen der unterschiedlichen Verfahrensgegenstände im Haupt- und Eilverfahren wenigstens nicht mit Art. 21 EuGVÜ begründen ließe[1310]. Außerdem würde das Zuständigkeitssystem des EuGVÜ stark entwertet, wollte man nach Rechtshängigkeit bei einem nicht ausschließlich zuständigen Gericht allen anderen nach Art. 2 und 5 bis 18 EuGVÜ grundsätzlich zuständigen Gerichten territoriale oder sachliche Beschränkungen auferlegen[1311]. STADLER hält jedoch eine richterliche Selbstbeschränkung dahingehend für wünschenswert, "daß andere "Hauptsache"-Gerichte Eilmaßnahmen nur erlassen, soweit dies zur Ergänzung wirklich notwendig ist, etwa weil vom tatsächlich befaßten Gericht entsprechende Anordnungen verweigert wurden oder aus Gründen des autonomen Rechts nicht erlassen werden können"[1312].

SPELLENBERG/LEIBLE und STADLER ist zuzugeben, daß die eventuelle Sachnähe des im Verfahren des einstweiligen Rechtsschutzes angerufenen Gerichts fortbesteht, auch wenn vor einem anderen Gericht Klage in der Hauptsache erhoben wurde. Ihnen ist allerdings entgegenzuhalten, daß der EuGH mit seiner Entscheidung, bei Vorhandensein einer Schiedsklausel gäbe es kein staatliches Gericht, das für den Rechtsstreit in der Hauptsache zuständig wäre, so daß vor einem für die Hauptsache zuständigen Gericht auch keine einstweiligen Maßnahmen mehr beantragt werden könnten, der eventuellen Sachnähe dieses Gerichts in diesem Fall keine Bedeutung beimißt. Weiterhin sind gerade die speziellen Eilgerichtsstände der nationalen Rechtsordnungen meist we-

---

1306 So auch *Wolf* in *Geimer/Schütze* Internationaler Rechtsverkehr EuGVÜ Art. 24 Rdnr. 17; anderer Ansicht wohl Geimer/Schütze-*Geimer* Art. 27 EuGVVO Rdnr. 47.

1307 *Heß/Vollkommer* IPRax 1999, 220, 224; Rauscher-*Leible* EuZPR Art. 31 EuGVVO Rdnr. 17.

1308 Siehe oben Gliederungspunkt II.C.4, S. 212.

1309 *Spellenberg/Leible* ZZPInt 4 (1999), 221, 228; Rauscher-*Leible* EuZPR Art. 31 EuGVVO Rdnr. 17; *Stadler* JZ 1999, 1089, 1094.

1310 *Stadler* JZ 1999, 1089, 1094.

1311 *Stadler* JZ 1999, 1089, 1095.

1312 *Stadler* JZ 1999, 1089, 1095.

gen ihrer besonderen Sachnähe festgesetzt worden. Die von STADLER bemängelte "Entwertung" der Zuständigkeitssystems des EuGVÜ ist zwar grundsätzlich eingetreten, erfolgt jedoch, wie bereits festgestellt, aus sachdienlichen Gründen[1313].

Für das hier erarbeitete Ergebnis sprechen weiterhin die oben herangezogenen Kriterien der besonderen Vertrautheit des Hauptsachegerichts mit der Materie und der Prozeßökonomie, die durch ein Verfahren des einstweiligen Rechtsschutzes vor dem tatsächlichen Hauptsachegericht eintritt[1314]: Dadurch, daß das im Verfahren des einstweiligen Rechtsschutzes angerufene, nur "fiktiv" international für die Durchführung des Hauptsacheverfahrens zuständige Gericht nicht mit dem Hauptsacheverfahren betraut ist und es auch nie sein wird, ist es mit diesem Verfahren nicht besonders vertraut und es kann auch kein Bearbeitungsaufwand gespart und damit keine Prozeßökonomie erreicht werden.

Somit muß sich für den Fall, in dem ein nach den allgemeinen Regeln der EuGVVO grundsätzlich für die Durchführung des Hauptsacheverfahrens zuständiges Gericht im Verfahren des einstweiligen Rechtsschutzes in einer Angelegenheit angerufen wird, in der bereits ein Hauptsacheverfahren vor einem anderen nach den allgemeinen Regeln der EuGVVO zuständigen Gericht anhängig ist und dessen internationale Zuständigkeit bereits feststeht, das im Verfahren des einstweiligen Rechtsschutzes angerufene Gericht für unzuständig erklären. Etwas anderes kann nur gelten, wenn die Zuständigkeit des Hauptsachegerichts im Verfahren bestritten wird. Dann sollte im Interesse eines effektiven Rechtsschutzes nicht abgewartet werden müssen, bis diese Zuständigkeit feststeht oder endgültig verneint wird, oder gar die Anordnung der beantragten einstweiligen Maßnahme mit der Begründung abgelehnt werden, daß das Gericht nur "fiktiv" für die Durchführung des Hauptsacheverfahrens zuständig sei.

11. Grundsatz der *perpetuatio fori*

Zu erwägen könnte sein, ob der spätere Wegfall der die internationale Zuständigkeit begründenden Tatsachen vor oder nach Erlaß der einstweiligen Maßnahme dazu führen könnte, daß das angerufene Gericht nicht mehr als international zuständig angesehen wird. Weder die EuGVVO noch das EuGVÜ enthalten hierzu eine Bestimmung.

Nach ganz allgemeiner Ansicht gilt jedoch der Grundsatz der *perpetuatio fori*, nach dem der spätere Wegfall der die Zuständigkeit begründenden Tatsachen eine einmal bestehende gerichtliche Zuständigkeit nicht wieder entfallen läßt, auch für die EuGVVO bzw. das EuGVÜ[1315]. Dem ist im Interesse eines reibungslosen Ablaufs der Justiz und zur Verhinderung mißbräuchlicher Veränderungen der zuständigkeitsbegründenden Umstände zu folgen.

1313 Siehe bereits oben Gliederungspunkte II.C.6.e)(2), S. 228, und II.C.6.e)(3)(a), S. 230.

1314 Siehe oben Gliederungspunkt II.C.2.d)(1), S. 207.

1315 Zöller-*Geimer* Art. 2 EuGVVO Rdnr. 17; Geimer/Schütze-*Geimer* Urteilsanerkennung I/1 § 29 IV. 10 a), S. 191; *Kropholler* Rdnr. 14 vor Art. 2; *Nagel/Gottwald* § 5 Rdnr. 231; *Schlosser* EuGVÜ vor Art. 2 Rdnr. 8, Art. 6 Rdnr. 3 und EU-Zivilprozeßrecht vor Art. 2 Rdnr. 7 f., Art. 6 Rdnr. 3; *Stadler* JZ 1999, 1089, 1097.

D. Zusammenfassung der Regelung der internationalen gerichtlichen Zuständigkeit für den Erlaß einstweiliger Maßnahmen nach der EuGVVO und dem EuGVÜ

Die internationale gerichtliche Zuständigkeit zum Erlaß einstweiliger Maßnahmen hat in der EuGVVO einzig in Art. 31 und im EuGVÜ in Art. 24 eine ausdrückliche Regelung erfahren. Diese Normen enthalten eine Verweisung auf die Zuständigkeitsvorschriften der autonomen Rechtsordnungen und sind im übrigen auslegungsbedürftig.

Der EuGH hatte in seiner Rechtsprechung Gelegenheit zur Klarstellung, daß von Art. 31 EuGVVO bzw. Art. 24 EuGVÜ nur solche Maßnahmen erfaßt werden, die auch in den Anwendungsbereich der EuGVVO bzw. des EuGVÜ fallen, wobei dies für die jeweiligen einstweiligen Maßnahmen selbständig und nicht in Ansehung des Hauptsacheverfahrens zu beurteilen ist. Außerdem konnte der EuGH eine Definition derjenigen einstweiligen Maßnahmen vornehmen, die von Art. 31 EuGVVO bzw. Art. 24 EuGVÜ erfaßt werden. Im Urteil "*van Uden*" erstellte er jüngst Vorgaben, unter welchen Voraussetzungen auch einstweilige Maßnahmen erfaßt werden, durch welche die vorläufige Erbringung einer vertraglich geschuldeten Leistung angeordnet wird und die als solche die Gefahr einer Vorwegnahme der Hauptsache beinhalten. Dem vom EuGH erarbeiteten Kriterium, demzufolge bei derartigen Entscheidungen die Rückzahlung bereits bei Erlaß der Entscheidung sichergestellt sein muß, ist zuzustimmen. Dagegen ist die weitere von ihm erarbeitete Voraussetzung, solche Entscheidungen stellten nur dann einstweilige Maßnahmen im Sinne des Art. 31 EuGVVO bzw. Art. 24 EuGVÜ dar, wenn sie sich auf Vermögensgegenstände im Zuständigkeitsbereich des Gerichts bezögen, systematisch als Voraussetzung der internationalen gerichtlichen Zuständigkeit und nicht als Kriterium einer einstweiligen Maßnahme anzusehen. Eine Analyse der Rechtsprechung des EuGH sowie weitere Untersuchungen ergeben ferner, daß auch einstweilige Maßnahmen, die ein Unterlassen anordnen, sowie Entscheidungen in selbständigen Beweissicherungsverfahren, die unter Eilvoraussetzungen ergehen, einstweilige Maßnahmen im Sinne von Art. 31 EuGVVO bzw. Art. 24 EuGVÜ darstellen.

Wie jüngste Klarstellungen durch Entscheidungen des EuGH bestätigt haben, kann die internationale gerichtliche Zuständigkeit zum Erlaß einstweiliger Maßnahmen im Anwendungsbereich der EuGVVO auf zwei Wegen begründet werden:

Einerseits ist das nach der EuGVVO grundsätzlich für die Entscheidung des Rechtsstreits in der Hauptsache international zuständige Gericht uneingeschränkt auch zum Erlaß einstweiliger Maßnahmen zuständig. Für diese Zuständigkeit spricht die besondere Vertrautheit des Hauptsachegerichts mit dem Rechtsstreit, ein Rückschluß vom "Mehr" auf das "Weniger" sowie die Prozeßökonomie. Die Zuständigkeit für Entscheidungen in Verfahren des einstweiligen Rechtsschutzes besteht aber nicht, wenn die Hauptsachezuständigkeit eine rein "fiktive" ist, weil das Hauptsacheverfahren durch eine Schiedsklausel staatlichen Gerichten entzogen wurde, die Parteien ein anderes Gericht durch eine Gerichtsstandsvereinbarung für ausschließlich zuständig erklärt haben oder weil das Hauptsacheverfahren bereits vor einem anderen Gericht anhängig ist und das zuletzt angerufene Gericht sich in einem Hauptsacheverfahren nach Art. 27 Abs. 2 EuGVVO für unzuständig erklärt hat oder für unzuständig erklären müßte. In diesen Fällen kann eine internationale gerichtliche Zuständigkeit für die Durchführung von Verfahren des einstweiligen Rechtsschutzes nur auf Art. 31 EuGVVO gestützt werden, dessen Anwendungsbereich und Vorgaben dann auch beachtet werden müssen.

Andererseits räumt Art. 31 EuGVVO Gläubigern die Möglichkeit ein, einstweiligen Rechtsschutz auch vor anderen Gerichten als denen, die nach der EuGVVO für die Durchführung des Hauptsacheverfahrens international zuständig sind, zu beantragen und zu erlangen. Diese Vorschrift weicht vom allgemeinen Zuständigkeitssystem der EuGVVO ab. Dies ist nur dann gerechtfertigt, wenn bei ihrer Anwendung die Begründung eines Eilgerichtsstandes für den Gläubiger zu einer Verbesserung des Rechtsschutzes und einer Erleichterung der Prozeßführung führt. Der Inhalt und die Bedeutung von Art. 31 EuGVVO sind allerdings auslegungs- und klärungsbedürftig. In den letzten Jahren hierzu ergangene Urteile des EuGH haben Antworten auf eine Reihe offener oder umstrittener Fragen gegeben. Dies ist grundsätzlich zu begrüßen.

Erfreulich ist zunächst die Klarstellung, daß die internationale gerichtliche Zuständigkeit für die Durchführung von Verfahren des einstweiligen Rechtsschutzes auch dann auf Art. 31 EuGVVO in Verbindung mit Vorschriften nationalen Rechts gestützt werden kann, wenn das Hauptsacheverfahren bereits anhängig ist.

Sind nach dem nationalen Recht dabei die Hauptsachegerichte für die Durchführung von Verfahren des einstweiligen Rechtsschutzes zuständig, werden zur Bestimmung dieses Hauptsachegerichts im Rahmen des Art. 31 EuGVVO die nationalen Zuständigkeitsvorschriften und nicht diejenigen der EuGVVO herangezogen. Mit Blick auf das Bestreben nach der Eröffnung möglichst vieler Eilgerichtsstände, die systematische Stellung von Art. 31 EuGVVO und den Wortlaut von Art. 3 Abs. 2 EuGVVO ist die Entscheidung des EuGH, dabei seien auch die durch Art. 3 Abs. 2 EuGVVO ausgeschlossenen exorbitanten Gerichtsstände heranzuziehen, positiv zu bewerten.

Hervorzuheben ist weiterhin die Klarstellung durch den EuGH, daß auch wenn die Entscheidung des Rechtsstreits in der Hauptsache durch eine Schiedsklausel staatlichen Gerichten entzogen ist, im Fall der - nach nationalem Recht oder der Schiedsklausel zu beurteilenden - Zulässigkeit des Erlasses einstweiliger Maßnahmen durch staatliche Gerichte die internationale Zuständigkeit der Eilgerichte in Anwendung des Art. 31 EuGVVO bestimmt werden kann, soweit der Anwendungsbereich der Verordnung und dieser Vorschrift eröffnet ist.

Mit der Formulierung von Kriterien wie demjenigen der "realen Verknüpfung" "zwischen dem Gegenstand der beantragten Maßnahme und der gebietsbezogenen Zuständigkeit des Vertragsstaates des angerufenen Gerichts"[1316] entstehen jedoch neue Unklarheiten, die der Rechtssicherheit abträglich sind. Insbesondere in Verfahren des einstweiligen Rechtsschutzes sind aber eindeutige Kriterien für eine Entscheidung innerhalb einer der Eilbedürftigkeit Rechnung tragenden kurzen Frist notwendig. Verschiedene Hinweise in den Urteilen des EuGH lassen den Rückschluß zu, daß der EuGH ein Gericht, das einen örtlichen Bezug zur beantragten einstweiligen Maßnahme

1316 EuGH Urteil vom 17.11.1998 *van Uden*, Rs. C-391/95, Slg. 1998, I-7091, 7135 Rdnr. 40.

hat, neben dem mit dem Hauptsacheverfahren betrauten Gericht für das geeignetste Gericht zum Erlaß solcher Maßnahmen hält. Dies wird einerseits im Urteil "*Denilauler*" fast wörtlich formuliert[1317], andererseits läßt es sich aus den im Urteil "*van Uden*" aufgestellten Kriterien zur Bestimmung der einstweiligen Maßnahmen einerseits (Befindlichkeit des Gegenstandes im örtlichen Zuständigkeitsbereich des angerufenen Gerichts im Falle der Leistungsverfügung)[1318] und zur gerichtlichen Zuständigkeit andererseits ("reale Verknüpfung" zwischen dem Gegenstand der beantragten Maßnahme und der gebietsbezogenen Zuständigkeit des Vertragsstaates des angerufenen Gerichts)[1319] ableiten. Dieser örtliche Bezug und die "reale Verknüpfung" liegen dann vor, wenn die beantragte einstweilige Maßnahme im Moment der Antragstellung oder der Entscheidung im einstweiligen Rechtsschutz oder zu diesen Momenten aufgrund einer Prognoseentscheidung des Gerichts im voraussichtlichen Zeitpunkt der Vollziehung der Maßnahme wahrscheinlich im Erlaßstaat vollstreckbar ist. Liegt also eine Vollziehbarkeit zum Zeitpunkt der Antragstellung oder Entscheidung im einstweiligen Rechtsschutz noch nicht vor, kann eine Maßnahme dennoch angeordnet werden, wenn die Vollziehbarkeit in Kürze zu erwarten ist. Nur dies wird dem Zweck von Art. 31 EuGVVO als Ausnahmeregelung zu den allgemeinen Vorschriften gerecht, durch die Erhaltung der Eilgerichtsstände nach nationalem Recht eine Erleichterung der Erlangung und Vollstreckung einstweiligen Rechtsschutzes zu bewirken. Ob jeweils eine Vollziehbarkeit im Inland besteht, ist nach der Art der einzelnen Maßnahme und ihrem konkreten Inhalt zu bestimmen. Bei einstweiligen Maßnahmen, die ein Tun oder Unterlassen anordnen, reicht grundsätzlich die Durchsetzbarkeit von Zwangsmitteln im Inland aus. Daraus folgt auch, daß der Erlaß extraterritorial wirkender Maßnahmen nicht ausgeschlossen ist, wenn zumindest *auch* mit dem Erlaßstaat eine "reale Verknüpfung" besteht. Eine engere Auslegung, z.B. dahingehend, daß sich die Maßnahme generell ausschließlich nur auf Gegenstände im Erlaßstaat oder auf im Erlaßstaat vorzunehmende oder zu unterlassende Handlungen beziehen dürfte, würde die Rechte des Gläubigers erheblich einschränken. Denn dieser wäre dann in dem Fall, daß sich die von ihm erlangte Maßnahme im nachhinein als im Erlaßstaat nicht vollziehbar erweist, gehalten, erneut um einstweiligen Rechtsschutz nachzusuchen.

Es wäre wünschenswert, das vom EuGH entwickelte Erfordernis der "realen Verknüpfung" im hier verstandenen Sinne in die EuGVVO aufzunehmen und dessen Inhalt ausdrücklich zu normieren, wodurch die bestehenden Auslegungsspielräume und die daraus resultierende Rechtsunsicherheit beseitigt wären. Leider haben die Verfasser der EuGVVO in Kenntnis der Entscheidungen des EuGH "*van Uden*" und "*Mietz*" auf eine Veränderung von Art. 24 EuGVÜ verzichtet und ihm Art. 31 EuGVVO fast wörtlich nachgebildet, weil ihnen die Auslegung dieser Vorschrift nach Ergehen der genannten Urteile hinreichend klar erschien. Letzteres kann in Anbetracht der durch diese Urteile ausgelösten kontroversen Erörterungen in der Literatur als widerlegt angesehen werden.

1317 EuGH Urteil vom 21.05.1980 *Denilauler*, Rs. 125/79, Slg. 1980, 1553, 1570 Rdnr. 16.

1318 Siehe oben Gliederungspunkt II.B.2.b)(2), S. 158.

1319 Siehe oben Gliederungspunkt II.C.7, S. 234.

Andere Fragestellungen, beispielsweise nach der Bestimmung der internationalen gerichtlichen Zuständigkeit zum Erlaß einstweiliger Maßnahmen bei Vorhandensein einer Gerichtsstandsvereinbarung oder nach der Möglichkeit der parallelen Durchführung mehrerer Verfahren des einstweiligen Rechtsschutzes in verschiedenen Staaten, lassen sich dagegen aus der derzeitigen Fassung der EuGVVO heraus befriedigend klären und beantworten.

Die Anerkennung und Vollstreckung einstweiliger Maßnahmen in einem anderen Staat als dem Erlaßstaat bleibt nach der hier vertretenen Lösung denkbar. Bei Maßnahmen, die von für die Entscheidung des Rechtsstreits in der Hauptsache zuständigen Gerichten erlassen werden, folgt dies bereits daraus, daß für die internationale gerichtliche Zuständigkeit zum Erlaß einstweiliger Maßnahmen keine Einschränkung in Form eines örtlichen Bezuges oder einer Vollziehbarkeit der Maßnahme im Erlaßstaat besteht. Bei auf Grundlage von Art. 31 EuGVVO bzw. Art. 24 EuGVÜ zu erlassenden Maßnahmen kann eine Anerkennung und Vollstreckung der Maßnahme im Ausland notwendig werden, wenn die Vollziehung der einstweiligen Maßnahme im Erlaßstaat - entgegen der ursprünglichen Erwartung - nicht möglich ist oder keine effektive Sicherung und keinen effektiven Rechtsschutz bewirkt. Die Anerkennung und Vollstreckung einstweiliger Maßnahmen im Ausland nach der EuGVVO bzw. dem EuGVÜ sollen im folgenden analysiert werden.

III. Anerkennung und Vollstreckung einstweiliger Maßnahmen nach der EuGVVO

Zu untersuchen bleibt, ob und unter welchen Voraussetzungen Entscheidungen, die in Verfahren des einstweiligen Rechtsschutzes in einem Mitgliedsstaat im Sinne der EuGVVO bzw. in einem Vertragsstaat des EuGVÜ ergangen sind, nach der EuGVVO bzw. dem EuGVÜ in einem anderen Mitglieds- bzw. Vertragsstaat anerkannt und für vollstreckbar erklärt werden können.

Dabei sollen zunächst die Regelungen der EuGVVO zur Anerkennung und Vollstreckung ausländischer gerichtlicher Entscheidungen allgemein dargestellt werden (Gliederungspunkt A). Anschließend soll untersucht werden, inwieweit einstweilige Maßnahmen im Ausland anerkannt und für vollstreckbar erklärt werden können (Gliederungspunkt B), bevor auf die Besonderheiten für die Anerkennung und Vollstreckung einstweiliger Maßnahmen eingegangen wird (Gliederungspunkt C).

A. Einleitung: Anerkennung und Vollstreckbarerklärung nach der EuGVVO

Die Anerkennung und Vollstreckbarerklärung von in anderen Vertragsstaaten ergangenen Entscheidungen sind in der EuGVVO und im EuGVÜ in Kapitel III bzw. Titel III geregelt. "Entscheidungen" im Sinne des Art. 32 EuGVVO bzw. des Art. 25 EuGVÜ sind unter den Voraussetzungen der Art. 33 ff. EuGVVO bzw. Art. 26 ff. EuGVÜ anzuerkennen, ihre Vollstreckbarerklärung in einem anderen Vertragsstaat bestimmt sich nach Art. 38 ff. EuGVVO bzw. Art. 31 ff. EuGVÜ.

Das Verfahren zur Erlangung der Vollstreckbarerklärung wurde beim Erlaß der EuGVVO im Vergleich zu dem nach dem EuGVÜ vorgesehenen Verfahren deutlich verändert und vereinfacht[1320]: Auf den Antrag auf Vollstreckbarerklärung einer ausländischen Entscheidung hin findet gemäß Art. 41 EuGVVO im Gegensatz zu Art. 34 Abs. 2 EuGVÜ keine Prüfung des Vorliegens von Anerkennungshindernissen nach Art. 34 und 35 EuGVVO mehr statt. Außerdem waren im EuGVÜ die Rechtsbehelfe des Schuldners und des Gläubigers gegen Entscheidungen über die Zulassung der Zwangsvollstreckung bzw. gegen die Ablehnung des entsprechenden Antrags getrennt geregelt (Art. 36 bis 39 EuGVÜ einerseits, Art. 40 und 41 EuGVÜ andererseits), während in der EuGVVO nunmehr jeder Rechtsbehelf in Art. 43 ff. geregelt ist und Auflistungen zur innerstaatlichen gerichtlichen Zuständigkeit für die Entscheidung über einen Rechtsbehelf in den Anlagen zur EuGVVO enthalten sind.

Im folgenden soll wegen des speziellen Blickwinkels dieser Arbeit auf das Verhältnis zwischen Frankreich und Deutschland überwiegend das Verfahren nach der EuGVVO untersucht werden. Soweit keine Änderungen erfolgt sind oder sich die zitierte Rechtsprechung und Literatur auf das EuGVÜ bezieht, werden die entsprechenden Vorschriften des EuGVÜ jedoch ebenfalls herangezogen.

1320 Siehe dazu bereits oben Gliederungspunkt III.B.3 in Teil 1 der Arbeit, S. 14.

1. Anerkennungs- und vollstreckungsfähige Entscheidungen

Art. 32 EuGVVO bzw. Art. 25 EuGVÜ bestimmen, daß unter "Entscheidung" im Sinne der EuGVVO bzw. des EuGVÜ alle von einem Gericht eines Mitglieds- bzw. Vertragsstaates erlassenen Entscheidungen ohne Rücksicht auf ihre Bezeichnung als Urteil, Beschluß, Zahlungsbefehl oder Vollstreckungsbescheid verstanden werden.

Erfaßt sind mithin einerseits Entscheidungen, die von direkt nach den Regeln der EuGVVO bzw. des EuGVÜ international zuständigen Gerichten erlassen worden sind, andererseits aber auch Entscheidungen, die von nach nationalem Recht in Anwendung des Art. 4 EuGVVO bzw. Art. 4 EuGVÜ international zuständigen Gerichten der Mitglieds- bzw. Vertragsstaaten erlassen worden sind[1321]. Eine Anerkennung und Vollstreckung von Entscheidungen solcher Gerichte ist grundsätzlich sogar dann möglich, wenn der Erstrichter seine internationale Zuständigkeit zu Unrecht gemäß Art. 4 Abs. 1 EuGVVO bzw. EuGVÜ auf sein nationales Recht gestützt hat[1322]. Keine anerkennungs- und vollstreckungsfähigen Entscheidungen sind Vollstreckbarerklärungen von gerichtlichen Entscheidungen aus einem Drittstaat (Verbot des Doppelexequatur)[1323]. Erfaßt sind auch Zwischenentscheidungen, die auf eine Regelung von Rechtsverhältnissen zwischen Parteien abzielen, nicht jedoch solche, die den weiteren Verfahrensgang gestalten[1324].

Wie sich aus der Stellung des Art. 1 EuGVVO in einem gesonderten Kapitel vor den Vorschriften über die gerichtliche Zuständigkeit bzw. die Anerkennung und Vollstreckung gerichtlicher Entscheidungen ergibt, muß die Entscheidung ferner in einer Zivil- oder Handelssache im Sinne des Art. 1 EuGVVO ergangen sein.

Keine Voraussetzung der Anerkennung und Vollstreckung ist, wie sich aus Art. 37 EuGVVO bzw. Art. 30 EuGVÜ ergibt, die formelle Rechtskraft der ausländischen Entscheidung[1325]. In diesen Fällen kann aber das Gericht, vor dem die Anerkennung der ausländischen Entscheidung geltend gemacht wird, gemäß Art. 37 Abs. 1

1321 *Cuniberti* Rdnr. 451; *Gaudemet-Tallon* Rdnr. 355; *Kropholler* Art. 32 Rdnr. 4; *Nagel/Gottwald* § 11 Rdnr. 13; Zöller-*Geimer* Art. 2 EuGVVO Rdnr. 5 und Art. 32 EuGVVO Rdnr. 1 und 2.

1322 Zöller-*Geimer* Art. 2 EuGVVO Rdnr. 5.

1323 Zöller-*Geimer* Art. 32 EuGVVO Rdnr. 12; *Gaudemet-Tallon* Rdnr. 365; Geimer/Schütze-*Geimer* Art. 32 EuGVVO Rdnr. 19; MüKo/ZPO-*Gottwald* Art. 25 EuGVÜ Rdnr. 11; Thomas/Putzo-*Hüßtege* Art. 32 EuGVVO Rdnr. 8; *Kropholler* Art. 32 Rdnr. 15; Rauscher-*Leible* EuZPR Art. 32 EuGVVO Rdnr. 14; *Nagel/Gottwald* § 12 Rdnr. 26; *Rauscher* S. 437; *Wolf* in *Geimer/Schütze* Internationaler Rechtsverkehr EuGVÜ Art. 25 Rdnr. 12.

1324 OLG Hamburg Beschluß vom 29.09.1999 IPRax 2000, 530; Schlosser-Bericht zum EuGVÜ, BT-Drucksache 10/61 S. 67 Rdnr. 187; Baumbach/Lauterbach/Albers/Hartmann-*Albers* Art. 32 EuGVVO Rdnr. 1; Rauscher-*Leible* EuZPR Art. 32 EuGVVO Rdnr. 8; *Schlosser* EU-Zivilprozeßrecht Art. 32 Rdnr. 7.

1325 *Schlosser* EU-Zivilprozeßrecht Art. 32 Rdnr. 3; Jenard-Bericht zum EuGVÜ BT-Drucksache VI/1973 S. 52, 87 zu Art. 26 EuGVÜ; *Gaudemet-Tallon* Rdnr. 368; Geimer/Schütze-*Geimer* Art. 32 EuGVVO Rdnr. 33; MüKo/ZPO-*Gottwald* Art. 25 EuGVÜ Rdnr. 14; Rauscher-*Leible* EuZPR Art. 32 EuGVVO Rdnr. 7.

EuGVVO bzw. Art. 30 Abs. 1 EuGVÜ das Verfahren bis zum Eintritt der Rechtskraft der ausländischen Entscheidung aussetzen[1326].

Der intertemporale Anwendungsbereich der EuGVVO auf die Anerkennung und Vollstreckung gerichtlicher Entscheidungen bestimmt sich nach Art. 66 EuGVVO. Während grundsätzlich die Anwendbarkeit der EuGVVO nach Art. 66 Abs. 1 EuGVVO davon abhängig ist, ob die Klage vor dem Zeitpunkt des Inkrafttretens der EuGVVO erhoben worden ist, enthält Art. 66 Abs. 2 EuGVVO eine Sonderregelung für die Anerkennung und Vollstreckung gerichtlicher Entscheidungen, die in einem vor dem Inkrafttreten der EuGVVO eingeleiteten Verfahren nach deren Inkrafttreten ergangen sind: Deren Anerkennung und Vollstreckung unterliegt ebenfalls den Regelungen der EuGVVO, wenn bei Klageerhebung sowohl der Urteils- als auch der Anerkennungsstaat dem EuGVÜ oder dem Luganer Übereinkommen angehörten und beide Staaten nunmehr Mitgliedsstaaten im Sinne der EuGVVO sind (Art. 66 Abs. 2 lit. a) EuGVVO) oder wenn die Zuständigkeit des Gerichts, dessen Entscheidung anerkannt und vollstreckt werden soll, nach Vorschriften begründet war, die mit den Zuständigkeitsvorschriften nach Kapitel II der EuGVVO oder mit denjenigen nach einem bilateralen Übereinkommen zwischen dem Urteils- und dem Anerkennungsstaat, das zum Zeitpunkt der Klageerhebung bereits in Kraft war, übereinstimmen.

2. Anerkennung

a) Automatische Anerkennung und Feststellung

Gemäß Art. 33 Abs. 1 EuGVVO bzw. Art. 26 Abs. 1 EuGVÜ werden gerichtliche Entscheidungen, die in einem Mitglieds- bzw. Vertragsstaat ergangen sind, in einem anderen Mitglieds- bzw. Vertragsstaat anerkannt, ohne daß es hierfür eines besonderen Verfahrens bedarf. Die Anerkennung erfolgt damit - wie im deutschen und französischen Recht - *ipso iure*. Eine Partei kann allerdings die Feststellung, daß eine bestimmte Entscheidung anzuerkennen ist, gemäß Art. 33 Abs. 2 EuGVVO bzw. Art. 26 Abs. 2 EuGVÜ in einem Verfahren auf Erteilung einer Vollstreckbarerklärung nach Art. 38 ff. EuGVVO bzw. Art. 31 ff. EuGVVO gesondert beantragen. Eine negative Feststellung kann in diesem Verfahren allerdings nicht begehrt werden[1327]. In einem anhängigen Verfahren kann ein Gericht, wenn seine Entscheidung von der Anerkennung einer ausländischen Entscheidung abhängt, gemäß Art. 33 Abs. 3 EuGVVO bzw. Art. 26 Abs. 3 EuGVÜ in dem vor ihm anhängigen Verfahren über die Anerkennung der ausländischen Entscheidung entscheiden. Dies erhält vor allem Bedeutung, wenn in einem bereits abgeschlossenen ausländischen Verfahren derselbe Streitgegenstand wie in dem inländischen Verfahren bestand. Wird diese ausländische Entscheidung anerkannt, ist

---

[1326] Zu einer entsprechenden Vorgehensweise im Rechtsbehelfsverfahren gegen eine Vollstreckbarerklärung vgl. unten Gliederungspunkt III.A.3.b), S. 294.

[1327] *Nagel/Gottwald* § 11 Rdnr. 16; *Kropholler* Art. 33 Rdnr. 7; Thomas/Putzo-*Hüßtege* Art. 33 EuGVVO Rdnr. 5; MüKo/ZPO-*Gottwald* Art. 26 EuGVÜ Rdnr. 8; Rauscher-*Leible* EuZPR Art. 33 EuGVVO Rdnr. 13; *Linke* Rdnr. 427; *Micklitz/Rott* EuZW 2002, 15, 16; *Schack* Rdnr. 886; kritisch mit Blick auf Art. 3 Abs. 1 GG und den allgemeinen Gleichheitssatz: *Geimer* IZPR Rdnr. 3013; anderer Ansicht *Schlosser* EU-Zivilprozeßrecht Art. 33 Rdnr. 4 mit Verweis auf die sonst nicht bestehende prozessuale Waffengleichheit; Geimer/Schütze-*Geimer* Art. 33 EuGVVO Rdnr. 85 f.

in dem späteren inländischen Verfahren die Klage wegen entgegenstehender Rechtskraft als unzulässig abzuweisen[1328].

b) Vorzulegende Schriftstücke

Gemäß Art. 53 Abs. 1 EuGVVO, der gleichermaßen für die Anerkennung wie die Vollstreckung einer Entscheidung gilt, hat diejenige Partei, die die Anerkennung einer ausländischen Entscheidung geltend macht, eine Ausfertigung der Entscheidung vorzulegen, "die die für ihre Beweiskraft erforderlichen Voraussetzungen erfüllt". Nach dem Recht des Urteilsstaates muß das Dokument den vollen Beweis für die Existenz der Entscheidung sowie für ihren Inhalt erbringen[1329].

c) Prüfungsumfang

Die Art. 33 ff. EuGVVO bzw. Art. 26 ff. EuGVÜ enthalten keine positive Formulierung von Voraussetzungen für die Anerkennung gerichtlicher Entscheidungen, sondern normieren verschiedene Anerkennungshindernisse, bei denen die Anerkennung einer ausländischen Entscheidung in einem Mitglieds- bzw. Vertragsstaat ausgeschlossen ist.

(1) Art. 34 EuGVVO/Art. 27 EuGVÜ

Zunächst ist eine Anerkennung in den in Art. 34 EuGVVO genannten Fällen ausgeschlossen.

Dabei gilt zu beachten, daß die Regelung des Art. 27 Nr. 4 EuGVÜ nicht in die EuGVVO übernommen wurde. Danach war eine Anerkennung ausgeschlossen, wenn sich das entscheidende Gericht bei seiner Entscheidung hinsichtlich der Beantwortung einer Vorfrage in genau bestimmten Rechtsfragen in Widerspruch zu den Vorschriften des Internationalen Privatrechts des Anerkennungsstaates gesetzt hatte. Eine Anerkennung war dagegen trotz Anwendung des aus der Sicht des Anerkennungsstaates unzutreffenden Rechts möglich, wenn die Entscheidung zum gleichen Ergebnis führte, wie dies bei der Anwendung der "zutreffenden" Vorschriften des Internationalen Privatrechts des Anerkennungsstaates der Fall gewesen wäre.

(a) Art. 34 Nr. 1 EuGVVO/Art. 27 Nr. 1 EuGVÜ

Eine Anerkennung ausländischer Entscheidungen ist zunächst nach Art. 34 Nr. 1 EuGVVO ausgeschlossen, wenn sie "der öffentlichen Ordnung (*ordre public*) des Mitgliedsstaates, in dem sie geltend gemacht wird, offensichtlich widersprechen würde". Diese Regelung entspricht dem in vielen nationalen Rechtsordnungen, wie auch dem deutschen und französischen internationalen Zivilverfahrensrecht und Internationalen Privatrecht, enthaltenen ordre-public-Vorbehalt. Es ist sowohl der materiellrechtliche wie auch der verfahrensrechtliche ordre public zu beachten, wobei die Vorschriften über die internationale gerichtliche Zuständigkeit gemäß Art. 35 Abs. 3 S. 2 EuGVVO

1328 BGH Urteil vom 21.12.1988 NJW 1989, 2133, 2134; *Nagel/Gottwald* § 11 Rdnr. 17; zur Abweisung einer Klage als unzulässig wegen entgegenstehender Rechtskraft allgemein BGH Urteil vom 14.07.1995 NJW 1995, 2993; BGH Urteil vom 14.02.1962 BGHZ 36, 365, 367; Thomas/Putzo-*Reichold* § 322 Rdnr. 11 f.

1329 Geimer/Schütze-*Geimer* Art. 53 EuGVVO Rdnr. 4.

nicht zur öffentlichen Ordnung im Sinne des Art. 34 Nr. 1 EuGVVO zählen[1330]. Durch die Einfügung des Wortes 'offensichtlich' im Vergleich zum sonst entsprechenden Wortlaut des Art. 27 Nr. 1 EuGVÜ sollte deutlich werden, daß dieser Vorbehalt nur in Ausnahmefällen eingreifen soll[1331].

(b) Art. 34 Nr. 2 EuGVVO/Art. 27 Nr. 2 EuGVÜ

Für die in dieser Arbeit betrachteten Entscheidungen in Verfahren des einstweiligen Rechtsschutzes ist insbesondere die Regelung nach Art. 34 Nr. 2 EuGVVO bzw. des inhaltlich vergleichbaren Art. 27 Nr. 2 EuGVÜ von Bedeutung, nach der eine Entscheidung nicht anerkannt wird, wenn "dem Beklagten, der sich auf das Verfahren nicht eingelassen hat, das verfahrenseinleitende Schriftstück oder ein gleichwertiges Schriftstück nicht so rechtzeitig und in einer Weise zugestellt worden ist, daß er sich verteidigen konnte, es sei denn, der Beklagte hat gegen die Entscheidung keinen Rechtsbehelf eingelegt, obwohl er die Möglichkeit dazu hatte". Maßgeblich ist somit einerseits, ob der Beklagte sich auf das Verfahren eingelassen hat, und andererseits, ob ihm das verfahrenseinleitende Schriftstück rechtzeitig und ordnungsgemäß zugestellt wurde. Auch Versäumnisurteile sind danach grundsätzlich anerkennungsfähig, soweit die Zustellung der Klage dem Beklagten grundsätzlich ermöglicht hat, zu dem Verfahren Stellung zu nehmen, oder er nachträglich die Möglichkeit hatte, sich durch Einlegung eines Rechtsbehelfs am Erstverfahren zu beteiligen[1332]. Eine Rüge der Unzuständigkeit des Gerichts stellt dabei bereits eine Einlassung zur Sache dar[1333]. Läßt sich der Beklagte allerdings einzig dahingehend auf das Verfahren ein, daß er nur die fehlerhafte oder nicht rechtzeitige Zustellung rügt, liegt keine Einlassung des Beklagten im Sinne von Art. 34 Nr. 2 EuGVVO vor[1334]. Weiterhin ist ausreichend, wenn dem Beklagten im Ausgangsverfahren ein Schriftstück zugestellt wird, das ihn in die Lage versetzt, vor Erlaß einer vollstreckbaren Entscheidung im Erlaßstaat seine Rechte geltend zu machen, so daß sich auch die Frage nach der Anerkennung und Vollstreckung der gerichtlichen Entscheidung im Ausland erst nach der Gewährung rechtlichen Gehörs stellen kann[1335]. Dies gilt insbesondere für dem deutschen Mahnverfahren nach

---

1330 Vgl. hierzu OLG Karlsruhe Beschluß vom 08.07.2005 OLGR Karlsruhe 2005, 901; OLG Hamm Beschluß vom 28.12.1993 RIW 1994, 243, 245; *Rauscher* S. 439 f.

1331 *Rauscher* S. 439; schon in EuGH Urteil vom 28.03.2000 *Krombach/Bamberski*, Rs. C-7/98, Slg. 2000, I-1935, 1968 f. Rdnr. 37 wurde eine "offensichtliche" Verletzung verlangt; sehr weitgehend lässt der BGH in einer jüngeren Entscheidung vom 06.05.2004 zu, dass der Antragsgegner, der sich im Ausland nicht eingelassen hat, im Anerkenntnisverfahren die Rüge, das Urteil sei durch vorsätzlich falschen Prozessvortrag erschlichen worden, geltend machen und auch auf Tatsachen stützen darf, die schon vor dem Gericht des Erlassstaates hätten geltend gemacht werden können, IPRax 2006, 47 ff., dazu kritisch *Hess* IPRax 2006, 20, 21 f.

1332 *Nagel/Gottwald* § 11 Rdnr. 51; *Rauscher* S. 442.

1333 OLG Hamm Beschluß vom 28.12.1993 RIW 1994, 243, 244; *Schmidt* Rdnr. 169.

1334 *Linke* Rdnr. 404; *Rauscher* S. 442; *Schmidt* Rdnr. 169.

1335 EuGH Urteil vom 13.07.1995 *Hengst Import*, Rs. C-474/93, Slg. 1995, I-2113, 2127 f. Rdnr. 14, 19; EuGH Urteil vom 14.10.2004 *Mærsk Olie & Gas A/S /Firma M. de Haan en W. de Boer*, Rs. C-39/02, veröffentlicht auf der homepage des EuGH unter www.curia.eu.int, Rdnr. 50 f., 59; vgl. insoweit auch OLG Zweibrücken Beschluss vom 10.05.2005 RIW 2005, 779, 780.

§§ 688 ff. ZPO vergleichbare Verfahren, in denen zunächst ohne Anhörung des Gegners eine - nicht vollstreckbare - gerichtliche Entscheidung ergeht, vor Erlaß eines Vollstreckungstitels der Gegner jedoch Gelegenheit zur Stellungnahme erhalten muß[1336].

Gegenüber dem bisherigen Art. 27 Nr. 2 EuGVÜ enthält Art. 34 Nr. 2 EuGVVO mehrere Neuerungen: Einerseits führt nach der EuGVVO ausdrücklich nur eine nicht rechtzeitige und nicht in einer Weise bewirkte Zustellung, die dem Beklagten eine Verteidigung ermöglicht, zum Ausschluß der Anerkennung, während nach dem EuGVÜ notwendig war, daß das verfahrenseinleitende Schriftstück nicht ordnungsgemäß und nicht rechtzeitig zugestellt wurde, wobei der EuGH unter Art. 27 Nr. 2 EuGVÜ kumulativ die Rechtzeitigkeit und Rechtmäßigkeit der Zustellung prüfte und bei Fehlen einer dieser Voraussetzungen eine grenzüberschreitende Anerkennung verweigerte[1337]. Andererseits wird nicht mehr ausdrücklich eine *ordnungsgemäße* Zustellung verlangt, so daß es möglich ist, daß Zustellungen, die nicht den gesetzlichen Vorgaben entsprechen, dem Beklagten aber trotzdem eine Verteidigung ermöglichen, die Anerkennung einer Entscheidung nicht ausschließen[1338]. Weiterhin trifft den Beklagten nunmehr die Obliegenheit, sich mit Rechtsbehelfen im Urteilsstaat, soweit ihm dies möglich ist, gegen die gegen ihn ohne seine vorherige Einlassung ergangene gerichtliche Entscheidung zu wehren, um die Anerkennung dieser Entscheidung im Ausland zu verhindern. Bislang war die Möglichkeit nachträglichen rechtlichen Gehörs nach Erlaß einer vollstreckbaren Entscheidung nicht ausreichend[1339].

1336 Vgl. die Beschreibung des Mahnverfahrens nach italienischem Recht in EuGH Urteil vom 13.07.1995 *Hengst Import*, Rs. C-474/93, Slg. 1995, I-2113, 2124 f. Rdnr. 4 ff.

1337 Vgl. EuGH Urteil vom 03.07.1990 *Lancray/Peters*, Rs. C-305/88, Slg. 1990, 2725, 2747 f. Rdnr. 18, 23; nach dieser Rechtsprechung stand ein formaler Zustellungsfehler einer späteren Anerkennung selbst dann entgegen, wenn der Beklagte das Schriftstück rechtzeitig erhalten hatte und gegen die gerichtliche Entscheidung nach dem Recht des Urteils Rechtsbehelfe einlegen konnte, vgl. EuGH Urteil vom 12.11.1992 *Minalmet/Brandeis*, Rs. C-123/91, Slg. 1992, I-5661, 5679 Rdnr. 21; BGH Beschluß vom 22.07.2004 NJW 2004, 3189 f.; BGH Beschluß vom 18.02.1993 IPRax 1993, 396, 398; dagegen OLG Köln Beschluß vom 06.12.2002 IPRax 2004, 115, 117; dazu *Geimer* IPRax 2004, 97 f.

1338 Vgl. *Kohler* in FS Geimer S. 461, 481; *Linke* Rdnr. 408, 410; *Micklitz/Rott* EuZW 2002, 15, 19; *Nagel/Gottwald* § 11 Rdnr. 50; *Rauscher* S. 444; vgl demgegenüber die jüngste Entscheidung des EuGH vom 16.02.2006 *Gaetano Verdoliva / J.M. Van der Hoeven BV u.a.*, Rs. C-3/05, in der für Recht erkannt wurde, dass Art. 36 EuGVÜ eine ordnungsgemäße Zustellung der Entscheidung unter Beachtung der Verfahrensvorschriften des Vollstreckungsstaatesverlangt, was insbesondere mit der Beweisfunktion einer ordnungsgemäßen Zustellung – vor allem zur Berechung der Frist für die Einlegung eines Rechtsbehelfs – begründet wurde.

1339 Vgl. hierzu zuletzt BGH Beschluß vom 22.07.2004 NJW 2004, 3189 f.; die vom EuGH entschiedenen Rechtsstreitigkeiten *Mærsk Olie & Gas A/S /Firma M. de Haan en W. de Boer*, Rs. C-39/02, und *Hengst Import*, Rs. C-474/93, in denen auch nachträgliches rechtliches Gehör für ausreichend erachtet wurde, betrafen jeweils gerichtliche Verfahren, in denen eine gerichtliche Entscheidung zunächst ohne Anhörung des Gegners erlassen wird, dann jedoch dem Gegner mitgeteilt werden muß und erst dann in einem zweiten Schritt wirksam bzw. vollstreckbar wird, wenn der Gegner Gelegenheit zur Stellungnahme hatte. Ein solches Verfahren stellt z.B. das deutsche Mahnverfahren nach §§ 688 ff. ZPO dar. Dem Beklagten oder Antragsgegner wird in solchen Fällen die Entscheidung vor

(c) *Art. 34 Nr. 3 und 4 EuGVVO/Art. 27 Nr. 3 und 5 EuGVÜ*

Ebenfalls von wesentlicher Bedeutung für die Anerkennung und Vollstreckung von Entscheidungen in Verfahren des einstweiligen Rechtsschutzes sind Art. 34 Nr. 3 und 4 EuGVVO bzw. Art. 27 Nr. 3 und 5 EuGVÜ. Nach Art. 34 Nr. 3 EuGVVO darf eine Entscheidung nicht anerkannt werden, wenn sie mit einer anderen Entscheidung unvereinbar ist, die zwischen denselben Parteien in dem Mitgliedsstaat, in dem die Anerkennung geltend gemacht wird, ergangen ist. Eine sachliche Unvereinbarkeit zwischen zwei Entscheidungen im Sinne dieser Vorschrift besteht dann, wenn die Entscheidungen Rechtsfolgen haben, die sich gegenseitig ausschließen[1340]. Maßgebend ist dabei in zeitlicher Hinsicht einzig, daß die gerichtliche Entscheidung in dem Anerkennungsstaat vor dem Zeitpunkt ergangen ist, zu dem in diesem Staat die Anerkennung der ausländischen gerichtlichen Entscheidung geltend gemacht wird. Dagegen muß die Entscheidung, die in dem Anerkennungsstaat ergangen ist, zeitlich nicht vor der ausländischen gerichtlichen Entscheidung, deren Anerkennung begehrt wird, ergangen sein[1341]. Der im Anerkennungsstaat ergangenen Entscheidung wird damit immer der Vorrang gegeben[1342]. Nach Art. 34 Nr. 4 EuGVVO ist die Anerkennung einer bestimmten Entscheidung außerdem ausgeschlossen, wenn eine *frühere* Entscheidung aus einem Mitgliedsstaat im Sinne der EuGVVO oder einem Drittstaat "zwischen denselben Parteien in einem Rechtsstreit wegen desselben Anspruchs ergangen ist" und diese frühere Entscheidung in dem Staat, in dem nunmehr die Anerkennung einer späteren ausländischen Entscheidung geltend gemacht wird, ebenfalls anerkannt werden könnte (Prioritätsprinzip). Anders als bei Art. 34 Nr. 3 EuGVVO müssen hier die Entscheidungen wegen *desselben Anspruchs* ergangen sein, eine anderweitige Unvereinbarkeit der Entscheidungen reicht nicht aus.

(2) Art. 35 EuGVVO/Art. 28 EuGVÜ

Die Anerkennung einer ausländischen gerichtlichen Entscheidung ist gemäß Art. 35 Abs. 1 EuGVVO außerdem ausgeschlossen, wenn eine Zuständigkeitsvorschrift aus den Abschnitten 3, 4 oder 6 des Kapitels II verletzt wurde oder wenn ein Fall des Art. 72 EuGVVO vorliegt, also bilaterale Vereinbarungen die Anerkennung bestimmter Entscheidungen ausschließen. Die Vorschriften der genannten Abschnitte 3, 4 und 6 enthalten die besonderen Zuständigkeitsvorschriften für Versicherungssachen nach Art. 8 ff. EuGVVO und für Verbrauchersachen nach Art. 15 ff. EuGVVO sowie die

---

ihrer Wirksamkeit bzw. Vollstreckbarkeit rechtzeitig zugestellt, so daß auch die nachträgliche Anhörung des Gegners diesem eine Verteidigung im Sinne des Art. 27 Nr. 2 EuGVÜ ermöglicht; vgl. EuGH Urteil vom 14.10.2004 *Mærsk Olie & Gas A/S /Firma M. de Haan en W. de Boer*, Rs. C-39/02, veröffentlicht auf der homepage des EuGH unter www.curia.eu.int, Rdnr. 50 f., 59, 62; EuGH Urteil vom 13.07.1995 *Hengst Import*, Rs. C-474/93, Slg. 1995, I-2113, 2127 f. Rdnr. 14, 19.

1340 EuGH Urteil vom 06.06.2002 *Italian Leather*, Rs. C-80/00, Slg. 2002, I-4995, 5025 Rdnr. 40; EuGH Urteil vom 04.02.1988 *Hoffmann/Krieg*, Rs. 145/86, Slg. 1988, 645, 668 Rdnr. 22 ff.; *Fritzsche* ZZPInt 7 (2002), 250, 251 f.; *Nagel/Gottwald* § 11 Rdnr. 54; *Rauscher* S. 448; *Schmidt* Rdnr. 177.

1341 EuGH Urteil vom 04.02.1988 *Hoffmann/Krieg*, Rs. 145/86, Slg. 1988, 645, 668 Rdnr. 22 ff.; Geimer/Schütze-*Geimer* Art. 34 EuGVVO Rdnr. 164; *Rauscher* S. 448.

1342 *Nagel/Gottwald* § 11 Rdnr. 53 f.; *Schlosser* EU-Zivilprozeßrecht Art. 34 Rdnr. 22; Geimer/Schütze-*Geimer* Art. 34 EuGVVO Rdnr. 164; *Kropholler* Art. 34 Rdnr. 54.

ausschließlichen Zuständigkeiten nach Art. 22 EuGVVO. Wird deren besondere Schutzrichtung durch ein Gericht bei der Prüfung seiner Zuständigkeit nicht beachtet, ist eine Anerkennung seiner Entscheidung im Ausland demnach nicht möglich.

Art. 35 Abs. 3 S. 1 EuGVVO bzw. Art. 28 Abs. 3 1. HS EuGVÜ stellen aber klar, daß im übrigen eine Prüfung der internationalen Zuständigkeit des Ursprungsgerichts durch das Gericht, bei dem die Anerkennung der Entscheidung begehrt wird, grundsätzlich nicht zulässig ist[1343]. Entsprechend kann eine Anerkennung auch nicht aus dem Grunde verweigert werden, daß die Entscheidung von einem unzuständigen Gericht erlassen wurde, wenn kein Fall des Art. 35 Abs. 1 EuGVVO bzw. Art. 28 Abs. 1 EuGVÜ vorliegt.

(3) Art. 36 EuGVVO/Art. 29 EuGVÜ

Art. 36 EuGVVO bzw. Art. 29 EuGVÜ enthalten das Verbot, die ausländische Entscheidung vor der Anerkennung "in der Sache" nachzuprüfen (Verbot der sog. "*révision au fond*"). Im Anerkennungsstaat darf also keine Prüfung der materiellen inhaltlichen Richtigkeit der Entscheidung, insbesondere nach dem Verfahrensrecht und dem materiellen Recht des Ursprungsstaates, erfolgen. Das Verbot der *révision au fond* entspricht demjenigen, wie es im französischen und im deutschen internationalen Zivilverfahrensrecht enthalten ist.

d) Wirkungen der Anerkennung

Fraglich ist, welche Wirkung einer ausländischen Entscheidung in dem Anerkennungsstaat zukommt. Nach der Rechtsprechung des EuGH im Verfahren "*Hoffmann/Krieg*"[1344] und der ganz überwiegenden Ansicht in der Literatur[1345] müssen nach Art. 33 ff. EuGVVO bzw. Art. 26 ff. EuGVÜ anerkannte ausländische gerichtliche Entscheidung im Anerkennungsstaat grundsätzlich dieselben Wirkungen entfalten können wie im Urteilsstaat (sog. Wirkungserstreckung). Dies gilt auch für Urteilswirkungen, die nach dem Recht des Anerkennungsstaates für Entscheidungen von Gerichten des Anerkennungsstaates nicht bestehen, in Deutschland beispielsweise soweit nach ausländischem Recht Tatsachenfeststellungen in Rechtskraft erwachsen. Umgekehrt kann der ausländischen gerichtlichen Entscheidung nicht eine Wirkung zuerkannt werden, die ihm nach dem Recht des Urteilsstaats nicht zukommt[1346]. Werden noch

---

1343 EuGH Urteil vom 28.03.2000 *Krombach/Bamberski*, Rs. C-7/98, Slg. 2000, I-1935, 1967 Rdnr. 31 ff.; OLG Frankfurt/Main Beschluß vom 31.01.2002 IPRax 2002, 523; *Loussouarn* Rdnr. 508 f.; *Mankowski* EWiR 1999, 345, 346; *Nagel/Gottwald* § 11 Rdnr. 60; *Rauscher* S. 438; *Novak-Stief* ELR 1999, 275, 277.

1344 EuGH Urteil vom 04.02.1988 *Hoffmann/Krieg*, Rs. 145/86, Slg. 1988, 645, 666 Rdnr. 10 f.

1345 *Cuniberti* Rdnr. 485 ff.; *Nagel/Gottwald* § 11 Rdnr. 20; MüKo/ZPO-*Gottwald* Art. 26 EuGVÜ Rdnr. 2; *Linke* Rdnr. 359 ff.; *Wolf* in *Geimer/Schütze* Internationaler Rechtsverkehr EuGVÜ Art. 26 Rdnr. 5 mit kritischer Würdigung Rdnr. 6; Zöller-*Geimer* Art. 33 EuGVVO Rdnr. 1 f.; *Kropholler* vor Art. 33 Rdnr. 9; Soergel-*Kronke* Art. 38 EGBGB Anh. IV Rdnr. 155; *Rauscher* 437; *Schlosser* EU-Zivilprozeßrecht Art. 33 Rdnr. 2; anderer Ansicht *Schack* Rdnr. 791 ff., nach dem die Wirkungen einer ausländischen Entscheidung nicht über diejenigen einer inländischen Entscheidung hinausgehen können.

1346 Vgl. *Schlosser* EU-Zivilprozeßrecht Art. 33 Rdnr. 2 m.w.N.

nicht rechtskräftige ausländische Urteil anerkannt, ist danach entscheidend, welche Wirkungen ein noch nicht rechtskräftiges ausländisches Urteil nach dem Recht des jeweiligen Urteilsstaates hat[1347].

3. Vollstreckbarerklärung und Vollstreckung

Entgegen der Überschrift des Abschnitts 2 in Kapitel III der EuGVVO, die "*Vollstreckung*" lautet, behandeln die Art. 38 ff. EuGVVO (bzw. die Art. 31 ff. des EuGVÜ) nur das Verfahren zur Erlangung und Erteilung der Vollstreckbarerklärung für eine ausländische Entscheidung, wohingegen sich die Zwangsvollstreckung einer Entscheidung als solche einzig nach dem nationalen Recht des Vollstreckungsstaates, der lex fori, richtet[1348].

Dabei enthalten die Art. 38 ff. EuGVVO bzw. Art. 31 ff. EuGVÜ im wesentlichen Vorschriften über das einzuhaltende Verfahren und die formalen Voraussetzungen der Erteilung einer Vollstreckbarerklärung.

a) Verfahren und Voraussetzungen zur Erlangung einer Vollstreckbarerklärung nach der EuGVVO

(1) Gerichtliche Zuständigkeit für die Vollstreckbarerklärung und Antragstellung

Gemäß Art. 38 EuGVVO muß die Erteilung der Vollstreckbarerklärung beantragt werden. Art. 39 Abs. 1 EuGVVO bestimmt in Verbindung mit Anhang II zur EuGVVO das für die Erteilung der Vollstreckungsklausel sachlich zuständige Gericht. In Deutschland ist danach der Vorsitzende einer Kammer des Landgerichts zuständig, wobei der Geschäftsverteilungsplan meist den Vorsitzenden einer bestimmten Kammer für zuständig erklärt. In Frankreich muß der Antrag (*requête*) auf Erteilung der Vollstreckbarerklärung beim Präsidenten des Tribunal de Grande Instance gestellt werden. Die örtliche Zuständigkeit bestimmt sich gemäß Art. 39 Abs. 2 EuGVVO nach dem Wohnsitz des Schuldners oder dem Ort, an dem die Zwangsvollstreckung durchgeführt werden soll. Nach Art. 40 Abs. 1 EuGVVO ist für die Stellung des Antrags das Recht des Vollstreckungsmitgliedsstaates maßgebend. Dies kann beispielsweise Vorschriften zu Form und Inhalt des Antrags sowie zur Notwendigkeit der Mitwirkung eines Rechtsanwalts enthalten. In Deutschland richtet sich dies nach dem AVAG, in Frankreich ist kein gesondertes Gesetz zur Ausführung der EuGVVO ergangen, anwendbar sind vielmehr die allgemeinen Regeln über das Exequatur-Verfahren, die durch die Spezialbestimmungen in der EuGVVO ergänzt und modifiziert werden[1349].

Bei der Stellung des Antrags auf Erteilung der Vollstreckbarerklärung sind gemäß Art. 40 Abs. 3 EuGVVO ferner die in Art. 53 EuGVVO genannten Unterlagen, eine Ausfertigung der für vollstreckbar zu erklärenden Entscheidung sowie eine Bescheini-

---

[1347] *Schlosser* EU-Zivilprozeßrecht Art. 32 Rdnr. 3; Zöller-*Geimer* Art. 33 EuGVVO Rdnr. 3.

[1348] Vgl. EuGH Urteil vom 03.10.1985, *Capelloni*, Rs. 119/84, Slg. 1985, 3147, 3159 Rdnr. 16; Fritzsche ZZPInt 7 (2002), 250, 262; *Stutz* S. 16; *Wolf* in *Geimer/Schütze* Internationaler Rechtsverkehr EuGVÜ Art. 26 Rdnr. 2; ausführlich *Mankowski* ZZPInt 4 (1999), 276 ff.

[1349] Eine Übersicht über die innerstaatlichen Ausführungsbestimmungen auch anderer Staaten geben beispielsweise *Jayme/Kohler* IPRax 2002, 461, 464.

gung einer zuständigen Stelle des Urteilsstaates über die Vollstreckbarkeit der Entscheidung im Urteilsstaat, einzureichen[1350]. Eine Besonderheit des Verfahrens zur Vollstreckbarerklärung nach der EuGVVO bzw. dem EuGVÜ ist in Art. 40 Abs. 2 EuGVVO bzw. Art. 33 Abs. 2 EuGVÜ enthalten: Danach hat der Antragsteller im Bezirk des angerufenen Gerichts ein Wahldomizil zu begründen. Soweit das Wahldomizil, wie in Deutschland, im Recht des Vollstreckungsmitgliedsstaates nicht vorgesehen ist[1351], muß der Antragsteller einen Zustellungsbevollmächtigten, beispielsweise einen von ihm beauftragten Rechtsanwalt[1352], benennen. Hintergrund dieser Regelung ist, daß Verfahren zur Vollstreckbarerklärung häufig von im Ausland ansässigen Gläubigern betrieben werden. Durch die Möglichkeit einer Zustellung im Inland bzw. im Bezirk des angerufenen Gerichts wird das Vollstreckbarerklärungsverfahren vereinfacht sowie dem Antragsgegner die Einlegung eines Rechtsbehelfs erleichtert, da aufwendige Zustellungen ins Ausland weitestgehend vermieden werden[1353].

(2) Voraussetzungen

Art. 38 Abs. 1 EuGVVO macht zunächst keine Einschränkung hinsichtlich der vollstreckbaren Entscheidungen, sondern verwendet den Begriff "Entscheidung", der seine bereits dargestellte Definition in Art. 32 EuGVVO erfahren hat.

Wie sich aus Art. 38 Abs. 1 EuGVVO bzw. Art. 31 Abs. 1 EuGVÜ ergibt, muß die für vollstreckbar zu erklärende Entscheidung in dem Mitgliedsstaat, in dem sie ergangen ist, bereits vollstreckbar sein[1354]. Der Nachweis über die Vollstreckbarkeit der Entscheidung im Ursprungsmitgliedstaat wird durch die gemäß Art. 53 Abs. 2, Art. 54 EuGVVO in Verbindung mit Anlage V zur EuGVVO vorzulegende Bescheinigung einer zuständigen Stelle des Urteilsstaates geführt. Von dem Erfordernis der Vorlage dieser Bescheinigung können die Gerichte, bei denen die Vollstreckbarerklärung begehrt wird, aber nach Art. 55 Abs. 1 EuGVVO absehen. Die Rechtskraft der Entscheidung ist dagegen, wie bereits dargestellt, keine Voraussetzung der Anerkennung und Vollstreckbarerklärung[1355]. Eine weitere Voraussetzung nach dem EuGVÜ, nach dem sich gemäß Art. 47 Nr. 1 EuGVÜ im Verfahren zur Erlangung der Vollstreckbarerklärung aus der vorzulegenden Urkunde weiter ergeben mußte, daß die zu vollstreckende

---

1350 Siehe dazu bereits oben Gliederungspunkt III.A.2.b), S. 287; OLG Düsseldorf Beschluß vom 07.04.2003 RIW 2003, 622.

1351 Nach französischem Recht ist eine *élection de domicile* möglich, vgl. z.B. die Regelungen in Art. 42, 682, 689, 899 NCPC.

1352 Vgl. die Regelung in § 5 Abs. 3 AVAG.

1353 Vgl. EuGH Urteil vom 10.07.1986 *Carron/Bundesrepublik Deutschland*, Rs. 198/85, Slg. 1986, 2437, 2444 Rdnr. 8; Geimer/Schütze-*Geimer* Art. 40 EuGVVO Rdnr. 13; *Kropholler* Art. 40 Rdnr. 5; Zöller-*Geimer* Art. 40 EuGVVO Rdnr. 1.

1354 EuGH Urteil vom 29.04.1999 *Coursier/Fortis Bank*, Rs. C-267/97, Slg. 1999, I-2543, 2571 Rdnr. 29; OLG Stuttgart Beschluß vom 15.05.1997 RIW 1997, 684; *Nagel/Gottwald* § 12 Rdnr. 25; *Schack* Rdnr. 950; *Mankowski* ZZPInt 4 (1999), 276, 282 ff.; *Schmidt* Rdnr. 188; zu dem Begriff der Vollstreckbarkeit des ausländischen Urteils nach dem Recht des Ursprungsstaates im Sinne vom Art. 38 EuGVVO bzw. Art. 31 EuGVÜ zuletzt *Fritzsche* ZZPInt 7 (2002), 250, 260 ff.

1355 Siehe oben Gliederungspunkt III.A.1, S. 285.

Entscheidung im Ursprungsstaat zugestellt wurde, ist nicht in die EuGVVO übernommen worden.

Den maßgeblichen Prüfungsumfang gibt Art. 41 S. 1 EuGVVO vor: Danach wird, sobald die in Art. 53 EuGVVO vorgesehenen Förmlichkeiten erfüllt sind, die ausländische gerichtliche Entscheidung unverzüglich für vollstreckbar erklärt, ohne daß eine Prüfung der Gründe für einen Ausschluß der Anerkennung der ausländischen Entscheidung nach Art. 34 und 35 EuGVVO erfolgt. Der bisherige Art. 34 Abs. 2 EuGVÜ, nach dem der Antrag auf Erteilung der Vollstreckbarerklärung nur aus einem der in Art. 27 und 28 EuGVÜ angeführten Gründe abgelehnt werden durfte und der daher eine Überprüfung der Anerkennungsversagungsgründe im Verfahren zur Vollstreckbarerklärung ermöglichte, hat in der EuGVVO keine Entsprechung gefunden. In erster Instanz werden die Anerkennungsversagungsgründe nicht mehr geprüft[1356]. Das Verfahren zur Erteilung der Vollstreckbarerklärung ist danach ein rein formelles Verfahren, in dem nur die formalen Voraussetzungen geprüft werden. Dem entspricht auch, daß der Schuldner nach Art. 41 S. 2 EuGVVO, wie bislang allerdings auch nach Art. 34 Abs. 1 EuGVÜ, in diesem Abschnitt des Verfahrens keine Gelegenheit zur Stellungnahme erhält. Auch etwa eingereichte Schutzschriften werden in diesem Abschnitt des Verfahrens nicht zur Kenntnis genommen[1357]. Einwendungen kann der aus der zu vollstreckenden Entscheidung Verpflichtete erst im Rechtsbehelfsverfahren geltend machen[1358].

(3) Öffentliche Urkunden und Prozeßvergleiche

Gemäß Art. 57, 58 EuGVVO bzw. Art. 50, 51 EuGVÜ können grundsätzlich auch öffentliche Urkunden und Prozeßvergleiche in einem anderen Mitgliedsstaat für vollstreckbar erklärt werden. Dabei verweisen diese Vorschriften im wesentlichen auf das Verfahren nach Art. 38 ff. EuGVVO bzw. Art. 31 ff. EuGVÜ.

b) Rechtsbehelf gegen die Entscheidung über den Antrag auf Vollstreckbarerklärung, Art. 43 EuGVVO

Gemäß Art. 43 Abs. 1 EuGVVO kann jede Partei gegen die Entscheidung über den Antrag auf Vollstreckbarerklärung Rechtsbehelf einlegen. Im EuGVÜ waren der

---

1356 *Nagel/Gottwald* § 12 Rdnr. 37; *Geimer* IPRax 2002, 69, 71; nach der Rechtsprechung der Cour de Cassation mußten französische Gerichte bereits bislang einzig auf einen Hinweis einer Partei hin das Vorliegen eines Anerkennungshindernisses nach Art. 27 oder 28 EuGVÜ untersuchen, C. Cass. Civ. 1ère 17.11.1999 Rev. crit DIP 2000, 52; C. Cass. Civ. 1ère 20.02.1996 Bull. civ. I no. 90; C. Cass. Civ. 1ère 12.01.1994 Bull. civ. I no. 12.

1357 *Nagel/Gottwald* § 12 Rdnr. 23; *Kropholler* Art. 41 Rdnr. 10; MüKo/ZPO-*Gottwald* Art. 34 Rdnr. 3; *Mennicke* IPRax 2000, 294, 296 f.; anderer Ansicht LG Darmstadt Beschluß vom 08.12.1998 IPRax 2000, 309 noch zum EuGVÜ; Geimer/Schütze-*Geimer* Art. 41 EuGVVO Rdnr. 7; einschränkend *Schlosser* EU-Zivilprozeßrecht Art. 41 Rdnr. 2.

1358 Problematisch ist insoweit der Beschluss des LG Stuttgart vom 27.10.2004, RIW 2005, 709, durch den der Antrag auf Vollstreckbarerklärung eines Urteils der Court de Cassation abgelehnt wird, weil der Titel nicht auf eine bestimmte oder sich aus dem Titel ergebende Leistung laute; kritisch zu dieser Entscheidung *Smyrek* RIW 2005, 695; gegen zusätzliche Bestimmtheitsanfordernisses des Vollstreckungsstaates auch *Schlosser* IPRax 2006, 300, 303.

Rechtsbehelf des Schuldners gegen die Entscheidung, die Zwangsvollstreckung zuzulassen, (Art. 36 ff. EuGVÜ) und der Rechtsbehelf des Antragstellers gegen die Ablehnung seines Antrags auf Vollstreckbarerklärung (Art. 40 f. EuGVÜ) jeweils gesondert geregelt.

Gemäß Art. 43 Abs. 2 EuGVVO in Verbindung mit Anhang III zur EuGVVO ist in Deutschland der jeweilige Rechtsbehelf beim Oberlandesgericht, in Frankreich bei der Cour d'appel einzulegen. In Deutschland ist nach §§ 11 ff. AVAG die Beschwerde der statthafte Rechtsbehelf, in Frankreich wird der Rechtsbehelf nur als *recours* bezeichnet, was sich mit "Rechtsbehelf" übersetzen läßt.

Nach Art. 43 Abs. 5 S. 1 EuGVVO beträgt die Frist zur Einlegung eines Rechtsbehelfs grundsätzlich einen Monat ab der Zustellung der Vollstreckbarerklärung. Gemeint ist dabei die Zustellung an den Schuldner, wie sich aus der Systematik des Art. 43 Abs. 5 EuGVVO ergibt, der nur auf Rechtsbehelfe *gegen die Vollstreckbarerklärung* Bezug nimmt. Außerdem wird in Art. 43 Abs. 5 S. 2 EuGVVO zwischen Schuldnern mit Wohnsitz in dem Staat, in dem die Vollstreckbarerklärung ergangen ist, und solchen mit Wohnsitz im Ausland unterschieden, wobei für letztere die Rechtsbehelfsfrist zwei Monate ab der Zustellung der Vollstreckbarerklärung an den Schuldner persönlich oder in seiner Wohnung beträgt. Die Berechnung der Beschwerdefrist nach Art. 43 Abs. 5 EuGVVO richtet sich in Deutschland nach § 222 ZPO i.V.m. §§ 187 ff. BGB[1359].

Gemäß Art. 44 EuGVVO kann gegen die Entscheidung, die über den Rechtsbehelf ergangen ist, ein Rechtsbehelf nach Anhang IV zur EuGVVO einlegt werden. In Deutschland ist dies die Rechtsbeschwerde nach §§ 574 ff. ZPO zum BGH (§ 133 GVG), in Frankreich der *pourvoi en cassation* zur Cour de cassation.

Nach Art. 45 Abs. 1 EuGVVO darf das mit einem Rechtsbehelf nach Art. 43 oder Art. 44 EuGVVO befaßte Gericht die Vollstreckbarerklärung nur aus einem der in den Art. 34 und 35 EuGVVO aufgeführten Gründen versagen oder aufheben. Erst auf den Rechtsbehelf hin findet also eine Überprüfung der Anerkennungshindernisse nach Art. 34 und 35 EuGVVO statt. Art. 45 Abs. 2 EuGVVO stellt aber, entsprechend der Regelung in Art. 36 EuGVVO, nochmals klar, daß eine ausländische Entscheidung nicht in der Sache nachgeprüft werden darf (Verbot der *révision au fond*). Dem Umstand, daß die Rechtskraft der zu vollstreckenden Entscheidung keine Voraussetzung für die Erteilung der Vollstreckbarerklärung ist, kann im Rechtsbehelfsverfahren dadurch Rechnung getragen werden, daß das Gericht gemäß Art. 46 Abs. 1 EuGVVO bzw. Art. 38 Abs. 1 EuGVÜ auf Antrag des Schuldners das Verfahren aussetzen kann, wenn die Entscheidung im Ursprungsstaat noch nicht rechtskräftig ist. Ein solches Aussetzen des Verfahrens steht im pflichtgemäßen Ermessen des Gerichts[1360]. Solange das Verfahren ausgesetzt ist, kann die Zwangsvollstreckung durch Maßnahmen der Sicherung nach Art. 47 Abs. 2 EuGVVO bzw. Art. 39 Abs. 2 EuGVÜ weiter betrieben werden[1361]. Wird die zu vollstreckende Entscheidung im Ausland aufgehoben, wird der

---

1359 *Kropholler* Art. 43 Rdnr. 19.

1360 OLG Stuttgart Beschluß vom 15.05.1997 RIW 1997, 684, 684.

1361 *Gronstedt* S. 164.

Antrag auf Vollstreckbarerklärung unzulässig[1362], eine bereits erteilte Vollstreckungsklausel ist aufzuheben[1363]. Anstelle des Aussetzens eines Verfahrens nach Art. 46 Abs. 1 EuGVVO bzw. Art. 38 Abs. 1 EuGVÜ kann das Gericht aber auch gemäß Art. 46 Abs. 3 EuGVVO bzw. Art. 38 Abs. 3 EuGVÜ die weitere Zwangsvollstreckung von der Leistung einer Sicherheit abhängig machen[1364].

Der aus der zu vollstreckenden Entscheidung Verpflichtete kann mit der Beschwerde im Rahmen des Art. 43 EuGVVO keine materiellen Einwendungen gegen den titulierten Anspruch geltend machen, selbst wenn die Gründe, auf denen die Einwendungen beruhen, erst nach dem Erlaß der zu vollstreckenden Entscheidung entstanden sind[1365]. Die Geltendmachung solcher Einwendungen ist in Deutschland zwar in § 12 Abs. 1 AVAG ausdrücklich vorgesehen. Nach § 14 Abs. 1 Nr. 1 AVAG soll der Schuldner gar in einer Vollstreckungsabwehrklage nach § 767 ZPO gegen die Zwangsvollstreckung aufgrund der Vollstreckbarerklärung mit solchen Einwendungen präkludiert sein, die bereits während der Beschwerdefrist bestanden. Beide Vorschriften können jedoch bei Vollstreckbarerklärungen aufgrund der EuGVVO keine Anwendung finden, da sie mit der ausdrücklichen Regelung in Art. 45 Abs. 1 EuGVVO unvereinbar sind[1366].

1362 *Nagel/Gottwald* § 12 Rdnr. 51; OLG Düsseldorf Beschluß vom 10.07.1996 IPRax 1998, 279.

1363 Zöller-*Geimer* Art. 38 EuGVVO Rdnr. 10; OLG Düsseldorf Beschluß vom 10.07.1996 IPRax 1998, 279; OLG Hamburg Beschluß vom 19.06.1986 RIW 1986, 641.

1364 Hierzu und zur Abgrenzung der Regelungen in Art. 38 Abs. 2 EuGVÜ und Art. 39 Abs. 1 EuGVÜ (jeweils in der Fassung vor dem ersten Beitrittsübereinkommen vom 09.10.1978) vgl. BGH Beschluß vom 16.05.1983 NJW 1983, 1979; nach EuGH Urteil vom 27.11.1984 *Brennero/Wendel*, Rs. 258/83, Slg. 1984, 3971, 3982 Rdnr. 13 kann die Anordnung der Sicherheitsleistung nicht als selbständige Maßnahme während des Rechtsbehelfsverfahrens, sondern nur zusammen mit der Entscheidung über den Rechtsbehelf erfolgen.

1365 *Mankowski* ZZPInt 4 (1999), 276, 279 f.; *Hub* NJW 2001, 3145, 3147 mit Verweis auf Art. 45 Abs. 1 EuGVVO; Zöller-*Geimer* Art. 45 EuGVVO Rdnr. 1; *Geimer* IPRax 2003, 337, 339 beschränkt die Geltendmachung auf unbestrittene oder rechtskräftig festgestellte Einwendungen; Thomas/Putzo-*Hüßtege* Art. 45 EuGVVO Rdnr. 3 m.w.N.; anderer Ansicht: BGH Beschluß vom 18.09.2001 NJW 2002, 960, 961 f. noch zum EuGVÜ; OLG Köln Beschluß vom 28.02.2000 FamRZ 2001, 177; *Geimer* IZPR Rdnr. 3147; *Nagel/Gottwald* § 12 Rdnr. 48; *Gronstedt* S. 157 f.; *Wagner* IPRax 2002, 75, 83; *Kropholler* Art. 43 EuGVVO Rdnr. 27 ff.; *Schack* Rdnr. 955; jeweils mit Verweis auf den Wortlaut von § 12 AVAG.

1366 So auch ausdrücklich MüKo/ZPO-*Gottwald* Aktualisierungsband 2002 Art. 43 EuGVVO Rdnr. 7; *Heiderhoff* IPRax 2004, 99, 101; *Hub* NJW 2001, 3145, 3147; Rauscher-*Leible* EuZPR Art. 45 Rdnr. 5 f.; *Mankowski* ZZPInt 4 (1999), 276, 287 zum EuGVÜ; *Münzberg* in FS Geimer S. 745, 748 ff., 754 ff. m.w.N.; nach *Schmidt* Rdnr. 205 verstößt nur § 12 AVAG gegen Art. 45 EuGVVO, § 14 AVAG soll dagegen anwendbar sein, so daß eine Vollstreckungsgegenklage statthaft wäre; eine Beschränkung des Anwendungsbereichs von §§ 12, 14 AVAG auf unbestrittene oder rechtskräftige Einwendungen verlangen *Geimer* IPRax 2003, 337, 338 f.; Geimer/Schütze-*Geimer* Art. 45 EuGVVO Rdnr. 11, 14 ff.; *Schlosser* EU-Zivilprozeßrecht Art. 43 Rdnr. 14; im EuGVÜ war die Beschränkung der Prüfung auf die Anerkennungshindernisse nach Art. 27 und 28 EuGVÜ allerdings nur für das eigentliche Vollstreckbarerklärungsverfahren in Art. 34 Abs. 2 EuGVÜ, nicht aber mehr für das Beschwerdeverfahren vorgesehen; anderer Ansicht ausdrücklich OLG Düsseldorf, Beschluss vom 01.03.2005, RIW 2005, 708, 709, nach dem unter Argumentation mit dem insoweit nicht

Im Rechtsbehelfsverfahren nach Art. 43 EuGVVO bzw. Art. 36 ff. EuGVÜ können zudem keine materiellen Einwendungen geltend gemacht werden, die bereits zum Zeitpunkt des Erlasses der zu vollstreckenden Entscheidung bestanden[1367].

c) Beschränkung der Zwangsvollstreckung auf Maßnahmen zur Sicherung gemäß Art. 47 Abs. 3 und Abs. 2 EuGVVO bzw. Art. 39 Abs. 2 EuGVÜ

Nach Art. 47 Abs. 3 EuGVVO kann die Vollstreckbarerklärung, solange die in Art. 43 Abs. 5 EuGVVO vorgesehene Frist für den Rechtsbehelf gegen die Vollstreckbarerklärung läuft oder solange über den Rechtsbehelf nicht entschieden ist, nur mit der Maßgabe erteilt werden, daß die Zwangsvollstreckung in das Vermögen des Schuldners auf Maßnahmen zur Sicherung beschränkt ist. Auf diese Beschränkung ist auch in § 9 Abs. 1 AVAG Bezug genommen, soweit dort die folgende Formulierung für die Vollstreckungsklausel vorgesehen ist: „Die Zwangsvollstreckung darf über Maßregeln zur Sicherung nicht hinausgehen, bis der Gläubiger eine gerichtliche Anordnung oder ein Zeugnis vorlegt, daß die Zwangsvollstreckung unbeschränkt stattfinden darf". Ferner enthält § 9 Abs. 1 AVAG weitere in die Vollstreckungsklausel aufzunehmende Formulierungen über die Möglichkeit der Leistung einer Sicherheit durch den Schuldner bei Titeln auf Geldleistungen[1368].

Da die EuGVVO keine Angaben darüber enthält, welche „Maßnahmen der Sicherung" in Betracht kommen, sind die in Aussicht genommenen Vollstreckungsmaßnahmen unmittelbar anhand Art. 47 EuGVVO im Einzelfall darauf zu überprüfen, ob sie über „Maßnahmen zu Sicherung" hinausgehen[1369]. Im deutschen Recht können für die Vollstreckung von Geldforderungen die Vorschriften über die Vollziehung eines Arrestes (§§ 928, 930 bis 932 ZPO) als Anhaltspunkte herangezogen werden. Grundsätzlich sind damit eine Pfändung oder die Eintragung einer Sicherungshypothek, nicht aber eine Versteigerung oder anderweitige Verwertung (beispielsweise die Überweisung von Geldforderungen des Schuldners nach § 835 ZPO) möglich[1370]. Für die Sicherung anderer Ansprüche als Geldforderungen kommen die nach §§ 938, 940 ZPO zulässigen Maßnahmen in Betracht[1371]. Zusätzliche Voraussetzungen, wie zum Beispiel eine besondere Dringlichkeit, müssen für die Befugnis zum Betreiben einer Sicherungsvollstreckung nicht nachgewiesen werden[1372].

---

greifenden Schutzzweck von Art. 45 EuGVVO zumindest eine unstreitigen Erfüllung im Rahmen des § 12 AVAG dem Antrag auf Vollstreckbarerklärung entgegengehalten werden können soll.

1367 Vgl. BGH Beschluß vom 13.04.1983 NJW 1983, 2773 f.; OLG Hamm Beschluß vom 28.12.1993 RIW 1994, 243, 245; Zöller-*Geimer* Art. 45 EuGVVO Rdnr. 1.

1368 Vgl. zu allem *Kropholler* Art. 47 Rdnr. 7 f.

1369 EuGH Urteil vom 03.10.1985, *Capelloni*, Rs. 119/84, Slg. 1985, 3147, 3160 Rdnr. 22 noch zu Art. 39 EuGVÜ.

1370 Zum ganzen *Kropholler* Art. 47 Rdnr. 12 f.; *Haß* in *Geimer/Schütze* Internationaler Rechtsverkehr EuGVÜ Art. 39 EuGVÜ Rdnr. 6; *Schack* Rdnr. 953.

1371 *Kropholler* Art. 47 Rdnr. 13; *Stutz* S. 14.

1372 EuGH Urteil vom 03.10.1985, *Capelloni*, Rs. 119/84, Slg. 1985, 3147, 3161 Rdnr. 26; LG Bonn Beschluß vom 04.03.2003 RIW 2003, 388 f.; *Kropholler* Art. 47 Rdnr. 9 mit Verweis auf den *Jenard*-Bericht zum EuGVÜ BT-Drucksache VI/1973 S. 52, 95 zu Art. 39 EuGVÜ.

Wird kein Rechtsbehelf eingelegt, hat der Urkundsbeamte der Geschäftsstelle des Gerichts, das die Entscheidung für vollstreckbar erklärt hat, gemäß § 23 Abs. 2 Nr. 1 AVAG dem aus der Vollstreckbarerklärung Berechtigten auf seinen Antrag hin nach Ablauf der Beschwerdefrist ein Zeugnis darüber zu erteilen, daß die Zwangsvollstreckung unbeschränkt stattfinden darf. Dieses muß dann beim Betreiben der Zwangsvollstreckung gemeinsam mit dem zu vollstreckenden Titel, der Vollstreckbarerklärung und der vom Urkundsbeamten der Geschäftsstelle erteilten Vollstreckungsklausel dem Vollstreckungsorgan vorgelegt werden.

Art. 47 Abs. 2 EuGVVO bzw. Art. 39 Abs. 2 EuGVÜ enthalten darüber hinaus die Klarstellung, daß bereits die Entscheidung, durch die die Zwangsvollstreckung zugelassen wird, auch die Befugnis gibt, Maßnahmen zur Sicherung zu betreiben, wobei nunmehr Art. 47 Abs. 2 EuGVVO auf Abs. 1 derselben Vorschrift und die dort vorgesehenen einstweiligen Maßnahmen "nach dem Recht des Vollstreckungsmitgliedsstaats" Bezug nimmt. Das Recht zur Sicherungsvollstreckung folgt demnach unmittelbar aus der Klauselerteilung, auch eine vorherige Zustellung der Klausel ist nicht notwendig[1373].

d) Möglichkeit der Sicherungsvollstreckung schon vor Vollstreckbarerklärung, Art. 47 Abs. 1 EuGVVO

Eine weitere Neuerung der EuGVVO gegenüber dem EuGVÜ enthält Art. 47 Abs. 1 EuGVVO: Danach kann aus einer nach der EuGVVO anzuerkennenden Entscheidung ohne vorherige Vollstreckbarerklärung die Sicherungsvollstreckung nach Maßgabe des jeweiligen nationalen Rechts betrieben werden. Dazu können "einstweilige Maßnahmen einschließlich solcher, die auf eine Sicherung gerichtet sind," in Anspruch genommen werden. Bereits vor der Vollstreckbarerklärung eines ausländischen Titels können somit einstweilige Maßnahmen zum Schutz der effektiven Vollstreckbarkeit beantragt und erlassen werden[1374].

e) Erteilung einer Teil-Vollstreckbarerklärung, Art. 48 EuGVVO

Eine Beschränkung der Vollstreckbarerklärung auf einen Teil der ausländischen Entscheidung ist in Art. 48 EuGVVO vorgesehen. Gemäß Art. 48 Abs. 1 EuGVVO erteilt das Gericht oder die sonst befugte Stelle, wenn durch die ausländische Entscheidung über mehrere mit der Klage geltend gemachte Ansprüche erkannt wurde und die Vollstreckbarerklärung nicht für alle Ansprüche erteilt werden kann, die Vollstreckbarerklärung nur für einen oder mehrere dieser geltend gemachten Ansprüche. Dies geschieht in Form einer Teil-Vollstreckbarerklärung, wobei der vollstreckbare Teil kenntlich gemacht werden muß. Ein Fall, in dem die Vollstreckbarerklärung nicht für alle Ansprüche erteilt werden kann, liegt beispielsweise vor, wenn der Tenor einer ausländischen Entscheidung keinen nach deutschem Recht vollstreckbaren Inhalt hat, beispielsweise weil er nach deutscher Rechtsauffassung zu unbestimmt ist.

1373 LG Bonn Beschluß vom 04.03.2003 RIW 2003, 388 f.

1374 Siehe dazu *Heß/Hub* IPRax 2003, 93 ff.

f) Vollstreckbarkeit von Entscheidungen, die die Festsetzung eines Zwangsgeldes enthalten, Art. 49 EuGVVO bzw. Art. 43 EuGVÜ

Art. 49 EuGVVO bzw. Art. 43 EuGVÜ enthalten eine Sonderregelung für Entscheidungen, die auf Zahlung eines Zwangsgeldes lauten. Diese sind danach in einem anderen Mitglieds- bzw. Vertragsstaat vollstreckbar, wenn die Höhe des Zwangsgeldes durch die Gerichte des Urteilsstaates bereits endgültig festgesetzt wurde.

(1) Umfaßte "Zwangsgelder"

Art. 49 EuGVVO bzw. Art. 43 EuGVÜ bestimmen nicht näher, welche Zwangsgelder von ihnen umfaßt sind. Es wird aber allgemein angenommen, daß die festgesetzten Zwangsgelder dem Schuldner zur Durchsetzung einer im Urteil festgesetzten Handlungs- oder Unterlassungspflicht auferlegt worden sein müssen[1375]. Ihre Bezeichnung als "Zwangsgeld" ist dagegen nicht maßgebend, grundsätzlich unterfallen auch Ordnungsgelder nach § 890 ZPO dem Art. 49 EuGVVO[1376].

Umstritten ist, ob Art. 49 EuGVVO bzw. Art. 43 EuGVÜ auch dann anwendbar sind, wenn das Zwangsgeld, wie bei der deutschen Regelung des § 888 ZPO, nicht dem Gläubiger, sondern der Staatskasse zufließt. Überwiegend wird hierzu angenommen, Art. 49 EuGVVO bzw. Art. 43 EuGVÜ erfaßten grundsätzlich auch Zwangs- und Ordnungsgelder, die nach dem Recht des Urteilsstaates dem Staat zufließen[1377]. An wen das beigetriebene Zwangs- oder Ordnungsgeld im Vollstreckungsstaat abgeführt wird, muß dem autonomem Zwangsvollstreckungsrecht des Vollstreckungsstaates überlassen bleiben[1378]. Vereinzelt wird vorgeschlagen, bei Beantragung der Vollstreckbarerklärung einer Entscheidung, die derartige Zwangsmittel androhe oder festsetze, müsse der ausländische Exequaturrichter, soweit er davon ausginge, daß das Zwangsmittel nicht unter Art. 49 EuGVVO bzw. Art. 43 EuGVÜ fiele, die zu vollstreckende Entscheidung um ein inländisches Zwangsmittel ergänzen[1379].

Gegen die Geltung des Art. 49 EuGVVO für solche Zwangsgelder läßt sich anführen, daß bei der Entstehung des gleichlautenden Art. 43 EuGVÜ diejenigen Zwangsmittel, die dem Gläubiger zustehen, wie beispielsweise die "*astreinte*" des französischen Rechts, erfaßt werden sollten[1380]. Weiter wird angeführt, Art. 43 EuGVÜ stelle eine Ausnahmevorschrift zu Art. 16 Nr. 5 EuGVÜ dar und müsse daher eng ausgelegt

---

1375 MüKo/ZPO-*Gottwald* Art. 43 EuGVÜ Rdnr. 1; Thomas/Putzo-*Hüßtege* Art. 49 EuGVVO Rdnr. 3; *Kropholler* Art. 49 Rdnr. 1.

1376 Thomas/Putzo-*Hüßtege* Art. 49 EuGVVO Rdnr. 3.

1377 *Kropholler* Art. 49 Rdnr. 1; MüKo/ZPO-*Gottwald* Art. 43 EuGVÜ Rdnr. 4, 5; jetzt auch Geimer/Schütze-*Geimer* Art. 49 EuGVVO Rdnr. 2; *Gärtner* S. 177 ff., 218 ff.; *Haß* in *Geimer/Schütze* Internationaler Rechtsverkehr EuGVÜ Art. 43 Rdnr. 4 f.; Thomas/Putzo-*Hüßtege* Art. 49 EuGVVO Rdnr. 3; Rauscher-*Leible* EuZPR Art. 49 EuGVVO Rdnr. 3; *Tschauner* in *Geimer/Schütze* Internationaler Rechtsverkehr EuGVVO Art. 49 Rdnr. 4; *Lindacher* FS Gaul 1997, 399, 407; *Micklitz/Rott* EuZW 2002, 15, 23; *Remien* S. 317 ff.; *Remien* WRP 1994, 25, 27 f.; *Stutz* S. 22; Musielak-*Weth* Art. 49 EuGVVO Rdnr. 2.

1378 So auch *Lindacher* in FS Gaul S. 399, 407 f.

1379 *Schack* Rdnr. 977; *Stutz* S. 70 ff.

1380 *Stadler* IPRax 2003, 430, 431; *Stutz* S. 21.

werden[1381]. Manche Autoren machten geltend, Art. 43 EuGVÜ bzw. Art. 49 EuGVVO könnten nur Anwendung finden, wenn das Zwangsgeld selbst als Zivilsache im Sinne des Art. 1 Abs. 1 EuGVÜ bzw. EuGVVO zu qualifizieren sei; dies sei aber nur dann der Fall, wenn es der anderen Partei zufließen solle[1382]. Eine solche Voraussetzung läßt sich Art. 49 EuGVVO bzw. Art. 43 EuGVÜ jedoch nicht entnehmen. Gegen eine Herausnahme von Zwangsgeldern, die nach dem Recht des Urteilsstaates an den Staat zu leisten sind, aus dem Anwendungsbereich von Art. 49 EuGVVO bzw. Art. 43 EuGVÜ spricht zudem insbesondere das Bestreben nach Gleichbehandlung: Würde man die Anwendung von Art. 49 EuGVVO auf Zwangsmittel, die an den Gegner zu erbringen sind, beschränken, würde man die anderen Zwangsmittel nach den Rechtsordnungen der Mitgliedsstaaten ohne sachliche Notwendigkeit benachteiligen[1383]. Mittlerweile wird im französischen Recht wie auch im vergleichbaren belgischen Recht die "*astreinte*" (bzw. "*dwangsom*") nicht mehr als schadensersatzrechtliches Institut, sondern als reines Vollstreckungsmittel betrachtet, so daß sich auch daraus kein Anhaltspunkt für eine unterschiedliche Behandlung im Vergleich zu den an die Staatskasse abzuführenden Zwangsgeldern mehr ergibt[1384].

(2) Endgültige Festsetzung der Höhe des Zwangsgeldes durch ein Gericht des Urteilsstaates

Nach dem klaren Wortlaut des Art. 49 EuGVVO muß darüber hinaus die Höhe des Zwangsgeldes durch ein Gericht des Urteilsstaates endgültig festgesetzt worden sein. Diese Regelung berücksichtigt, daß nur der Höhe nach bestimmte Titel für vollstreckbar erklärt werden sollen[1385].

g) Das Verfahren der Vollstreckbarerklärung in Deutschland nach dem AVAG

Auf das Verfahren zur Erlangung der Vollstreckbarerklärung sowie der Vollstreckungsklausel findet in Deutschland gemäß § 1 Abs. 1 Nr. 2 AVAG das AVAG in der Neufassung vom 19.02.2001 Anwendung[1386]. Der Antrag auf Erteilung der Vollstreckbarerklärung kann gemäß § 4 Abs. 2 AVAG schriftlich oder zu Protokoll der Geschäftsstelle des zuständigen Landgerichts gestellt werden. Er muß gemäß Art. 4 Abs. 3 AVAG nicht zwingend in deutscher Sprache gestellt werden, jedoch kann das Gericht nach Maßgabe dieser Vorschrift eine Übersetzung verlangen. Bei der Antragstellung besteht nach § 6 Abs. 3 AVAG kein Anwaltszwang. Der Antrag kann auch, entsprechend der Regelung in Art. 48 Abs. 2 EuGVVO, gemäß § 9 Abs. 2 AVAG nur auf einen Teil der Verpflichtungen aus der ausländischen Entscheidung beschränkt

---

1381 *Albrecht* S. 176.

1382 Geimer/Schütze-*Geimer* Urteilsanerkennung I/1 § 152 I. 1., S. 1169 Fn. 3.

1383 *Stadler* IPRax 2003, 430, 431; *Gärtner* S. 177 ff., auf S. 223 ff. legt *Gärtner* die seiner Ansicht nach bestehende Unzulänglichkeit von Art. 43 EuGVÜ dar und zeigt Regelungsalternativen auf.

1384 *Stadler* IPRax 2003, 430, 431; ausführlich *Stutz* S. 64 ff.; *Lindacher* in FS Gaul 1997, 399, 407; vgl. auch den Wortlaut von Art. 34 Abs. 1 des Gesetzes Nr. 91-650 vom 09.07.1991: *L'astreinte est indépendante des dommages-intérêts*; zur Einordnung der astreinte vor dem Gesetz Nr. 91-650 vom 09.07.1991 *Gärtner* S. 32 ff.

1385 *Gärtner* S. 204.

1386 Zur Neufassung des AVAG ausführlich *Hub* NJW 2001, 3145 ff.

werden. Nach § 5 Abs. 2 und 3 AVAG muß der Antragsteller, wenn er nicht durch einen Rechtsanwalt oder einen sonstigen inländischen Bevollmächtigten vertreten wird, in dem Antrag einen Zustellungsbevollmächtigten mit Wohnsitz im Bezirk des angerufenen Gerichts benennen. Andernfalls können gemäß § 5 Abs. 1 AVAG bis zur nachträglichen Benennung eines Zustellungsbevollmächtigten alle Zustellungen an den Antragsteller durch Aufgabe zur Post nach § 184 Abs. 1 S. 2, Abs. 2 ZPO bewirkt werden. Das Gericht entscheidet gemäß § 6 Abs. 1 und 2 AVAG ohne Anhörung des Verpflichteten und grundsätzlich ohne mündliche Verhandlung. Nach § 6 Abs. 2 S. 2 AVAG kann jedoch fakultativ eine mündliche Erörterung mit dem Antragsteller stattfinden, soweit dies der Beschleunigung des Verfahrens dient. Der Verpflichtete kann nach § 7 Abs. 2 AVAG nur auf Antrag des Antragstellers für den Fall gehört werden, daß der Nachweis der Erfüllung besonderer Vollstreckungsvoraussetzungen nicht durch Urkunden geführt werden kann.

Die Vollstreckbarerklärung erteilt das Gericht gemäß § 8 Abs. 1 AVAG durch Beschluß, in dem die Erteilung der Vollstreckungsklausel angeordnet wird und in dem die zu vollstreckende Verpflichtung in deutscher Sprache wiederzugeben ist. Dies erfolgt in der Regel durch die Wiedergabe einer Übersetzung des hierfür maßgeblichen Teils des Tenors der ausländischen Entscheidung. Ist der Antrag unzulässig oder unbegründet, wird er nach § 8 Abs. 2 AVAG durch Beschluß abgelehnt. Der Wortlaut der Vollstreckungsklausel, die aufgrund der Vollstreckbarerklärung durch den Richter durch den Urkundsbeamten der Geschäftsstelle erteilt wird, ist in § 9 Abs. 1 AVAG vorgesehen, wobei in diese ebenfalls der zu vollstreckende Ausspruch sowie gegebenenfalls ein Hinweis auf die Beschränkung der Zwangsvollstreckung auf Maßnahmen zur Sicherung gemäß Art. 47 Abs. 3 EuGVVO aufzunehmen ist. Die Beschränkung der Zwangsvollstreckung auf Sicherungsmaßregeln ist in §§ 18 bis 21 AVAG, die unbeschränkte Fortsetzung der Zwangsvollstreckung in §§ 22 bis 24 AVAG geregelt.

B. Einstweilige Maßnahmen als anerkennungs- und vollstreckungsfähige Entscheidungen im Sinne der EuGVVO bzw. des EuGVÜ

Zunächst stellt sich die Frage, ob und inwieweit in Verfahren des einstweiligen Rechtsschutzes ergangene gerichtliche Entscheidungen überhaupt nach der EuGVVO und dem EuGVÜ im Ausland anerkannt und für vollstreckbar erklärt werden können.

Art. 32 ff. EuGVVO bzw. Art. 25 ff. EuGVÜ enthalten keine Vorschriften, die sich ausdrücklich auf die Anerkennung und Vollstreckung von einstweiligen Maßnahmen beziehen. Dem Wortlaut der Definition der grundsätzlich anerkennungs- und vollstreckungsfähigen Entscheidungen in Art. 32 EuGVVO bzw. Art. 25 EuGVÜ[1387] ist kein Hinweis zu entnehmen, ob diesem auch einstweilige Maßnahmen unterfallen sollten oder nicht. Lange Zeit war dementsprechend in Rechtsprechung und Literatur umstritten, inwieweit einstweilige Maßnahmen im Anwendungsbereich des EuGVÜ anerkennungs- und vollstreckungsfähig sind. Auch auf diesem Gebiet haben mehrere Urteile des EuGH jedoch zu einer Klärung geführt.

[1387] Siehe oben Gliederungspunkt III.A.1, S. 285.

1. Position der Rechtsprechung sowie der Literatur vor Klärung von Einzelfragen durch den EuGH

In der deutschen Rechtsprechung wurde bereits unmittelbar nach Inkrafttreten des EuGVÜ davon ausgegangen, daß in Verfahren des einstweiligen Rechtsschutzes ergangene Entscheidungen ausländischer Gerichte nach Art. 25 ff. EuGVÜ anerkannt und für vollstreckbar erklärt werden können[1388]. Diese Auslegung wich von derjenigen des autonomen deutschen internationalen Zivilverfahrensrechts ab, nach dem gemäß §§ 328 und 723 Abs. 2 ZPO die ausländische Entscheidung den Prozeß endgültig beenden und rechtskräftig sein muß und die Anerkennung von Arresten und einstweiligen Verfügungen, außer Leistungsverfügungen auf Geldzahlungen, ausgeschlossen ist[1389].

Auch in den ersten Stellungnahmen zum EuGVÜ in der deutschen und französischen Literatur wurde allgemein vertreten, daß in Verfahren des einstweiligen Rechtsschutzes erwirkte Entscheidungen grundsätzlich nach Art. 25 ff. EuGVÜ anerkannt und für vollstreckbar erklärt werden könnten[1390].

2. Rechtsprechung des EuGH

Der EuGH hatte in mehreren Verfahren Gelegenheit, zur Anerkennung und Vollstreckung einstweiliger Maßnahmen Stellung zu nehmen.

a) Urteil des EuGH vom 06.03.1980 (Rs. 120/79, "de Cavel/ de Cavel II"*)*

In dem Rechtsstreit "*de Cavel II*" aus dem Jahr 1980 war dem EuGH vom Bundesgerichtshof mit Beschluß vom 27.06.1979 unter anderem die Frage vorgelegt worden, ob das EuGVÜ auf die Vollstreckung einer einstweiligen Anordnung eines französischen Richters anzuwenden sei, die in einem Ehescheidungsverfahren ergangen war und aufgrund derer eine der Parteien der anderen Partei monatlichen Unterhalt gewähren sollte[1391]. Nachdem der EuGH, wie bereits dargestellt[1392], dargelegt hatte, daß bei der Prüfung der Anwendbarkeit des EuGVÜ auf akzessorische Anträge in einem Scheidungsverfahren das Rechtsgebiet der beantragten Maßnahme selbst und nicht dasjenige des parallel durchgeführten Hauptsacheverfahrens entscheidend sei, und daher die Anwendbarkeit des EuGVÜ auf die beantragte Maßnahme als solche bejaht hatte, stellte er in Beantwortung der Vorlagefrage kurz fest, daß das EuGVÜ auch auf die Vollstreckung einer einstweiligen Anordnung eines französischen Richters in einem Ehescheidungsverfahren anwendbar sei[1393].

1388 BGH Beschluß vom 16.05.1979 BGHZ 74, 278, 280; LG Hamburg Beschluß vom 09.03.1977 IPRspr. 1977 Nr. 143, S. 428; OLG Karlsruhe Beschluß vom 04.06.1976 FamRZ 1978, 923, 924.

1389 Siehe oben Gliederungspunkt II.A.2.d) in Teil 2 der Arbeit, S. 100, und Gliederungspunkt II.A.3.c) in Teil 2 der Arbeit, S. 106; vgl. z.B. Thomas/Putzo-*Hüßtege* § 328 Rdnr. 2.

1390 Jenard-Bericht zum EuGVÜ BT-Drucksache VI/1973 S. 52, 87 zu Art. 26 EuGVÜ; Schlosser-Bericht zum EuGVÜ BT-Drucksache 10/61 S. 67 Rdnr. 184; *Hausmann* FamRZ 1980, 418, 420; *Geimer* RIW/AWD 1975, 81, 86; *Holleaux/Gothot* JDI 1971, 747, 776.

1391 EuGH Urteil vom 06.03.1980 *De Cavel II*, Rs. 120/79, Slg. 1980, 731 ff., 739 Rdnr. 2.

1392 Siehe oben Gliederungspunkt II.B.1.b), S. 151.

1393 EuGH Urteil vom 06.03.1980 *De Cavel II*, Rs. 120/79, Slg. 1980, 731 ff., 741 Rdnr. 12.

Wiewohl in dieser Entscheidung somit grundsätzlich nur keine Einwände gegen die Vollstreckung einer von einem für die Durchführung des Hauptsacheverfahrens zuständigen Gericht angeordneten einstweiligen Maßnahme erhoben wurden, konnte der Entscheidung des EuGH bereits entnommen werden, daß dieser im Rahmen von Art. 25 EuGVÜ nicht zwischen der Vollstreckung von Entscheidungen in Verfahren des einstweiligen Rechtsschutzes und der Vollstreckung von in Hauptsacheverfahren ergangenen Entscheidungen unterschied. Es konnte angenommen werden, daß grundsätzlich auch einstweilige Maßnahmen, die von einem nach Art. 24 EuGVÜ in Verbindung mit den nationalen Zuständigkeitsvorschriften international zuständigen Gericht erlassen werden, als vollstreckbare Entscheidungen im Sinne des Art. 25 EuGVÜ angesehen werden konnten. Die Möglichkeit der Vollstreckbarerklärung der einstweiligen Anordnung des französischen Gerichts auf Zahlung von Unterhalt hat der Bundesgerichtshof entsprechend der Entscheidung des EuGH in dieser Angelegenheit auch sodann bejaht[1394].

b) *Urteil des EuGH vom 21.05.1980 (Rs. 125/79,* "Denilauler/S.N.C. Couchet Frères"*)*

In dem Verfahren "*Denilauler/S.N.C. Couchet Frères*" hatte der EuGH erneut Gelegenheit, zur Anerkennung und Vollstreckung einstweiliger Maßnahmen nach dem EuGVÜ Stellung zu nehmen. In seinem Urteil in dieser Angelegenheit präzisierte er, unter welchen Voraussetzungen eine in einem Verfahren des einstweiligen Rechtsschutzes ergangene Entscheidung eine anerkennungs- und vollstreckungsfähige Entscheidung nach dem EuGVÜ sei[1395].

In dem zugrundeliegenden Rechtsstreit hatte eine französische Firma (*Couchet Frères*) gegen ihre deutsche Gläubigerin (*Fa. Denilauler*) vor dem Tribunal de grande instance in Montbrison/Frankreich in einem Verfahren des einstweiligen Rechtsschutzes ohne vorherige Anhörung der Antragsgegnerin eine Sicherungsmaßnahme erwirkt, mit der Guthaben der Antragsgegnerin bei der deutschen Filiale einer französischen Bank in Frankfurt am Main gepfändet werden sollten[1396]. Dabei war das Tribunal de grande instance gleichzeitig mit dem Hauptsacheverfahren betraut, seine internationale Zuständigkeit für die Anordnung einstweiliger Maßnahmen bestand folglich bereits aufgrund seiner internationalen Zuständigkeit für die Entscheidung des Rechtsstreits in der Hauptsache. Das LG Wiesbaden ordnete mit Beschluß vom 23.03.1979 die Erteilung der Vollstreckungsklausel an. Gegen diesen Beschluß legte der Antragsgegner Beschwerde beim OLG Frankfurt/Main ein[1397].

(1) Vorlagefragen

Im Rahmen des Beschwerdeverfahrens legte das OLG Frankfurt/Main dem EuGH zwei Fragen zur Vorabentscheidung vor[1398]:

1394 Vgl. die Folgeentscheidung des BGH vom 30.04.1980 NJW 1980, 2022.

1395 EuGH Urteil vom 21.05.1980 *Denilauler*, Rs. 125/79, Slg. 1980, 1553.

1396 Es handelte sich um eine *saisie conservatoire* nach Art. 48 ancien code de procédure civile.

1397 Sachverhalt und Verfahren abgedruckt in Slg. 1980, 1553, 1555 f.

1398 EuGH Urteil vom 21.05.1980 *Denilauler*, Rs. 125/79, Slg. 1980, 1553, 1556.

Zunächst wurde gefragt, ob Art. 27 Nr. 2 und Art. 46 Nr. 2 EuGVÜ auch auf einstweilige auf Sicherung gerichtete Maßnahmen anwendbar sind, die nach dem sie vorsehenden nationalen Recht ohne Anhörung des Gegners erlassen werden. Art. 27 Nr. 2 EuGVÜ bzw. der heutige Art. 34 Nr. 2 EuGVVO enthalten das bereits dargestellte Anerkennungshindernis der fehlenden Anhörung des Gegners vor Erlaß der Entscheidung bzw. des nicht rechtzeitig oder nicht ordnungsgemäß zugestellten verfahrenseinleitenden Schriftstücks[1399]. Art. 46 Nr. 2 EuGVÜ bestimmt, daß diejenige Partei, welche die Anerkennung einer Entscheidung geltend macht oder aus ihr die Zwangsvollstreckung betreiben will, bei einer in einem Versäumnisverfahren ergangenen Entscheidung die Urschrift oder eine beglaubigte Abschrift der Urkunde vorlegen muß, aus der sich ergibt, daß das den Rechtsstreit einleitende Schriftstück oder ein gleichwertiges Schriftstück der säumigen Partei zugestellt worden ist. Diese Regelung wurde ihrem Wortlaut nach zwar nicht in die EuGVVO übernommen, der Nachweis der Zustellung des verfahrenseinleitenden Schriftstücks muß für den Fall, daß die Entscheidung in einem Verfahren erging, auf das sich der Beklagte nicht eingelassen hat, jedoch noch immer geführt werden: Nach Art. 53 Abs. 2, 54 EuGVVO hat diejenige Partei, welche die Vollstreckbarerklärung einer Entscheidung in einem anderen Mitgliedsstaat beantragt, eine Bescheinigung des Gerichts, das die Entscheidung erlassen hat, oder einer befugten Stelle des Erlaßstaates vorzulegen, die unter Verwendung des Formblatts in Anlage V zur EuGVVO ausgestellt wurde. Nach Punkt 4.4 dieses Formblatts hat die die Bescheinigung ausstellende Stelle das Datum der Zustellung des verfahrenseinleitenden Schriftstücks zu bescheinigen, wenn sich der Beklagte nicht eingelassen hat.

Weiterhin wurde dem EuGH zur Vorabentscheidung die Frage vorgelegt, ob Art. 47 Nr. 1 EuGVÜ dahin zu verstehen sei, daß diejenige Partei, welche im Ausland die Zwangsvollstreckung aus einer Entscheidung betreiben will, auch dann die in dieser Vorschrift genannten Urkunden vorzulegen hat, wenn die Entscheidung eine einstweilige, auf bloße Sicherung gerichtete Maßnahme zum Gegenstand hat. Nach Art. 47 Nr. 1 EuGVÜ hat die Partei, welche die Zwangsvollstreckung betreiben will, diejenigen Urkunden vorzulegen, aus denen sich ergibt, daß die Entscheidung nach dem Recht des Ursprungsstaates vollstreckbar ist und zugestellt worden ist. Auch Art. 47 Nr. 1 EuGVÜ hat in der EuGVVO keine wörtliche Entsprechung gefunden. Eine Bescheinigung über die Vollstreckbarkeit der Entscheidung im Ursprungsmitgliedstaat sowie die Zustellung des verfahrenseinleitenden Schriftstücks, falls die Entscheidung in einem Verfahren erging, auf das sich der Beklagte nicht eingelassen hat, ist in der bereits erwähnten Bescheinigung nach Art. 53 Abs. 2, 54 EuGVVO enthalten.

(2) Antworten auf die Vorlagefragen

Der EuGH stellte im Urteil "*Denilauler*" fest, daß Art. 27 Nr. 2 und Art. 46 Nr. 2 EuGVÜ nicht auf Entscheidungen anwendbar seien, die grundsätzlich nach dem innerstaatlichen Recht eines Vertragspartners ohne vorherige Anhörung der Gegenpartei

---

[1399] Siehe dazu oben Gliederungspunkt III.A.2.c)(1)(b), S. 288.

ergehen und vollstreckt werden, ohne der Gegenpartei zuvor zugestellt worden zu sein[1400].

Er argumentierte, ein Vergleich der verschiedenen sprachlichen Fassungen des EuGVÜ ergebe, daß diese Regelungen sich einzig auf Versäumnisverfahren bezögen, also solche, die zwar als kontradiktorische Verfahren eingeleitet worden sind, wegen der Säumnis des Gegners jedoch ohne Stellungnahme seinerseits entschieden werden. Demnach könnten diese Vorschriften auf Verfahren, in denen eine Anhörung des Gegners nach nationalem Recht schon nicht vorgesehen ist, nicht angewandt werden[1401].

Auf die zweite Vorlagefrage antwortete der EuGH, auch Art. 47 Nr. 1 EuGVÜ betreffe nur Entscheidungen, die im Urteilsstaat in einem kontradiktorischen oder einem Versäumnisverfahren ergangen seien, und könne daher bereits begrifflich nicht auf andere Entscheidungen, wie beispielsweise solche, die nach dem Recht des Ursprungsstaates in Abwesenheit und ohne vorherige Anhörung des Gegners ergehen und vollstreckt werden, Anwendung finden[1402].

Gleichwohl stellte der EuGH aber fest, aus den Bestimmungen des zweiten und des dritten Titels des EuGVÜ komme das Bestreben zum Ausdruck, insgesamt sicherzustellen, daß "im Rahmen der Ziele des Übereinkommens" die Verfahren, die mit dem Erlaß einer gerichtlichen Entscheidung beendet werden, "unter Wahrung des rechtlichen Gehörs durchgeführt werden"[1403]. Daraus werde deutlich, daß das EuGVÜ maßgeblich auf solche Entscheidungen abstelle, denen im Urteilsstaat ein kontradiktorisches Verfahren vorangehe oder grundsätzlich vorangehen könnte. Aus diesem Grund rechtfertige sich die Regelung in Art. 34 Abs. 1 EuGVÜ, nach der dem Schuldner im Verfahren zur Anerkennung und Vollstreckung zunächst kein rechtliches Gehör gewährt wird[1404]. Zwar werde die Regelung des Art. 34 Abs. 1 EuGVÜ auch durch den Überraschungseffekt dieser Vorschrift gerechtfertigt, dieser sei jedoch gemildert, da der anzuerkennenden Entscheidung im Erlaßstaat ein kontradiktorisches Verfahren vorausgegangen sei oder vorausgehen konnte. Aus dieser Vorschrift könne nicht der Analogieschluß gezogen werden, daß auch solche Entscheidungen anerkannt und vollstreckt werden könnten, denen im Urteilsstaat zum Zwecke eines Überraschungseffektes kein kontradiktorisches Verfahren vorangegangen ist bzw. vorangehen konnte[1405].

Weiterhin hob der EuGH hervor, eine Analyse der Funktion von Art. 24 EuGVÜ im Gesamtsystem des EuGVÜ führe "zu der Schlußfolgerung, daß für Maßnahmen dieser Art eine besondere Regelung beabsichtigt war"[1406]. Allerdings schließe Art. 24 EuGVÜ "nicht aus, daß einstweilige Maßnahmen einschließlich solcher, die auf Sicherung gerichtet sind, welche im Urteilsstaat in einem kontradiktorischen Verfahren - sei

1400 EuGH Urteil vom 21.05.1980 *Denilauler*, Rs. 125/79, Slg. 1980, 1553, 1568 Rdnr. 8.
1401 EuGH Urteil vom 21.05.1980 *Denilauler*, Rs. 125/79, Slg. 1980, 1553, 1568 Rdnr. 8.
1402 EuGH Urteil vom 21.05.1980 *Denilauler*, Rs. 125/79, Slg. 1980, 1553, 1568 Rdnr. 9.
1403 EuGH Urteil vom 21.05.1980 *Denilauler*, Rs. 125/79, Slg. 1980, 1553, 1569 Rdnr. 13.
1404 EuGH Urteil vom 21.05.1980 *Denilauler*, Rs. 125/79, Slg. 1980, 1553, 1569 Rdnr. 14.
1405 EuGH Urteil vom 21.05.1980 *Denilauler*, Rs. 125/79, Slg. 1980, 1553, 1569 Rdnr. 14.
1406 EuGH Urteil vom 21.05.1980 *Denilauler*, Rs. 125/79, Slg. 1980, 1553, 1570 Rdnr. 15.

es auch in einem Versäumnisverfahren - ergangen sind, unter den in Art. 25 bis 49 EuGVÜ genannten Voraussetzungen anerkannt und für vollstreckbar erklärt werden können"[1407].

Der EuGH folgerte aus beiden Überlegungen, daß die Voraussetzungen für eine Vollstreckbarerklärung der in Art. 24 EuGVÜ genannten Entscheidungen nach Titel III des EuGVÜ nicht erfüllt seien, wenn die Gegenpartei zum Verfahren nicht geladen worden sei oder wenn die Vollstreckung der Entscheidung ohne vorherige Zustellung an diese Partei erfolgen sollte[1408]. Andernfalls sei die Anerkennung und Vollstreckbarerklärung solcher Entscheidungen unter den in Art. 25 bis 49 EuGVÜ genannten Voraussetzungen möglich. Zusammenfassend stellte der EuGH fest, gerichtliche Entscheidungen, durch die einstweilige oder auf eine Sicherung gerichtete Maßnahmen angeordnet werden und die ohne Ladung der Gegenpartei ergangen sind oder ohne vorherige Zustellung vollstreckt werden sollen, könnten nicht nach dem in Titel III EuGVÜ vorgesehenen Verfahren anerkannt und vollstreckt werden[1409]. Diese fielen somit nicht unter den Begriff der "Entscheidung" im Sinne des Art. 25 EuGVÜ bzw. Art. 32 EuGVVO.

Eine Maßnahme des einstweiligen Rechtsschutzes kann mithin nach der Lösung des EuGH nur dann anerkannt und für vollstreckbar erklärt werden, wenn dem Antragsgegner im Verfahren vor Anordnung der Maßnahme Gelegenheit zur Stellungnahme gegeben wurde und ihm die zu vollstreckende Entscheidung vor der Vollstreckbarerklärung zugestellt wurde.

Der EuGH differenzierte in seiner Entscheidung nicht zwischen einstweiligen Maßnahmen, die von einem für die Entscheidung des Rechtsstreits in der Hauptsache international zuständigen Gericht erlassen wurden, und solchen, die von einem Gericht auf Grundlage des Art. 24 EuGVÜ in Verbindung mit nationalen Vorschriften zur internationalen gerichtlichen Zuständigkeit erlassen wurden. Der von ihm entschiedene Fall betraf allerdings eine von einem Hauptsachegericht angeordnete einstweilige Maßnahme. Art. 24 EuGVÜ zog der EuGH in seinen Entscheidungsgründen nur heran, um auf die Sonderstellung von einstweiligen Maßnahmen im Gesamtsystem des EuGVÜ hinzuweisen.

c) Urteil des EuGH vom 27.11.1984 (Rs. 258/83, **"Brennero/Wendel"***)*

Auch im Verfahren *Brennero/Wendel* ging es um ein Verfahren zur Vollstreckbarerklärung einer einstweiligen Maßnahme, die im dort entschiedenen Fall von einem italienischen Gericht erlassen wurde und in Deutschland vollstreckt werden sollte. Der EuGH hatte auf Vorlage des BGH[1410] zwei Vorfragen bezüglich des Beschwerdeverfahrens des Schuldners gegen die Vollstreckbarerklärung zu beantworten. Dabei rügte er nicht die Anerkennung und Vollstreckbarerklärung der einstweiligen Maßnahme als solche[1411].

1407 EuGH Urteil vom 21.05.1980 *Denilauler*, Rs. 125/79, Slg. 1980, 1553, 1571 Rdnr. 17.

1408 EuGH Urteil vom 21.05.1980 *Denilauler*, Rs. 125/79, Slg. 1980, 1553, 1570 f. Rdnr. 15, 17.

1409 EuGH Urteil vom 21.05.1980 *Denilauler*, Rs. 125/79, Slg. 1980, 1553, 1571 Rdnr. 18.

1410 Vorlagebeschluß des BGH vom 12.10.1983 NJW 1984, 1320.

1411 EuGH Urteil vom 27.11.1984 *Brennero/Wendel*, Rs. 258/83, Slg. 1984, 3971, 3979 ff.

d) Urteil des EuGH vom 27.04.1999 (Rs. C-99/97, **"Mietz/Intership Yachting"***)*

In seinem Urteil "*Mietz*" stellte der EuGH klar, daß auch einstweilige Maßnahmen, die von einem in Anwendung des Art. 24 EuGVÜ in Verbindung mit den nationalen Zuständigkeitsvorschriften international zuständigen Gericht erlassen wurden, grundsätzlich nach Titel III des EuGVÜ anerkannt und vollstreckt werden können[1412]. In diesem Verfahren ging es um die Anerkennung und Vollstreckbarerklärung einer auf vorläufige Befriedigung gerichteten Maßnahme, wobei in der sie anordnenden gerichtlichen Entscheidung die internationale gerichtliche Zuständigkeit nicht auf eine Zuständigkeit für die Entscheidung des Rechtsstreits in der Hauptsache gestützt war. Aufgrund der zuvor im Urteil "*van Uden*" aufgestellten Anforderungen zum Erlaß von derartigen einstweiligen Maßnahmen im Rahmen des Art. 31 EuGVVO bzw. Art. 24 EuGVÜ nahm der EuGH im Urteil "*Mietz*" ausführlich Stellung dazu, welche Voraussetzungen das Gericht, bei dem die Anerkennung einer solchen einstweiligen Maßnahme geltend gemacht oder deren Vollstreckbarerklärung beantragt wird, zu prüfen habe[1413]. Dieser Aspekt der Entscheidung des EuGH soll in einem gesonderten Gliederungspunkt dargestellt werden[1414].

Im Ergebnis verneinte der EuGH im Urteil "*Mietz*" die Anerkennungsfähigkeit der in Frage stehenden einstweiligen Maßnahme in dem konkreten Verfahren, begründete dies aber insbesondere damit, daß es sich um eine auf vorläufige Befriedigung des Gläubigers gerichtete Maßnahme handelte und diese vorläufige Befriedigung in der fraglichen Maßnahme unbedingt, also ohne Anordnung beispielsweise einer Sicherheitsleistung, angeordnet war. Der EuGH schloß aber die Anerkennung und Vollstreckbarerklärung von auf der Grundlage von Art. 31 EuGVVO bzw. Art. 24 EuGVÜ erlassenen einstweiligen Maßnahmen nicht als solche aus[1415].

e) Urteil des EuGH vom 06.06.2002 (Rs. C-80/00, **"Italian Leather"***)*

Im Verfahren "*Italian Leather*" waren dem EuGH vom BGH[1416] mehrere Fragen vorgelegt worden, die im Zusammenhang mit der Vollstreckbarerklärung einer von einem italienischen Gericht erlassenen Unterlassungsverfügung in Deutschland aufgetreten waren. Diese Fragen betrafen allerdings nicht mehr die grundsätzliche Möglichkeit der grenzüberschreitenden Anerkennung und Vollstreckbarerklärung einstweiliger Maßnahmen, sondern das Vollstreckbarerklärungsverfahren als solches. Entsprechend hat der EuGH zur Anerkennungsfähigkeit und Vollstreckbarerklärung einstweiliger Maßnahmen nicht erneut ausdrücklich Stellung genommen[1417].

1412 EuGH Urteil vom 27.04.1999 *Mietz*, Rs. C-99/96, Slg. 1999, I-2277, 2318 Rdnr. 54.

1413 EuGH Urteil vom 27.04.1999 *Mietz*, Rs. C-99/96, Slg. 1999, I-2277, 2316 ff. Rdnr. 47 ff.

1414 Siehe unten Gliederungspunkt III.C.2, S. 327.

1415 EuGH Urteil vom 27.04.1999 *Mietz*, Rs. C-99/96, Slg. 1999, I-2277, 2317 f. Rdnr. 53 f.

1416 BGH Beschluß vom 10.02.2000 WM 2000, 635; dazu näher nochmals unten Gliederungspunkt III.C.3.a)(1)(a)i), S. 336.

1417 EuGH Urteil vom 06.06.2002 *Italian Leather*, Rs. C-80/00, Slg. 2002, I-4995.

3. Haltung der Rechtsprechung und Literatur

Rechtsprechung und Literatur befürworten heute fast einhellig die Möglichkeit einer grenzüberschreitenden Anerkennung und Vollstreckbarerklärung einstweiliger Maßnahmen im Anwendungsbereich der EuGVVO bzw. des EuGVÜ.

a) Rechtsprechung

Die deutsche Rechtsprechung folgt der Rechtsprechung des EuGH und geht davon aus, daß einstweilige Maßnahmen im Anwendungsbereich des EuGVÜ bzw. der EuGVVO unter dem Vorbehalt der vorherigen Anhörung des Gegners anerkannt und für vollstreckbar erklärt werden können[1418].

In der französischen Rechtsprechung sind die Vorbehalte gegen eine Anerkennung und Vollstreckung ausländischer einstweiliger Maßnahmen bereits nach autonomem internationalem Zivilverfahrensrecht nicht so stark wie in Deutschland[1419]. In einem Urteil vom 30.06.2004 hatte die Cour de Cassation über mehrere Einwände in einem Verfahren über die Vollstreckbarerklärung mehrerer Entscheidungen des englischen High Court zu entscheiden. Eine dieser Entscheidungen war eine sog. "mareva injunction" nach englischem Recht, die von der Cour de Cassation als einstweilige Maßnahme eingeordnet wurde. Bedenken gegen die Möglichkeit der Vollstreckbarerklärung einer solchen Entscheidung wurden dabei von der Cour de Cassation nicht geäußert[1420].

b) Stellungnahmen in der Literatur

Allgemein bestätigt die Literatur ebenfalls die grundsätzliche Anerkennungs- und Vollstreckungsfähigkeit von im einstweiligen Rechtsschutz ergangenen Entscheidungen[1421].

1418 BGH Beschluß vom 24.02.1999 NJW 1999, 2372, 2373 f.; OLG Karlsruhe Beschluß vom 14.03.2001 FamRZ 2001, 1623, 1624; OLG München Beschluß vom 05.04.2000 RIW 2000, 464, 465; OLG Stuttgart Beschluß vom 15.05.1997 RIW 1997, 684, zum Vorbehalt des kontradiktorischen Verfahrens S. 685 zweite Spalte oben; OLG Karlsruhe Beschluß vom 19.12.1994 ZZPInt 1 (1996) S. 91, 93; OLG Hamm Beschluß vom 28.12.1993 RIW 1994, 243, 244 für eine *ordonnance de référé-provision* nach französischem Recht; OLG Düsseldorf Beschluß vom 19.10.1984 IPRax 1985, 289.

1419 Vgl. dazu oben II.B.2.b)(2) in Teil 2 der Arbeit, S. 129 und z.B. C. Cass. Civ. 1ère 06.02.1985 *Simitch* Rev. crit. DIP 1985, 369, 373.

1420 C. Cass. Civ. 1ère 30.06.2004 (no. de pourvoi: 01-03248), veröffentlicht unter www.legifrance.gouv.fr; zu dem Urteil *Schlosser* IPRax 2006, 300.

1421 *Albrecht* S. 159 ff.; *Cuniberti* Rdnr. 244; *Donzallaz* AJP/PJA 2000, 956, 964; *Eilers* S. 268 ff.; *Gaudemet-Tallon* Rdnr. 367; Geimer/Schütze-*Geimer* Art. 32 EuGVVO Rdnr. 34; Zöller-*Geimer* Art. 32 EuGVVO Rdnr. 8; Geimer/Schütze-*Geimer* Urteilsanerkennung I/1 § 107 VI., S. 984; *Gerhard* SZIER 1999, 97, 127 f.; *Gothot/Holleaux* Rdnr. 240 f.; MüKo/ZPO-*Gottwald* Art. 25 EuGVÜ Rdnr. 15; *Grundmann* S. 115 f. zum LugÜ; *Hausmann* IPRax 1981, 79, 81; *Heiss* S. 10, 43; Thomas/Putzo-*Hüßtege* Art. 32 EuGVVO Rdnr. 4, nach dem allerdings Leistungsverfügungen grundsätzlich nur im Ursprungsstaat vollstreckbar sein sollen; *Klinke* Band I Rdnr. 222; Soergel-*Kronke* Art. 38 EGBGB Anh. IV Rdnr. 153; grundsätzlich auch *Kropholler* Art. 32 EuGVVO Rdnr. 22 f., allerdings mit erheblichen Einschränkungen nach der Rechtsprechung des EuGH in den Urteilen "*van Uden*" und "*Mietz*"; *Matscher* ZZP 95 (1982), 170, 228 f.; *Remien* WRP 1994, 25, 27; *Schack* ZEuP 1998, 931, 953; *Schlosser* IPRax 1985, 321; *Spellenberg/Leible* ZZPInt 4 (1999), 221, 231 und *Spellenberg/Leible* in *Gilles* S. 293, 330; *Schlosser* EuGVÜ Art. 25 Rdnr. 2, 6 und EU-Zivilprozeß-

Kritisch äußerte sich mit Verweis auf die Nähe sichernder einstweiligen Maßnahmen zum Zwangsvollstreckungsrecht allerdings DELAPORTE, der es für "einfacher" (*plus simple*) hielt, einstweilige Maßnahmen von einer grenzüberschreitenden Anerkennung und Vollstreckung auszuschließen, ohne dies jedoch am Wortlaut des EuGVÜ festzumachen[1422].

DALHUISEN kritisierte die Rechtsprechung des EuGH ebenfalls harsch, da das EuGVÜ, wie auch Art. 16 Nr. 5, 32, 34 und 28 EuGVÜ erkennen ließen, eine grenzüberschreitende Anerkennung und Vollstreckung einstweiliger Maßnahmen nicht bezwecke[1423]. Überdies könnte sonst, da Art. 24 EuGVÜ auch auf die für das Hauptsacheverfahren ausgeschlossenen exorbitanten Gerichtsstände verweise, die Zuständigkeitsordnung des EuGVÜ umgangen werden[1424]. Vereinzelt wurde im Anschluß an das Urteil "*Denilauler*" auch angenommen, daß einstweilige Maßnahmen dann keine anerkennungs- und vollstreckungsfähigen Entscheidungen im Sinne des Art. 25 EuGVÜ darstellen sollten, wenn sie von einem nach Art. 24 EuGVÜ in Verbindung mit den nationalen Vorschriften über die internationale gerichtliche Zuständigkeit zuständigen Gericht erlassen wurden[1425].

GROUD hält es ebenfalls für vorzugswürdig, einstweilige Maßnahmen von einer grenzüberschreitenden Anerkennung und Vollstreckung auszuschließen, und begründet dies damit, daß die Abweichung von den allgemeinen Zuständigkeitsregeln, die durch Art. 24 EuGVÜ bewirkt werde, sich einzig dadurch rechtfertige, daß eine Anerkennung und Vollstreckung einstweiliger Maßnahmen nicht notwendig sei, wenn ein Gericht in demjenigen Staat, in dem die Maßnahme vollzogen werden müsse, die Maßnahme erlasse[1426]. Er erkennt allerdings an, daß diese Ansicht mit der Rechtsprechung des EuGH nicht zu vereinen sei, und daher eine bloße Forderung darstelle[1427].

(1) Stellungnahmen in der Literatur zum Urteil "*Denilauler*"

Das Urteil "*Denilauler*" selbst und die vom EuGH erarbeiteten Einschränkungen in Bezug auf die Anerkennung und Vollstreckbarerklärung einstweiliger Maßnahmen wurden in der Literatur eingehend besprochen:

Die Mehrheit der Autoren begrüßte die vom EuGH aufgestellte Einschränkung, einstweilige Maßnahmen könnten nicht nach dem EuGVÜ anerkannt und für vollstreckbar erklärt werden, wenn sie ohne vorherige Ladung der Gegenpartei erlassen oder ohne

---

recht Art. 32 Rdnr. 6; Wieczorek/Schütze-*Thümmel* vor § 916 Rdnr. 22; *Willeitner* S. 82 ff.; *Zeiler* Österr. JBl. 1996, 635, 639 ff., 643; ohne Bezugnahme auf Urteile des EuGH und weitere Begründung meint *Grothe* IPRax 2004, 83, 88, nach der "herrschenden Meinung" käme eine Anerkennung und Vollstreckung einstweiliger Maßnahmen unter der EuGVVO regelmäßig nicht in Betracht.

1422 *Delaporte* Trav. Com. fr. DIP 1987-88, 147, 157 f.

1423 *Dalhuisen* in FS Riesenfeld S. 1, 15.

1424 *Dalhuisen* in FS Riesenfeld S. 1, 18, 20 f.

1425 *Dalhuisen* in FS Riesenfeld S. 1, 18, 21; *Remien* WRP 1994, 25, 27; *Stickler* S. 45 f.; *Wolf* in *Geimer/Schütze* Internationaler Rechtsverkehr EuGVÜ Art. 24 Rdnr. 71; ausdrücklich anderer Ansicht *Mezger* Rev. crit. DIP 1980, 801, 803.

1426 *Groud* Rdnr. 466.

1427 *Groud* Rdnr. 466 a.E.

vorherige Zustellung der Entscheidung vollstreckt werden sollten, und befand diese für vom EuGH zutreffend hergeleitet[1428].

Teilweise wurde aber auch Kritik an diesen Anforderungen des EuGH laut: Zwar käme in Titel II und III des EuGVÜ allgemein zum Ausdruck, daß Verfahren, die zum Erlaß gerichtlicher Entscheidungen führen, unter Wahrung des rechtlichen Gehörs durchgeführt werden sollten, jedoch habe der EuGH nicht untersucht, inwieweit der Grundsatz der Gewährung rechtlichen Gehörs bei im Interesse des Überraschungseffektes ohne Anhörung des Gegners erlassenen einstweiligen Maßnahmen verletzt sei, wenn der Schuldner sich nachträglich durch Einlegung eines Rechtsbehelfs rechtliches Gehör verschaffen könne[1429]. Vereinzelt wurde die Auffassung geäußert, die Interpretation des EuGH ließe sich mit der Systematik des EuGVÜ kaum in Einklang bringen, weil den Art. 25 ff. EuGVÜ nicht entnommen werden könne, daß bestimmte Entscheidungen vom Anwendungsbereich des Titel III generell ausgeschlossen sein sollten[1430].

Einige Autoren merkten unter Verweis auf das Vorbringen der Kommission im Verfahren "*Denilauler*"[1431] an, der EuGH habe die Wertung des Art. 34 Abs. 1 EuGVÜ nicht hinreichend berücksichtigt, nach dem in dem Verfahren zur Vollstreckbarerklärung eine Anhörung des Schuldners nicht stattfinde. Daraus ließe sich bereits entnehmen, daß das Übereinkommen selbst das Überraschungsmoment wahren wolle und aus diesem Grund auf eine Anhörung des Schuldners verzichte[1432].

Weiterhin wurde allgemein bemängelt, daß der einstweilige Rechtsschutz durch die Entscheidung des EuGH seinen Überraschungseffekt verliere und dieser in vielen Verfahren für die Effektivität des Rechtsschutzes äußerst wichtig sei[1433].

CUNIBERTI bedauert, daß durch die Einschränkungen des Urteils "*Denilauler*" die Anerkennung einstweiliger Maßnahmen in der Praxis weitestgehend ausgeschlossen werde[1434].

GRONSTEDT und EILERS halten es für dogmatisch unzutreffend, die Anerkennung und Vollstreckung von nicht in einem kontradiktorischen Verfahren ergangenen Entscheidungen durch eine enge Definition des Begriffs "Entscheidung" im Sinne von Art. 25

1428 Vgl. z.B. Baumbach/Lauterbach/Albers/Hartmann-*Albers* Art. 32 EuGVVO Rdnr. 1; *Cuniberti* Rdnr. 244; *Donzallaz* AJP/PJA 2000, 956, 964; *Hausmann* IPRax 1981, 79, 81; *Heiss* S. 10, 43; Thomas/Putzo-*Hüßtege* Art. 32 EuGVVO Rdnr. 4; *Klinke* Band I Rdnr. 222; Soergel-*Kronke* Art. 38 EGBGB Anh. IV Rdnr. 153; *Kropholler* Art. 32 EuGVVO Rdnr. 22 f.; *Matscher* ZZP 95 (1982), 170, 229; *Spellenberg/Leible* ZZPInt 4 (1999), 221, 231 und *Spellenberg/Leible* in *Gilles* S. 293, 330; *Schlosser* EuGVÜ Art. 25 Rdnr. 2, 6 und EU-Zivilprozeßrecht Art. 32 Rdnr. 6.

1429 *Eilers* S. 274 ff.; Geimer/Schütze-*Geimer* Art. 32 EuGVVO Rdnr. 35; *Grundmann* S. 153 ff.; *Schack* Rdnr. 825.

1430 *Treichel* GRUR Int. 2001, 690, 702.

1431 Abgedruckt in Urteil des EuGH vom 21.05.1980 *Denilauler*, Rs. 125/79, Slg. 1980, 1553, 1661, linke Spalte.

1432 *Huet* JDI 1980, 939, 945.

1433 *Gronstedt* S. 80; *Huet* JDI 1980, 939, 945 f.; *Spellenberg/Leible* in *Gilles* S. 293, 330, 331; *Schack* Rdnr. 825; *Remien* WRP 1994, 25, 27; *Treichel* GRUR Int. 2001, 690, 702.

1434 *Cuniberti* Rdnr. 246.

EuGVÜ auszuschließen[1435]. Nach GRONSTEDT wäre es sachgerechter, eine solche Lösung mit dem verfahrensrechtlichen *ordre public* nach Art. 27 Nr. 1 EuGVÜ zu begründen, wodurch auch Einzelfällen differenzierter begegnet werden könnte[1436]. Weiterhin bezweifelt GRONSTEDT, ob der Sicherungscharakter von Arresten generell zu einer derartigen Notwendigkeit rechtlichen Gehörs führt, daß man das vorherige rechtliche Gehör der Gegenpartei als Anerkennungsvoraussetzung zwingend vorschreiben müsse. Nach seinem Dafürhalten könnten die möglicherweise gravierenden Auswirkungen der Anordnung eines Arrestes vom Erlaßgericht auch bei der Ausübung seines Ermessens hinsichtlich der Frage, ob eine mündliche Verhandlung durchgeführt werden sollte, berücksichtigt werden[1437]. Darüber hinaus tritt GRONSTEDT den weiteren Ausführungen des EuGH entgegen, der Richter des Staates, in dem sich die von der beantragten Maßnahme betroffenen Vermögensgegenstände befinden, sei sicherlich am besten in der Lage, die Umstände zu beurteilen, auf die es für die Bewilligung oder Versagung der begehrten Maßnahmen ankomme[1438]. Er ist der Ansicht, das das Hauptsacheverfahren durchführende Gericht sei dazu mindestens ebenso gut in der Lage. Dem Zusammenspiel von Art. 24 und Art. 25 EuGVÜ lasse sich demnach nicht entnehmen, daß diese Vorschriften eine territoriale Begrenzung des Wirkungsbereichs einstweiliger Maßnahmen normieren sollten[1439]. Entsprechend sei Art. 25 EuGVÜ nicht zu entnehmen, daß er zwischen solchen einstweiligen Maßnahmen, die in einseitigen Verfahren und solchen, die in kontradiktorischen Verfahren ergingen, unterscheide[1440].

EILERS leitet aus Art. 38 Abs. 3, 39 EuGVÜ ab, daß unter den dort genannten Einschränkungen auch in einem einseitigen Verfahren ergangene einstweilige Maßnahmen anerkannt und für vollstreckbar erklärt werden könnten: Art. 38 Abs. 3 und Art. 39 Abs. 2 EuGVÜ ließen erkennen, daß nach dem EuGVÜ aus Titeln, die im Ursprungsstaat noch einer Überprüfung im Rechtsbehelfsverfahren unterliegen und gegen deren Vollstreckbarerklärung im Anerkennungsstaat ein Rechtsbehelf nach Art. 36 EuGVÜ eingelegt wurde oder noch eingelegt werden kann, die Sicherungsvollstreckung durchgeführt werden könne, um der Gefahr eines Rechtsverlustes des Gläubigers vorzubeugen. Diese Situation sei derjenigen von einseitigen einstweiligen Maßnahmen vergleichbar, die ebenfalls schon einer Sicherungsvollstreckung zugänglich sein sollten, solange im Ursprungsstaat noch ihre Überprüfung im Rechtsmittelverfahren stattfindet[1441]. Allerdings sollten derartige Maßnahmen nur für vollstreckbar erklärt werden, wenn der Gläubiger nachweise, daß im Urteilsstaat eine Sicherheitsleistung erbracht worden sei[1442]. Außerdem sollte die Vollstreckung unabhängig von der Einlegung der

---

1435 *Eilers* S. 273 f.; *Gronstedt* S. 77 f.

1436 *Gronstedt* S. 78.

1437 *Gronstedt* S. 81.

1438 *Gronstedt* S. 81 f.; zu EuGH Urteil vom 21.05.1980 *Denilauler*, Rs. 125/79, Slg. 1980, 1553, 1570 Rdnr. 16; genauso *Grundmann* S. 156 f.

1439 *Gronstedt* S. 82.

1440 *Gronstedt* S. 82.

1441 *Eilers* S. 281 f.

1442 *Eilers* S. 283 unten.

genannten Rechtsbehelfe im Ursprungsstaat bzw. im Anerkennungsstaat von vornherein auf eine reine Sicherungsvollstreckung beschränkt werden[1443]. Mit Blick auf die Gefahr der Vorwegnahme der Hauptsache und mit dem Hinweis darauf, der in Art. 38, 39 EuGVÜ vorgesehene Schuldnerschutz im Vollstreckbarerklärungsverfahren sei nur dann sinnvoll, wenn nicht bereits vollendete Tatsachen geschaffen worden seien, sollen nach EILERS allerdings Leistungsverfügungen und andere die Hauptsache vorwegnehmende einstweilige Maßnahmen nicht als einseitig ergangene Maßnahmen grenzüberschreitend vollstreckt werden können[1444].

(2) Stellungnahmen in der Literatur zum Urteil "*Mietz*"

In der Literatur wurde ausgeführt, dem Urteil "*Mietz*" lasse sich zunächst entnehmen, daß nach der Rechtsprechung des EuGH auch einstweilige Maßnahmen, die von einem nach Art. 24 EuGVÜ in Verbindung mit Vorschriften des autonomen Recht zuständigen Gericht erlassen wurden, einer Anerkennung und Vollstreckbarerklärung nach den Art. 25 ff. EuGVÜ zugänglich sind[1445]. Allerdings sei insbesondere bei auf vorläufige Befriedigung gerichteten Maßnahmen wegen des vom EuGH aufgestellten Kriteriums, demzufolge die einstweiligen Maßnahmen einzig Vermögensgegenstände des Antragsgegners betreffen dürften, "die sich im örtlichen Zuständigkeitsbereich des angerufenen Gerichts befinden oder befinden müßten", eine Anerkennung und Vollstreckbarerklärung regelmäßig nicht notwendig[1446].

Vereinzelt wurde allerdings auch - meist ohne nähere Begründung - das Urteil "*Mietz*" dahingehend ausgelegt, einstweilige Maßnahmen, die von einem auf Grundlage des Art. 31 EuGVVO bzw. Art. 24 EuGVÜ in Verbindung mit nationalem Recht international zuständigen Gericht erlassen wurden, könnten nicht im Ausland anerkannt und für vollstreckbar erklärt werden[1447].

WOLF verlangt - ohne diesen Schluß aus der Rechtsprechung des EuGH zu ziehen -, einstweilige Maßnahmen, die von einem nach Art. 31 EuGVVO bzw. Art. 24 EuGVÜ in Verbindung mit Vorschriften nationalen Rechts zuständigen Gericht erlassen wurden, von einer Anerkennung und Vollstreckung generell auszunehmen[1448]. Denn einer

---

1443 *Eilers* S. 282 f.

1444 *Eilers* S. 284.

1445 *Heß* IPRax 2000, 370, 373; *Leclerc* JDI 2001, 682, 688 f.; *Marmisse/Wilderspin* Rev. crit. DIP 1999, 669, 678 f.; *Schulz* ZEuP 2001, 805, 824 meint, der EuGH habe "die Weichen für die grenzüberschreitende Anerkennung und Vollstreckung einstweiliger Maßnahmen nach Art. 24 EuGVÜ" gestellt.

1446 *Leclerc* JDI 2001, 682, 688 f.; *Marmisse/Wilderspin* Rev. crit. DIP 1999, 669, 679; zu dieser Anforderung Leistungsverfügungen als einstweilige Maßnahmen im Sinne des Art. 24 EuGVÜ bzw. Art. 31 EuGVVO vgl. EuGH Urteil vom 17.11.1998 *van Uden*, Rs. C-391/95, Slg. 1998, I-7091, 7137 Rdnr. 47 und oben Gliederungspunkt II.B.2.b)(5)(b)ii), S. 171.

1447 *Kropholler* Art. 31 Rdnr. 24 merkt an, eine Anerkennung und Vollstreckung komme regelmäßig nicht in Betracht, da für eine extraterritoriale Wirkung einstweiliger Maßnahmen nach Art. 31 EuGVVO kaum mehr Raum bleibe; *Wolf* EWS 2000, 11, 18; *Wolf* EuZW 2000, 11, 12 äußert die Auffassung, der EuGH habe die Frage nicht mit letzter Konsequenz beantwortet.

1448 *Wolf/Lange* RIW 2003, 55, 60; *Wolf* in *Geimer/Schütze* Internationaler Rechtsverkehr EuGVÜ Art. 24 Rdnr. 71; *Wolf* EWS 2000, 11, 17.

Anerkennung stehe entgegen, daß das EuGVÜ hinsichtlich dieser einstweiligen Maßnahmen nicht mehr den Charakter einer *convention double* habe, da die Gerichte im Rahmen von Art. 31 EuGVVO bzw. Art. 24 EuGVÜ nicht an die allgemeinen Zuständigkeitsregeln gebunden seien[1449]. Nur vor für die Entscheidung des Rechtsstreits in der Hauptsache zuständigen Gerichten würde in der "Erkenntnisverfahrensphase" die Zuständigkeit "genau" kontrolliert[1450]. Weiter gälten Art. 27 EuGVVO bzw. Art. 21 EuGVÜ für derartige Verfahren des einstweiligen Rechtsschutzes nicht, so daß es im Falle grenzüberschreitender Anerkennung und Vollstreckung zu Entscheidungskollisionen käme, die mit Art. 34 EuGVVO bzw. Art. 27 EuGVÜ nicht befriedigend gelöst werden könnten[1451].

Von anderen Autoren wurde dieser Schluß nur für einstweilige Maßnahmen gezogen, die eine Vorwegnahme der Hauptsache beinhalteten. Solche Maßnahmen sollten von einer Anerkennung und Vollstreckbarerklärung nach Titel III des EuGVÜ bzw. Kapitel III der EuGVVO ausgeschlossen sein[1452]. Diese Autoren begründeten ihre Ansicht damit, daß der EuGH mit der Entscheidung "*Mietz*" seine Rechtsprechung aus dem Urteil "*van Uden*" fortentwickelt habe und nach Maßgabe der Rechtsprechung des EuGH in dem Urteil "*van Uden*" die einstweilige Maßnahme ausschließlich Vermögensgegenstände im Urteilsstaat betreffen dürfe, wenn sich ein nicht für die Hauptsache international zuständiges Gericht für den Erlaß einer solchen Maßnahme nach Art. 24 EuGVÜ in Verbindung mit den nationalen Zuständigkeitsvorschriften für international zuständig erkläre[1453].

(3) Fortgeltung der Rechtsprechung nach Inkrafttreten der EuGVVO?

Vereinzelte Autoren nehmen an, die Rechtsprechung des EuGH aus dem Urteil "*Denilauler*" sei auf die EuGVVO nicht übertragbar[1454]. Begründend wird angeführt, unter der EuGVVO sei im Anerkennungs- und Vollstreckbarerklärungsverfahren nur noch für Säumnisentscheidungen der Nachweis der Zustellung des verfahrenseinleitenden Schriftstücks gemäß Art. 54 EuGVVO in Verbindung mit Anlage V (dort Punkt 4.4) zu erbringen. Auch müsse die zu vollstreckende ausländische Entscheidung nach Art. 42 Abs. 2 EuGVVO erst zusammen mit der Vollstreckbarerklärung zugestellt werden. Bereits die Vollstreckbarerklärung erlaube dem Gläubiger zudem, nach Art. 47 Abs. 2 EuGVVO noch vor ihrer Zustellung den Erlaß einstweiliger Maßnahmen zur Sicherung der Vollstreckung zu beantragen[1455]. SCHMIDT verweist darauf, nach Art. 34 Nr. 2 EuGVVO sei die Anerkennung und Vollstreckbarerklärung von in einseitigen Verfah-

---

1449 *Wolf* EWS 2000, 11, 17.

1450 *Wolf/Lange* RIW 2003, 55, 60.

1451 *Wolf/Lange* RIW 2003, 55, 60 f.; zur Anwendung von Art. 34 Nr. 3 EuGVVO bzw. Art. 27 Nr. 3 EuGVÜ siehe ausführlich unten Gliederungspunkt III.C.3.a), S. 335.

1452 *Dietze/Schnichels* EuZW 2000, 521, 525.

1453 *Dietze/Schnichels* EuZW 2000, 521, 525.

1454 Geimer/Schütze-*Geimer* Art. 31 EuGVVO Rdnr. 97, Art. 34 EuGVVO Rdnr. 107; Zöller-*Geimer* Art. 32 EuGVVO Rdnr. 8; *Micklitz/Rott* EuZW 2002, 15, 16; wohl auch *Schmidt* Rdnr. 173; offen gelassen von Rauscher-*Leible* EuZPR Art. 32 EuGVVO Rdnr. 12.

1455 Zu allem *Micklitz/Rott* EuZW 2002, 15, 16.

ren ergangenen Entscheidungen nunmehr nur noch dann ausgeschlossen, wenn der Beklagte eine Möglichkeit, sich nachträglich durch Einlegung eines Rechtsbehelfs rechtliches Gehör zu verschaffen, nicht genutzt habe[1456]. GEIMER weist darauf hin, bei Erlaß der EuGVVO habe die entsprechende Rechtsprechung des EuGH aus dem Urteil "*Denilauler*" keine Aufnahme in den Verordnungstext gefunden[1457].

4. Stellungnahme

Hinsichtlich der grundsätzlichen Möglichkeit der grenzüberschreitenden Anerkennung und Vollstreckung einstweiliger Maßnahmen nach dem EuGVÜ bzw. der EuGVVO und hinsichtlich der vom EuGH hierfür herausgearbeiteten Einschränkungen ist eine separate Betrachtung notwendig. Weiter ist zu untersuchen, ob diese Grundsätze auch nach Inkrafttreten der EuGVVO noch fortgelten.

a) Grundsätzliche Möglichkeit der Anerkennung und Vollstreckbarerklärung einstweiliger Maßnahmen

Zunächst ist der Grundentscheidung, auch einstweilige Maßnahmen als Entscheidungen im Sinne von Art. 25 EuGVÜ bzw. Art. 32 EuGVVO anzusehen, vollumfänglich zuzustimmen. Der Systematik des EuGVÜ bzw. der EuGVVO läßt sich nichts anderes entnehmen. Während hinsichtlich der Bestimmung der internationalen gerichtlichen Zuständigkeit einstweilige Maßnahmen in Art. 24 EuGVÜ bzw. Art. 31 EuGVVO eine Sonderregelung erhalten haben, fehlt eine solche in den Vorschriften über die Anerkennung und Vollstreckbarerklärung. Daraus muß geschlossen werden, daß sie in diesem Zusammenhang den allgemeinen Vorschriften unterliegen und daher auch einer Anerkennung und Vollstreckbarerklärung bzw. Vollstreckung im Ausland zugänglich sind. Anderweitige Anhaltspunkte für ein Abweichen von den allgemeinen Vorschriften sind nicht erkennbar. Ebenfalls sind keine Gründe erkennbar, bei der Beantwortung der Frage, ob einstweilige Maßnahmen grundsätzlich Entscheidungen im Sinne von Art. 25 EuGVÜ bzw. Art. 32 EuGVVO darstellen, danach zu differenzieren, ob die Maßnahme auf Grundlage des Art. 24 EuGVÜ bzw. Art. 31 EuGVVO oder von einem nach den allgemeinen Vorschriften für die Entscheidung des Rechtsstreits in der Hauptsache international zuständigen Gericht erlassen wurden. Eine grenzüberschreitende Vollstreckung von in Anwendung des Art. 31 EuGVVO bzw. Art. 24 EuGVÜ erlassenen Maßnahmen kann immer dann notwendig werden und zulässig sein, wenn der betroffene Gegenstand sich zum Zeitpunkt der Vollstreckung nicht mehr im Erlaßstaat befindet.

Ferner ist darauf hinzuweisen, daß auch der deutsche Gesetzgeber von einer grenzüberschreitenden Anerkennungs- und Vollstreckungsmöglichkeit einstweiliger Maßnahmen im Rahmen der EuGVVO bzw. des EuGVÜ ausgeht: Nach § 31 AVAG sind Arrestbefehle und einstweilige Verfügungen, deren Zwangsvollstreckung in einem anderen Vertrags- oder Mitgliedsstaat betrieben werden soll, auch dann mit der Vollstreckungsklausel zu versehen, wenn dies für eine Zwangsvollstreckung einer von

---

1456 *Schmidt* Rdnr. 173.

1457 Geimer/Schütze-*Geimer* Art. 31 EuGVVO Rdnr. 97.

einem inländischen Gericht angeordneten Maßnahme im Inland nach §§ 929 Abs. 1 und 936 ZPO nicht notwendig wäre.

Gegen eine Anerkennung und Vollstreckung spricht zunächst nicht, daß für eine grenzüberschreitende Anerkennung und Vollstreckung keine Notwendigkeit bestehe, weil über Art. 31 EuGVVO bzw. Art. 24 EuGVÜ ohnehin einstweiliger Rechtsschutz in den einzelnen Mitgliedsstaaten beantragt werden könne: Wie oben bereits festgestellt wurde, kann aufgrund einer Veränderung der tatsächlichen Umstände nach dem Erlaß einer Maßnahme eine Anerkennung und Vollstreckbarerklärung notwendig werden. Diese Möglichkeit besteht beispielsweise bei einer Verbringung des Gegenstandes, auf den sich eine Maßnahme bezieht, ins Ausland. In einem solchen Fall wäre es unlauter, den Gläubiger darauf zu verweisen, jeweils in jedem Mitgliedsstaat - soweit dessen autonomes Recht überhaupt eine entsprechende internationale gerichtliche Zuständigkeit eröffnet - erneut um einstweiligen Rechtsschutz nachzusuchen. Gegenüber der Beantragung einer "neuen" Maßnahme ist das formalisierte Anerkennungs- und Vollstreckbarerklärungsverfahren für den Gläubiger einfacher und auch meist kostengünstiger.

Die von DALHUISEN bedauerte theoretisch bestehende Möglichkeit, daß dadurch auch einstweilige Maßnahmen, die von aufgrund eines exorbitanten Gerichtsstandes nach autonomem Recht international zuständigen Gerichten erlassen wurden, der grenzüberschreitenden Anerkennung und Vollstreckung zugänglich werden, muß in diesem Zusammenhang hingenommen werden. Dogmatisch wie systematisch unzulässig ist es jedenfalls, aufgrund einer solchen eventuell unerwünschten Folge die Anerkennungsfähigkeit einstweiliger Maßnahmen unter dem EuGVÜ bzw. der EuGVVO generell auszuschließen. Dies gilt insbesondere nachdem der EuGH in seiner Rechtsprechung zur internationalen Zuständigkeit zum Erlaß einstweiliger Maßnahmen im Anwendungsbereich des Art. 31 EuGVVO bzw. Art. 24 EuGVÜ im Urteil "*van Uden*" die Heranziehung der von Art. 3 Abs. 2 EuGVÜ ausgeschlossenen Gerichtsstände ausdrücklich und ohne Einschränkungen zugelassen hat[1458].

Auch die von den Kritikern dieser Lösung herangezogene Nähe des einstweiligen Rechtsschutzes zum Zwangsvollstreckungsrecht überzeugt nicht: Soweit einstweiliger Rechtsschutz nicht nach Erlaß eines Urteils einzig zur Sicherung der Vollstreckung eines bereits bestehenden Titels, sondern bereits vor der Entscheidung eines Rechtsstreits in der Hauptsache beantragt und angeordnet wird, wird ein - wenn auch summarisches - Erkenntnisverfahren durchgeführt. Die einstweilige Maßnahme selbst ist ein vollstreckbarer Titel und als solcher nicht Bestandteil der Zwangsvollstreckung aus einem Hauptsacheurteil. Art. 16 Nr. 5 EuGVÜ bzw. Art. 22 Nr. 5 EuGVVO erfassen einstweilige Maßnahmen bereits aus dem Grund nicht, weil sonst die ausdrückliche Regelung für einstweilige Maßnahmen in Art. 24 EuGVÜ bzw. Art. 31 EuGVVO hierzu in einem Widerspruch stünde. Folglich sprechen Art. 16 Nr. 5 EuGVÜ bzw. Art. 22 Nr. 5 EuGVVO auch nicht gegen eine grenzüberschreitende Anerkennung und Vollstreckung. Art. 39 EuGVÜ bzw. Art. 47 Abs. 3 EuGVÜ betreffen einzig die An-

---

1458 Vgl. EuGH Urteil vom 17.11.1998 *van Uden*, Rs. C-391/95, Slg. 1998, I-7091, 7135 Rdnr. 42; dazu oben Gliederungspunkt II.C.8.c), S. 252.

ordnung sichernder Maßnahmen im Vollstreckungsverfahren, ohne daß zusätzlich zum Hauptsacheverfahren ein Erkenntnisverfahren durchgeführt würde[1459].

Gegen eine Anerkennungsfähigkeit einstweiliger Maßnahmen im Anwendungsbereich der EuGVVO bzw. des EuGVÜ spricht weiter nicht das verschiedentlich angeführte Argument, daß in den europäischen Staaten sehr unterschiedliche Systeme des einstweiligen Rechtsschutzes existieren[1460]. Eine solche Überlegung ist dem System der EuGVVO, die einzig die gerichtliche Zuständigkeit und die Anerkennung und Vollstreckung regelt, fremd. Es würde auch dem Bestreben nach einer engeren Zusammenarbeit in Zivilsachen (vgl. Erwägungsgrund 1 zur EuGVVO) widersprechen, den einstweiligen Rechtsschutz vollständig einer grenzüberschreitenden Anerkennung und Vollstreckbarerklärung zu entziehen. Vielmehr ist - auch anhand von Art. 34 Nr. 1 EuGVVO bzw. Art. 27 Nr. 1 EuGVÜ - im Einzelfall eine Überprüfung der Anerkennungsfähigkeit einer bestimmten Maßnahme möglich. Weiterhin können bestimmte einzelne Maßnahmen, die wie die bereits erwähnte *antisuit injunction* nach englischem Recht die Regelungen der EuGVVO bzw. des EuGVÜ unterlaufen, von einer Anerkennung und Vollstreckung im Einzelfall ausgenommen werden.

Ferner ist WOLF/LANGE zwar in ihren Überlegungen zuzustimmen, daß es wegen der Unanwendbarkeit von Art. 27 EuGVVO bzw. Art. 21 EuGVÜ in Verfahren des einstweiligen Rechtsschutzes vor nach Art. 31 EuGVVO bzw. Art. 24 EuGVÜ zuständigen Gerichten bei einer grenzüberschreitenden Anerkennungs- und Vollstreckungsfähigkeit zu Kollisionen zwischen sich widersprechenden Entscheidungen kommen kann[1461]. Eine strikte Ablehnung der grenzüberschreitenden Anerkennung und Vollstreckbarerklärung aus diesem Grunde erscheint jedoch nicht vertretbar: Zunächst geben Art. 34 Nr. 3 und 4 EuGVVO bzw. Art. 27 Nr. 3 und 5 EuGVÜ hier eine Handhabe, wie der Konfliktfall zu lösen ist[1462]. Weiterhin würde eine solche Auslegung zu erheblichen Beschränkungen der Effektivität einstweiligen Rechtsschutzes führen: Insbesondere in Fällen, in denen zum Zeitpunkt der Stellung des Antrags auf Anordnung einer einstweiligen Maßnahme oder zum Zeitpunkt ihres Erlasses noch eine Vollziehungsmöglichkeit im Inland bestand, sich kurz darauf jedoch die Notwendigkeit der Vollziehung im Ausland ergibt, müßte der Gläubiger aufwendig vor den Gerichten des anderen Staates erneut um einstweiligen Rechtsschutz nachsuchen. Am Rande bemerkt sei, daß die Anwendung von Art. 27 EuGVVO bzw. Art. 21 EuGVÜ auf die hier betrachteten Maßnahmen ohnehin selbst umstritten ist[1463], so dass es bedenklich erscheint, aus einer bestimmten Auslegung dieser Vorschriften Rückschlüsse auf das Verfahren der grenzüberschreitenden Anerkennung und Vollstreckung dieser Maßnahmen im Rahmen der EuGVVO bzw. des EuGVÜ zu ziehen.

1459 Zu allem bereits *Albrecht* S. 160 ff.

1460 Vgl. hierzu auch *Grundmann* S. 119 f.

1461 *Wolf/Lange* RIW 2003, 55, 60 f.; siehe bereits oben Gliederungspunkt III.B.3.b)(2), S. 312.

1462 Siehe dazu ausführlich unten Gliederungspunkt III.C.3, S. 334.

1463 Siehe hierzu bereits oben Gliederungspunkt II.C.10.a)(2), S. 268.

Nach alledem sind auch einstweilige Maßnahmen grundsätzlich unter dem EuGVÜ bzw. der EuGVVO einer grenzüberschreitenden Anerkennung und Vollstreckung fähig.

b) Einschränkung durch den Vorbehalt der Anhörung des Gegners vor dem Erlaß der einstweiligen Maßnahme

(1) Überzeugungskraft der Lösung des EuGH

Auch der vom EuGH in dem Urteil "*Denilauler*" erarbeiteten Einschränkung, einstweilige Maßnahmen, vor deren Erlaß der Gegner nicht zur Gewährung rechtlichen Gehörs geladen worden sei oder die vor der Vollstreckung nicht zugestellt worden seien, stellten keine anerkennungsfähigen Entscheidungen im Sinne des Art. 32 EuGVVO bzw. Art. 25 EuGVÜ dar bzw. könnten nicht für vollstreckbar erklärt werden, ist trotz der in der Literatur vorgebrachten Kritik zuzustimmen.

Wie der EuGH zutreffend ausführt, ist zwar Art. 27 Nr. 2 EuGVÜ bzw. Art. 34 Nr. 2 EuGVVO bereits nach seinem Wortlaut nicht auf Fälle anwendbar, in denen die Ladung des Gegners und seine Anhörung vor Erlaß der Maßnahme bzw. ihrer Vollstreckung nach dem Recht des Entscheidungsstaates gar nicht vorgesehen ist. Denn diese Vorschriften setzen nach ihrer Formulierung voraus, daß eine Anhörung und eine Zustellung der Ladung eigentlich erfolgen sollte, letztere aber nicht ordnungsgemäß und nicht rechtzeitig bzw. nicht rechtzeitig und nicht in einer eine wirksame Verteidigung ermöglichenden Weise erfolgt ist.

Daraus kann jedoch die Schlußfolgerung gezogen werden, daß wenn bereits Entscheidungen aus Verfahren, in denen dem Gegner grundsätzlich Gelegenheit zur Stellungnahme gegeben wird, die Zustellung des verfahrenseinleitenden Schriftstücks aber fehlerhaft erfolgte, nicht anerkannt werden sollen, eine Anerkennung von Entscheidungen, die in einem Verfahren ergehen, in dem eine Beteiligung des Gegners gar nicht vorgesehen ist, erst recht ausgeschlossen sein sollte.

Dem entspricht auch, daß die Anerkennung und Vollstreckbarerklärung von Entscheidungen, die ohne vorherige Anhörung des Gegners ergangen sind, im III. Titel des EuGVÜ bzw. im III. Kapitel der EuGVVO nicht angesprochen sind. Wenn aber bereits für Versäumnisentscheidungen Nachweise für die grundsätzliche Einräumung einer Gelegenheit für den Gegner zu Stellungnahme verlangt werden, hätten für den Fall, daß die Anerkennung und Vollstreckbarerklärung von in einem einseitigen Verfahren ergangenen Entscheidungen ermöglicht hätte werden sollen, entsprechende Regelungen aufgestellt werden müssen. Diesen Überlegungen steht auch entgegen der vereinzelt vorgebrachten Kritiken und der diesbezüglichen Stellungnahme der Kommission im Verfahren "*Denilauler*" nicht die Regelung des Art. 34 Abs. 1 EuGVÜ entgegen. Der Verzicht auf eine erneute Anhörung des Schuldners im Anerkennungs- und Vollstreckbarerklärungsverfahren findet seine Rechtfertigung alleine darin, daß dieser bereits im Erkenntnisverfahren vor dem Ursprungsgericht zumindest Gelegenheit zur Stellungnahme hatte. Aus Art. 34 Abs. 1 EuGVÜ läßt sich aber nicht die allgemeine Wertung entnehmen, zur Wahrung des in Verfahren des einstweiligen Rechtsschutzes wirtschaftlich bedeutsamen Überraschungsmoments sei weitestgehend auf eine Anhörung des Schuldners zu verzichten. Durch eine solche Auslegung würde der Gläubiger zum Nachteil des Schuldners einseitig zu stark bevorzugt. Dies gilt insbesondere vor dem Hintergrund der möglicherweise gravierenden wirtschaftlichen Folgen einer einstweiligen Maßnahme für den Schuldner. Im Verfahren "*Denilauler*" betraf die fragliche Maßnahme beispielsweise die Pfändung des Guthabens auf einem Bankkonto. Eine solche kann zur vorübergehenden Zahlungsunfähigkeit des Kontoinhabers führen. Ergeht eine solche Maßnahme zu Unrecht, erleidet der Schuldner möglicherweise, selbst wenn er nach der Gewährung rechtlichen Gehörs im Rechtsbehelfsverfahren eine Aufhebung der Maßnahme erlangt, erhebliche wirtschaftliche Nachteile. Die dargestellte Wertung des III. Titels des EuGVÜ bzw. des III. Kapitels der EuGVVO, nur für solche Entscheidungen die Anerkennung und Vollstreckung im Ausland zuzulassen, vor deren Erlaß der Schuldner grundsätzlich Gelegenheit zur Stellungnahme hatte, trägt dieser Gefährdung Rechnung.

Möchte der Gläubiger gegen den Schuldner ohne dessen Anhörung eine einstweilige Maßnahme erlangen und vollstrecken, bleibt ihm der Weg zu den Gerichten desjenigen Staates, in dem die Maßnahme vollstreckt werden soll. Entsprechend der hier vertretenen Auslegung von Art. 21 EuGVÜ bzw. Art. 27 EuGVVO, nach der diese Vorschriften bei der parallelen Beantragung des Erlasses mehrerer gleichlautender einstweiliger Maßnahmen in verschiedenen Staaten nicht anwendbar sind[1464], ist es dann auch möglich, in verschiedenen Staaten Maßnahmen desselben Inhalts jeweils ohne vorherige Anhörung des Gegners zu erlangen. Diese Möglichkeit der Beantragung mehrerer Maßnahmen in verschiedenen Staaten ist in Anbetracht des Ausschlusses der Anerkennung von Maßnahmen, die ohne vorherige Anhörung des Gegners ergangen sind, auch notwendig, um dem Gläubiger die Inanspruchnahme dieser effektiven Form des einstweiligen Rechtsschutzes in jedem Staat zu erhalten.

Auch an weiteren Stellen des III. Titels des EuGVÜ bzw. des III. Kapitels der EuGVVO läßt sich erkennen, daß grundsätzlich nur Entscheidungen der Anerkennung und Vollstreckbarerklärung zugänglich sein sollen, die in einem grundsätzlich kontradiktorischen Verfahren ergangen sind. So verlangt Art. 46 Nr. 2 EuGVÜ von derjenigen Partei, die die Anerkennung einer Entscheidung, die in einem Versäumnisverfahren ergangen ist, erlangen möchte, die Vorlage einer Urkunde, aus der sich die Zustellung des verfahrenseinleitenden Schriftstücks an die säumige Partei ergibt. Nach Art. 47 Nr. 1 EuGVÜ muß diejenige Partei, die die Vollstreckbarerklärung erreichen möchte, eine Urkunde vorlegen, aus der sich ergibt, daß die zu vollstreckende Entscheidung bereits zugestellt wurde. Beide Vorschriften verlangen somit Nachweise über die ordnungsgemäße Beteiligung der Gegenpartei am Verfahren. Dafür, daß von diesen Anforderungen dadurch abgewichen werden könnte, daß dem Gegner in dem gesamten Verfahren keine Gelegenheit zur Stellungnahme eingeräumt wird, sind keinerlei Anhaltspunkte erkennbar. Sollten Entscheidungen, die in derartigen Verfahren ergehen, von den genannten allgemeinen Anforderungen ausgenommen werden, hätte dies vielmehr als Ausnahme einer besonderen Regelung bedurft.

[1464] Siehe oben Gliederungspunkt II.C.10.a)(3), S. 269.

Für Entscheidungen, die in Verfahren des einstweiligen Rechtsschutzes ergehen, besteht kein Anlaß, von diesen Grundsätzen abzuweichen.

Dafür spricht insbesondere nicht, daß derartige einstweilige Maßnahmen in Art. 24 EuGVÜ bzw. Art. 31 EuGVVO eine gewisse Sonderstellung erhalten haben. Einerseits gilt diese Sonderregelung, wie sich aus der Stellung der Vorschrift in der Systematik des EuGVÜ bzw. der EuGVVO ergibt, nur für die Bestimmung der gerichtlichen Zuständigkeit. Daß einstweilige Maßnahmen generell in allen Regelungsbereichen des EuGVÜ bzw. der EuGVVO eine Sonderstellung erhalten sollen, läßt sich der Vorschrift jedoch nicht entnehmen. Weiter gilt zu beachten, daß Art. 24 EuGVÜ bzw. Art. 31 EuGVVO den Gläubiger begünstigen, indem sie ihm zusätzlich zu den allgemeinen, in Art. 2 und 5 bis 18 EuGVÜ bzw. Art. 2 und 5 bis 24 EuGVVO geregelten Hauptsachegerichtsständen die Möglichkeit eröffnen, vor den nach den nationalen Rechtsordnungen der Vertrags- bzw. Mitgliedsstaaten international zuständigen Gerichten einstweiligen Rechtsschutz zu beantragen. Würden darüber hinaus auch einstweilige Maßnahmen anerkannt und für vollstreckbar erklärt werden können, die nach den nationalen Rechtsordnungen der Vertrags- bzw. Mitgliedsstaaten ohne vorherige Gelegenheit der anderen Partei zur Stellungnahme ergehen, würden auch durch diese Sonderregelung die Gläubiger erheblich begünstigt. Es bliebe zu fragen, an welcher Stelle im Interesse des Schuldnerschutzes ein Korrektiv erfolgen könnte.

Sollten einstweilige Maßnahmen auch im III. Titel des EuGVÜ bzw. III. Kapitel der EuGVVO bereits als solche eine derartige Sonderstellung im Vergleich zu dem allgemeinen, diesen Vorschriften entnehmbaren Grundgedanken der Gelegenheit zur Stellungnahme des Gegners im Ausgangsverfahrens erfahren, wäre zudem eine ausdrückliche Regelung notwendig gewesen. Aus dem Unterlassen einer ausdrücklichen Regelung über die Anerkennung und Vollstreckbarerklärung einstweiliger Maßnahmen läßt sich nicht schließen, daß die allgemeinen Grundgedanken hinter den genannten Vorschriften nicht für einstweilige Maßnahmen gelten sollten. Vielmehr hätte, wenn ein Abweichen gewollt gewesen wäre, gerade die Ausnahme einer ausdrücklichen Regelung bedurft. Umgekehrt kann daraus, daß der genannte Grundsatz in der EuGVVO keinen weiteren Niederschlag gefunden hat, wiewohl die Aufnahme einer entsprechenden normativen Regelung anläßlich ihres Erlasses und der teilweisen Neufassung gegenüber dem EuGVÜ möglich gewesen wäre, nicht geschlossen werden, daß sich der europäische Gesetzgeber gegen die weitere Geltung der vom EuGH entwickelten Grundsätze wenden wollte: Denn bei den Reformüberlegungen wurde die Rechtsprechung des EuGH in die Überlegungen mit einbezogen[1465]. Soweit die bisherige Rechtsprechung als unzufriedenstellend empfunden wurde, wurden in der EuGVVO - beispielsweise in der Regelung zum Zeitpunkt der Rechtshängigkeit nach Art. 30 EuGVVO - anderweitige Regelungen getroffen.

Die genannte Wertung des EuGVÜ bzw. der EuGVVO, nur solche Entscheidungen zu einer Anerkennung und Vollstreckung im Ausland zuzulassen, vor deren Erlaß dem Schuldner rechtliches Gehör gewährt wurde, ist auch sachgerecht: Zwar sind grund-

---

1465 Siehe z.B. zu den Überlegungen zu einer Reform von Art. 24 EuGVÜ Kommissionsvorschlag vom 14.07.1999 KOM(1999)348 S. 22 mit den Verweisen auf die Rechtsprechung des EuGH.

sätzlich - gerade in Verfahren des einstweiligen Rechtsschutzes - zum Schutz der Gläubigerinteressen Fälle denkbar, in denen effektiver Rechtsschutz nur durch gerichtliche Entscheidungen, die ohne Anhörungen des Schuldners ergehen, möglich ist. Dem tragen auch die nationalen Verfahrensrechte Rechnung, soweit sie den Erlaß derartiger Maßnahmen vorsehen (beispielsweise die *mesures sur requête* nach französischem Recht oder die Regelungen in §§ 922 Abs. 1, 937 Abs. 2 ZPO). Die besonderen Umstände der grenzüberschreitenden Vollstreckbarerklärung von Entscheidungen, die - zumindest noch - nur in einem speziellen Verfahren stattfindet und in der eine Verteidigung des Schuldners gegen dann folgende Maßnahmen der Zwangsvollstreckung aufgrund einer ihm möglicherweise fremden Rechtsordnung und Sprache sowie gegebenenfalls der räumlichen Entfernung mit erhöhten Schwierigkeiten und zeitlichen Verzögerungen verbunden ist, rechtfertigen jedoch die Wertung, wenigstens vor Erlaß der Maßnahme müsse dem Schuldner rechtliches Gehör gewährt worden sein. Insoweit ist - entgegen den entsprechenden Erwägungen in der Literatur - auch die Gewährung nachträglichen Gehörs nicht als grundsätzlich ausreichend anzusehen, weil zum Zeitpunkt dieses nachträglichen Gehörs die fragliche Entscheidung möglicherweise bereits - gemäß Art. 34 Abs. 1 EuGVÜ bzw. Art. 41 S. 2 EuGVVO ohne vorherige Möglichkeit der Stellungnahme des Schuldners - im Ausland für vollstreckbar erklärt wurde[1466]. Eine Ausnahme gilt nur dann, wenn erst auf die nachträgliche Gelegenheit des Gegners zur Stellungnahme hin überhaupt eine vollstreckbare Entscheidung ergeht, weil dann vor Stellungnahme des Gegners auch keine Anerkennung und Vollstreckung der gerichtlichen Entscheidung im Ausland erfolgen kann[1467].

(2) Kritik der Literatur

Die von der Literatur vorgebrachte Kritik erweist sich bei näherer Betrachtung als teilweise als unberechtigt, teilweise als unbegründet.

(a) Kein Verlust von Effektivität

Soweit vorgebracht wird, daß der einstweilige Rechtsschutz nach der Entscheidung des EuGH in der Sache "*Denilauler*" an Effektivität verliere, weil gerade die wegen ihres Überraschungseffektes so wirkungsvollen einstweiligen Maßnahmen, die ohne Anhörung des Gegners ergangen sind, nicht anerkannt und für vollstreckbar erklärt werden könnten, ist dem entgegenzuhalten, daß dem Gläubiger die Möglichkeit bleibt, direkt bei den Gerichten des angestrebten Anerkennungsstaates den Erlaß einer einstweiligen Maßnahme zu beantragen. Soweit diese Gerichte entweder für die Durchführung des

---

[1466] Vgl. OLG Karlsruhe Beschluß vom 14.03.2001 FamRZ 2001, 1623, 1624; *Matscher* ZZP 95 (1982), 170, 229 spricht in diesem Zusammenhang davon, der "Zusammenhang zwischen Aktion des Antragstellers und Reaktion des Antragsgegners" werde durch das grenzüberschreitende Moment bei der Vollstreckung der Maßnahme im Ausland "zerrissen", was die Rechtsschutzmöglichkeiten des Antragsgegners erheblich beeinträchtige; *Gronstedt* S. 84 nimmt ebenfalls eine Interessenabwägung vor, kommt aber zum gegenteiligen Ergebnis.

[1467] EuGH Urteil vom 14.10.2004 *Mærsk Olie & Gas A/S /Firma M. de Haan en W. de Boer*, Rs. C-39/02, veröffentlicht auf der homepage des EuGH unter www.curia.eu.int, Rdnr. 50 f., 59 ff.; EuGH Urteil vom 13.07.1995 *Hengst Import*, Rs. C-474/93, Slg. 1995, I-2113, 2127 f. Rdnr. 14 ff., 19 f.

Hauptsacheverfahrens oder auf der Grundlage von Art. 31 EuGVVO bzw. Art. 24 EuGVÜ für den Erlaß einstweiliger Maßnahmen international zuständig sind, können sie auch einstweilige Maßnahmen ohne vorherige Anhörung des Gegners erlassen. Die Einräumung zusätzlicher Gerichtsstände durch den Verweis auf die nationalen Rechtsordnungen in Art. 31 EuGVVO bzw. Art. 24 EuGVÜ korrespondiert mit der Beschränkung der Anerkennungsfähigkeit einstweiliger Maßnahmen durch den Vorbehalt einer vorherigen Anhörung des Gegners. Wie bereits dargestellt, steht einem solchen Vorgehen nach der hier vertretenen Auffassung, nach der Art. 27 EuGVVO bzw. Art. 21 EuGVÜ bei mehrfacher Anhängigkeit von Verfahren des einstweiligen Rechtsschutzes nicht anwendbar sind, auch nicht die in Art. 27 EuGVVO bzw. Art. 21 EuGVÜ vorgesehene Regelung für die mehrfache Rechtshängigkeit entgegen.

Als Konsequenz hieraus ist es zwar notwendig, daß ein Gläubiger, wenn er eine einstweilige Maßnahmen identischen Inhalts ohne vorherige Anhörung des Gegners in verschiedenen Staaten erlangen oder für vollstreckbar erklärt haben wollte, diese in all diesen Staaten - soweit deren Gerichte nach Art. 31 EuGVVO bzw. Art. 24 EuGVÜ in Verbindung mit dem jeweiligen nationalen Recht international zuständig sind - einzeln beantragt[1468]. Die Wertung des EuGVÜ bzw. der EuGVVO, daß nur Entscheidungen, vor deren Erlaß der Gegner Gelegenheit zur Stellungnahme hatte, anerkannt und für vollstreckbar erklärt werden können, zwingt aber zu einer solchen Vorgehensweise. Ein Abweichen von diesem Grundsatz gerade für Maßnahmen des einstweiligen Rechtsschutzes läßt sich der EuGVVO bzw. dem EuGVÜ nicht entnehmen.

Weiter ist mit ALBRECHT darauf hinzuweisen, daß die Anerkennung und Vollstreckung gerade sichernder Maßnahmen im Ausland ohnehin noch dadurch einen "gemilderten" Überraschungseffekt erlaubt, daß die Erteilung der Vollstreckungsklausel ohne vorheriges rechtliches Gehör des Vollstreckungsschuldners erfolgt und dieser eventuell seine Vermögenswerte im Ausland bis dahin unentdeckt wähnte[1469].

(b) Keine Notwendigkeit weiterer Differenzierung

Soweit GRONSTEDT argumentiert, die Notwendigkeit der Gewährung rechtlichen Gehörs vor Erlaß einer einstweiligen Maßnahme könne sachgerechter über den verfahrensrechtlichen ordre public nach Art. 27 Nr. 1 EuGVÜ berücksichtigt werden, weil Einzelfällen differenziert begegnet werden müsse[1470], ist ihm entgegenzuhalten, daß in den von ihm zur Begründungen genannten Fällen keine Differenzierung notwendig ist.

Zwar führt er an, es seien verschiedene Situationen denkbar, in denen die Schuldnerinteressen durch die Nichtgewährung formellen rechtlichen Gehörs nur gering betroffen sind. Dabei übersieht er jedoch, daß in den von ihm hierzu genannten Beispielsfäl-

---

1468 So auch *Gothot/Holleaux* Rdnr. 241.

1469 *Albrecht* S. 164.

1470 *Gronstedt* S. 78 ff.

len (zweite und dritte Fallgruppe) der Schuldner gerade keine Möglichkeit hatte, zur Anordnung einer einstweiligen Maßnahme Stellung zu nehmen[1471]:

Die von GRONSTEDT genannte zweite Fallgruppe umfaßt Fälle, in denen eine einstweilige Maßnahme bei demjenigen ausländischen Gericht beantragt wird, bei dem die Hauptsache anhängig ist, dann jedoch im Inland vollstreckt werden soll. Hier hatte der Schuldner bereits Gelegenheit, zur Hauptsache Stellung zu nehmen[1472]. Diese Stellungnahme vermag eine Gewährung rechtlichen Gehörs im Verfahren des einstweiligen Rechtsschutzes jedoch nicht zu ersetzen, weil der Schuldner damit nicht zu den spezifischen Voraussetzungen der einstweiligen Maßnahme gehört wurde. Eine Differenzierung hinsichtlich der vom EuGH allgemein aufgestellten Regelung, es könnten nur solche einstweilige Maßnahmen anerkannt und vollstreckt werden, die nach Anhörung oder Ladung der Gegenpartei ergangen seien, ist damit nicht notwendig. In der von GRONSTEDT genannten dritten Fallgruppe, in der zwar die Hauptsache anhängig ist und der Antrag auf Gewährung einstweiligen Rechtsschutzes beim Hauptsachegericht gestellt wurde, eine Verhandlung zur Hauptsache aber noch nicht erfolgte oder über den Antrag entschieden wird, bevor die Hauptsacheklage zugestellt wurde, hatte der Schuldner keinerlei Gelegenheit, zum Hauptsacheverfahren oder zur Gewährung einstweiligen Rechtsschutzes Stellung zu nehmen[1473]. Hier argumentiert GRONSTEDT, aufgrund der Tatsache, daß der Richter später einen guten Einblick in die Umstände des Falles gewinnen würde und daher am besten in der Lage sei, den Sicherungscharakter der Maßnahme zu überwachen, rechtfertige die ratio der *Denilauler*-Entscheidung nicht, unter diesen Umständen angeordnete einstweilige Maßnahmen grundsätzlich aus dem Begriff der anerkennungsfähigen Entscheidung im Sinne des Art. 25 EuGVÜ auszunehmen[1474]. Dabei verkennt er jedoch, daß bis zu dem Zeitpunkt, in dem der Richter einen umfassenden Einblick in die Umstände des Hauptsacheverfahrens erlangt, die einstweilige Maßnahme schon lange im Ausland anerkannt und vollstreckt sein kann. Nach der *Denilauler*-Entscheidung soll die Gewährung rechtlichen Gehörs jedoch gerade *vor* der Anerkennung und Vollstreckung einer solchen Entscheidung im Ausland möglich gewesen sein. Auch hier erscheint eine Differenzierung nicht notwendig.

(c) Keine anderweitige Möglichkeit der Berücksichtigung

Weiterhin kann GRONSTEDT in seiner Argumentation, die möglicherweise gravierenden Auswirkungen der Anordnung einer einstweiligen Maßnahme müßten nicht zwingend zur Voraussetzung von Gewährung rechtlichen Gehörs für die Anerkennung und Vollstreckung derartiger Entscheidungen im Ausland führen, sondern könnten bereits vom Richter bei der Ausübung seines Ermessens über die Durchführung einer mündli-

---

1471 In der von GRONSTEDT genannten ersten Fallgruppe ist eine Vollstreckung der Maßnahme im Ausland gerade nicht notwendig, in der vierten Fallgruppe wird nicht deutlich, inwieweit die Frage nach der Gewährung rechtlichen Gehörs betroffen ist.

1472 *Gronstedt* S. 78 unter 2.

1473 *Gronstedt* S. 79 unter 3.

1474 *Gronstedt* S. 79.

chen Verhandlung berücksichtigt werden[1475], zwar für das deutsche Recht gefolgt werden. Allerdings sind in den Rechtsordnungen anderer Staaten einstweilige Maßnahmen vorgesehen, die generell ohne Anhörung des Gegners angeordnet werden, wie dies beispielsweise bei der *ordonnance sur requête* des französischen Rechts der Fall ist. Das Erlaßgericht hat hier keine Möglichkeit, in Anbetracht der besonderen Umstände des ihm vorliegenden Rechtsstreits nach seinem Ermessen eine mündliche Verhandlung anzuberaumen und dem Gegner rechtliches Gehör zu gewähren. Es kann einzig die beantragte Maßnahme erlassen oder den Antrag ablehnen. Im Rahmen der Auslegung des EuGVÜ bzw. der EuGVVO müssen aber Lösung angestrebt und gefunden werden, die generell in allen Mitglieds- bzw. Vertragsstaaten eine einheitliche Anwendung des EuGVÜ bzw. der EuGVVO gewährleisten und die auch in allen Staaten Rechtssicherheit bieten. Soweit Vorbehalte hinsichtlich der Anerkennung und Vollstreckbarerklärung bestimmter Entscheidungen aufgestellt werden, müssen die dazu vorgebrachten Kriterien folglich in allen Staaten gleichermaßen angewandt werden können.

EILERS, die eine Vollstreckbarkeit einseitiger einstweiliger Maßnahmen gegen Sicherheitsleistung und beschränkt auf eine Sicherungsvollstreckung in analoger Anwendung der Art. 38 Abs. 3, 39 EuGVÜ vorschlägt, kann zwar darin zugestimmt werden, daß diese Vorschriften das Bemühen um einen effektiven Gläubigerschutz im Vollstreckbarerklärungsverfahren trotz der Einlegung von Rechtsbehelfen durch den Schuldner erkennen lassen. Art. 38, 39 EuGVÜ sind allerdings im Zusammenhang mit den übrigen Normen des Titels III des EuGVÜ zu lesen, von denen aufgezeigt wurde, daß davon ausgegangen wird, daß vor Erlaß der anzuerkennenden und für vollstreckbar zu erklärenden gerichtlichen Entscheidungen dem Schuldner eine Gelegenheit zu rechtlichem Gehör gewährt wurde. Aus diesem Grunde ist es bereits zweifelhaft, ob vergleichbare Sachverhalte vorliegen und daher eine analoge Anwendung überhaupt zulässig ist. Zumindest unter der Neufassung der Regelungen durch den Erlaß der EuGVVO dürfte der von EILERS gezogene Schluß aber nicht mehr zulässig sein: Beim Erlaß der EuGVVO wurde in Art. 47 EuGVVO im Vergleich zu Art. 39 EuGVÜ ein "neuer" Abs. 1 aufgenommen, nach dem der Antragsteller einstweilige Maßnahmen zur Sicherung der Vollstreckung bereits vor der Vollstreckbarerklärung der Entscheidung im Anerkennungsstaat beantragen und erlangen kann, wenn die jeweilige Entscheidung nach der EuGVVO anzuerkennen ist. Daraus läßt sich entnehmen, daß die Sicherungsvollstreckung oder die Beantragung sichernder Maßnahmen nach Maßgabe von Art. 47 EuGVVO nur unter der Voraussetzung möglich ist, daß die Entscheidung anerkennungsfähig ist. Dem entspricht Art. 47 Abs. 3 EuGVVO, der wie seine Vorgängervorschrift Art. 39 Abs. 1 EuGVÜ voraussetzt, daß die Vollstreckbarerklärung bereits erfolgt ist. Die Anerkennungsfähigkeit einer Entscheidung ist daher Voraussetzung jeder sichernden Vollstreckung. Es kann daher nicht gleichzeitig aus diesen Regelungen geschlossen werden, daß Entscheidungen, aus denen ohne drohenden Rechtsverlust des Schuldners nur eine sichernde Vollstreckung möglich sein kann, der Anerkennung fähig sein müssen.

1475 *Gronstedt* S. 81.

(3) Fortgeltung der Lösung unter der EuGVVO

Die Veränderung des Verfahrens zur Erlangung der Vollstreckbarerklärung durch die EuGVVO hat keinen Einfluß auf die genannten Einschränkungen für die Einordnung einstweiliger Maßnahmen als Entscheidungen im Sinne des Art. 32 EuGVVO.

Man könnte zwar erwägen, ob dadurch, daß das Gericht, bei dem die Vollstreckbarerklärung einer Entscheidung beantragt wird, nach Art. 41 EuGVVO nicht das Vorliegen von Anerkennungshindernissen nach Art. 34 und 35 EuGVVO prüfen darf, dem Grundsatz, daß nur solche Entscheidungen anerkannt und für vollstreckbar erklärt werden können, vor deren Erlaß der Gegner Gelegenheit zur Stellungnahme hatte, weniger Bedeutung als unter dem EuGVÜ zukommt. Ein solcher Schluß ist jedoch unzulässig, da die Veränderungen rein verfahrenstechnischer Natur sind. Dies zeigt sich auch daran, daß die Art. 34 und 35 EuGVVO in dem Rechtsbehelfsverfahren gegen die Vollstreckbarerklärung weiterhin geprüft werden. Es soll einzig das erstinstanzliche Verfahren zur Vollstreckbarerklärung entlastet werden.

Auch die weiteren von MICKLITZ/ROTT[1476] angesprochenen Veränderungen des Anerkennungs- und Vollstreckbarerklärungsverfahrens nach der EuGVVO im Vergleich zum EuGVÜ sprechen nicht gegen die Fortgeltung der Rechtsprechung des EuGH. Zwar ist zutreffend, daß der Nachweis für die Zustellung des verfahrenseinleitenden Schriftstücks nach Anlage V Punkt 4.4. nur für in einem Säumnisverfahren ergangene Entscheidungen gefordert wird[1477]. Allerdings wurde dies auch bislang gemäß Art. 46 Nr. 2 EuGVÜ ausdrücklich nur für Säumnisentscheidungen verlangt. Zudem leitete der EuGH im Urteil "*Denilauler*" seine Entscheidung gerade nicht aus bestimmten Vorschriften des EuGVÜ, sondern aus einer Gesamtschau des III. Titels her, der gerade nur Entscheidungen erfasse, vor deren Erlaß der Gegner Gelegenheit zur Stellungnahme hatte. Diese Wertung wurde durch die EuGVVO beibehalten.

Insbesondere läßt sich aus der Regelung des Art. 34 Nr. 2 EuGVVO noch immer der Schluß ziehen, daß wenn bereits bei Entscheidungen aus Verfahren, in denen dem Gegner grundsätzlich Gelegenheit zur Stellungnahme gegeben wird, die Zustellung des verfahrenseinleitenden Schriftstücks aber nicht rechtzeitig erfolgte, die mangelhafte Zustellung im Rechtsbehelfsverfahren gegen eine Vollstreckbarerklärung berücksichtigt wird, die Anerkennung und Vollstreckung von Entscheidungen, die in einem Verfahren ergehen, in dem eine Beteiligung des Gegners gar nicht vorgesehen ist, erst recht ausgeschlossen sein soll. Entsprechend läßt sich auch aus der Neufassung des Art. 34 Nr. 2 EuGVVO, der den Beklagten, dem ein verfahrenseinleitendes oder vergleichbares Schriftstück *nicht rechtzeitig zugestellt wurde*, verpflichtet, von der Möglichkeit der Einlegung eines Rechtsbehelfs Gebrauch zu machen, nicht mit SCHMIDT[1478] entnehmen, daß nunmehr alle in einem einseitigen Verfahren erlassene Entscheidungen, gegen die der Antragsgegner oder Beklagte noch Rechtsbehelfe einlegen kann, nach Art. 31 ff. EuGVVO anerkannt und für vollstreckbar erklärt werden

---

1476 *Micklitz/Rott* EuZW 2002, 15, 16; siehe dazu oben Gliederpunkt III.B.3.b)(3), S. 313.

1477 Dies ergibt sich auch besonders deutlich aus der französischsprachigen Fassung der Verordnung, die an dieser Stelle lautet: "*... au cas où la décision a été rendue par défaut.*"

1478 Siehe hierzu oben Gliederungspunkt III.B.3.b)(3), S. 313.

können. Auch die Neufassung von Art. 34 Nr. 2 EuGVVO erfaßt vielmehr nur Entscheidungen, die grundsätzlich in einem zweiseitigen Verfahren ergehen sollten.

C. Besonderheiten bei der grenzüberschreitenden Anerkennung und Vollstreckbarerklärung einstweiliger Maßnahmen

Sind einstweilige Maßnahmen danach unter den oben dargestellten Voraussetzungen Entscheidungen, die grundsätzlich einer grenzüberschreitenden Anerkennung und Vollstreckbarerklärung fähig sind, gelten für ihre Anerkennung und Vollstreckung die allgemeinen Regeln nach Kapitel III der EuGVVO bzw. Titel III des EuGVÜ.

Nach der Rechtsprechung des EuGH ist allerdings in manchen Aspekten zwischen Entscheidungen, die ein Gericht unter Begründung seiner internationalen Zuständigkeit auf Art. 31 EuGVVO bzw. Art. 24 EuGVÜ in Verbindung mit den Zuständigkeitsvorschriften des autonomen Rechts erlassen hat, und solchen, die von einem für die Entscheidung des Rechtsstreits in der Hauptsache zuständigen Gericht erlassen wurden, zu unterscheiden. Dabei stellt der EuGH zunächst eine Vermutungsregel auf, nach der das Ursprungsgericht bei Fehlen einer anderen Begründung seiner internationalen Zuständigkeit seine Zuständigkeit auf Art. 31 EuGVVO bzw. Art. 24 EuGVÜ in Verbindung mit Vorschriften seiner nationalen Rechtsordnung gestützt hat (Gliederungspunkt 1). Für die Anerkennung und Vollstreckbarerklärung einstweiliger Maßnahmen, die von einem nach Art. 31 EuGVVO bzw. Art. 24 EuGVÜ in Verbindung mit Vorschriften des nationalen Rechts international zuständigen Gericht erlassen wurden, hat der EuGH in seinem Urteil "*Mietz*" spezielle Prüfungspunkte herausgearbeitet, die anschließend dargestellt werden sollen (Gliederungspunkt 2).

Weiter gelten in Verfahren zur Anerkennung und Vollstreckbarerklärung jeglicher einstweiliger Maßnahmen bei der Anwendung des Art. 34 Nr. 3 EuGVVO bzw. Art. 27 Nr. 3 EuGVÜ Besonderheiten, die anschließend aufgezeigt werden sollen (Gliederungspunkt 3). Zuletzt sollen besondere Aspekte der Unterlassungsverfügungen und der Beweissicherungsverfahren erörtert werden (Gliederungspunkte 4 und 5).

1. Vermutung

Wiewohl der EuGH in der Entscheidung "*Mietz*" zunächst besondere Prüfungserfordernisse darstellt, die ein Gericht, bei dem die Anerkennung und Vollstreckbarerklärung einer auf Grundlage von Art. 31 EuGVVO bzw. Art. 24 EuGVÜ erlassenen Maßnahme geltend gemacht wird, zu beachten hat (Rdnr. 47 bis 54 des Urteils), und erst danach Ausführungen dazu macht, daß im Zweifel das Vorliegen einer derartigen Maßnahme anzunehmen ist (Rdnr. 55 des Urteils), wird im folgenden die Darstellung in umgekehrter Reihenfolge gewählt. Diese umgekehrte Herangehensweise entspricht der praktischen Reihenfolge der Prüfung durch ein Gericht, bei dem die Anerkennung und Vollstreckung geltend gemacht wird. Dieses muß zuerst ermitteln, welche Art einer einstweiligen Maßnahme vorliegt, um den Umfang seiner Prüfungspflicht zu kennen.

Die Darstellungsreihenfolge in der Entscheidung "*Mietz*" des EuGH folgt logisch allerdings daraus, daß der EuGH zunächst besondere Prüfungserfordernisse bei der Anerkennung und Vollstreckung von einstweiligen Maßnahmen herleitete, wenn diese von einem nicht für die Entscheidung des Rechtsstreits in der Hauptsache international zuständigen Gericht erlassen wurden, und sich erst daraus die Notwendigkeit einer Klarstellung ergab, von welcher "Art" einer einstweiligen Maßnahme die Anerkennung und Vollstreckbarerklärung begehrt wurde.

*a) Entscheidung des EuGH im Urteil vom 27.04.1999 (Rs. C-99/97, "**Mietz/Intership Yachting**")*

Sowohl in seinem Urteil "*van Uden*" als auch im Urteil "*Mietz*" hob der EuGH im Zusammenhang mit Ausführungen über die Anerkennung und Vollstreckung einstweiliger Maßnahmen hervor, es sei darauf zu achten, daß die Vollstreckung von einstweiligen oder sichernden Maßnahmen, die von nach Art. 24 EuGVÜ in Verbindung mit innerstaatlichen Vorschriften international zuständigen Gerichten erlassen worden sind, jedoch in einem anderen Staat vollstreckt werden sollen, "nicht dazu führt, daß die Vorschriften der Art. 2 und 5 bis 18 EuGVÜ umgangen werden"[1479]. Dieses Bedürfnis wurde insbesondere bei Entscheidungen über die vorläufige Erbringung einer vertraglichen Hauptleistung gesehen, die ihrem Wesen nach die Entscheidung in der Hauptsache vorwegnehmen könnten[1480], so daß ein Hauptsacheverfahren vor einem eigentlich nach den Art. 2 bis 18 EuGVÜ bzw. Art. 2 bis 24 EuGVVO zuständigen Gericht im folgenden gar nicht mehr durchgeführt wird, weil es seinen Wirkungen nach gänzlich durch das Verfahren des einstweiligen Rechtsschutzes ersetzt wurde.

Aus dem Interesse an der Vermeidung einer derartigen Umgehung leitete der EuGH im Zusammenhang mit der Darstellung besonderer Prüfungserfordernisse bei der Anerkennung und Vollstreckung einstweiliger Maßnahmen, bei deren Erlaß das Gericht seine internationale Zuständigkeit auf der Grundlage von Art. 24 EuGVÜ auf Vorschriften des autonomen Rechts gestützt hat, die Vermutung her, daß Entscheidungen über den Erlaß einstweiliger Maßnahmen, in denen das Ursprungsgericht keine Angaben zur Grundlage seiner Zuständigkeit macht, dahingehend zu verstehen seien, daß die internationale gerichtliche Zuständigkeit nicht auf die Zuständigkeitsvorschriften des Übereinkommens, sondern auf die nationalen Rechtsvorschriften gestützt wurden[1481].

Fehlen in der ausländischen gerichtlichen Entscheidung also Ausführungen zur Begründung der internationalen Zuständigkeit, muß das Gericht, bei dem die Anerkennung und Vollstreckbarerklärung begehrt wird, im Interesse einer effektiven Verhinderung der Umgehung der allgemeinen Zuständigkeitsvorschriften des EuGVÜ bzw. der EuGVVO demnach davon ausgehen, daß die einstweilige Maßnahme auf der Grundlage von Art. 24 EuGVÜ bzw. von Art. 31 EuGVVO erlassen wurde. Dann müssen auch die im folgenden darzustellenden Prüfungserfordernisse beachtet werden[1482].

1479 Zitat aus EuGH Urteil vom 27.04.1999 *Mietz*, Rs. C-99/96, Slg. 1999, I-2277, 2316 Rdnr. 47; vgl. auch EuGH Urteil vom 17.11.1998 *van Uden*, Rs. C-391/95, Slg. 1998, I-7091, 7136 Rdnr. 46.

1480 EuGH Urteil vom 17.11.1998 *van Uden*, Rs. C-391/95, Slg. 1998, I-7091, 7136 Rdnr. 46.

1481 EuGH Urteil vom 27.04.1999 *Mietz*, Rs. C-99/96, Slg. 1999, I-2277, 2318 Rdnr. 55.

1482 Siehe dazu unten Gliederungspunkt III.C.2, S. 327.

b) Stellungnahme

In der Literatur wurde - soweit ersichtlich - zu diesem Aspekt der Entscheidung "*Mietz*" keine Stellungnahme abgegeben, die über die Wiedergabe der Lösung des EuGH hinausging[1483]. Wegen der Eindeutigkeit der Ausführungen des EuGH war hier auch keine Auslegung notwendig bzw. für eine Interpretation kein Spielraum. Vor dem Hintergrund, daß ein Gericht, bei dem die Anerkennung und Vollstreckung einer ausländischen einstweiligen Maßnahme geltend gemacht wird, im Interesse der Rechtssicherheit klare Anhaltspunkte dafür haben muß, um festsetzen zu können, von welcher "Art" einer einstweiligen Maßnahme es ausgehen soll, wenn dies für seine Entscheidung erheblich ist, ist das Aufstellen einer diesbezüglichen Vermutungsregel durch den EuGH jedenfalls zu begrüßen. Im Interesse einer effektiven Kontrolle der Anwendung des Art. 24 EuGVÜ soll nach dem EuGH im Zweifel von einer auf der Grundlage des Art. 24 EuGVÜ erlassenen Maßnahme auszugehen sein, so daß ein strengerer Prüfungsmaßstab Anwendung findet. Das vom EuGH beobachtete Kontrollbedürfnis unterstellt - auf dieses soll im folgenden noch eingegangen werden -, ermöglicht die aufgestellte Vermutung jedenfalls im Zweifelsfall eine weitestmögliche Kontrolle.

2. Prüfung des Vorliegens einer einstweilige Maßnahme im Sinne von Art. 31 EuGVVO

Wie bereits dargestellt, sieht der EuGH bei der grenzüberschreitenden Anerkennung einstweiliger Maßnahmen, die auf der Grundlage von Art. 31 EuGVVO bzw. Art. 24 EuGVÜ in Verbindung mit Vorschriften des nationalen Rechts erlassen werden, die Gefahr, daß die Vorschriften über die gerichtliche Zuständigkeit für die Entscheidung in der Hauptsache umgangen werden[1484]. In diesem Zusammenhang erwähnt er insbesondere die Konstellation, daß ein "Ursprungsgericht möglicherweise mehrere Maßnahmen anordnet, von denen einige als einstweilige oder sichernde Maßnahmen im Sinne von Art. 24 EuGVÜ anzusehen sind, andere jedoch über die in dieser Bestimmung vorgesehenen Grenzen hinausgehen"[1485]. In einem solchen Fall bestünde nämlich eine internationale gerichtliche Zuständigkeit auf Grundlage von Art. 24 EuGVÜ bzw. Art. 31 EuGVVO nur für die einstweiligen Maßnahmen im Sinne dieser Vorschriften, während für den Erlaß der anderen angeordneten Maßnahmen eigentlich das für die Entscheidung des Rechtsstreits in der Hauptsache international zuständige Gericht zuständig gewesen wäre.

Im Verfahren zur Anerkennung und Vollstreckbarerklärung gerichtlicher Entscheidungen nach der EuGVVO bzw. nach dem EuGVÜ ist über Art. 35 EuGVVO bzw. Art. 28 EuGVÜ hinaus allerdings grundsätzlich eine Überprüfung der gerichtlichen Zuständigkeit des Erlaßgerichts unzulässig[1486].

1483 Z.B. *Schulz* ZEuP 2001, 805, 826; *Wolf* EuZW 2000, 11, 14.

1484 EuGH Urteil vom 27.04.1999 *Mietz*, Rs. C-99/96, Slg. 1999, I-2277, 2316 Rdnr. 47; EuGH Urteil vom 17.11.1998 *van Uden*, Rs. C-391/95, Slg. 1998, I-7091, 7136 Rdnr. 46.

1485 EuGH Urteil vom 27.04.1999 *Mietz*, Rs. C-99/96, Slg. 1999, I-2277, 2316 Rdnr. 48.

1486 Siehe oben Gliederungspunkt III.A.2.c)(2), S. 290.

Um diese Anforderungen miteinander in Einklang zu bringen, stellte der EuGH in seinem Urteil "*Mietz*" spezifische Prüfungsanforderungen für das Verfahren zur Anerkennung und Vollstreckbarerklärung einer auf Grundlage des Art. 24 EuGVÜ bzw. Art. 31 EuGVVO erlassenen Maßnahme auf.

a) Urteil des EuGH vom 27.04.1999 (Rs. C-99/97, "Mietz/Intership Yachting"*)*

Nach der Entscheidung des EuGH stellt sich für das Gericht, bei dem die Anerkennung einer einstweiligen Maßnahme geltend gemacht wird, "nicht die Frage, ob das Ursprungsgericht überhaupt zuständig war, sondern die Frage, in welchen Grenzen die Vollstreckungsklausel für eine Entscheidung beantragt werden kann, die in Wahrnehmung der Zuständigkeit nach Art. 24 EuGVÜ ergangen ist."[1487] Wenn die Maßnahme, deren Anerkennung oder Vollstreckbarerklärung beantragt wird, von einem einzig nach Art. 31 EuGVVO bzw. Art. 24 EuGVÜ in Verbindung mit Vorschriften des nationalen Rechts international zuständigen Gericht erlassen wurde, folgt nach den Ausführungen des EuGH daraus für das angerufene Gericht die Pflicht zu prüfen, ob die angeordnete Maßnahme eine solche im Sinne dieser Vorschrift ist[1488]. Der EuGH verlangt danach, daß das Gericht, bei dem die Anerkennung und Vollstreckung einer Maßnahme geltend gemacht wird, prüft, ob die Maßnahme tatsächlich eine solche im Sinne des Art. 24 EuGVÜ bzw. Art. 31 EuGVVO ist und das Ursprungsgericht daher seine internationale gerichtliche Zuständigkeit auf diese Vorschrift stützen durfte.

b) Reaktionen in der Rechtsprechung

In der deutschen Rechtsprechung sind die vom EuGH aufgestellten Prüfungskriterien bereits übernommen und angewendet worden: Das OLG München prüfte in einem Beschluß vom 05.04.2000 unter Bezugnahme auf die Entscheidung des EuGH "*Mietz*" ob eine von einem Gericht in Athen erlassene einstweilige Maßnahme, deren Anerkennung und Vollstreckbarerklärung vor dem LG München I begehrt worden war, die Anforderungen an einstweilige Maßnahmen im Sinne von Art. 24 EuGVÜ bzw. Art. 31 EuGVVO erfüllte, die der EuGH in den Urteilen "*van Uden*" und "*Mietz*" entwickelt hatte[1489]. Die fragliche Maßnahme war allerdings eine bloß sichernde, durch die der dingliche Arrest angeordnet worden war, und konnte danach für vollstreckbar erklärt werden. Gleichzeitig hob das OLG München in seiner Entscheidung jedoch auch hervor, die internationale Zuständigkeit des Ursprungsgerichts sei im Verfahren zur Vollstreckbarerklärung des ausländischen Titels grundsätzlich nach Art. 28 Abs. 3 EuGVÜ nicht zu prüfen, und untersuchte einzig gemäß Art. 28 Abs. 1 EuGVÜ, ob das griechische Gericht die dort genannten Vorschriften verletzt hatte[1490].

Entscheidungen in der französischen Rechtsprechung sind hierzu - soweit ersichtlich - noch nicht ergangen oder nicht veröffentlicht worden.

[1487] EuGH Urteil vom 27.04.1999 *Mietz*, Rs. C-99/96, Slg. 1999, I-2277, 2316 Rdnr. 49.

[1488] EuGH Urteil vom 27.04.1999 *Mietz*, Rs. C-99/96, Slg. 1999, I-2277, 2318 Rdnr. 54, 56.

[1489] OLG München Beschluß vom 05.04.2000 RIW 2000, 464, 465, linke Spalte unter b).

[1490] OLG München Beschluß vom 05.04.2000 RIW 2000, 464, 465, rechte Spalte unter b)aa).

c) *Reaktionen in der Literatur*

Das vom EuGH aufgestellte Erfordernis der Überprüfung, ob tatsächlich eine einstweilige Maßnahme im Sinne des Art. 24 EuGVÜ bzw. Art. 31 EuGVVO vorliegt und das Ursprungsgericht daher diese Vorschrift zur Begründung seiner internationalen gerichtlichen Zuständigkeit heranziehen durfte, wurde in der Literatur teilweise grundsätzlich übernommen[1491]. LECLERC wies darauf hin, der EuGH habe durch die Beschränkung der Prüfungspflicht desjenigen Gerichts, bei dem die Anerkennung und Vollstreckung geltend gemacht wird, auf die "Grenzen" der Vollstreckungsklausel bzw. auf die Grenzen der Zuständigkeit des Ursprungsgerichts einen Weg gefunden, eine effektive Kontrolle der zutreffenden Anwendung des Art. 24 EuGVÜ sicherzustellen, ohne eine nach Art. 28 Abs. 3 EuGVÜ unzulässige Prüfung der internationalen Zuständigkeit des Ausgangsgerichts zu verlangen[1492].

Andere Autoren äußerten sich dagegen kritisch[1493]. Einige merkten an, das vom EuGH entwickelte Prüfungserfordernis habe angesichts der klaren Regelung in Art. 28 Abs. 3 EuGVÜ bzw. Art. 35 Abs. 3 EuGVVO keine rechtliche Grundlage bzw. sei mit dieser nur schwer in Einklang zu bringen[1494]. WILLEITNER führte hierzu aus, der Begriff der einstweiligen Maßnahme gehöre zum "Tatbestand" von Art. 31 EuGVVO bzw. Art. 24 EuGVÜ und Art. 35 Abs. 3 EuGVVO bzw. Art. 28 Abs. 3 EuGVÜ verbiete jegliche Überprüfung des Tatbestandes einer Zuständigkeitsnorm[1495].

d) *Stellungnahme*

Zunächst ist herauszuarbeiten, welches Prüfungserfordernis der EuGH in der Entscheidung "*Mietz*" für das Anerkennungs- und Vollstreckbarerklärungsverfahren bei einstweiligen Maßnahmen überhaupt aufgestellt hat (Gliederungspunkt (1)). Sodann wird festzustellen sein, daß der EuGH mit diesem Erfordernis die Gratwanderung zwischen den Vorgaben des Art. 28 Abs. 3 EuGVÜ bzw. Art. 35 Abs. 3 EuGVVO einerseits und andererseits dem Bemühen, eine Umgehung der allgemeinen Zuständigkeitsvorschriften des EuGVÜ bzw. der EuGVVO weitestmöglich zu verhindern, erfolgreich bewältigt hat (Gliederungspunkt (2)).

1491 Z.B. *Donzallaz* AJP/PJA 2000, 956, 965; *Leclerc* JDI 2001, 682, 689; Rauscher-*Leible* EuZPR Art. 32 EuGVVO Rdnr. 38; *Spellenberg/Leible* ZZPInt 4 (1999), 221, 232; wohl auch *Novak-Stief* ELR 1999, 275, 277 f.

1492 *Leclerc* JDI 2001, 682, 689; nach *Stadler* JZ 1999, 1090, 1098 steht ebenfalls Art. 28 Abs. 3 EuGVÜ nicht entgegen, da nicht die Zuständigkeit des erlassenden Gerichts geprüft werde, sondern ob der Inhalt der Maßnahme von Art. 24 EuGVÜ gedeckt sei.

1493 Zöller-*Geimer* Art. 32 EuGVVO Rdnr. 9; *Jayme/Kohler* IPRax 1999, 401, 408; *Pörnbacher* in *Geimer/Schütze* Internationaler Rechtsverkehr EuGVVO Art. 31 Rdnr. 17; *Schulz* ZEuP 2001, 805, 826; *Schlosser* EU-Zivilprozeßrecht Art. 31 Rdnr. 16; *Willeitner* S. 12 f.

1494 Zöller-*Geimer* Art. 32 EuGVVO Rdnr. 9; *Schulz* ZEuP 2001, 805, 826; *Schlosser* EU-Zivilprozeßrecht Art. 31 Rdnr. 16; *Willeitner* S. 136 ff.

1495 *Willeitner* S. 136.

(1) Prüfung der Anforderungen an einstweilige Maßnahmen im Sinne des Art. 24 EuGVÜ bzw. Art. 31 EuGVVO

Durch die vorangestellte Klarstellung des EuGH, daß sich demjenigen Gericht, bei dem die Anerkennung und Vollstreckbarerklärung geltend gemacht bzw. begehrt wird, gerade nicht die Frage nach der internationalen Zuständigkeit des Ursprungsgerichts stelle[1496], wird deutlich, daß das vom EuGH aufgestellte Prüfungserfordernis auch nicht in diese Richtung ausgelegt werden darf. Der EuGH hat insoweit in seiner Argumentation eine deutliche Abgrenzung vorgenommen.

Nach der Entscheidung des EuGH stellt sich diesem Gericht einzig die Frage, "in welchen Grenzen die Vollstreckungsklausel für eine Entscheidung beantragt werden kann"[1497]. Diese "Grenzen" gilt es aus dem Kontext der Entscheidung des EuGH heraus insbesondere in denjenigen Fällen zu bestimmen, in denen das Ursprungsgericht in einer einzigen gerichtlichen Entscheidung mehrere Maßnahmen angeordnet hat, die aber nicht alle solche im Sinne von Art. 24 EuGVÜ bzw. Art. 31 EuGVVO darstellen. Daraus kann abgeleitet werden, daß bei der Anerkennung und Vollstreckbarerklärung von einstweiligen Maßnahmen, die das Ursprungsgericht in Wahrnehmung seiner internationalen Zuständigkeit nach Art. 24 EuGVÜ bzw. Art. 31 EuGVVO in Verbindung mit den Vorschriften des nationalen Rechts erlassen hat, "Grenzen" bestehen, die einerseits so nicht für die Anerkennung und Vollstreckung anderer Entscheidungen (auch solcher in Verfahren des einstweiligen Rechtsschutzes) existieren, andererseits aber auch nicht auf eine Überprüfung der internationalen Zuständigkeit des Ursprungsgerichts hinauslaufen dürfen. Entsprechend der dieser Feststellung folgenden Prüfung des EuGH in der Entscheidung "*Mietz*"[1498] können diese "Grenzen" nur darin bestehen, daß die zu vollstreckende Entscheidung tatsächlich eine einstweilige Maßnahme im Sinne des Art. 24 EuGVÜ bzw. Art. 31 EuGVVO ist. Diese Auslegung wird dadurch bestätigt, daß derartige "Grenzen" bei der Erteilung der Vollstreckungsklausel vor allem dann notwendig sein sollen, wenn mehrere Maßnahmen angeordnet wurden, von denen nicht alle Maßnahmen die Anforderungen von Art. 24 EuGVÜ erfüllen[1499]. Die Prüfung der "Grenzen" kann somit nur an die "Art" der einstweiligen Maßnahme selbst angeknüpft werden. Das Gericht, bei dem die Anerkennung und Vollstreckbarerklärung einer auf Grundlage des Art. 24 EuGVÜ bzw. Art. 31 EuGVVO erlassenen einstweiligen Maßnahme verlangt wird, muß untersuchen, ob diese einstweilige Maßnahme alle Anforderungen erfüllt, die der EuGH an einstweilige Maßnahmen im Sinne des Art. 24 EuGVÜ bzw. Art. 31 EuGVVO herausgearbeitet hat[1500]. Dagegen darf keine Überprüfung der internationalen Zuständigkeit des Ursprungsgerichts als solcher - beispielsweise durch Überprüfung der zutreffenden Anwendung der Vorschriften des autonomen Rechts - erfolgen.

[1496] EuGH Urteil vom 27.04.1999 *Mietz*, Rs. C-99/96, Slg. 1999, I-2277, 2316 Rdnr. 49.

[1497] EuGH Urteil vom 27.04.1999 *Mietz*, Rs. C-99/96, Slg. 1999, I-2277, 2316 Rdnr. 49.

[1498] EuGH Urteil vom 27.04.1999 *Mietz*, Rs. C-99/96, Slg. 1999, I-2277, 2316 Rdnr. 50 ff., v.a. Rdnr. 54.

[1499] In diesem Sinne auch *Schulz* ZEuP 2001, 805, 825.

[1500] Zu diesen Anforderungen siehe oben Gliederungspunkt II.B, S. 144.

(2) Bewertung

Mit dem herausgearbeiteten Prüfungserfordernis begegnet der EuGH sachgerecht der Gefahr der Umgehung der Vorschriften der EuGVVO bzw. des EuGVÜ über die internationale gerichtliche Zuständigkeit für die Entscheidung eines Rechtsstreits in der Hauptsache beim Erlaß von Maßnahmen auf der Grundlage von Art. 31 EuGVVO bzw. Art. 24 EuGVÜ. Weiterhin stehen diesem Prüfungserfordernis Vorschriften der EuGVVO bzw. des EuGVÜ nicht entgegen.

(a) Vermeidung einer Umgehung der Zuständigkeitsvorschriften für die Hauptsache

Zunächst ist festzustellen, daß das vom EuGH herausgearbeitete Prüfungserfordernis hilft, die grenzüberschreitende Anerkennung und Vollstreckung von einstweiligen Maßnahmen zu verhindern, die unter Umgehung der Vorschriften der EuGVVO bzw. des EuGVÜ über die internationale Zuständigkeit für das Hauptsacheverfahren erlassen wurden.

Die Gefahr einer solchen Umgehung besteht zwar grundsätzlich auch bei Hauptsacheentscheidungen, denn in jeglichen Verfahren ist es möglich, daß die Gerichte die Zuständigkeitsvorschriften der EuGVVO bzw. aus dem EuGVÜ mißachten oder unzutreffend anwenden. Das grundsätzliche Verbot der Überprüfung der internationalen Zuständigkeit des Ursprungsgerichts gemäß Art. 35 Abs. 3 EuGVVO bzw. Art. 28 Abs. 3 EuGVÜ kann aber als Ausdruck des gegenseitigen Vertrauens der Mitglieds- bzw. Vertragsstaaten angesehen werden, daß die Gerichte der anderen Staaten bei Entscheidungen im Anwendungsbereich der EuGVVO und des EuGVÜ deren allgemeine Zuständigkeitsvorschriften immer zutreffend anwenden. Es dient insbesondere dem Bemühen, die Verfahren zur Anerkennung und Vollstreckbarerklärung ausländischer gerichtlicher Entscheidungen und damit auch die Erlangung der Anerkennung und Vollstreckbarerklärung zwischen den Mitglieds- bzw. Vertragsstaaten zu vereinfachen.

Beim Erlaß einstweiliger Maßnahmen auf der Grundlage von Art. 31 EuGVVO bzw. Art. 24 EuGVÜ besteht die Gefahr einer Umgehung der allgemeinen Zuständigkeitsvorschriften der EuGVVO bzw. des EuGVÜ dagegen in anderer Weise: Denn danach sind Gerichte für den Erlaß einstweiliger Maßnahmen dann international zuständig, wenn sie nach ihrem autonomen Recht für die Entscheidung international zuständig sind. Stellt ein Gericht folglich bei der Überprüfung seiner internationalen Zuständigkeit in einem Verfahren des einstweiligen Rechtsschutzes fest, daß sich diese jedenfalls nicht nach Art. 2 oder 5 bis 24 EuGVVO bzw. Art. 2 oder 5 bis 18 EuGVÜ aus einer internationalen Zuständigkeit für die Entscheidung des Rechtsstreits in der Hauptsache ergibt, kann es bei der weiteren Prüfung über Art. 31 EuGVVO bzw. Art. 24 EuGVÜ diese allgemeinen Zuständigkeitsvorschriften außer acht lassen. Dabei besteht grundsätzlich die Gefahr, daß die Gerichte unter dem Deckmantel des einstweiligen Rechtsschutzes Verfahren durchführen, die dem Art. 31 EuGVVO bzw. Art. 24 EuGVÜ nicht unterfallen, und somit die genannten allgemeinen Zuständigkeitsvorschriften der EuGVVO bzw. des EuGVÜ umgehen. Im Vergleich zu der immer bestehenden Gefahr einer unzutreffenden Anwendung der Zuständigkeitsvorschriften, der nur im Rahmen des Art. 35 Abs. 1 und 2 EuGVVO bzw. Art. 28 Abs. 1

und 2 EuGVÜ begegnet wird, wiegt diese Gefahr bei auf der Grundlage des Art. 31 EuGVVO bzw. Art. 24 EuGVÜ erlassenen Entscheidungen um so schwerer, weil zutreffend zunächst eine Zuständigkeit nach den allgemeinen Zuständigkeitsvorschriften der EuGVVO bzw. des EuGVÜ verneint wurde. Das jeweilige Gericht erkennt also, daß es nach den allgemeinen Regeln der EuGVVO bzw. des EuGVÜ international unzuständig ist, so daß es eigentlich den Antrag oder die Klage bereits als unzulässig abweisen müßte. Art. 31 EuGVVO bzw. Art. 24 EuGVÜ stellen hierzu nur eine Sondervorschrift dar, deren Ausnahmecharakter eine besondere Prüfung der Eröffnung ihres Anwendungsbereichs im Verfahren zur Anerkennung und Vollstreckbarerklärung rechtfertigt.

Durch die vom EuGH im Verfahren "*Mietz*" festgestellte Pflicht der Gerichte, bei denen die Anerkennung oder Vollstreckbarerklärung einer solchen Maßnahme verlangt wird, zur Prüfung, ob der Anwendungsbereich des Art. 31 EuGVVO bzw. des Art. 24 EuGVÜ mit Blick auf die zu erlassende Maßnahme überhaupt eröffnet war, wird sichergestellt, daß Entscheidungen, die nicht unter den Begriff der einstweiligen Maßnahme nach Art. 31 EuGVVO bzw. Art. 24 EuGVÜ fallen und daher nicht auf dieser Grundlage hätten erlassen werden dürfen, jedenfalls nicht der grenzüberschreitenden Anerkennung und Vollstreckbarerklärung fähig sind. Dadurch wird eine Umgehung der eigentlichen internationalen gerichtlichen Zuständigkeit für die Entscheidung des Rechtsstreits in der Hauptsache zumindest weitestgehend vermieden. Denn derartige Maßnahmen hätten einzig von einem für die Durchführung des Hauptsacheverfahrens zuständigen Gericht angeordnet werden dürfen, da die von einem Hauptsachegericht erlassenen einstweiligen Maßnahmen nicht die Anforderungen an einstweilige Maßnahmen im Sinne des Art. 31 EuGVVO bzw. Art. 24 EuGVÜ erfüllen müssen[1501]. In den anderen Mitgliedsstaaten im Sinne der EuGVVO bzw. Vertragsstaaten des EuGVÜ kann diese zu Unrecht auf Grundlage von Art. 31 EuGVVO bzw. Art. 24 EuGVÜ erlassene Maßnahme dann nicht anerkannt werden.

(b) Einklang mit Art. 35 Abs. 3 EuGVVO bzw. Art. 28 Abs. 3 EuGVÜ

Das vom EuGH aufgestellte Prüfungserfordnis steht dem grundsätzlichen Verbot der Nachprüfung der internationalen Zuständigkeit des Ursprungsgerichts nach Art. 35 Abs. 3 EuGVVO bzw. Art. 28 Abs. 3 EuGVÜ nicht entgegen. Denn wie bereits dargestellt, verlangt der EuGH gerade keine Prüfung der internationalen Zuständigkeit, sondern einzig eine solche, ob tatsächlich auf der Grundlage von Art. 31 EuGVVO bzw. Art. 24 EuGVÜ eine einstweilige Maßnahme im Sinne dieser Vorschriften erlassen wurde, mithin deren Anwendungsbereich überhaupt eröffnet ist. Die zutreffende Beachtung der weiteren Voraussetzungen des Art. 31 EuGVVO bzw. Art. 24 EuGVÜ durch das Ursprungsgericht sowie die zutreffende Anwendung der Vorschriften des nationalen Rechts des Ursprungsgerichts bleiben dagegen ungeprüft. Dies hebt ein weiteres Mal hervor, daß Art. 31 EuGVVO bzw. Art. 24 EuGVÜ zwar einerseits eigene Anhaltspunkte enthalten, wann ihr Anwendungsbereich eröffnet ist, insbesondere aber eine Verweisung auf die Zuständigkeitsvorschriften der nationalen Rechtsordnun-

---

1501 Zur Zuständigkeit des Hauptsachegerichts für die Anordnung einstweiliger Maßnahmen im Anwendungsbereich der EuGVVO bzw. des EuGVÜ siehe oben Gliederungspunkt II.C.2, S. 204.

gen vornehmen. Nur nach diesen bestimmt sich letztlich die internationale gerichtliche Zuständigkeit. Art. 31 EuGVVO bzw. Art. 24 EuGVÜ erklären dagegen nicht die Gerichte eines bestimmten Staates für international zuständig. Einer Überprüfung der einstweiligen Entscheidung, deren Anerkennung und Vollstreckung geltend gemacht wird, dahingehend, ob sie in den Anwendungsbereich von Art. 31 EuGVVO bzw. Art. 24 EuGVÜ fällt, stehen aber Art. 35 Abs. 3 EuGVVO bzw. Art. 28 Abs. 3 EuGVÜ bereits ihrem Wortlaut nach nicht entgegen.

Dagegen spricht auch nicht, daß der Begriff der "einstweiligen Maßnahme" zum "Tatbestand" des Art. 31 EuGVVO bzw. Art. 24 EuGVÜ gehört[1502]. Denn wie dargestellt führt die Prüfung, ob eine einstweilige Maßnahme im Sinne dieser Vorschriften vorliegt, einzig dazu, daß Art. 31 EuGVVO bzw. Art. 24 EuGVÜ für anwendbar gehalten werden. Eine weitere Prüfung der gerichtlichen Zuständigkeit findet nicht statt. In diesem Zusammenhang bleibt allerdings unklar, weshalb WILLEITNER bei auf der Grundlage von Art. 31 EuGVVO bzw. Art. 24 EuGVÜ erlassenen Leistungsverfügungen eine Kontrolle der gerichtlichen Zuständigkeit nach Art. 35 Abs. 1 EuGVVO bzw. Art 28 Abs. 1 EuGVÜ für notwendig hält[1503]. Nach diesen Vorschriften wird einzig geprüft, ob die Vorschriften der Abschnitte 3, 4 und 6 des Kapitels II der EuGVVO bzw. der Abschnitte 3 bis 5 des Titels II des EuGVÜ verletzt worden sind. Die genannten Abschnitte enthalten Sonderregelungen zur Bestimmung des beispielsweise in Versicherungs- oder Verbrauchersachen für die Entscheidung des Rechtsstreits in der Hauptsache international zuständigen Gerichts. Begründet ein Gericht seine internationale Zuständigkeit für den Erlaß einstweiliger Maßnahmen auf Art. 31 EuGVVO oder Art. 24 EuGVÜ in Verbindung mit Vorschriften seines nationalen Rechts, ist aber eine anderweitige Hauptsachezuständigkeit nach den Abschnitten 3, 4 und 6 des Kapitels II der EuGVVO bzw. den Abschnitten 3 bis 5 des Titels II des EuGVÜ unbeachtlich, da Art. 31 EuGVVO bzw. Art. 24 EuGVÜ gerade davon unabhängige zusätzliche internationale Zuständigkeiten ermöglichen[1504]. Eine Anwendung des Art. 35 Abs. 1 EuGVVO bzw. Art. 28 Abs. 1 EuGVÜ ist insoweit bei einstweiligen Maßnahmen, die von einem nach Art. 31 EuGVVO bzw. Art. 24 EuGVÜ in Verbindung mit Vorschriften nationalen Rechts international zuständigen Gericht erlassen wurden, gegenstandslos.

Allerdings muß erneut darauf hingewiesen werden, daß das vom EuGH herausgearbeitete Erfordernis, bei auf die vorläufige Erbringung einer Leistung gerichteten einstweiligen Maßnahmen müsse sich der betroffene Gegenstand im Zuständigkeitsbereich des angerufenen Gerichts befinden, nach hier vertretener Auffassung sachgerechter als Voraussetzung der gerichtlichen Zuständigkeit, nicht aber als solche für das Bestehen einer einstweiligen Maßnahme im Sinne des Art. 24 EuGVÜ bzw. Art. 31 EuGVVO anzusehen ist. Folglich dürfte nach der hier vertretenen Auffassung auch das Gericht,

---

1502 So aber *Willeitner* S. 136 ff.

1503 *Willeitner* S. 137 f. mit Verweis auf den Beschluß des OLG München vom 05.04.2000 RIW 2000, 464, 465, das allerdings ausdrücklich offen gelassen hat, ob sich die internationale gerichtliche Zuständigkeit des Ursprungsgerichts aus der Hauptsachezuständigkeit oder aus Art. 24 EuGVÜ in Verbindung mit Vorschriften des griechischen Rechts ergeben hatte.

1504 Siehe dazu bereits oben Gliederungspunkt II.C.3, S. 211.

bei dem die Anerkennung und Vollstreckung beantragt wird, eine solche örtliche Belegenheit des betroffenen Gegenstandes nicht im Rahmen der dargestellten und vom EuGH herausgearbeiteten Prüfungspflicht untersuchen. Nach der Logik der Lösung des EuGH, der die Belegenheit des Gegenstandes bereits als Voraussetzung des Vorliegens einer einstweiligen Maßnahme im Sinne des Art. 24 EuGVÜ bzw. Art. 31 EuGVVO ansieht, widerspricht aber eine diesbezügliche Prüfungspflicht dementsprechend ebenfalls nicht den Vorgaben von Art. 35 EuGVVO bzw. Art. 28 EuGVÜ.

(c) *Zusammenfassung: Zweckmäßigkeit der Lösung des EuGH*

Will man nicht generell einstweilige Maßnahmen, die auf Grundlage von Art. 31 EuGVVO bzw. Art. 24 EuGVÜ von einem nach seinen nationalen Vorschriften international zuständigen Gericht erlassen wurden, von einer grenzüberschreitenden Anerkennung und Vollstreckbarerklärung unter der EuGVVO bzw. dem EuGVÜ ausnehmen, erscheint der vom EuGH eingeschlagene Weg der einzige, um die Einhaltung der vom EuGH aufgestellten Anforderungen an einstweilige Maßnahmen im Sinne des Art. 31 EuGVVO bzw. Art. 24 EuGVÜ sicherzustellen und dadurch eine Umgehung der allgemeinen Zuständigkeitsvorschriften zu vermeiden. Dabei ist die Lösung des EuGH, die Prüfungspflicht des Gerichts, bei dem die Anerkennung oder Vollstreckbarerklärung geltend gemacht wird, einzig auf die Eröffnung des Anwendungsbereichs der Art. 31 EuGVVO bzw. des Art. 24 EuGVÜ, nicht aber auf die internationale gerichtliche Zuständigkeit des Ursprungsgericht als solche zu erstrecken, sehr differenziert und trägt Art. 35 Abs. 3 EuGVVO bzw. Art. 28 Abs. 3 EuGVÜ Rechnung.

3. Kollision von Entscheidungen

Da - wie erläutert - Art. 27 ff. EuGVVO bzw. Art. 21 ff. EuGVÜ weder dem Erlaß von einstweiligen Maßnahmen parallel zu Hauptsacheverfahren noch dem Erlaß mehrerer einstweiliger Maßnahmen in verschiedenen Ländern entgegenstehen[1505], besteht einerseits die Gefahr der Existenz von einstweiligen Maßnahmen, die einer in derselben Angelegenheit ergangenen Hauptsacheentscheidung widersprechen, andererseits aber die Gefahr der gleichzeitigen Existenz sich widersprechender einstweiliger Maßnahmen in verschiedenen Staaten.

Nach Art. 34 Nr. 3 EuGVVO werden allerdings ausländische Entscheidungen nicht anerkannt, wenn sie mit einer Entscheidung unvereinbar sind, die zwischen denselben Parteien in dem Mitgliedsstaat, in dem die Anerkennung geltend gemacht wird, ergangen ist. Art. 34 Nr. 4 EuGVVO steht außerdem einer Anerkennung entgegen, wenn die Entscheidung, deren Anerkennung geltend gemacht wird, mit einer früheren Entscheidung, die in einem anderen Mitgliedsstaat oder in einem Drittstaat zwischen denselben Parteien in einem Rechtsstreit wegen desselben Anspruchs ergangen ist, unvereinbar ist, sofern die frühere Entscheidung die notwendigen Voraussetzungen für ihre Anerkennung in dem Mitgliedsstaat, in dem die Anerkennung geltend gemacht wird, erfüllt. Zu untersuchen ist, ob diese Vorschriften in den beiden genannten Kollisionsfällen Anwendung finden. Auf weitere Fragestellungen im Zusammenhang mit der Anwendung von Art. 34 Nr. 3 und 4 EuGVVO bzw. Art. 27 Nr. 3 und 5 EuGVÜ soll im

---

1505 Siehe oben Gliederungspunkt II.C.4, S. 212, und Gliederungspunkt II.C.10, S. 267.

Rahmen dieser Untersuchung wegen der Konzentration der Arbeit auf die für einstweilige Maßnahmen geltenden Besonderheiten nicht eingegangen werden[1506].

a) Bedeutung von Art. 34 Nr. 3 EuGVVO bzw. Art. 27 Nr. 3 EuGVÜ

(1) Antrag auf Anerkennung und Vollstreckbarerklärung einer ausländischen einstweiligen Maßnahme, wenn im Anerkennungsstaat bereits eine entgegenstehende Entscheidung in einem Verfahren des einstweiligen Rechtsschutzes ergangen ist

In der Literatur wurde bereits bislang angenommen, daß in derartigen Fällen Art. 27 Nr. 3 EuGVÜ bzw. Art. 34 Nr. 3 EuGVVO anzuwenden und die Anerkennung und Vollstreckbarerklärung der ausländischen Entscheidung abzulehnen sei[1507]. Einzig WOLF differenzierte danach, von welchem Gericht jeweils die Entscheidungen erlassen worden waren: Soweit eine der beiden einstweiligen Maßnahmen von einem für die Entscheidung des Rechtsstreits in der Hauptsache zuständigen Gericht erlassen worden war, sollte immer die vom Hauptsachegericht erlassene Maßnahme vorrangig sein[1508]. Da WOLF einstweilige Maßnahmen, die von einem nach Art. 24 EuGVÜ in Verbindung mit Vorschriften nationalen Rechts zuständigen Gericht erlassen wurden, nicht für im Ausland anerkennungsfähig und vollstreckbar hielt, konnte es nach seiner Ansicht zu einer derartigen Kollision einstweiliger Maßnahmen nur kommen, wenn die einstweilige Maßnahme des ausländischen Hauptsachegerichts in demjenigen Staat anerkannt und für vollstreckbar erklärt werden sollte, dessen Gericht die Maßnahme auf Grundlage von Art. 24 EuGVÜ erlassen hatte. Dieses Gericht sollte bei einem Widerspruch mit der Entscheidung des Hauptsachegerichts seine Entscheidung sogar aufheben müssen[1509].

(a) Urteil des EuGH vom 06.06.2002 (Rs. C-80/00, "Italian Leather")

In einem Verfahren, in dem es um die Vollstreckung einer in einem Verfahren des einstweiligen Rechtsschutzes in Italien erlangten Unterlassungsverfügung in Deutschland ging, hatte der EuGH Gelegenheit, zu der hier aufgeworfenen Frage Stellung zu nehmen. Hintergrund war eine Streitigkeit aus einem Exklusivvertrag, in dem eine italienische Firma (*Italian Leather*) einer deutschen Gesellschaft das Recht eingeräumt hatte, für einen bestimmten Zeitraum die Waren der italienischen Firma in einem bestimmten geographischen Bezirk zu vertreiben. Dabei waren italienische Gerichte für die Entscheidung des Rechtsstreits in der Hauptsache zuständig, da die Parteien für Streitigkeiten aus dem Vertragsverhältnis Bari in Italien als Gerichtsstand vereinbart hatten.

1506 Vgl. zu Fragestellungen im Zusammenhang mit Art. 34 Nr. 3 und 4 EuGVVO z.B. die Anmerkung zum Urteil des EuGH "*Italian Leather*" vom 06.06.2002 von *Fritzsche* ZZPInt 7 (2002), 250.

1507 Vgl. z.B. *Albrecht* S. 178 m.w.N.

1508 *Wolf* EWS 2000, 11, 17.

1509 *Wolf* EWS 2000, 11, 17; an dieser Haltung auch nach dem Urteil des EuGH "*Italian Leather*" festhaltend *Wolf/Lange* RIW 2003, 55, 62.

i) Vorlagefragen

In dem Verfahren hatte die italienische Gläubigerin versucht, vor dem Landgericht Koblenz gegen ihre deutsche Schuldnerin eine Unterlassungsverfügung zu erlangen. Diese war ihr aber wegen des Fehlens eines Verfügungsgrundes verwehrt worden. Sie erlangte jedoch eine Unterlassungsverfügung eines Gerichts in Bari. Als sie die Vollstreckung dieser Verfügung in Deutschland erreichen wollte, ordnete der nach Art. 32 Abs. 1 EuGVÜ zuständige Richter am Landgericht Koblenz zunächst die Erteilung einer Vollstreckungsklausel an. Das nach Art. 37 EuGVÜ auf die Beschwerde der Schuldnerin angerufene Oberlandesgericht Koblenz versagte hingegen die Vollstreckbarerklärung mit Verweis auf Art. 27 Nr. 3 EuGVÜ. Der weiter angerufene BGH legte dem EuGH mit Beschluß vom 10.02.2000 drei Fragen zur Vorabentscheidung vor[1510]:

Zunächst sollte geklärt werden, ob im einstweiligen Rechtsschutz ergangene Entscheidungen, die voneinander nur hinsichtlich der besonderen Voraussetzungen abweichen, unter denen nach den jeweiligen nationalen Rechten eine einstweilige Maßnahme im Sinne von Art. 24 EuGVÜ erlassen werden kann, nach Art. 27 Nr. 3 EuGVÜ unvereinbar sein können. Wäre dies der Fall, hätte die in Italien unter erleichterten Voraussetzungen ergangene Unterlassungsverfügung nicht in Deutschland anerkannt werden können.

Darüber hinaus sollte der EuGH klären, ob ein Gericht eines Vollstreckungsstaates, das gemäß Art. 34 Abs. 1 und 31 Abs. 1 EuGVÜ eine ausländische Entscheidung, die den Schuldner zur Unterlassung bestimmter Maßnahmen verpflichtet, für vollstreckbar erklärt, gleichzeitig diejenigen Maßnahmen anordnen darf und muß, die nach dem Recht des Vollstreckungsstaates zur Vollstreckung eines gerichtlichen Unterlassungsgebots nötig sind. In dem Rechtsstreit, der Anlaß für die Vorlageentscheidung des BGH an den EuGH gab, war fraglich, ob bei der Vollstreckung der ausländischen Unterlassungsverfügung, in der Ordnungsmittel für den Fall der Zuwiderhandlung noch nicht angedroht waren, auf Antrag des Gläubigers Zwangsmittel in die Vollstreckungsklausel mit aufgenommen werden können, wenn die Unterlassungsverfügung im Ursprungsstaat nicht selbst mit Zwangsmitteln vollstreckt wird, sondern Zuwiderhandlungen lediglich eine Schadensersatzpflicht auslösen. Zudem soll beantwortet werden, ob dies auch gelten soll, wenn die zu vollstreckende Entscheidung vergleichbare Maßnahmen nach dem Recht des Urteilsstaates nicht vorsieht.

ii) Entscheidung des EuGH

Der EuGH stellte zunächst fest, Art. 27 Nr. 3 EuGVÜ sei auch bei der Kollision zweier Entscheidungen des vorläufigen Rechtsschutzes anwendbar, da diese Vorschrift keine Differenzierung zwischen verschiedenen Typen gerichtlicher Entscheidungen enthalte und ihr daher allgemeine Bedeutung zukomme[1511]. Der EuGH entschied, eine ausländische einstweilige Unterlassungsverfügung sei mit einer inländischen Entscheidung, mit

---

1510 BGH Beschluß vom 10.02.2000 WM 2000, 635.

1511 EuGH Urteil vom 06.06.2002 *Italian Leather*, Rs. C-80/00, Slg. 2002, I-4995, 5025 Rdnr. 41.

der der Erlaß einer gleichlautenden Maßnahme abgelehnt worden ist, unvereinbar im Sinne des Art. 27 Nr. 3 EuGVÜ[1512].

Bereits aus diesem Grund sei dasjenige Gericht, bei dem die Anerkennung und Vollstreckung der ausländischen Unterlassungsverfügung verlangt werde, verpflichtet, ihre Anerkennung abzulehnen[1513]. Dabei griff der EuGH insbesondere nicht die Anregung des vorlegenden BGH auf, dem Gericht desjenigen Staates, in dem die Anerkennung geltend gemacht wird, könnte ein Ermessen zustehen, die Anerkennung von anderen Kriterien wie der tatsächlichen und schweren Störung des Rechtslebens im Vollstreckungsstaat durch das Nebeneinander der sich widersprechenden Entscheidungen abhängig zu machen[1514].

Weiter hob der EuGH in seinem Urteil hervor, die in Art. 27 Nr. 3 EuGVÜ vorausgesetzte Unvereinbarkeit der Entscheidungen müsse sich bei den Wirkungen der gerichtlichen Entscheidungen zeigen; ohne Belang sei, ob sich die Zulässigkeits- oder Verfahrensvoraussetzungen für den Erlaß bestimmter Entscheidungen nach den nationalen Rechtsordnungen der Vertragsstaaten unterschieden[1515].

(b) Reaktionen in der Literatur

Die Entscheidung des EuGH wurde in der Literatur bestätigend aufgenommen[1516]. Insbesondere wurde dem EuGH darin zugestimmt, daß das Gericht desjenigen Staates, in dem die Anerkennung einer Entscheidung geltend gemacht wird, kein Ermessen hinsichtlich der Anerkennung je nach der Schwere der Störung des Rechtslebens im Vollstreckungsstaat habe[1517].

DIETZE/SCHNICHELS wiesen aber darauf hin, daß im Rahmen von Art. 34 Nr. 3 EuGVVO bzw. Art. 27 Nr. 3 EuGVÜ auch berücksichtigt werden sollte, ob die Anträge oder Klagen als unzulässig oder als unbegründet abgewiesen wurden[1518]. Denn gerichtliche Entscheidungen seien trotz gleichlautender Anträge und Parteiidentität nicht unvereinbar im Sinne dieser Vorschriften, wenn ein Gericht eine Klage nur deshalb abweise, weil dem Anwalt die Postulationsfähigkeit gefehlt habe oder es örtlich unzuständig gewesen sei.

WOLF/LANGE kritisierten die Entscheidung des EuGH, da dieser der vom Hauptsachegericht erlassenen Entscheidung den Vorzug hätte geben müssen. Eine Anwendung von Art. 34 Nr. 3 EuGVVO bzw. Art. 27 Nr. 3 EuGVÜ sei in derartigen Verfahren

---

1512 EuGH Urteil vom 06.06.2002 *Italian Leather*, Rs. C-80/00, Slg. 2002, I-4995, 5026 Rdnr. 47.

1513 EuGH Urteil vom 06.06.2002 *Italian Leather*, Rs. C-80/00, Slg. 2002, I-4995, 5027 Rdnr. 52.

1514 Vgl. zum entsprechenden Vorbringen im Vorlagebeschluß EuGH Urteil vom 06.06.2002 *Italian Leather*, Rs. C-80/00, Slg. 2002, I-4995, 5023 Rdnr. 34; BGH Beschluß vom 10.02.2000 WM 2000, 635, 637 unter III.3.

1515 EuGH Urteil vom 06.06.2002 *Italian Leather*, Rs. C-80/00, Slg. 2002, I-4995, 5025 Rdnr. 44.

1516 *Buhrow* ELR 2002, 305, 307; *Dietze/Schnichels* EuZW 2003, 581, 587; Geimer/Schütze-*Geimer* Art. 34 EuGVVO Rdnr. 159, 167; *Hess* IPRax 2005, 23 ff., der insbesondere auf die rechtspolitischen Hintergründe verweist; *Huet* JDI 2003, 671; *Jayme/Kohler* IPRax 2002, 461, 466.

1517 *Jayme/Kohler* IPRax 2002, 461, 466.

1518 *Dietze/Schnichels* EuZW 2003, 581, 587.

systemwidrig[1519]. Außerdem müsse der von einem für die Entscheidung des Rechtsstreits in der Hauptsache zuständigen Gericht erlassenen einstweiligen Maßnahme im Verhältnis zu einstweiligen Maßnahmen, die einzig auf Grundlage von Art. 31 EuGVVO bzw. Art. 24 EuGVÜ erlassen wurden, immer der Vorrang eingeräumt werden. Eine von einem inländischen, nach Art. 31 EuGVVO in Verbindung mit Vorschriften nationalen Rechts hierzu international zuständigen Gericht erlassene Maßnahme könne somit nicht im Rahmen von Art. 34 Nr. 3 EuGVVO bzw. Art. 27 Nr. 3 EuGVÜ der Anerkennung einer von einem ausländischen Hauptsachegericht erlassenen Maßnahme entgegenstehen[1520].

(c) Stellungnahme

i) Anwendung von Art. 34 Nr. 3 EuGVVO bzw. Art. 27 Nr. 3 EuGVÜ

Zunächst ist dem EuGH darin zuzustimmen, daß Art. 34 Nr. 3 EuGVVO bzw. Art. 27 Nr. 3 EuGVÜ auch in Verfahren zur Anerkennung und Vollstreckbarerklärung einstweiliger Maßnahmen wegen ihrer allgemeinen Geltung grundsätzlich anwendbar sind. Die Notwendigkeit ihrer Anwendung ergibt sich auch daraus, daß Art. 27 EuGVVO bzw. Art. 21 EuGVÜ ihrem Zweck und ihrer systematischen Einordnung entsprechend in Verfahren des einstweiligen Rechtsschutzes keine Anwendung finden und daher eine erhöhte Gefahr sich widersprechender Entscheidungen besteht.

Mit DIETZE/SCHNICHELS ist aber darauf hinzuweisen, daß bei der Prüfung nach Art. 34 Nr. 3 EuGVVO bzw. Art. 27 Nr. 3 EuGVÜ in dem Fall, daß ein Gericht des Anerkennungsstaates zuvor die Anordnung einer der anzuerkennenden Entscheidung entsprechenden Maßnahme abgelehnt hat, auch zu berücksichtigen sein muß, aus welchem Grunde diese Ablehnung erfolgte[1521]. Dies ist bereits unter Anwendung der Rechtsprechung des EuGH möglich, nach dem gerichtliche Entscheidungen dann miteinander unvereinbar sind, wenn die Entscheidungen Rechtsfolgen haben, die sich gegenseitig ausschließen[1522]. Maßgeblich kann einzig eine sachliche Unvereinbarkeit sein, die an eine rechtliche Würdigung der tatsächlichen Umstände des Rechtsstreits und nicht an rein prozessuale Fragen anknüpft. Stellt man darauf ab, ob eine rechtliche Würdigung der tatsächlichen Umstände des dem Rechtsstreit zugrundeliegenden Sachverhalts stattgefunden hat, kann auch dahinstehen, ob ein bestimmter Prüfungsaspekt systematisch zu den Zulässigkeits- oder den Begründetheitsvoraussetzungen zu zählen ist[1523]. Lehnt ein Gericht einen Antrag somit beispielsweise nur wegen fehlender Postulationsfähigkeit des Antragstellers oder wegen örtlicher Unzuständigkeit (soweit dann nicht wie im deutschen Recht nach § 281 ZPO eine Verweisung in Betracht kommt) ab,

---

1519 *Wolf/Lange* RIW 2003, 55, 61 f.

1520 *Wolf/Lange* RIW 2003, 55, 62 unter 3.c).

1521 *Dietze/Schnichels* EuZW 2003, 581, 587 Fn. 65.

1522 EuGH Urteil vom 06.06.2002 *Italian Leather*, Rs. C-80/00, Slg. 2002, I-4995, 5025 Rdnr. 40; EuGH Urteil vom 04.02.1988 *Hoffmann/Krieg*, Rs. 145/86, Slg. 1988, 645, 668 Rdnr. 22 ff.; siehe dazu auch bereits oben Gliederungspunkt III.A.2.c)(1)(c), S. 290.

1523 *Dietze/Schnichels* EuZW 2003, 581, 587 Fn. 65 weisen in diesem Zusammenhang auf die entsprechende Uneinigkeit im deutschen Recht hinsichtlich der Einordnung des Verfügungsgrundes nach §§ 935, 940 ZPO hin.

steht Art. 34 Nr. 3 EuGVVO bzw. Art. 27 Nr. 3 EuGVÜ einer Anerkennung und Vollstreckbarerklärung einer einstweiligen Maßnahme des Gerichts eines anderen Staates in derselben Angelegenheit nicht entgegen. Entsprechend konnte der EuGH im Fall "*Italian Leather*" die streitgegenständlichen gerichtlichen Entscheidungen für miteinander unvereinbar erklären. Zwar hatten offensichtlich sowohl das LG Koblenz wie auch das Gericht in Bari den vom Antragsteller angeführten Verfügungsgrund einer irreparablen und existenzbedrohenden wirtschaftlichen Schädigung als verfahrensrechtliche Voraussetzung für die Anordnung einer einstweiligen Maßnahme angesehen. Die Entscheidung, ob darin ein hinreichender Verfügungsgrund zu sehen ist, beinhaltet aber eine rechtliche Würdigung des streitigen Sachverhalts, so daß die Ergebnisse sachlich unvereinbar sein konnten und im entschiedenen Fall auch waren.

ii) Kein Vorrang einstweiliger Entscheidungen des Hauptsachegerichts

Mit der Entscheidung des EuGH ist überdies der von WOLF aufgestellten These, bei einer Kollision von sich widersprechenden Maßnahmen des einstweiligen Rechtsschutzes sei immer der von dem für die Entscheidung des Rechtsstreits in der Hauptsache zuständigen Gericht erlassenen Maßnahme der Vorrang zu gewähren[1524], zu widersprechen. Die Konstellation des Sachverhalts im Verfahren "*Italian Leather*" entsprach genau einer von WOLF untersuchten Situation: In Deutschland war von einem Gericht, dessen internationale Zuständigkeit sich einzig aus Art. 24 EuGVÜ in Verbindung mit § 17 ZPO ergab, weil die Gerichte von Bari/Italien für die Entscheidung des Rechtsstreits in der Hauptsache zuständig waren, der Erlaß einer Unterlassungsverfügung abgelehnt worden. Letztlich entschied der EuGH, die Anerkennung und Vollstreckbarerklärung einer sodann vom Tribunale di Bari angeordneten einstweiligen Maßnahme auf Unterlassung müsse wegen Art. 27 Nr. 3 EuGVÜ verweigert werden. Ein Vorrang der Entscheidung des Hauptsachegerichts wurde nicht angenommen. Auch die Richter des vorlegenden BGH hatten sich diese Frage offensichtlich nicht gestellt.

Ein solches Rangverhältnis zwischen einstweiligen Maßnahmen läßt sich der EuGVVO bzw. dem EuGVÜ auch nicht entnehmen. WOLF leitet den Vorrang der von einem Hauptsachegericht erlassenen einstweiligen Maßnahmen aus der von ihm angenommenen fehlenden Anerkennungsfähigkeit von Maßnahmen, die von einem einzig nach Art. 24 EuGVÜ bzw. Art. 31 EuGVVO in Verbindung mit nationalen Zuständigkeitsvorschriften international zuständigen Gericht erlassen wurden, ab[1525]. Nach der hier vertretenen Ansicht sind derartige Maßnahmen aber grundsätzlich einer grenzüberschreitenden Anerkennung und Vollstreckung fähig. Allerdings ist WOLF/LANGE darin zuzustimmen, daß der Anerkennung einer Hauptsacheentscheidung die Existenz einer von einem inländischen Gericht erlassenen, der Hauptsacheentscheidung widersprechenden einstweiligen Maßnahme nicht nach Art. 34 Nr. 3 EuGVVO entgegengehalten werden könnte[1526], da es in diesem Fall an einer Gleichrangigkeit der Ent-

---

1524 *Wolf* EWS 2000, 11, 17 f. unter VIII., dazu bereits oben unter Gliederungspunkt III.C.3.a)(1), S. 335.

1525 *Wolf* EWS 2000, 11, 17 f. unter VIII., dazu bereits oben unter Gliederungspunkt III.C.3.a)(1), S. 335.

1526 *Wolf/Lange* RIW 2003, 55, 62.

scheidungen fehlt. Auch daraus läßt sich jedoch nicht schließen, von einem Hauptsachegericht erlassene Entscheidungen genössen generell Vorrang. Auch kann nicht davon ausgegangen werden, daß derartige Entscheidungen eine höhere Richtigkeitsgewähr böten und somit weniger die Gefahr bestünde, daß sich die einstweilige Maßnahme als rechtswidrig erweist und aufgehoben wird.

(2) Antrag auf Anerkennung und Vollstreckbarerklärung einer ausländischen einstweiligen Maßnahme, wenn bereits eine entgegenstehende Hauptsacheentscheidung existiert

Fraglich ist nunmehr, wie zu verfahren ist, wenn im Inland bereits eine - von einem inländischen Gericht erlassene - Hauptsacheentscheidung in einem bestimmten Rechtsstreit besteht und sodann die Anerkennung und Vollstreckbarerklärung einer ausländischen einstweiligen Maßnahme beantragt wird, die inhaltlich der Hauptsacheentscheidung widerspricht.

Zu beachten ist, daß Art. 34 Nr. 3 EuGVVO bzw. Art. 27 Nr. 3 EuGVÜ die Gleichrangigkeit der im Anerkennungsstaat bereits ergangenen und der anzuerkennenden Entscheidung voraussetzen[1527]. Deshalb steht der Anerkennung eines ausländischen Hauptsacheurteils, in dem einer Partei ein bestimmtes Recht zugesprochen wurde, nicht entgegen, daß zuvor im Anerkennungsstaat der Erlaß einer einstweiligen Verfügung zur Sicherung des im ausländischen Hauptsacheverfahren geltend gemachten Rechts abgelehnt wurde[1528]. Umgekehrt muß aber eine einstweilige Maßnahme als nachrangig gegenüber der Hauptsacheentscheidung angesehen werden: Ist im Anerkennungsstaat von einem international zuständigen Gericht bereits ein Hauptsacheurteil ergangen oder anerkannt und für vollstreckbar erklärt worden, in dem die Klage aus materiellen Gründen abgewiesen wurde, findet somit immer Art. 34 Nr. 3 EuGVVO Anwendung, so daß eine einstweilige Maßnahme zur Sicherung des mit der abgewiesenen Klage geltend gemachten Rechts nach dieser Vorschrift nicht anerkannt werden kann.

b) Bedeutung von Art. 34 Nr. 4 EuGVVO bzw. Art. 27 Nr. 5 EuGVÜ

Die soeben dargestellten Erwägungen müssen für Art. 34 Nr. 4 EuGVVO bzw. Art. 27 Nr. 5 EuGVÜ entsprechend gelten. Auch diese Normen sind wegen ihrer allgemeinen Geltung, die schon aus einem Vergleich und der Parallelität mit Art. 34 Nr. 3 EuGVVO bzw. Art. 27 Nr. 3 EuGVÜ nicht in Frage gestellt werden kann, in Verfahren zur Anerkennung und Vollstreckbarerklärung einstweiliger Maßnahmen grundsätzlich anwendbar. Nach diesen Vorschriften gilt, wie bereits dargestellt, das strikte Prioritätsprinzip[1529]. Danach muß der später ergangenen Entscheidung, soweit die zuerst ergangene Entscheidung in dem Anerkennungsstaat anerkannt werden kann, bei Unvereinbarkeit immer die Anerkennung verweigert werden.

1527 *Nagel/Gottwald* § 11 Rdnr. 54.

1528 OLG Hamm Beschluß vom 27.11.1987 RIW 1988, 131, 132; *Dietze/Schnichels* EuZW 2003, 581, 587 Fn. 64; *Dohm* S. 145; *Linke* Rdnr. 414; Beispiel nach *Nagel/Gottwald* § 11 Rdnr. 54; vgl. *Stutz* S. 97.

1529 Siehe oben Gliederungspunkt III.A.2.c)(1)(c), S. 290.

(1) Kollision zwischen Entscheidungen des vorläufigen Rechtsschutzes

Wird die Anerkennung zweier in Verfahren des einstweiligen Rechtsschutzes ergangener Entscheidungen geltend gemacht, muß danach der zuletzt ergangenen Entscheidung die Anerkennung und Vollstreckbarerklärung verweigert werden, wenn die früher ergangene Entscheidung anerkannt und für vollstreckbar erklärt werden kann und die Entscheidungen sachlich miteinander unvereinbar sind.

Entsprechend der oben dargestellten Grundsätze[1530] kann dabei nicht entgegen dem Wortlaut von Art. 34 Nr. 4 EuGVVO bzw. Art. 27 Nr. 5 EuGVÜ generell einer von einem für die Entscheidung des Rechtsstreits in der Hauptsache zuständigen Gericht erlassenen einstweiligen Maßnahme gegenüber einstweiligen Maßnahmen, die auf der Grundlage von Art. 31 EuGVVO bzw. Art. 24 EuGVÜ erlassen wurden, der Vorrang eingeräumt werden[1531].

Dabei sollte auch bei der Kollision zweier Entscheidungen des einstweiligen Rechtsschutzes, die beide von grundsätzlich für die Entscheidung des Rechtsstreits in der Hauptsache international zuständigen Gerichten erlassen wurden, welche auch jeweils die Hauptsachezuständigkeit für sich in Anspruch nehmen, das in Art. 34 Nr. 4 EuGVVO bzw. Art. 27 Nr. 5 EuGVÜ vorgesehene Prioritätsprinzip gelten. Der zeitlich später erlassenen einstweiligen Maßnahme muß also nach diesen Vorschriften die Anerkennung versagt bleiben, wenn die zuerst erlassene Maßnahme in dem Staat, in dem beide Entscheidungen anerkannt werden sollen, grundsätzlich anerkennungsfähig ist. Soweit in der Literatur vertreten wird, in einem solchen Fall müsse in einer Prognoseentscheidung geprüft werden, welches Hauptsachegericht zuerst in der Hauptsache entscheidet[1532], vermag dies nicht zu überzeugen. Denn einerseits ist eine solche Prognoseentscheidung nicht immer möglich, weil oftmals noch gar keine Hauptsacheverfahren anhängig sind. Weiterhin beinhalten derartige Prognoseentscheidungen regelmäßig große Unsicherheiten, weil Verfahrensdauern teilweise nur schwer zu ermessen sind und auch nicht einzig in der Hand der Gerichte liegen. Überdies muß sich, sollten tatsächlich vor beiden ausländischen Gerichten auch jeweils Hauptsacheverfahren in demselben Rechtsstreit anhängig sein, ohnehin nach Art 27 Abs. 2 EuGVVO bzw. Art. 21 Abs. 2 EuGVÜ eines der Gerichte für unzuständig für die Entscheidung des Rechtsstreits in der Hauptsache erklären[1533]. Die Prognose, welches dieser Gerichte *zuerst* in der Hauptsache entscheidet, richtet sich daher auf einen Ablauf, der nach der EuGVVO bzw. dem EuGVÜ gerade vermieden werden soll.

1530 Siehe vor allem Gliederungspunkt III.C.3.a)(1)(c)ii), S. 339.

1531 So aber *Wolf/Lange* RIW 2003, 55, 62 unter a), die allerdings eine auf Grundlage von Art. 31 EuGVVO bzw. Art. 24 EuGVÜ erlassene Maßnahme für gar nicht anerkennungsfähig halten.

1532 *Wolf/Lange* RIW 2003, 55, 62 unter a).

1533 Darauf weisen auch *Wolf/Lange* RIW 2003, 55, 62 zutreffend hin, die vor den grundsätzlich für die Entscheidung des Rechtsstreits in der Hauptsache zuständigen Gerichten auch in Verfahren des einstweiligen Rechtsschutzes Art. 27 EuGVVO bzw. Art. 21 EuGVÜ für anwendbar halten.

(2) Kollision zwischen einer Hauptsacheentscheidung und einer Entscheidung im vorläufigen Rechtsschutz

Besteht dagegen ein Kollisionsfall zwischen einer ausländischen Hauptsacheentscheidung und ausländischen Entscheidung des einstweiligen Rechtsschutzes eines Gerichts eines dritten Staates, muß wie im Rahmen des Art. 34 Nr. 3 EuGVVO bzw. Art. 27 Nr. 3 EuGVÜ der Hauptsacheentscheidung der Vorrang gegeben werden. Denn die Anwendung von Art. 34 Nr. 4 EuGVVO bzw. Art. 27 Nr. 5 EuGVÜ setzt genauso voraus, daß die kollidierenden Entscheidungen untereinander gleichrangig sind, was bei einer Hauptsacheentscheidung und einer Entscheidung des einstweiligen Rechtsschutzes nicht der Fall ist. Eine Anerkennung der in einem Verfahren des einstweiligen Rechtsschutzes ergangenen Entscheidung ist dann nicht möglich. Wurde diese bereits für vollstreckbar erklärt, ist die Vollstreckungsklausel aufzuheben.

4. Besonderheiten für Unterlassungsverfügungen

Auch einstweilige Maßnahmen, die zum Unterlassen einer bestimmten Handlung verpflichten, insbesondere solche mit extraterritorialem Geltungsanspruch, können grundsätzlich Gegenstand einer grenzüberschreitenden Anerkennung und Vollstreckbarerklärung sein. Dabei ist allerdings zunächst, wie bereits zum deutschen und französischen nationalen Recht dargestellt wurde[1534], danach zu unterscheiden, ob überhaupt eine eigentliche "Vollstreckung" der Entscheidung im Ausland notwendig ist.

Grundsätzlich ist, wie ebenfalls bereits dargestellt[1535], anerkannt, daß Gerichte ohne Verletzung der Souveränität eines anderen Staates auch die Verpflichtung zu einem Tun oder Unterlassen in einem anderen Staat aussprechen können.

Die Vollziehung einer deutschen einstweiligen Unterlassungsverfügung durch reine Zustellung derselben im Parteibetrieb im Ausland ist auf jeden Fall noch keine Maßnahme der Vollstreckung im Sinne der Art. 38 ff. EuGVVO bzw. Art. 31 ff. EuGVÜ, auch wenn sie die Androhung von Ordnungsmaßnahmen enthält[1536]. Die Möglichkeit der Zustellung einer derartigen einstweiligen Maßnahme im Ausland stellt keine Umgehung der Vorschriften der EuGVVO bzw. des EuGVÜ dar, weil im jeweiligen Ausland kein staatlicher Zwang in Form von Vollstreckungsmaßnahmen ausgeübt wird. Ferner ist die Möglichkeit einer solchen Zustellung auch für einen effektiven Rechtsschutz des Gläubigers bzw. Antragstellers der einstweiligen Maßnahme notwendig, weil er ohne vorherige Zustellung der Maßnahme an den jeweiligen Gegner die auf Unterlassung gerichtete Maßnahme nicht einmal im Erlaßstaat vollstrecken könnte[1537].

[1534] Siehe oben Gliederungspunkt II.A.4 in Teil 2 der Arbeit, S. 107, II.B.3 in Teil 2 der Arbeit, S. 130.

[1535] Siehe oben Gliederungspunkt II.A.4 in Teil 2 der Arbeit, S. 107, II.B.3 in Teil 2 der Arbeit, S. 130.

[1536] KG Urteil vom 04.09.1998 IPRax 2001, 236, 237; *Mennicke* IPRax 2001, 202, 205; zur Zustellung von Entscheidungen, die die Androhung oder Festsetzung von Zwangsmitteln enthalten, im Ausland siehe auch bereits oben Gliederungspunkt II.A.4.b)(2) in Teil 2 der Arbeit, S. 111.

[1537] Im deutschen Recht z.B. findet § 929 Abs. 3 ZPO auf Unterlassungsverfügungen keine entsprechende Anwendung über § 936 ZPO, weil erst in der Zustellung die Vollziehung der Verfügung

Solange die zu einem Unterlassen verpflichtende einstweilige Maßnahme durch die Vollstreckung von Zwangsmitteln im Inland vollstreckt werden kann, ist keine eigentliche Anerkennung und Vollstreckung in einem anderen Staat notwendig.

Soweit eine Vollstreckung der Zwangsmittel im Inland nicht möglich ist, muß eine Anerkennung und Vollstreckbarerklärung der Maßnahme mit der Festsetzung des Zwangsmittels im Ausland erfolgen. Grundsätzlich ist auch für einstweilige Verpflichtungen zur Unterlassung einer Handlung die Anerkennung und Vollstreckung in anderen Staaten möglich[1538]. Soweit diese die Festsetzung von Zwangs- oder Ordnungsgeldern enthalten, finden Art. 43 EuGVÜ bzw. Art. 49 EuGVVO Anwendung. Wenn eine Androhung oder Festsetzung von Zwangsmitteln erst im Vollstreckungsstaat angestrebt wird, richtet sich die Zulässigkeit eines solchen Vorgehens einzig nach dem autonomen Recht des Vollstreckungsstaates[1539], die EuGVVO bzw. das EuGVÜ enthalten hierzu keine Regelungen. Der Gläubiger hat somit die Wahl, ob er im Urteilsstaat ein Zwangsgeld beantragt und dieses über Art. 49 EuGVVO bzw. Art. 43 EuGVÜ vollstrecken läßt oder ob er im Anerkennungsstaat nur die Unterlassungsverfügung als solche für vollstreckbar erklären läßt und die Verhängung von Zwangsmitteln nach dem Recht des Anerkennungsstaates beantragt[1540].

Die praktische Durchführbarkeit dieser Vorgehensweise wird in der Literatur allerdings mit Skepsis betrachtet[1541]. Bedenken ergeben sich insbesondere mit Blick auf die Unsicherheiten bei der Anwendung des Art. 49 EuGVVO bzw. Art. 43 EuGVÜ auf Zwangsgelder, die nach dem Recht desjenigen Staates, dessen Gericht das Zwangsgeld festgesetzt hat, dem Staat zufließen. Entscheidungen deutscher oder französischer Gerichte hierzu wurden - soweit ersichtlich - noch nicht veröffentlicht. Insgesamt erscheint vor dem Hintergrund, daß die meisten auf die Verpflichtung zu einem Unterlassen gerichteten einstweiligen Maßnahmen solche sein werden, die auf die vorläufige Befriedigung eines Anspruchs gerichtet sind, ohnehin fraglich, ob mit Blick auf die dann bestehenden Voraussetzungen für eine internationale gerichtliche Zuständigkeit für deren Anordnung in der Praxis überhaupt noch eine grenzüberschreitende Anerkennung und Vollstreckung notwendig sein wird.

5. Besonderheiten bei Beweissicherungsverfahren

Die Behandlung der Beweissicherungsverfahren bereitet nicht nur im Hinblick auf ihre Einordnung und die internationale gerichtliche Zuständigkeit, sondern auch auf eine eventuelle Anerkennung und Durchführung eines Beweisbeschlusses im Ausland so-

---

gesehen wird, siehe dazu oben Gliederungspunkt I.A.2.c) in Teil 2 der Arbeit, S. 39; vgl. insgesamt auch *Mennicke* IPRax 2001, 202, 206.

1538 Vgl. *Heß* IPRax 2000, 370, 373; *Remien* WRP 1994, 25, 27.

1539 Hierzu *Remien* WRP 1994, 25, 27; *Remien* S. 328 ff.

1540 Vgl. z.B. OLG Karlsruhe Beschluß vom 19.12.1994 ZZPInt. 1 (1996), 91, 95; MüKo/ZPO-*Gottwald* Art. 43 EuGVÜ Rdnr. 7; *Remien* S. 329 f.; *Stürner* in FS Henckel S. 863, 870; *Schlosser* diskutiert dies anhand der zitierten Entscheidung der Cour de Cassation, Civ. 1ère, vom 30.06.2004, mit der diese eine englische „freezing injunction" anerkennt und für vollstreckbar erklärt, IPRax 2006, 300, 301 ff.,

1541 Vgl. z.B. *Remien* WRP 1994, 25, 27.

wie auf die grenzüberschreitende Verwertung von Ergebnissen eines selbständigen Beweissicherungsverfahrens Schwierigkeiten.

a) Anordnung der Beweisaufnahme/Beweisbeschluß

Fraglich ist zunächst, ob die grenzüberschreitende Anerkennung und Vollstreckbarerklärung einer in einem Beweissicherungsverfahren ergangenen Entscheidung über die Durchführung einer Beweisaufnahme (eines Beweisbeschlusses nach deutschem Recht) nach der EuGVVO bzw. dem EuGVÜ möglich ist. Dann müßte auf der Grundlage einer derartigen ausländischen Entscheidung von den Gerichten eines anderen Staates nach der Anerkennung des ausländischen Beweisbeschlusses eine Beweisaufnahme durchgeführt werden.

Die Möglichkeit einer solchen Vorgehensweise wird zu Recht in Rechtsprechung und Literatur ganz überwiegend verneint[1542]. Denn derartige gerichtliche Entscheidungen sind reine Entscheidungen über den Fortgang des gerichtlichen Verfahrens. Verfahrensgestaltende Zwischenentscheidungen fallen aber, wie bereits angesprochen, nicht unter den Begriff der Entscheidungen im Sinne von Art. 32 EuGVVO bzw. Art. 25 EuGVÜ[1543]. Dies gilt auch, wenn den Parteien durch einen Beweisbeschluß eine Pflicht zu Duldung einer Maßnahme auferlegt wird, weil auch dann keine Entscheidung in dem Rechtsstreit selbst ergeht[1544]. Die grenzüberschreitende Beweisaufnahme ist insoweit in der EuBVO bzw. im HBÜ geregelt[1545].

Anders könnte einzig die Anordnung der Begutachtung durch einen Sachverständigen oder die Erstellung eines Gutachtens, im französischen Recht durch eine sog. *ordonnance de référé expertise* nach Art. 145 NCPC, im deutschen Recht durch einen entsprechenden Beweisbeschluß, beurteilt werden. Teilweise wird die *ordonnance de référé expertise* mit Verweis darauf, daß sie immer nur nach einer streitigen mündlichen Verhandlung ergeht und selbständig mit der Berufung nach Art. 490 Abs. 2 NCPC und der Revision nach Art. 33 des Dekrets vom 22.12.1967 angreifbar ist, als "Entscheidung" im Sinne des Art. 25 EuGVÜ angesehen[1546]. Auch dem muß jedoch entgegengehalten werden, daß derartige Anordnungen reine Zwischenentscheidungen sind und die EuBVO bzw. das HBÜ bereits Regelungen dafür enthalten, wie derartige gerichtliche Anordnungen im Ausland umgesetzt werden können.

1542 OLG Hamm Beschluß vom 14.06.1988 RIW 1989, 566 f.; *Albrecht* S. 166 ff.; *Dörschner* S. 186; *Kropholler* Art. 32 Rdnr. 24; Geimer/Schütze-*Geimer* Urteilsanerkennung I/1 § 107 X S. 987; MüKo/ZPO-*Gottwald* Art. 24 EuGVÜ Rdnr. 2 und Art. 25 EuGVÜ Rdnr. 17; *Gronstedt* S. 219 ff.; *Groud* Rdnr. 400 ff.; *Morbach* S. 331.

1543 OLG Hamburg Beschluß vom 29.09.1999 IPRax 2000, 530; Schlosser-Bericht zum EuGVÜ, BT-Drucksache 10/61 S. 67 Rdnr. 187; *Groud* Rdnr. 400; *Kropholler* Art. 32 Rdnr. 24; *Schlosser* EU-Zivilprozeßrecht Art. 32 Rdnr. 7.

1544 Anderer Ansicht MüKo/ZPO-*Gottwald* Art. 25 EuGVÜ Rdnr. 18.

1545 Vgl. OLG Hamm Beschluß vom 14.06.1988 RIW 1989, 566 f.; Geimer/Schütze-*Geimer* Urteilsanerkennung I/1 § 107 X S. 987; *Morbach* S. 332; kritisch *Bloch* RIW 1989, 567.

1546 *Bloch* RIW 1989, 567 u. 568.

b) Ergebnis der Beweisaufnahme

Zu untersuchen sind dagegen diejenigen Fälle, in denen ein selbständiges Beweissicherungsverfahren vollständig vor einem Gericht eines anderen Staates als demjenigen durchgeführt wird, dessen Gerichte für die Entscheidung des Rechtsstreites in der Hauptsache international zuständig sind oder in dem bereits das Hauptsacheverfahren anhängig ist. Die Beweisaufnahme erfolgt in diesen Fällen vor demjenigen Gericht, das die Beweisaufnahme auch angeordnet hat, das Hauptsacheverfahren findet aber vor einem Gericht eines anderen Staates statt. Dieser Weg wird vor allem dann gewählt werden, wenn Eile besteht und der Gegenstand oder die Person, über die Beweis erhoben werden soll, sich in einem anderen Staat als demjenigen befindet, in dem das Hauptsacheverfahren durchgeführt wird, ein zeitaufwendiges Rechtshilfeersuchen nach der EuBVO bzw. dem HBÜ aber vermieden werden soll[1547]. So wäre in Deutschland ein selbständiges Beweissicherungsverfahren vor dem nach § 486 Abs. 3 ZPO zuständigen Gericht denkbar. Da die gerichtlichen Protokollierungen oder Feststellungen über eine erfolgte Beweisaufnahme keinen vollstreckbaren Inhalt haben können[1548], steht einzig die Verwertung der Beweise im Rahmen eines ausländischen Hauptsacheverfahrens in Frage.

Es ist fraglich, ob das Ergebnis einer in einem selbständigen Beweissicherungsverfahren erfolgten Beweisaufnahme (beispielsweise das Protokoll über die Beweisaufnahme durch Zeugenvernehmung oder ein erstelltes Sachverständigengutachten) als Entscheidung im Sinne des Art. 32 EuGVVO bzw. Art. 25 EuGVÜ anzusehen ist.

Teilweise wird dies ausdrücklich abgelehnt, auch wenn nicht ausgeschlossen wird, gerichtliche Anordnungen über eine vorläufige Beweissicherung, soweit sie in Eilverfahren ergehen, als einstweilige Maßnahmen im Sinne des Art. 31 EuGVVO bzw. Art. 24 EuGVÜ zu betrachten[1549]. Dabei wird insbesondere darauf hingewiesen, daß derartige Protokollierungen oder gerichtliche Feststellungen nicht auf eine Regelung der Rechtsverhältnisse zwischen den Parteien zielen[1550]. Andere halten es für möglich, sie als Entscheidungen im Sinne des Art. 25 EuGVÜ anzusehen[1551]. MEILICKE verweist begründend darauf, daß Maßnahmen zur Beweissicherung unter Art. 24 EuGVÜ subsumiert werden könnten[1552].

Gegen eine Einordnung der Ergebnisse einer ausländischen Beweisaufnahme als Entscheidung im Sinne des Art. 32 EuGVVO bzw. Art. 25 EuGVÜ spricht jedoch bereits, daß durch eine Beweisaufnahme keine Regelung zwischen den Parteien getroffen wird

---

1547 Vgl. *Stadler* in FS Geimer S. 1281, 1303.

1548 *Stadler* in FS Geimer S. 1281, 1303.

1549 OLG Hamburg Beschluß vom 29.09.1999, IPRax 2000, 530; OLG Hamm Beschluß vom 14.06.1988 RIW 1989, 566, 567; LG Hamburg Urteil vom 15.09.1998 IPRax 2001, 45, 47; Geimer/Schütze-*Geimer* Art. 2 EuGVVO Rdnr. 93 in Fn. 71, Art. 32 EuGVVO Rdnr. 39; *Dörschner* S. 195; *Mankowski* JZ 2005, 1144, 1147; *Stürner* IPRax 1984, 299, 300; Schlosser-Bericht zum EuGVÜ, BT-Drucksache 10/61 S. 67 Rdnr. 184, 187; *Schütze* Rechtsverfolgung Rdnr. 203; *Stadler* in FS Geimer S. 1281, 1303.

1550 OLG Hamburg Beschluß vom 29.09.1999, IPRax 2000, 530; *Dörschner* S. 195.

1551 *Bloch* RIW 1989, 567, 568; *Heß* JZ 1998, 1021, 1030; *Meilicke* NJW 1984, 2017, 2018.

1552 *Meilicke* NJW 1984, 2017, 2018.

und derartige gerichtlichen Protokolle oder Feststellungen keinen vollstreckbaren Inhalt haben. Überdies sind Fragen des Beweisrechts, vor allem der Beweisverwertung und -würdigung in Verfahren vor nationalen Gerichten nicht durch die EuGVVO geregelt oder gar vereinheitlicht worden. Die Zulässigkeit der Verwertung bestimmter Beweise, ihr Beweiswert und die Würdigung der Beweise durch die Gerichte im Zivilprozeß sind vielmehr nur in den nationalen Zivilverfahrensrechten geregelt. Würden die nationalen Gerichte die Ergebnisse von Beweisaufnahmen in ausländischen Beweissicherungsverfahren nach Art. 32 ff. EuGVVO anerkennen und dann auch verwerten müssen, ginge diese Konsequenz über den Regelungsgegenstand der EuGVVO hinaus. Eine Anerkennung nach Art. 32 ff. EuGVVO ist folglich nicht möglich. Es ist daher vorzugswürdig, es den nationalen Rechtsordnungen zu überlassen, ob und inwieweit Beweise, die in ausländischen selbständigen Beweisverfahren erhoben wurden, in inländischen gerichtlichen Verfahren verwertet werden können. Weder das französische noch das deutsche Recht enthalten hierzu allerdings, wie aufgezeigt, ausdrückliche Regelungen[1553]. Der geringen Anzahl der hierzu veröffentlichten Urteile läßt sich entnehmen, daß in der Praxis eine solche Vorgehensweise selten ist, vielleicht auch aufgrund der fehlenden Gewißheit der Verwertbarkeit der im Ausland gewonnenen Beweise.

1553 Siehe oben Gliederungspunkt II.A.2.e) in Teil 2 der Arbeit, S. 101, und Gliederungspunkt II.B.2.a)(3) in Teil 2 der Arbeit, S. 126.

Teil 4: Schlußbetrachtung

Die Ergebnisse der vorliegenden Arbeit mit Blick auf die internationale gerichtliche Zuständigkeit zum Erlaß einstweiliger Maßnahmen nach der EuGVVO und mit Blick auf die grenzüberschreitende Anerkennung und Vollstreckbarerklärung derartiger Maßnahmen stellen sich wie folgt dar:

A. Internationale gerichtliche Zuständigkeit zum Erlaß einstweiliger Maßnahmen nach der EuGVVO

1. Die internationale gerichtliche Zuständigkeit zum Erlaß einstweiliger Maßnahmen ist ausdrücklich nur in Art. 31 EuGVVO bzw. Art. 24 EuGVÜ geregelt. Diese Normen enthalten eine Verweisung auf die Zuständigkeitsvorschriften der autonomen Rechtsordnungen.

2. Einstweilige Maßnahmen im Sinne dieser Vorschriften sind nach der Rechtsprechung des EuGH nur solche, die in den Anwendungsbereich der EuGVVO fallen, wobei dies selbständig für die einstweilige Maßnahme entsprechend der durch sie gesicherten Ansprüche und nicht etwa mit Blick auf das Hauptsacheverfahren zu prüfen ist.

3. Von Art. 31 EuGVVO erfaßt werden nach der vom EuGH erarbeiteten Definition alle einstweiligen Maßnahmen zur Sicherung von Rechten durch Verhinderung der Veränderung einer Sach- und Rechtslage. Auch die internationale gerichtliche Zuständigkeit zum Erlaß von Maßnahmen, durch welche die vorläufige Erbringung einer Leistung angeordnet wird, kann nach der insoweit zustimmungswürdigen jüngsten Rechtsprechung des EuGH nach Art. 31 EuGVVO bestimmt werden, wenn die Rückabwicklung bzw. die Rückzahlung der Leistung für den Fall ihrer Aufhebung gesichert ist. Dagegen ist das weitere vom EuGH entwickelte Kriterium, demzufolge der von der Maßnahme betroffene Gegenstand einen örtlichen Bezug zum angerufenen Gericht aufweisen muß, als Voraussetzung der Bestimmung der gerichtlichen Zuständigkeit anzusehen. Unter Art. 31 EuGVVO fallen auch einstweilige Maßnahmen, die ein Unterlassen anordnen, sowie Entscheidungen in selbständigen Beweissicherungsverfahren, soweit diese unter Eilvoraussetzungen und mit Blick auf ein bestimmtes Hauptsacheverfahren stattfinden und nicht einer Ausforschung dienen.

4. Die internationale gerichtliche Zuständigkeit zum Erlaß einstweiliger Maßnahmen kann nach der EuGVVO bzw. dem EuGVÜ auf zwei Wegen begründet werden: Einerseits kann sie in Anwendung von Art. 31 EuGVVO bzw. Art. 24 EuGVÜ für die von diesen Vorschriften erfaßten einstweiligen Maßnahmen bestimmt werden. Andererseits ist das nach der EuGVVO für die Entscheidung des Rechtsstreits in der Hauptsache international zuständige Gericht grundsätzlich auch für den Erlaß einstweiliger Maßnahmen in diesem Rechtsstreit international zuständig.

5. Die internationale Zuständigkeit des Hauptsachegerichts zum Erlaß einstweiliger Maßnahmen ist unbeschränkt, insbesondere können, entsprechend der insoweit zuzustimmenden Rechtsprechung des EuGH, von ihm auch einstweilige

Maßnahmen angeordnet werden, die von Art. 31 EuGVVO nicht erfaßt sind. Auch die weiteren Vorgaben von Art. 31 EuGVVO sind dann nicht zu beachten. Diese internationale Zuständigkeit besteht allerdings nicht, wenn das Gericht nur "fiktiv" für die Entscheidung des Rechtsstreits in der Hauptsache zuständig ist, weil das Hauptsacheverfahren durch eine Schiedsklausel staatlichen Gerichten entzogen wurde, die Parteien ein anderes Gericht durch eine Gerichtsstandsvereinbarung für ausschließlich zuständig erklärt haben oder weil das Hauptsacheverfahren bereits vor einem anderen Gericht anhängig ist und das zuletzt angerufene Gericht sich in einem Hauptsacheverfahren nach Art. 27 Abs. 2 EuGVVO für unzuständig erklären müßte.

6. Die internationale Zuständigkeit eines Gerichts, das nach der EuGVVO nicht für die Entscheidung des Rechtsstreits in der Hauptsache international zuständig ist, für den Erlaß einstweiliger Maßnahmen nach Art. 31 EuGVVO in Verbindung mit Vorschriften nationalen Rechts erfährt aufgrund der Sonderstellung dieser Vorschrift nur dann ihre Berechtigung, wenn die Entscheidung im einstweiligen Rechtsschutz bei Antragstellung oder zum Zeitpunkt der gerichtlichen Entscheidung aufgrund einer Prognoseentscheidung voraussichtlich nicht noch im Ausland vollstreckt werden muß.

7. Das vom EuGH zu Art. 24 EuGVÜ aufgestellte Kriterium der "realen Verknüpfung" "zwischen dem Gegenstand der beantragten Maßnahme und der gebietsbezogenen Zuständigkeit des Vertragsstaates des angerufenen Gerichts" ist dahingehend zu verstehen, daß bei Antragstellung oder zum Zeitpunkt der gerichtlichen Entscheidung im einstweiligen Rechtsschutz aufgrund einer Prognose voraussichtlich später eine Vollziehung der Maßnahme im Erlaßstaat möglich sein muß. Bei auf eine Handlung oder ein Unterlassen gerichteten Maßnahmen reicht dabei eine Vollziehbarkeit durch Zwangsmittel aus. Grundsätzlich steht das Kriterium der "realen Verknüpfung" daher dem Erlaß auch extraterritorial wirkender Maßnahmen nicht entgegen, wenn eine Verknüpfung zum Inland besteht. Diese Auslegung gilt auch unter der EuGVVO fort.

8. Eine Anwendung von Art. 31 EuGVVO bzw. Art. 24 EuGVÜ ist auch möglich, wenn in einem anderen Staat bereits das Hauptsacheverfahren anhängig ist. Einstweilige Maßnahmen können parallel zum Hauptsacheverfahren erlassen werden. Dem stehen auch Art. 27 EuGVVO bzw. Art. 21 EuGVÜ nicht entgegen.

9. Auch wenn der Rechtsstreit in der Hauptsache durch eine Schiedsklausel einer Entscheidung durch staatliche Gerichte entzogen ist, kann die internationale gerichtliche Zuständigkeit zum Erlaß einstweiliger Maßnahmen nach der EuGVVO bestimmt werden, wenn das autonome Recht des angerufenen Gerichts und die Schiedsvereinbarung die Beantragung einstweiligen Rechtsschutzes vor staatlichen Gerichten zulassen. Zur Bestimmung der gerichtlichen Zuständigkeit finden dann entsprechend der zustimmungswürdigen Rechtsprechung des EuGH jedoch nur Art. 31 EuGVVO bzw. Art. 24 EuGVÜ Anwendung. Ein nach der EuGVVO bzw. dem EuGVÜ für die Entscheidung des Rechtsstreits in der Hauptsache international zuständiges Gericht hätte nur eine

"fiktive" Hauptsachezuständigkeit, weil in der Hauptsache ein Schiedsverfahren und gerade kein Verfahren vor staatlichen Gerichten durchgeführt wird. Aus einer solchen "fiktiven" Hauptsachezuständigkeit kann keine internationale gerichtliche Zuständigkeit für den Erlaß einstweiliger Maßnahmen folgen.

10. Zur Bestimmung des nach Art. 31 EuGVVO bzw. Art. 24 EuGVÜ zuständigen Gerichts sind die Zuständigkeitsvorschriften nach autonomem Recht inklusive der durch Art. 3 Abs. 2 EuGVVO bzw. Art. 3 Abs. 2 EuGVÜ ausgeschlossenen exorbitanten Gerichtsstände heranzuziehen.

11. Die internationale gerichtliche Zuständigkeit für den Erlaß einstweiliger Maßnahmen kann von den Parteien vorab in einer Gerichtsstandsvereinbarung vereinbart werden. Grundsätzlich kann die internationale gerichtliche Zuständigkeit auch durch eine rügelose Einlassung im Verfahren des einstweiligen Rechtsschutzes begründet werden, allerdings hat das Gericht dann die Vorgaben des Art. 31 EuGVVO zu beachten.

12. Gerichtsstandsvereinbarungen in der Hauptsache schließen, wenn keine Vereinbarung zum einstweiligen Rechtsschutz getroffen wurde, in der Regel nicht aus, daß einstweiliger Rechtsschutz auch vor Gerichten anderer Staaten beantragt werden kann, wenn eine internationale Zuständigkeit der Gerichte des jeweiligen anderen Staates über Art. 31 EuGVVO bzw. Art. 24 EuGVÜ begründet werden kann.

13. Art. 27 EuGVVO bzw. Art. 21 EuGVÜ finden in Verfahren des einstweiligen Rechtsschutzes keine Anwendung.

B. Anerkennung und Vollstreckbarerklärung einstweiliger Maßnahmen im Ausland

1. In Verfahren des einstweiligen Rechtsschutzes ergangene gerichtliche Entscheidungen können nach der EuGVVO bzw. dem EuGVÜ im Ausland anerkannt und für vollstreckbar erklärt werden, wenn dem Antragsgegner vor ihrem Erlaß im Ursprungsstaat eine Gelegenheit zu rechtlichem Gehör gegeben wurde. Maßgeblich ist nicht, ob der Antragsgegner diese Gelegenheit wahrgenommen hat. Dieser zum EuGVÜ durch den EuGH entwickelten Lösung ist zuzustimmen. Sie gilt auch unter der EuGVVO fort.

2. Enthält eine Entscheidung des einstweiligen Rechtsschutzes, deren Anerkennung und Vollstreckbarerklärung im Ausland geltend gemacht bzw. verlangt wird, keine Ausführungen zur internationalen Zuständigkeit des Ursprungsgerichts, muß das Gericht, bei dem die Anerkennung bzw. Vollstreckbarerklärung verlangt wird, davon ausgehen, daß die internationale gerichtliche Zuständigkeit auf Art. 31 EuGVVO bzw. Art. 24 EuGVÜ fußt.

3. Ergibt sich die internationale Zuständigkeit des Ursprungsgerichts - aufgrund der Ausführungen in der gerichtlichen Entscheidung oder aufgrund der oben genannten Vermutung - einzig auf der Grundlage von Art. 31 EuGVVO bzw. Art. 24 EuGVÜ, muß das Gericht, bei dem die Anerkennung und Vollstreckbarerklärung verlangt wird, nach der insoweit zustimmungswürdigen Rechtspre-

chung des EuGH prüfen, ob tatsächlich eine einstweilige Maßnahme im Sinne dieser Vorschriften erlassen worden ist. So wird verhindert, daß unter Umgehung der Vorschriften zur Bestimmung der internationalen gerichtlichen Zuständigkeit zur Entscheidung des Rechtsstreits in der Hauptsache unter dem Etikett des einstweiligen Rechtsschutzes Entscheidungen ergehen, die der Hauptsacheentscheidung vorgreifen oder das Hauptsacheverfahren ersetzen. Eine Überprüfung der internationalen Zuständigkeit des Erstgerichts im einstweiligen Rechtsschutz, beispielsweise mit Blick auf das Erfordernis der "realen Verknüpfung" oder die Anwendung der autonomen Zuständigkeitsvorschriften findet dagegen nicht statt. Eine solche wäre auch nach Art. 35 Abs. 3 EuGVVO bzw. Art. 28 Abs. 3 EuGVÜ unzulässig.

4. Art. 34 Nr. 3 und Nr. 4 EuGVVO bzw. Art. 27 Nr. 3 und Nr. 5 EuGVÜ finden auch bei der Anerkennung und Vollstreckbarerklärung einstweiliger Maßnahmen Anwendung. Beide setzen jedoch eine Gleichrangigkeit der Entscheidungen voraus. Da Hauptsacheentscheidungen eine umfassendere Regelung eines Rechtsstreits enthalten, sind diese bei einer Kollision zwischen einer Hauptsacheentscheidung und einer Entscheidung des einstweiligen Rechtsschutzes im Anerkennungsstaat immer vorrangig. Ihnen widersprechende einstweilige Maßnahmen sind entweder nicht anzuerkennen oder sie sind aufzuheben bzw. eine bereits ausgesprochene Vollstreckbarerklärung ist aufzuheben.

5. Eine Unvereinbarkeit im Sinne von Art. 34 Nr. 3 und Nr. 4 EuGVVO bzw. Art. 27 Nr. 3 und Nr. 5 EuGVÜ besteht immer dann, wenn die Entscheidungen Rechtsfolgen haben, die einander ausschließen, und dies auf einer rechtlichen Würdigung des dem Rechtsstreit zugrundeliegenden Sachverhaltes und nicht nur auf formalen prozessualen Voraussetzungen beruht. Auch einstweilige Maßnahmen, die ein Unterlassen anordnen, können unter den bislang genannten Voraussetzungen im Ausland anerkannt und für vollstreckbar erklärt werden. Dabei hat der Gläubiger die Wahl, ob er die Maßnahme im Erlaßstaat mit Zwangsmitteln versehen und diese dann im Ausland nach Art. 49 EuGVVO bzw. Art. 43 EuGVÜ für vollstreckbar erklären läßt oder ob er erst im Anerkennungsstaat die Anordnung und Festsetzung von Zwangsmitteln nach dem Zwangsvollstreckungsrecht des Anerkennungsstaates beantragt.

6. Entscheidungen in ausländischen selbständigen Beweissicherungsverfahren, durch die eine Beweisaufnahme angeordnet wird, können nicht nach der EuGVVO bzw. dem EuGVÜ im Ausland anerkannt werden. Für die Durchführung einer Beweisaufnahme im Ausland gelten insoweit die EuBVO und das HBÜ.

7. Die Ergebnisse eines vor einem ausländischen Gericht durchgeführten selbständigen Beweissicherungsverfahrens können ebenfalls nicht nach der EuGVVO bzw. dem EuGVÜ anerkannt oder in einem Hauptsacheverfahren als Beweismittel eingebracht oder verwertet werden. Ob und inwieweit das Ergebnis von auf diesem Weg erfolgten ausländischen Beweisaufnahmen im Inland in einem Hauptsacheverfahren verwertet werden kann, richtet sich einzig nach dem autonomen Zivilverfahrensrecht.

STUDIEN ZUM VERGLEICHENDEN UND INTERNATIONALEN RECHT

Herausgeber: Bernd von Hoffmann, Erik Jayme und Heinz-Peter Mansel

Band 1 Ferdinand Henke: Die Datenschutzkonvention des Europarates. 1986.

Band 2 Peter Czermak: Der express trust im internationalen Privatrecht. 1986.

Band 3 Peter Kindler: Der Ausgleichsanspruch des Handelsvertreters im deutsch-italienischen Warenverkehr. Eine rechtsvergleichende und kollisionsrechtliche Untersuchung. 1987.

Band 4 Wilhelm Denzer: Stellung und Bedeutung des Engineers in den FIDIC-Bauvertragsbedingungen. 1988.

Band 5 Marijan-Maximilian Lederer: Die internationale Enteignung von Mitgliedschaftsrechten unter besonderer Berücksichtigung der französischen Enteignungen 1982. 1989.

Band 6 Rainer Esser: Klagen gegen ausländische Staaten. 1990.

Band 7 Chang Jae-Ok: Auf dem Weg zu einer Materialisierung des Immateriellen? Personen-, Persönlichkeitsschutz und Geldersatz des immateriellen Schadens in rechtsvergleichender Hinsicht am Beispiel des koreanischen und japanischen Zivilrechts unter besonderer Berücksichtigung des deutschen Rechts. 1990.

Band 8 Paul-Frank Weise: Lex mercatoria. Materielles Recht vor der internationalen Handelsschiedsgerichtbarkeit.1990.

Band 9 Werner Born: Der Auftrittsvertrag für Musikgruppen im Bereich der Rock- und Popmusik. 1990.

Band 10 Ralf Erich Jürgens: IPR und Verfassung in Italien und in der Bundesrepublik Deutschland. 1990.

Band 11 Rainer Gildeggen: Internationale Schieds- und Schiedsverfahrensvereinbarungen in Allgemeinen Geschäftsbedingungen vor deutschen Gerichten. 1991.

Band 12 Klaus Grabinski: Die kollisionsrechtliche Behandlung des Durchgriffs bei rechtlich verselbständigten Unternehmen in privater oder öffentlicher Hand. 1991.

Band 13 Dieter Stummel: Konkurs und Integration. Konventionsrechtliche Wege zur Bewältigung grenzüberschreitender Insolvenzverfahren. 1991.

Band 14 Joachim Güntzer: Die Rechtsstellung des Geschäftsführers im spanischen Aktienrecht. Die Neuregelung des spanischen Aktienrechts nach dem Beitritt Spaniens zur EG. 1991.

Band 15 Sabine Isenburg-Epple: Die Berücksichtigung ausländischer Rechtshängigkeit nach dem Europäischen Gerichtsstands- und Vollstreckungsübereinkommen vom 27.9.1968. Untersuchungen zum Anwendungsbereich von Art. 21 EuGVÜ unter schwerpunktmäßiger Behandlung der Frage nach der Bestimmung eines europäischen Streitgegenstandsbegriffs. 1992.

Band 16 Ulrich Nickl: Die Qualifikation der culpa in contrahendo im Internationalen Privatrecht. 1992.

Band 17 Theo Rauh: Leistungserschwerungen im Schuldvertrag. Eine rechtsvergleichende Untersuchung des englischen, US-amerikanischen, französischen und deutschen Rechts unter besonderer Berücksichtigung der gerichtlichen Praxis. 1992.

Band 18 Bernadette Chaussade-Klein: Vorvertragliche "obligation de renseignements" im französischen Recht. 1992.

Band 19 Josef Sievers: Verbraucherschutz gegen unlautere Vertragsbedingungen im französischen Recht. Vom Code civil zum "Code de la consommation" – die Entstehung eines Sonderprivatrechts für Verbraucher. 1993.

Band 20 Achim Schäfer: Grenzüberschreitende Kreditsicherung an Grundstücken, unter besonderer Berücksichtigung des deutschen und italienischen Rechts. 1993.

Band 21 Eugenio Hernández-Breton: Internationale Gerichtsstandsklauseln in Allgemeinen Geschäftsbedingungen. Unter besonderer Berücksichtigung des deutsch-südamerikanischen Rechtsverkehrs (dargestellt am Beispiel Argentinien, Brasilien und Venezuela). 1993.

Band 22 Ingo Reng: Unterhaltsansprüche aufgrund nichtehelicher Lebensgemeinschaft – Internationales Privatrecht und ausländisches materielles Recht. 1994.

Band 23 Stefanie Roloff: Die Geltendmachung ausländischer öffentlicher Ansprüche im Inland. 1994.

Band 24 Katharina Ludwig: Der Vertragsschluß nach UN-Kaufrecht im Spannungsverhältnis von Common Law und Civil Law. Dargestellt auf der Grundlage der Rechtsordnungen Englands und Deutschlands. 1994.

Band 25 Malte Diesselhorst: Mehrparteienschiedsverfahren. Internationale Schiedsverfahren unter Beteiligung von mehr als zwei Parteien. 1994.

Band 26 Manfred Kost: Konsensprobleme im internationalen Schuldvertragsrecht. 1995.

Band 27 Wolff-Heinrich Fleischer: Das italienische Wettbewerbsrecht und die Probleme des selektiven Parfümvertriebs unter Berücksichtigung der Rechtslage in Frankreich und Deutschland. 1995.

Band 28 Angelika Fuchs: Lateinamerikanische Devisenkontrollen in der internationalen Schuldenkrise und Art. VIII Abschn. 2 b) IWF-Abkommen. 1995.

Band 29 Jacques Matthias Aull: Der Geltungsanspruch des EuGVÜ: "Binnensachverhalte" und Internationales Zivilverfahrensrecht in der Europäischen Union. Zur Auslegung von Art. 17 Abs. 1 S. 1 EuGVÜ. 1996.

Band 30 Hartmut Ost: EVÜ und fact doctrine. Konflikte zwischen europäischer IPR-Vereinheitlichung und der Stellung ausländischen Rechts im angelsächsischen Zivilprozeß. 1996.

Band 31 Stefan Wagner: Die Testierfähigkeit im Internationalen Privatrecht. 1996.

Band 32 Wolfgang Jakob Hau: Positive Kompetenzkonflikte im Internationalen Zivilprozeßrecht. Überlegungen zur Bewältigung von *multi-fora disputes*. 1996.

Band 33 Markus Schütz: UN-Kaufrecht und *Culpa in contrahendo*. 1996.

Band 34 Volker Geyrhalter: Das Lösungsrecht des gutgläubigen Erwerbers. Ein "vergessener" Kompromiß und die Auswirkungen auf das heutige deutsche Recht unter besonderer Berücksichtigung des internationalen Sachenrechts. 1996.

Band 35 Andreas Kramer: Abwicklungsstörungen bei Kaufverträgen. Die Lieferung vertragswidriger Sachen im deutschen und italienischen Recht. 1996.

Band 36 Petra Krings: Erfüllungsmodalitäten im internationalen Schuldvertragsrecht. 1997.

Band 37 Tonja Gaibler: Der rechtsgeschäftliche Irrtum im französischen Recht. 1997.

Band 38 Dirk Otto: Rechtsspaltung im indischen Erbrecht. Bedeutung und Auswirkungen auf deutsch-indische Nachlaßfälle. 1997.

Band 39 Gregor W. Decku: Zwischen Vertrag und Delikt. Grenzfälle vertraglicher und deliktischer Haftung dargestellt am Beispiel der Berufs- und Expertenhaftung zum Schutze des Vermögens Dritter im deutschen und englischen Recht. 1997.

Band 40 Ulrike Höpping: Auswirkungen der Warenverkehrsfreiheit auf das IPR unter besonderer Berücksichtigung des Internationalen Produkthaftungsrechts und des Internationalen Vertragsrechts. 1997.

Band 41 Andreas Bartosch: Die vermögensrechtlichen Beziehungen der Ehegatten bei bestehender Ehe im englischen Recht – Eigentum, Besitz, Schuldvertrag. 1997.

Band 42 Helene Boriths Müller: Die Umsetzung der europäischen Übereinkommen von Rom und Brüssel in das Recht der Mitgliedstaaten. Dargestellt am Beispiel Deutschlands und Dänemarks. 1997.

Band 43 Bernd von Hoffmann / Myong-Chang Hwang (eds.): The Public Concept of Land Ownership. Reports and Discussions of a German-Korean Symposium held in Seoul on October 7-9, 1996. 1997.

Band 44 Oliver Heeder: Fraus legis. Eine rechtsvergleichende Untersuchung über den Vorbehalt der Gesetzesumgehung in Deutschland, Österreich, der Schweiz, Frankreich und Belgien unter besonderer Berücksichtigung des Internationalen Privatrechts. 1998.

Band 45 Heinrich Schütt: Deliktstyp und Internationales Privatrecht. Dargestellt an grenzüberschreitenden Problemen der Arzthaftung. 1998.

Band 46 Axel Steiner: Die stillschweigende Rechtswahl im Prozeß im System der subjektiven Anknüpfungen im deutschen Internationalen Privatrecht. 1998.

Band 47 Martina Schulz: Der Eigentumsvorbehalt in europäischen Rechtsordnungen. Rechtsvergleichende Untersuchung des deutschen, englischen und französischen Rechts unter besonderer Berücksichtigung von Erweiterungen und Verlängerungen. 1998.

Band 48 Karin Dreher: Die Rechtswahl im internationalen Erbrecht. Unter besonderer Berücksichtigung des italienischen IPR-Reformgesetzes N. 218 vom 31. Mai 1995. 1999.

Band 49 Giuliano Gabrielli: Das Verhältnis zwischen der Anfechtung wegen Eigenschaftsirrtums und den Gewährleistungsansprüchen im deutschen, österreichischen und italienischen Recht. 1999.

Band 50 Bernd von Hoffmann / Myong-Chan Hwang (eds.): Developments in Land Law. Reports and Discussions of a German-Korean Symposium held in Berlin and Trier on July 21-24, 1997. 1999.

Band 51 Volker Heidbüchel: Das UNCITRAL-Übereinkommen über unabhängige Garantien und Standby Letters of Credit. Vergleiche mit den Richtlinien der Internationalen Handelskammer, dem deutschen, englischen und US-amerikanischen Recht. 1999.

Band 52 Jan Christoph Nordmeyer: Pflichtteilsansprüche und Wiedervereinigung. Eine systematische Analyse der Ausgleichsansprüche nach BGB-Pflichtteilsrecht unter besonderer Berücksichtigung der durch den Wiedervereinigungsprozeß eingetretenen Wertveränderungen. 1999.

Band 53 Bettina Linder: Vertragsabschluß beim grenzüberschreitenden Verbraucherleasing. 1999.

Band 54 Almontasser Fetih: Die zivilrechtliche Haftung bei Vertragsverhandlungen. Eine rechtsvergleichende Studie zum deutschen, französischen, ägyptischen und islamischen Recht. 2000.

Band 55 Sona Rajani: Die Geltung und Anwendung des Gemeinschaftsrechts im Vereinigten Königreich von Großbritannien und Nordirland. Der Grundsatz der Parlamentssouveränität im Wandel. 2000.

Band 56 Joachim Kayser: Gegenmaßnahmen im Außenwirtschaftsrecht und das System des europäischen Kollisionsrechts. Eine Analyse der EU-Abwehrverordnung gegen die Auswirkungen extraterritorialer Rechtserstreckung eines Drittlandes. 2001.

Band 57 Albrecht Conrad: Qualifikationsfragen des Trust im Europäischen Zivilprozeßrecht. 2001.

Band 58 Bernd Borgmann: Die Entsendung von Arbeitnehmern in der Europäischen Gemeinschaft. Wechselwirkungen zwischen Kollisionsrecht, Grundfreiheiten und Spezialgesetzen. 2001.

Band 59 Aleksandar Jaksic: Arbitration and Human Rights. 2002.

Band 60 Islamisches und arabisches Recht als Problem der Rechtsanwendung. Symposium zu Ehren von Professor Emeritus Dr. iur. Omaia Elwan. Veranstaltet vom Institut für ausländisches und internationales Privat- und Wirtschaftsrecht der Universität Heidelberg und der Gesellschaft für Arabisches und Islamisches Recht e.V. Herausgegeben von Herbert Kronke, Gert Reinhart und Nika Witteborg. 2001.

Band 61 Patrick Fiedler: Stabilisierungsklauseln und materielle Verweisung im internationalen Vertragsrecht. 2001.

Band 62 Werner Mangold: Die Abtretung im Europäischen Kollisionsrecht. Unter besonderer Berücksichtigung des spanischen Rechts. 2001.

Band 63 Eike Dirk Eschenfelder: Beweiserhebung im Ausland und ihre Verwertung im inländischen Zivilprozess. Zur Bedeutung des US-amerikanischen discovery-Verfahrens für das deutsche Erkenntnisverfahren. 2002.

Band 64 Bernd Ehle: Wege zu einer Kohärenz der Rechtsquellen im Europäischen Kollisionsrecht der Verbraucherverträge. 2002.

Band 65 Heiko Lehmkuhl: Das Nacherfüllungsrecht des Verkäufers im UN-Kaufrecht. 2002.

Band 66 Jochen Nikolaus Schlotter: Erbrechtliche Probleme in der Société Privée Européenne. IPR-Harmonisierung im einheitlichen Europäischen Rechtsraum. 2002.

Band 67 Konrad Ost: Doppelrelevante Tatsachen im Internationalen Zivilverfahrensrecht. Zur Prüfung der internationalen Zuständigkeit bei den Gerichtsständen des Erfüllungsortes und der unerlaubten Handlung. 2002.

Band 68 Tobias Bosch: Die Durchbrechungen des Gesamtstatuts im internationalen Ehegüterrecht. Unter besonderer Berücksichtigung deutsch-französischer Rechtsfälle. 2002.

Band 69 Ursula Philipp: Form im amerikanischen Erbrecht. Zwischen Formalismus und harmless error. 2002.

Band 70 Christian Stefan Wolf: Der Begriff der wesentlich engeren Verbindung im Internationalen Sachenrecht. 2002.

Band 71 André Fomferek: Der Schutz des Vermögens Minderjähriger. Ein Vergleich des deutschen und des englischen Rechts unter Berücksichtigung des schottischen und irischen Rechts. 2002.

Band 72 nicht erschienen

Band 73 Markus Dreißigacker: Sprachenfreiheit im Verbrauchervertragsrecht. Der Verbraucher im Spannungsfeld zwischen kultureller Identität und Privatautonomie. 2002.

Band 74 Vassiliki Myller-Igknay: Auskunftsansprüche im griechischen Zivilrecht. Auswirkungen im deutsch-griechischen Rechtsverkehr sowie im deutschen internationalen Privat- und Verfahrensrecht. 2003

Band 75 Stefan Bruinier: Der Einfluss der Grundfreiheiten auf das Internationale Privatrecht. 2003.

Band 76 Nika Witteborg: Das gemeinsame Sorgerecht nichtverheirateter Eltern. Eine Untersuchung im soziologischen, rechtsgeschichtlichen, verfassungsrechtlichen, rechtsvergleichenden und internationalen Kontext. 2003.

Band 77 Peter Stankewitsch: Entscheidungsnormen im IPR als Wirksamkeitsvoraussetzungen der Rechtswahl. 2003.

Band 78 Jan Wilhelm Ritter: Euro-Einführung und IPR unter besonderer Berücksichtigung nachehelicher Unterhaltsverträge. Eine Untersuchung mit Blick auf das deutsche, französische und schweizerische Recht. 2003.

Band 79 Wolf Richard Herkner: Die Grenzen der Rechtswahl im internationalen Deliktsrecht. 2003.

Band 80 Ira Ditandy: Internationale Zuständigkeit. Neuregelung durch die LOPJ 1985. Vergleich mit dem europäischen Vorbild und Auswirkungen auf das spanische internationale Zivilverfahrensrecht. 2003.

Band 81 Andrea Verena Schefold: Werbung im Internet und das deutsche Internationale Privatrecht. 2004.

Band 82 Klaus Herkenrath: Die Umsetzung der Richtlinie 93/13/EWG über missbräuliche Klauseln in Verbraucherverträgen in Deutschland, dem Vereinigten Königreich, Frankreich und Italien. Auswirkungen nationaler Umsetzungstechniken auf dem Harmonisierungserfolg. 2003.

Band 83 Alexander Thünken: Das kollisionsrechtliche Herkunftslandprinzip. 2003.

Band 84 Barbara v. Daumiller: Die Rechtswahl im italienischen internationalen Erbrecht: und ihre Auswirkungen im deutsch-italienischen Rechtsverkehr. 2003.

Band 85 Robert Mödl: Macht, Verantwortlichkeit und Zurechnung im Konzern. Eine rechtsvergleichende Untersuchung auf der Grundlage des deutschen, spanischen und US-amerikanischen Rechts. 2003.

Band 86 Ursula Kerpen: Das Internationale Privatrecht der Persönlichkeitsrechtsverletzungen. Eine Untersuchung auf rechtsvergleichender Grundlage. 2003.

Band 87 Barbara Ploeckl: Umgangsrechtsstreitigkeiten im deutsch-französischen Rechtsverkehr. Bestehende internationale und nationale Regelungen und der geplante *europäische Besuchstitel*. 2003.

Band 88 Katrin Wannemacher: Die Außenkompetenzen der EG im Bereich des Internationalen Zivilverfahrensrechts. Der räumliche Anwendungsbereich des Art. 65 EGV am Beispiel der EuGVO und der EheVO. 2003.

Band 89 Maren B. Eilinghoff: Das Kollisionsrecht der ungerechtfertigten Bereicherung nach dem IPR-Reformgesetz von 1999. 2004.

Band 90 Patrick Niehr: Die zivilprozessuale Dokumentenvorlegung im deutsch-englischen Rechtshilfeverkehr nach der deutschen und der englischen Prozessrechtsreform. 2004.

Band 91 Anna Christina Gördes: Internationale Zuständigkeit, Anerkennung und Vollstreckung von Entscheidungen über die elterliche Verantwortung. Die VO(EG) Nr. 1347/2000, ihre geplanten Änderungen und das Verhältnis beider zum Minderjährigen- und Kinderschutzabkommen. 2004.

Band 92 Martin Rädler: Rechtsbehelfe des Käufers eines Unternehmens oder einer unternehmerischen Beteiligung gegen den Verkäufer im deutschen und französischen Recht. 2004.

Band 93 Marc-Yngve Dietrich: Rechtsstellung und Beteiligung der Gläubiger im französischen Insolvenzverfahren. 2004.

Band 94 Katia Niemann: Die rechtsgeschäftliche und organschaftliche Stellvertretung und deren kollisionsrechtliche Einordnung. Deutschland und England im Vergleich. 2004.

Band 95 Daniel Ludwig: Neuregelungen des deutschen Internationalen Insolvenzverfahrensrechts. Eine Untersuchung unter vergleichender Heranziehung der Europäischen Insolvenzverordnung. 2004.

Band 96 Cordelia Faulenbach: Der gemeinschaftsrechtliche Vorbehalt im europäischen Wettbewerbsrecht. Die Herkunftslandanknüpfung der E-Commerce-Richtlinie unter dem Einfluss der Grundfreiheiten. 2004.

Band 97 Ulf Dörner: Der Vertragsgerichtsstand nach dem Protokoll von Buenos Aires. 2004.

Band 98 Martin Schmidhuber: Verhaltenskodizes im nationalen und grenzüberschreitenden elektronischen Geschäftsverkehr. Zur Frage der Integration der Selbstregulierung durch Private in die staatliche Rechtsordnung. 2004.

Band 99 Florian Kienle: Die fehlerhafte Banküberweisung im internationalen Rechtsverkehr. Unter besonderer Berücksichtigung des Artikels 4A US Uniform Commercial Code. 2004.

Band 100 Thomas Alexander Brandt: Die Adoption durch eingetragene Lebenspartner im internationalen Privat- und Verfahrensrecht. 2004.

Band 101 Florian Pulkowski: Subunternehmer und Internationales Privatrecht. Der Subunternehmer als Quasi-Verbraucher im Europäischen Kollisionsrecht. 2004.

Band 102 Ulrich Becker: Grundrechtsschutz bei der Anerkennung und Vollstreckbarerklärung im europäischen Zivilverfahrensrecht. Bestimmung der Grenzen für die Einführung eines europäischen Vollstreckungstitels. 2004.

Band 103 Thomas Badelt: Aufrechnung und internationale Zuständigkeit unter besonderer Berücksichtigung des deutsch-spanischen Rechtsverkehrs. 2005.

Band 104 Florian D. Wagner: Vorvertragliche Aufklärungspflichten im internationalen Franchising. Zur Harmonisierung von Delikts- und Vertragsstatut im internationalen Privatrecht unter besonderer Berücksichtigung der Franchise-Gesetzgebung des US-Bundesstaates Kalifornien. 2005.

Band 105 Vera Heine: Die Umsetzung der *EG-Richtlinie über missbräuchliche Klauseln in Verbraucherverträgen* im englischen und deutschen Recht. 2005.

Band 106 Alexander Franz: Überregionale Effektentransaktionen und anwendbares Recht. Eine kollisionsrechtliche Untersuchung unter besonderer Berücksichtigung der Vorschrift des § 17 a DepotG. 2005.

Band 107 Hanna-Maria Uhlenbrock: Gesetzliche Regelungen für nichteheliche Lebensgemeinschaften in Deutschland und Frankreich. Ein Vergleich des Unterhaltsrechts bei der eingetragenen Lebenspartnerschaft und beim Pacte civil de Solidarité. 2005.

Band 108 Katrin Stieß: Anknüpfungen im internationalen Urheberrecht unter Berücksichtigung der neuen Informationstechnologien. 2005.

Band 109 Hendrik Otto: Der gesetzliche Abschlussprüfer im italienischen Recht. Eine rechtsvergleichende Untersuchung unter besonderer Berücksichtigung der zivilrechtlichen Haftung. 2005.

Band 110 Frauke Stuphorn: Bankhaftung für Kreditauskünfte im deutschen und französischen Recht. 2005.

Band 111 Nina Fürer: Die zivilrechtliche Haftung für Raucherschäden. 2005.

Band 112 Giovanni B. Barillà: *Contratto autonomo di garanzia* e *Garantievertrag*. Categorie civilistiche e prassi del commercio. 2005.

Band 113 Timo Torz: Gerichtsstände im Internationalen Insolvenzrecht zur Eröffnung von Partikularinsolvenzverfahren. 2005.

Band 114 Martina Schmid: Die Grenzen der Auslegungskompetenz des EuGH im Vorabentscheidungsverfahren nach Art. 234 EG. Dargestellt am Beispiel der überschießenden Richtlinienumsetzung. 2005.

Band 115 Stephan Lesage-Mathieu: Dispositives Kollisionsrecht im prozessualen Kontext. 2005.

Band 116 Jürgen Görtz: Die subjektiven Grenzen der Rechtskraft US-amerikanischer Urteile. 2005.

Band 117 Vera Hoppe: Die Einbeziehung ausländischer Beteiligter in US-amerikanische class actions. Unter Berücksichtigung des Class Action Fairness Act 2005. 2005.

Band 118 Silke Pütz: Parteiautonomie im internationalen Urhebervertragsrecht – Eine rechtsdogmatische und rechtspolitische Betrachtung der Grenzen freier Rechtswahl im internationalen Urhebervertragsrecht unter besonderer Berücksichtigung des neuen deutschen Urhebervertragsrechts. 2005.

Band 119 Alice Nieroba: Die europäische Rechtshängigkeit nach der EuGVVO (Verordnung (EG) Nr. 44/2001) an der Schnittstelle zum nationalen Zivilprozessrecht. 2006.

Band 120 Jan Kayser: Alternative Formen gerichtlicher und außergerichtlicher Streitbeilegung im deutschen und französischen Zivilprozess. Les modes alternatifs judiciaires et extrajudiciaires de résolution des conflits en procédure civile allemande et française. 2006

Band 121 Mirko Ehrich: Der internationale Anwendungsbereich des deutschen und französischen Rechts gegen irreführende Werbung. Freie Wahl von Form und Mittel, Rom II und Herkunftslandprinzip. 2006.

Band 122 Daniel Thelen: Die Haftung des Sekundärschädigers für Gewalttaten anderer im US-amerikanischen Deliktsrecht ausgehend von dem Problem rechtsextremistisch motivierter Gewalttaten. 2006.

Band 123 Anne Winterling: Die Entscheidungszuständigkeit in Arbeitssachen im europäischen Zivilverfahrensrecht. 2006.

Band 124 Sarah Gerling: Die Gleichstellung ausländischer mit inländischen Vollstreckungstiteln durch die Verordnung zur Einführung eines Europäischen Vollstreckungstitels für unbestrittene Forderungen. Im Vergleich zum bisherigen Recht und zur Rechtslage in den USA. 2006.

Band 125 Christian Bank: Präventivmaßnahmen börsennotierter Gesellschaften zur Abwehr feindlicher Übernahmeversuche in Deutschland und Großbritannien. Eine rechtsvergleichende Untersuchung des deutschen und britischen Rechts unter Berücksichtigung der Europäischen Übernahmerichtlinie. 2006.

Band 126 Christian Weis: Kaufrechtliche Gewährleistung und Garantievergabe in Deutschland und Spanien. Unter besonderer Berücksichtigung des Unternehmenskaufs. 2006.

Band 127 Emilio Maus Ratz: Der Nacherfüllungsanspruch nach UN-Kaufrecht. Im Lichte der deutschen, spanisch-mexikanischen und US-amerikanischen Rechtswissenschaft. 2006.

Band 128 Constanze Jacobs: Die Sachmängelgewähr im deutschen und belgischen Kaufrecht nach Umsetzung der Verbrauchsgüterkauf-Richtlinie. 2006.

Band 129 Ulrike Teichert: Lückenfüllung im CISG mittels UNIDROIT-Prinzipien – Zugleich ein Beitrag zur Wählbarkeit nichtstaatlichen Rechts. 2007.

Band 130 Sascha Reichardt: Internationale Zuständigkeit im Gerichtsstand der unerlaubten Handlung bei Verletzung europäischer Patente. 2006.

Band 131 Bilgehan Cetiner: Die Sachmängelhaftung des Verkäufers im UN-Kaufrecht und im neuen deutschen Schuldrecht. Eine rechtsvergleichende Studie. 2006.

Band 132 Jan Streer: Die Umsetzung der Verbrauchsgüterkaufrichtlinie im englischen Recht durch die Sale and Supply of Goods to Consumer Regulations 2002. 2007.

Band 133 Kathrin Wannenmacher: Einstweilige Maßnahmen im Anwendungsbereich von Art. 31 EuGVVO in Frankreich und Deutschland: Eine Betrachtung ausgesuchter Verfahren des einstweiligen Rechtsschutzes im internationalen Zivilverfahrensrecht – gerichtliche Zuständigkeit, Anerkennung und Vollstreckung. 2007.

Band 134 Wim Kreytenberg: Die individuelle Schwerpunktbestimmung internationaler Schuldverträge nach der Ausweichklausel des Artikel 4 Absatz 5 Satz 2 EVÜ. Ein Beitrag zur Förderung von Rechtssicherheit und Einzelfallgerechtigkeit im europäischen Kollisionsrecht der Schuldverträge. 2007.

www.ingramcontent.com/pod-product-compliance
Ingram Content Group UK Ltd.
Pitfield, Milton Keynes, MK11 3LW, UK
UKHW021918290926
8980IPUK00015B/1343

9 783631 554272